泰州文獻

第四輯

玉藤仙館詞存
退思堂草
朱滄崖詩集
江上草堂詩存
先我集
韻琴雜著

鳳凰出版社

ISBN 978-7-5506-2270-8
9 787550 622708 >

圖書在版編目（ＣＩＰ）數據

玉藤仙館詞存、退思堂草、朱滄崖詩集等 / （清）余焜等撰. -- 南京 : 鳳凰出版社, 2015.10
（泰州文獻）
ISBN 978-7-5506-2270-8

Ⅰ. ①玉… Ⅱ. ①余… Ⅲ. ①古籍－彙編－泰州市 Ⅳ. ①Z422

中國版本圖書館CIP數據核字(2015)第256458號

責任編輯　王　劍
裝幀設計　姜　嵩
出版發行　鳳凰出版傳媒股份有限公司
鳳凰出版社(原江蘇古籍出版社)
發行部電話025－83223462
出版社地址　南京市中央路165號　郵編:210009
出版社網址　http://www.fhcbs.com
印　　刷　揚州文津閣古籍印務有限公司
揚州市開發區鴻揚路22-2號(6幢)　郵編:225009
開　　本　889毫米×1194毫米　1/16
印　　張　39.5
版　　次　2015年10月第1版　2015年10月第1次印刷
標準書號　ISBN 978-7-5506-2270-8
定　　價　570.00圓
(本書凡印裝錯誤可向承印廠調換,電話:0514－87969255)

《泰州文獻》工作委員會

主　任

藍紹敏　陸志鵬

常務副主任

盧佩民

副主任

戴勝利　王學鋒　張培成　佘江涛

委　員（按姓氏筆畫为序）

丁少華　方標軍　成愛君　季春芳　周興安
查學斌　姜小青　奚愛國　陳士宏　黃林華
曹茂良　曹學賦　許大才　張國祥　萬永良
程榮穩　鄒祥龍　費振鐘　劉　玲　劉仁前
劉宏鳴　潘時常　薛金林　顧維中

《泰州文獻》編纂委員會

主　編
盧佩民

副主編
黃林華　姜小青

執行主編
成愛君　費振鐘

編　委（按姓氏筆畫为序）
王　飛　王　劍　王正奎　卞惠興　朱長順　全　勤
李文華　李明官　吴　迪　吴小晴　吴雙林　汪　政
沈　俊　林世田　莫其康　倪培翔　徐一清　徐同華
高　峰　陳　立　黄　靖　曹學林　常　康　張　定
張永龍　劉仁前　劉春龍　潘浩泉　薛　飛　謝冬榮
竇立成　顧寄南

《泰州文獻》學術指導委員會

（按姓氏筆畫为序）

江慶柏　金良年　茅家琦　華學誠　徐　雁　畢飛宇

程章燦　楊九俊　魯國堯　劉玉才　顧　農

總序

泰州古稱海陵，漢初（公元前一一七年）置縣，晋末（公元四一一年）設郡，南唐（公元九三七年）建州，始稱泰州。

泰州濱江近海，物阜民豐。漢唐以來，糧鹽並舉，商貿繁榮，爲溝通南北的重要港口城市。

泰州素爲文教昌明之邦。唐初立州學，北宋建貢院，明清開學政試院，産出大批科舉優秀人才。

泰州自古人文薈萃。走進泰州的，從范仲淹、富弼、陸佃，到孔尚任、吴讓之、蔣春霖，都留下深遠影響。走出泰州的，從張懷瓘、胡瑗、施耐庵、王艮，到李清、吴嘉紀、柳敬亭、黄龍士、李鱓、鄭燮、劉熙載、李詳、梅蘭芳、高二適，都在各自領域爲中國文化作出巨大貢獻。

泰州遺存的文獻也很豐富。僅據《江蘇藝文志》所載，便有二千七百餘種，涵蓋經、史、子、集的方方面面。其中，尤以明清時期爲夥，占到百分之九十九以上。這當中不排除由於種種原因，致使元以前的一些著述湮没無聞，但明清兩代，確是泰州文化的繁盛期。在這些文獻中，如《書斷》（張懷瓘）、《水滸傳》（施耐庵）、《王心齋先生遺集》（王艮）、《宗子相集》（宗臣）、《陋軒詩集》（吴嘉紀）、《板橋全集》（鄭燮）、《藝概》（劉熙載）、《李審言文集》（李詳）、《黄龍士先生棋譜》等，在中國文化史上都有重要地位和深遠影響。

與此同時，對鄉邦文獻進行整理的也代不乏人。自宋至清，周氏（周麟之等）、宫氏（宫偉鏐等）、陳氏（陳應芳等）、徐氏（徐鳴柯等）等都曾致力其事，爲泰州留下了許多寶貴的文化財富。清嘉道間，鄉人夏荃編輯《海陵文徵》二十卷、附録十二卷，《海陵詩徵》十卷。民國初年，曾任江蘇省省長的鄉人韓國鈞歷經十餘年編成《海陵叢刻》計二十三種六十六册。

二〇一一年九月召開的中共泰州市第四次代表大會，提出了建設文化名城的任務。爲此，中共泰州市委、泰州市人民政府決定編纂《泰州文獻》。這是泰州有史以來對本土文獻最大規模的整理和彙編。它對於保存、利用、研究和開發泰州的歷史文化，尋繹泰州獨特的地方文化價值，爲泰州文化建設提供歷史人文資源，意義重大。

爲了保證編纂工作的順利進行，市委、市政府專門成立了工作委員會、編纂委員會和學術指導委員會。工作委員會由市委、市政府領導和相關部門負責同志組成，負責對編纂工作的領導和協調。編纂委員會由相關專家、學者組成，具體負責《泰州文獻》的編纂出版工作。學術指導委員會由江慶柏、魯國堯、程章燦、茅家琦、華學誠、徐雁、金良年等國内知名文史專家組成，負責對編纂工作的指導和把關。

編纂工作按如下幾個步驟進行：（一）進行文獻調查，建立文獻檔案；（二）精選有代表性、有學術價值的作品影印出版，選目由編纂委員會和學術指導委員會共同審議確定；（三）編輯出版《泰州文獻總目》。

《泰州文獻》分爲四輯：

第一輯『官修舊志』，收録泰州地區現存所有官修地方志。

第二輯『地方史料文獻』，收録泰州地區歷代重要的筆記和史料。按内容又可分爲史地類：收録有關泰州歷史地理方面的著作，包括小志、專志、雜志等；政情類：收録有關泰州政治、經濟等方面的著作；文教類：收録有關文化、教育、圖書館等方面的著作。

第三輯『家族文獻』，收録泰州地區重要的家譜、家傳、家集與名人年譜。按内容又可分爲家乘傳記類：擇要收録泰州家族譜牒中的譜序、家規、家訓、箴言、族約、族記、祠田記、塋田記、雜記、著述等資料；家族總集類：以家族姓氏筆畫爲序。

第四輯『泰州文存』，收録泰州地區作者的詩文著作及其他代表性著作。按内容又可分爲學術論著類：收録泰州作者的經史雜著；文集類：收録泰州作者的詩文集；地方總集類：收録泰州作者的詩文合集。

考慮到《水滸傳》、《封神演義》（《辭海》云『一説陸西星作』）、《檮杌閑評》（學界多謂李清所作）等小説流傳甚廣，版本豐富，故不再收録。其他如堪輿、術數類著作，泰州人撰泰州地區以外的地方志、地理志類著作，一般性的彙編、摘鈔類著作，亦不予收録。

《泰州文獻》原則上收録現轄區内的作家作品。但從尊重歷史出發，泰州學派創派人物、明代思想家、哲學家王艮，平民詩人吴嘉紀等人，歷史上均屬於泰州地區，對泰州地區具有深遠的文化影響，他們的作品亦予收録。

前人給我們留下了豐厚的文化遺産，我們既要加以珍視和傳承，更要在前人的基礎上，創造出無愧於今天這個偉大時代的新篇章。這是我們更重要的使命，讓我們爲之努力。

《泰州文獻》編纂委員會
二〇一三年十月十八日

凡例

一、《泰州文獻》（以下簡稱《文獻》）分爲《官修舊志》、《地方史料文獻》、《家族文獻》和《泰州文存》四輯。

二、《文獻》收録範圍原則上爲現行政轄區内作者的著述和與泰州有關的重要著述，但考慮到歷史上曾屬於泰州地區的人物，如泰州學派的代表人物王艮、平民詩人吴嘉紀等對泰州文化深具影響，對他們的作品亦予收録。

三、所收著作成書年代限於一九四九年以前。

四、《文獻》所收著作，以學術價值、使用價值較高爲原則，適當兼顧版本價值。

五、《文獻》以影印方式出版。如有蠹損、殘缺、漫漶不清處，原則上以相同版本予以補配，以保證完整、清晰。

六、《文獻》對所收每種著作均撰寫提要，置於該著作前面，以方便讀者瞭解作者生平、主要内容、學術價值等。

七、《文獻》除保留所收著作原有頁碼外，均新編頁碼，每册頁碼自爲起訖。

八、《文獻》最後一册編有書名索引和作者索引，以方便讀者使用。

目録

玉藤仙館詞存

（清）余焜撰

《玉藤仙館詞存》一卷，清余焜撰，據南京圖書館藏清光緒刻本影印。

余焜（？—一八八八），字石莊，别號香麓居士，清江蘇興化人。增貢生，少聰穎，應童子試，即以善詩名，尤愛詞曲。後識江都丁致和，乃盡棄所學，師事至和，遂亦精妙，論者謂其品在玉田（張炎）、白石（姜夔）之間。兼工書，晚年喜臨北碑，益饒别致。

是集爲余焜之子余漢雯裒輯，吴讓之題名。前有余焜同學弟顧騄、姻弟王子信所作之序。序後亦附謝庭蘭《金縷曲》一首，用余焜稿中題畫梅元韻。是集《目録》存余詞二十又八首，筆者於詞集中核得《目録》漏載二十又七首，故是集綜計存詞五十又五首，其中約有十七首乃與當日詞壇巨擘丁致和相關，或酬和，或寄懷，或記遊。余焜於是集中亦自云『日夕過從』丁致和，足見二人交遊之密切。又致和於『南宋諸家無不深造堂奥，自成一家』，故石莊之詞亦受其影響，能『工於古』，『清思窈旨而不爲亢後噍殺之音，以蘄至於古人』。是以顧騄之序謂石莊『與詞人丁保庵（丁致和）齊名』。是集又存余焜題畫題扇詞十三首，或書離情相思，或發人生感慨，亦有可觀之處。閲是集，石莊生平若歷歷在目，是日詞壇之風雅盛況亦可知矣。

（張文豔）

玉滕仙館詞

玉藤僊館詞存

吳讓之書首

序

余君石莊爲唐坡先兄至友少工塡詞與詞人丁君保菴齊名世所傳十三廔吹笛譜是也咸豐丁巳石莊與余同受知於臨川李大理師石莊長余數歲余兄事石莊且主其家授諸從子讀假觀石莊藏書間從叩倚聲之學時合肥虞君叔垣爲先兄同年友與石莊暱見余輟舉子業事此規余物不兩工詩旣窮人況兼詞耶余遂與詞謝絶讓石莊獨步而石莊詞益工於古則雅近玉田淮海之間石莊蓋足以自鳴矣甲申余赴陝西及丁亥假歸石莊皆有詞贈余存之集中戊子石莊下世余得其耗爲之歎惋竟日癸亥謝病歸里石莊令似漢雯以君遺集乞余審定余本不工此竊聞石莊緒言與其清思窈旨而不爲亢厲噍殺之音以蘄至於古人今觀石莊之詞可謂能踐其言惜君先逝不少待余爲鄉里雞黍之會而縱談少年溺於詩詞之樂也余老矣漢雯其刊此以餉

世人其有再續詞綜及篋中集者當不遺石莊也
光緒甲辰孟春試燈日同學弟顧縣拜序於石經別
墅

序

嗟乎吾石莊兄不見今已若干月日矣生平至契重之以姻親而一旦有歿存之感其何以爲情也昔逸少蘭亭之會作序云俛仰之間已爲陳迹猶不能不以之興懷況脩短隨化終期于盡豈不痛哉夫友朋會晤而轉盼別離尙悵觸于中懷矧死生隔絕一暝而不可復覿其何以爲情也陶靖節云悅親戚之情話吾與石莊兄朝夕蹤迹尤密而今而後吾索居無聊憶兄之狀貌思兄之笑語兄其知之否也屬吾甥漢雯不忍亡其親發父之篋笥得詞如干闋擬刊以行世而請序于吾嗟乎吾一讀其詞而石莊兄之笑語猶若在目也石莊兄之狀貌猶若在前也吾烏忍卒讀哉然見兄之筆墨如見兄之狀貌笑語又烏忍不一視哉夫古人之不亡者實恃有長存者在非生平之著述耶石莊兄耽吟詠而詞尤篤嗜故先刊以問世唐人詩云六時行逕空秋草幾日浮生哭故人

昔之思故友者見逕中秋草猶感于懷矧見其人之遺墨耶王獻之之卒也嶅之奔喪取獻之遺琴彈之久而不調嘆曰嗚乎子敬人琴俱亡今吾石莊兄此詞一再讀之清響泠泠猶若盈耳亡也云乎哉

光緒戊子冬姻愚弟王希開子信氏序

題詞

金縷曲

用稿中題畫梅元韻　謝庭蘭湘谷

獨鶴寥天鶴笑塵寰幾人喚醒華胥一覺手握生花三寸管畫出烟雲邱壑聊一吐盈胸芒角我輩封侯無骨相把填詞換得功名薄朱竹垞詞老去填詞一半是空中傳恨料封侯白頭無分　非是鑄六州錯

少年意氣仍如昨看當筵高歌一曲碨碨絃索半世琵琶斜抱月誰道江湖寂寞料也算英雄迹託白石玉田呼可起是長房市上懸壺藥且休說從今莫

玉藤仙館詞存目錄

高陽臺二闋
菩薩蠻
揚州慢
百字令八闋
江城梅花引
一萼紅
南歌子二闋

解連環
鷓鴣天五闋
木蘭花慢
玲瓏四犯
齊天樂二闋
水龍吟二闋
浪淘沙
踏莎行二闋

卜算子
四字令
憶舊游
玉樓春
琵琶仙二闋
長亭怨慢
金縷曲七闋
滿江紅二闋

虞美人三闋
臨江仙七闋
鵲踏枝
暗香
如夢令

玉藤仙館詞存

湘麓居士余焜譜

高陽臺

秋宵兀坐吟蟲絮人言愁欲愁不自知其詞之怨抑也

辟古蟲喧簾疎燈瘦教人那得無愁夜半新涼商量素被熏篝十年前事知多少怕沈吟都到心頭怪無端斷雁驚風斜掠南樓　芳園曾見花如雪。似當年小杜落拓揚州。象管鸞箋。親書細字銀鉤。西風吹夢渾無迹況而今夢冷于鷗儘銷凝茗冷香殘數遍更籌

菩薩蠻

題蓮溪畫秋海棠團扇

銀屏題遍傷心句嬌雲只怕風吹去種下幾生愁黃昏月一鉤　天寒籠翠袖玉骨秋來瘦小蝶傍牆陰香須夢裏尋

揚州慢

題金古香鼎畫月宮便面

玉界高懸。冰奩徐展。卷簾獨自愁看。正無聊徙倚更鐵笛聲酸。自仙曲霓裳散後。廣寒宮殿別樣生寒。任黃昏無語相思拍遍闌干　青天碧海算從今前路漫漫。縱鳳盒緘愁。龍綃織淚。消息應難。一十二回時節。人和月願取團圞。爲人閒兒女年年照盡悲歡

百字令

吾邑拱極臺踞城面湖風帆沙鳥歷歷在目年久荒圮俞雅平司馬麟年重建極一時登覽之勝余偕丁保菴文致和王迺庭希閒成子清沂同遊保菴文詞先成余與子清繼作時丁卯重九日

野航同喚喜登臺風景豁人眉宇一角城陰千樹柳秋在無人尋處古寺鐘來平湖樹擁低雁如繩

度片帆天際愁心逐其飛去　可惜秋已無多黃
花滿地冷眼誰爲主一例蒼涼身世感衰草夕陽
無語孤隼盤雲羣鷗爭席夢醒湘皋暮飄零小謝
驚人剩有詩句

江城梅花引

十三樓吹笛譜保菴丈詞集也其詞瓣香石
帚而南宋諸家無不深造堂奧故能自成
一家近日詞壇中巨擘也余性好倚聲所
夕過從得聞秘旨覺從前所作皆可焚去
余所存皆識保老後作也保老今刊續集
屬題此解

無端多事是東風太匆匆感飄蓬都把閑愁吹入
落梅中倚遍雕闌芳草闊暮雲空入何處夢亦慵
壘巢燕子認前蹤渺湘波簾數重舊題彩筆問
幾度換羽移宮十載旗亭都唱玉玲瓏消瘦江南
烟雨裏兩三峰傷春淚比酒濃

一萼紅

題保老坐看雲起圖

儘沈吟鳥晴絲一縷獨坐側秋簪白鳥斜捎青山
四擁古寺鐘又愔愔留不住斜陽一角只伴我無
語下平林古石爲床長松作蓋幽夢侵尋　不是
生平疏懶是閑中冷眼看遍升沈鶴態難馴鷗盟
易散十年蘭雪胸襟指天末飛鴻幾點乍臨風絃
外有餘音路轉峯回再來却怕雲深

南歌子

劉介臣屬題美人畫册

月魄修容滿珠光入掌圓一春辜負又啼鵑爲甚
落花如夢柳如綿　愁帶三分笑翠生一種憐紗
幮茉莉插花鈿記取藕絲衫子嫩涼天

百字令

題董子香詞鈔

東風多事恨無端惹出啼紅怨碧六曲屏山低掩

映付與傷春詞筆好夢如雲舊人不見消瘦珊珊骨香巢何在當年燕子曾識　回首黃鶴樓頭梅花一曲撅遍臨風笛幾點征鴻烟水際淡掃修眉橫夕僕本愁人公真健者同作瀟湘客東欄雪霽光陰又到寒食

解連環

子清以白梅詞見示意旨哀抑不無棠棣之感賦此奉酬

短籬曲折有垂垂一樹粉雕瓊綴算幾生修到高寒忍重認冰魂舊時明月香冷巢空又還是燕來時節更西堂草綠寂寞小園舊恨休說　何人玉龍吹裂把闌干倚遍愁掃堦雪奈轉眼風雨闌珊便尊酒重來綠陰啼鴂鶴夢醒時又一度羅浮小劫儘醞懷雨昏烟暗柴扉畫閉

高陽臺

董子香以花簾讀曲卷子屬題久未報命忽

忽歲闌將買歸棹譜此奉題兼以誌別

雪盡江清天寒歲暮先生忽買歸船似水年華曉風辛苦啼鴃江頭老屋三間在儘容君散髮高眠把閑愁吟遍離騷迸入哀絃　披圖省識銷沈意只竹移雨後菊蓺霜前小杜疎狂鬢絲禪榻因緣背燈吟瘦梅花影笑倦游滋味年年問東風一樹垂楊青眼誰邊

南歌子

題三色折枝蘭花

玉骨生來瘦檀痕淡欲描是誰種下恨根苗惹得燈前簾底夜迢迢　弱怕風吹去香憐怨未消劉家小妹試丰標何事新來愛着紫霞綃

鷓鴣天

立冬

一線光陰暗裏增閉門高臥意瞢騰梅花纔寄天涯客薺菜旋分野寺僧　名不朽我何能半生鴻

雪總無憑兒童儘有嬉春意團聚霜宵試橋燈

百字令

元宵節趙次梅丈招食湯圓戲成

前宵春雪恠鮮明顏色飛來甆底細軟清腴誰做出第一京江風味珠玉當胸彈丸脫手好把新詞比先生工填詞 點塵不染禪心玉版同此 堪笑貼燕黏雞東風無賴那覺春來易我亦簪盤滋味淡近日詩情似水樣較鉛圓膚凝紙薄幾點胭脂記墨胎仙品清饞還想重試

木蘭花慢

和保老燈市之作

妝成銀世界半人巧半天工看玉海涵星珠宮得月曼衍魚龍亂亂幾番花信算最難宜初試燈風飛到一行鸂鶒吹開萬朵芙蓉 香風曾醉花叢多少恨玉簫中怕舊事重題銅駝俊約紫鳳狂蹤街東乍經酥雨步姍姍知是繡帮鬆記取眼波乍

玉藤仙館詞 七

曾明宵萬一相逢

玲瓏四犯

春寒索保老次老子清和

遶岫霧沈踈簾雲晚貿屏三面低護小梅消受慣夢繞孤山路湘波舊愁付去怎新愁不教同去蕙炷重熏慈篝半掩都是惱人處 東風綠添隄樹只紅慶緊閉歸雁何暮明朝晴未卜生怕芳期誤羅襟怯展相思摺有多少啼痕前度雙燕語黃昏盼天涯尺素

齊天樂

鯆魚和保老子淸

十年烽息瓜洲路冰鮮近聞來早楝子風輕蠶兒酒熟竹裏軒窗新掃開尊俊倒算櫻筍光陰莫教放了懶拂鈿塵趁潮猶自送歸棹 虹橋舊時吟抱梛花飛似雪當鑪人好玉刺生成文鱗太露漂泊江湖多少彭郎漫惱要味外參禪那容草草焚

玉藤仙館詞 八

尾張筵餞春春已老

百字令

帳鉤和保老

晚妝欲卸却移燈就近沉吟未許解去玲瓏珠絡索半晌琤瑽纔住殘月窺床尤雲殢額蜨夢重重護相思鉤着吐來香餌成縷　最是玉臂斜彎春冰細戛輪與顰猧覷枕上惺忪饒倦態藏着巫山香霧花事闌心侍兒搴幔說有侵晨雨縠紋微漾

海棠沈睡休誤

水龍吟

中泠泉在金山江底峭峯千仞下伏沉淵數百年來飲者皆贋本河豚也近日江漲爲洲水涸泉出劉鹿坪孝廉用賓由京口寄余亦好事之雅人也余與保菴丈子清各賦長調以記之時庚午穀雨前三日

驪珠飛過江來扁舟直下風如箭劉郎好事銀餅遠寄清芬未變調水符新出山源古深情一片況雲潭徹底人生幾過坡仙後誰曾見　舊雨朝來傳遍臬踈烟竹爐深院神寒骨重一杯在手松風吟倦始信人間河清可俟玉顏難駐只春寒閉戶餅花茗盌把閑愁卷

浪淘沙

芷香女史屬題萬袖石先生美人四幅保老子清同賦

題紅

夢冷小屏山秋色斕斑玉階重疊葉聲乾竟日深宮人迹悄寂寞憑欄　霜落御溝寒流水潺潺幾行錦字寫都難只有閑愁闌不住飛到人間

踏莎行

觀書

玉鏡妝成綠窗香炷鉤簾一陣桐花雨斷腸人讀斷腸詞幾番懶去教鸚鵡　眉目新描髻雲低護

分明寫出驚鴻譜一春幽怨怕人知傷春却在無人處

卜算子

簪花

昨夜子規啼似欲催春去雲髩留春貼一枝尚帶侵晨露　眉壓小山青鏡展秋波注粉蝶尋香驀地來簾底風吹絮

四字令

熏籠

柳花斷魂梨花夢雲輕寒容易黃昏只爐香自溫　釵邊舊恩春邊舊痕漏聲吹度重門剩紅冰一巾

憶舊游

不見周石君天霖又三載矣今從淮上寄句湖蓮隱圖屬題時將之官三晋益以離悰倚此寄之

記西風前度畫榼攜春桃葉呼舟又走長安道燕臙脂坡下駿馬貂裘幾峯插天如削千古壯雄州嘆別後相思夢隨汾鴈飛度淮流　前游怕題起有卅六銀灣十二紅樓寫出憑欄意況荷跡柳老一霎勾留認他舊巢痕跡雙燕說春愁漫十載重來相逢一笑沙上鷗

水龍吟

游焦山

隋帆吹度中流一拳山色秋雲透新涼時節幽巖桂滿虛廊竹覆二十年來沙鷗一笑青衫依舊只蕭蕭故壘大旗不落指點是瓜洲口　千古興亡回首繞梅花一龕相守寒雲黏雁漁舟吞浪孤笻吟瘦霸業東風軍麾南渡不如杯酒笑𤲞碑多事銘留瘞鶴付山僧手

鷓鴣天

松寮閣曉坐

難買精廬半日閑竹邊鶴態自珊珊蒲堦黃葉無人掃留與山僧伴枕函　山欲笑佛先參曉燈涼影遠公龕無心最羨鴟夷子一舸波濤睡正酣

踏莎行

焦仙洞晚眺

落葉荒菴霜鐘石壁天風浩浩披襟立角聲吹斷海門秋亂帆留得斜陽色　苔老叢青潮來一白吟魂恍向冰壺滌雲峯高處試回頭江城如掌人如粒

玉樓春

游自然菴

茶聲客散餘松火沙鳥無心忘爾我絕無塵滓佛同龕似解留人山入座　閒看帆影窗前過簪帽黃花霜壓朵晚風新雁不成行淡墨零星三五箇

高陽臺

金冶青𨥤自畫窗外芭蕉窗裏人小照索詞

楝子番風櫻桃花館落紅庭院愔愔一縷閑愁惱人啼鴂光陰綠窗連夜霏霏雨補情天細展秋心記前番夢入梨花月淺雲深　誰能省識蕭騷意只春山一幢眉樣初臨半面春風思量直到如今絃中音已無人聽更何從絃外求音漫銷凝碧海千尋定有瑶簪

琵琶仙

冶青爲余畫冷紅吟館圖舊香在樹剩雪半畦極蕭踈簡淡之趣譜此索保老次老子

清題句

風峭簾鉤又偏是昨夜熏篝無力殘雪猶在闌陰春來遲如客開偏了前村幾處忍辜負曉寒雙屐老樹支雲踈香釀夢塵事都隔　且休管春淺春深但高枕瞢騰任岑寂還把舊愁提起賦驚鴻顏色湘竹裡芳心漫訴怕酒壚不是疇昔可記新燕江南小樓初識

長亭怨慢

保老有茗雪之游譜此爲別殊覺松陵橋畔渺渺兮余懷也

已銷盡西園香雪甚處飛來一聲離笛去雁遲雲短蓬敲雨又寒食鷓鴣休喚留不住江南客一路好湖山況正有荼蘼消息　倏憶到沙鷗舊約袖底酒痕重覓瓊簫細譜算還是小紅知得怕負了烟月垂虹更愁展吳波新碧也忘怪楊枝難繫相思千尺

鷓鴣天

保老歸邗上已半月矣舊雨不來春寒如水挑燈獨坐賦此柬之

曲曲欄干漠漠簾春寒料峭曉來添欲温花夢先燒燭怕寫春詞且膩箋　風似剪月如絃光陰又近楝花天遥憐踈柳虹橋畔吟瘦東風雪一船

百字令

丁保老別三載余羈漢臯忽忽不自得保老疊次來書並示見懷之作譜此奉寄

湘波浩淼把江蘺吹瘦晚烟凝碧逺道書來愁盡掃珍重故人書札紫蠏黃花青山白眼醉弄虹橋笛知君幽興冷蟾常照瑶席　最是老柳江潭斜陽峴首腸斷登樓客烏鵲南飛人北去多少蕭蕭蘆荻楚雨驚秋吳潮帶夢詩鬢蒼涼極明年歸去旗亭新句重覓

金縷曲

周石君出守定羌久不通訊客窗苦雨言念舊交填此奉寄時余尚留滯漢上也

不見周郎久最難忘醑醪風味使人低首記否相逢桃葉渡又是星霜八九只詩髩酒痕依舊愁滿湘江鴻雁少趁西風吹度陽關柳難得是笑開口　黃花消瘦懷人候怕琵琶聲來水面青衫濕透新譜雁丘成絕唱那數遺山詩叟儘嘯傲一州如

白不自知其悲憤也
又到清明節怕重尋椰枝斜畔詞人短碣十載瓊
樓多少恨都付旗亭三疊最淒絕山陽笛裂酒海
詩城狂態度過黃爐依舊花如雪怕重對舊時月
報君一事君應悅算從今零箋斷藁不教磨滅
瀛海流紅三萬里直到無情處歌怎忍得青衫淚
咽舉世不爲迂濶事比千金脫手心尤熱我也有
一腔血

滿江紅

又代小樓叔趙松坪題
借問天公恁何事曇花一照纔悟到酒令公喜詩
令公惱不是故人能好事倩誰收拾消魂藁想重
泉解識此時情應狂笑　也曾醉紅橋草也曾打
焦巖棹漫贏將狂名滿世梅孤鶴傲心血嘔成長
吉病肝腸淒斷山陽調又誰知臣叔本來癡儂懷
抱

斗他日宦成休忘却勺湖邊添箇垂綸手鷗鷺在
語非謬

金縷曲

余由漢皋回里有西河之痛適石君由定羌
寄書來并用前韻見懷爰再疊韻奉酬
漢上羈遲久趁殘年一江風雪片帆牛首燕子重
來花落去恨事十常八九喜紙上相思仍舊落日
哀笳窮塞主譜新腔唱遍旗亭柳只合付小鬟口
人生幾見開顏候算從今花場八海鬢絲寒透
雨過邊城民訟簡歡喜春畊童叟且醉倒葡萄三
斗豈不懷歸歸未得怕明時難袖爲霖手買山意
本非謬

金縷曲

癸未仲春聞鄒君小癡刻亡友趙君小樓爲
書詩集小樓固不死而小癡高誼亦可風
巳用湘谷老原調記之一燈熒熒梨花明

琵琶仙

介臣丈將歸金陵余以病未赴秋試倚此為別並詢保老近況

鱸鱠西風，早勾起一夜滄江歸興。十年松菊荒涼，重開舊陶逕。休更說霓裳舊譜，有誰耐玉樓風冷。禪榻消香，歌樓歇雨，前事愁問。　又一度秋老平山，有叢桂招邀嘆詩艇。多少湖干楊柳灘，當年人影重來處，閑鷗在否。剩玉簫盡是淒韻，為把前度劉郎鬢絲重認。

金縷曲

題冶青梅花畫册

喚醒揚州鶴，問今番羅浮短夢，可曾驚覺。鐵幹冰心脩不易，不是尋常邱壑。最怕聽霜天曉角。底事孤高成別調，試平心休怪東風薄。都只是，自家錯。　花場人海歡如昨，總不過曹劉沈謝，暗中摸索。到得花開都道好，誰識空山寂寞。有何處金鈴可託。說到十分難解處，要禪家棒與仙家藥。天下事，莫如莫。

齊天樂

白秋海棠和保老次老

粉牆西畔黃昏月，秋魂夜來驚醒。雨歇閑門，苔深舊苑，多少珊珊丰韻。銀河露冷，便淚洗春潮，斷紅無信。點破秋陰，半奩碎雪剩殘印。　華鬘怕題舊事，霓裳無恙否，添了絲鬢。夢易成烟，情都化絮，不見當年人影。飄零暮景，是生帶愁來，那教銷盡。舊入冰綃，畫中還細省。

百字令

贈成直刺梅叔占春時梅叔由滇南回里

成連別久，喜好風一霎，故人吹到。十載光陰渾不覺，仍是書生風調。竹裡團欒，燈前歡聚，春酒開懷抱。知君寄託，不爭真乃奇妙。　見說十萬重山，人千里，月卧鞍鐙花笑。匹馬朝天窮塞主，愁別田園

父老小巷櫻桃大堤楊柳可似當年好風流刺史
弓衣繡滿詩草

金縷曲

謝湘谷丈庭蘭用余題畫梅元韻倚聲見示
仍用前韻答之即示顧石孫徐月屏

高絕遼東鶴幾多年管君皂帽竟無人覺不喜人
知成獨往位置只宜林壑何處吐胸中芒角同調
城南王季子謂子信笑五陵裘馬真輕薄生識字

本來錯　苦吟詩鬢今非昨二十年江湖兵火解
人難索世事險巇吁可怕第一吉祥落寞別有箇
千秋寄託筆似申韓心愷悌是君家鍊就長生藥
鋒斂盡古千莫

鷓鴣天

即景

老柳春漪鬭豔時萊花香裏有柴扉淺深顏色休
相妬風雨明朝未可知　蜂已鬧燕來遲閒吟不
覺過橋西絳珠仙子來何暮慚愧劉郎鬢已絲

百字令

題鄒小癡琴尊小隱圖

是何意態倩三毫添出朱霞天際片月當空山欲
響絕好清涼身世易相如棊論才似斗都是南柯
蟻先生休矣不如抱琴而醉　誰識埋我陶家尋
君嬰下十載才人淚我欲問天天不語蕭瑟湘江
蘭芷絃到無時酒從醒後方識真滋味披圖一笑

竟忘人在畫裡

鷓鴣天

丁保菴由邗上惠書知杜小舫將刊詞話已
將拙詞寄去戲成一詞即寄小舫

天末涼風入夢思最難消遣蓼花時二分明月傳
簫語一鏡湘秋曼鈞絲　書報與故人知江南都
唱杜家詞生平不遇陳同甫那識人間有改之

虞美人

甲申清明日獨遊拱極臺感賦

十年不到城西路楊柳青如故斜陽獨喚野航來寄語桃花從此不須開 俞雅平司馬舊栽桃花今摧折殆盡矣 當年詩酒流連地詞客今餘幾 丁萍綠董子香趙次梅石樵僧皆作古人 東風夢冷十三樓 丁萍老詞集名十三樓 不管興亡只有舊沙鷗

杜郎俊賞張郎筆 杜小舫方伯張子和明府皆力

追南宋者 都是中興傑功名半付暮潮聲惟有幾行俊語播旗亭 梅翁風趣官何冷燕子春寒緊酒人零落恨如何贏得墓門花落淚痕多

前年三月逢初八漢上朋簪盍詩中畫與畫中人絶似某逢大敵見精神 前年與羅雲五王萊軒諸君在蒲陽看桃花幼廷作圖余爲記諸君均有題詠 今年獨立平湖畔芳草連天遠舊愁纔去又重添第一乍晴乍雨惱人天

臨江仙

寄懷顧耳山秦中

不覺與君經歲別登臺獨自消魂在山泥憶出山雲鞠留燈畔客雁緊雪前程 舊日酒徒都不見迢迢楚怨湘纍相思七十五長亭人和秦月遠夢繞隴山青

金縷曲

耳山由秦回里營葬事畢復之官西安賦此

贈行

雲絮真飄曾怪無端相逢未幾又驚離笛見說長安棊局冷健了灞橋詩筆更禁得幾番離別我正無言君大笑笑玉關楊柳常飛雪且一醉壯行色

詞人老去情懷劣再休題西園舊夢烏衣往日文字摩崖金印大此亦偶然得失我剩有無爭片席他日濟時霖雨了儘分君一角鷗邊石切莫與外人說

金縷曲

寄懷顧耳山西安

問訊江東子記去年黃花一別光陰彈指聽鼓應官知已慣定有天然位置有何事能令公喜獨上酒樓誰與伴有灞橋雪與終南翠差可語漢唐事　送人作郡成何味廿年前事業文章看來容易今日方知都不易不覺老將至矣更經得蹉跎能幾我已自甘湖上老只長安棊局今笑似霖雨手

讓君輩

鵲踏枝

幾樹寒鴉踏暮烟故人相對一樽前快心怕數揮金事刻骨難忘倚玉年　裘馬氣鬢絲禪爐灰畫破悶中天青山厭我全無夢那有才名換酒錢

暗香

題梅妃圖用姜白石元韻

淡黃月色把春魂喚醒江南飛笛多事疇風剪就冰枝耐人摘休問君恩厚薄拚付與慶東香箋儘冷落倚竹無言寒暮怨湘席　南國信久寂便暗寄斛珠此恨徒積唾壺染泣新樣粧成鎮相憶誰使楊花似雪還肯關嬌顰低碧况轉盼春去矣可曾喚得

臨江仙

題郭秋山隨園圖

三十年前曾一到至今常駐胸襟不堪兵火庚蘭

成名流觴詠地只有畫圖存　昔日風流誰嗣響六朝山色當門小倉千古託詩魂松濤飛紙上猶作朗吟聲

百字令

甲申秋郭秋山丈過訪喜晤之餘賦此志樂

廿年不見乍相逢意外感深疇昔舊雨豐年同一喜剪燭重尋鴻迹眼底雲高窗前春滿老作諸侯客絲絲兩鬢冰壺輝映宵月　最是紫蟹初肥黃

花漸放絶好秋消息有口休談天下事只有醉鄉可覔大白浮盃小紅按拍此樂原難得玉關信杳征人愁聽羌笛

滿江紅

題王墨林維翰美人俠士圖

十丈紅塵見幾箇雄姿秀圖儘想像龍吟虎嘯鴛嬌燕狎青塚豈無埋骨地黃衫徒有飛仙說把一生憎愛悟恩仇驚殘刼　滴不盡枝頭血擊不缺

鋒頭鐵問何人知我情腸癡拙舞態有時狂似雨春光轉眼涼於雪譜哀箏痛哭畫中人聲嗚咽

臨江仙

白秋海棠

一抹秋痕誰喚醒啼蛩絮冷窗燈西風一夕井梧深弱凝雲欲化怨到淚成冰　萬種温柔難比並意中只有卿卿別來除是夢相尋便教尋着了又恐夢無憑

如夢令

題菜花畫册

十里桃花前渡幾樹柳枝低護滿地布黃金買得春光少住休誤休誤又是東風一度

臨江仙

爲郭和齋題黃葯嶺辭鄉前輩荷花畫扇即送之白門秋試

八十餘年鴻雪影一痕淡墨如新果然文字有前

因尋盤羞自薦定有探珠人　指日莫愁湖上去晃裳一曲賡成畫船風露夜盈盈好花爲四壁皎月奪繁星

臨江仙

書好便看眠便罷閑中滋味如何前茶滌研小消磨青苔來屐少黃葯傍籬多　稚子漸知文墨好燈前也自吟哦一生甘受俗人訶巾湖三十六咨我戀鷗波

樗散生平無一可詞場也是虛名空堂剪燭已三更雁程霜外緊蟲話雨中深　去便不來來亦去一時夢不分明綠陰青子細沈吟到頭都是幻遮莫說來生

三十年來多少事曾經幾度歡場也曾意氣逐風翔鼎茵當日貴裘馬少年狂　老去方知皆夢境只餘山水難忘鐘聲一杵又斜陽除他堂上燕那解說興亡

退思堂草

（清）朱鳳台 撰

《退思堂草》九卷，清朱鳳台撰，據華東師範大學圖書館藏清刻本影印。

朱鳳台（一六一七—一七〇四），字慎人，號驥渚。清江蘇靖江人。應鼎子。順治四年（一六四七）進士。任直隸阜平、浙江開化知縣等。八年任浙江鄉試同考官。擢兵部車駕司主事。告終養歸。

本書爲朱鳳台文集，由其子朱廷客、朱廷宋等輯。卷一序文，卷二記，卷三祭文，卷四書啓，卷五下學贅語，卷六傳，卷七志銘行狀，卷八雜著，卷九偶鈔、訣世大略。朱鳳台精於古文制藝，深諳諸儒之説，文集所載内容非常豐富，可見其行事與思想。如卷五下學贅語，爲其嚮往古代聖賢之學，沉心潛思所得，片言隻語，亦可考察其思想。卷六傳記中，記順治間兵部尚書李際期（《李庚生先生傳》）、浙閩總督陳錦（《總督陳老師傳》），有助於我們了解清初政治、社會諸方面情况。卷八《崇儉約言》，主張厲行節約，戒止殺生。《勸速歸葬文》，倡導移風易俗。《靖江則賦議》、《靖江水利議》則關心鄉梓，關懷民生福祉。卷九《訣世大略》，則爲其生前所言喪禮約略，亦因其一貫簡樸節約主張。

（周　忠）

草序

凡文有強之而得者非其
文之至也其至者本於性
之所自足挹之而不窮出

之而愈變雖處紛置糅苦
之中而自有其肅然澹肰
之致相遇於楮墨之外在
作者初不知其至與不至

此其所以為至之道也故
菁華可附而不可恃至性
可恃而不可強強而得之
者雖恢乎見其有餘而識

者已知其必敗世有忠孝
樸誠之言無以大異於庸
人而千百年之後猶能令
讀者沉酣愉佚而不倦文

固有所托之而永焉者也同門慎人朱子天才奇逸久以經義噪名東吳而識度淵肰常若有以自下非

退思堂草序　十三

徒如時輩少年可僅以卞華遇之者仕既得窜且又爲開窜也紛顰艱苦無過於今日之窜更無過於今

日之開之窜矣一日忽從同人得閱其退思堂艸髙老沉濬一歸自然而愷懷遠略如老翁之謀室家如

退思堂艸序　十四

大將之計軍實能令喧者靜倦者快頑者汗生是豈強之而至焉者乎吾見文人作吏日孷孷於簿書而

意中亦以其吏也頹然自廢若慎人則正惟以令故得㢲其獨至之卞以展其日新之業昔寞朝歌謂不遇盤根錯節無以別利器吾於慎人請吏為之轉一語曰不遇紛囂艱苦無以成至文

賜進士出身內翰林院庶吉士年門弟焦竑瑞題

退思堂草序

嘗讀古典訓諸書歎其簡而弘肆而不溢探之有本用之可以無獘以爲此古人之文也而不知當日所行之事已盡于此矣三代而後諸儒角立雖未得會歸至一之塗猶能取聖賢之旨相與肆力明之曉然言其意之所得故其爲文亦深固而醇雅大率不離乎性情者近是至於近世始驅海內人士之心力迫而注之于文而文章政事遂不得不判而爲二而文可制義有古業治之者不

可得兼則又不得不以古
文制義判而爲二皆勢使
然也於是天下之士殫厥
智勇互相雄長而文遂不

盛于今日雖然今之學者
惟以制義爲羔雁亦或偶
以古文爲攘竊其文似奇
而實庸似華而實儉似深

而實淺而古文制義遂交
瘉而不可救則其用心致
力者之殊也嘗讀艮之象
辭曰兼山艮君子以思不

出其位則位者君子之所
以思者也古人負絕世之
才而尤必日夜思之罔有
隕越更惴惴焉懼鮮克當

者則位亦甚無窮耳故今日之士非不思之患而無越思之難學者不安于其業仕者不安于其職而文章政事遂又至変瘉而不可救亦勢使然也驥渚朱子爲予内皮所得士其制義快而能沉純正而不雜

隱得卷尚未經詳評而暮意倦眼爲之一快故予之得朱子於制義也最奇而予之知朱子也則又有深于制義者後朱子受令浙之開陽爲三省変錯地初揭竿者環垣而嘗嘯焉朱子既令之再歲聞其野安

定如故此朱子爲山九仞時也前者予書以寄勉懼其有怠思也怠則厭厭則越矣茲朱子録其退思諸

篇走千里質予予又得見其所爲古文也者至閎之而歎朱子之善思也非善其思于文而善其思于令

開者之文也閒開僻而貧時當軍食孔殷令于其地者多苦智計之不給而朱子籌書之餘脩舉廢墜區

畫周詳文雖不多要皆淵然可思較之近俗之爲古文者則殊有異是固朱子性情之文哉知朱子令開

事不盡于此然其文所言
無非事者卽謂朱子記事
之言也可
順治庚寅孟冬

九

賜進士出身內翰林秘書
院侍講學士前弘文院
簡討庶吉士通家友生
呂崇烈題

十

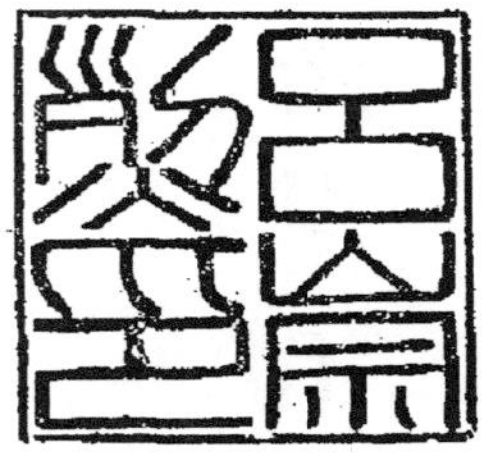

退思堂草序

人之於世無不朽者獨行與名之足以久存而已然其所托以久存者亦必其人與文之精醇卓犖超絕羣倫且能取古人安身立命之學日劇切於己凡一言一行無不足以追芳往喆而後世之人既景慕其人又樂得其文而讀之即托於其所著傳序碑銘之末者而其人之名與行亦無不附之以傳斯其人寧易幾歟在漢則稱龍門在唐則稱昌黎在宋則稱廬陵眉山數公之文顯重於世幾若雲漢之昭天江河之澡地矣而生於其

時者其人之行誼不必皆爲後世所絕徒以厠名於數公之筆墨亦足令後世稱慕景仰而不衰今天下有數公之人而又兼有數公之文乎有其人有其文而人之相與晨夕請益無間又得列於其傳序碑銘之末以偕垂於不朽抑何厚幸也予於愼人先生殆庶幾遇之矣先生之文追數公而頡頏之而其爲人則又數公所未易及吾所謂精醇卓犖超絕羣倫者不僅於先生見之乎先生之事業經濟在今開陽先生之砥節礪行在居鄉黨先生之揚先裕後淑世度人在盛著述而求其安身立命之學則直駕乎古人之上在於自達其性情而止噫先生之斯許何淺位置何厚耶夫夔風排雲鼓翼於九天之衢以赴功名之會斯固當世之士所深願者也而先生視之乃若得之非我加失之非我損惟是一行之有愧於古一言之未幾於道即非吾自得之學而無以追踪乎聖賢所日孳孳而寤寐不遑者此耳故其才足以經綸天下秩僅晉於樞曹業足以震耀古今用僅施於邸雉人皆爲先生惜之而先生方若有所負而穉焉歉焉若有需而獲也是先生足以爲萬世之傳人自有其不朽之

業在不必斤斤然於文采之也試就其所刻諸文伏而讀之盡極至性原委六經先生之所以立命也亦即龍門昌黎之立命貫穿百代上下古今縱横事理使物莫足礙之先生之所以安身也亦即廬陵眉山之安身先生之文如是即不必更求所爲不朽之業第厠名於先生之華墨亦無不可托之以久存于何幸而獲奉教於先生又獲因先生之文而弁之以並垂於不朽也乎

年家　弟鄭重山公氏拜題于驟諸署中之青立樓

退思堂草總目

退思堂草目次

卷之一序

衢遊草序

鳳台愼入父著
男 廷客君嘉 廷宏長菴 父仝輯

邗理李公治衢之三年，刻其所爲詩若干卷，名衢遊草。曰衢志地也，曰遊寄興也。寄興者，不專乎衢之言，而於衢乎紀之，則亦謂爲衢之言也。鳳台荒城勞吏，辱公知久，一日出示台，且以序言命台。不敏，不知其爲非分之所宜也，乃爲序曰：夫造父之御，進却中繩，左右旋中規，未嘗求之馬也。不求之馬

則已忘乎其爲御矣。夫忘乎其爲御，此御之所以進却中繩，左右旋中規也。天下之理，無常用，無常不用，惟無智則能使智也，無能則能使能也。故境有所乘，接之而不勝勞，窮之而不勝易，皆足以繆吾心而制吾意。當此者，苟有以自處吾神明之間，快然行之，不挫於氣，而無所窮屈，雖外物至，不勝於心，則天下之能事畢矣。今之所謂才者，求之愈力，執之愈堅，而曠然空明之途，日歷之而不可用。非不可用也，不得所以用之也。不得所以用之，學雖贍，志雖廣，無益，故神於用者，其

視小大繁重也輿清燕同其視飭力而艶趨也與溪山本石同其視千載也與瞬息可目營者同此其所以自處者殊也故機之迫於前也耳雖聞不可以聽目雖見不可以視心雖知不可以擧惟解者能澹然遇之於兎起鶻落之際蓋爲之而知其不可解也是則深於解者也台不能爲詩竊嘗持此以論詩不達於政又嘗持此以論政何則詩與政至變者也變則不勝解解則不勝變也然竊聞之聲音之道與政相通古人誦詩聞政蓋其所爲詩即其所爲政明乎其爲性情之

遣思堂　序　　二

事也古人畢一生全力於性情之故擧天地古今事物之變雜然投之而不可動於是天下之真才出焉是古人無治才之法也亦自治其性情而已矣衢爲越西北隅郡風土稱朴茼恒若與官屬忘者然其俗嚚然相率以訐簪爲能故理衢難理衢者之自處亦難非有沉濬負精識能入道者則往往不克宜當公至上下以獄至者紛庭間蜮附思擊幾不可究切公每數言決之根莖咸析即千里外數十年事如燭炤數計也於是擿龍丘攝捕攝複隨所急靡弗以公重說者方謂

公朝夕淬厲之不暇。不意公猶欲言詠歎。晏如也。今人遽所宜處。利欲鬬進。情炎於中。旬戚戚如不可生。遇事至前。輒沮放橫決。即向之所謂才者。亦困悴不知所措。尚安得如公茹吐玄間。追逐雲月。浩然言其意之所至。激宕塵壒之外哉。公之爲詩。賾特沉秀。隨筆寄趣。無意爲古。而自與古會。昔庖丁之解牛。梓慶之削鐻。與清明在躬。志氣如神者同道。皆不容一物於其中。故能妙也。讀者解此。方可以得公之詩。雖然此豈徒公之詩云乎哉。

遣思堂　序　　三

名理卓識以快筆出之踔踔縱橫可喜　兆鶴門

重脩開化縣誌序

五方之性不可強齊，因之而已。因之所以齊之也。故世異則事異，事異則脩變，此古人所爲論世之事，而因爲之備者也。夫視頡鍔而察鍛制，區冶不能以必劍；擊及金石，犯以駒兕，則臧獲不疑鈍利。發齒吻，揣形容，伯樂不能以必馬；授車就駕而驅之康逵，則臧獲不疑駑良。務守常度，責違其蹤，聖賢不能以必治；相時之弊，審其功伐，則庸人不疑於善敗。故百里之地，今昔異患，異患則異備，明於患者，備不勝舉也。邑之

有志，志俗也，志治也，而脩治之道存焉。開故有志，所以志開者良悉，然非今日之開之志也。何以言之？開自兵火後，土蕪曠，不穀，丁户多流死，無平年，屢饑，粟不足食，疾疫，歲供數且大絀，物產菑圖荼者，惰貧無所曾孳之，不飽。開固大殊昔時，則使弊然。吾開之驂服已憊，而鞭策愈加，故有傾銜僨簞之變。民大罷，則不可以常使也；振大弊，則不可以文取也。撫茲土者，苟惠顧之，予少休息，勿侵愁小民以求虛名，則財亦因人爲感爽者也。今

國家蠲滌內災，光協文物，方輿天下更化，志爲邑闕典，不可以勿飭。且舊志距今二十餘年，人事煙新，無乃湮逸是懼。於是請之

當事，以　徐先生爲董，孫邑學傅、邑孝廉諸君佐之。存舊十之七，增五之一，删九之一，再閱月告成。庶幾使問俗者輶軒至止，採訪有賴；即後之君子撫視此閱，則後先得失之故具宛然在。得者可循，失者亦可師也。時會遷移，利害不一，據舊以鑒新，則可以惻然於民力之所能任。知民力之所能任，於

是可以知備矣。吾故曰：此所爲論世之事，而因爲之備者也。

有關係文字筆之稿，按則已直逼先秦矣。諱者附

沇靜園稿序

士必先論氣識，然後可以言才，蓋氣與識用才而不爲才用者也。故氣識之有深淺，而士之才亦因之差乎。是豈吾儒旦夕之故哉？昔韓忠獻公嘗謂吳瑑堅挺有器節，氣雖壯然包蓄不深，發必暴，且不中節。余嘗惕繹斯語，謂可持此爲相士法，竊又以爲論文亦不踰是。蓋文者自見性情之具，如百億其人則百億其貌，迥然各不相借，實有神明行乎其間。衡文苟具靜眼，則作者生平大約可見，故以論文爲相士，往往於尋常行墨之外遇之，此其故，閱者正亦不自知，知者亦復不可得而言也。靜園沇子之文，深醇秀朓，簡而能大，澹而彌腴，即之夷然，淵然不可涯涘。辛卯之役，余闈中得之，即私擬此必厚養有氣識士，及出而握手，則沉樸肫摯，獨無晚近華便之習。叩其懷來，則古今治亂成敗、聖賢出處學問是非之際，無不晝得其粹精，涵蓄充溢，而當世兵農禮樂，又皆考究綜貫，確有成謨，始知沇子蓄極而發者。制義特其緒餘，其所蓄而未發者，正不當僅以文士目之也。茲幸速飛，沇子行將出其素所醞釀，見諸施行，而同人又彙刻其全稿行世，余不佞亦於是謬叨有論文相士之鑒，故漫書此以見讀沇子文者，當不復輕言才也。

古人論才字甚深，今人動輒言才，知未讀慎人此文。劉兩符

祝于公祖壽序

憶予幼時嘗聞父老言常郡大守有宜諸歐陽公及一雲曾公政治清和以父母豈弟之心行作君作師之事歌以棠誦無疆者遍五邑無間言此在勝國盛時迄今六七十年稱賢守者必稱二公茲上吞于公之守郡也人之稱之者一如其稱二公予私心向慕者久之一日忽其衰老力疾往覲光儀辱公不棄晤接之頃言論風采則皆溫良恭儉讓之流布信乎近所稱賢守不一要未有如公者也歸而語諸親友共相

慶幸會歲之七月初三日爲公嶽誕之辰客謂台當有以祝之台曰公非責禮於人者且世俗之禮非所以浼公無已請贈之以言語云仁者靜仁者壽其公之謂與公本原在清惠康恕整躬率屬遇百姓白事及聽訟皆淑氣和顏任其反覆辯論然後折之以理再則以至性動之其人勝固欣然負亦心服一時五屬事寃獄數百人囹圄因之常空至如革陋剔一切羨金捐俸修誌考試公明皆彰明較著於口碑大約寓剛一化於克仁之中行拊循於惇大之內喜怒好惡一本於此心之仁而不牽於私雖早朝晏息而精明強固之體愈久而愈不倦斯非仁者靜而致壽之一徵乎古人有云愉易平靜以待之使夫自得之因然而然之使夫自寧之古之有道仁人其用心行事施政宜民皆是物也南山之詩有曰樂只君子邦家之基又曰樂只君子萬壽無期鄭康成以爲人君用賢牧民則其德宏溥貞固如南山之基善建不拔彼蒼者天則篤其慶壽　國以及民使斯民安於清淨寧壹之化而晉五邑於和平淳厚之風異日者公秉國之鈞其所爲守靜行簡

之效必源遠而流長也不期歐陽公曾公又復見於今日歟欣鼓舞之至臣誌一言以載棠陰碑末云

鍾英詩選序

嘗論古人之爲詩，多挾山川之奇勝，以發其情之所自至，故其有趣常沉澹綿渺，變化不一。如退之潮州，東坡海外，老杜自秦川入蜀諸詩是也。至若景物清幽，會心不遠，靜侶相對，息機爲歡，如輞川、蘭亭諸篇，吟賞淋漓，千古風流未散，則豈非以山川之助哉？然名山具區，率多大雅君子，抗志前軌，激揚新英，矯然聳立，非尋常依聲附影者之所能及。至其清明之資，本於性生，是則非助之所得而言者也。開陽邑萬山中

退思堂　序　十

偉人駿業，聲名卓犖，今古不可勝紀，而風雅之遺尤稱獨盛，說者率以是靈山川也，固宜。余處此三易歲，未得一詩幽異，而胸懷塵結，詩亦不暇作，即作亦不復佳，似山川之奇，獨不能爲俗吏助者，是豈山靈吝哉？一日徐君吉旋、蔣君季溫，以選刻鍾英詩問序于余。余讀之，趣則無方，而情亦不一。或清癯如孟東野，或英逸如薛許昌，或明達如白樂天，或沖夷幽深如韋蘇州，或淡散而無近情如張曲江、元次山，要皆舒卷清醉，不失其正。吾謂詩文各依其性之所近，即古人未嘗不以偏勝。偏之至，即全之至也。夫終古止此一山，而高者得之爲高，深者得之爲深，猶之乎指之得月，與水之得月，皆偏也，而皆全也。今試觀此山之中，雲物晦明，草樹偃仰，鳥獸鳴號，飛泉怒崖之相與欹傲而徘徊，無不歷歷從紙間出。余雖未得盡開之勝，又孰謂山川之奇不在我襟袖哉？余於是樂諸君子之終有以助我也，不可無書，遂筆之以爲序。

變幻曲折，滿紙淋漓，筆至此幾於出入鬼神矣。吳霜崖

退思堂　序　十一

蓼餘存草序

凡人有憂悲愉佚怨憤思慕往往發而爲詩則詩之爲物者人之性情之事廹之而後動積之而後出在喧亦靜在同亦獨在窮亦顯在窮亦達人固無從知即已亦不知其所以然也至近世始舍已之性情惟悉其精力學人之嚬笑以供時眼娛賞則又安得有詩品哉廓明之詩沉澹秀朕無意摹古而格力不愧古人性又不喜強作每謂作詩原以自娛乃有以此爲應酬物抑何不情乃爾此至言也年來悉棄所有

賊熖偃壘更不復多作豈以詩爲綺語耶吾謂綺語應是供時眼娛賞者耳若自娛之詩則不當作綺語觀也一日索其行笈得蓼餘存草一帙乃蔣日斯手評將以付梓而未竟者余讀之皆其患難時作以僅有于再四劫灰之後故以爲蓼之餘也詩雖不多而愷惻幽凉情緒雜出令讀者欲愁欲泣欲喜欲怒亦各有一不能自已之致庶幾劉邵所稱其體而微謂之大雅者矣余故復加評定刻之爲廓明存蓼識者應不獨賞心詩品也

壽郡尊長孺韓先生序 代

嘗觀古聖治華典其間碩德名臣應期而出不獨志通道協醞釀休明即其年壽福祉亦若景附隆運顯榮當代蓋功業愈久入人愈深惟壽考寧固始得以盡其才而大其用一時治理亦遂以優柔漸漬馴致和平之澤此天實費之不可幸而獲也然人世久大之事要未必盡天司之得其道者往往可以用天而天之予人亦因人以爲豐嗇者耳郎伯侯輿韓公純乎用天者也何以言之自然而好生者天之心也人以

天之心爲心則天與人一此生之本也公初爲比部郎公于又韓以世德緜祥連翩趾美同著望樞曹間而從傍窺公者竊獨其公于羣慝紛賾中卒然而應泰然而中未嘗以刻意深文自矜嚴斷故就公讞者明恕之頌有同聲焉比公以天子命來守衢衢故嚴郡爲豫閩院揭舉者盤叢莽間因是爲督道鎮建牙地營署經始即城堞館垣至學宮橋梁久弗鞅不治役紛然費當不貲歲大饑軍糈議衢給雖什伍長以下皆得執索唱聲譁府門凡緩急纖巨靡勿煙府白牍者故衢

因守備者亦聞公至寇感欷相率歸命城野晏然嘗結羣舉如未嘗有工徒荅錘事卒民咸哺粟無匱比閭相呼笑如生平里黨所親識不一載衛人以為公賚賜我歲田我廬我也今夫不知其人視其事不知其事則視其受事者今過其郡商旅騈闐肩摩轂結憶向者瘡痍滿目衛不聊遂有今日宜公之所以使有今日者良苦然入其庭寂不聞吏人語視牘耳與諸士講課靡倦色又常率意吟詠詩作娛也蓋天下事以平心攝之雖其繁紫差數當易辦耳公治政無所陰賜

十四

之氣機縱於中故於人之目前耳若恍惚而無緒者獨以爽然得之而有餘人或有陰食我公鎮靜之福而不知者公亦不欲必人之知之也此天道也今有衛來者言公精神足映數革雙瞳炯然如三河少年行余私心異之因謂公之治郡與公之所以治身其道一也大人之精神原此此類內與外不兩寄而足循民之財力公與私不兩給而裕士之至人恒遷回愛惜存之柄用殆之而行撤不遺夷天下行其所無事故其身足以享功名福澤之盛而天下不以為後公有壽

中之句謂守約施博如是則公已有道之矣余不佞厚在守下未得一識公茲於五月十有八日為公覽揆之辰同年集君徵余言備為年觴走書悉公狀不啻把公臂也因得約畧所以壽公者如此雖然此特公所以自壽與壽衛民之道耳他日

南堂簡公執匕調鼎公又以壽衛民者必覓恵間余不佞當更為中外頌純嘏矣

十五

持議卓雅有至理無俗氣中間叙事尤簡古有法 見鶴門

壽竹翁徐老公祖六袠序

今之所爲沉酣愉佚歌舞戰鬭可驚可喜之事天地之大一日之內其變也無窮然吾計人世間有所謂巉然淵然歷千古如一日者則惟山水近是蓋其不變也亦無窮焉雖然非獨山與水也人亦有之人之一生富貴功名亦時而盡獨其德業所著近以澤之一身遠以被之天下後世愈久而愈隆者則鄙非區區富貴功名之說也故當世之達人先生道望高天下而其志氣常脫然于出處進退之間彼蓋自有其無窮者在也公祖竹翁徐公名位赫奕中外者數十年而台里後先邀節鎮者最久當是時赤白羽騎道上黃塵縷縷起隨風煙相亂公庭列戟門走行城文武吏受指階下聲名震疊議者莫不嘖嘖然榮公然安知公亦良苦哉昔馬援南征困視飛鳶乃慨然懷少游下澤之論則公是時心忡忡如肩重物乘漏舟中即思一觴咏于山顚水湄而不可得意向于芙江淸夢未嘗不依依于阡陌城頭數卷石也既解綬歸林間舉昔之所爲思而不得者今得以放浪舒步相與朝夕于遨

白雲之外無足繫公念者則回憶當年榮名顯功其殆如山水間之煙雲乎雖然公布澤半區宇樂其德而懷其恩者尚且與日無盡今雖未出名益榮功益顯則其所爲久大之道固難以形迹論也公今春秋六十高矣居里中道岸冲然飲人以和不知其爲公卿也庭中太夫人近舉八袠觴而夫人比德諧老亦同年稱觴福澤盛萃于一門時方紅葉繽紛渾光初徹公且挾賓牋策杖聽童子歌聲遙遙煙岫中嗒然忘身世之間有所爲出處進退事也此公之所爲大年者乎台不敏承之茲土幸得以舊編民遨師事父事之誼竊樂公之樂書所以觴公者如此因復爲採芝之歌歌曰

採靈芝兮上南嶽山何長兮雲蒼蒼招九螺兮問黍黃歲八千兮顏春光無新聲兮有耳傍炳空明兮延四方謂公德兮安可忘上公觴兮俾公壽康

或爲峭壁奔流或爲淡煙疏柳　李於棻

壽徐太公祖母江淑人八袠序

夫天下有可得而致者。有致之不可得而致者。吾亦致之說者無不除其事。以為得於天者獨優而不知此全乎人者之事也。何則福澤之符。皆本和德。和者自處必厚而及物常遠。此親乎人者也。親乎天故天亦為之豐其數以相報此壽之說也。憶予在髫時。公祖竹翁秉憲敝里小子猶翁管聽笑兒歌惠風者數年。未敢一拜候也。戊子待罪茲土。始得以舊垠詣跽堂上奉教。則公祖業以節鉞卧林間矣。越今又三年。始悉公不止德于官。并世德于鄉。則其家固太夫人江淑人之訓為尤著云。淑人生閒閥古右族。必稟禮則相先廉憲望翁成名儒后先理郡邑。至今頌循良不衰。而公歷中外數十年。率秉成訓蓍蔡。猗次公。才略蔚然士林。今方振興未艾。而淑人閱春秋八袠矣。一時稱觴介壽無不為之慶岡陵咏升恒而予獨以為致之之由淑人必有以自深者在也。昌言乎彌人世久。大之福必視其人之所積。積厚則愈久愈大矣。今人一旦得志遂以為鄉閭間視鄉無不可盡我欲為之事。而當之

者亦若俛首惟命莫敢誰何。今淑人處此富貴八十年猶不忘昔者披布勤劬。觀其意中常若有以自下者。即方之古君子何以加哉。故儉則可以養其清神。恕則可以成其寬德。是淑人之所以治家者。即其所以長年者也。余俗吏無能文。惟計廉憲與公所歷任之士。流借尚在拜德無窮。則千萬戶下。男歌頌之聲皆為淑人祝無疆者。因敢援此為淑人壽。余以知萬壽春頹正與南山佳色悠然其永矣。

筆徒而逸可謂勁氣沮金石矣　劉峻度

壽侯母盧孺人序

人世美大之報，原以德為類。德之偏者偏應之，德之全者全應之，要不可以無識之人處之者也。蓋識者所以為偏與全之數也。夫剛明而敏達者為陽德，其道易動而難靜，易溢而難下，非有以蓄持之，則必至於匱絀而不可恃。而濡柔委順者，又不足以綜務達變，為機要之所自出。二者不相為用，而恒相為病，皆偏也。若全者廣博專靜，渾乎大同，每每操勝於人之所不見，受成於事之所未然，而極其人之生平，仍退然

於不敢為先、不敢為後之意。此即古見道君子，亦寧能多覯哉。不意於女德遇之，如予岳母侯孺人者，蓋女德至孺人而始全。大約以識勝者也。何以言之，自孺人之歸岳翁，非猶夫履乎席盛供饋宴樂之時也。翁以早歲負雋望，尚未親户外事，而其尤故有族仇覬覦之弗休，即同室亦猶起干戈與羣徂連横為難，而里傭有頑於隣者，又飛文中之，內外震讋，蹙蹙幾不可堪。即里鄰姻戚無不為之氣沮，且相顧愢震也。孺人曰：事在今日，可以誠動，不可以力爭。且治患當先其至堅而相機，貴圖其易動。至堅易動，皆莫如內難，內難不可解，以不解解之，他可無慮也。乃年餘，同室意殊愢，且怡然相好無間，翁亦坐是得終快因心之願。昔左師之悟太后，其苦衷妙用，固未嘗在區區論說之間，猶不似孺人於骨肉危疑，以精神志氣醞釀而黙化之者，又非止卒然旦夕之故。一則以巧，一則以誠，予終謂巧易而誠難也。嗣是諸侮者咸感欷，相率罷去。翁亦得悉其精力，發蒙攻苦，樹聲南服，業用豐起筦簞愉閒。回憶向者，雖肝相伺時，嘗不易有今日，然孺人當時內

朗外腩，慈愛周詳，未嘗有疾厲張皇之色，故人亦見其安，而不知其所以安。使當世號為賢人君子者，處天下事盡如是以當之，天下寧復有不可解事哉。孺人之性，敦厚而明決，廣中而好施，每遇事，惟恐以害人者為利，苟有濟於人，雖損已弗顧。如丙寅賑荒，遂獨東沙數百畝之入。如張氏姑，如東隣婦，初皆恃孺人奉掦，以成其數十年未亡人之節，里中無不額手頌解推者，在孺人皆不以為德。夫不以為德者，其德彌大，此地道也。翁聲華甚都，復以風義自重，不隨俗為可否，故

新田則人爭而我棄宗祠則人讓而我任剛柔微彰德音彌茂孺人相成之力恒多焉夫善受者必善成亦地道也地者至一而静於女爲正位今人之志與行一生而屢易者數矣孺人閲常變豐約壯老愉瘁數十年中知禮勞生之訓無弗一者是孺人得天可謂獨厚方且自爲春秋自爲甲子鳩鳩君子萬年之壽不過原本心一又何疑於孺人之所爲大年者乎予昔者困於臺試里巷詆笑之者聲相屬也孺人獨謂予當不久貧賤每居恒言之甚力因念予甚不恐予以生事

退思堂序　二十二

亂心也夫以婚之顯榮爲祝者婦儒皆知之然未有於困頓艱苦中慨然獨信其説爲不謬者則予於孺人有知己之感予獨何心其忘之哉春王正月廿八日爲孺人五十壽辰予幸稍有以酬夙昔之鑒愧不得偕諸舅執爵庭下因書孺人之克全於德爲美大券者如此遣僕馳歸敬上一卮并告孺人予比者困頓艱苦視昔尤倍以孺人明識知我有素後能知何者卜我於困頓艱苦中否

立論特詳其所難文自正大無靡壞氣　孫景福

佐琴言初集序

言爲心聲心樸者文必莊心廉者文必飭心潔者文必清心剛者文必堅心遠者文必靜自古有傳人斯有傳書惟論必秉理采必附骨氣必就格典必歸識敦者兼始以型古而弗拳式今而可久乃有心險僻而托之膚廓心傀儡而托之深厚心繁剟而托之短簡所托不同其僞一也僞者雖昨日爲之而已亘厭其真者雖千百年前之人爲之而今日讀之猶喜其新見新舊不存乎時代而存乎文心不存乎僞托之

佐琴言序　二十三

文心而存乎真率之文心昔云醇意發高文易云脩詞立其誠有真人品而後有真文章有真文章而後有真事業真斯正正斯傳傳斯永矣關陽固多才士自李學憲提衡而後益復肆力深醇悉歸大雅則其上下相感之疾蓋不真不足以至是故吾謂關之士東然而深嶸然而秀者其人似之其文似之其山與水亦似之遊斯者之樂不知生斯者之忘也雖然善覽勝者寓意山水而不在乎山水之間善屬文者寓意文字而不在乎文字之間何則草木之

共朝披而夕望日月之雁振古而彌明也今夫山雲同在望也然望山如雲可陟望雲如山不可陟孫其可陟者而不蹊其不可陟者豈非循乎至真之塗以致可久之烈乎夫天下事何一可久者盜竊聲譽亡也忽焉徽倖綴嗇有時而盡要斯隱性脩心爲著作本上可賡拜

天家下可股肱名敎吾輩結言意在斯云今歲當瞿學憲按部校士諸士靡不爭自濯磨以求當鑒余因以其課試諸業特倩學博文閒王君友夔讐訂共得文若干首付梓剞劂問世之致固自不一要各爲諸士見心之言以識俗吏簿書之餘亦復悠然有當於心者如此

好生述略序

不忍之心人生而有之者也世人食肉有生之嗜恣嗜焉又不得不殺生以快其欲於是以殺爲人所宜有而不可廢之事似天下之至忍無過於人者然詎人未嘗有不忍之心不可也廓乎人之至足而不敝者性也而習俗乃至能易人之性甚矣習俗之可畏也禮君士大夫無故不殺明乎不得已而用殺者亦必有節制行於其間以存不殺之意至今日則無人不殺無日不殺無事不殺豈復有所謂故哉要其始皆由於盛平之時物力殷繁人樂華侈腥羶熏炙遂成風俗至戾氣所積不爲荒疫即致兵戎此實天道損益之關捩之理勢斷斷不誣大可危也即在膺盛履豐識者於此方將不惜作婆舌布施起告述俗况今當兵燹之後尤應止殺護生以召豫順者乎余未能斷肉而性則不喜殺生久欲作戒殺語敬告同志又恐聞者之不盡降心也因取蓮公語恭以鄙見約成十則幷列徵果報之確有可據者數條附之使人知所勸戒自生淨願如常情不能全戒或隨事力行節省或先時

市見現物皆可以厚慈德而迎生氣仁人君子與有世道之責目擊頹靡當必同此憂慨或以此轉相規導倘亦善風俗之一事也至殺業因緣凡有耳目有人心者無不嗣亦無不信余又何言

劉氏譜序

夫人世之所甚願者無不曰厚其身以及其子若孫如是而已矣然身之所從來父祖高曾以上皆必有其所自始之一人焉此本也支分派析以至於吾之一身爲數不知凡幾其勢易渙而其情易疏而又各挾一厚其身以及其子若孫之願繇是一再傳後遂至渙然不相往來其近者又時以小小利害輒詬爭與路人等然不知其身與子若孫又常坐是展轉困頓或至無一人救援嗟乎此近世薄於本者之驗也古有宗譜繫甚重正以使人知本之所在凡繫乎本者皆油然有歡樂愛護之思以相固結故不可卒敗此古者正俗維世之法也吾靖獻魚墩劉氏舊有譜多闕而不詳今始終經營以觀厥成者則八世孫湘九也湘九予老友譜成屬予序予讀之告湘九曰譜者所以明一本教仁讓也將使遠者近疏者親而況於近者親者耶嘗見今人不肯循子弟之分即傾懷以下人人疑之而不許以其先不能近與親也未有不能近與親而能於遠與疏者亦未有能於遠與疏而反不能於

近與親者以其一本故也子之祖肇基於戲魚墩歷今三百餘年時代幾更而墩故晏然無恙子姓之依於墩者亦振繩未艾豈非仁厚之所鍾不與世代爲推移者耶願子族之覽是譜者益慨於本之所在以爲厚其身與子若孫之計而以近世薄於本者之驗爲戒則墩雖千古可也繇是言之卽子之鄉安知無聞子族之風而有感於中者乎予又將以此望於予之鄉也湘九曰善因卽書此爲序

退思抄序

退思抄者何蓋抄今曩賢人君子之言而非台之自言也曷爲而抄之台性樸率每動輒得過不得親先生長者之訓而當世之先生長者又以台爲不足教也不予卽卽亦不予誨台乃大懼懼其窮過而莫之省也曰手口是賢人君子之言以爲是可以救過爾曷言乎救過爾過不救則終過也終過則殆故救之然則過者日生之勢救不勝過何取乎爾其道如防川然防毀則川潰隨毀隨救防終不卽於川終不大潰猶愈於不救而竟毀也抄曷爲乎類之類之者譬醫者之類病也人之受病不一故受醫亦不一故以類從之繫以退思者何不思則無過矣亦無救矣台每出應事退未嘗不思思之而始知悔也故以抄鏡思也然則曷爲而梓之此賢人君子引人於道之言非爲台一人言之者也台既私之不敢不公之庶幾先生長者之終有以教我也此台刻退思抄意也

可風編序

凡物之可以感人者莫善於風故古人之以詩傳者謂之風人而詩之採於列國者又謂之國風至天子用之以成一代同風之治則詩又教之所自出亦因其可以感人者敎人而已吾友盧子龍孫文章孝義踵其先世而兩嗣君與諸賢兩又後先麼股肉以療母疾四方諸君子贈之言成帙矣余以爲人盡有母即人盡兩盧子也求其可以對母者或寡使之讀是編吾知其必有所感矣毘陵金鄉溪嘗謂人有感之而不動者猶治石田即日糞之求其長嘉穀不可得以其初之未嘗有種焉故也若人之於母也即無以感之其可爲兩盧子者自在而況乎其有以感之也夫既感之則不必盡如兩盧子之事而自有其殷然不能已於其母者是則兩盧子而已矣予故索梓之題曰可風蓋風之感人也從乎外至性之感人也則各從其內可風云者仍各從其內之辭也予蓋以俟夫天下之爲兩盧子者且爲采風者告也

送方翁延父母丁艱還里序

三代而下惟漢治爲近古乃其當時考績所稱治行第一不過廉平不苛耳非有所爲奇功異能震炫一時也故人情之所在順之則安拂之則不安世之所爲奇功異能者往往務我婦子以峻於求名何爲也哉昔歐陽公謂治民如治病富醫僕馬鮮明口辨可聽病兒服藥無效貧醫無僕馬不能應對乃病兒服藥云得疾愈時即爲良醫此民之安與不安即治之至與不至正上下名實之分也當日黃次翁龔少卿諸人亦止宣布詔令使民知上意與移書罷逐捕盜賊吏而盜賊解散豈嘗求所爲名焉者乎吾靖以最爾邑僻在海濱兵荒交棘二三疲民幾不復有生人之樂乃得我上艾延侯以世間偉才來尹茲土勤劬疾苦旦暮其脊垂二年所凡爲靖民所稱便者如洗除鹽漁之規正供悉以官收解不煩差不苛罰懲大豪猾蠹省獨姦罰毋不失繫首爲民禱雨輒立應河魚大上溯泣請當事虔禁賑贍之又悉意戢禁覘盜盜賊破遁闔閭無所蹤若侯皆有以強濟之而侯卒未嘗有振厲

張皇之色蒸懷蕭簡戰慄然若不自知爲長吏貴人者邑之士民方歌詠之社稷之惟恐　天子遽奪我侯去乃不意侯忽丁太夫人艱竟以瀕溉發長道也於是衣縫掖者履刺刺者簦者發者擔者負者扶者攜者悉皇然罔所依恃各聚族無香祭禱臥轍謂我邑不久有侯孰爲干城吾儕耆乎已而又各相謂侯以親故非忘吾儕徒號呼市下隊坐輾相顧泣瀕至馬擁足不能前若赤子之失慈母夫人之有情雖強之使譽非其中心終不可得惟平易近民卽不求名而天下之

名亦隨之我侯經術宏深三年讀禮之餘會膺　天子丙名霖雨天下卽以治靖者舉而行之是卽吾靖之久有侯矣如是則侯之名又寧可量哉

重修準提菴序

嘗謂王者之治天下苟有一人不樂業而蹈義者皆謂之不得其生必爲之咨嗟太息思有以全而正之以爲不如是王者決不以此自安也嗟乎知此者可以得諸佛之心矣諸佛悲人展轉孽浪思登之樂土願力無息與王者同配天地獨其諄然無言不似王者有政教號令之及故夢夢者滿天下淪胥及溺者亦復滿天下耶苟其間有疾呼而告之者令衆生猛然易慮求佛哀佑佛有不歡喜讚歎垂手援拔者乎衆

生歌笑危途如夢中徒步入海了不知所驚怖卽諸佛慈航自在亦不一過爲問津今幸有疾呼告之者其一笑去之耶抑瞿然返也吾靖城北隅準提菴向爲衲二焚修精舍年來頹圮不治破壁荒榛幾半丈六身然住僧恒修獨居苦行精勤不倦晨鐘清梵時時叫徹黃粱茲欲聚衆信金沙布莊嚴相此眞眼前菩提場也省郞炯德直透三生大士自有信緣徧滿大千世界應不侯我現身說法第令住僧援鐸一呼余有以知何光王縉諳善宿男鄉錢布施必當絡繹奔赴信心

者應不難立見放光如來縹緲於城頭雲影間也。一念淨信，雖絲粒之微，皆足以證上因；雖甚寠頭，皆必爲佛所樂援。亦猶盛治之世，民有易節而向化者，王者未嘗不令之登明堂奏鼓吹也。

壽鄭山翁父母序 代

憶往歲自京口挐舟而北，過江陰，登春申故山，望靖江衹隔一衣帶水耳。然縱目下上，東江領海，烟濤萬里，慨然懷古，想見南唐建軍舊蹟，而馬沙片壤猶當日克僞吳時以戰艦横江布爲羣陳處也。兩邑對峙，爲上游門戶，其係于東南最重。比自海上多故，民益困，財益絀，其在今日爲最難，故當宁軫念，非威惠素孚爲民所依恃者勿畀兩邑事。閩中山公鄭侯，起家進士，宰靖且數歲，無近遠皆交口仁賢，鄭侯謂爲黃文公任長孫其人乎。耳之久，心識之。至是江靖兩邑諸薦紳先生以尺一來臚治狀告予，言今月爲侯降辰，乞予一言爲壽，弁及江者，以侯近又攝江事也。予嘗觀君子之有爲于天下也，必有不可猝窮之才，以當天下之大任。然天之生之與國家之所以養之，常不欲以其才而遽予之也，必使之紆迴盤錯，備嘗歷試，以盡其才之變，至愈變而愈不可窮，此其才爲之，而非才爲之也。昔周官少宰以六計弊羣吏之治，約其例于善、能、敬、正、法、辨，而皆必以廉先之，則廉者固才之所自出而非如近世所稱削衣貶食敝車羸馬之廉也何也世所稱削衣貶食敝車羸馬者謂吾如是以爲廉也吾能是是亦足矣求之以善能敬正法辨六者恒有時而窮若周官之所謂廉則必有大不忍于吾君吾民者以爲之本故所見無非廉者而彼不自以爲廉則士大夫無立異自廉之名而國家自然收廉吏之實之効嗟乎夫至有不忍于吾君吾民之心則雖欲不廉而不可得矣天下惟不廉之人則氣常撓亂而才有所不敢盡苟其廉也則隨其所置而皆得食其精强寛大

退思堂序

之福夫如是而或謂天下之才者猶可與之爭能吾不信也侯軫瘼周咨民戚以戚念力輸之不前恒不怒而涕雖暴夫亦有爲之心怵者矣是之謂善軍艦既庀梟師就理使節紛至里無夜呼渠濤流以疏鑿防止水而厚郛則桑穀奮張而厥壤大腴可不謂能乎爰飭邑乘來師厥逝課士成編學宮更厲文武分技又罔不沉稜宾討鏇華屏繇是以風碩斯升而光耀百隸也謂非敬與正歟至若里則維舊姦欲析之侯不可奪獲就窣綏區役司稅胥歌里兆侯以里止里忩其勞

而當事之議始定也凡此者皆靖之所難而獨不難於公者也它如教多士懲積蠹却常餽恤行戶丈田不受一銖黍而解冊之役反代諸里費觀公之心苟有益於靖皆將不惜其身以爲之也故人謂公仁且勇足以壽余靖而不知公之所以爲靖者蓋有本焉不覩之涉水者乎夫溪澗之水人習而翫之及與之臨渤海之驚瀾俯蛟螭之幽宮莫不震悚悸慄眩惑而自失蓋所觀變於前故所守易於內理固然也今夫富貴利祿者士之渤海也內不足以勝水故爲其所易以公

退思堂序

才且貴顧其自處猶抑然一如單士齋廚澹靜布素歉然無世俗刻綺羅鮮之習而尋常歲序時至仰屋而歎嗟乎此又豈今日之君子所得窺其萬一者乎能一己之情者始能一人之情則公之所以壽余靖者以此今　天子旌淑方殷行且膺　內召陟清華霖雨蒼生則公固不獨壽余靖即天下將拜公賜矣

壽張雲卿六十序

憶余年在舞象與李子玉白共研席執經於先伯兄講誦之暇輒喜論列一時賢豪以爲快樂一日玉白告予曰有梁溪友來客吾埼賈而有士行張君雲卿者子知之乎予曰未也急訊其所爲士行狀玉白曰其人孝於親悌於兄信於朋友塵芥視利丘山視義義之所在卽水火赴之予聞之悚然與歎謂不意當吾世有若而人因心識之此後輒時時有一張君往來于胸中一日君至玉白笑謂予曰此爲雲卿矣一見

歡然與劇談竟日如飲人以醇而絕無一切媕阿纖曲詡時諧俗之態因與締莫逆交歷數至今凡三十五載而予兩人之心則固猶然如一日也嗟乎時至三十五年不可謂不久矣由窮而通旣出而處一身所歷之境後先不一如此則此三十五年中所爲握手交歡指天日相示者不知凡幾而今竟何如耶予嘗謂論人者必先視其本本薄者無所不薄本厚者無所不厚故嘗持此驗人百不失一理固有然者吾每見君念先翁思泉公以賈用不售抑鬱而終毋氏劬勞卒爲醫者所悞未嘗不爲之泣數行下則其哀慕之誠老而不衰於此知其能子矣見君與伯氏共爨爾我靡間出入無纖毫私者以此知其能弟矣且也巨細期會刻晷不移信無過君者爲人緩急雖困瘁無怨厚無過君者箴規勸勉無所諱忌直無過君者世局轉徙雲雨翻覆讒搆百端屹立不回貞無過君者至於受人巨貲之託雖以兵火流離備嘗百折卒以完璧相報封識宛然而尋常存來酬應之交尤兢兢守義嚴於秋霜故應繼之產棄而勿問緜業之饋郤之唯恐其浼已

者則世之廉讓又孰有踰於君者哉抑嘗思之今日之所爲士者藻績刻鏤非不可以頡頏往古及求其行之所在或爲君子所不忍道若以君視之則其爲孰得孰失必有不辯而自明者使玉白至今相與論列及此安知不更有撫時觸緒感慨係之者乎今玉白往矣君向周其子而不責其報人無不千古君者要亦不可謂非玉白知人之明有以致之也茲歲爲君六十壽辰義方訓子含飴弄孫家用不饒而常卹自足酒量不任而興頗能豪克昌厥後爾壽而臧往未有艾君

乃偕里人佞佛叮喃喃鐘磬間不倦予解之曰天地之恒毁人者自毁成人者自成壽人者自壽予壽人多矣欲無壽得乎焉用佛於是觴而祝之曰海有時竭石有時泐惟此仁心與天爲一子能保之永世罔極

朱發菴海陽十詠序

水非文也風遇之而成文景非詩也心得之而爲詩夫金木土石非不與風遇然而不能文焉者無以受之也樵夫漁叟牛車海舶日往來烟雲蒼莽間習然而忘者亦猶是耳夫惟吾先有得夫景者而後景之入之自勃發而不可已此發菴先生海陽十詠所爲作歟歲辛卯余分閫浙中得其似君若臣若臣爲文雅淳奥衍而詩則豪邁宕以能文目之今讀發菴之作蒼淡古渾得未曾有若巨掌劈兩峰而海客甫窮河源洵奇觀也哉乃知淵源有自非偶然也

偶抄序

甚矣今世不仁之禍洵無有大於溺殺子女者也人之生命最重而於己生之子女爲最親一旦毅然殺之而無難不以爲不忍也吾知其所忍焉者多矣不寧惟是卽見者聞者亦視爲固然而不之救不以爲不忍也吾亦知其所忍焉者多矣五倫之中惟特此區區不忍之心以相持於不敗今旣不難忍於己之所生尚安望其不忍於人之所生也哉侬讀講筵恭紀雖至忍之人未有不萌惻隱之心者况覽古今所載報應彰彰如是亦宜有所欲而爲仁有所畏而不爲不仁猶憶予曩時待罪開陽得以北面奉教於盟津李公時公甄下令禁所屬淹殺子女而又酌定嫁娶之禮以爲之勸仁人用心之詳足以厚俗如此余故備出梓之以告同志俟諸仁者聞之將終不忍於其己之所生則台之心慰矣且不忍於其己之所生而因以不忍於人之所生則台之心更慰矣用是書此謹拜手以祝

尊聞錄序

古之學者皆求以明道其塗常一而爲之也有方故致力不煩施之可成天下之務至後世道衰學者專治藝文國家取士復以經義制利事雖不詭於道然其流也乃與道大忤而不可救自新建以正學倡主講席江左右諸君子同時振起嗣其傳者首爲泰州心齋王先生子靖亦有得之朱先生爲之徒道遂大明於天下其後學漸廢文乃日盛士之工於文者慨然雄長於時言及學道之事則以爲狂迂爭詆笑不止故有志於道者多危懼惶惑卒無所成議者遂謂文有害於道不知今日之文非外四子之書別有所爲文也乃其忤道至如此之極此非文之過而所以治文者之過也東皋宗子彥先夙負才望其大父邛州公爲孝廉二十年日惟閉戶著書究濂洛關閩之奧宗子學有淵源故晚年而謝棄帖括專肆力於精一之傳取四子之論窮探極索得其會歸致知力行多閱年所與諸同人講論不輟務以絕學爲己任乃裒平日所體驗而示人者錄之成帙顏曰尊聞刻成予卒讀之

喜得聞正學於今日爲吾道之幸而宗子又能勤勤焉樂與人同則世之從事於道者將見其日進而不已也予嘗聞王先生登堂講學擁聽者常數千百人既退即皂隸臧獲皆歡欣鼓舞各厭其欲而去此非王先生能予人以道可知也今古無異人亦無異道道明於天下則所謂訕笑之人即向者歡欣鼓舞之人亦視任道君子所以明之者何如耳然則宗子是編安知讀之者不亦如聞王先生之言乎東皋爲泰州屬邑宗子生其間任道之勇又將與王先生後先輝映豈非流風餘澤被於宗子者爲獨深耶廼予則不若得之乎眞無以對宗子矣

四書彙纂序

人有三不朽曰立德立言立功夫言而與德功等言詎不重乎哉顧言匪易易也必上能闡前聖之精藴下能開來學之迷津而後其言爲有用是以布之一時一時奉爲著蔡傳之後世後世遵爲指南也孔孟之書繇來遠矣固亘萬古而常新者然非有濂洛關閩之徒爲之闡揚其旨趣吾恐微言欲絕正未必流傳至今尚能如日月之經天江河之行地也而朱程既往又閱四百七十餘年其間非無能言之家然而非雜則訟聖賢之眞精神眞面目未免晦於議論之紛紜矣余謝絕世紛家居課兒每思一身任儒宗者起而表章書義而竟不可得一日得蔣子丹生四書彙纂全編初讀之見有正解則如朱子章句有博義則如朱子外註有旁辯則如朱子或問於大全蒙引存疑說約諸本另開生面如高座道人說法散花作雨石首欲頭殆非尋常章句之儒所能到也及反覆潛玩見其措思依渺無遠弗届無微弗入直收聖賢之眞精神眞面目而羹墻之寤寐之不知數十年來如何苦心方

學而後得以成帙也此真可以繼往可以開來不朽之業此其一矣

先訓紀略序

僕生長五十年走四方歷事變所見亦多矣大率稍有文采者其人必無行蓋由世之教子弟者止知督其文辭望以科第仕宦便爲一世大事一至講求實行輒迂而笑之不知子弟既下此種子便終其身成一可憐之人直是無藥可救且自此而敗名喪檢不得保其身家者指不勝屈矣近俗皆日見之而不悟世道至此真可悲歎若吾友金子廓明以沉博之材馳聲藝苑考其素履則又孝友婣睦真無間於遠近親疎之口姝不可以文人目之是豈生而能然哉蓋自幼與其令先伯兄三緘公得力於尊大人恬翁先生之庭訓者深也先生以布衣守道特立獨行實以身體聖賢之學曩予同譜孫子衣月鄒子訂士陳子文耿俱爲先生門人曾爲予縷縷言之予藏之胸中者二十餘年矣一日金子持先訓紀略付梓因示予曰昔者喪家之後先君子所存者惟此而已言畢淚數行下予視之蓋先生所以訓金子兄弟者大類先嚴子亦不知涕泗之何從也如先生嘗謂士大夫答君父之恩隨

分可以自盡皆須自不自欺始是其教忠之語曲類先嚴者一先生嘗言積德不外孝弟躬行孝弟子孫自有學爲孝弟之理而其訓金子也又謂能去汝之故吾即此是孝是其教孝之語曲類先嚴者二先生嘗謂貧賤爲天之命人必不能違天故其嚴於義利之介也尤曰不過識得已重是其自守之正曲類先嚴者三先生嘗謂子弟原以先人之言爲主教者當正其本而其長也即重在擇友友必以不謀利不近名者爲君子若不足輔成吾德徒足耗真氣而長勝心者宜急

令遠之是嚴於擇友者即其嚴於教子曲類先嚴者四先生之教金子也嘗謂兄弟天性之親不可有分毫世俗之見以傷汝父之心須看古人所以處此者何如又謂兄弟不睦則外侮畢至而禍敗浸尋皆是惟知有利是其所以教兄弟者痛切如此曲類先嚴者五先生隱居教授無不盡人之材故後先多名士而其教長君也亦謂須實盡在我之道是其誨人之誠曲類先嚴者六先生嘗謂讀書務實求之身心聖賢教人以[illegible]爲士欲固其內不得不慎持其外此容貌語默之所從謹也是敦尚實行曲類先嚴者七先生嘗謂士有本分自不當如市井傚侈靡故即袍履亦恒至數歲不易是其自處儉約曲類先嚴者八嗟乎先生之類乎先嚴者如此閱是訓不啻先嚴之杳而告之也予又安能不悲哉予以椎魯之質久爲習俗所牽每與金子風雨晤對互相激摩期有以不墜先人之志而卒未能也然此編具在型模不遠金子勉之予亦勉之矣

刻急救方序

死生之數天命之若人之所自致者如中毒悞傷及顛撲縊溺之類則皆謂之非命以其爲非天之命也在天者不可逭在人者常可爲此仁人君子之責也他不具論如縊死一項憶十餘年前予友廓明嘗爲予言救解之法甚詳予因心識之閱數年後適家婢以小忿經死其夫惶駭殊甚以爲無復生理惟奔走謀置後事予命諸婢姑以前法救之半日復甦今尚儼然在也可見世之以非命死者皆有方可救獨患一時無從詢訪輒相與棄之耳因懇廓明手輯急救諸方更博詢之於醫家驗過者及平日急治諸小症亦幷附入彙成一冊付諸剞劂以廣其傳使人於危險倉卒之際得以按方救治庶幾猶可望其復生不至於束手無措遂置生命於不問也至所輯醫學集要俟再請教大方然後梓行抑予因是更有覘焉近世傾險相高所在成俗小有嫌怨每以甘心非命爲爭勝之階而吏其土者止以事屬人命動輒牽引以成大獄乎民不幸列名其間往往流亾接踵禍敗相尋迄無寧日今願有地方之責者卽以是方編布民間如有一切非命悉着同居親族及左右密鄰作速依方救治如有故違定行拏審加等重究萬一有救而不活則許諸救者具結審明立案官給棺木埋葬以絕奸徒抵賴之端如是則救者益多而輕生者亦必少傾險之風將自衰息哉於習俗人心未必無小補也不知仁人君子以爲然否

壽金廓明五十序

嘗讀古訓云士君子盡心利濟使海內人少他不得則天亦自然少他不得即此便是立命夫所云利濟者非必有恩以及人之謂惟其規言矩行敦本篤倫足以範俗維風能令人欣羨愛慕油然與起而不自覺則雖無及人之迹而人之受其惠者實遠若斯人而久視長生人必相與欣欣手額曰幸其哉斯人之有斯年也何者謂海內不可一日無是人也吾襟丈廓翁金子則其人也憶自己丑冬與公定交於今十九年矣匆晦明風雨連牀夜話無不過失相規道義相勸可謂三益之友終身之師矣余諸兒皆後先受業於公公爲字句之駢偶之以迄於伊唔爲博士家言靡匪公口吻授也余與公蔭姻戚而朋友朋友而性命者也嘗與吾黨屈指而論誰爲孝於親友於兄慈於姪宗黨稱其敬朋儕稱其信兒童僕妾稱其愛者曰惟金子誰爲溫如玉潤如蒔美如香草靜如秋水寒山雖不言而四時氣備者曰惟金子誰爲學五車才一石筆驚風雨詩泣鬼神翩然獨秀毘陵者曰惟金子至於撫陳氏遺孤一二爲之製田房締婚娶則三黨共嘆以爲人情所難是豈與夫焉能爲有無者可同日道哉往者金子駸大用於朝繼以桑滄之變拂衣歸隱絕口不談仕進人亦罕有知者至於今聞貴人之名如寒之就水暑之就火以故寓靖十六年不爲不久如縣官某未嘗識其里居即客歲官館厚聘公辭不往而樂與告休之病夫共起居數晨夕其亦有木乳之合乎因思昔人如張禹孔光胡廣之徒以其竊世之銜竊取卿相營營一生無異雞彘孰與公翛然自足於窮巷中而壯氣足以塞兩間流風足以振百世耶今冬月爲公五十初度譬之行百里者半其程測日影者時方午蓋以天之所以厚公者正未有艾也天方以公利濟海內故以公之孝而壽友而壽敬信愛而壽溫且美而壽澹且靜而壽才與學而壽慈且義而壽以示世人見立誠之士君子其足以不朽有如此

於潛何氏重修族譜序

夫家之有乘猶國之有史也史以昭法戒乘以崇繼述其義一也古有為譜系於其家者獨眉山蘇氏書法最具其詳略遠近親疏之殊可引而觀也後之為譜者必稽焉今於潛何氏世族赫奕甲天下遡其源粤自唐叔虞裔孫韓王安之後改韓為何何由是得姓越數世而居潁川徙杜陵仕廬江家焉至漢牧亭侯而渡江居於潛於是於潛何氏為最盛自牧亭而上上遡至周牧亭而下下數至今其間封君世祿代不乏人豐功偉烈人不一事猗歟盛矣牧亭五十一世為吾澄江令霜崖君君德鍾瓜瓞之英才擅鳳鸞之譽撫春申之凋瘵而躋之恍安江南北縣多遜焉　幸高山之在望心儀久之而君乃以族譜序謬屬於余予披圖訴之而知何氏之源遠流長為不可及也且其為譜贅而不誣詳而有序定其可知而不妄援於已遠詳其所至而不輕遺於已疏溯廬江合淳安燦如列眉指掌宗斷墳墓以系之冠昏喪祭以紀之晰之以昭穆氏族詳之以謚號誌銘其異於布衣藏之家第能記錄其族從至於十餘世而止者相萬也嗚呼莫為之前雖盛無傳莫為之後雖美不彰今而知仁人孝子如霜崖君者其用心為篤摯而周詳也今夫聚族而居父子兄弟伯叔咸在出入則同吉凶慶弔則同序事則同堂會食則同席由是而反其所自始一體相授儼然如將見之以其譜之存耳蘇明允亦言吾所與相視如塗人者其初兄弟也兄弟其初一人之身也一人之身分而至於塗人譜之所以作也今何氏之譜一修於晉一修於隋四修於唐兩修於宋一修於元而霜崖君舉千百世之重任一身肩之以集其成使世德弗替以昭示來茲予所為心切儀之而不能無言也雖然予何人斯而敢續貂於崔司隸高許國公溫河西汪秘書魏侍中商文毅先正諸公哉亦以識何氏之源遠流長為不可及而仁人孝子如霜崖君者其用心之篤摯而周詳已耳行見霜崖君霖雨海內揚大廷以為光　國史者增榮家乘益知牧亭侯種德之深霜崖君敦倫之報俾世之聞風興起者孝悌之心庶可以油然而生乎謹序

壽鄭父母序

閩山公鄭先生宰靖既三載，政成人和，江鄉子婦咸欣欣然樂有生氣，無不謂吾儕小人賓以公壽也。茲月爲公誕辰，治台思所以觴吾公者，如徒爲世俗夸靡之詞，不可。請言吾靖之難，而公獨爲之，而有以壽吾靖人，以明公之所以自爲壽者，其道已不越於此。因拜手言曰：昔虞朝歌嘗謂不遇盤根錯節，無以別利器，誠以時地之難，正庸衆與君子之所繇判也。何也？君子當易爲之時，本與庸衆無異，獨至時與地萬不可爲，而又不得不爲，則君子之才與性情皆於此而見。蓋性情者，正才之所從出也。世人論才，而不知求之於性情，則其所以言才者僅矣。今日之難，無過於斧，無過於靖之令。難斧靖之爲難者有六，而所爲繊悉可以臆決者不與焉。何言之？靖瀕江，土瘠而田下下，賦額乃與上田等，比歲水旱爲殘，民益貧，而歲征不容後。夫民益貧，則不可以迫使執；歲征不容後，則不可以緩赴也。一難也。靖自與江北連壤，始盜多，盜又以防江故設兵，兵與民比閭而處，無以懲之，則沸讙不可究切。一難也。白糧之有耗米，蓋所以輸正而備正之耗者也。歷年支費已盡，忽奉徵一併催解，民且痛無所告。一難也。靖本淳俗，比以黠訟囂悍騐四邑，訟邑庭稍不得，輒徧愬，恒紛挐二三載不決。一難也。民力穡不足自養，散四方，又無所於歸，多去而爲兵，而橫僕之變夫者亦幸以此爲窟，乃至挾弓刀坐易轝容還里門，瞋目睨其故主人，繩之則否軍法，不繩則又左令法。一難也。泰泉之水欲取道於靖以達江，似也。議者爲泰泉計過鉥，遂不暇荻爲靖計，則憂在靖矣。今欲爲泰泉者不失其所以爲靖，一難也。夫靖之爲靖，其難如此，使徒以令人之所爲才者當之，吾不知靖之爲靖何如也。乃公則催科有激賞之法，核數清明，吏不得上下其手，賦得足額，而民不苦束溼也。士常宿飽，不煩鞅掌，譁器門咸息，蔑爲歡，夜不呼而郊不烽也。向所爲無名之征，已飛章遊請蠲滌沉痼也。兩造既具，必使盡情析之，而得其平，罔不首肯以出也。不競不絿，戢暴以定分，良者恤而奸者息也。其議泉北流，不讐名勢，不軀故舊，毅然辨利害，持可否，謂寧奪一官，不可奪一是。

又若編里允公惟便之謀不爲尊章趣督天儲劃摘孽芽使昭厥常故胥守其條無所漁劫規槩其曠而得有永日是惟法且辨矣然是六者皆侯之廉爲之故侯未嘗斤斤然自見其爲善能敬正法辨也而無行非善能敬正法辨之用說者徒見侯施之靖而靖效施之江而江亦效遂以爲才之不可窮也有如此是豈足以知侯者哉顧經世之學必先已重於物始不爲物之所勝而足以辨天下之事爲者欲不淺則視物常重有勝我之勢而我之天日遠而不親我之天日遠而不親則于吾君吾民之間亦遂無大不忍者以相膠結而大忍之事亦於此而漸出繇此言之則凡有大不忍於吾君吾民者又未嘗不以廉爲之本可知也昔元道州爲唐廉吏老杜讀其舂陵行謂得結輩十數公叅錯爲邦伯能使萬物吐氣天下少安可待則廉之爲用大矣諸葛武侯之才不愧王佐而其學之大要不過澹泊以明志寧靜以致遠則天下固未有不廉而可以言才者也今天下非才之難而廉之難在有志當世者自養之而已侯且幕當以治行高等入爲天子近臣故予爲侯告者如此侯更以予言告之天下使天下皆知所以不忍于吾君于民則侯之爲書又孰有踰于此者乎予故書此歸兩邑諸生使持以觴侯而不敢以巫祝家千秋萬歲之辭强諛明府蓋予之所以巫祝于侯者固自有在也

謝震生詩序

中都淮南一都會也山水之靈秀尤萃於蠙城故從來掛劍讓金之義舉千古稱不朽者皆見於其地而生於其間者風流聞望掩映後先恒卓然有以自立則蠙城之靈秀尤必萃於其人如震生謝君是已君風神秀徹無殊安石文藝該博不減子儀蓋以異才駿望獨步江淮之間者久矣乃數奇不得志向者秉鐸龍舒繼後談經雉邑茲且拜　命往師淮陰負才如此乃徙然爲多士幸哉然君雅好爲詩歌日與詞人命觴分韻一揮腕指輒如懸瀑天垂驚濤地湧奔放演迤不可方物故其濃情之抗激每於風月池館山川友朋間發之觀其古體則力敵正始直與天馬朱雁媲美至五七言近體則泠泠然有建安開元之響予同人冒巢民謂其能集古人之長無所不有信矣其知言也嘗憶昔人詩名之盛聲滿旗亭樂部間而其上者尤往往爲天子所特識詞家隆遇千古傳爲美談今　天子崇尚實學敦進茂材君他日以師儒異等受知　當宁應更有明堂清廟之章傳之史策爲一代盛事又不獨如昔人爭幟詩壇也予今來以負疴伏江上不獲覽中都之奇猶幸得見君而讀君之詩編謂一中都之奇未嘗不萃於此可也故喜而爲之序

叢茂生先生六十壽序

今夫人之見重於世與世之所以重其人者不必盡爲大十貴[illegible]用力當世勳名赫於一時也即有車服不維閒處自潔而能嗜義若渴務行其德以爲快則鄉國之人皆歸侍之無不願其錫羨貽祉於天介康壽長子孫則信乎君子之學以及物者爲大即君子之福亦以及物者爲大也予家接壤東臯習知叢氏爲臯望族其先代多名德譜文斕如又世有傳序予每讀而慕之向以隔屬不得以事會相往來故無由一識其賢豪長者藏之胸中數十年及歲已亥予卜築茲土始得與叢子含英交含翁年視諸同人爲最少粹質雅量兼具絕人之資又學嚴而格方殊有黄叔度動蹈規矩言發德音之譽而其著爲詩文則又一往沉摯淑涵演迤皆足以樹標至性總挈淵略誠千載人也予兩人相得歡甚乃更不予鄙復締絲蘿之好因肅拜尊公茂翁先生且得悉公之生平固所謂嗜義若渴務行其德以爲快者也公少負雋才讀書卓犖有大志早歲輒以才望受知於大司成當時目之者咸謂

叢茂生序　六一

公幹局可以當㡬應猝極似韓魏公陶士行一流人乃公則過自韜戢不樂仕進嘗謂今士人博進賢冠似多依違跐訾不得行其所欲爲不能廣利澤使萬姓吐氣不若伏處里部隨分可以自盡之爲愈也一時有識君子聞之以爲名言於是即城東數十里外營舊居爲別業課家塾治良畊歲釀旣足每當春之朝秋之夕幽花明序妍鳥弄聲則策杖於園林吱洛嘯石濯流以自適其有二三知已時相過從則烹鮮洽醇浮白相樂以爲常至於宗黨有厄難者則又爲之悉力周旋恒勞其形以急人損其橐以益人務手挈之阽危之域以爲其一已愉快之事凡時時爲人排解紛難剖晰當否若人與之醪而飫之若奕者之數白黑而美惡長短之於鑑也昔吳姚信嘗謂古人行善非名之務非人之爲心自甘之以爲已度則進合神契而退同人道故神祐而人尊之予則謂處今之俗即善亦不易爲惟才與道合斯於已無咎而於世有濟也公之於善也固才足以發之而又深於道焉故陰行其善之實而不居其善之名惟不居善之名則俗之忮者亦相

叢茂生序　六二

勉忠之而吾得以承於其善而不敗此公之所以善世者即公之所以善身者也况公之家誠方嚴内外大小悉凛然各有繩矩而諸嗣君尤能體道合德才美雖不讓王謝而淵亶過之則樂公之志者多矣憶少時嘗提贄融教予謂止尊經藝須令恭肅良事不顯其有才能以爲潤迂無當至今接之於公始益信其識之遠而㣲㣲於身世之交者即古人已有然也則公之度量又豈近俗淺識之士所可同日而語哉今公六十降辰舉鄉之中無不汲汲然聚族之人醵金合詞放

祝恐後且相語吾儕實賴公時得不困世之策勛名擁車服者或不可以爲恃也其願公歲歲盡吾屬觴也幸甚則公之所以得此於鄉之人者可以觀矣余既得悉數十年之慕而又幸以姻末奉觴堂上覩一時之盛故爲贅言之如此

壽季因是先生八袠序

進而有以自見退而不失其所以爲樂此古今來凡爲賢人君子者之所同願然而不可必也蓋此二者一有乎天一係乎人存乎人者可以力勉而其係乎天者不可以幸而得也是以史冊所載勲名貴富子孫福澤照耀今襲光祭累葉者自汾陽萬石而外指不多屈乃至今日則又競推吾年伯季因翁先生謂先生之得於天者厚也予獨謂不盡然蓋先生之天皆先生之人有以致之故天亦鼓舞於先生之人之中

而不得自私其權者也何以言之先生之以用爲用者可得而竟以不用爲用者不可得而竟此先生之所以爲人即先生之所以爲天者也昔先生以壯歲聯奪巍科六令巖邑皆取斯民而衽席之至晋司銓衡中外相慶建樹尤偉當時咸以此爲先生功而先生不自尸其功以爲功固不係乎此也乃知止善息奉身而退退而優游林泉嘯歌自適口不言當世之務惟與幽人墨客幅巾杖履盡山水園林之勝人又以此爲先生樂而先生不自以爲樂謂樂亦不係乎此也至長

公天中居諫垣而極力披鱗四海民生無不額手再造之力而文公滄葦又以西臺重臣代巡山右上爲朝廷司激揚之任下爲萬姓捐隱洩之痛風裁氣節踔厲一時使天下之士莫不欽秪變色咨嗟太息以想見其爲人而下此諸公又咸以膺保明德種學績文升賢書司禁近蜚國士之俊譽霈霖雨於百里而先生乃若安坐以視其成而已初不與焉者始知先生向者之不用正所以大用之也今夫君子之學固以及物者爲大然爲之於其身與爲之不止於其身者則有間矣爲之於一時與爲之不止於一時者則又有間矣故凡物之可喜而不足以爲患者莫大於釋人之所甚痒而予以所甚愉此天道也以天之心爲心則凡無樂得而予之故恒極人世之所願欲者以相報而人視之皆以爲分與理之所當然而不以爲怪此其所以致之者殊也予嘗一至泰造其野野之人語曰公實田我廬我往者泰靖人爭田日持戈矛相賊殺不休吾儕日惴惴焉走匿無所得公主和議而止也入其邑邑之人相告曰公實更生我前海寇犯江上有與邑俠隙者誣以叛城且就屠矣賴公以身家力爲請而邑獲全也游其市市之人相慶曰惟公按堵我他邑兵至比舍卒怔營不敢寧居獨余邑以恃公無擾也由是觀之則今日將先生一人之身以爲生且全者殆不可以數計則禱而祝之相與咏歌而頌述之以祈其長此生且全者亦不可以數計如是則天亦將處於不得自主之勢以下慰乎不可數計之人之心即今日之所以報先生者天方歉焉甚有所不足而謂可以量乎故曰先生之天皆先生之人有以致之而天亦不得自私其權者也今先生八十矣台孱以猶子荷先生教且愛不始終間也乃徒槁然臥長林中不獲酬先生之知然觀先生似不以台爲愚則先生之意固已遂矣兹當先生誕辰竊自喜得以樂先生之樂故爲侑觴之詞如此

壽馮秋水先生序代

國家墾菑鋤薉蕩壹區夏聿成百代版章之積一時撫寧萬姓毗佐　皇烈者率頁不世非常之望與　國家比通協和以相景附則凡名世之出豈偶然哉然余每觀輔治之佐戰難與定治不同略論道與右功不同量古惟旦奭二公出則分陝入則夾輔相天子脩保明德爲民刈我毒蒙嘉氣焉後此惟尹吉甫始稱有文武才六月之詩所謂萬邦爲憲者是也乃當日導揚弘祉復以孝友之張仲爲吉甫燕喜之光似吉甫不徒以卓懿𠷎功振絕一時第如一詩書之彥孝友芳清文酒歡適也蓋士大夫不患無功名而患無至性古人之功名總攬羅絡炳燦沉淵而未嘗有膚章踔厲之迹正此至性足以及人耳夫能以至性及人則萬邦且醞釀和德濯心聽治又寧俟綱紀而檢屬之始就軌度惟謹哉然則今日之文武爲憲者誠非我公不足以當此也憶公初典灤州風政循卓覗老弱之瀆病者呪嘔之無餘心力灤之人行吟負思至今幾二十年如一日蓋當時諸大吏輭幹之使轠騎連伍大聲疾馳者率用是務斬民力以輸掠其聚非公毅然決策行擯槽之法不避害利爲二三遺民請命灤幾不得而有民也今夫有民生之責者不皆漠聣於民之疾苦第以避難過智辭勞過勇遂不得不緣此而溝壑之則天下之感慨歸慕歌呼寤思於我公者詎應止一灤人哉既而公以積勛軍壁建節寧夏再撫淮中獝猾之餘時有迸漏猶強梁復撓脇脅邊郡遠近悉正營伍息莫敢誰何公慨然身當之未嘗喋朝廷半鏹而強敵數十餘萬率望風駢首鉞下若榆塞之戰若西平之守弃蘆崻嶽稿脫烟澄天聲爛然銘鏞被筦乃公之處之振鞍澹定圖史悠然意泊然也夫人之不失聲於破釜者斯可以談笑指千金之璧其中之不亂故也敵至而不驚功成而不伐舉天地間俯旋縱横膠戾皇駭之事皆不足以攖其胸　當宁正念我越邦甚謂非得重臣有威惠稱者往鎮撫之不可於是　特簡公來憲三郡以三郡爲越要地故也地本多窮山大谿卉木跃蔓比歲不逞之徒常劫衆嘯嘷蠭聚蟀結不可攫剔艮赤子毋鳥散狼顧嘗伏於頹垣壞

道寒烟𤑔燼之間赤白羽驛騷長途輈輷靡靡供億紛拏愁悴不贍諸爪兵廪餼之匱時鑑衆煩謹懷急不自收檢故寇此三郡者民不易公至審與革壽善敗明刑飭紀懲慝䘏良不以文令亦不以武競蒐卒補乘繕墉儲糗蓄郡縣行保甲之法四民有業入口有數督率有長出入有稽宄奸無所休竄諸守將復稟律治賊奉職罔敢解嫚居民𨽻村烟相貿環里無夜呼聲哨戈鐵騎散漫旆而過經營備具吏民安堵如故即士之𥠖藻於伍者可無督聽之也然三郡民困於收事

雈苻孽芽其間復爲之量肉揣毛擴剔無所還忌而鈎摭以決臆者且多皮附煩憯以重民之怛惕公究切詳明首嚴蠹胥之令犯者必痛根以法無稍下借而桀驁以獄上者乃爲折衷平亭勿使有所傳致業進樂鄉姦塞不皇此持法生人者所爲助　天子息民者也至若越之俗以卓覩雄擲自相豪許無藉輒緣此陰儱稚埋之徒屠沽者又往往解牛嘗市爲田者患俗更恞伏諸雕悍之習如溺女錮婢幾不得全體樹類也公悉繩以章約闤闠翛清風敎霄儉越東之民宴嬉

相保豈非公畀之年畀之廬井畀之父母妻子者哉乃自婺來者復言公約素似晏子澹泊似武侯嗛嗛然如不自知爲穹貴人者退食之餘時捧盤匜奉太夫人歡也始又知公忠貞壯烈秉於孝思故偕諸名匠盛流敦尚風行發爲篇章皆勁傅駿雄析微窮奧以爲典理介世之藉則如公者始謂之以至性及人者耳今夫相器者必揆厲始可以爲完久也必徵至始可以爲威速也昔漢明帝羽林之士悉令通孝經誠以國家致治必求自見性情之士始緩急足以相恃公以至

性爲顯功　朝廷方以旦夷望公不徒以文武憲萬邦也況今　天子秖精太平正思得馮翼孝德之佐以保萬年家室則公方以天壽平格爲邦家光某不敏猶將著爲詩歌以進公知公之領而許之也

壽程飛程父母序

歲戊戌某月某日爲邑侯程公降辰邑紳士會稱萬年觴冡而謀所以頌侯者相率屬予序予不敢以不斐辭乃拜手颺言曰予讀史而見古人吏治之隆未嘗不歎其性情之係於民者如是其深以至也蓋求吏治於凋殘之餘與承平無事之日不同承平無事之日長吏不過具文書故事與民相安亦足以稱治若凋殘之餘非有大不忍於其民者處業振膽之民卒不得生故予謂求吏治於今日當自求其人之性情

始以長吏之所以施於民者之事皆性情之事也我靖邑以江外僻壤比復民力彫盡不任稅令以防海故發驕卒紮停里閭而邑之姦民又多傅致深故以爲鹽漁之資故靖在今日號稱難治我侯以遼海名才來牧於此或者疑其鬱鬱茲土當有不能終日之意乃不淡歲而休烈隆起政成民和則侯之性情深矣今試舉侯治略之尤大者如蘆洲之有蘆課義例本無可易靖邑向者乃以派加平田爲科指一田兩徵貧民含兄靡所依訴至侯始從孽請慨然以新旨爲斷改歸蘆洲與民更始又如邑民比有胥假滿人負鏹爲離刺之獄受困者方以爲積族之禍底告無所即里閈中亦相視匡懼不克自保侯悉詭誣狀即痛根以法白府直其事又如防伍每以刈取馬芻蹂躪民田私掠其稼民有訴侯者羣卒伺執之楚撻幾絕侯聞之輒投袂起徒步趨兵所叱之羣卒始駭慴竄去民以倖得生嘵乎夫人之情大率以文貌相矜慎一遇事有牴牾亦止以模稜兩端爲要術耳惟有甚切於其中者始能一往直遂而不復有所顧借當侯是時足以撓侯之

慮者亦多矣侯獨毅然行之不爲庸衆人利害之議之所沮奪卽古之臨大事斷大疑者又曷以加侯哉前此靖有警息至輒倉皇馳檄羽四告求益兵爲衛督婦子出醪豕餉餽驛騷無寧日比者聞警侯第用典法下令嚴斥堠治登陴守具覩率覘鼛部署設伏徼名本邑故戍灘卒搤槀犒之使相要遮不增一客兵不費一公粟而靖賴以安至其待士自恩禮士卽以事詣庭下侯必無巨細使得盡其情反覆教諭之而後去士亦能自愛翕然一變其城闕之習則詩之言豈弟作

人者侯實以之乎乃說者又謂侯向者宰青誠補河南皆歷有顯稱鄰人士亦如吾靖歌詠社稷之不衰則侯之才非徒生而有之蓋侯又世有令德尊人治漸名郡署兵使者事名籍甚南服即伯叔兄弟之間或以繡衣顯或以州牧聞則侯之治縣固亦如昔者傳僧佑劉玄明諸人之有世譜也予獨謂不然積而不可復者文也投而不可禦者情也不覩之溪洛乎溪之水廣不踰丈溪不盈尺雨則泛溢不能自容不雨則荇藻鮒蝦有焦愁迫蹙之色若汎乎河海之瀾則窮天地薄日月杳乎不知其所際雖終古不見其有止也若是者何也有本故也侯之本在性情故其見之於吏治者皆具有和平敦厚之意引之而不竭覩之而可久未嘗爲峻法以干時譽而特之推治行者卒歸之不能外然則今所稱病般之餘固不獨吾靖也異日　天子特簡循卓侯將以惠吾靖者霖雨天下是則侯之所自爲無疆者乎因逆書此爲侯壽

侯母盧孺人六十壽序

間嘗讀史而見古人有爲善於家者雖以布衣徒步其澤皆足以及人而人之感之者類不必其身之也吾愛而慕之以爲此昔之所以號爲賢人君子者也蓋善以及人爲義不徒以自爲其一身而止故不知其人視其所以處夫家庭鄉鄙之人者而已抑不知其人又視夫家庭鄉鄙之人之所以可否其人者而已然則今之所號爲賢人君子固何如者耶吾意人之生不能宜於家庭鄉鄙之人而一無間於家庭鄉鄙之人之口則所謂賢人君子之行不過如是而止耳況乎婦人女子初非如當世名高自列於賢人君子之林者也而實無媿於賢人君子之行是則賢人君子而已矣孺人之相翁也初以早歲勤劬兼綜內外翁繇是得以悉力攻苦樹聲南服家益大而業益昌翁奮愉閒晏如也其於閨房衽近之間未嘗效世俗兒女子縈縈於入宫之怨雖然肅然靡不以義理相勸勉者二南言后妃之能逮下與二典言公卿大夫之推讓後先爭烈豈非以庭幃至近爲盛德大業之所自始於

壽陸孺人七十序

予憶少時讀史見古君子處家國成敗得失之際輒慨然曰甚矣懸天下之大事者其初皆欲自固其身者也君子處此苟不有其身則天下之大事不足辦而天下之大節不足立矣始嘗以爲確論繼而思之殊大不然賢者未有不甚重其身亦顧其所處之義何如耳當義不及顧止以慷慨赴節畢吾一身之事者爲重愛身因無有踰於此者若事有可爲又必艱難盡瘁以致力於家國之大此則君子之所爲敬其身

以畢吾一身之事者也乃其難易則有間矣昔程嬰與公孫杵臼同爲朔客當下宮之難杵臼謂嬰曰存孤與死節孰難嬰曰存孤難耳杵臼曰我爲其易者於是嬰匿孤至十五年而立趙氏之後則嬰之當日豈不問而知其能杵臼者也誠以有孤在尚非萬無可爲之時徒悍然決於一往之不足以畢吾一身之事也東皋鄧瑞生甫一歲而孤母陸孺人之稱未亡人也年始笄耳毋仰天椎心自矢必以身殉勺米不入口者數日夜家人環慰之不聽太翁泣謂母曰若獨無就此而宜則亦靡之而弗宜者乎况孺人樂善好施周人之急常皇然若有所不及鄰族孤嫠歲時出貲粟以相賑贍皆不待其告告亦無弗應者此又非近俗米鹽筐篋之見所得而攖其胸中者矣今者家庭鄉鄙之間無論老幼無論識與不識其德孺人而頌之也如出一口其以孺人爲女宗而敦勉之也亦如出一口孺人不知也惟孺人不知而人知之此其所以難也使孺人亦似世俗素封日惴惴焉守其囊帛櫃金雖有寒且餓者日號呼於前而皆不足以動其心則孺人亦

止爲能守其囊帛櫃金者耳以孺人之賢寧不知今日之所最少而最急者初不在於囊帛櫃金耶今孺人春秋六十高矣說者以爲伯仲兩君皆以明經負駿望下此諸君又悉有聲於諸生中謂可以觴孺人者在此此徒以里巷小兒之見測孺人是烏得爲知孺人者哉然則孺人之爲孺人誠昔之所以爲賢人君子者也不必其身之而始感之也而况乎余之身之也

孤在卯其棄之也吾世固单傳若與孤吾先靈實式憑之母
於是瞿然強起稍食飲撫瑞生爲太翁歡今且視瑞生之長
又視瑞生育二子頭角並嶄嶄所以繩往緒昌來祚者未有
艾也嗟乎數十年之前天之所以厄瑞生之先者可謂不遺
餘力使母於此時徒爲悍然一往之計無論瑞生當不能自
保即幸不朝露亦不過與傭豎小兒嬉游徼逐已耳遲之又
久誰復尚知有鄧氏後者又使母不足以理棼持危其精誠
堅苦未必可以貫金石泣鬼神則母與瑞生益當憤耗儡聾

不克持戶又安得復與有今日哉昔人謂天定勝人人定亦
能勝天世以天爲不可知皆不待其定而求之者也吾以爲
非獨不待天之定亦正不待人之定今夫以千金與人而人
不感以一言使人而人樂爲之用者誠與不誠故也而况於
天乎繇母之今日言之此母之人定而天亦定也鄧之先饒
中閩右比太翁稍中落至是母以勤瘁悉復之且視其先世
尤溢而子若孫頎皆克彌躬常若有以自下臧獲咸斬然稟
繩矩唯謹母之敎也昔巴寡婦淸馭萬鎰奴千指無有溢德

遂致禮於萬乘使當日亦有秉義卓偉如母者其爲
天子之所敬禮又不知當何如也今憲使者旣以母節上之
當宁會郎下旌閭之
綸光耀來禩母之事於是而始畢母之身亦於是而始囿予更
因是欲以告於天下後世之君子審處家國之義覩吾母爲
可也今值母降辰母之姻戚等索言佐朋酒予不獲辭遂書
此爲序

祝閭孺人七十序

憶余方垂髫時初學為舉子業先大人攜入城應葉公縣考二兒亦攜爾祉姪赴試同宿於仲父祉學齋中蓋雖係一家而所居鄉城異地又以先大人嚴肅從未敢遊觀城市間余之入城自此日始與爾祉姪亦自此日始時兩稚子相見甚歡再叩之知為同庚則又竊相笑於諸父兄側至今思之猶宛然如昨日事也嗣後爾祉即先余為弟子員每試輒利且食餼而余則困頓淹蹇欲求一觀場不可得視爾祉名噪一時邑之執經問難者踵相接未嘗不心豔之則人之際遇固有難強者即時爾祉擁皋比里鄙中歲入脯脩甚厚業益隆起顧猶抑抑焉規言矩行常若有以自下者即今已策名天府聲名爾茂宗黨外姻無不交口賢爾祉而不知其得力於母教者多也自嫂孺人之事予二兒也兄倜儻自喜每不事家人生產凡家之內外大小惟孺人以一身當之即諸兒出就外傅凡所以餼其師者無不出自親製以盡誠敬至賓客以文詞相過從則治具精腆久而不厭有古人解髮剉薦之風乃其居家則又淡泊是甘恆以曳縞執勤為臧獲先則其知大體之所重輕固已加於恆婦人數等矣且自兒即世後治家尤極森嚴如世俗諂瀆若佞佛諸事皆痛絕之至其所以教諸子者又必使之各肄一業嚴戒遨遊以守勞生之訓今孺人春秋七十高矣日顧諸孫嬉舞植立環繞膝前以為笑樂可不謂榮焉況爾祉今歲亦適當五十初度方率諸子共致愉愉之色以養老母則天倫之極樂又為余之所想慕感嘆而不能得者耶余故書是觴孺人且為爾祉幸以見余兩人生同歲幼同試而不得同此今日之觴則爾祉之過余者又不獨少時為然也是為序

壽盧嶽翁七十序

問嘗讀史見李少君爲上言嘗遊海上見安期生食巨棗大如瓜生蓋通蓬萊中合則見人不合則隱於是天子遣方士入海求蓬萊安期生之屬則如生者世之所謂神仙家者非耶乃當日以天子之尊殫十餘歲之精力以求其一遇而不可得而後世之從事於仙者亦恒畢世無效於是人爭疑之以爲此方士之言多怪迂不可信余獨以爲不然不觀之涉海之舟乎今夫涉海者其舟之大必什百於羣舟而舟之器用人力無不與舟等者然後可以涉風濤而不驚凌萬頃於一瞬舍是則未有能涉海者也仙固有道惟天性之誠朴敦厚者爲之蓋誠朴敦厚之人此什伯於羣舟之舟也累功行實精氣則器用人力具矣今世之所爲學仙者皆所謂操羣舟而希涉海者也不亦謬乎余嶽翁少負至性早孤以孝聞撫育兩弟嘗貲產悉以分給無錙黍私者又值里役遠近騷騷貲不貲里無完家無不規避爲自全計公獨以身當之寧廿產中落不以累諸季也今大夫君子平居論說道義鮮不撫膺太息慨然以古道自任一旦臨小小利害輒爲之巡變而中郎者以公視之此何如者耶蓋人之厚薄關乎性生苟非性之所有必不可以強而至則誠朴敦厚公之所爲得於天者獨優耳故雖早歲倘弟子員名籍甚未嘗以此自滿處鄉黨無問識與不識皆皇然常有以自下者蓋七十年如一日也今公以婚嫁既畢悉意於養生之學年雖高視聽聰明步履益強精神猶足映數輩則公之從事於仙者不可謂無驗矣抑公言三十餘歲時嘗見一黃衣美髯者儼然造其庭急遽出迎之忽不知所往安知非安期生之屬以爲公之能合已也故欲得一見公以冀公之有爲耶且史又言生嘗以策干項羽羽不能用已而欲封之生不肯受是則生之當日項羽之所不能得而祿之者宜亦漢武之所不能得而見之者也今公放志區外視世之富貴利祿皆若不足以當其意者不於生之旨益有合耶公異日倘亦如安期生得棗如瓜嘗亦以之分我不應似今日徒抱弄諸孫爲遨嬉娛也

壽沈孺人八十序

甚矣哉孺人吾之師亦凡爲君子者之師也何以言之天地之所以不毀者恃有生人之大經焉以持之雖誠者始能確然守之而卒有以自立自世之賢者藉口於不得已而通變之說以自飾其不可問不忍言之心此天地之所爲大懼者也且忠孝節義之事其是非利鈍亦甚判矣信之不篤則執之也不堅而自視其所趨之塗常皇皇然有不能終日之意於是悖惑背亂罔所依據而終身之名亦旋至敗裂而不可

救則大節所在固非浮沉鄙瑣之人所得而托焉者也孺人稱未亡人六十年矣撫孤當戶事翁內外稱孝無間言乘膏澤簪珥椎布操作旦夕又少休未嘗一詣親鄙值娣姒相過宜送迎亦不使衣裾曳堂閫間即歸省禮不敢廢亦必晨至夕返毋雖牽衣止之不得其勵節之苦固六十年如一日也世之守先正之道而不恒其德自視且不能以終日者聞孺人之風不當爲之少媿耶今孺人目視孤之長以至於老又克秉義方而孤又有其子若孫並濟濟然有文采之譽列庭丁爲孺人歡說者謂天之待孺人者如此其厚而不知皆孺人自有以致之非天也益以孺人六十年如一日之誠天自不得不以厚報之其理固有然者乃今孺人庭益滋蕃尚躬率諸婦修勞生之訓戒勿多婢僕以長怠逸是孺人之年雖已登耋其心則猶然六十年之前之心也誠故不息不息者天地之所以立而又何疑於孺人之無疆耶婦節年六十例輒得旌今孺人已過之知翠茄龍奮跡而起自不難鬧之當宁光被寵榮以風示閨門之節予雖不敏當更爲歌詩以紀之請執筆以俟

徐而強詩序

自余以抱疴塊處息影松阿每望林情飯臨風流慨徒以事累難容居恒侘傺無與爲歡至去臘就醫東皋見諸同人靡不敦尚古處道詆流俗縱横文雅鼓吹休明佩觿擬於韋弦箴遂湲乎縞帶元亮之素心攸在無功之徒宅斯堅暇輒相呼抗言無厭庶幾嘯咏人孫以代苣蘇一日徐子而強投示近詩從枕上讀之如絕磴丹霞煥然披而流照奔悅亦復氣變神竦激楚搖寒遂令我心骨俱凉幽憂頓盡子美之詩驅

瘧鬼孔璋之檄愈頭風不是過矣而強風負西京之雅藻早蜚南國之香名行將聽賦金門升華玉管茲特其祥鸞之片羽上苑之寸莖耳余焚研有年日就衰落覼肴既拙學步爲艱惟間誦篇章引爲神王益少所游習長不忘懷藥餌之餘尤恃所悅以爲安故也但不能如北海騰上平之聲中郎延仲宣之譽撫孤懷而興歎對知己以多慙想同人聞之當爲我輾然一笑

盧龍孫詩序

江北名勝率首稱五山予慕之欲往游焉而未能也常意此山睥睨東海奇氣不能自閟必有人焉當之繼乃聞五山之下有盧子明公亮兩先生詩文皆力追古人繩矩後進予每恨生不同時徒於篇什中見之慨然而已至比歲卜築東皋見皋人士每事輒口盧龍孫不置訊之卽兩先生後人也予急索相見凝然淵然對之使人氣靜彷彿見兩先生風則令兒輩挑經門下予亦得樂共晨夕者且三年所竊常語兒輩

曰汝先生富於學而不矜於色絀於遇而不戚於中樂人之善惟日不足人尤之不以爲怨卒未常一暴其過汝輩日讀三百篇第知以詩爲詩亦知汝先生溫厚和平實以其身爲詩者乎一日先生忽以修來堂詩見示予讀之婉而正摯而不迫如對賢人君子身親和善之氣而聞其說道義誦詩書幾不知人世間有凌厲變詭之習也故予又以爲讀先生之詩者亦不當以詩爲詩卽以先生之詩爲先生之人焉亦無不可也予向者常以不得游五山一見兩先生爲恨而不知

其奇之並萃於先生也繇是言之予又何嘗不可把兩先生
背躡五山之峯與之臨絕壑聽松濤哉

祝汪孺人壽序

嘗謂天下之言德者必以不可見者爲至而天之所以報之也則必極之於久大之數以爲人世之所可共見此非天之私之也其道如樹然人之見之者皆末也是必有不可見者以爲之本有是本則有是末末固不可以倖致天亦不得而閼之也古者婦德不外見於義爲坤主專靜而能受此百族之所以始也故凡家之興也其休祥之所自鍾大率鍾之婦德者爲多何也男子之剛毅材斂毗乎陽者也其道張而能

貴於奔非得助之者有以聚而養之則其發之也易盡而無以爲醞釀休明之本故予每持是說以卜人之興者百不失一焉如汪孺人是已聞孺人之始歸玉翁也翁技計然之策倜儻自喜放志江淮之表凡家之內外大小孺人以一身當之其智慮識略往往出男子上旣以臾縞執勤業用隆起乃其志顧益降恒引粗淡爲臧獲先唯煦然慈愛人遇事唯恐無損於巳也故宗鄗外姻無不交口賢孺人而翁於當日且得以一意四方往來賢豪間稱長者三藭君亦肅奉繩矩孝

養無違廪益豐而問益著長君九以素封好義爲敝里諸先達之所推重余亦得以養疴江上相得益歡於是孺人今年春秋九十高矣夫此九十年之中世運之升降人事之遷移與夫井里故舊之休戚聽覩之所閲歷固已不知凡幾而孺人則視之如一日也昔魯國有母剛禮備經穆公遂使其夫人及姬皆師事之號爲母師是婦德之重於史策卽憲老乞言之典亦所不廢則如孺人者洵足當之矣抑吾又聞之令爾祿養無寧善養此昔者尹母之言也然則天下之善固[illegible]有外於孝弟者矣尊親者莫大於孝弟卽爲後者亦莫大於孝弟蓋唯孝弟爲和德和則可大可久此卽壽之説也吾知孺人素以孝弟望諸賢胤令諸賢胤既能以孝弟事孺人則今日之奉觴於孺人者其壽考寧[illegible]必將皆如孺人可知也予於此不曰天之道而曰人之道此皆其不可見而可見者也

重修宗譜序

吾始祖自正陞公以積善樹德開之於先子孫以且耕且讀衍之於後愈久而多愈析而繁非譜以系之將毋所折衷焉粤稽守閒公先創爲圖至鳳韶公取圖而裒爲牒後四十餘年至鳳祥公則廣詢博訪彙成一譜付之剞劂迄於今又三十餘年台乃復從而大加搜葺攷訂焉大約一世二世三世僅得其塋墓處所與夫貽謀創業之大槩四世以下則盡得其人品行誼以及容貌衣冠性情嗜好之所存凡有善可稱有徵可著者於是立之傳傳者傳也非獨以表揚先世亦所以風厲後來爲言之族之人不一其大端則善與不善二者而止爾吾之望族人者亦無他其大端亦止期其勉爲善毋爲不善而已爾然以一人而欲望夫衆人戒之曰爾爲善毋爲不善不羣起而誚之則悠忽置之矣何也力不勝也惟合譜中已往之善蹟列而訓夫現在之族人示之曰善者如是不如是者不善必有猛然省惡焉愧者矣何也聞見同而相形者勝也乃取昔之爲善而在人耳目者與爲善而不求人

譜者暨夫有善之實而或心與迹殊道與時違者一一闡揚之條次之無諛美無疑義無失實則人與事彰彰焉誠可信於今爲傳於後焉則羣族之人頌之服之使知其凡在此列者皆善者也不則其尋常者也又不則其不齒者也由此而引夫羣族之人樂於爲善毋爲不善未必無裨益云以撰之始祖毅貽之志庶幾其或存當爲因書以爲序

醫學集要序

昔東坡喜釀酒以飲客曰飲者沾醉吾爲之神暢又喜製藥以療人曰病者得藥吾爲之體輕至哉斯言得斯解者可以悟夫萬物一體之實際矣予嘗見夫冬月而涸者裸身濡沫沒頂陷胸時予方擁貉戴貂然不禁對之而寒栗又嘗見夫夏月而鍛者揚錘揮汗焰烈星噴時予方乘風搖翣然不覺對之而體蒸又嘗見夫操舟濟江者檣斷櫓折飄轉驚濤中其危於在於呼吸時予方兀坐山巔然望之而儼若搖蕩於烟波浩淼間恍惚震撼而莫定爲之目眩而神懾迨既久而追思其事向客言之猶時欲齒擊口張而毛豎夫涸在它人而已爲之寒鍛在他人而已爲之熱險在它人而已爲之悸於此知坡公之言信不我欺也豈有見他人之呻吟疾苦而漠然不一切痌瘝於已身者乎切故思有以療之療又思有以廣之切之療之廣之當無有過於集方書以輸之之爲善也蓋集方書以輸之者俾之家自爲急戶自爲救人自爲治而吾無所尸功焉是猶之乎療飢者而輸之以耕耨療寒者

而諭之以桑麻，療貧者而諭之以力，啚療愚者而諭之以詩書，療梗頑悖亂者而諭之以禮樂教化，在已未少費，而於人已無所不惠，豈以爲功哉！亦曰飲者沾醉，吾爲之神暢；病者得藥，吾爲之體輕。行披公之志云爾。雖然，切四海之痌瘝者，亦當聚四海之聞見。不佞俾處孤獨，掛漏必多。倘嗣是而後有能纘而輯之，益補其所未備，爲造物廣生機，爲國家廣生養，想宜仁人君子之有同心也，不佞拭目俟之矣。是集也，亦詳亦慎，必躬必親，非經已驗，不敢悞人。其蒐羅採輯，實賴盧君龍孫，而較訂損益，斟量去取，則朱君闇卿暨其孫肅瞻之功居家云。

重修縣志序

周官外史掌四方之志。夫志即史也，國無史無以志國，故春不志弗郡，邑不志弗邑，以不備爲弗郡弗邑也。然則載備矣，以是足爲盡志與？曰：是事也，是所謂跡出於履而跡非履之說也。有進於是者，傳其事，并其事之情莫能逃焉。有事情還而有好惡，因而有勸沮，而消長沿革於是乎在。意者其在斯乎？曰：是得其八九而非其窾也。窾會何常，時視其所急而已。吾靖隸毘陵，而版章獨附于江外，向也猶孤懸中流，近且西北連泰興，東北接如臯矣。居民全憑引江流以灌溉，如圖河之役不舉，則潮汐且過而不入，而靖之憂在旱，濟田并吾田也。泰之壤高而靖窪，每霈雨泛溢，泰人輒以靖爲壑，使通江之渠不鑿，則洪流且建瓴而下，而靖之憂在澇，田雖吾田而非吾田也。且也上田日益廣，而小民終歲力耕不足以供上，其可憂在財賦。先王之澤未衰歟？而人心不古，舉動鮮見其淳龐，其可憂在教化，而風俗尤可慮也。往者俗猶尚儉，而今習侈，浸淫而至於習僭；往者俗猶存朴，而今尚巧，浸淫而至於尚僞往者俗猶畏事而今喜事浸淫而至於喜訟而展轉相傾又凌至劫以居喪勇於佞佛而忘哀棄禮是皆多事以靡於侈而澆之類也合自童丱及今所歷僅四十許年而時事已日異而月有不同有世道民生之慮者不從此力挽而砥柱之吾未知其所稅駕也故曰有窾會焉窾會所在覷其所急而加之意俾齊民知所以力作學士大夫知所以勵行而人心風俗一返於淳古之治是誠吾邑之大幸也如曰紀錄見聞以備掌故而已則猶是邑也而又何以志爲哉

李評研易堂元音序

古至文者莫過於天地天地一善變者也不變不可以爲文變者易道也今大塊懷俛仰之間寒暑晦明煙雲草樹無不鼓舞日新之途然當其寂然收聲瀟然斂色或者疑其匿紳而不知寂然瀟然者正其所以鼓舞而日新者也故易有太極而參伍錯綜變化鬼神遂交迫於不得不生之數於是乎奇之偶之以至於十百千萬筭數之所不及終日言之而不盡者一言可了也終日思之而不得者一舉目可了也會心不遠天地之大具在戶庭水流花開人澹如菊讀者至此亦復聲塵俱化即欲強下一語不可得嗟乎此吾評研李生所以有元音之選乎辛卯之役予以更校易卷得李生七義神韻肅穆理而知爲異人尋以濫額置之副選主司亦爲扼腕數奇歎惜不已蓋爲文章者不能以榮辱之權自予而榮辱亦原不足以與吾文章之事李生固可以信之而無疑者也夫修文一也而真與僞異文之所以至與不至真與僞之分也有僞文當即有僞人則凡所爲經術政事當無所不僞李

子以所選易墨顏曰元音蓋欲以漸近自然者告世亦與主司選正之旨相符則真者無有不正正者未有不變變而不失其正此天地之心也此易道也然則李生於此固已超然筆墨之外矣

敍解風生悠然會心處亦復聲塵俱化解此者可與論文可與論道 李瀚章

九十八

募建郝公祠序

能自立品者不以久暫不以存亡君子之于奪人也亦然黃人之行有可賤者則君子從而賤之雖存且久焉不貸也行有可重者則君子從而重之雖暫且亡焉不絀也昔者梁溪諸先生倡東林之學爲天下是非之衡而天下亦翕然宗之以道義相灌磨求不悖於聖人之教其道皆準諸此嗟乎此固君子之所由以昌而正學之所以不亡者歟前學憲郝先生視學江南以廉正自持苞苴不行請託不徇試江寧蘇松三郡卷必自閱閱必竟遂以勞瘁卒于官作人之澤吾郡未之沾也然郡士之爭自灌磨者咸感泣悲哀不能自已乃請於督撫立祠於潞江以祀之夫圖報之思施於所未嘗受恩之人益足以見三代直道之公猶未泯於人心而人果卓然自立未有不足以興起斯人也記曰有功德於民則祀之如郝公者正誼明道使人知貴義而賤利倘梁溪諸先生而在其必爲所嘉與汲引無惑也茲者度地量材經營傾助錫山諸公爲之倡始已有成議矣蒔吾邑之感慕激發必有同心

九十九

幸各量力之所能捐貲協助工畢之日刻列姓氏流傳南北俾砥節者勿慮其無傳好義者不憂其寡和未必非廉頑立懦之一助云

續譜序

續譜者續前譜之所未載也考本宗六十六世正六公原與兄正一公同貿易常州一卜居武進之北門一遷居靖江蓋前譜修於己酉僅及居靖一支迄今二十餘年其間之育子生孫者又不知凡幾使不及今續又遲之又久其生愈繁其人愈散必有莫可踪跡者不特支系紊亂而且名字無稽尊卑莫辨將有道逢之而相誰者又豈所以合族聯宗之意乎昔范文正公有言曰今吾子孫前之皆一人也仁哉斯言夫

下而有不念其祖宗之人也天下而無不念其祖宗之人則豈有不念其子孫之人哉由一人之身散而爲千萬人復由千萬人反而溯之於一人則親愛之意自有不能已者且夫天之生物莫不有本草木之無知乎其東柯西條驚本同故也人則相誰而不問忍乎不忍乎自世之衰也澆漓成俗箕帚褻鋤見爲德色過里門不下車被一命而名諸父在期功不廢絲竹又其甚者慘刻之行起於鬩門干戈之尋見於同氣所賴以稍示敦睦者惟此存亡繼絕錄弱優孤以存本支

之誼耳豈日前子姓振振繩繩忍令其遺而不收乎豈同屬
一郡地之相去僅百餘里而近忍令其遺而不並舉乎余固
不憚衰邁輯而集之以補前譜之所不逮亦曰此皆正一正
六兩公之遺也云爾詩曰以似以續續古之人余文將望之
後來者

重刻感應篇新註序

從來感應之理本聖賢經傳所該而卒未嘗主此以立教者
何哉夫聖賢同非視為虛無杳渺而置之不問也蓋鬼神之
於人原以聰明正直之靈覘人之積念積躬以為施報之不
爽吾第教天下之為子臣弟友者各循循於五常百行之原
體察於隱存息養之內修之則吉悖之則凶彰於身為物恒
措於事為禮樂循而進之天下和平百姓順治稱如也而鬼
神於其間亦第贊其陰陽司其翕闢而已其又何事乎此即
不言感應而感應之旨大備然是道也其行至庸其量至廣
而其出入旦明之嚴必上哲之姿好學深思者易於篤信而
力行而下此則若信若疑忽焉不及致省者比比而有故求
其說之明白精嚴有如按律衡情臚列功罪人無論智愚
覽悚然者誠莫若感應篇尤極彰明較著者矣斯刻也昔之
註家無慮充棟然或隨意採掇於經文無所發明偶於澄江
得太倉王君新註讀之見其引據精確絕去支離用以翊經
而覺世實有當焉余故晨夕奉以自省稍加刪葺增以日繫

近事。敬登之梨棗。以廣其傳。庶讀是編者當不復河漢余之言也。是爲序。

功過格序

夫人存心應物。以至家庭里黨。靡不有其當然者爲之域。如農之有畔焉。循於其畔而罔有越思。此農之職也。故盡其職則爲功。曠其職則爲過。功則爲聖爲賢。過則爲禽爲獸。而權衡于聖賢禽獸之間者。則人心敬與肆之分也。故先賢明列功過條目、使愚夫愚婦亦得曉然知所遵守、而人生禍福之故。亦即定基於此。不爽毫髮。亦如勤農則穫多。而惰農則穫少。勤農則主者樂得其爲農。故恒得以久其業。而惰農則主者必怒而重之罰。又奪其業而授之他農焉。此理之所固然也。易有之、積善之家。必有餘慶。積不善之家。必有餘殃。蓋不積則不餘。餘者、乃積之而餘焉者也。故積不善者。多在無忌憚之小人。而積善者。恒在戒慎恐懼之君子。小人之所見。隨事皆可自恕。愈自恕。則不善愈深矣。君子之處心。無時不以自責。愈自責。則善亦愈深矣。由是言之、則敬肆之分。不獨以此別人禽。且實於此植禍福。天命靡常。善則得之。不善則失之。聖人之言。不獨爲有國者立訓。此雲谷禪師造命之說。所

由本也前輩受持此格以誠信協奇應者别有紀載指不勝屈余得之惭且懼雖不敏不敢不勉因刻之以告同志凡百君子尚其敬而聽之

乾隆庚戌年仲秋邑人黄與祚捐送

序

目次

退思堂記

靖江朱鳳台愼人父著　男廷宋嗣殷　姪廷宛酉城　仝輯

重脩開化儒學記

猶憶戊子季夏從衢遡流而上歷灘百折山萬廻始得見所爲開者舟纜東郭喜覩形勝即歌風以誌之曰衆峯隱蔽邑雲際一孤舟絕岸窺城勢長廊帶曲洲橋浮牽不耳（偏東岸石鑿孔貫之以鐵絏）堞渺借山頭竿影疎參樹瀾紋細續樓景靜宜探緩林空任嚮投我來同埜鶴矢素與尋秋及國門竊嘆人煙稀少而絃誦聲啙啙入耳幸山靈庶不寂寞意其間必有英人偉彥蓄惠若書克扶聖教於不衰越一日肅謁

文廟繇縣治北行里許林麓蓊翳復穿幾折見宮墻在望背鐘山面鳳嶺跂文筆覺隱隱隆隆其中甚多江山秀卓之氣至此悉歸襟帶間諸士揖告予曰自宋及今數遷建此治未嘗不巍朗照耀而後逐稍稍榛棘中矣展拜畢憫然念之予謂諸士曰鄉學之設旨爲道也天不變道亦不變道不變則

先師之學亦億萬年而不變但振興之功得其人則傳不得其

人則廢不得其人則寄今日之學傳耶廢耶寄耶

新天子加意作人以廣厲學宮爲開天首義台承乏茲土敢不戮力經營用匡積敝使宮墻具而不進窺堂奧是群弟子之責也欲令窺堂奧而宮墻付之風雨是爲宰之過也向來伏莽滿山文事寢廢近幸漸次撫平不折一矢而費餉費力且將進俎豆而揖讓也余不敏願絜將躅心與茲邑之英人偉彥相期經術之大業不朽之盛事皆由是觀厥成恐泄泄聽淪毀乎適當農隙爰命鳩工若殿若堂若廡若閣若祠若齋若泮敧者正之墮者飭之朽腐者堅新之更選古禮樂法器如豆登鐘簴僅存鞠艸者按圖臮集離離具焉茲役也始於巳丑冬竣於庚寅夏相與有成者學博王君泰徵邑君國瑛丞張君安世尉許應期董其事者爲弟子員劉大有胡之靖張以光張世探劉霖蔣貞起江曾儀耆老徐養祿均著勞績環山响答致足樂也伏冀澤莪之儁爭自濯磨無負建學明倫之旨求諸前輩如汪生洲先生徐竹孫先生盛德大業卓越當世接跡繼軌復何多讓今日之學安在廢耶寄耶衰息

而不傳耶開之學者後之教開者尚其勤丹腹哉喜得見開將終不負開遂援筆而爲之記

重建潮音菴記

黃田港爲南北要渡故有潮音菴以憩行者毀於水已數十年乙未冬予過此暮矣見茅舍一燈熒熒於烟水之濱經營與人語相亂心訝之輒詣假宿僧出迎坐定訊之字德悟白大名來此謀興是菴察其志甚決且堅朴無矜飾之色而環匝皆蘆葦無不歡然有以相下者予知其必有成也於是爲之力倡於靖歲出鏹粟若干佐之明年殿成又七年門廡垣圃始具德悟渡江爲予記且告予病其爲此以瞑吾目也予

愀然諾之然卒碌碌未有以應也至是德悟果奄逝其徒某來復以爲請予悔其爲之後也告之曰爾師之爲是菴也勞甚著其記於爾後人之心與徃來便是菴者之口無惑也爾後人善守之勿替雖不記猶記也不然其久也不以石也且予亦嘗慨之矣凡事有所期未嘗不思有以赴之赴之而不至焉疑也蓋利欲動於中故疑疑則敗之者至矣子師之謀是菴也無纖微私者旦暮不敢逸勞先於人常安之以爲其分也故十年而卒成江濱之行者賴之此亦誠者足以及物

之效也守之者可以觀矣某唯唯用是援筆而爲之記

退思堂記　五

電脩察院碑記

考之縣志玆署建自先朝洪武七年迄今三百餘載迭經兵火僅存正堂及西側皂房數楹欹立寒蕪中皆頹然不任風雨余自戊子仲夏承乏玆土欲謀飭之時枕戈未暇也至六年秋野無夜呼巷舍間復聞子婦比隣笑語聲家丁丁治垣墉器具匠徒醉飽運斤墨持畚牐佁之者趾相屬也於是邑所廢墜亦圖漸次振新而　上臺按署尤爲
朝廷綱紀之地飭與弗飭責寔在令勿敢怠也已丑季冬涓吉

退思堂記　六

僝工越歲仲春告績舊遺堂房正欵新朽復締後堂五楹儀門三楹頭門一座東側皂房五楹鶴棚厨房各一室間稱焉工價悉照民間平給費金一百五十餘兩內給領編等銀三十二兩餘則出之新俸共黽勉督治獲有成緒者則蜀明經典史許應期也先是　上臺儼臨必假官宅民舍爲駐節地多窅隘褻略非所以肅官常也今此役既成雖未克宏備業已堂搆有欵威儀有則耳目聽睹煥若更始令各吏民凜然於法度之所在相與敬戒無懷逸思克共憲命寔於是乎在

然台猶有與焉興作之役其費易侈而民易擾凡吾公事即
吾民事也與後之宰斯者歲舉葺治俾此署有基勿壞則可
省勑役之費不啓擾民之端敬徵以慮終相與慶
天子萬年永觀厥成其職思肅德哉

重脩譙樓記

朝廷設官分治其與民最親而得以快然行其澤民之志者
皆莫如縣令則縣亦如一大家然令蓋其長乎故考令者考
其令於縣者也猶夫過人之庭而見其紀綱之治亂子弟之
謹肆即可以定其長之賢不肖則凡縣之事皆令事也說者
又謂王者建都封邑爲四方向背淑慝之所繫則縣寔爲百
里休祥之本亦如令而靜則民和以末令而震則民煩以促
一則操應於事一則操應於形而論治者往往形不足以勝
事焉雖然令之居處視聽凡有所以臨乎下者則形亦事也
於是凡有建置皆爲王制之所必詳而所以準一邑之耳目
則百代之風氣者又莫如譙樓爲尤重開城于山而山乃不
欲止有城名也環而山之樓處其中儼然與諸山相拱揖而
羣秀寔趨會焉或曰此開邑人文之所鍾也余至邑歆耳
而已未幾全燬於火余甚爲興葺之垣棟既具悉存其舊獨
門道欲簡之使矩焉旁有告予者曰邑有鼎元形則從規制
不可易亦猶家有勳貴而閥閱其門以明等也開自程宿登

端拱狀元至今適當五百年必有興者且歷考茲樓皆六十載必爲一更此役實適符之維開之靈數於子乎啓之矣余瞿然謝不敏既而慨然有感於揆應之說也夫人之所求者安且榮也其爲求安與榮之方形家言而已矣今夫關中千里可以享萬世安榮之利而尚論千古者多慨念豐鎬之間始原其當日非休養數十世不足以幾此彼蓋有其事焉者也古者文明之運多釀於清靜和平之世豈非上之人爲之哉上無求多於民則民之生氣日裕久而知所以自愛故其

退思堂記　九

時俊秀之士必重廉恥而知敬畏升之朝廷緩急可以有用亦其積之者然也受天子安人之命爲國家積養士之報者縣令事也庠其蓄而嚴其操以成縣令敬士之雅者士事也士積之一身令積之一邑兩相積則兩相應氣機所會動於自然夫亦可以觀形矣嗟乎余讀史考古循吏見其謀民間事至周且悉亦如老翁早作夜思治中人產殷殷爲子若孫慮深遠也至於今日令且以縣爲傳舍其意計所至無暇及縣事即有利害因革亦湯然置之曰我不久當去耳視令既

薄則自待不得不薄夫至於自待亦薄則天下無事不可薄而況於民乎如是積之數十年吾知一邑之間亦必有以自異者則前此闢城亦何嘗遂至如今日哉余於是仍命卷石如舊制巽然穹然聽覩一新敬民事而承天休亦庶幾定國之門待後興者意也因復書所以揆應之異用以自勉并告後之令於此者出入聽對於其間其或憬然念所以親民也者是則深於作人者也倘有無故而好遊茲樓之下者幸毋謝曰無敗我家事請爲爾誦鼓鐘之詩

退思堂記　十

修莘埠橋記

日之出也。無私照時之成也。無勞惠。維古王政哉。事溢則震。震始荒。刈有則置。賈乃不給。至。治。之。道。因。之。爾。無。溢也。宜之爾。無名也。故其事物不甚異。惟在田里道路之間。令若厥時無曠攸處。依其山川。通其舟車。度其常務。為爾民休。古者帝臣之學。如是而已。今

天子御極之七年。

巡寇李公事來茲土。周咨利害。按視程度。省此衰殘之民。悲

楚入心若貞則。若歲役凡為民所聞聲懷痛者。皆不再計拯而出之。罔勿力。亦罔勿盡。一日有冏顧古址。雉然而思庭者。控曰。維邑西南。衢莘埠。為往來要區。大川間之。昔有梁舟也。茲。塈矣。大弗便。梁固僧主之。故有田。歲可葺梁。今為某侵乞直之。

公下台質其事。且曰時。少康啓。塗。惠通津濟。道宿早暮還逝。毋。乃。艱旅以敗務。且不便於遞者。所以卻達卻追則貨贖貨踊則下困。困則爭。爭則危。政之患也。汔爾蔓蔓。盍慎術縣其。速。壅。廢。梁。以。報。台敎受命訊之。田故役里者。舊有所受之也。然感

公為若等慮微遠如此。願還捐之田反梁矣。乃即鳩工作管直。不日成之。梁反川矣。負者擔者耆者稚者。輪者蹄者錯趾交。袂。雜遝波影。入反渡矣。商賈趨市。其往攸利。埼然繹然繒轂自走。賄反均矣。物至不後務協無競。連伍灌蹤。風雨饑疾。呼求相輔。思無鬱。廢情反同矣。物遂其常。是謂贖物。反而植之。不失其宜。民得其便。而上無事焉。此曰順極。下屬吏不

能知

公。竊意

公入輿

天子論道。熙帝之載。撫民之任。應時而則。用觀厥成。其道如此。

此曰合德。

重脩通濟橋記

通濟門大溪源始睦歙會流破羣山之間東馳百里取道邑左直趨苹埠入衢江其勢悍急難犯如項籍悉兵渡河沉船破甑趨戰鉅鹿也然奔湍過城下春夏尤厲東岸石傳之水怒擊之不勝遂成潭渡者下視色蒼黑兩足栗栗欲墜越十數武始得見小石粼粼與波雲相亂儼然巨浸山城撫而有之亦一勝也越溪爲邑屬鄉達常山大道梁之不可舟之不足今舟而梁之屬以鐵繩司渡僧候水强弱爲啓閉法誠善

今年六月渡僧來言曰日者風雨連夕洪濤夜作驅大石如奔象鐵繩數十餘丈直似霜餘枯蔓逐浪花東去舟梁則覆巢卵矣今水落頁半舫作蔡筏受三四人渡者相戒蹲踞扶舷板自固登岸捨筏慶無恙而兩岸竚候者又肩相摩也余因念廢墜不舉維今之恥況此枕席之下乃使爾民有趨蹈阽危之嘆我獨何心且此橋自宋至今成毀不知凡幾宰是土者亦不知凡幾獨此空波一往終古依然止恐道路萋弊不入琴堂之夢則負此清流者亦復不少耳余於是即以七月捐鍰僝工從者欣集輸貫粟恐後再月工竣始終董厥事者僧性止也先是前宰以庵田例同坊總克役余以其司渡任重而惠遠故免之今橋毀再新益以見其有成勞矣於是爲之銘銘曰

維此開城基負於山市也而隱松雲可闕出其東門流乃介止次我城隈紆我都里澄波容與輞川是宅紛其厲兮是曰海國舟梁旣潰不可揭思行者相望中心怛而職則在尹敢其誰飭儼然臨民使民戚戚念之孔殷維己是溺平政惠物

矧聞自昔乃命厥工乃嗣厥圖亦舟亦梁可馳可驅長虹臥流靈鼉浴珠波底天斷溪中地符負擔行歌童冠詠歸白鷗停翼輕儵狎磯中流弄月晚挺凝暉人影空明青山作圖爰祝爾民鼓腹來遊利受其福承保天休水不竆老川無橫流風雨和平永年無憂後多仁人聿來爾候敬問爾事嗣或斯求

重脩漢壯繆侯廟記

壯繆侯廟居縣東偏，爲觀聽羣集處，便禱虔也。且有事公言者，萃是陳侯前，侯之英爽能陰奪奸者膽，君子敬，小人畏矣。則侯寔有以佐王法之窮焉。戊子六月，余來莅縣事，始謁侯，惟見侯兄弟三人，猶如當日戰敗流離，黃塵落日，倉皇投憩於荒村敗舍間。余乃瞿然曰：侯當日雄烈蓋代，持大節，歷萬死不回，能使漢人拜，魏人拜，即吳之人亦拜。下至千百載，亂臣賊子，無敢非侯，不拜侯者，里巷論說侯事，即老翁孺子，無

不爲之振背撫髀，色英英欲飛，如月侯策馬馳狀。即像侯者，歲久頹落，風雨凄然，猶凛凛有生氣，亦適如當日窮愈甚，志愈壯也。侯固不以像重，而人之奉事侯者，幾若使侯莫處也，是豈得爲事侯者乎？於是呼父老，謀新之。八月出鏹鳩役，徒市所更其以生員胡之皓、劉大有，耆民徐養祿董之。一時，自紳及庶，爭輸貫粟，恐後。越歲四月，乃告成，翼然更始矣。先是，廟以侯名，而侯無專像，非禮也。今營廡未敢毀其前三楹，像侯，緣街爲正門，亦三楹，昇之，餘其後故宇，使侯與昭烈桓侯，

後，似當年不失聚首之樂也。嗟乎，余讀漢史，間嘗髣髴侯之爲人，則侯誠至性人耳，觀其內外之間，皆確然以一誠相示，不肯自假，亦不苟假人。當日爲之下者，無不服其法而懷其恩，故侯所撫地，績最著。後人知其善治兵，不知其善輯民也。余因爲之祝曰：後之若宰若帥來事茲土，其式我侯，毋稍枉縱，爲我二三窮黎患，惟茲邑人，亦毋矜齣詐，以誣爾上，下用示侯歟。

脩華埠關廟記

華埠居邑西南隅距城三十里四省賈人恒萃止焉乃其地尤偪處玉德之界萬山叢巨徑路深險窮源而往皆數十里不逢一居人蓋數載以來爲賊所藪而華埠適隣其壘故前此多被寇而

當事者遂設一防營駐之賊出兵與鄉人合擊往往大剏則華埠又兵民襍處之區也地故有蜀漢前將軍關侯廟入事之最謹即有豪且猾者其心自中亦惟侯之威靈是懾官法

不及也然其殿止數楹初無垣扉不蔽風雨余因偕倅之命者民周惟茂董治其事至是工竣壅穢既闢門宇嚴正歲時掾豕醴酌侯者趾相錯也先是予有事詣郡至止暮宿無公宇官吏僉譁然民舍大弗便今侯宇就治予經此則肅致謁且以時托憩焉因爲屬其事而更有慨於侯之生平也以侯雄姿英略邁軼當代獨與桓侯依棲于流落孤孱之玄德蓋其一時所號俊傑侯巳窺見其隱皆漢室羣狐耳侯一生志在春秋忠義大節本于天性固非時輩祿祿所得而下之者獨玄德忠純豁達乃心王室在當日誠不可二侯固不得不心折之也故三人平居每同臥起至稠人廣坐則侍立終日蓋千古君臣兄弟朋友之局至侯三人愈奇而愈正孰謂當時之勢蓋不得不以孤身獨扼荆州牽制中原以成玄德巴蜀之業至臨沮之難而議者乃謂其叱婚數語以傲取敗而史亦遂稱侯驕于士大夫則又豈得爲定論哉今考侯生平戰畧往往以少擊衆臨敵制勝雖侯膽智奇越自足用無全敵要亦其平日養士之誠疾痛饑勞無隱弗恤故士皆樂受

其法而甘爲之死此史稱侯愛惜士卒誠不同于桓侯鞭撾徒見者也今卒伍錯處于此或者驕僻之氣生于暇豫偷勤之以訓練而申之以約束使兵無遊逸而銳氣恒盈是眞善學侯者哉至今有司牧之責使愛民亦如侯之愛士則能靜其未然之患可以不守而自固不戰而常勝是亦文吏法侯者之一道也

慈恩堂司渡役記

通濟渡屬城東南門，往來者日無停晷。如邑户庭然，溪廣數十餘丈，春夏尤爲行者患。渡以浮橋，制甚然不有司者，法當不久。故又於渡側建禪舍，僧以主之，且給田其中，使無寒餓憂。歲以其餘葺橋，此昔人所以爲永是法者計也。乃往者亦辦役與合坊等，僧守是無間雨雪寒暑，從艮苦而葺橋之直且益艱絀，前有舍去之者，法寖弛矣。戊子夏，余蒞兹土，菴僧性正白以故，且陳初有免徭，繼隳法狀。余下於綱聖議免之，庶幾守僧無虞奔命之不給，爰得久處以惠行者。此亦所以永昔人之法者也。余故書此以記，且爲之頌曰：

波流湯湯，近在履側。危險憂患，實不可測。
衆恒習之，罔知顛隕。受有智者，生大慈憫。
散諸所有，以是作筏。濟渡險難，造諸福利。
又復當念，以此功德。施無住法，兼作佛事。
維此綱衆，嚴爾敬田。當念淨信，乃實希有。
收攝群慵，各予無畏。熙然安養，樂我皋壽。

如皋西郊義塚記

康熙丙午三月，予偕金翁廓明步出西郊，風日和美，野碧際天，邑人以省墓爲游，從之樂者趾相錯也。夫淒烟蔓草之中，終歲寂寥，人跡罕至，獨於此時猶有其子若孫者挈伴攜觴，維邏其際。辛巳，乃西行百步許，塚纍然幾不可計，顧無人爲以醊之。問之，則義塚也。塚旁有石，乃予友許武東記，蓋邑侯陳公所置，距今十五年耳。嗟乎，以西郊一隅有塚地十餘畝，距今又止十有五年，而遂已無尺寸之隙，可見今日之民貧而無以爲生，困頓疾病，號呼無可向，至死而又無所於歸者，真不可以數計也。乃此地又已不可復歸，則後此者將安之耶？因爲愴然久之。廓明曰：公倘有意乎？予友宗一、天受、元宗皆夙有是志，當約與共之。至是，二君果捐鏹佐予，買郭西宗氏田三十畝，白之縣，以待諸無所歸者。事既竣，三君謂不可無記，予乃爲之言曰：凡人之情，莫不樂成而惡毀，然造物之理，日趨於新，古今曠然，吾未見夫所爲故者也，而欲求故於人乎？則人之歸於此也，吾亦謂之故而已矣。且萬物一體生則晞之故多攸焉沒則寘然忘之矣則凡同歸於此者安知其不如逢舊識得新侶亦有爲之低徊眷戀相得而益歡者乎今夫物之可樂者常不能久以人之所欲在焉故也今茲數十畝之地既蒙以甚不祥之名則不特爲慕樂者之所不至且將去之惟恐不遠是則歸於此者之所謂甚祥者矣雖然君子之於今日亦爲其所得爲者而已倘此十數年中萬姓休息稍得自遂其養生送死之計則以此爲歸者必日見其少矣豈非吾之所甚慰者乎然是有爲之者在予望之而已不然則予又望夫後之爲三君者已汪君宗一名光縉天受名光祜允宗名光祠並新安人三汪君好義多倦佐予不逮始終成之者金翁也金翁廓明名敵武進人予故並著諸石使後有所考焉

王丈母去思碑記

昭陽單閼之夏台就醫東皐聞邸報吾邑侯王公以前令朋籍奉部議左遷因唏嘘久之曰是吾邑之不穀也夫吾邑之不穀也夫越數日公遺余書曰僕素介性所不樂不能爲亡所不合不能交嚬笑不能勉以隨人一自爲吏皆失己而惟物之應朝夕懼禍釁之至自今以往如冰渙而得解矣余敬復曰公善矣其如敝邑百姓何余即策蹇南旋途聽野老童牧衆語刺刺不休則曾留王公事也抵郭邑之人皆南趨大呼踴躍塡門晢王邑侯士者耕者牙者賈者廠者獸者擔者負者戟者樂者輿者皁者傭者履者採者羸者髫者孩者各負石爭先須臾門埋覆日千餘人會葙省求之督復詰蘇求之撫裏餱齎縷匈匍而行竊幸謂可以借寇公一年嗟乎此可以得人情之所在矣公蒞靖三載政惆悃無華安靜廉慈植士愛民蠲牘緩賦庫不留一錢遇有急需片紙立辦民熙熙田里闤而商賈至者如歸江南北縣多愧焉噫公之志豈有徇於物亦豈必邑之人將以德公而然哉公惟屹然立於

頹波靡俗之中有以存其心而已而吾邑之士民慰戴若此其甚焉公所爲亦難爾昔嚮子曰君子將入其職其於民也旭旭焉羲先鬪也既入其職而膜膜焉民保其福也去其職而暗暗焉民失其教也公今之謂夫今公行矣邑之人愛公之賢而歌詩以爲餞思公之德而立石以不朽噫世之士大夫如公之去任有幾哉余竊厭世人之頌德政者每臚列數事比之名壯宓巫冀黃卓魯以冀悅令心而於去思之實反無當焉茲盡屏其詞爲述其實而繫之思亦以見我公之德於靖者固不可以言盡而台輩之佩德於公者相與以誠不以文也公行且霖雨蒼生即以德於靖者德於天下其爲埋門閭者又不知凡幾已特援筆以記

重修三元宮今名寶綸菴記

開陽環巖競秀不減名區雖彈丸花封而盤曲輿焉斯固靈鷲之化域高真之都居也獨是溪流南下東去不回郭門以左曾無拳石之會考邑誌科第連茹斷而復續宦仕赫奕用而未竟職是故哉越惟端瀛陳先哲來蒞茲土於溪南夾岸疊石爲曜駕舟成梁仰視百雉堵堞儼然蛟門雙柱而金焦山之鎮截大江云前此寵光帝敀內官侍郎外官開府其相去且歷百歲近則同時顯榮宅揆專閫未艾焉前此登進賢書每科不下十人後稍凌替村墅至久不聞公車而城中一蕞尚兩橋相望謂形家幹旋之力弗與夫何流水蕩嚙橋圮石塌滇南朱公茸后仍就傾欹顧余承之以來汴宮麗譙與大公館寺宇亦稍稍肯構當此兵戈甫貼物力告匱時湲學巧婦之炊織即曰襟全肘讓幾幾乎肉盡而瘠疑矣每瞻望南郭力短心愁秋中輿較闈試祖道之日猶一再睇視願與多士賓輿爲山川煥色輿圖增勝乃徹棘報宴鹿鳴野外議者謂氣化六十年一旋而市鄉之疑藩頓破因捐俸爲倡分

防楊公董其事仍朱公舊構三官堂啓宇而大之以爲皇華駐節冠履憩跡之所易名寶綸菴因陳侯舊奉大士寶相建閣而崇之以成蘭若延請名僧爲接衆叢林行將庀飭兩廡復移南圯祠如劉陳諸碑士龕其中予顧而喟之甚盛舉也其安佈帝天佛祖也其迎恩王朝綸綍也其修祝前賢棠芾也其振拔形勝抵桂羅城延浩澤啓來牖也嗣是宦仕益顯則福在縉紳科第並奮則福在多士倉箱貿易行居安堵樵歌漁火早夜互答其福在民人又寧有遺類耶夫興作所在既已事闢閭邑則閭邑愛其福亦孰不樂襄厥成也哉

重修靈山寺記

因果者佛家之餘事佈施者入佛之下徑儒者所不道然每存而不廢者何也以爲戾者得以節其橫頑者得以化其梗貪者得以銷其鄙淫者得以禁其欲佚者得以習其勞道德政刑之所不及者佛教有以及之是大有功於吾道也是以存而不廢也故自其上者言之則證本來空色相超宗之論也自其下者言之則修因果勤佈施力行之事也吾得其上者而存之則等身世於浮漚齊萬物爲一觀富厚榮名不足動其願困苦顛沛不足亂其操斧鑕湯鑊不足奪其志不亦浩浩落落無願於外之學術哉而君子嘗借之以居心若夫下焉者憫時俗之昏亂設幻妄以鞭驅既參解而莫事徒貨力之是輿佛亦有大不得已於此者矣而君子亦藉之以宜民以居心者治人是王何以清談爲名教矣以愚民者自愚是蕭梁以浮屠爲功德矣故絕之者淺也溺之者偏也君子存之耳兩存則兩得互用則互失也開陽縣治之西有山曰臥佛山之尻有寺曰靈山五代時有異僧實創始之後益弘

瞿甲諸叢林近以住持非人門廡廊垣日就傾圮土偶木偶相戒風雨惟一中殿欹峙夕陽蔓草中予治政之六年歲在癸巳因祈雨至此四顧躊躕謀諸紳士耆老期有以新之適得雨僉曰是佛之力也予亦曰是佛之力也爰捐俸倡率之而富者輸財貧者効力庀材鳩工不戒而孚且曰是惟菩提院護藏僧性淳能因殆之淳乃挈其徒祖慧等至至則捐香供之積襄其費未踰歲而廢者復仆者起寂者發缺者補殿閣巍然花竹森然莊嚴龍象金碧赫然方丈香龕布置黎然維尚未艾而規晝已可覩矣甲午夏予承粉署之命脂車有日淳偕土人來告曰是刹之復興也實徵吾侯不及此侯下車之初赤白盈市倉黃徧野民且不有其家室而何有於浮屠侯蒞政而撫畔戢頑恤窮扶傷民得安堵且有餘力以及斯寺也侯之德安可忘耶且寺舊有三房中曰慈蔭左靜照右雄觀雄觀卽今察院遺址也院廢而土人圖其中侯復之其旁多為居人館圃地侯贖之餘則蔣歸其山若干貲其出若干多所周旋又皆吾侯化導之及是皆不可無記惟吾侯記之予曰有是哉我聞佛為覺王示人以空諸相皆空像於何有像既不事又何有於棟宇鼓鐘之紛紛也者然而前人之為之者則必有故使因果而不誣也佈施卽足為因果也則諸君與淳之功德不亦偉乎是誠不可不記若夫蘇子得雨以名其亭予得雨而新斯寺皆適然爾適然者於予何有哉

得士記

古之所以治天下者無他法不過爲其事者盡其爲之之誠使其事無幾微之遺憾如是而已矣故其時訟獄衰息民氣和樂四海之大可以無事非無事也上與下皆歡欣鼓舞於其事之中而不知其有他焉則可以謂之無事也嗟乎此昔者天下之所以治也國家之事莫大於得士人臣之事君也莫大乎爲國求士何以言之吾愛吾君吾一人愛之而已矣且吾之才或不足以將吾之愛焉是吾之無可如何者也惟得多士焉庶幾其與吾共愛之而吾之君得以收吾多士之用於是日是即吾之所得自効於吾君者也近自內外諸大吏以及府若縣無不有求士之責而朝廷之試士也亦歲有常典懸格以求天下之真材者甚嚴且至顧其法之所以求於士者僅於文焉而止不知其士止知其文文之足以盡士與否猶不可得而知也而世之當其事者率優游以視之以爲吾苟如是焉是亦足矣蓋明以其事爲不足以致天下之實而其所以致之者又顯然不以其實求之若而人者其所以待天下之士者自不問而可知吾更不知其中之於吾君爲何如也吾邑侯鄭父母則不然午之秋公以治行最典中故各臺並檄公分校文武闈典甚盛公瞿然曰士之所以得見天子者恃有此耳士日夜淬厲者三年於茲而始得今日吾其敢負士以負天子哉用是校閱精審手口心目皆瘁然與作者之志慮相爲欣戚每漏二四下猶一燈熒熒遲回於枯毫敗帙之間同輩或勞公良苦然不敢以爲瘁也如是者後先數十日及榜發公所得果皆文武名士後有一士以謁公未詣予竫者以宅屬有所陳白且告公此以私請得請則拜公惠公諾之既而知其人寠者且所白殊當乃慨然曰當與寠尚庸問哉即驅車去公不知也邑父老相顧驚嘆以爲當世何以有此予曰當世之大未嘗無其人也以取之者不足以取之則其人恬甘自老於摧抑窮厄之中而無以見於當世今惟有公所以有若士也且不聞晉方技韋虛之事耶彼學道養氣能以至足之氣與人君子之於人也亦然緜是上古之則若士之得於公者淺矣今年春公以學使者檄試邑

童子往剡邑校士故事耳叢弊每不可究切當事或知之不詰也故宿弊輒闖然而入就所親者坐往來省問飲食戲謔皆無以異於平時文之眞僞固無繇而知也公則先按籍坐門外名焉察焉始得入入則坐必以次無一人譁者嚴門禁肅胥役内外嶄然悉有繩矩故是日之爲文姑無論工拙皆得見其人之文焉閱卷畢取尤者凡三四覆名始定予白爲童子受知於江右晏公後幾四十年未嘗見試事之一無遺憾足以服人有至於如此者也日者嘗見公閱文一目輒數

行下常昔誦士子文如已出偶有當者雖单詞必津津不置苟未盡協卽素所獎拔不輕假也故能者益以加勉而不敢自以爲足不能者亦爭自濯磨常欣欣然有無窮之心夫能者不自足則其所以自待也遠不能者有無窮之心則其思所以進之也益力而不可已此卽古相臣成天下之才之道也古相臣誠於愛君故誠於求士而士之所以報之者亦每出於尋常度量之外蓋未有上盡其求之之誠而下不以誠應之者也自苟且之病中於人心遂至無一事不以苟且爲

塗飾耳目之具使習其流弊者徒以其事爲無益而厭之[illegible]不知非其事之過也使天下盡如公盡其爲之之誠則非常之才不難得而天下之治平可立而致卽公他日爲天子廣教化建太平第由今日之求士者應之足矣公治予靖已數年惠民實績舉之不勝舉也近以稚子辱公之知又竊見公之誠於試事者如此故卽以此一事言之見公數年之所不勝舉者皆可統之於此以誌公無疆之實乃更引之於天下之所以治者又以明夫誠之所係極其理則有然者而不敢徒以私頌也

新建宗祠記

今夫一家之中執其子而諭之曰爾其孝執其弟而諭之曰爾其悌其子若弟未甞不甚然其說而卒未聞有克孝克悌者蓋習於其名以爲此故事無甚處台故卒以名焉置之也至詰之以身之所自出則必曰父母更詰之以兄弟之所自出則又必曰父母是身雖有二其爲父母之身則一也念至於此雖甚頑暴有不爲之咨嗟感動惻然靡寧者哉此無他本之所在故也繇是推之自吾身而父而祖而曾祖而高祖以至於始祖皆本也子孫雖甚多支派雖甚不一其爲始祖之身則一也然台見世之於宗人也或當面若不相識遇小小利害則詬誶搏擊之唯恐不勝如路人然蓋族之爲本也遼遠則爲傳述思慕之所不及故始雖一人之身而後乃散越疎絕以至斯極此勢也於是古人有宗祠之法祀祖先會族屬以明本之所在所以教宗人之孝弟也台　始祖正六公自郡城北門遷居至靖迄今三百餘載宗人日益繁衍台因贖地立祠以志余宗人一本之義諸父兄弟子姪過之倘有爲之咨嗟感動惻然靡寧者哉夫如是當無似世之於宗人也。

重修啓聖宫名宦祠鄉賢祠記

憶余方垂髫時從先君子讀書城齋中先君子為學博余公所知契時相過從委督葺費序力辭不克因集同事諸公議之諸及啓聖宫暨名宦鄉賢兩祠皆曰姑緩之先君子忿然曰果若是是飲水忘源摘不藥本也可乎哉卒速竣乃工此語藏之胸中四十餘年矣歲月已久宫祠復圮未有過而問者即客歲　鄭父母捐俸修學紳士倒應輸助余勉措金若干以襄厥事究以財力不繼止宫稱大成殿而已若宫與祠僅存朽木數椽欹立州阜風雨中傾斜支撐凜然欲壓今歲為先君子旣歿之十一年邑之羣士考文徵行謀祀先君子於鄉賢祠相與上其事於所司所司咨報曰可余恐以木主置之頹垣敗舍間乎是不可以不議修然本祠而外木主仍置之頹垣敗舍間則先君子之心必不安先君子之心不安而謂余小子之心安乎是不可以不議兼修爰殫力儧工房宇欹者正之墮者傍之朽蠹者堅新之門扉缺者添設之增磚三萬有奇增瓦二萬有奇以及灰木油石工食總計之費踰半百是役也經始於六月之朔告績於七月之望棟宇煥然門牆煥然先君子之心庶幾無憾也余惟廟學之設所以教國之子弟使之有所觀感而興起也先王之祭川先河而後海稱人之善本有不本其父師而況聖人乎啓聖有祠使人知聖人之有父可以教孝焉名宦有祠使人曉然於報功之典可以作忠焉鄉賢有祠使人知户祝於賢者可以勸俗焉則其圮不可不修修不可不力此先君子之志也余自揣綿力定不能遽然欲卹承先君子之志乃殫力稱貸以成之云爾

按江靖港口自叠設壅欄以後靖人需磚瓦者旣苦數番搬運又慮漂蕩易破且買自錫山非現銀不可當此物力艱難之歲適值青黄不接之月恐費不貲殊覺蚊負不意今夏雨多水漲如太等處窯户自載大磚厚瓦至靖凡麥米布菽皆可貿易予因劃家食二麥易其所有至石灰賒自西門木商約豆秋償價機緣湊合克竣厥工若宫若祠之興似有神助者然　又識

重修鐘樓記代

舊制鐘樓在崇聖寺寺之東南隅其故址存焉勝國之季遷於稍北數十武蓋惑於青烏家言云値世故多難滄桑易轍邑之富者貧貴者賤死喪疾病者相踵而至也群歸咎於是樓之遷以爲不若昔之安且吉也衆而議者若干人旣而鳩工庀材欲徙置故地以不協而止如是者又數年復申前議將欲鳩工庀材則又以不協而止如是者又復數年學士大夫倡其說邑之人屬而和之有事必曰斯樓之爲之也遠方

倡有一地師至邑之人必先爲遽其詳而地師者習聞其說則亦屬而和之曰是誠然蓋久人益多議益堅而事益不集余涖靖之明年旣新其視事之堂將次第而新之而崇聖寺者爲習儀祝釐之所余是所稱鐘樓者材久而朽垣久而圮其勢駸駸乎不支留其邑之學士大夫爲飭其位置之宜詢之戴白之老曰余所某方吾少時之所親見也遷於茲者蓋若干年矣而邑之富者貧貴者賤死喪疾病者相踵而至是不若勿遷者之安且吉也余旣聞其說因叩其心曰靖之

人始惑於地師之言而以爲必遷此樓假不遷則今之歸其咎於遷之者未必不以爲不遷之害也今業已遷之而富者貧矣貴者賤矣死喪疾病者相踵而至矣則又群焉闕之而以爲斯遷之者之害也今余因其說而仍徙之故地保其後之不一有事乎萬一有之是又將歸咎於斯樓之不宜徙於故所也噫嘻靖之人自遷之而自咎之咎之而又將遷之獨不聞乎古而無死爽鳩氏之樂非君之樂也遠者胡不思焉余屬而告之曰禍福數也興衰命也得失理也理可以定命

而可以任數鼓陽也路宜右扶陽之義也鐘陰也登宜左抑陰之義也陰陽宜相對配偶之義也士大夫能從余言者姑置若說而一以理爲斷唯余之區之度之是宜從此固不問其故址與新基也人之禍福與衰聽乎天而得失在乎已必曰是樓之爲之也則一邑之貴富貧賤與夫死生壽夭者一聽命於是樓將朝移夕改之不暇而暇他務乎衆曰然遂相與塓工庀材材之朽者朴斲之垣之圮者塗之壞梢爛然棟梁丹雘凡爲工若干日而斯樓之成在日矣學士大夫則又

群而請之曰公之言大可破俗請郎以斯言爲之記余曰以
余言爲非耶何必記以余言爲是耶郎不必鐫石立碑而余
言罔在也何必記則又群而請之曰雖然必將記之余重違
其請而又喜靖之學士大夫能用余言開世俗之善惑者倘
後之人有紛然而又欲議斯樓之宜新址與故址也必有以
余言告之者曰仍舊貫如之何何必改作遂振筆而爲之記

黄邑侯去思碑記 其一

古守令之在郡邑政績之卓茂者上則史官書之下則百姓
思之垂諸永久俾後世得有所取法若魯恭之治中牟而有
蝗不入境之異龐范之治雲中而有昔無禱今五袴之異張
堪之治漁陽而有桑無附枝麥秀兩岐之異我邑侯黄公之
德政擬諸魯恭輩之三異殆有加焉大要在乎律己以清而
待民以慈律己清故自奉約而市無譁待民慈故案牘省而
刑不濫其操守皎潔不特暮夜無聞雖交際亦所必嚴也日
附止于蔬腐而魚肉之在庖者月不數日也訟者原人自夠
和解而不赴者聽之而鄉村無差隸之跡也聽斷之際緣情
據法放閑認不行而無所枉曲也減解餉之扛費則克己以
裕民也耗羨之永革也公費之悉蠲也嚴禁胥吏而奸蠹無
所肆其侵漁也行舖工匠規銀平價而無所謂當官值月之
名與衙損支取之弊也人非重罪不輕禁禁即禁而毋日
計口給食不令饑餒尤稱恤囚之仁也俗尚刁頑每因小忿
相毆輒以假命誣告緣此傾家者有之公則單騎相驗一與

蒞靖三年之內所全者數十百家尤稱省事之福也百姓愛之如赤子之依慈母惟恐餉卓權去乃不意以鄉工議左遷於是闔邑驚愕哀號走郡走院籲呼借寇者千餘人以格于　功令不得請於是出署候代然向資里甲以應無餉之征者公皆支庫銀以應致缺庫銀十百金案固貧甚費益爲之攜來輸足民以斗米匹雞村醪園菫來獻者無慮日則皆日自我公來三年於此口無惡言庭無供張市無煩囂里無夜呼今且去奈何時有野叟年八十餘矣素不入城市至是挾二孫肩一豚蹄一壺漿求見曰清官難得故來耳公敬其老賜之食則對案欷歔顧二孫曰吾老矣公去汝曹將何依因歎息泣拜而去爰相率謀所以誌公之德以永去後之思比於甘棠之不忘召伯而加勤焉以予有秉懿之好乞言於予予欣然樂爲之記公諱起詔號簡宇奉天人時年三十有三沉靜有氣度尤好讀書自經史性理諸書無不精究年富而篤學其志意蓋不凡云

黄邑侯去思碑記 其二

康熙二十七年夏六月南楚蘄黄告警

天子震怒下　詔江南州邑分造戰艦以爲征勦之用州縣吏共命不遑不俟頒發工價捐俸督造次第報竣焉勞苦忠勤宜得褒擢而大司農稍以舩工後時用軍興事例議降級調用者七十二員而我靖令黄公與焉夫黄公涖靖三閱歲備清廉慈惠百姓愛之如赤子之依慈母方仰乳哺茲一旦去諸其懷將遂不生也者驚愕號呼走郡籲

天借寇者不下數千餘人既爲　功令所格　九閽天高輿情罔達民遂無如之何不得已而謀所以誌公之德者丐余叙次其政蹟勒諸豐碑以永去後之思比於甘棠之不忘召伯而加勤焉余樂其義舉且可以勸後也故不辭而爲之記大約公之爲政在乎律己以清而待民以仁律己清故自奉約而市無譁待民仁故案牘省而刑不濫如三年之內不特幕友無所卹交際亦所必嚴也日用止于蔬菜而魚肉之在庖者月不數日也訟者原人自拘和解者聽之而鄉村無弄隸

之跡也聽斷之際緣情察理剖說不行而無所枉徇也錢糧
征解向係扛費三分公減至一分而解運亦無虧折也耗羨
之永革也科派之不行也紙贖之無取也上較以時而敲撲
之聲罕聞也嚴束胥隸而奸竊無所肆侵暴也行舖工匠現
役平價而無所謂當官値月與斷欠短少之弊也人非重罪
不輕緝禁卽禁亦每日作飯給食不令饑餓尤稱恤囚之仁
也俗尚刁頑每因小忿相毆輒以假命誣告緣此傾家者有
之公則單騎相驗一與開釋所全者數十百家而刁風亦懲

以衰止更爲省事之福也凡此皆通邑之民習聞習見無間
于行路之口者而其大者要歸于愛民力恤民財蓋靖僻江
外土瘠民樸不習爲商賈機利之事力耕供賦尚懼不給頃
年以來飛差貼役無歲不有一奉憲檄猾胥緣以爲奸公案
據則例非例者槩不允行縱飛符嚴督必力請請而不得必
力爭雖重拂當事意不恤也邇者河患屢告治河大使檄徵
大數丁名葑茭柳枝等數萬束勒限赴解以備修築合邑惶
駭不知所措公曰無庸靖無北差之例此可詳免耳且一之

既從後將復至靖不堪命矣吏胥以河工重大懼獲罪公曰
吾豈惜一官不爲靖民請命乎爰大聲疾呼書數十上祈於
必免而後止是役也省靖金錢數萬緡全民家室數千戶而
上官卒諒公誠懇竟賜報罷亦足以見爲民者之無罪而媚
上病民者之未必終有幸也嗚呼今之爲吏者衆矣媕阿恇
怯承上官意指假聲威剋削細民科一派十乘機會侵入爲
肥槖計周旋強宗巨族交關請托以博稱譽使胥人便苦與
交手相煦吁民所利弊置不問爾如我公者豈可多得哉公

既謝事缺庫額千餘金民方議代輸公不許罄家產稍償槖
固蕭然居邸候代至不給於釜甑鄉民之以匹雛斗米杓醪
罔非來獻者無虛日有父老年八十餘矣以一豚蹄一壺漿
挾二孫雛求見公詢其居止姓氏曰父老素無事吾無德於
汝何故來且損汝物則對曰鄉民無知但自公蒞任三年村
中無夜吠之犬是以來爾公賜食則對案欷歔顧二孫曰公
去汝曹將何依因泣涕不止嗚呼觀此而公之得民心槩可
見矣去之日天色晴和忽群鶴自東南來哀鳴之聲與扳轅

之沆相應和且隨公輿盤翔翔盤舞若不忍違去然者又以見德政之感通於群鳥而非偶然者公諱起詔字篇宇奉天籍福建古田人由監選授年纔弱冠好讀書五經廿一史性理諸書無不研究特延吳中名士爲講周易大義非徒博涉詞章者年富而篤學其志意益不凡云

退思堂記　四五

義學記

吾觀唐虞三代之時何其風俗之淳而人心之朴也謂是其世德獨懋與不知其時庠序之設既嚴而黨庠術序里師州長又時董率而訓導之故家知嚮學戶樂敦行欣欣然各思置身於儒雅之林以沐浴於詩書禮樂之中而求聞乎古先聖賢之道蓋風俗之成其必由於教學之有素也如此迨乎晚近教化不行人鮮知學於是放僻邪侈相習成風不知詩讀爲何事不知仁義爲何物甚而目不識丁終身汶汶而不知恥且悔者彼豈性有不善哉今人果不相及哉抑父兄之教不先子弟之率不謹故致此也雖然人之欲學誰不如我彼甘爲下愚可以學而不學者無論若夫生姿秀令志切好脩而苦于家貧無資艱於脩脯欲從師而不能聞書聲而徒羨以可造之材而埋沒以終老者此則其尤可惜惜者也余也不才上邀祖宗之靈幼荷父兄之教幸得稍有知識致此忝竊若不爲鄉黨宗族開誘學子之門亦安賴乎一日之長乎用是勉立義學二區一在邑中延名師主之捐田三十畝以

退思堂記　四六

充脩脯屋五楹以作館地一在邑西丁墅廟命族子之賢者
主之捐田二十畝俾可力耕而食俱爲請諸公上以圖永久
雖綿力有限不能廣爲造就然聊以盡區區愛育之心俾願
學而無力者皆得肄習其中於桑梓之地不無少補故特記
之以告來者其亦可共勉之哉

義田記

余嘗觀范文正公建立義田養濟群族未嘗不慨然欣慕而
興歎曰仁哉斯舉其篤厚親親之意如此其無窮也豈一世
二世而已哉蓋義田之設雖曰以贍貧族而實有致孝祖宗
之意焉文正之言曰今吾子孫前此皆一人也以一人之身
分而爲數千百人其貧富之遇更不如凡幾顧視其困苦而
不之恤是忘祖宗之遺而無一本之恩也殘忍莫甚焉吾朱
氏自正六公始定宇于靖迄今傳十三世子孫不啻千丁由
文正之言思之則皆正六公之血脉遺胤也其守田宅食舊
德克家成業者固不乏人而實命不猶不因非爲而蕩家失
業者亦在在而有保無有饑不得食而寒不得衣乎保無有
婚嫁不及時而喪葬不能勉乎保無有生姿秀善志切讀書
而苦於家貧無資遂致終身無成乎凡此皆吾正六公之所
深悲而不能慰心九原者也且吾嘗過燕趙之郊矣當其盛
時周原膴膴溝塍繡錯我疆我理千畝萬箱滄桑更革之餘
朝而田陌焉夕而爲流傭矣夕而婦子焉旦而爲備瘠矣詳

宇獲首耆鴻在野鬼神狐祥無所得食況其丰容暇豫庇本支而聚族屬乎今余之蒙祐邀靈先德有此忝竊安享餘年幸無衣食不給之憂孰非祖宗之餘蔭所致夫受祖宗之餘蔭而不推以贍同宗是無以廣孝思而承先志也用是摟囊倏儉日夜拮据倣文正家規置義田二百畝經營規式一如高平故事非日斗米匹布足以飽暖族人但使後世子孫知同根一本枯菀相關則遠族疎支皆若同居近屬而親親之誼必有油然而不能自已者而食義田之惠者亦可追思先業而知所自力也故譔書爲記而附規條於後使可世守焉

遷祠記

祠何以遷也舊祠將廢而遷之也祠宜世守何以廢也圯族者屬之階也春秋修其祖廟禮也仍其舊而修之不可乎胡竟遷也修屢矣屢修而屢壞之不勝修且無以善後也蓋吾嘗讀閟宮之詩矣曰閟宮有侐實實枚枚說者曰侐清淨也實實枚枚鞏固而龔容也吾舊祠之建雖無翬飛輪奐之觀然於閟宮所云亦庶乎無忝矣又其地近族居瞻依尤切謂可百世守也不意反以其近且便也而肆其憑凌初焉寄頓其物件堂寢塡委有妨肆設几筵之地久且放牧其牛驢踏基之下糞穢狼藉往往有之甚而斬伐其園林毀傷其薪木種種侵蝕勢不可禁或禁之而輒遭其怨台目擊而心傷焉會買得南城脚下族人爾發敬業等基房價值一百八十金雖不宏敞然城居寥適看視良易於是重加修葺棟桯之朽蠹者易之榱桷之卑庳者高之墻垣屋瓦之傾圮穿漏者築之補之務期完固周緻不敢草草補綴以累後人凡用匠工小工磚灰木植等共六十二金其祠內需用器物稍稍具備

倶台節縮所致不分毫派及族人時康熙乙丑年春王正月一日奉列主而遷之肇修於丁卯之十月落成於戊辰之三月非好勞也蓋棲神妥靈不可不圖其安且久也或曰彼之侵蝕如彼而子之勤劬如此得毋疑其孝自子而不孝乎人乎台慨然曰惡是何言是何言某方自愧邀靈先德忝竊踰分不能謹守祠宇致列祖列宗有移徙之勞遑敢贅一語乎特以流風澆漓家訓刓敝衣冠華冑天親近屬往往家饗梟羑人懷鴟響其故有不忍言者故於吾祠新舊興廢之故不憚詳書其所以刻陷於壁間俾知褻慢宗祊之罪以動其潔蠲歲事之誠而後之奉祠者其亦因之而知警乎詩曰匪棘其欲聿追來孝爲子若孫者其識之

邑城北三里義塚記

竊惟上帝以好生爲德凡所行事皆當仰體以裨益群生朝廷以愛民爲心凡在臣子皆思仰體以惠澤民物分之所定不容已也予每見煢獨之夫生無所養死無所歸則葬於河側港邊遲之又久風雨漂搖強半暴露每爲愀然憫之今買吳氏城北隅沙田六畝二分爲義塚以封死而無歸者或曰仁者以萬物得所爲極致一夫不獲惟予之辜今淮泗水荒暴骨盈野且邊戍之不生還者不知凡幾也子能盡封之乎曰彼固得志於時者之責也予休致四十餘年即此區區者亦數十年節縮衣食以致亦聊以盡吾心焉而已何妄冀博施濟衆爲然乎一隅之地亦惡踰佃之窺伺也因循例而爲之記

于公河記

靖江國也而其患翻在水夫水所以利物而濟人者也今乃汝爲患者何哉曰不得其歸而壅淤衝潰以恣其怒也然則非水之爲患治之不得其道而河渠之議未之講也故善治水者在因地爲制而順導之則可轉害而爲利余小刻內水利詳哉其言之可取而覽也億靖之初環江爲邑南北不能十五里東西五六十里特江中一聚沙耳然必七十二港經緯錯綜聚然貫注然後足以資蓄洩而備旱澇譬如一人之身血脉流通而後夭閼不生故其時年穀豊熟家戶給足不聞患水也邇年以來江沙擁起北陸無波向之浩森瀰漫者久已爲平原廣陌桑麻雞犬之區矣然而田畝雖畇溝塍未備一遇堯湯之災不免乾溢之苦而永慶團東北一帶其害尤劇蓋其地去江甚遠潮汐往來未由一至旣苦于灌溉之無資若天降霪雨又苦於洩注之無路此所以頻年告災歲不有秋而公私交困於是父老憂思始有開河之議非特勢有所廹抑亦理所當然者而黠者乃從中撓阻妄生異議將有虞芮之訟亦已過矣賴今守

于公痛念民情深悉國計謂疏瀹水道百世之利行縣相度地形務期深廣諄諄勸諭農民毋扭目前以圖一勞永逸之計于是小大欣悅踴躍赴工畚鍤如雲抹隔截路起西來鎮邁運而東經倪家流漕青龍港王湯家流漕計地十餘里以達于江其河身之濶五丈深丈有二尺皆有程度一稟公令是役也賴公力爲主持排却異議故能剋期竣工今年春大雨時行河跡已開雖未告竣然已奔湍如流畝無留潦江潮時至蒔插無愆高下得宜黍與稷翼黃雲綠海徧滿村墟則他日之浸灌疏滌芃芃彧彧者又可想見然後知水之爲利而公之大造于靖夫有艾也不然者大工不就則大害不除大利不興將一方數十里新圩沃壤不爲荒茅積莽不止安能服勤力穡上供

國家之賦哉昔西門豹守鄴引漳水灌田畝收數鍾以方我公夫豈或異因名之曰于公河以志不忘而民食公德凡與河俱永矣公諱琨號勝斯順天大興人以明經名士官禁近來

守常郡多惠政故并記之而繫以頌曰

維靖之初環江爲邑蓬萊水淺滄桑變易嗟我北鄙與江縣隔旱既無資澇則氾溢畇畇新田日就荒瘠公賦征租兩俱告竭公曰吁哉斯民何阨古有田疇爰有溝洫大禹所經曷不盡力嘗彼懷襄利用排決一日之勞百世之逸民稟公言罔敢玩愒勸我捄陑具我畚鍤塹高因下紆廻曲折以達于江利我蓄洩河水洋洋北流活活滋我稻秔蕃我麻麥青我婦子奠我家室蒲席布帆松舟桂楫鳧鷖鶩鵝飛鳴翔集璧錯魚罛鱗次比櫛告爲石田今爲樂國誰其尸之維我公德維我公德與流無極頌言載颺勸諸貞石以告後來永永弗斁

退思堂草目次

卷之三 祭文

退思堂祭文

靖江朱鳳台愼人父著　男廷寧式屏 廷宮中治 仝輯

祭陸玉衡

吾翁之無祿即世也，才宜公輔之位，而官不過飾推；德宜耄耋之年，而壽未登六十。不啻歿而乃歿，即歿矣而又不得其歿，嗚呼痛哉！凡聞翁之名、慕翁之德者，莫不仰天長號，淚落縱横，况弟與翁誼切姻眷、情逾骨肉者哉！憶昔令先尊純修公遊吾先君之門，則余與翁家若孔文舉之與李元禮，有累世通家之誼矣。閱十餘載，而翁又與先伯兄同受知於督學甘公，其時交益深，情益篤。嗣是翁樹赤幟於文壇，與余及兩先兄日較藝於寶綸堂，疑義與析，奇文共賞，誠道義文字之交，非陳雷之膠漆所可得而比擬者。歲丁亥，余倖得一第，翁飄持志益堅，讀書稽古，寢食俱忘，辛卯壬辰兩闈報捷。共時余正待罪浙中，及余以量轉歸里，繼以丁艱，數年間非余過君家，即君過余舍，花前月下，把酒論詩，相得甚懽也。未幾而翁司理臨陽，維時即形跡稍疎，而企慕日切，書郵無阻，不啻時時把臂也。迨翁自臨陽言旋，綠締絲蘿之好，余兩人竊擬爲白首之交矣。夫何補授山東，道途時而多凶耶？嗚呼痛哉！幸公道未泯，當道上之　天子，將大惡梟首以償，而賢郎又扶櫬以還，即大羣如之丘壑，翁於千秋長寢之地，翁亦可瞑目九泉矣。蘇子瞻云：惟有文爲不朽，與有子爲不死，雖富貴壽考之人，未必皆有此二者也。今翁之著作，壓仙鬼神而上之，既付之剞劂，使相如賦稿遍寫茂陵，孝綽文詞流聞河朔。翁家三難，已成者莊莊恂恂，未成者頭角嶄然，可云子雲有後，玄草能傳，稚絡不孤，廣陵如在，所謂不朽與不死，其在斯乎！弟余欲如翁昔年歸里時，與之把酒論詩於花月之下，豈可得哉！爲之歷數交情，自不覺鼻如河，淚如雨，腸寸寸斷，如三峡啼猿矣。翁固豪於飲者，爰設斗酒烹雞，爲歌以哭之曰：

皚皚兮青霜，瑟瑟兮白楊。川原兮灝渺，天地兮茫茫。悲風兮夜起，日月兮無光。到故鄉兮天遠，臨江滸兮路長。攬去紼兮萬里，拊孤櫬兮彷徨。淚如雨兮斷目，心碎刻兮割腸。陳一觴兮爲奠，庶鑒我兮來享。

焚黄通祭家廟文

維歲戊申、維月甲寅、維日庚子、不孝元孫鳳台、敢昭告於本祠列祖府君、列祖妣孺人之靈曰：鳳台奉承先訓，期于成立。詎意不肖，未克有所建樹，以致有負列祖之望。頗皇仁浩蕩，必推本所生。宸翰先華，自上晉而下，今於六年十二月二十七日接到誥命二道：

封父應鼎府君爲文林郎、浙江衢州府開化縣知縣，母孫氏爲孺人，鳳台爲文林郎。

封繼妻盧氏爲孺人，

贈妻侯氏爲孺人。

寔兹殊遇，並登七品之榮，慶我嚴慈悉膺九重之命。此必列祖之靈喜形於色者也。因思列祖世德作求，履仁蹈義，故源遠流長。不然，仕途中人非一類，有以斂迹廉潔稱賢者矣，有以欺罔貪污名巧者矣，有以拘謹㨾訥爲愚者矣。台也賢則不能，巧則不敢，惟質焉樸焉，自安于愚，雖未克逸美於賢哲，庶不爲名教之罪人。使非仰賴先人垂蔭，亦烏能有是哉！拜命之餘，益增哀慕，謹設生芻，用伸虔告。

焚黃告墓文

於惟父母覆載高深撫育不肖庭訓諄諄幸叨祿位獲被
恩榮
宸章寶翰命于
帝庭祇遵父命留滯燕京又因
功令炳如日星慮有不職追奪辱親逡巡未領歲月屢更遲之
又久乃荷
皇仁允兒休致可保身名維年丁未維月嘉平雲霄下

詔慶賜多恩父封兒職郎曰文林母與兩媳皆稱孺人並膺顯
號大悅親心惟兒抱恨嗚咽難鳴雙親如在拜受
綸音兒扶孫擁共樂無垠今胡不幸玉骨雙沉
聖恩雖渥會否知聞荒烟亂草易禁銷魂淚如泉湧不知所云
敬膺
誥命盥手而焚

焚黃告室人侯氏文

於惟爾儷賦性溫恭有才碩碩有德顒顒昔我貧賤賴爾相
從我德何有心與爾同猝然而逝咸命之窮日者
天子覃恩旣渥旣優錫我官秩
宸翰揚休歸功內助榮及好逑五花
封誥七品崇褒獲此寵異亦也何尤幽明雖別諒爾能知爾有
二子我日提撕客兒迂訥誦讀是宜宏兒中熱赴銓京師念
爾幽魂悼歎無已怖兮惚兮於何覩止形容雖萎神猶未泯

當念兩兒俱未有子默垂庇佑厥功在爾因爾并
誥併告以此

致仕告家廟文

鳳台不肖、仰沐先世遺休。幸叨科第，歷任中外，惟希砥行立名，無隕乎家聲。故事無弗勤，矢志先勞而弗怠，欲期於寡事心恬淡以爲操，非以市名也。綿才而當大任，未有不中蹟者，是以覆餗之懼時切於衷，黽勉從事，歷六年如一日，爾豈職小言微動多掣肘，每因有心而無力，遂致多過而少功。今蒙

皇上革斥不加於小吏休致

賜允於天階。二十九而通籍，敢云進禮；五十一而致仕，已不待年。嗚呼！雨露之恩，何旣優且渥也。自是可養山中草木之年矣。蓋堯舜之時有皋夔，亦有巢許；漢高之世有三傑，亦有四皓。或出或處，雖不同道，而鍾鼎山林，均之

帝恩。况人各有能有不能，尤不可強。以鳳台非才脆質，其卑棲應爾。故寧讓人富，自甘厥貧；寧讓人亨，自安於困。不戚戚於貧賤，不汲汲於富貴，優哉游哉，以卒百齡，庶幾全歸，蓀茲大典，特乖默隲，有望先靈。

祭劉應聘文

嗚呼痛哉！君而死耶。天耶？人耶？夫死，常也，未有如君之德而才、德而不永其德，才而未展其才，而僅僅五十年，僅僅五十年而不得其死，不得其死而又離家五百里之外，煩寃畢具，慘毒交幷。嗚呼！君有不宜死者六而死耶？君有不可死者四而死耶？君天性純孝，念慈幃之早世，觸境生悲，問嚴父之寢膳，承顏順志，胡爲乎涕泗淚落，竟彰孝子之年，不宜死者一。君弟廷芳嘗告予曰：每值課期，吾兄覩思文稍可，則飲啖如常，否則蹙然食不甘矣。推此心也，分梨輕財又餘事爾，胡爲乎荊樹花枯，忽奪難兄之算，不宜死者二。君衷腸最熱，凡偶人之危，扶人之困，甚至冒寒暑、忍飢疲以圖之，故宗族鄉黨交口賢君，不宜死者三。君情誼敦篤，如對古人，德量溫恭，不媿長者，覩夫煦然輕薄者何如也，不宜死者四。君學五車，才一石，筆驚風雨，文泣鬼神，豈猶夫皮白之子盜竊冠裳者耶，不宜死者五。每見憤懣之子忘身及親，君處常履順，無意外之逆也；致愛推敬，無非禮之加也，不宜死者六。且君不見扶

柩而歸者七旬老父耶君至潑江舟中猶向從者念阿翁不忍舍悲哉白雲一片向也思親舍而奮飛椿木滿堂今也盼征人而不見誠問西河心痛省晨昏者誰耶不可死者一君與廷芳出則花萼相輝入則風雨共對號爲連璧者非耶今鶺鴒詩廢棠棣碑殘豈無他人不如我同父不可死者二君之三女俱未于歸君之二子猶然懷抱但見呱呱弱息哀啼不止三黨悲悼行人酸鼻豈情之所鍾魄魂一無所繫屬耶不可死者三君之與予義爲姻眷情猶兄弟予兩兄相繼云

亾柳子厚所謂離予之神拆余之形者近是全恃異姓骨肉聚首談心予長君四齡多愁善病未必久視於世以猶子爲翁之愛壻竊擬予辭世後君視予猶子猶子也乃君竟舍我而先逝耶痛君獨行踽踽誰伴泉臺傷我四顧茫茫空懸遺榻不可死者四嗚呼不宜死而死不可死而死天耶人耶吾烏能知之耶君常對吾妹言屢感夢兆決計出家則此一行也本爲貪生怖死而何以顛倒錯亂一至於此始焉者是誰爲驅之而浩然長往繼焉者是誰爲迫之而奮不顧身意者

心依蓮漏久已種淨土之因緣身入藕絲或恐作修羅之眷屬惟予私情戀慕泣涕漣漣爲之掩袂拭目不能自禁君知之否君素愛予諸弟每與予諸弟豪飲今予與諸弟聊備蔬筵有酒湑矣子瞻有言能復飲此酒也夫

祭爾榮姪文

嗚呼吾姪今者果舍我而逝耶以姪一生特立倚中秉正不回皦然不易其志於天道不當死於世道復不可死嗚呼乃竟舍我而逝耶意生者不可以爲生而死者不可以爲死耶憶余年在舞象姪方以弟子貝名喋一時余每執經問難姪未嘗不爲之反覆叮嚀且諄諄於志行之不可不立余固心師姪姪之言余至今歷歷識之不忘則余之生平能以不足告余者豈復有如吾姪者哉然余素庇鹿郎昔者過從東梟

步屧文酒優閒時率澹然處之不以爲樂至倖通仕籍走四方始知前者之不易得然猶意從姪之教它日或遂長林之願與吾姪白首相依也嗚呼姪今者豈遂舍我而逝耶余向者謫關陽便道歸省姪與諸兄弟道我西溪後余至關姪復以書來訊余余固謂姪無恙也孰意余今日還里遂不見吾姪於諸兄弟中耶余昔與姪眺覽游息之地今尚晏然在余每至其處徙倚久之姪竟安在耶憶姪以母氏早世每祭必慟哭事父承志惟謹歲飾諸所獲雖絲粟未嘗敢私誨弟撫孤姪良苦卒底有成而數人又不責其贄蓋一介之非義必絕片言之然諾不苟則凡今世之爲人子爲人兄爲人友者如吾姪焉足矣吾姪不可復見姪之生平又何嘗一日不在余意中耶雖然在余意中者余固不能言即言之亦終不得盡雖謂古義不死世道當必有賴今雖擢蓐相高是非之良終不至泯絕故於君子之生或相與習而忘之比其沒也始爲之咨嗟興歎信其不可復得則吾姪今者天或者權人之習而忘之故急奪之去以應我於古義之不死耶夫然則生

者不可以爲生死者不可以爲死信也又孰謂吾姪之果舍我而逝耶以姪奇負天授攻苦一生於書無所不讀卒以數奇不遇則吾姪未竟之願不過此區區一進賢冠耳嗟乎人生百年富貴有時而盡念至北郊荒草悲風淒緊時進賢冠又安在耶吾姪志潔行芳儼然一世其視區區一進賢冠與道德仁義之樂孰得孰失孰重孰輕必已辨之早矣況姪之長子英英自樹能虛衷聽余規導自當克大前烈以慰吾姪於九壤則吾姪雖死之日猶生之年余謂姪可以無憾觸今

自今不復見姪兮，無有以示足告哉。若余於宗族甲鄉之嗣，誰與考道而問業。身世大故所諮而處焉。嗚呼哀哉！姪其舍我而逝矣。姪兮愛我，尚其念之否耶。

祭裴孺人

嗟孺人之長逝兮，憾造物之不仁。既昇以懿則兮，胡為遽殞其身。年不稱其德兮，忽中道而淪。行道猶以為惻兮，矧余寧禁吾輩之傷神。繫孺人之相翁兮，繼王母而成姻。能不愧於婦道兮，協其順而坤貞。御歸於今再見兮，德耀可與比倫。盡誠孝以養姑兮，長於食物之甘珍。懿淑德之孔昭兮，能逮下之多人。不分乎非己出兮，一教養之能均。卽今諸孫之玉立兮，咸由撫育而劬勤。既沉疴以自棄兮，務儉約之是遵。不惜辛勤以治事兮，操井臼之必親。儀範以備舉兮，正宜樂爾長春。夫何大化一遷兮，俾瑤質之沉淪。悲孺人之云亡兮，痛萱帷之空陳。顧鸞鏡其掩照兮，碎釵鈿以為塵。魂銷而香滅兮，慟長夜之不晨。壁殁者之亦已兮，哀生者之悲辛。空影不可見兮，誰復對嘉範之如賓。似入室以聞聲兮，驚倘恍而非真。沉痛積胸臆兮，雖灑涕以沾巾。余與翁莫逆兮，仰閨範之已真。覩茲梓德之易匿兮，知修短於若是。年雖未登中壽兮，而其食報則無限。行卽見翁之內召兮，為輔弼之名臣。

子旣擬爲威鳳兮孫又比於祥麟將膂紱之焜燿兮帝自錫以貤綸拜鸞章以光令德兮傳百世而常新孺人亦可自慰兮何庸悽惻之頻頻第切乔家之誼兮有懷抑鬱而莫申敢吊尊靈於天上兮聊修芳芷於江濱。

祭叢太孺人

嗚呼造物胡其不仁忽收婺宿奪我太君兮儀不再淑德長淪此在行道尚爲愴神矧係至戚能不悲辛迺母先世代著芳聲本根爰索苞孕坤靈禮衷豐儉性合柔貞宗黨姻戚無不交稱克相名碩風義遐振上庠蜚譽大業日升助惟內治不憚辛勤間鐘宵定建燭晨興乾綱柔贊家政日新而性澹泊無少驕矜篋乏文繡不飾於身豈乏臧獲事必躬親共覩諸蓮德更寬平口無厲語顏色尤溫樛木之什宜爲毋賡天錫純嘏子孫繩繩母有子七四爲母生食而教之彼此無分皆成偉器湍世之英譬彼璠璵發彩流瑩冢公先達霄漢高騰會看諸季相繼登雲揆厥所自惟母之能姱修懿範余所素聞及交令似獲締朱陳是惟母德羅附斯存通家之好彌篤彌殷時惟首夏兒倖釆芹知辱母愛亦爲母欣及歸晉謁毋適居村徘徊堂下耿光未親方謀策蹇拜母於庭胡天不吊寢疾是膺曾幾何時忽有訃音嗚呼哀哉惟余父子骨肉情深德惭未報意尚圖中今則已矣願見無形當茲永別何

以爲心聊陳危酒聊剪江蘋佐以蕪語寫我衎忱靈如不昧
來格來歆

祭徐母昌太夫人

嗚呼年壽有盡天操之修名無盡人操之天與人每不相爲勝非特立獨行卓然不惑者孰能以孤危之一身抗此茫茫不可知之天如夫人之一生難易榮瘁歷數十年如一日人亦幾不能爲天解而孰知郎夫人堅定之力實爲之振從而光前故方其執櫛於名彥也推布雍容敬共夙夜既佐君子策皇路之鞭乃又罹鞠凶於中歲撫孤胤於衰時如蒼松老檜惟有戰風雨飽霜雪以窮年而夫人終以慈誨克勤成邁

德之烈故孝義足以爲人倫之光範而麟振鸞鶱又已薄日月而孤騫則是自立有素郎天亦不能相厄而前此所歷之艱苦適爲夫人得有今日之藉始知天之所以若之者甚堅然則天既以無盡者予夫人胡不并錫之永世使之長壽考一以綿延是蓋生者不可以爲常惟自有其卓犖而長峙者不隨命數爲推遷况休德所致業已膺帝命而備辭祉則夫人之靈又安知不雲隨鶴化以怡然頤予也念文宗之英挽徒佗傺而無語敬馳絮酒告之繐帷惟靈其鑒焉

祭僕岳翁岳母

翁與母蓋一生在憂勤辛苦中也。翁成童時不具論，自毋于歸翁時言之可乎。竊翁合巹之明年，即遊膠庠，負雋望，尚未親戶外事。太翁以食指浩繁，令各析炊，凡米鹽瑣屑之務，其以屬翁之顧慮者，特其小者耳，而其大者，故有族仇覬噬之弗休，會里傭偶殞，又飛文中之，內外震恐，蹙蹙幾不可堪。里鄰姻戚無不爲之氣沮，且相顧䰟震也。翁與毋曰：事在今日，可以誠動，不可以力爭，乃操心也危，慮患也深，積一二載後，一切外侮暨骨肉危疑，悉以精誠化之。嗣是毋得悉心理家政，躬自經營農業，度某田之高下，而布厥嘉種，咸稱燥濕得宜，早潦無虞，翁得悉其精力，發策攻苦，樹聲南服，業用豐起。迹而觀之，可謂筦簟愉閒，履晏席盛，回憶向者睢盱相向時，不啻天壤。謂宜暮樂朝懽，以承天休矣，而翁與母之心則不以爲偷且閒晏且盛也。翁志南宮大業，日則持籌握算，以應俗務，夜則沉溺於青燈黃卷，伊唔不已，而毋又以子女婚嫁等事，及內外百餘口之衣之食，皆取給於毋一人之心之手，

祭文

則毋年自春王正月以至歲聿云莫，寧有一日之遂豫哉。繼而諸男皆已成立，產業皆已分析，似可以辭勞即安矣。翁曰：非也，予性近痺，前此一歲不理俗紛，竊有志於尋花問柳，則諸疾皆作。茲則拮据卒瘏，旋得仍然，故吾者余又屢勸毋城居，以免夜警，以樂天年。毋曰：意惟鄉村爲適耳。微窺其中，有大鬱鬱者存也。不意丙午之冬，翁忽焉即世，毋泣涕守柩者三年。此三年之中，緣諸男爲奸宄所誣，毋百般閔皇，至於焦心碎神，漸漬成疴，以奄然長逝也。嗚呼痛哉！翁與毋真一生在憂勤辛苦中也。然在翁與毋儘可含笑地下矣。芳行淑德，照然在人耳目間，子孫滿堂，多而且賢，今幸佳城俟定，靈爽有憑，穀則異室，歿則同穴，倡予和汝，而今而後，庶無人世之勞矣。獨予深有悼焉，悼內子之早亡，而不及偕余送翁與母於窀穸之所也。不知冥冥之中，亦有骨肉如人世否。尊靈有知，或亦父子母女相聚相隨，而來格來歆耶。

祭文

祭徐立節

嗚呼我友之舍我而逝也忽已三年矣此三年中予兩人疇昔之誼時時往來於中猶若君之宛然在也孰意不可得而見也忽已三年耶憶予與翁聯會時以文酒相過從翁之令尊人以受業於予先君子兼舊有祖姻謂予兩家風講世好非近俗友朋聲氣可同日而語故勸勉殷殷皆屬家人父子之言予每念之不忍忘向者猶得時時見君陳述故舊以相笑樂今君既舍我而逝予惟有念之增悽惋耳豈君之竟不

一念予耶予嘗謂近日人情益翻覆幾不可問而士之雍然當時者又卒不免昔賢無行之嘆如君之太朴所造太和所係孝於親信於友皆冲冲然守其布帛菽粟之常此即今日之人瑞也而天又不令之永於其年則此後當惟知以儇薄相高而所謂行古之道者益不可多覯矣予性苦踈直不能宛轉以隨時好向猶幸得老友以爲知己今則不敢求知於人而予亦將自此無所諦處以爲善吾一身之計予又安能不爲之大哀耶予計當日同社諸人如范子公良徐子兆禧

昔先君即世予知君之舍我而逝也君自不患其無徒予則獨傷其寡與君豈以逝者之樂而忘予生者之悲耶嗟乎富貴功名有時而盡士生斯世亦惟是斐然自完者爲難耳如君之一生雅修有素内外無間固已卓然可以無憾況才望茂著者業已有令嗣爲之振起而光大之則燕及皇天克昌厥後君不自有無窮者在耶嗚呼生死聚散本自無常以達人言之固可視彭殤爲一致等天地於浮漚獨予以良友棄捐不免古人車過腹痛之懷則不勝爲之悽然耳敬藉芟芟

用以告哀君其有知詎不能鑒此未將之誠耶

冰知源攸自銘心登拜靡從翹首雲軿明型杳矣爲雨爲霖

薄奠菽將用告爽靈

祭王太孺人

瑤草種秀根必霞封醴泉激清源始鴻濛維茲滄海靈奇蟲腡日月迴薄英爽環中名山糾亘龍飛鵉鍾物華國寶絪蘊人宗緊惟夫人茹靈獨多純德内炳淑問爰歌乃嬪邦彥敬共相磨内外梳理中饋肅和爰相夫子奮跡鳴珂既産羣玉慈訓以端課業勤劬芳謚熊丸茂譽咸起雲翮高摶烈建持斧齊魯乂安百城秉度功垂不刊更驅五馬浙水三韓同馳卓績先後承歡况有諸孫握瑾懷瑜簪笏濟濟分牧名區天章新被惠露榮敷福及秦土錫以䄎禧即我靖邑僻在海隅籍我侯德以康以娛三閱年所厚澤涵濡婦祝于室氓歌于塗惟太夫人德本無垠我侯引之生我靖民謂宜永世長祝于春乃忽奄逝鸞馭空陳百身莫贖沉痛何申嗟太夫人名以德稱考旋令終萬福攸憑寵被天錫象服是膺賢胤玉立百世振繩冥冥何憾高旌雲乘况有侯烈英聲四流克弘祖德名重球球無循嘉績卓越南州治不攸賴帝簡斯求清華且暮用報徽猷會膺榮貤光賁松丘獨以後進夙佩高深飲

顯考入鄉賢祠祝文

廸惟吾考敦尚儒行有志曾閔之稱佩服聖訓學升堂入室之英雄心未遂天祿晚膺詩燈介終迄今一十餘祀音容曠邈撫遺音而溯容惟是降祥之天不爽君子之澤循新以藐孤之不肖猶未至隕越而浸尋於薄宦粟摻範之克遵且森森諸稚或庶幾書香繼起無墜弓冶之循循此誰非食報餘之報以燕我後人茲幸以在天之靈 大中丞俞藩臺 學使者 郡 邑大夫之僉同採合縣士紳之月旦卜惟七月廿八之吉奉主黌宮以春秋崇祀於明禋嗚呼生則聖門從遊沒而賢祠薦苾廟貌側於宮牆蒸嘗秩於幸神沘洵可光賁泉臺而聲施不朽又何羨乎闕塵世之千春謹用牲醴特申祭告惟靈之鑒於焉居歆

退思堂 祝文 廿

祭總督部院陳夫子

嗚呼痛哉夫子今日其旋衢耶向者夫子有事而遠出鳳台與邦人士必竦然翹首企足而望暨夫子返必欣然走郭外迎旌麾望顏色聆音聲喜相告也自夫子有征閩之役亦無日無夕不翹首企足且仰天祝曰庶幾夫子早振旅而還也嗚呼痛哉夫子今日其旋衢耶走郭外迎旌麾顏色不可得見音聲不可得聞似夫子猶未旋衢而終將儼然降臨乎衢也然素旐靈輀翩然戾自閩也此何爲者耶山胡悵而雲凝溪胡咽而塵揚天胡爲乎瀋瀋而無光耶寤兮歎兮惝兮恍兮向者夫子籌國憂民焦勞悅瘁之容咨嗟奮勵之語猶依然在人耳目中豈遽不可見聞耶自夫子之征閩也初春至今未嘗奉顏色伺音言矣憶在六月有自閩來者言夫子面龐黑鬚髮如雪也嗚呼痛哉胡終不可見終不可聞耶以夫子天授奇英挺生遜左當

王業肇興之始艱難困約百折備嘗既受

簡命鎮青齊撫吳會天戈所向萬里無夜呼聲台鏞奭躬大惠

退思堂 祭文 二十六

尤湦又知夫子惠齊者如惠我吳也至夫子秉鉞浙閩建于於衢下堅城竄強壘後先大小不下數十百戰皆親履行間指定方略克有成勛既而明條飭獄遠近悉斬斬就繩矩惟謹民用是得以數年沉漬於盜賊水火之身而復與父母妻子破涕洟相聚衎又慮衰民不獲寧處又爲之蠲煩釋痛毅然行之不爲事會所撓如改南米折牛角諸事此皆萬姓之所爲不得不思不得不哭者也嗚呼夫子以爲苟有利於國苟有利於民必忘其身而爲之寧知爲國之事民之事耶台丙戌登賢書正隸宇下屬在門墻兹吏衢服宏訓久故深悉夫子今言之殊不能悉亦復不忍悉嗚呼痛哉台又何必言言之又何必悉耶台不肖迂拙無當奉令承教於夫子未嘗爲世俗因緣別有一言爲介紹在衢不過偕羣屬吏以故事旅進報謁謁畢無一語肅退矣乃夫子知台獨深謬如台者可云不負地方矣乎台何敢當夫子此語耶然夫子嚴氣正性未嘗輕許人台不肖復自計無可許者夫以無可許之人當夫子不輕許人之鑒宜其萬萬不得許也而卒蒙許之如

祭文 二十七

此其至嗟乎台不敢當夫子語亦僭何必敢忘夫子此語耶台意此生不即委腐草終其身當以古人之所以事公者事公嗚呼痛哉公今者其何往耶此心不敢負生死不忍背故卒以弟子之禮告之夫子夫子聞之乎否耶嗚呼痛哉公今者其逝矣信矣不可贖矣以公之靈必不與血軀同盡附星乘箕但不可知但台以天寒歲暮躑躅空悲撫萬里之一棺向西風而獨吊嗚呼天兮無語滄盡兮無聲夫子有知倘亦爲之凄然九廻耶

文出至情哀聲滿紙纏綿凄惻不忍多讀　方仰村

祭文 二十八

祭李孝烈文

嗚呼哀哉。命之不齊。昔云自天。衆萬冢冢。生死徒然。聲榮氣畢。數司其權。存也如浮。逝也如煙。獨有義烈。卓犖數先。自爲去留。離物孤騫。偉哉孺人。亮節幽芳。孤行一是。以植天常。其志彌苦。其用彌詳。含笈全歸。日月爲光。孺人之生。夙秉世望。童年遺閔。怙恃俱喪。維伯名軌。風義始抗。爰就育止。閫儀克釀。嗣嬪英彥。恭儉允式。堂上敬將。夙夜靡斁。夫子國士。香名早溢。勗哉其勤。匪朝伊夕。雲龍展足。修途始闢。遠省鈴閣。聿來柯城。斑彩承歡。餘晷論經。琴瑟攸宜。既和且清。不揆暴疾。箕馭馳旌。孺人此時。自處已定。謂無生義。分也吾命。徐俟以娠。誨言是慭。自春徂秋。時移物搆。差乎孺人。生死之故。是亦難言。一念慷慨。未經深論。刀鑊在前。奮手遄奔。感慨蹈難。士女酬恩。事或稍縱。却步遲回。利害錯出。萬慮紛來。展轉失據。始終自猜。遷變繞指。壯志沉埃。顉在俄頃。反顧則懲。如巫嚴壘。如川隄界。萬失其一。事乃大敗。凡聖之趨。爭斯一介。況乎孺人。遲久如此。赴義之倫。鮮不中毀。乃既誕女。怡然色喜。詞

事已畢。存也曷以。氣和神閑。徐及針珥。頟治舊裝。各獲其理。雪藻冰魂。尺練永夕。嗚呼哀哉。悲風蕭條。蕙帳魂猛。稚子啼。孤煢寂寥。慨矣聞聲。欷歔大招。山哀浦思。日慘雲高。有沸如瀉。英爽凝霄。嗟哉孺人。古昔誰侔。栢舟生從。未聞死求。死或可得。年則良優。更難從容。聖賢其儔。嗟哉孺人。人各有生。生以心耳。是非自衡。一絲九鼎。綱維是爭。世道之瑞。豈徒其名。嗟哉孺人。名亦實難。古今遠矣。聲華易殫。精誠自存。金石流丹。稽首靈輀。其可以觀。

悲慨橫集。而矯徙沉鬱之氣。自覺浮動於楮墨之外。可以不負孝烈矣。（六昭其）

祭汪生洲先生文

開古大人其神猶龍廟堂山澤義貞而通緊惟先生令节逌同方繇皓與卅盤滇名言之莫窮秉孟代之清標樹孫昭於犀蒙余來茲土先生之鄉夙昔有懷師事欣將乃掃門之無從悵伊人於一方與或至於弛擔終長逝以登堂驚飛雪兮入齒披薜荔兮生香胡乘雲而馭風向杳冥兮翱翔嗟百身其莫贖愁中情之恐傷嗟乎先生蒼生之望積數十年憶攬德輝始驅轜軒掄華頊閭浴日扶天壯節浚謀出之夷然功

崇啟沃晉秉寅清徘徊鄉寺夙夜承明乃眷良都水土是膺時叙允若一德仰成翻然拂衣身退道尊素琴横几白雲在門高風蕭條古道彌敦不出戶庭被人以溫嗟俗之衰韜隱相師犖然而趣不可極思惟典型之猶存激頹瀾而障之賢者抗懷於風義益厲遥尚於不疑即負鶩而棄行亦庶幾畏彥方之知嗟乎何昊天之不弔兮乃靈光之忽徂將大雅之終絕兮其安式於吾徒蔡世俗之汶汶兮悲廉貞之卒瘁此固世道之同悼也寧止余一人之疚懷者乎嗟乎先生入世之榮會有時盡有不盡者先生自信澤又斯礪德隆彌振巷市之哭匪要匪徇宜曰死之聲施靡竟況有哲嗣雲龍騤騤佳孫玉立蘭生庭闈孝思維則咸服嘉規指厥父之克昌行運武於音徽是先生誠爲百福之攸萃又寧憾於歸嗟乎先生之靈觀化於玄或爲星而麗漢或爲雨而被川或躡丹梯之霞或登凈土之蓮亮神理之常存一生死以徒然是先生已倘佯於無窮之宇不繫之天顧後進以徬徨猶悲懷之未宣謹兆几而陳詞惟靈爽其勿捐

悼惜悲慨中多雋旨 見鶴評

祭徐𧨏舒旗使暨元配江淑人

嗚呼、昊天夢夢久喪哲人。日月其邁駒影流塵。聽松區之蕭條。誰不愴懷於邦國之典刑者乎。乃今者復悲德配並枕泉臺。悵儷徽以冥諸。鼓淇塚之逸翮。胡天不憖遺。使風義之式乎簪紳自公包貰百畧蔚爲人宗出宰名城尋膺五馬。固未竟眞儒之用也。而蒼生霖雨則萃之東山之身。至今數十餘年。吾見棨戟之四馳者。巳煙飛而電落而尸祝棠陰之下者。猶藹然其如新。況乎敦訓在庭。則當時中外。有浸及苞根弘

我高南者矣此寧非孕胚於芝根者。蟠爲八荒之靈椿。蓋公之素風偉識。泊然於圭組珩璜之外。而洒然于亂繩紛絲之中。人以爲公之處志常約也。而余以爲公用世之神。不然者即開賦之困于解也。方蔟首而癖絡胡公當機之立決遂息羣喙于維均。是公以家食爲救時。以風教爲經濟。此眞古者卿先生之義。而今彼惴惴于輩帛擅金者。無乃爲公之所嗔然以公獨行皎然。植德靡懈。或者謂得於天者全。而資于學者醇。乃夫人以生有令儀。貴而維則。儷𣏌伯而于文伯也。其明達足千古者。孟與世而同倫。是天又萃靈於夫人。使贊盛美于勿替。故醞釀和德而獨倩百爾之振振。蓋遐澤在天。賢者不可必得。則夷餓顏夭。昔人之所爲欷噓而不可禁者。孰如公與夫人。俱大年而考旋。駢全而蘊眞。且新原之膴膴。既卜云其孔臧。則靈之安于斯也。又將衍華胄於千春。所借者藐後進。其奚卿痛老成之永謝。而余以待罪茲土。又未得上堂一拜眞人之履。今徒以臨風灑涵。躑躅空山。此余之所爲不能巳於戚然長號者也。

振筆勁逸爽爽有神　吳霜崖

祭叢葵軒

嗚呼哀哉予何以登翁之堂欲見翁而不可得耶予往者數月不相見輒思翁甚至皋未嘗不喜得握手以爲笑樂翁今者竟安在耶翁今年拜淮學之命予見翁維揚與里中皆以事會倉卒不能晏笑如平季夏之十有三日翁止偕武東小飲予齋頭別去至二十一日予又偕翁赴武東酌越旦予袒以事返江上時雖以行將名天不能無惘惘離別之色然終以淮去皋近且翁又例得間還里門當不難時相過從也

嗚呼孰意翁於武東之席之夜遂與予永別而卒不可得一見耶前月聞翁家報歸言翁病亟欲得與家人一見予大驚憂不去心者累夕然又自解以爲疾病人不時有天相翁當不至有大故嗚呼孰意數日後使者還報翁已于此月之三日奄然棄我而逝耶翁才偉志業未竟上有尊人髮皤然矣兩孤子方髫齡未足當戶翁正不可死翁神氣深醇頤髯豐偉在相法宜壽而天性孝友事尊人猶宛然嬰孺之色與人交始終不懈未嘗以一言忤人無近遠內外罔不德翁者

節取精用物昔人誠有乎與盛之戒而翁又澹泊自甘蕭然圖史之外不過丗一銖黍爲神明之累則以天道揆之翁人萬萬不當死而不意翁之竟死也嗚呼天其可問耶其不可問耶予性闊懦於世事尤濶踈不能委蛇時好故恆閉戶不敢濫交當世之賢豪至往歲卜築東皋皋之上大夫能喜予無世俗相皆臭味予因得把翁臂與翁締婚姻之好而予二人相信之素相許之深初又不以婚姻故蓋予與翁非猶夫世俗之爲婚姻者也今夏予適念兒娶事驚友人白翁翁謝笑曰此固不煩客煩客者非我二人事吾嘗面商之時者或以爲訝則夏蟲不可以語冰非予與翁向之所爲長太息者耶嗚呼哀哉而今已矣翁之言猶在耳翁之面則已不可得而見矣予每平居自計不敢以素心二字許人至晚歲殊欲以翁爲依則欲求翁於今日誠亦難矣今皋之諸君子縱不予棄復尋游展之盟當左右顧而翁獨不在無是會淒惘耳又何能爲疇昔之歡耶翁識鑒精朗其外夷然似一無町畦而是非臧否辨之有若白黑無纖髮爽嗜此古人深也

才也使翁得大用當必能爲當世振滌塵翳以康濟斯義乃天速奪我翁卽一師儒長亦不令之稍展其蘊豈天果無意于斯世卽降內善類亦有所不恤耶然不有美俟之難免昔聖人已嘆之矣翁視今日爲何如者君子操必不能免之數而欲求見容于今之人雖愚者亦知其不可況仕路至今正如挐舟涉海者値風濤沸天心目震眩智者不得施其智力者無所用其力則當此而獲全者鮮矣又使翁茂入其中則其爲得全與否亦未可知由是言之則翁今者不爲事權之

寄卽晏然全歸又安知非天之所以賓衛之善息之也哉嗚呼大化流衍自達人觀之卽天地亦不足以當其一瞬又奚論百年之內孰延孰促耶翁素知道一旦浩然長往誠自足無憾以翁弟與子皆負大器必能竟翁志翁又何事與朝榮者爭一日之鮮好耶獨是予老矣自顧于世踽然所恃者惟同人耳翁于同人中年最少予每盤迴其間用永晨夕痛幸賴以忘老今翁乃獨先我而去則天之困我迫我至矣昔人有言人生不過聚散已矣予每誦之心痛則于翁今日者予又安能不悲耶用是攄此哀情以邀靈聽翁其有知恐亦當哀予之哀也

祭石爾玉

嗚乎昔人有言正人之生爲天地之元氣衰俗之紀綱正一綫之直道藉以不墜而君子之所恃爲有常我觀斯世淌未有常之無愧如我翁者也而胡以奄忽其云亡夫人之生死本自同乎萬物其不與萬物同盡者則自卓然亘千古爲耿光況翁之生平所章明者一一皆絕人之行固無處非其出肺肝相示之塲由是里黨之誦矛友朋好之信然諸與如見火而知其必熱見水而知其必凉而翁又樂善好施直泥沙金粟以起白骨于寒憐叢棘之際招新鬼于餒蔫集蜹之鄉此翁之人戚我戚人愉我愉正以不見其已者上合乎天地之德而又豈區區世俗之所爲徒然視忽于聲歌宴樂之間者可得而相爲頡頏故便娟藉薇之夫噂沓鞠悪之態或娛娛其笑舞以信義之不可卽者爲志意之孔揚翁則謂非其素之所忍亢未嘗不閔其中心之淪喪以蓄憤而增傷蓄発之亮懐特行常皎然不自欺其志故不以其情之所安視厚者而遂中易其塗炭與探湯是古道之不可復者幸而復于

翁之所守近俗之不可恃者又幸而得恃于翁之我將乃翁遽棄我而逝是翁之浩然長往固已返乎大化之宅其如夙昔之所爲素心而追隨者又奚所藉以匡勸今翁之兩君旣皆克自振拔行且驤首皇路而諸孫又英然玉立無愧乎華國之琮璜予毋對之以爲神王未嘗不一如其對翁也然思翁而不可見則又安禁夫潮湧之淚浪用是敬藉沚毛摅此蕪詞告我心惻以庶幾冥漠之有知鑒予哀之難忘

祭張曉湘先生文

嗚呼公竟逝耶公當屬纊之時予恨天各於一方予忝同譜者四十年所竟以一衣帶水遂久阻乎德光迄今訃音至矣而容悼人琴之云亡嗟嗟欷與悲相隨慶與弔相追物非金石豈能常存而不毀人非彭籛豈能久寄而不歸則公之別予予之哭公固至理之必有亦恒數之常期然予與公而獨有感也公髫齔績學早占京元闈書一出山斗齊瞻賴以起明季之衰而開昇運之先迨夫丁亥之役南宮捷傳予幸附驥同日着鞭把臂都市尊酒流連領公色笑蘭風習習挹公器宇玉柔仙仙與公盱衡古人眼猶星燭與公籌論時事口比河懸倏爾或聚或散相聯南北或榮或瘁相拒天淵予受邑宰彈丸偪員予歸讀禮兵曹息肩公秉選政典司文銓苞苴屏絕鼎陟維嚴公董學政矢志澄淵兩河人士盡藝陶甄公校禮闈桃李競妍及公門者人僉曰賢公歸林下促手一篇纂修郡志處分語編公家不忘君禦冦蕩氛之是亟公隱不忘民與剗革弊之是專公賑歲之饑閭里稱仁於無既公

濟族之之宗黨領義於勿諼公受益都柏鄉之知而非槩乎徇世公卻華亭蔚州之薦而惟樂乎在田是以懸懸教子偉器盈前長君名奪鼎魁列玉署金閨之內次君位膺宗伯居龍閣虎觀之間其餘諸君秀立翩翩或賜化門騰而自奮或屬毛欲就而思驚雨憶三百兄弟如公之世游國恩不一二見而人視之愕然而公處之坦然非社盛德曷能當此而使朝野內外皆無閒言以公之文名則爲燕國公之才華奕奕以公之門第則爲魏國公之德澤綿綿以公之舉賢達能則安世之於漢不是過矣以公之忠君愛國則曲江之於唐寧多讓焉以公之樂善則橫渠之理學復振以公之退隱則子房之高風尚延況公之神遊於廣漠大千奚何爲忽而不條而就地下之冥冥雖然易盡者形不盡者神公今騎箕而去將與子喬羨門輩同左右乎帝廷而其流播于人間者自有終古不朽之令名必以區區生死之故爲公欷歔哽咽而不禁嗚呼尚

饗

祭鶴門兄文

嗚呼吾兄逝耶海內之知交哭兄者若若而人族中之長幼哭兄者若若而人予之與兄以內則同系也以外則同譜同門也予烏乎哭譜哭于友則切哭于弟則職兼弟與友以哭之曰溯吾宗之水木兮由先文公之發祥兄裔居乎石城兮予繫跡于襲江兄長予以八齡兮幸濫附乎雁行娛予樸社之散木兮甘委棄乎道旁彼狂瀾之難砥兮方且賴兄爲慈航彼澆風之難回兮方且倚兄爲春陽彼　國事之需人兮方且

佇予兄以後車之將彼民依之待明兮方且期兄以蒼生之望奈何昊天不弔兮以地上不可少之人而奪赴地下之冥茫嗚呼兄今已矣予之不能忘兄者猶憶戍亥之役兮同受知于緣峯張公暨太峰陰公兩夫子之門牆時兩夫子謂予兮君家鶴門彼都人士兮共善事之毋忘予唯唯而首肯兮敬奉命以不遑兄不棄予之不敏兮惠我澤之汪洋言砭而行勉兮期收在之允臧舉稚鶴以相誠兮用報稱乎

君子予勞勞于乘簿兮兄亦展績于襄黃出宰四城清白自矢君子一年之入庇兮而一帛之入藏其他治事則目將瞀之乎將迎之心將成之而不掩才晷之素長以故若蠡若滑若諸暨若平湖無不循聲藉藉迄今弗剪其甘棠

天子嘉之授以大行旋擢部郎秋曹兮執政鐵肝兮石腸炳岷光之若曙兮禀犀照之琅琅挺髮肩之如戟兮嚇強暴之敢當羨廷尉之稱平兮可以駕漢而軼唐轉入儀部兮仍雜舌以含香定郊祀之典兮息厥聚訟而不憚樹論之激昂纘百典試于晉趙兮復督學于魏梁能知人得士兮羨賢聲之載

颺有如會麟者必鳳而翔也必角而張無形不似而以成靈物之非常有如琢玉者必璧而員必圭而方無美不具而以合天球之孔艮蔵中天之文治兮佐

聖王以垂裳還原籍以候陞兮築別業而徜徉予每一過從兮必造乎有道之堂忘晨夕之與數兮共風雨以聯床或仰吏吾兮慕功名之裔皇或予正學兮景節義之丕彰或望山林而追思龍蟠虎踞之勝或憑烟月而歎息鳥城眢井之凶驕覽古以寄興兮非拘拘嬉遊于山木之塲嗚呼痛哉予距數

百里外久已睽其色笑兮徒縈魂夢以徬徨詎訃音一至知
兄已登乎太虛之域而歸乎無極之鄉嗟兩闈之故知兮已
落落乎晨星之渺茫墜京江之淚兮又抱白門之傷嗚呼痛
哉以兄抱痾之時旣未親調乎藥餌以兄易簀之日又未躬
仰乎泰梁予忝兄弟而友生故不惜詞之鄙而濺血爲文聊
侑雞絮之一觴嗚呼尚
饗

祭柴年伯文

嗟世之季徵逐宦歷讀謾刺天斜盤胚胎太息古道如東逝
波後先相迫不已奈何惟公生平濟德內充於世曠然不繫
其胸衿藹藹與物無戾游公之天鼓舞春氣乃其自命清
遠介立如松斯勁如筠斯直安於素履泊焉靡營勵修門內
晚近罕庭轂絃中藏晨夕義方醞釀名碩升華
廟廊領魚分虎躬歷星羅轍若轂槃錫之餘年爲國愛人廣孝
廣慈皆本公志夙夜其咨乃公至誠猶動千里寒暑蕭條聞之

色喜用是康惠爲時弁冕以此樂公是負揚顯世有事親以
利爲歆若慕恬淫而不得者噴酒錯互照耀目耳知公視之
啞然而已台附冢君蘭譜末光抱痾長林未登公堂竊有脉
猶遠在海區舉目靡恃孰憫其愚君則撫之不恤手口如顧
如復以趨以走老而祇猶感念出沸生之者我恩有不繼君
于我子踰於毛裏世俗報施皆其後矣君父我父分義亦留
何以對公顏則有泚將挈扁舟望公之顏遽傳騎箕杳不可
承弟聞公里感歎爲多輒有頌述可思可敬謂公祿養半供

挽隣德色不形歎然具陳謂公之交故舊尤敦常變貞一白首相存謂公好修脫屠塵綱捐施一切亦以自廣謂公徇義不侵然諾千金振稿盟言如非噫乎我公有言自昔古人今人殊不相及台則不信謂此大誣即如我公今乎古乎是公之素自具不朽爲促爲延亦復何有況諸哲胤競爽雲上燕及皇天靈長彌暢慨懷清神上行于天風柔月朗日麗霞鮮抒詞告誠悵望悽惻庶幾降止胤焉來格嗚呼尚

饗

退思堂 祭文 四六

祭季門兄文

憶昔都門與君把臂宦遊瀫水攬君治蹟青燈夜闌教化風俗無隱弗悉著譽南宮政治赫奕文采風流旁觀嘖嘖名杜齊聲余懷欽抑君游紫禁倏忽居諸晤言終鮮音問以疏勢則使然匪君我遺余久休歸適君南轉相見悲歡契濶稍展握手道故笑言繾綣姜肱陸橘色養庭闈玉友金昆澤施里閈君貌軒偉厥操甚堅如彖中丞屢訊不遷疾風勁草問譽孤騫載及銓部投分惟舊大廈可蔭淵於我厚脂韋無骨君眡若垢河工擾民隄防莫就連章累牘民生以茂承

天子命延覲吾陽除奸剔弊惠及張商

綸音再錫既美且章期一時之建豎還千載之遺芳方朝野其日思何悽然其永翔嗚呼造物有心匪智所窮胡彼爭妍而此告終譬之杞梓植厚千穹根蒂方深風雨忽逢吾儕謗劣臭味畧同偉標寒而韻遠恨追溯之莫從縱百身其莫贖委萬事於長空豈時命之不與抑吾道之將窮徒覆酒以成池如有痛其填胸嗚呼尚　饗

退思堂 祭文 四七

祭同年徐梅溪

嗚呼惟作德之始基兮實遠承乎賢裔既名顯于神童兮決策奏而繼世縈博洽之弘儒兮推子衿之材備觀珪璋之特達兮美山岳之英華登賢書於首科兮識廟廊之重器赴神京而對策兮魁南宮之高第初筮仕乎鉅鹿兮旋調繁而理劇溥聲教于劍川兮同春雨之膏澤爰分房于浙闈兮號知人之卓識乃奏最而超擢兮嘉循異之茂績授刑曹之要秩兮顯羔羊之清德遡龍江而勅罰兮絕門庭之私謁趨

鳳闕以祥刑兮比前賢之高潔當爰書之告成兮公論嘉與而嘖嘖隨擢守夫山左兮登民方賴以全活至則捐煩以滌苛兮一切與以休適共知正直之不阿兮羡品行之卓軼迨改擢夫潁濱兮展潁川之休聲幸載典夫六名郡兮輿論誦其賢能俟文衡之晉陟兮魯國慶得帥之碩略肆事之柄鑒兮乃賦歸而辭網塵挽鹿車於谷口兮性游春林以宴賞益哲保而知幾兮高鴻冥以隱藏乃設施其未竟兮快後裔之克昌羨芝蘭之雙璧兮咸矯翼而騰驤應名世於昌期兮皆策武而趨蹌者治譜于一門兮仰元老之亞芳兼光裕於厥躬兮享耆壽其未央悼百齡之少遜兮似有憾於彼蒼凡在聞之朝野兮誰不泪墮於北邙況附驥之肅芳兮向棠愛契於官方去歲踵門問候兮未獲親炙於牙床續訃音之踵至兮謹遣弔於隔壤茲窀穸之有期兮歎匍匐之未遑聊陳詞而致哀兮命小兒以奠觴宛　神靈其如見兮不勝灑涕而徬徨

嗚呼尚

饗

祭門人徐敬庵文

嗚呼孰意我公而竟止于是耶嗚呼以今日而有我公豈當遽止于是耶夫以生平之所與游從先我而去者多矣然或庸庸焉猶夫世俗之人不爲民生之所倚賴不爲有道之所許可則我一人故舊之懷自亦不足深道耳若公則自釋褐以來數十年薦歷清華多所建白而近于漕政尤苦心籌劃數省之軍民實胥德之故每見士論多以公與近日之一二賢者爲稱首則今日之倚公者方大也公豈當死且公嘗自言法之所以不可恃者以行法者之不一故也若今之漕事守至三四年不變則人情亦當漸安安則自有可久之道而民生之困亦庶幾可幸稍息則公又萬萬不可死也嗚呼孰意我公而竟止于是耶憶予初得公予尚壯歲而公則年獨少英姿問拔爲文雄毅矯特能震動讀者之心目同時諸子皆遜謝以爲不及予嘗謂公才器應時而生自當享壽考爲國家佐隆平之運而公乃止于是嗚呼天爲愛我國家而生公而又使之才有所不盡用有所未竟此又豈予一人

祭文

之悲耶然回憶三十六年中往來聚散恍若一夢才華意氣功名富貴皆無一爲吾人可恃之物大抵如斯矣生寄死歸懸疣附贅凡學道者皆知之況公夙根不淺何至戚戚于生死之際獨予以七十一歲之老人久爲天壤間棄物不意尚存視息而反哭公昔曹子桓云既痛逝者行自念也予又安能不悲耶公向者數爲予言少嘗備極艱苦老屋數楹淒然風雨中夜半讀書不輟聲琅琅然達比舍人苦之至今不敢忘嗟乎以公今日視之信不如讀書老屋中之味爲較長矣人或謂公居恒日用之費亦有似乎不能不忘者然自仕宦至今武林故里問公第宅安在田幾何皆無有也止有鞠躬盡瘁之懇并無成都八百之桑以今視昔同耶異耶忘耶否耶獨是世緣未斷人情不甚相遠或又以公之門墻過峻爲疑不知公之所以得全其爲公正在于此今夫人日營營于世故之中了之不勝了也公一以曠然視之此太上忘情之道也公具用世之才而常有出世之想故于往歲所稱者宿卯可艮多公今者浩然長往塵緇忽然頓盡其視人

祭文

一世間又復何得何失何戚何喜則凡一有所爲紛糾攻取之場亦孤足爲公之一噱而已矣况公之功德自將紀之史冊傳之無窮而令嗣又方奕然玉立曾膺
朝廷優異之典則公之志與用雖不竟仍備祉也公又奚憾耶獨予于公以一日之雅周旋數十年即今便已永絕聞之而驚相失措勉和淚墨書以告哀衷冗囈語仍不足以罄此區區之懷亦惟公之靈有以鑒之而已嗚呼尚
饗

[illegible]堂祭文

康熙歲次丁丑正月朔越八日庚申思退子將舉
誥封先妻盧孺人之柩安厝于北郭之新阡先一日己未率男廷宮等孫學文等曾孫永懷等撫棺慟哭再拜灑酒而告之曰自同恩好五十年餘宜家宜室美善具俱所尤大者善事舅姑生養死葬竭蹶勤劬傾囊倒篋不計有無任勞推逸周或嗟呼余有兩兄汝克和愉匪惟和愉實襄孝思古云婦順莫大於斯造家之福惟汝是賚方期百歲樂此桑榆云胡一旦溘然棄余汝則往矣余悲何如緬思淑德能不涕洏總帷既撤形影雙徂靈輀旋駕原田膴膴松楸隧路金鏤鋁瓜鋪翩素旌往卽幽墟汝其安止毋惴無虞
饗

與張父母論地方利弊　壽宋老師相國
與門人江度遠　上庚生李大司空
與門人徐敬菴巡撫山東　上張老師相國
答李中孚先生　上澤州張老師
與門人徐敬菴鹺使　上鄭山公父母司寇
與門人陳非園侍御　與湯世調先生

目次　一

上范老師相國　答山西呂老師
謝同年杜直指　與門人沈靜園司理
與開陽孝廉徐吉旋　又　又
答孫岸則同年　與張年侄
答門人朱若臣　又
與同年周立五　與門人顧天行
與門人方新𠘧　答金闇齋
辭開士民長生會　與太守駱樊疑先生

與門人余陽生　與同門李滄章
與同門劉尔符　與門人江度遠
謝于公祖考試公明　與張父母
與羅帝京同年　答楊米如翰撰
答夏殿亭姻翁　答金闇齋
與馬明府　與顧松支同年
與丁右升老友　與胡兵道
上王藩司　上張學道

目次　一

上張撫院　再上張撫院
復郭明府奉部催補　上杜海道
復鄭明府初至咨訪利弊　上駱府尊
與宋明府　再上駱大尊
上魏鹽院　再上魏鹽臺
再與宋明府　寄交子廷宏家信

退思堂書

靖江朱鳳台愼人父著　男廷寀正卩父 廷宬大受 仝輯

與孫明府書

恭惟　老父母臺下　藴深舊學　譽重新硎自下　車甫乃以來二三父老傳播愷悌之聲無不踴躍企望以為瘠土疲民之福治弟亦惟有長依愛　日欣慰餘年亦何庸更有所陳啓妄希以微塵勺水仰佐高深竊嘗見醫者之於人也不獨察其脉審其聲而已也必詳問其患苦之所在而欲一一得其爲實

爲虚爲寒爲熱之故蓋以爲不如是則不可以定治療之宜緩急之序也而求醫者亦欲其病之速已也或不待醫者之問而病者自言其患苦之狀或病者不能言而其家之人言之亦必告之以爲實爲虚爲寒爲熱之故而以爲不如是則不可以已吾病也今靖固病甚矣治弟則靖之人也以靖之人而言靖之病知必爲　老父母之所急欲聞者矣請得爲　臺下一一陳之

一訊盗之弊宜革也夫強盗重辟也犯者必至於死大法也凡邑之設有捕衙捕衙之設有捕役蓋以地方有盗有竊輒有緝捕之責云耳往者一有呈報或有訪聞即差捕緝拿則其人之實與否亦尚未可知也乃不特衙得以訊之即役亦得以訊之役訊之而楚毒備焉有不必到衙而已將斃矣至衙訊之而楚毒又備焉有不必到堂而已將斃矣嗟乎即使此盗萬無可疑亦當正法於歷審成招賍明証確之後乃不必俟　縣與　各憲之研審賍與各証之盡確而即可以死人是　朝廷之大法一衙役持之而有餘矣且楚毒備至之下

何求不得則一時信口供攀以求緩須臾之死者將良民富室及平日曾有睚眦之嫌者無不株連蔓引展轉相誣文致大獄此皆事之深哀極痛天日爲昏者也如　臺下大彰嚴示特行申飭凡捕獲之盗不論真僞槩不許捕役私用非刑弔拷務在隨獲隨解以憑覩審詳報則法守既一良善得以安枕且亦爲職此者稍輕積孽藉以不罹　憲網是亦臺下之再造於彼者矣

一人命之勘宜愼也凡四鄰圖保報稱縊死投水死及未告保

辜而角口之役染病死者斷斷不須委官相驗久矣奉　旨申飭在案茲以一經委驗則犯人之家必至立破從此審斷成招即贖罪亦必不能辦或鬪毆之時驗過傷痕確在限內死者要在驗之必速必親速則恒不暇爲弊而眞情可以立得親則無文牒可以稽緩無因緣可以作奸此近日　定例之所以獨責　印官之親驗也往見本邑一有呈告輒以委驗爲恒事一至委驗則兩造四隣與詞內應審人犯皆尙未得赴　公堂一鞠而立刻已有無窮之害至於傷痕之有無

退思堂　書　三

疑似輕重深淺及致命與否又皆止憑左右之供報巧文之附會而實不得一眞是非以爲不可移易之定案所以每多牽累恒至三數年不結而各犯之以無辜而蕩產破家展轉流亡者已不一而足矣設使當日即經　印官親行速驗則審勘既確寧遂葛藤至此年來親見因此受累者比比而是惟在　臺下留心釐剔之也

一巡鹽之役宜革也靖以江外僻壤本地原無鹽商即淮浙等處素業鹽行者亦以過江風濤之險裹足不前故自立縣至今數百餘年以來官民所食皆私鹽也雖歷來奉　憲有緝捕私鹽之文然又設立鹽快一項以司巡緝而官之所需即責之於巡快以其既任此役自應時有緝獲故也其實巡役與積慣之私販又未嘗不私相連結每月每歲皆有恒例以聽之往來貿易故民間亦得以不至缺乏而本邑之鹽課舊額新增又皆係通邑里遞輸納業已達　部奉　旨遵行謂之包課是靖邑數百年食鹽之所繇來即　各憲與　大部亦久已洞悉今包課之法又已一定而不可易則一邑所需

退思堂　書　四

之鹽實已與官等矣乃向設之巡役猶復借名仍舊捕緝反使民間鹽價時時騰貴不得通行是責民無故而包課也是各憲與　大部皆許便民而巡役獨不許便民也去歲已奉總督批詳憲筆連書該革二字即已嚴檄永禁然其如積役止知有利不顧違　旨厲民日久玩生又將肆行無忌惟祈老父母查明憲檄再四申飭幷賜勒石永遠遵行則靖人世世食明德矣

一賭博之禁宜嚴也世風日下賭博處處有之惟靖俗爲尤甚

故家子弟里巷愚民一入其中無不立見喪亡盡變下流不肖因而生姦致盗地方為之不寧風俗為之日壞流毒傷生惟此為第一痛心疾首之事所當首請　老父母廣諭嚴禁犯者盡法痛懲而尤在重治誘引窩賭之人以為拔絕根株之計此實救弊易俗之首務也

一刁誣之熏宜懲也靖俗素稱淳朴二十年以來刁横健訟相習成風不論事之大小動輒控　憲為拖累被告之計生平或有藐嫌小忿無不一網打盡上者可以致其顛連斃命次

亦不失為家破人離故斃此里鄙稱雄動相倣效黠徒機深手滑且將以此樹刀筆之幟不特恐嚇鄉里漸至挾制官長夫恐嚇鄉里禍及一鄉而止猶可言也若挾制官長則其漸遂至亡上下之分不可言也若不大示懲創則囂薄之風日甚一日真不知何所底止故治弟之愚竊以為反坐之令宜嚴也近係告詞誣揑如本一鬭毆也而稱抄洗本為尋常也而稱搶毆本為算錢糧也而誣賭博如此之類習以為恒每見審出真情止據事斷擬而其所誣揑者槩不深究是誣之者無罪而受誣者足以為禍則造誣之人亦復何所畏忌而不為此也竊擬凡遇審問欵單詞訟如十欵之中或係真者七八偽者一二又如一狀之内或係真者半而偽者亦半宜將真者照律究擬外仍於原告名下以所告偽者之罪罪之務使真偽兩得其平毫不假借庶使誣揑者知所懲戒或可漸冀衰息其次則莫若重教唆之罪矣夫詞訟之有教唆猶盗賊之有窩家盗賊無窩家不聚緝窩即所以靖盗詞訟非教唆不興究唆即所以止訟故愚又竊擬凡遇詞訟除審實

者照常發落外其有研訊無據者務須反覆究勘直窮到底必得此事教唆之人嚴拿盡法痛治而後止則教唆自少而誣揑之訟亦少矣此亦拔本塞源之一端也

治弟迂疎朴拙自養痾以來閉戶以安愚分素未嘗於　父母之廷妄有所干瀆兹特以仰祀　光範不勝其愛戀之私故敢謬陳其區區之愚聊自比於工瞽之誦荒昧無當不知所裁伏惟　亮察治弟臨楮曷任瞻惕

壽宋老師相國

昔師七旬伊始逢花甲之再開九日惟春乘木德而長旺天人執鸞歌於賀世弟子欣雀躍於太年酌醴星馳望北垣之斗極焚香日祝在東山之衮衣

與門人江虔遠

不佞棄一官而速貧宜矣以足下強仕之年正可馳揚京洛而亦時有幽憂之疾其有後時之感耶榮進素定理宜順之無恐之雖聖人所數

退思堂書

上庚生李大司空

發故笥索吾師手教長短近三百餘紙已令裱工裝成不時捧誦其中論時事人物每多至言堪定是非之極以發國史所未備已經門生裁定容次第抄入刻內常憶耳提面命如在目前也

與門人徐敬菴 延撫山左

清風所至吏民灑然聞之山左人云見在地方歲省冗費幾萬餘公私餽遺亦如之炎海爲廉泉太嶺爲冰柱矣

上張老師相國

小力回知老師起居迪吉師母世兄輩俱各康勝欣慰欣慰當此九閽萬里之際老師賦朝上夕報至仁所格天爲效順如此老師乘此上下孚應之時降百世不磨之澤時哉不可失也可久之計無踰稍寬錢糧考成近日軍需孔亟聞會城有正月初二三郎酷刑比較者若功令稍改下民受福必多書曰民爲邦本本固邦寧惟老師尊裁焉

答李中孚先生

退思堂書

大駕枉臨敝邑得聞先生之教知先生之學今見先生之書益知先生之學善乎先生之言曰千古神交萬里若對總爲此物同然弟鄙劣無似而於先生之學無不契於心小刻請正謬處幸改正之

上澤州張老師

日望師臺之復位不謂乃遂拂衣之志然秉公者猶甚望東山之不日北闕也以今日事勢觀之頗有朋黨之漸見有一心一德上有當於君下有裨於民即疾之如讐與國家之蟊賊也

與門人徐敬庵鹺使

覩人者醉之酒以觀其恭予之財以覩其廉今所試於門下者非采醉粱𣿬地耶三川以來聞以氷蘗之心行米鹽之地不佞榮施多矣

與山公鄭父母司寇

昔人云良牧所在民富去而見思初謂乎乎爾自大駕北行始味其言惟淸惟惠可以富民能富其民乃以見思則老父母之謂矣

與門人陳非園侍御

門下以淸衷雅抱擢居耳目之司世道良幸生巖壑已久無緣作長安書私懷恕爲君子群而不黨砥而強與幸益自厲以須大用

與湯世調先生

門下爲大道主盟穆其德音良深感幸前承明問一日千古其事何在竊以無欲主靜爲學所宗千古乾坤銷之者欲有能一日仁壽在斯

上范老師相國

恭惟夫子文章司命人物主宗爭妍競秀甫申由是降神崇德象賢文正於今爲烈惟夫子有山陰道上之奇故門生吐龍泉劒光之氣此非尋常之應求而實爲萬一之冀幸者也茲有稟者昔窗下讀詩至維曰予仕孔亟且殆云不可使得罪天子亦云可使怨及朋友舜刻怪何至若是今乃信其眞有然者令以國課爲殿最催科工而撫字催科拙而吏因印工矣祇孝而令終不免於罪非有與其本事也代徵十年或十餘年之逋謂舊

令尹或其人與骨俱朽矣代爲徵不中員程循謫之一難也司道府廳修往來之節不能家而往也又環覩其橐中云有則用措大符下縣取罰鍰若干實以鍰爲名耳鞭支正項令嚶不一語非獨畏忤上臺彼善其禮縶者却之爲不恭右其餽之者則自左其忤之者則強項而繞指十而十耳何十八九也迨逮部部督其適就其旁令以相震撼則首低尻高戶無狀已矣二難也歲額與將歲額者俱中量出自令門入自司門令以爲可幸無罪肇牽車牛走數千里謁謝日椽稿匪懈勿予禍適冀得勞

苦一嘗而藩司或那移他用不則或徐徐不即達文書關下令復坐不及格不得與考選三難也爲人臣子誠不敢自避煩苦而君父亦宜少垂意哀憐使得少寬惟老夫子垂鑒焉

答山西呂老師

合平日處心行已在中人上下之間率任而已而無自立之志與自勵之力一事一念有忤於心輒咄咄呼名自喝與錯往往相乘而不已總緣時無藥師世所稱篤學者迂淺無當未有以服其心故碌屬有天幸恭選師臺得從事於皋比之末伏承老師悲憫深重接引殷勤原不肖受病之由以謂率任不得因循又不得欲不肖立地猛迅死中求生不肖集老師前後手書時復觀省通身汗下至一年二年復猶然故吾遂有此身都無可以安置之處

謝杜覺庵直指

盥讀秉章琳瑯滿紙殆半溢言使不孝口呿而不能答則且奈此瓊瑤何也謹以張之堂前撫捧一觴真不減百步鼓吹也地上地下　鄉結無量某無任哀感之至

退思堂書　十二

與門人沈靜園司理

世大治亂毋起於殺人殺人常起於殺萬物今門下適操全郡生殺之權凡所讞鞫必多所全活方不負此一行爾安邑呂見齋老師年老子幼芮城陰太峯老師棄吏垣而隱居上頫宮墻之引下乞門戶之庇此不佞所百叩而祈也

與開邑徐吉旋孝廉

連日覺此心常在因思孟夫子言勿忘勿助大有入處一切先賢語錄此地竟無覓處懇借抄閱倘幸朝聞感佩何極

又

門下公方簡淡絕無世俗濃華機利之心使非爲學得力後烏能至此令弟公祖迺先生云弟政治卓絕而後則吾豈敢但雅慕文公政訓而罔克施行直是抱歉多耳

又

閱尊刻而知門下之學世有斯人道之幸也當今之世而有斯人又斯世莫大之幸也弟於此學幼而有志壯而無聞然此志不敢隳也

退思堂書　十三

與門人顧天行

四五年師弟依依之情宛然在目弟風塵路斷出山甯難心銘舊德惟用相存每一念及頗焉短氣使來千里益見高情詢知履康同人所慰至如不佞既不能留雞肋於江城又不敢累猪肝於安邑之絶吹坷固其所也時有晳耕教子已耳

與門人方新祉

生去開陽十六七年初無所覯見子又鮮一達者乃爲生立祠捐祀此是貴郡古道如生薄德何以克當然生在地方六年未

嘗拘一婦人非有學舍察院鼓樓公費未嘗取一贖金至招撫流亡勞來安集嘔盡心血此皆可質之父老子弟而無擇言者也庚桑之社或以是耳吾兄積學苦志宜便發去令弟文理近益暢否不佞旦夕爲開陽祝者黃榜丹掛間多得一二好人爲梓里培植元氣不必皆驤江桃李也

答金闇齋

夫道視不可見聽不可聞體物不可遺講者不知是講體是講物講物則不盡講體則不能弟所以遲領教於湯先生也

答孫孝則年兄

極感年兄垂言惓惓但弟堂上人已踰八旬兩先兄相繼云亡老萊子何當去斑斕何人拜跪著公服也

與張年姪

丁亥仕人零落最早子弟發跡者亦不數家而年兄以天授之資拓天屬之緒爲譜籍光重可以激厲頑鈍喜倍恒情

答門人朱若臣

辱門下遠念若以滌口墨以清心如吸冰雪銷此永夏謝謝

又

聞若臣益貧貧不失爲若臣也令親羽公品實名流誼深古處忽爲天際眞人敝邑上中下三等人哭不哽咽隕涕不能已已以此見直道之尚在人心也

與同年周立斤

聞之一宰難言哉非於白性自命體貼歸根不免口頭說過弟嘗自省愆愧汗浹背蒙年兄不棄葑菲恒加驅策幸矣幸矣

辭開士民長生會書

余去開四十年矣廻思承乏之初適際兵燹之後民生憔悴
邑里荒凉山冦竊發流移未集益惻焉傷心大懼謭劣襪材
不能康保疆圉莫安井里使開邑數百萬生靈晏然有田疇
室家之樂耕食鑿飲出賦稅爲
聖朝樂利之民以無負
天子牧養元元之意是用夙夜殫心竭慮惟以勞來安戢撫養
生息爲事不敢有一毫自私自利率意妄爲以傷我父老子
弟之心幸賴
朝廷之盛地方之福及　各上臺提攜奬掖之力諸如招撫勸
懲勘荒請蠲保甲改折諸大事以及荒逋雜徭贖刑庫務等
項朝申文夕報可得少展尺寸裨補於萬一然私心自念猶
恐區區經畫或出愚魯一得之見未必盡合輿情以貽里甲
無窮之憂且深山窮谷婦孺之細幽隱未能畢達至今四十
年每一念及未嘗不抱痛於心若負芒刺也蓋堯舜之世猶
不能無不得其所之民豈余之菲材涼德顧敢自謂以爲無

雜著　書　十五

不被澤之民乎近承翰教付汪程二會遠來索予長生會敘
文相與俎豆尸祝比於甘棠之不忘召伯聞已四十年如一
日猶欲傳之子孫勿替引之此雖爾士民相念之深用意之
厚然余聞古者有功德於民始祀而祀之以云報也顧余何
人乃堪當此徒增愧赧耳今者
天子神聖四海乂安開陽百里間桑麻無恙牛羊雞犬滋蕃爾
士民其各安生業勤耕種務畜牧敎訓子孫早完國賦共享
太平之福則所以慰衰老之望者至矣其長生會可便以爲
甲耐報賽蜡蠁之禮余不佞德薄毋以爲桑榆壽去歲冬間
堪輿朱崑山道士瑞峯等述廿四都里民亦於余離開陽後
建造祠堂每歲八月十九各里士民彙集祠內做會余亦滋
愧矣懇併善爲我辭焉幸甚幸甚

雜著　書　十六

淸累惟正由斯觀之又不獨私家困斃而已其姓名衆多未便卽煩臺法伏乞給示以錮其黨遏其勢所謂令治而後乃誅也伏候尊裁

與門人余陽生

語云爲臣不易莫不易於縣令政令日之謂也乃天眷幽人縱意於文章山水雖雲中仙子未必有此淸福况胸無丘壑者乎

與同門季滄葦

老門臺作令於煩劇之地而意加適而貌加充來自會城者傳述如此仙於才自仙於令戰勝而肥尙得仍其故我而日臞仙已耶仙人偶飛遊下界以已之臞福蘭江生靈而使之肥功成行滿復歸大羅天上老門臺今日是矣弟之閒化額課一萬九千有零有戶可徵者不及一萬餘俱蹤蹟荒迷破屋頹垣中行其庭不見其人招撫數月間有復我邦族者鵠形鶴面救死不贍敢過問國課耶且微饑遊寇不時侵掠議守議禦日夜焦勞三軍之甲在身而弟輩之甲在心弟旣有甲在心然催科政拙上呼莫應而其甲遂在面

與郡太守駱樊巖先生

靖人素稱務實知節故風俗敦朴家戶殷給近年以來少年子弟遊手遊食不農不商賭博爲徒無擇頑俊黠而貧者以此爲營生之路愚而富者落其套中牢絡不可復出兩貧而陷一富兩黠而陷一愚陷人者徒手督錢威比現任其爲所陷者甘輸戱責斂於官課有數日而傾千金之子者錢一入已視爲輕得易失之物非竊非祭特爲沽買持粱齒肥酣歌取盡今日好過明日復無更誘新室復尋舊轍長此不已坐使敦樸之風變成囂薄殷給之家化爲空窶父老太息間有呵止輙攘臂而質之其中父兄有機數者不能禁禦則詭辭以悅衆曰彼自吐情謂不如是當餓死耳人情苟可賒死何求不得蓋儼其爲盜也不知所得之財以供酒肉非以供饔飧也且饑寒爲盜不如賭博爲盜之更確也目今營深險之地合輕佻之子夜聚曉散不可踪迹夫佻生盜侈生盜醉飽而無知生盜醉飽而無繼亦生盜則賭博者固盜之原也今地方釁隙萬端更以此輩益之其何能淑又國力告匱長吏帶罪徵比急逾風火此輩獨坐損其貲

三百人兄弟中求其意氣文章如吾爾符者大約不過二十許人二十許人中劉朝邑爲最此弟肝膈之語非面諛也但不知吾爾符意緒中亦時時有一朱靖江否此時在寓惟以葆神讀書觀朝家故典爲第一義幸無悠悠度此時日

與門人江度遠 時安陸太守

每與金舍親論及門人品則必首最門下體粹行備仁洽義豐里居極孝友雍肅之誠宦官高委蛇正直之節昔在雲間食常不飽今在安陸索逋盈門由來世路之難行宦情之難信一至於此以愚代門下籌之宜及早休致雖無田可耕幸有孫可教倘再遲延舊逋未償新帳又欠勢必至庫帑虧折交代稽阻方始駭愕沮愼不知所以斯已晚矣

謝本郡于公祖考試公明

初夏親承霏誨至今忽已木脫霜清矣狄門多士天藻雲蒸經國之華於斯爲烈自非老祖臺冰壺玉鑑盡破從前積習必不能爲斯文快千載一時之遇以至於如此之盛也

與張父母

迭晨酷雪嚴寒襲人所幸老父母慈宇生春陽和不遠則孔邇之戴爲足當挾纊之溫耳敝邑襄民力竭軫恤惟艱幸恃
聖天子在上刻刻以民生爲念真欲使逃販窮嫠無一夫不被其澤而又有督憲仰體
皇仁多方軫念極其篤摯周詳即如前者再申里排之禁一事真可謂周悉民隱徹骨徹髓破盡從來萬不可拔之積弊而與民更始者矣乃議者猶安於積習以爲此舉未必有裨於民生而仍爲觀望之說此或者未審于里排之爲害一窮其所以然之故耶夫里排之設原其立法之初意不過爲催攢糧差計耳不意相沿至今遂爲包攬苛斂勒索津貼種種積弊之所自始而侵欠錢糧者十恒居其七八是不特無益于甲戶而正大有害于甲戶不特無益于 國課而正大有害于 國課者也故每見充當里排者一家妻孥費用終年醉飽總惟甲下之戶丁是恃今欲一旦奪其所恃斷爲里排之所爲萬不欲而相與譁然以爲難行者矣此里排之所以必

極奉憲禁革而不能卽革之本也今如精甲戸丁田逐畝撥出使之依近就便各成爲里照冊完糧如有差役亦止照田數當差並無津貼名色則甲戸自可儘力完公充然有餘人人皆可到官投櫃錢糧自不至於拖欠倘有頑逋則鏃拏摘比彼亦自討無覬望躲避之法而不以欠糧爲事矣此爲大有益于國計民生者甚著止在老父母毅然奉行則民之歌頌督憲尤必以歌頌老父母者爲先且切也不然則立法雖善豈能達及于窮簷耶乃刻下又聞有分一甲爲兩甲分

一甲爲兩甲之議者治弟竊以爲果爾則督憲之所欲痛革而嚴以爲禁者今不惟不遵而欲增益之以張其熾也法網愈密甲戸愈不堪矣得無于督憲之所再三告誡者亦有所未便耶恐老父母從此亦更當一熟思之也故治弟之愚竊意老父母莫如遵行憲法爲便仍將原行憲牌備細抄示通邑使小民洞察憲衷以憲公議仰候詳覆似亦老父母千秋惠績尸祝無疆之一事也治弟仰荷弘庇辱愛尤深故敢冒陳其愚以備採擇臨楮不盡悚切

與羅帝京同年

不拜芳訊者忽已十易星霜矣每因晨風北至具悉老年翁道履康嘉卓績循聲超然南省行且榮拜　特簡晉陟鈞衡此非獨清門世德之光抑亦今日吾道之幸也弟自負病以後伏處江干野人之性益與世事疎絕惟是生平故人時猶往來胸中不能已已而又得傾耳吾老年翁之榮問則未嘗不爲之翹首向風引以神王也前歲郎壻趨賀以敝邑水旱薦臻之後公私交迫惟有蒿目里閭無有寧日故遂遲遲至今則索居困瘁之

狀總不堪爲知己道大率如此矣專价代叩一芹將悚不莊不戩統冀照原臨領曷勝惓切

答楊水如翰撰

伏承使翰重以華袞之章先慈誌銘片言九鼎一字七襄此爲子孫者所當重趼及門乞殘音餘瀋而不得者也而今一旦坐而致之亦何福可消此何德可副此哉先對使拜嘉俯容踵叩不一

答夏磬亭姻翁

伏承尊使遠存，爲亡兒枉唁，重以哀斐，固知長者之分痛也。弟喜此兒循循孝謹，庶幾有萬石家風，即啸傲茹薇，雅勝鐘釜，而今已矣，復何言哉！痛憫之餘，惟有叩心愴地，身願叠亡，不見此等慘變爲幸耳。草草奉復，臨紙感愴。

復金闇齋

亡兒自淮上歸，日侍于側，今歲往鄉種田，頗能料理農務，無何忽病，病未二旬遽死，至今猶在夢寐也。細察其得病之由，受讒之故，皆由自取，宜乎其膺陰陽之罰也。但伊婦不善持家，子甚幼，欠債多，弟又老倦，不能照管，每一念及，頗難爲情。一月以來，聞風聲而悲，見人影而懼，居家不可，則避之鄉庄，以苟旦夕。又以人事接踵，飲食不便，復返入城，重辱尊慈軫念，齒及，謝謝。

與馬明府

伏承雲誼，爲亡室枉唁，至以哀詞纍纍，待以大禮，閨闈得此，可不朽矣。獨治台以哀耄之年，適見人口連喪，朝不朝，夕不夕，東門之達未能遽遣，眞不知何以自處矣，惟高明有以教之。

與顧松交同年

吳門晤別，倏已三載矣。近晤季滄老，備悉老年臺道履佳勝，諸公郎皆英英玉立，𥚃爲欣慰。弟以抱病之軀，株守江干，不獲時時握手傾倒，積愫瞻企，清光祇增悵結耳。如皋肖辟疆以有林有學，負數十年之清名，想老年臺久所熟悉者也。弟年來卜築其鄉，與辟老尤稱莫逆，辟老亦久有瞻韓之慕，只因南北各天，未獲通問。茲聞呉門有以莫須有之事與辟老搆難者，凡屬諸同人，無不爲之扼腕。老年臺爲三吳領袖，必有以主持公道，爲之解紛者，特托蔡孟昭踵叩崇階，細陳源委，萬望進而教之。倘藉鼎力始終曲全，伊不敢忘報，固不待言，即弟亦佩義無窮矣。

與丁右升老友

先妾之變，千愁萬痛，非可言旣，所最苦者，無片地着落此身爾。冀惟有方外有道之士，沃我以遐觀超舉之談，可稍解萬一，然而不可得也。因思高忠憲先生治心之法，先爲破除煩惱，即是無上菩提，非必三轉九還而後爲上道也。

與胡兵道書 胡公諱亶號保林仁和人己丑

前者遲承大教戴哉何可云喻敝邑吏役官解事業老祖臺
主持俯從輿請合邑黃童白叟靡不踴躍呼天額手尸祝謂
家黎膏血垂盡之時非臺下淡心大力當不復有生氣爾第
更有可恨者群奸大猾孽芽其間滋蔓已久牢不可破終覩
明旨與憲批為敝紙將來事勢竟莫知何所底止治弟以奔奉
赴都不及星趨奉別惟懇老祖臺再加督飭務在必從前議
則靖民始得實拜更生之德矣

吏役官解久奉
旨行者天率土莫不遵依吾靖僅行之於地丁而粮米仍然查
成里甲何也可見有司秦越民瘼即道院亦無知之何耳

見前牘

上王藩司書 王公諱無咎號藉茅孟津人丙戌

恭惟臺下道隆
帝鑒望重人宗特借梅鼎之弘模丕樹旬宣之偉績洵所謂身
負日月氣躡風雲者也治台向以待罪開陽極荷老公祖噓
植之恩而玉節臨衛又得從下吏之末望見風采渥承教誨
王令中心識之未敢忘也迨甲午量移正擬趨侍左右快展
積私不意中道旋得先慈之變踉蹌還里抱病江干人事都
絕即以老公祖知己有素茲又幸辱宇下皆未獲肅馳一介
敬展賀私於此益見疎庸之狀爾茲有瀆者靖邑向無蘆課
有之自順治二年始時以凡事草刱臺豪有權不俟申詳竟
均派於通邑平沙灘其有蘆灘者安享私利不輸公租賦役
不均亦已甚矣今
國家承平日久議訂賦役全書下邑遵照造冊達部部駁云平
沙田既完大粮又輸蘆課一田兩粮恐致病民等語則灘戶
自應恪遵部文前輸蘆課乃猶膠執故轍仍思派之闔縣豪
蠹如此橫行目無三尺豈僅下虐小民方且中藐憲臺上欺

朝廷矣治台家世寒素愚父子兄弟共計平沙田僅二十項每歲代賠不過五六金獨以公道不可久廢良心不可久死已經公呈在縣現在具文詳請伏乞老公祖查照部行嚴批鐵案以定一代章程以垂萬世規模共有裨於
國計民生非淺鮮已也治台秉性硜拙閉戶自守且自顧其鼎尚宛然在即縣府衙門素無干瀆以貽知己羞此番削牘以請實係仰遵部文俯順輿情而已伏惟老祖臺鑒其無他採擇施行靖民幸甚

日者程飛程父母請鄉紳公議茲事於明倫堂吾叔謂有蘆田者應完蘆課猶之乎有平沙田者應納白米糙根也如蘆課可以加派於平沙田何不以白米糙根均派於蘆灘乎天理人心二語已畢時灘戶挽腹置强辯庠友朱右山陸斐君等進前曰朱先生之言至公至當程父母首肯者再同時與議紳衿人人心折奈不敢直言何適聞豪蠹重賂上房遊移其說吾叔所以又上此書爲地方留公道爲兩間維正氣者吾叔一人而已　姪廷式識

上張學道書張公諱能鱗號西山北直人丁亥

久不拜芳訊翹企良深比者知老年祖臺福履勝常珠林玉尺之舉謹然吳中昔昌黎文起八代之衰當不似臺下提衡人文以力追正始爲今日風俗人心一大砥柱也茲懇者近奉部行有各州縣學大小聽道院詳
題議奪之文此正下邑童生得睹天日之時查靖江額有五萬三千餘較之淮揚屬邑甚爲繁劇非可以武無江宜一例而視也邇來人文蔚起稱爲生色非如池安郡邑累科不第者比也則在吾靖具應照大學之實而在老年祖臺得施因材而篤之功伏懇據文轉詳撫軍俾得早爲
題請則棫樸作人之德菁莪造士之化當與江流俱演遠矣

張文宗與公同年同寅同行取極稱交好得此一函吾靖大爲生色彼耳食者何足以語之　劉公溥

之結螭無既矣

題請俟得展限調治俟痊後啓行則駑駘之鞭策有待而瓌琪

慈臺特賜

痛之矜卒業經縣府司道備取井結具文呈下伏乞夫子俯垂

理憫可憐至平復舊不識爲日久奏功之計今不得已有告

肉消落百藥無効醫生云中氣久虛體已弱極惟從容調

拮据寃傷於積勞舊疾大復發虛熱內蘊累月不解肌

服闋例應起部候補已詣藩司給文正擬趨赴脂車乃又以

轉以先慈大故制創遲稱病苦支離僅存視息至今歲孟夏

又非止門牆下士榮籍爲多也厥後自甲午邀庇皇穆兵曹

帝眷日進兼隆輔弼師保新命伊邇凡在中外靡不企頌休明

以詔體轉入候除永仰舁增金縢殊猶慚懷比者夫子天休

之以薦拔知己之感永誓肌骨茲又幸在宇下藉庇尤深惟

維昔七載鳳台猥以庸劣辱在屬吏叅夫子不加詰過又重

上張撫院書 公諱中元號東人先發授浙江錯聖江

言無拂矣亦恩之意此所謂陰德也 刻應聘

展請院道所札延聘於官塾者至十大主遠尤言在人同人

詒于止此通邑人材所繫無任悚恐萬望恭擇幸甚

何如耶鳳台素夫子知愛過於等倫惟自愛其鼎斷不敢以

李也況乎得之異日承勿替其淸濟膏澤被須功德又當

題請陞爲大縣即現在轉入十五名生員皆老夫子手甄之能

祥乎大圓之風也伏乞老夫子允賜

以之列於江南劇邑則僅得其中以之較滇屬諸郡邑則似

之邑必有忠信者敍邑戶口三萬有零錢糧五萬三千有奇

題使作往士是又在變化鼓舞之得其人也孔夫子曰十室

劣者多敍慧者鮮不推廣大君子之驅策然古人謂一經品

府詳文業經孫學道取具勳結轉詳臺下矣雖下邑童稟鈍

想久入老夫子淸塵矣茲以靖邑陞改大學出原黍備載縣

親之及不勝慚感並對使拜領附陳數行聊謝兼布鄙情

前者躬賀九加遷頌教言函至叅誠未叅堅怨乃又辱承下問

再上張撫院書 張公屢以兩

復郭明府奉部催補 郭公諱毅然號青與山西人癸酉

日者以賤體抱疴未及恭謁與居負歉無似頃又承大教兼示帖文具仰老父母垂注盛心縷佩之私何可云喻但治弟以衰殘餘生得從豐草長林臥遊蔥月已滿鯫鼠之願何敢復望紫朱曳組耶先此布復嗣容具呈懇卽據呈申詳尤爲銘刻

上杜兵道書 杜公諱濬號于濂山東人丁亥

曩者老年祖臺前旌過臨東皋以公冗匆匆就道治弟片曝之忱闕焉未展至今歉悚未釋比者知老年祖臺與居康勝道履彌亨而遐島歸誠不世之功又復成於一旦此皆北猷妙算建威消萌薄海乂安無不額手稱慶樞廷特簡旦暮俟之矣治弟硜硜之性素甘拙守年來以就醫之便卜處東皋邀庇宇下竟歲杜門絕不干與外事此通邑士民無不耳而目之卽老年祖臺亦所洞鑒者也治弟八月中卽攜三兒就試江陰以候學臺覆試遲延數月未得回皋乃忽聞有皋邑公呈地方兵事遂假治台之名爲呈首以瀆清聽不勝爲之愕然夫治弟在皋不過寄居安藉皋邑地方之事豈有以初至寄居之人遂爲倡始之理此固不待智者而後知其誣也且數月以來身在江南鄰里皆所具悉隔絕數百里何從與聞而遂爲之控陳況老年祖臺向者發兵之檄原從安輯地方起見卽治弟所處數椽恃以屏在弘庇必不至爲防兵所擾亦復何所畏苦而至倡首特控以重違未雨之

手訐哉種種假誣皆可不辯自明竊恐當事不知此爲假耳伏懇老年祖臺爲治弟詳明督撫俯賜存察以將來地方一切公事恐又有不肖者借名誆詐者倘或不察一爲舉行則不特治弟類受誣累即風憲紀綱之地亦等爲鬼蜮逞奸萬乞允行感且不朽

復鄭明府初至咨訪利弊鄭公諱重號山公建安人戊戌科

帝簡一路福星尹茲九土數日來惠風甘雨輒已家頌塗歌咸謂此邦之人又得幸完齒髮耶公之咨律知至溫一何神也顧手不能巳巳飯邑利弊承老父母虛懷下問治弟何敢隱諱但通邑之事非一人之言所可取信亦非一人之見所能遍知俟公同紳衿彙集數條以稟台意採擇何如

上驛府尊書　驛公諱鎰麟號挺生臨安人丁亥會試

節當歲始淑氣方新　老年祖臺純嘏若時。天禧滋至春風驛路瀾翻襦袴之歌真敝郡寸載一時也治弟以遠在江外不獲躍叩　崇階肅展賀悃惟有偕諸父老額手　無疆耳茲有啟者敝邑渡船近蒙　老年祖臺詳復舊馬頭即於馬頭開一新河安置號船爲巡防之計此誠　老年祖臺一片苦心爲敝邑生民造福通邑童叟無不歡欣鼓舞竊幸界限又得稍寬于是公請堪輿相度地勢擇日起工不意詳審方位竟有殊不相宜者其說蓋謂犇邑原係亥龍癸山丁向今馬頭所開之河正在午位名爲煞曜水犯之爲禍甚大甚遠且云午爲四正本沐浴之地以向而論又爲臨官帝旺之方此處若一破洩則邑之流亡立見一時士民遂皆駭懼憂皇不知計之所從出咸謂吾儕小人自此將不獲寧宇又何望其長子孫於茲土也治弟初尚疑其言爲過甚既而詳考形家之書徧質老成之說皆以爲理所必然萬萬足信而絕無絲毫疑惑者此或者　老年祖臺鑒照之所偶遺者乎想

老年祖臺詳閱馬頭之河初止以爲苟有益於地方則爲地方計一時之利今地方既以爲不利又總總然慮其禍之及已。　老年祖臺自不忍以不利地方者必終遂其已下之令則又何難更請之當事而終有以安全之也且　老年祖臺原詳之所慮者止恐冬月水涸萬一因風激浪時不便划船對渡不得不酌行通變爲便民之計又以號船無處停泊故又議開一河以爲灣泊號船之所也今治弟之愚竊以爲今之號船與昔之哨船本異名而同實者也向者界限初嚴哨船與民渡皆以舊馬頭爲停泊之地彼時兵民遵守不爲不久亦皆相安無事未嘗稍有疎虞今即不開新河仍以號船停泊馬頭舊所未爲不便且自改西瀾港至今止年餘耳相去之時甚近非有時移勢變之殊也瀾港至馬頭相去半里同在定界之內非有鞭長不及之患也宜於昔者亦可宜於今惟在　老年祖臺一轉移間耳瀾港水退沙漲易致壅塞泊其內者常多擱淺不能隨時出巡若停泊馬頭則水深潤可以養船兼便不時巡哨又瀾港以內停泊號船則江外萬

一有事多致瞭望不及若馬頭則一望了然自爲巡防至便至捷之處是又不待智者而能辯之者也況一年之內冬月水涸爲時本亦無幾即泊號船不過三四月而止耳若開一河則通靖萬世之生民戶口係焉夫以一年之內三四月之停泊而遂成通邑萬世之患知必爲　老年祖臺聞之而憫然者矣馬頭對渡之地本皆老岸平田相傳數百年來實未嘗有久湮舊港則所謂向有支流而湮塞者此或傳者之誤今前所言既皆歷歷不誣則即或有之亦自當塞之惟恐或後況乎其關心者卑治弟知　老年祖臺初止爲敝邑兵民討度萬金但其先未有以此爲　老年祖臺告者耳用是冒昧以瀆伏乞　俯鑒輿恐爲敝邑萬世安全之策　弃賜轉詳則治弟與江鄉父老子孫世世皆啣結高厚矣治弟臨楮曷勝瞻悚之至

渡船向泊舊馬頭奉文泊號船於西瀾江內渡船隨之船戶憚於遷移定討舊馬頭之旁另開新河於船戶則利矣其傷邑治則甚船戶目無一切具呈當事親臨踏驗議丟決行頼公行誼足重素無私請此書一上事得中寢仁人之言其利溥哉　劉湘九

但要止過此舉便少情味先說兄呈申詳是爲地方一片婆心復從通邑風水寫出莫大關係使讀之者欲歌欲泣則當事自不忍不止過必傳之作　姚雲上

與朱明府書 朱公諱敦厚號宜齋大興籍徐州人丁未

瘵土裒黎困瘁已極幸藉　老父母實心實政盡力撫綏蘇息於萬分無可如何之中執持於囂然必不得已之日此昔賢所謂寬得一分即民受一分之賜者也燕及皇天克昌厥後治弟謹爲　老父母額手頌之矣茲特有瀆者自古士大夫之居於鄉者　國有優異之常典則邦之人皆視之以辨分循是以知禮故尊卑秩然而風俗亦於此而厚此非故爲示異也亦以士大夫爲

樂志堂　書

朝廷名分之所在不當與齊民等而齊民亦於是而別其名稱以昭然於上下之不可亂此昔所以尊

朝廷也故敝府如武進無錫宜興諸邑凡有錢糧公務開列各紳完欠數目或揭示或出單者皆書其戶名不則亦止書其某號知數人某如是而止矣近日因加餉等事經承遂忽樂治弟輩之賤名直斥而大書之與齊民無二則緣是而輿臺廝養門隸僕從皆得而指呼之此風俗之一變有識之所爲慄然震懼者也蒙　老父母毋於賤名上不加示標知

老父母至此雅意亦必有所不安故寧闕而不點也感佩感佩治弟輩竊以爲行之於本邑者或無諸邑之例循之未爲不妥止在　老父母推廣盛意一開口諭之耳至於造冊申報欲使　上臺一覽了然自應炤近行例開列原可並行而不悖也治弟輩素以蹇拙遲承知愛且以　老父母亦在兩闈之籍知必以同類相原而不敢以泛邀寵遇似又爲事之所易行故敢冒昧瀆布願言未罄統惟鑒炤臨楮曷任主臣

樂志堂　書

與黎太尊書

江外衰黎惠遜老年祖臺淸明豈弟之澤正相與額手稱慶以爲下邑不世之遇乃首春忽遘太恭人老年伯母之變一時偕諸父老驚怛憂皇罔知所措眞不啻如窮子之將去慈母豈天之未欲康乂我常民耶幸各臺俯從輿懇不遽奪我二天多一日則民受一日之賜卽此一日亦千古也憶治台㓜時嘗聞父老言敝郡昔有宦諸歐陽公暨二雲曾公政治肅清風節矗然卽窮鄉衰老豎稚無不得以自達而又時時集五邑人士講學問政極盡激揚勸導之方故當時之人得以有所觀感鼓發其向善之念此事至今已數十年惟有稱述詠歎而已近者李先生之至是邦也乃使紛紜醉夢之時耳目中陡然一亮倘老年祖臺亦如世俗之見不能信之於素徒視爲迂遠而不切於今日之事情則治台下邑之民亦將畢世昏然不得聞有太君子之教不得知人人有可以爲聖賢之理近乃一時士庶無不各嗟感動遂若歐曾諸公晦昔風流至今未墜深知老年祖臺之所以倡率誘掖加被我

常人者眞無窮也肅勒奉謝臨穎不盡瞻馳

上魏鹽院書

恭惟老公祖臺下鐵柱孤稜冰棱峻節十年忠鯁簡在
宸衷一旦恩綸借清鹺政惠感似鮮退邇同歡治台素切瞻依
幸承栟覆獨以抱痾鍵戸候悃未伸仰企清光秖增慚悚茲
有不得不冒懇者靖邑一彈丸地介在江外本昔人所謂茭
蘆中一聚沙土力浮薄則壤最下所以居其地者從無安土
重遷之民亦無數世樂耕之戸凡有遠近都會營伍工役蕩
子乞流大率惟靖民爲多故靖人之遊於他鄉者亦處處聞
靖人之聲焉蓋以地方最小最瘠不足以自活故往往易困
易徙易散而澁於其上者不知即知之亦不盡此靖人之所
以困而至於徙且散者之日益多也近蒙部議照丁增引此
皆
國儲至計屬在編戸敢不祇遵但戸有存亡丁有虛實不可執
以爲據者不特在舊造之冊實併在新造之冊何以言之前
此兩次審丁皆以加增戸口借紙上之盛事爲紀錄之階梯
故凡死徙者不准開除未生者着令虛報在當日止以爲徙
責里遞以虛丁之正賦而不知至今日又責里遞以虛丁之
鹽課窮晒撮土積歲奇荒各里孩此虛報之丁竭蹶輸納已
不勝剜肉之痛若復於虛丁之內又責之以計口加課竊恐
勢不能支此後即欲求納此虛丁之正賦者亦不可得萬一
至此不特無益於地方無益於
國課亦且無益於上臺此亦事勢之所必至者矣治台靖人也
故惟治台第能言靖而在今日寔惟老祖臺能救靖故不忍
不爲老祖臺告老祖臺倘亦有以憫而原之耶近閱邸報知
臺下有展限之疏正下邑衰民得幸再生之機故已呈縣具
詳求老祖臺爲此一方造命萬不得已即或照府詳增數循
例包課則此二三遺黎猶可恃恩以不至於死且徙也謹此
陳懇臨楮覥切

再上魏鹽臺書 魏公諱㬙滿陝西韓城人辛丑科

近者治台以靖邑鹽引一事削牘布懇辱承雲翰下答開緘捧讀仰見我老祖臺洞悉民隱眞能遐矚萬里之表合邑父老靡不額手感歎固非獨治台一人區區戴戢之私也乃日內接閱邸抄兼捧憲檄知又棠部覆欲於新加引額之外再議增加此大部爲

朝廷籌課盛心編戶小民寧容復有喋喋但靖邑本以最瘠最小之區數年以來又經水旱頻仍饑民現在轉徙乞食四野絕無寧止之家驚心慘目殆不忍言如更再加以應徵求則勢自萬萬必不能堪非逃亡即溝壑而已矣治弟竊恐事勢萬一至此即欲求恪供老祖臺新加之例者亦將不可得此則事之所必至不可不慮者也伏懇老祖臺始終爲此一方垂盡之民乞命仍具大疏紹前增數庶衰黎猶得竭蹷以盡急公之之義更祈准照崇明包課之例則上不悞公下不病民萬戶瓣香自當尸祝無疆矣莊陳未敢縷冀慈原

與朱明府書 朱公諱敦厚號空菴丁未科

日內以天時炎暑未便摳謁以妨起居然傾葵之私則未嘗不在左右也茲有啓者靖以彈丸瘠土當疇黎積困之後衰殘滿目民不聊生荷老父母加意撫綏而又本和平愷悌之懷砥昔賢氷雪之志此眞敝邑地方之福治弟輩方與二三父老額手再造亦何慮尚有喋喋以瀆清聽但事有積久之大弊爲害於窮民最鉅而遠武爲老父母之所未盡洞察又卒無有肯爲老父母直發其隱者故不得不窮源竟委再瀆其詳以希仁使君之採擇焉民間田產每歲有賣者買者則每歲之田糧自必有推者收者此事之所固然理之所必至者也自此邇年過糧田甲無刁勒之權小民之納稅便矣十年定差各甲無先後之移通邑之徭役均矣日久弊生閭書因緣爲奸遂有當過割而不行過割不當過割而又恣行詭寄不可究詰此推收而弊生非謂不推收而遂可無弊也至王父母立板籍一法以便僉科遂至十年內不許過糧貧弱戶所應完官銀止憑田甲收納因而任意勒索甚至有一倍

於正數與再倍於正數者小民不敢呈告年年剜肉醫瘡吞聲忍泣以填此無窮之壑此版籍之可爲痛哭流涕者也至審戶止用段正之冊專用圖書作結數與人戶查質明白二百餘年於茲矣其大要以段正冊籍爲主六十圖圖書總其成人戶即在本圖圖書處查對其有不合圖書即將不合之田糧掛在段正名下輸納故段正不敢作奸段冊無訛而可爲憑信續后圖書多與奸猾朋比爲害鄭父母留心釐剔諮詢變通之策故治弟等遂以段冊可憑不用圖書則其事可已爲請此一時補偏救弊之說也不意奸弊萬出害又百倍於圖書通邑無人不爲之側目無人不爲之痛心又有如今日之段正者蓋昔以段正爲苦役今則以段正爲奇貨矣昔以段正爲冷局今則以段正爲利藪矣旁觀者爭之而不得則相與爲豔羨爲營求受書者詰之而無從則徒與爲推心爲飲泣而已矣非不曰寫單爲憑單號與田畝皆依然如舊也然其中或減口而加長者有之或加口而減長者有之或減一戶而撒於數戶者有之或隱已田而派與過段者有之或人戶田產之多寡盈縮皆視其賄之所及以任其意之所欲爲大抵每畝計之不過數釐合十畝計之則數分矣以十畝計之不過數分合百畝計之則數畝矣大段有十餘頃或至數十頃不等少者亦不下數頃合通段計之則亦即有十餘畝或至數十畝不等矣如更合通縣計之則竟不知有幾許飽神奸之腹剝窮民之髓嗟乎爲害至此尚忍言哉不特此也民間里甲徭役關係國家大法官府之所恃以徵課而定役者不過此片紙之清冊耳目今在官印冊俱已非舊關原本幸民間尚有存者蠹奸積猾不敢與之對質如段正再復因循不革則通邑之冊必盡爲其所變更後此欲求清冊萬萬不可復得通縣冊籍斷無徹底澄清之日即使神明在上亦惟有付之無可如何而已由前言之則段正之害在民由此言之則段正之害在國昔人有言琴瑟不調則改而更張之今爲害以至如此之大又寧可仍循舊轍不思所以變置之耶向來戶房經承每逢審冊應有常例圖書止有六十人如每人例饋二星則戶房

止有十二金之獲若圖正共有五百餘矣每人二星則各圖仰有百金之餽況其數又或不止於二星耶凡人以戚黨相比職人之情也圖正五百餘人誰無數人爲之戚黨凡在戚黨誰不爲之彌縫調護是作奸之圖正止於五百餘人而爲圖正朋比其奸者當不下數千人矣故凡屬老父母之左右無不曰圖正宜圖書不宜凡屬老父母諮詢博訪之所及無不曰圖正便圖書不便又誰肯以此中積害積弊明目張膽以陳於老父母之前如治弟亦復隱忍顧忌袖手不言是負萬民之深怨積痛終不得達而又大負老父母剔弊釐奸惠穀地方之至意治弟不敢也況治弟生靖居靖自不肯留害於靖亦復何所私利而不憚爲此喋喋知老父母又必有以諒之也除向者已有公呈奉覽外玆又削牘公請乞老父母俯鑒圖正積弊之不容不去圖書舊章之不得不循以庶幾於救弊先其急擇害莫若輕之義倘蒙老父母鑒言者之無他止令圖正繳冊到臺印發同家另照圖書人局料理飛票推收地方幸甚

答叉子廷宏書

凡人之情莫不惡寂寞而喜鬧熱上者以事業揮霍爲鬧熱下者以利名馳騖爲鬧熱所以佐貳卑官平日冷淡寂寥沒人搬採看見有印堂爺凡事行得去闔邑之人都來趨奉不免心羨他不免眼熱他適值縣缺每每染於署印亦有上司加意照顧竟行詳委一面知照自己中無主宰便欣然以爲榮籍殊不知近來

欽件完結錢糧清楚的縣分各通省中指不可多屈而錢糧之叢弊尤甚或吏書以借解之名行侵漁之實官不能覺察或官自挪用力不能還與衙役通同作奸貽害下寸朦朧交代騙出印結甚有院司道府面諭廹我以不得不從之勢至縉一出而前人之侵欺皆自己之侵欺矣又有百般誅求種種意外稍不遂其願自簡隨之故邸報中掛彈章者强半皆縣令未嘗輕及佐貳也抑亦皆署事之佐貳未嘗及守本職之佐貳也其自簡中不自贓私累萬則曰侵課數千經年累月往返駁審皮骨都盡當事者猶疑爲某縣所得猶有存焉盡

爾追此點金無術欲變本籍之房產以剜肉醫瘡查家中薄田數頃屋數十間年來絕無買主即至愛如父子我亦無法來救你你到此時迴思向者利名安在鬧熱安在求生不得求死不能勢必抑鬱愁病以至於死死作異地之鬼亦無還鄉之年你若要思鬧熱希冀利名則到任署印之日即是父子永訣之日王龍溪先生曰淡之一字是吾人對病之藥纔冷淡便是本色纔鬧熱便是世情世情淡可畏哉戒之戒之

時值何藩司詳署閩縣劉中丞批允差承守取到任日期閩役趨迹者逍百正在緒文具覆間此書一到畏菴讀畢通身汗下決計趨辭幸賴貴年伯柴孫子先生古道照人力為解免始知閩邑某公鉄庫虧萬餘朦朧營陞賴姻戚上臺勒取交代印結貽害不手所下顏也慎翁眞有遠見者 金廊明

退思堂草目次

卷之五下學贅語

朱序

目序

論學七十八條

書下學贅語後

此先生躬行有得之言也先生未艾懸車日以精究性命體驗身心爲事故其見道明見道明故其體道至凡形之動靜見之語默措之躬行施之事爲罔非此道中推擴演溢而出此雖言先片羽乎然而直捷簡易明白洞達未嘗不談河洛而歸諸書前未嘗不談朱談陸而歸諸實際視分章截句者皆知多少等待多少疑團則先生之學灼有見於天人之源直溯鄒魯上窺姚姒而補白鹿紫陽雲巖橫渠之所未發而先生猶曰余何知

跋

特爲下學喚醒兼固文策耳噫此正先生之所以爲先生也先生諸集久已行世此編獨秘不示人潔從案頭偶得之攜歸卒業歎以爲理窟中正傳宗印也遂強其付梓而敢附數言于後以見先生之設誠制行蓋有本云

時

康熙歲次丁丑季夏既望同學小弟朱潔謹跋

下學贅語自叙

余自垂髫入學先君子即授以濂洛諸書諄諄命之曰學不可不見道不見道則身心性命倫常日用隨上隨下皆無着落時方汩沒於制舉之業未遑深讀即讀亦未能深究其源委然先君子之言不敢一日忘也丙戌徼倖一第室纓入仕間取其一二措之施行遂因以免於罪戾又幸遇吉旋徐先生印証講究然後知先君子之教之不誣而諸儒之書之不可不實體而力行也甲午冬讀禮家居杜門却掃悉取先聖先賢以及先世大

自序

儒名賢之遺言緒論三復其意義參考其異同統彙其指歸久之亦覺少有合處冥心默坐時偶有所觸輙取片紙任意書數語置案頭伴慵不復收拾遺書隨失初亦不甚記憶一日簡敝簏舊書得此數紙爲童子所錄藏者大約抄錄與臆說各半因命彙爲一冊僅什伯之一耳稍加訂正付之剞劂以爲兒子輩晨鐘之一覺非敢輕以問世也曰下學贅語者不敢自附於上達亦以見枝指駢拇無當於此道之正傳云爾

康熙丁丑夏日八十二歲老人朱鳳台慎人氏漫題

下學贅語

靖江朱鳳台愼人父謹述

同學朱　潆滄涯父

三衢徐泰徵吉旋父　同訂

道心卽性也性不覩不聞故惟微人心卽情也情可善可惡故惟危

理亦有私理理不必盡公也故云存天理之公欲亦有同欲欲不必盡私也故云遏人欲之私

諸凡得便宜處卽是利不必盡貨財也若能一一裁之以義方是實學

臨財時最易轉生出一好名色而取之此處眞正是鐵門關

莫漫說欲無種人情卽是其種不能無情焉能無欲是故君子終其身不忘戒懼

居恒常想程伯子胸懷氣象眞是難及

人世間科名爵位俱有等級只是爲人無等級雖窮巷賤流苟慨然立爲聖賢之志行爲聖賢之事便是聖人之徒彼高科尊爵者反不能與之絜崇卑何也此成人彼不成人

天地間人皆吾人天地間事皆吾事縱做出聖賢事業來亦止成就得自己無虧非有所爲善于人也如有善于人之心其視人我事物猶二之也

身非子然一己之謂身備是君臣父子夫婦昆弟朋友然後謂之身猶之人非塊然一物之謂人必備是五官四體然後謂之人今人于五官四體一有所缺不愼其爲聾爲盲卽愼其爲蹩爲躄乃于五倫中或不盡分爲狂爲愚而不知愼勿思耳

理者性也性無內外天下無心外之理精義入神者窮盡物理之謂非泛觀博採之圖也末學旣失紫陽之旨而流於文離姚江亦失紫陽之旨而過爲議駁畢竟天下萬世心有同然

裕之一言乃聖賢修身治民事君保家之要道是故尚書屢稱之其曰弘于天若德裕乃身是言修身惟裕也其曰裕乃以民寧是言治民惟裕也其曰敦大成裕汝永有辭則事君不可不裕矣其曰告君乃猷裕我不以後人迷則保家不可不裕矣反是而思幽險傾覆狹隘迫促其人何適而可

爲善卽是福非爲善以求福爲惡卽是禍非爲惡以召禍爲善者當其宅心廣大油然渙然其寢于于其覺徐徐非福而何爲惡者當其盛氣憤盈沸然焦然坐臥不寧非禍而何

氣如火一發卽莫禁欲如水一決卽莫挽洩突茨宮隙穴漂邑嗚呼奈何不謹

朱晦庵先生云子靜專尊德性而熹平日所論道問學居多其自道則是其言子靜似非也象山先生從人情事變上做工夫是豈蔑棄事物而以空寂爲德性者哉特其主意在尊德性耳

道問學正是尊德性工夫若離却德性而專事問學其問學果何爲也此晦庵先生垂老終不免有讀得許多書何益之悔與細玩君子尊德性而道問學語氣畢竟是以內爲本若說道問學以尊德性卽是以外制內矣先輩但云內外不可偏廢作朱陸和解老獪爲徒得其似也此是聖學眞似源頭不可不辨

何以謂知行合一意知卽是知誠致卽是行何以謂工夫本體合一致知誠意卽是工夫知至意誠卽是本體

聖賢言語只把來作口頭上說過亦安見其不易實實將躬行體貼去自覺侯至氣應節節如其所言

言數不言理則數無主宰是君子無立命之學也言理不言數則理不圓通是君子無知命之學也

盡其在我聽其在天則理與數兼舉之矣要之安于數亦卽是理

莊子以齊死生爲道術蓋謂死生且可忘而況于利害禍福乎不知此上還有一著工夫必須先辨義利然後能齊死生世人貪生惡死皆緣義利之關不透故臨財不無苟得臨難不無苟

免若果能透過此關自覺餓死事甚小失節事甚大

心靜則理自明事省則心自靜欲寡則事自省

主靜之益無窮好動之損無方

人能以靜養心久之自有端倪生出卽中庸所謂曲也致之便可盡人物贊天地

閱遍語錄其得悟特止在一二語旣了悟此一二語則千百萬語皆贅矣然不體會此千百萬語終不能悟此一二語

明得心盡時果是一了百當別無他件

以事處事而不繫于心以物接物而不與以我終日應感此中凝然也

愚而心體未濟者去道近如鏡業塵磨之即瑩智而心機已汨者去道遠如蠍蠹枯莪而終枯今天下竟不得一愚人哀哉

伯夷叔齊不念舊惡此是聖人仁天下之心

執切莫過王荊公然每對程伯子語輒有感動乃知惟虛已可以感人

試觀古來許多道理剖危析微許多功用經天緯地聖賢未嘗

有所模擬皆從而然也不過從自性中流出耳故人不可不立誠以盡性

惟妬忌一念最壞心術不思人必不因我妬其美而遂不美且或我妬其美而愈美豈非我空壞却自家心術

漢儒飾義成于風俗宋儒理學亦出于氣質必如明道先生方見性體流行

去私欲當如去疾痛之切認天理當如認父母之眞人于不當爲者爲之尙知懺擬其心猶未死若自喜以爲得計則良心亡矣

必眞知然後能力行苟不知斯道猶飲食之必需何以能行亦必力行然後知謹言苟不行所言若券契之必償何以知謹

心欲虛虛則大心欲實實則久

四端止是一端五德止是一德仁而宜即義仁而有節即禮知其宜仁又知其仁之節宜如此即智而實能行之即信義禮智信亦復如是

惟眞勇能克已惟眞明能省身仁禮忠信一以貫之

孔子問禮于老聃而道德經乃曰禮者忠信之薄而僞之首也此正老子深明禮意語故孔夫子亦有與奢寧儉玉帛云乎哉之說夫聖人寧不知禮之流弊必至僞薄然而行其僞即所以留眞行其薄即所以存厚不然使人世盡如烏合麀聚也其禍可勝道哉此張橫渠以禮爲教甚正

皇陶九德即一中盡之發之于身則九統之于心則一

顔子有不善未嘗不知非惡也只于純一之體稍違即是不善

情識可以言意不可以言心虛靈可以言心不可以言性凡從

來所指以言性者皆所以明性而非即性也若遂執其所言以爲性其去性遠矣

呂叔簡先生曰日用酬酢事事物物要合天理人情所謂合者如物之有底蓋然方者不與圓者合大者不與小者合欹者不與正者合覆諸其上而不廣不狹旁視其隙而若有若無一物有一物之合不相苦窳萬物各有其合不相假借此之謂天則此之謂大中此之謂天下萬事萬物各得其所而聖人之所以從容中賢者之所以精一求衆人之之所以醉心夢意錯行亂

施者也有志爲學者學此日用事物當然之理講者講此日用事物當然之理而窮高極遠者與孔孟作對頭則何益矣

王陽明先生曰今日病痛大段只是傲千罪百惡皆從傲上來傲則自高自是不肯屈下人爲子而傲必不孝爲弟而傲必不悌爲臣而傲必不忠象之不仁丹朱之不肖皆是一傲字結果了一生傲之反爲謙使是對症藥非但是外貌卑遜須是中心恭敬撙節退讓常見自己不是眞能虛己受人故爲子而謙斯能孝爲弟而謙斯能悌爲臣而謙斯能忠堯舜之聖只是謙到

至誠處便是允恭克讓溫恭允塞也欲爲學者知之

念頭初起可言意不可言幾幾在有無之間顔氏有不善未嘗不知即稍落意故云庶幾

凡事理之有對者皆曰兩端若始終本末則一物矣安得兩用中亦非和合兩者而成之當其時而已矣正如天道時寒則寒時暑則暑總歸一中

明道云聖人廓然而太公物來而順應此是千古道學命脉正叔云聖人不先天而開人每因時以立政此是千古經濟根本

聖人之道必疑極生信乃爲眞信必修盡生悟乃爲眞悟若中無大疑所信終屬偏執若素無積修所悟終屬虛見孔門穎悟惟顔子其于道直欲仰鑽瞻而遠得之也而夫子則必循循誘之以文禮其次莫若子貢夫子屢將回賜並提而論且復現身顯法而曰予欲無言曰汝以予爲多學而識之者與無非欲當發其疑端然後可證入性天耳若曾子眞積既久則直以一貫示之而已矣此數則公案參取入道門路豈不昭然

愼獨即是修莫但以躬行當之直至夫子五十知天命幾說得

儻悟若子夏篤信聖人還說不得箇信

愼獨是劈頭入手工夫必愼獨方能先立其大

德施于人而不責報即是天地之心逆加于己而不與較乃是聖賢之學

幾不睹不聞然後有獨幾獨然後有幾幾幾然後有意幾意然後有念

不睹不聞即天載之無聲無臭也不睹聞而復可用戒愼恐懼此處即是獨體獨者無對之名也若幾雖云動之微吉之先見然有動則與靜爲對有吉即與凶爲對已是破獨一緘矣惟在未形之際故又先意一層

敬者德之主心常惺惺無有襍念是爲敬誠者德之體性常存存無有妄念是爲誠

不睹不聞是獨之本體愼獨即戒愼不睹恐懼不聞的工夫獨是幾之主宰謹幾即愼獨的工夫

養得此心清淨臨事自有變化之妙若一一預爲將迎卜度心體愈昏事機愈失

不睹不聞者性也獨者性之靈明也幾者獨之朕兆也幾是而之焉其變態不可億計矣故惟愼獨爲徹上徹下之要樞

只一無欲道妙自契無欲者愼獨之學也遏其欲以全其無欲之天者謹幾之學也

吳康齋先生曰君子當常吃虧方做得高存之先生曰夫子之道忠恕而已矣忠恕之道吃虧而已矣顏子之道不校而已矣不校之道吃虧而已矣孟子之道自反而已矣自反之道吃虧而已矣此語身體力行久矣丙辰甲戌皆有橫逆之來此中凝然不動固知無事乃能應事着物即爲物役如此照常發付本體安然

其爲人慢下者必諂上此間自有中正之則在有過處即有不及處

事君盡禮人以爲諂我欲行禮子敖以我爲簡彼俗人惡足與議禮之是非哉但須一一以聖賢中正之則自裁

溟海惟善下故不涸華岳惟能靜故不崩處崇高滿盈之勢者不可不法海岳

聖人至理渾全於心衝口出之皆是道妙而非言也隨事應之皆是道機而非行也故學只須明理

世儒拘牽文義勦襲往說而胸無自得之趣雖言之極當于自己毫没受用

學非止誦讀之謂也自灑掃應對進退以至窮神知化無不是學

人自能言以逮皆學境也然而有有本無本之别者何也所辨者在立志耳立志在于復性凡事皆求以證吾性是謂之有本

立志在于博學舉念皆求以炫吾學是謂之無本

語云人生七十古來稀今七十而精力不甚衰飲食猶如故是天假以改過自新之年也倘玩愒歲月不自振拔必有奇災大患可不猛省

顔瀆陽先生曰所謂不遷怒也只是箇不動氣所謂不貳過也只是箇不自是非其高難行之事孔子所以反覆感歎正謂顔子人人可做却人人不肯做而非以是為絶德也吾輩且去做一做看如何今人俱云講道學不知何謂之道何謂之學俱云道學是迂腐事不知人性中和若一殊乖戾一味自是雖不迂雖不腐要他何用昔賢云人而不學幾處過一生誠然

胸中容一物便不是理脱洒淨盡其樂何如至易簡而急不能一蹴至者變氣質化私欲至煩至難然非至煩難者不能得至易簡者非至易簡者不能去至煩難者一刻做得來終身做不盡惟講明其一刻做得來者方能終身做得去也讀書静坐一日不可懶散此便是學此便是教

觀天人之微究聖賢之蘊充道以富尊德以貴天下之物可愛

可求漠然無動其中者孟夫子曰飽乎仁義不願人之膏梁令聞廣譽不願人之文繡周子曰見其大則心泰心泰則無不足無不足則富貴貧賤處之一也

學則三代共之皆所以明人倫今學宫之堂亦曰明倫原立學之意未始不本三代之遺後世馳騖於科舉制藝而喪厥本源父兄以此教家師傅以此率業子弟以此循習夫沉溺於流俗汩没於功利而騣語以聖賢之學其不背馳而却走者鮮矣

昔孔夫子語顔淵曰非禮勿視非禮勿聽非禮勿言非禮勿動

記者謂孔夫子絕四毋意毋必毋固毋我勿者禁止之辭毋則近於自然想夫子亦先從禁止起漸臻自然今人宜如聖人之教顏子自四勿始可與共學也已

學者自幼師孔顏孔子畏於匡厄於陳蔡伐木於宋顏子簞食瓢飲在陋巷夫以大聖大賢之處困窮無異於平時爲學者當知所自處矣

目所不見彼自華靡於我何干耳所不聞彼自喧囂於我何與責心爲學者入山惟恐不深入林惟恐不密也

無事不出門無謂不出言是寡過法彼謗者曰簡傲曰深中亦甘心受之而已

或問何者最苦曰多事最苦何者最樂曰静坐最樂或又問何者最苦曰聲色最苦何者最樂曰理義悅我心最樂

酒誥言剛制於酒豈獨酒哉一切嗜慾非剛不制彼不剛者必爲情欲所勝安能制之

蘧瑗五十而知四十九年之非淵明覺今是而昨非向者辯今者訥向者躁今者静向者多事今者省事向者易怒今者忍辱向者多欲今者寡欲向者多慾今者自咎一一返觀可以知學力矣

天生聖賢必爲世用當盛時爲臯爲夔遇否時爲孔爲顏雖窮達不同而爲世用則一以久遠計之孔顏立教利及萬世過臯夔遠矣聖賢之生豈偶然哉

古者七十而致事謝國事也七十曰老而傳傳家事也既無國事家事以分其心則當一意於修身治性古之好學者死而後已未嘗以老而忘老而縱也

曾子曰吾日三省吾身有志學道者務必事事物物嚴加省察不止於三而已也三特舉其大者言之耳

俗語教人必曰習上自兒童以至成人自初學以至賢人君子皆當以習上爲急所謂上者等級甚多不至於聖人不止若猶未也如之何廢習

吕叔簡先生曰當急遽冗雜時只不動火則神有餘而不勞事從容而就理只氣盛而色浮便見所得底淺邃養之人安詳沉静豈無慷慨激切發強剛毅畢竟不輕慜的子生平處人處事

激切之病十居其九一向在這裏克只恁消磨不去始知不美
之質變化甚難而况以無恒之志不深之養如何能變化得若
志定而養深便是下愚也移得一半
世之收心爲學者往往專於習靜使其心若槁木死灰然誠如
是是以習靜而心愈動去道愈遠今司馬子微曰忌亂而不滅
照守靜而不着空又要有疑子且恁思量悟得卽此眞學道
之妙也
學者當有日新之功其功有常程不貪多而務博不一暴而十

寒積以悠久自然日新若乃驟勤而遽怠方得而旋失雖欲日
新豈可得哉

乾隆庚戌年仲秋
邑入黄興祚捐送

朱碕菴傳

水鳳台愼人文著

男 廷寀在寬 廷宥緝基 仝輯

公諱溦字泳思號碕庵與予居同里少同學老同栖遯者也曾祖大中邑文學嘗學于陽明先生實踐有得著心印錄爲當時四方學者所推重祖家楝鎮江府教授嗣祖家楫萬曆巳酉科舉人江西永豐縣知縣有清節以不能媚上官投劾歸父士鯤郎五十年前東南士所稱魁壘骨鯁之爾搏先生

也繇選拔貢授廣西武宣縣知縣擢兵部職方司主事改授吏科給事中鼎革時偕原配楊孺人季子北流縣知縣澆闓門殉難烈與北都死事諸君子等而朱氏數世之學始于是乎益光嗚呼忠孝節義天地之所繇立也學者學此矣給諫獨致命遂忘明其學于舉世波靡之日其功于吾道甚大今信此者或鮮然君子恒不疑豈非以其道哉碕庵爲給諫長子初以給諫命故不及隨侍後得訃南嚮號踊慟絶者數矣而又以拮据籍産之役六遭妻子之喪錯忤奔迫又數年始得爲弟澯治裝爲歸骨之計而又以蠻烟宿莽人徑都絶躑躅三年而終不能得嗚呼此碕庵之所爲窮天極地此痛無已終其生爲煢煢在疚之身雖至于易簀之時氣息支綴而猶哀吟於追追[illegible]雲者也碕庵生稟異資又以胚胎家學岸然自立故其一生攻苦得力特於文章爲尤著方弱冠即受知于學使者倪三蘭先生歲試皆冠軍乃食餼當是時給諫方主壇邑中爲文會予與碕庵兄弟兼時時相過從奉訓迪以追隨濟厲于其間然心懾碕庵甚而邑侯陳寒山先生

尤極稱碕庵有國士之目壬午舉于鄉而其文益貴重蓋識遠才涌而又沉潛乎六經子史之要養其根而竢其實含咀醲郁閎中肆外以抉發聖人之微言而足備當世謀國者之用故疇昔諸選家所刊行之專稿至今震耀學者之心目猶以爲奮雷之發蟄芳春之始華也繼是益又肆力於詩與弟蒼崖家庭間自相師友倡和極富蹴踏蘆碕之志白首銜恤之哀未嘗一刻忘也故其詩凄婉沉痛者爲多可以見仁人孝子之思焉又彙輯其先人數世之詩爲詩系人謂碕庵如

蘇氏之父子兄弟各極其才情之勝各成爲一家之言予以爲給諫獨有千古包括天地之元氣源深流長發之子碕庵兄弟譬如黃河之水擘華蹈衮回復萬里倘不遇之崑崙天柱終不得其委輸分逝之故也碕庵爲人貌朴而氣和志潔而行淳敦倫好古嗜學不厭日就斷編斷翰緡絲窮研寂以當友幽憂以當金石琴瑟蕭閒澹泊而意恒有以自得故素性尤不肯輕入公府諸隸人厮養唯見公猶側足不敢出氣負時名甚久絕未嘗有氣矜之色然素不妄交交則肝膈洞

然必誠必信始終無間言尤好獎植後進見人微善必咨歎誦說以冀其有成立又嘗以課藝大會邑里諸少年士子之口之以相訓勉且饔餐之以期其必赴如是者數年士果以此多爲名諸生至今人往往誦之而碕庵不言嗟乎吾邑至今日邑父老不敢問矣向有碕庵在則先民舊德之流風餘韻猶有存者今碕庵又逝此吾邑之不幸也吾故爲之傳而因以自傷云

論曰生民當易代之際其爲抱碕庵之痛者多矣悲夫倘所謂天道者非耶抑吾又嘗思之子之身親之身也子身在則親固宛然在也然或者修名之不立則又豈非誠死其親者耶然則觀碕庵之文又觀其行事之能自愛重真能具體給諫者矣且給諫原不死而又有碕庵則學之所係固如是其大也夫如是則爲臣與子者皆可以觀矣

李庚生先生傳

李公先生諱際期字應五號庚生其先山西長子人始祖德從孟津七世而至公曾祖九叙官南城兵馬指揮生公祖芳時芳時生公考如標爲縣學生生四子公其長也少穎敏侍母疾居父喪以孝聞敎育諸弟有恩義成童采芹庚午舉於鄉庚辰成進士順治二年授户部山西司主事鑄錢贍軍興典山西試得士甚衆三年出爲浙江按察司僉事督學政瀾亂後士習澆薄所爲文率譎詭剽剟公闢邪距詖正以經學貴要請託悉不行士皆讀書修行自丙戌迄甲午登賢書者戊子解元王嗣皐辛卯解元余恂皆公所簡拔并冕士也六年遷浙江布政司參議兼僉事備兵金衢折南糧定官解釐夫馬諸弊積困以蘇戢兵殲寇撫順剪逆九年遷江西按察司副使分巡南贛叛將李定國躪廣東公謂有粵乃有虔厲兵出南雄會王師至定國宵遁公有力焉他將士縛山谷難民邀賞且撓訊者使不得翻異公出七十餘人吏曰當請上臺指公曰寃民且瘐死遑擇之懼弗及焉以是獲譴何害十

年召入爲通政司左通政司喉舌唯謹十一年晉刑部右侍郎斷獄明允有蔓引周内者必力雪之巨猾欲漏網輒持不合十二年春晉工部尚書河決數年所矣公條上治河諸策洞悉源委

上下其議官民便之五月調兵部尚書公歷官中外事無巨細劇心總理盡瘁不自惜以是數數病拜兵部命時已疲頓甚感三遷皆

上特簡朝夕矻矻治部事塵牘一清請給天下阨塞險要以備

宸覽發督撫鎮將

勅稿示兵部使知所責成簡司屬明敏者專理密疏久任諸要地將校以靖南方皆關軍國大計他所上用兵馭帥靖寇諸碩畫事秘無知者九月督武闈試公益病然益黽勉從事居無何竟卒卒時以

上恩未報爲九泉遺恨語不及私口遺疏授弟當期拜上當期亦自上疏言狀

上憫公勤愼贈太子少保廕一子入監讀書仍予諭祭塟如禮

公怗恬不汲汲求進恒孤立守義命
上顧眷公比歲數遷其官所區畫多得當可謂遇矣然未幾遽
没年僅四十八遺孤甫齡又何阨也先生嘗沽浙李令之四
贖閭毛令女擇明經士嫁之西曹冬月恒軫囚寢食買地都
城南掩骼無算族子壯未室者必爲納幣故人没京邸厚賻
使歸窮歲壬午流寇掠河南壬兵者禁難民不得渡公請以
身保之乘自引難民濟河三晝夜不絕咸曰李公生我嗚呼
是箸懿行有其一足以壽而竟不壽果限於命歟抑不於其

身於其子孫造物者將俾藐孤光大其緒歟公遭遇
明王竭其股肱之力樹駿業垂令名雖謂與耄耋等壽可也公
先戊申正月二十九日辛乙未十月十三日配于恭人繼配
張恭人子二長慶生宗沆于出先公卒次煖張出以廕生授
山東東兗道嗣是子孫振振繩繩克昌厥后宜也非倖也
論曰予奔走南北所見聞吏治亦多矣未有如先生者也先
生性純誠以春生爲心時備兵於衢余幸爲屬員言開民疾
苦輒與泣偕先生每亦下淚旋達兩臺憂民之心溢於口頰

楮裘間兩臺敬信爲仁者之言轉達　天聽共事三年得以
伸撫循之志者先生之力也逆遷江右別時手書云余與眞
人察宷而朋友朋友而性命以政事爲學問相長以道義相
期以古昔相感以性情又曰余將隱矣以傾人之清風惠澤
文武兼允必有能搽人倫之鑒上其治狀於　天子者幸加
餐自珍豈意余自暴自棄有負先生之期許云

處士闇齋金先生傳

先生姓金氏字廓明號闇齋蓋其生平積學于闇而無意求名於世也嘗攷其先世自劉七十三公當宋高宗朝爲丞相記室會奸人主和議公代草疏力排之以忤旨丞相被貶公知禍亦不免遂變姓由中州徙毘陵之鄒村里傳十七世而生德利公十八世而生恬默公皆闇修實踐一以明道教人爲已任是即闇齋子之祖若父而以積學世其家者也闇齋昆季二長爲伯修公俱夙秉恬默公庭訓制藝之外訓以忠

退思堂　傳　九

孝大義時取古先哲懿行格言爲之講解先生欣然聽受疏記成帙今所著先訓記畧是也迨伯修公又早世家道益零落中經喪亂兩世一身況瘁磨折備歷生人未嘗之苦以是益學成行尊爲時推重爭禮聘爲弟子師如孫衣月鄒蛾嵋華兩榜名儒俱出其門乃先生不屑意也蓋生具逸才早有聖賢豪傑之概而又親承家學故其敦倫厲行慕義輕財所見高而其量益遠且大天性孝友于兩尊人生事葬祭極誠甘敬蓋終身致其思慕焉痛兄早逝事寡嫂如母撫遺孤無殊已出君子以爲難早年壯游之跡幾徧天下一時賢豪長者往往紵縞贈答與朋友相倚爲性命而其笑敖慷慨勃窣昂藏之概悉寓于筆墨倡和間所著獨往亭集詩文甚富兼淵明子瞻之長旁及勞翁細楷靡不追踪古人乃至晚年而學益進謂詩文末藝近名者之所爲未免玩物喪志于闇修之道無取爰欲毀之而不存即存焉而亦無幾蓋闇齋子於此益駸駸乎近道矣家居後卜宅于靖邃翛然多往來錫山陽羨間世謂湯先生陽羨之躬行君子也闇齋一見服膺

退思堂　傳　十

遂忘年師事之益淬厲于聖人之學沈酣猛進曉夕忘疲一畢曩時文章結納意氣消歸無有故其深造自得日新月盛而猶時時自以精力之不逮爲憾也其用力精勤湯先生嘗爲同人言曰髦而好學不勌誠當今之衛武公此蓋闇齋子實錄也湯先生殁闇齋追慕感佩久而不忘服心喪三年如一日嘗自謂此生不遇此師幾虛過此生矣薇奉師傳爲同郡中主教引誘後學獨極至誠篤愛諄諄懇懇一時多所感化爲謂非誠能動物又如是乎闇齋年七十又七以甲戌三

月十三日卒於靖先一日作絶命詞曰去時路即來時路漸斷葛藤浩然行乘風長嘯江天曙蓋自道其閫中之所得也夫所居茅屋數楹瀕江薄田數畝遺命子若孫以耕讀世其家毋忘先人開修之意如是而已

論曰憶庚寅年余承乏開陽晤先生于蕭寺衣冠浮屠而言動舉止類非緇素中人因詢其行蹤初諱不言既稍吐實余爲開誠勸慰令返儒服且令諸子受業先生温粹醇謹有公瑾之風又時出其所學以佐余所不逮方自慶邂逅得良師友先生亦以余朴素無虛僞謂可終相依倚也者而傾心焉自是不復有他志即晚年同往湯先生處亦文誼義誠稱得規失而靡有間然者至于今四十年如一日也乃天不慭遺奪我老友余復何以爲情哉因不惴固陋謹撫其生平行誼稍詮次之雖存一漏十不足以概先生然亦可見余兩人遇合之奇而先生之大節純修亦不致泯泯云

彭欲仙傳

彭欲翁殁踰月矣厥嗣孝廉公士右圖所以不朽其親之懿美也則東走敝邑叩山公鄭先生以誌銘請并叩余不佞以傳請余聞之傳者傳也傳其事以示來茲也士大夫苟有一善可傳即不剞青簡猶將百世爲烈矧懿行如欲翁而又重之以令嗣之真孝眞廉乎則不佞言且更托之以垂永久安敢以不文辭傳曰翁姓彭氏諱汝標字欲仙先世多仕宦至厥考星宇公業儒未就然素履謹厚有長者風其朝夕誡子者惟先代清白是勉公生而能承庭訓操筆爲文藻思勃發每郡邑試必前茅輒弗利於臺使者公奮然曰丈夫生而上爲者功在社稷利在蒼生次亦應覽四方之勝識天下之賢豪何堅持故伎坐令鑿枘爲遂棄去遊京師士大夫一見深器重之其所知交率海内豪人傑士望風尋訪擊劍論心業日進名日隆隆起勸公者曰古人有藉一命以稍自建樹者如鮑宣匡衡輩未始以爲卑而不屑也公然之應例稱漸之梟輿縣佐公至詢父老所奸利疾苦如糧務徵收之類有不

便於民者率與報罷有掣肘不獲自行其意者白於令而布之斷獄多平反片言而人人心折尤勵廉隅嚴操守不以私汚義一時臺部憲臣咸嘉公廉平旌異之章交貢於道繇是匿篟幕居亡何毋夫人訃聞公觸地立絶幾不復蘇哀毀骨立路人感動流涕歸而伏塊茹荼無復生理以遵艾命勉事饘粥哭踊之餘展晨昏子職迨又丁外艱其守禮盡孝一如其內艱者然迄三載服闋慨然曰向之所以不擇祿而仕者以家貧親老故今二人往矣吾即有祿將誰養哉一意杜門

訓子撫孤姪月給薪米久而不倦及故舊黃髮斗酒過從較晴雨問桑麻樂以忘老子姪環侍彬彬玉立時呼而命陳說詩書稱先王則古昔客有齒及官事搖手不答至若賑窮恤難弔亾問死補涉義舉未嘗不勇為之其樂善好施殆得於性成者耶教子若姪不斬隆禮盛具以延諸名儒與之俱子若姪翩翩文秀長君譽侯得以魁南省者皆公之德之教有以致之也公易簀前數日有腹疾譽侯割股肉以進疾遂愈后以齒高氣弱乃端坐而逝所謂美而有光盛而可傳公之

謂矣世第知公之昌其後而不知公之世其德未有艾也故不佞為翁之傳特表而出之

朱子曰人生所受豐嗇之數誰為之予世之以盜跖而壽考以顏子而夭折者何纍纍也若翁以積德累行令終有假抑何若操券而取也余聞翁於丙午報至預有夢兆孝廉公神告者再若是乎造物厚翁先定之矣獨翁用能謙抑恬謹好行其德以勿殄天之大美貽謀燕翼保世滋大將在是已

趙朗庵傳

先生姓趙氏名特字我用號朗庵江右豫章廪貢生 國初浪遊四方旣而旅寓吾崎遂家焉與金聞齋及余交久且善跡其生平葢直諒人也生稟異姿好讀書一目輙數行下搏極載籍欲以此馳騁當世然終不遇卒以明經老焉文章德行人爭重之推爲鄉祭酒授徒之暇手不停披口不絕吟所爲詩古文辭甚富而豪邁壯往之志時時發爲悲歌慷慨之音至與論古今成敗當否及人物山川形勢之區歷歷若指諸掌葢此衷最勁直不善飾方幅與人交光明洞達不設城府絕不解作軟媚詞色以求悅於人又性多卞急不能容人過非其心之所是雖密友必面質人往往以是憚之知交中有仕宦者強之行亦扶策與偕倘不得行其志輙治裝而歸其進止勇決類如此卜居雖四壁蕭然而意氣徜徉抗懷千古印黃農虞夏巳死死在懷抱間故嘗自署其堂爲也足堂而賦詩二章其一曰方寸能寬尺地長怡情不必問他鄉堂成燕雀仍來賀門閉詩書正自香意內安貧富且厭眼中無

貴賤何妨春光入座飲吟咏此地秦迷漢亦忘其二曰滄桑幻影竟如何回首山河慨巳多第宅幾驚隨世界草堂早幸穩干戈山林風月忘迎送近水笙簧足嘯歌谷口愚溪安歲月堯夫何事爾行窩噫觀此而朗庵之志行亦畧可見矣以乙亥年十二月二日卒葬於眞武嶽之東北隅約百餘步春秋八十有二

論曰今夫蕣華甚郁其鮮脆至不能受朝露惟百丈之松生于巉巖下霜封鱗雪毗甲不知幾何年而後根化爲茯苓脂疑爲琥珀若朗庵者松柏之姿歲寒彌茂以視患得患失貪邪而忘道以喪其身者相去奚止什伯哉余故於人往風微之際不禁感慨流連而不置云

張雲卿傳

雲卿張翁諱起鵬無錫人壯年即貿易於靖遂籍靖其爲人也孝於親悌於長忠信諒直內外若一生平不能強顏笑以媚人而其臨財也尤不苟於喪亂窘窮之際恒爲士林之所難昔居西關外破屋二間陶然自適無求于人世時乙酉之變同里侯斗衡曾以白鏹三百兩相寄閱數日大兵自西北雲集合村男婦奔竄殆盡翁于皇遽時用短刀掘竈塘藏銀其中攜子若妻隨衆遁至界河北後探知兵不甚害復我邦族而室已如懸磬矣翁此時謀生無策因向余貸數星與隣老腐酒生理爲糊口計及月餘趙帥班師還維揚四境寧帖侯乃入城詢向所寄雲翁曰余蓄未審視此物之存否也遂閉門偕侯掘原藏處則封識宛然在焉此乙酉八月時事也又癸丑甲寅間余攜眷就醫東臯特以家務煩翁督理凡所出入雖纖悉必載之詳且備其間間有出數倍于收數者余叩其故翁曰此汝倉儲中自有之物余不得而知也余敢昔天而私之乎其生平大節較然不欺類多如此嗚乎當今之世若雲卿者豈可多得哉列之聖門可不謂之狷者乎

論曰士子取與爲立身之大節昔包孝肅公尹京時民有以白金百兩相讓者朱子詳其事于小學以維持風化其義重矣梁溪爲東林諸君子倡道講學之地士靡不以廉恥爭自濯磨即傳至于百世後其流風餘韻猶往往多所興感今雲卿幸生其鄉率其愊愊無華之天性而持躬勵節恒能無愧于古人豈可以其末躬呫嗶不登講席而遽少之也耶余故畧述其梗概用爲世之誦讀者勸且以告翁之後人使知所以自立焉

總督陳老師傳

公名錦，字天章，遼東人。起家戎伍，順治初，特擢右僉都御史，巡撫山東，尋改提督操江，所至軍民畏威懷德。陞兵部尚書副都御史，總督浙江福建，駐節衢州。凡下建寧，定延平，清泉漳，靖東甌，平舟山，先後大小百餘戰，皆身歷戎行，指定方畧，克有成功。元兇既得，脇從不問，驕兵悍將，奉法惟謹。至其愛民若子，視國如家，改南糧，折牛角，公皆痛哭流涕，不惜爲民請命。而御屬官甚峻，貪墨必斥，廉惠必薦。時余令開陽，公以咨訪見知，每云：如朱邑者，可云不負地方。其好善惡惡，涇渭分明如此。尋以海寇之亂，公率六師征討，一夕爲帳下士卒刺殺軍中，蓋成功密通內應，公故遂及于難。公氣度伉慷，爽懷磊落，剛以任事，而舉事必審其至當，剛不流于氣矜；明以察物，而御物務持其大體，明不傷于苛碎。雖致位大察，而一清如水，苟有利國利民之事，即忘其身，毅然爲之。事聞，

上震悼，予祭葬贈廕䘏終之典，蓋具備云。

論曰：當王業之肇基也，公在困窮塞厄之中，毅然如窮冬嚴寒之松，傲萬物而獨立，識者已知其德器非凡。及當大兵入閩，援之稱俾之中，畀以節鉞之任，文德武功，勲猷茂著，雖耿弇之下齊，王濬之平吳，亦不是過。卒之身殉疆場，裹尸馬革，公之致命遂志，死固得其正矣，誰謂公死不幸哉。

給諫陰老師傳

公名潤，字伯玉，號太峯，山西芮城人。明崇禎甲戌進士，授行人司行人，考選爲禮科給事中。時丁明末，士大夫方隅恩怨，一物而不化，情面賄賂，溺焉忘返。公獨凜凜以正氣自持，不偏不隨，糾彈權貴，未嘗少假，筆下目爲真諫議。而其大者，十四年三月上節義關一代之風尚事一疏，爲洛陽盡節諸臣請卹。未言盧象昇不可不賜贈蔭，楊嗣昌不可不加處分。帝以賣奏市恩，下部議處，降陝西按察司照磨。尋丁艱回籍。十五年，御史詹爾選請名還建言科道，帝命吏部開列以請臨點，用公與李公清、周公一敬等三人，蓋特恩也。尋遭國變，公恨不攀髯地下，杜門斂跡，無復彈冠意矣。順治初，以巡撫某薦舉，詔起用，授吏科右給事中，條覈銓弊，條奏良法，一時欽之。丁亥分考禮闈，所取半江南知名士。公又敷陳聖諭六言疏註，俾使家誦戶曉，本世祖皇帝溫旨，至今天下遵行。又禮部定諸生優劣，以錢糧完欠爲則。公疏稱：功令因重錢糧，士子宜尚品行，似不可以不孝悌忠信而完糧者使爲行優而獎禮之也。時論以爲持平云。七年，陞工科左給事中。十年，告病歸里，閉戶養痾，卜居家廟中，與子姪族里講孝弟忠信禮義廉恥大節，不接賓客，不入城市。與同官王某偕作偕止，談心賦詩，咸以倡明理學爲己任。郡縣有司及督撫大吏欲一望見顏色而不可得。一切世味，毫不以滯其胸。與人交，了無崖岸，而涇渭不撓。接之者盎如春風，又肅如秋氣，祇覺其可親而不可暱也。蓋公一生爲人恬靜沖夷，古貌古心，居官居鄉，皆以清廉和厚爲本，眞可以立懦廉頑矣。所著古文詩賦，醇正典雅，力追先輩。子汝弘，甲午舉于鄉。

論曰：古稱諫官與宰相等，誠重之也。不言固有愧乎其職，而徒言亦非所以爲官。觀公數上封事，扶持名教，揚厲忠貞，豈非大有關于世道人心者乎？漢賈唐徵，殆莫是過。至于行己居鄉，眞所謂有百行必求諸聖訓，無一事不可不對天知者。公殆進禮退義，而深得乎大臣之體者與？

給事中張老師傳

公名京，字緣雪，澤州人。中天啓辛酉舉人。鼎革初，授當塗縣知縣。丙戌分考南闈，行取爲工科給事中。時巡方貪殘害民特甚，公具疏言：安民首先察吏，而察吏全在巡方。今按臣廉明者固多，而貪污者不少。每一差出，祇營私囊，地方有司百法科斂，飛訪拿詐，并內衙外衙教䝉翼虎諸奸，破民身家，搜括髓血，以爲買薦求陞免參肥橐之計。在按臣非其畏而不敢問，即其愛而不肯言，賢否混淆，本源不清，又何怪乎民窮

盜起乎。勅都察院嚴勒考核成規，端本澄源，務令大法小廉。遇貪即糾，無拘入境復命舊套，但以貪竊肅清方爲稱職。否則堂官叅奏重處，庶乎貪風止息，吏治民安。疏入，

上以所叅竟無指名，下部議處。公再疏指名叅四御史臣蘭兆等贓私各數十萬。四御史畏之，囑太平推官查公任内驛遞應付錢糧，以爲不當支而支，又囑同年御史特叅，奉

旨令公仍到當塗清算追補。抵縣之日，郷城百姓銚香郊迎者以數萬計，日送供應，不可勝數，即賣菜腐者亦各以少許餽遺。闔縣義助錢糧若干，抵補敲追之數。其得民心如此。

論曰：巡方代天巡狩，激濁揚清，所以古稱鐵面御史。乃近來日趨日下，察吏而反縱吏，安民而實害民，國家又安賴有此官乎？張公兩疏指陳，侃侃諤諤，卒致反噬，不得竟其大用。特事固如此耶？至于當塗士庶，樂助奸輸，猶見斯民三代之遺，誰謂廉吏决不可爲哉。

思退子自傳

康熙三十五年丙子思退子行年八十方期敦崇雅素敬謝辟文而予素心交朱滄老鄭修齡輩欲謀作傳力以予生平事實爲請因作而言曰昔朱景文公作治戒訓其子皇甫謐、周盤之徒咸有達觀不欲務崇侈他日誌墓非吾志亦或不能悉予懷也予自慚不德辱良友問敢不一畧次其梗概耶夫思退子係　封文林郎祀鄉賢凝和府君第三子嘗出仕兩任邑令尋陞車駕王政未幾丁艱以　予告乃作山澤癯

自號思退子者慕勝國倪元鎮高躅畧出處而寄意也先鄉賢公暨先太孺人庭訓嚴甚幼不識棊槊雞鞠之戲朝夕丹鉛無虛晷垂髫稍解操觚舞象讀書家塾先鄉賢晨起最蚤聞齋中書聲乃喜設後起一聞先鄉賢闢戶聲輒披衣疾趨案前且讀且偃屢不則先鄉賢怒不懌累日思退子皇然憂者亦累日視先鄉賢意稍解乃復故此累日中意恒感然若無以自容恨已之不能娛親反致親之不懌食與寢皆弗甘也十九歲受知於邑宰晏老師錄第二府取第五倪學院三嗣老師錄第三俱以大器期許爰是乃令入城赴月課文社因得悉伯兄爲人所紿垂負若干歸告先鄉賢公公日夜憂恚計無所出思退子隱請以已所應析田償之先鄉賢曰汝頗願耶對曰誠願若弟子此雖窘迫亦復怡然也伯兄逝甚田又爲族利債盤踞思退子念係祖遺必已重拂父意乃贖復之旣而伯兄收其田仲兄難之思退子曰豈伊異人耶檢原契上之所終日孜孜不倦者城鄉兩社課寒暑無間迄丙戌入闈闈卷爲張錄事老師鑒賞未及丹黃郎呈王考呂見

齋老師呂如得異珍誤許不薦丁亥爲本房陰太峯老師得意卷以次作疵句賴領房傳告嚴老師辨明是經非子乃得入彀南宮軒對後例選中秘有欲爲之地者思退子曰一生聽命必厭營競兄始進也而可不正耶謁選得直隸阜平縣阜至僻小額賦三千六百兩事簡民稀日與生童課文問業朔望比較片刻已辦思退子安之阜人士安之甫十月以近畿州邑棨用舊人移浙江開化開當八閩兩江四省交界萬山叢崇之所戊子夏離城十里皆山寇報警無虛日赴任過

會城以實告中丞蕭公謁職此行易勵為撫凡未向化者感
與維新可乎蕭公善之詳載治開錄朞月後即迎刃有治辦
聲浙閩總督陳公駐扎衢州聞見至近極蒙鑒褒曾於府廳
縣參謁時公問誰為開今存公以實對公和顏諭曰汝是好
官汝不負地方本部院不汝負也而按院亦大許可辛卯分
房所得皆知名士及孤寒表表者一時傳頌以為僅事居開
時大都刻意撫綏力擾淄蠹革盡陋規與民休息不營賄賂
不顧身家惟以一邑殘黎為念如某都圖新撫宜作何寬恤

某鄉新開懇宜作何勞來務期遠邇無不得所由是聲望益
起督撫按三院臚列實事合詞咨送行取正人推轂需次科
道坐不能料理僅授駕部主事昔丘瓊山先生曰但得有官
封父母何妨無物遺兒孫此言服膺久矣菈開五年歷萬苦
千辛惟是倖遇　恩詔雙親邀與　封典簪綬相映綸綍褒
崇榮及三世鄙願遂矣所深痛者母孺人未獲親嘗湯藥檢
點附身衾物卒抱終天之恨雖痛哭讀禮竭力營葬又何補
於萬一耶至奉嚴親七箸意旨百方以娛惟恐不給凜遵父

命修治族譜與建宗祠春冬二祭纂集通族拜獻之後宣講
上諭十六言俾之向正學好講理謝　恩[illegible]享祭餘而散
先鄉賢每祭必赴與諸叔侄輩樂觀厥成而言曰予所有志
未逮者吾子善繼善述祖宗之靈也予老年之幸也但三年
泫泣公務勞心因得痰火症及兩兄去世不忍刻離膝下矢
志服養不復仕進力懇張撫軍具　題奉有　俞旨得以長
依左右為先鄉賢製丸省膳餘則自治痼疾一日奉嚴命謂
汝疾久不劾宜急就醫藥不則恐為廢人因於五月望後承

命詣撫湖就醫旅愬姑孰道中忽時時心動肉驚寢不能寐
寐即如聞告語兼程而歸先鄉賢公已於六月朔倦臥內寢
一見喜甚疾若頓愈者偕行者暨合家以為異事究以八旬
外氣血衰弱卒致不起雖一月衣帶不解寢食俱廢實無解
於罪孽深重也時伯兄只一子予已生六子父念予數年積
餘全未入私決意照孫分析予固辭因循未果易簀前數日
但云產聽汝分後仍析為三菓以厚兄也一切喪葬具或措
力拮据閉戶讀禮除關閩濂洛周程張朱等書外不過[illegible]一

錄恭爲哀痛衷腸之累服闋後催補之部檄屢下有促之洽
裝者思退子曰昔爲邑令即痛哭陳詞哀請終養不可得今
者病骨支離倖襄大事偷存視息復從長林豐草卧遊畢世
已滿饑鼠之願何敢復望朱紫而題以眞病呈縣中府及司
而求撫院韓　題逵幸恭休致心旨由是一意烟霞刻志
爲學而又不敢入於深源介甫之流抗迹遠蹈視人倫庶物
儻然汜然以故梓里有關繫者則毅然力圖爲永久之計如
蘆課幾四千兩權衡均派平分田內每畝四釐灘戶安享租

遐思堂　傳　廿九

利每畝亦止完四釐及奉部駁仍揮金上下蒙蔽照前具覆
思退子不畏強禦不避勞怨公呈書扎直達司院方得改正
今平沙完大糧灘戶完蘆課釐正賦役係自茲始時一二兗
猾巧爲鴟嚇賴思退子持身靜正媒孽無從也惟庠生朱壽
陞澳抗顏高聲在倫堂宣言及通邑里甲前日朱先生之言
至公至正不可易也邑令程飛程公首肯心折又奉部文各
州縣分學大小聽學道撫院詳議　題定入學名數時督學
爲同譜同寅好友張晋山中丞爲舊屬按君曾蒙荐剡者遑

左張公諱中元致書云靖邑戶口幾及四萬錢糧將盈六萬
剡之江南煩劇之區僅得其中較淮揚池鳳諸屬則不失爲
大伏乞賜　題陞爲大學扎凡三四上得請乃已今靖學進
二十名始基於此靖邑鹽課隸浙屬而地連淮揚以故淮私
充斥官鹽壅困商人虧折裹足不至僉議申報土商辦完國
課公私重費每歲破家數十人思退子主議從田起科閤邑
包課聽民便食淮鹽求郡尊何公免報土商另函達鹽院魏
公反覆數千言不得當不止蒙魏公回扎允　題奉　俞旨

遐思堂　傳　卅

至今課從田派民食淮私無上下鹽快坐贓扳害之苦無僉
報土商展轉破費之累地方安謐或有小補云生平無書帖
至府縣俯仰覓利遇親友從不左右袒惟勸以息訟樂業與
父言慈與子言孝與弟言悌與臣言忠與友言信不信神佛
長生之說不理僧道作福之邪惟恒念故舊篤倫理重名義
樂恕施或立義塚以便貧乏或造橋梁以惠行旅或置棺措
以施貧獨設義學二所一在城中舊社學旁傳教四門無力
辦修脯者一在城西北丁墅廟內教本族貧寒子孫及附近

因之人戶二共捐田五十畝以供兩塾師收租食用又裒集濟人利物之書稍加參訂登諸梨棗公之同人設立義田二百畝每歲租入除完國課外所餘盡爲族人貧不能婚死無以葬者之資不逐逐於功利殷殷於天理思退子一生所可自問以問人者此耳共十一子足繼書香已有孫二十六人內已有五六人讀古能文餘亦岐嶷林立曾孫已有四五人天之報思退子可謂厚甚從此焚筆裹靜坐樂孔顏之樂以終餘年吾願足矣即掇此以應吾友吾戚朱淪老鄭修齡之請不知其又何以敎我也是爲傳

節孝黃孺人傳

節孝姓黃氏閩之古田縣嶺漢鄉人同邑儒生郭聖旨之妻也父諱龍號臥庵仕至江西按察使生母周繼楝俱恭人初觀察與聖旨父元芳公同學相友善乙酉華除之際元芳公以非罪死觀察哀傷之慨然曰吾不可負良友于地下遂以節孝許聘焉年十四而歸聖旨歸二年而聖旨病篤且死謂節孝曰吾上無兄弟下無子嗣汝年少歸母家耳獨老母無歸奈何節孝指心誓且泣曰是何言如有不諱計惟身殉耳

雖然君有言敢不勉苟有他志而令母失養者如日時姑號先以哭夫喪明且數年矣節孝奉之視夫存加謹晝則相扶以行夜則同衾而臥蓋婦姑相憐煢煢如也會觀察守蒼梧遣使迎之至再節孝辭曰夫柩未葬豈可遠去且姑老不可頃刻離如不已者必葬夫而與姑偕往耳于是卜兆于鳳迴山之麓躬自營度窆方築壁作兩壙以爲同穴之計既竣事而後奉姑而往省父于梧共晉計周詳而動合義理如此自是觀察遷川南則隨之川南觀察江西則隨之江西然皆觀

察愛女強攜之而非節孝意也迨觀察解官歸京師將復攜去節孝不肯曰姑老不任車輿且夫墓久不省荒烟宿草中栖栖將誰依乎言訖泣不止于是觀察義之遂資裝而送之歸時甲寅之正月三日也至三月十九日而福省告變古田不守矣斯時也兵戈搶攘人民焚亂而鄉里不逞之徒往往乘機肆淫掠會有以節孝才貌媚賊帥者節孝自度無可逃恐見逼先謀所以脫其姑使避去覓利刀懷之欲自刎家人群奪之指血淋漓節孝紿之曰第往探報我耳至三月二十

三日衆稍懈遂奔小樓自經及衆覺往救死矣蓋二十餘年必死之志至是而始畢其願云嗚呼死生之際人之所難言也况變亂卒起人心回惑彼儼然簪绅膺爵秩食俸祿不難回面易心貪生苟免者比比而是而節孝一女子金閨綺帷中所見所聞無非華靡錦艷綦紅縹綠之事顧能清操不改矣死靡他此豈尋常匹婦迫于一朝而以溝瀆自盡者比哉故嘗論節孝之死有大過人者當夫亾之日非不能即殉也既承養姑之命則此身爲姑之身并爲夫養姑之身故濡忍以存其身者非苟自爲存也爲姑而存即其爲夫而存所謂生以爲殉者此也不然者當其預營兩壙志豈須臾忘皎日哉况乎割慈父之愛却祿食之華堅志回鄉甘貧守墓若曰爲郭氏婦義不得久居母家昔春秋書叔姬歸酅以爲能全婦道而賢之以方節孝夫豈異焉及乎城破家亾玉石無辨當此之時身爲重矣然猶必先圖脫姑而後自引決蓋勢極于無奈而事難于兩全不得已而擇其所重以完始終殉夫之志所謂慷慨行以從容達權可與適道者非耶抑吾聞節

孝性聰頴知書自四書毛詩以及史鑑孝經小學列女傳無不博涉通曉其大義其所以處常變而不失其正者蓋亦有所本云節孝生于順治某年月日迄今死僅年三十有二丙辰冬全閩蕩平明年春觀察始聞訃哭之慟曰吾固知女之必死也今果然隨遣侄起英回古田合葬于聖昌之墓且爲立後以奉其祀後數年郡邑父老及博士弟子狀白臺使者核實援詔例疏請旌

天子報曰可嗚呼節孝可謂不死矣

劉節婦傳

劉節婦者望族貧女也及笄適殤醫陸上池子士龍爲室士龍故上池螟蛉子稍工先業亦足自贍夫婦率守歡然相得不幸于順治十三年士龍病亡維時節婦方二十有七區畫喪葬哀泣辛酸隣佑爲之感動原未有生育賴先時曾螟蛉一子一女女長畢嫁郎竟一養媳使兒有室亦遠嫌意也厥子行藥于市偕媳日夕紡績糊口竊謂前失所天後將有托廼天降厥凶于康熙十八年子媳相繼隕亡呼天躃地崩裂

五内幾不欲生至是而親戚咸勸之嫁節婦毅然拒之里人見其衣食不周亦多方諭勸之泣謝曰寧甘餓死誓不爲此嗣是共知其志不可奪咸嘉歎不置然前人所遺河房二間甚隘陋四壁皆木板年久隕毁零落其上蓋瓦疎脱日炙風吹如露處焉節婦以蘆箔手自引蔽殆所謂甕牖繩樞者矣暑無帷帳冬無絮被每至夜分以草藉板上和衣輾轉假寐毫不爲念日紡績或賣膏藥得數文供日用若雨雪連旬但飲水噉果腹而已好義者或代營竹木葦箔之類或餽之升斗亦弗欲受不輕言笑即隣媪亦不數爲欵接凡狎邪游談者不敢近閭左其見重于里閭如此今方五十有四形容枯瘁面皺髮頒殆女中之范史雲莫德信也歟

金節婦傳

節婦姓姚氏金應鵬妻也應鵬鎮之丹陽圌沙人因奉遷功令徙靖之西鄉去城四十里其地故多無賴惡少結黨暴橫抗官法應鵬獨謹愿力穡之外無他長耕田十餘畝勤於力作節婦佐以紡織輸稅之餘聊足自給無何應鵬物故無子育一螟蛉節婦煢煢相依靖舊有惡俗西偏爲甚每鄉村有寡婦人皆視以爲利往往有夫死未幾而媒氏之履已滿戶外者故節婦孀居而孤弱之議紛然矣節婦慮有行露之變

因佃余田奔入城伏地哀泣求計余姑語之曰汝居異鄉無產業柏舟之志恐難自矢節婦曰氏雖微賤亦有人心且氏晝能耕夜能織不患餓死安能事二夫耶言已泣不止余憐其志俾哭愬當事以禦強暴縣令張公果給之照諭甚嚴厲節婦泣謝而歸謂可永無他患也不謂螟蛉又亾而群議又稍稍起節婦計窮欲死余惻然憐之使以若鵬子爲嗣庶可相依也而土豪朱明祥者家富而桀黠惡少王玉所與保長花王英孫公尚爲其羽翼聞節婦勤且賢欲強娶之於是與其黨預立婚帖逼若鵬書押意謂若鵬懦必不敢抗節事諧矣而若鵬素知節婦不可奪因紿往隣家借筆硯潛避至城告急於余余隨揮數行令持付族孫國華蓋以國華實明祥黨故予諭之欲其力止也不意若鵬至中途遇隣人曰汝家弟婦縊死矣蓋是日明祥輩俟若鵬久不歸知其故避笑曰彼懦無能爲且何用彼書押今可先令人往說婦聽則好相迎不聽則吾輩多人顧不能得一婦人耶於是計遂定相率俟於河外隣嫗奉明祥旨笑謂氏曰喜今爲新婦矣因艷以

富厚且懾以威勢難敵是固宜從節婦竊聞河外人聲藉藉自念身處窮鄉無可告訴計無復之唯有一死以謝故夫時在機上投梭而起故作歡允狀往榻前更換新衣畢出語隣嫗曰事已如此吾復何辭汝第先往吾理筐篋以俟耳隣嫗不從節婦曰人各有私豈可令汝見隣嫗意其有蓄微笑而別既又託辭命嗣子他往然後扃戶取前批照置懷中以明素志遂自縊初明祥聞隣嫗言氏有私積喜不勝率兇徒數十人靜俟於河外良久不聞聲息疑婦遁去各持械破門而

入而節婦已死矣嗚呼節婦之死固其所甘而致節婦之死者悠悠蒼天彼何人哉

論曰余觀史傳所載忠臣孝子烈婦貞姬往往慷慨激烈不難一死要未有周詳委轉如節婦者且節婦一農婦村姬耳非有詩書禮義之素嫻與致命遂性之明訓也而若此豈非所謂知慮過人從容狥義者耶故論節婦者窺其意識使其不死直可追踪於敬姜而其所以處死亦賢於伯姬孰謂閨門草澤中無人倫天道哉

退思堂草目次

卷之七誌銘行狀

陸緯臺墓誌銘　吳匯莪墓誌銘

誥封凝和府君行狀　誥封孫孺人行狀

誥封侯孺人行狀　誥封盧孺人行狀

亾兒廷寀墓誌銘

退思堂誌銘

靖江朱鳳台冀人父著　孫學文賓行 學潛孔昭 父仝輯

陸緯臺墓誌銘

敕封文林郎陸公緯臺卒於官其仮君震百扶公櫬歸葬而撫
公生平行實來乞銘於余嗚呼吾何忍銘公哉然吾又何忍
不銘公哉按狀公諱璿字爾瑞號緯臺上世爲雲間人有明
國初自某公僑居靖遂爲靖著姓數傳至廷諫公萬曆中仕
山東霑化縣佐有政聲公王父也父純修公爲人多長者行

舉四子長即公生而端重不務外性頴異絶倫讀書目數行
下而好學不輟祁寒溽暑手未嘗釋卷每篝燈夜讀咿唔聲
達旦純修公憐其攻苦嘗諷之少休自是惟默誦爲文章力
追先輩下筆數千言立就有如夙搆同人輩悉刮目待之辛
卯科果領鄉薦壬辰成進士未與
殿試旋丁艱至戊戌對策
大廷筮仕得臨江司李臨江素凋瘵屬邑賦多逋爲令者任任
受降罰公至督逋徵收緩急有法宿逋一清會寇氛震鄰民

情惶駭公指授方畧偕諸同事僇力防禦得恃以無恐庚子
春讞獄洪都用法明允人不頌究監督漕糧軍需國計均賴
焉尋以才望分校棘闈暨榜發眞儒碩彥皆出公門一時稱
得人之盛公在位興利剔弊孳孳不怠務期於惠人而止自
此聲隆隆起籓臬監司莫不交口譽又以公嘗督臨江屬邑
逋賦有成績至是復以袁臨吉三郡舊逋屬公督征三郡人
聞公來理賦皆勸輸恐後當是時簿書塡委符牒沓至而公
尙與三郡人士課文較藝丹鉛品題且付之剞劂以振興斯

文凡經公陶鑄者皆成佳士其他如修孔廟濬驛遞門無筆
牘庭絶苞苴又餘事矣壬寅秋以本籍奏銷詿累人皆惜之
公畧無慍色先是公未遇時里中惡少會有以橫逆加公者
至是或以爲言且勸公報之公徐曰吾久矣忘之矣彼呂文
穆何人哉且我今報之其異于惡少者幾何於是人人服公
之有度癸卯秋降授冠丞公不卑其官欣然命駕蒞冠三載
士農商賈不謳歌令而謳歌丞曰丞實生我郁城聊攝兩縣
令缺公相繼攝其事兩縣之人愛戴公惟恐新令來代公去

其得民心如此居亡何復有冠縣之擢而禍遂胎于此嗚呼孰意竟以此殞公之命乎哀哉哀哉公生平無疾言無遽色無稱心無矜態誦讀之外不知有他營而安貧嗜善怡然自適父母兄弟之間多有至性不輕與人交然一與訂盟則終身不渝其敎人善於開道文行交修不斤斤制科業而已詩自賁至今十有五年歷仕兩任而橐無長物公之生也可謂無負于世矣獨至於壽不稱德夭實爲之謂之何哉公生於某年月日卒於某年月日得年五十二歲配吳氏子三人孫幾人某某今卜於某年月日葬公于其所銘曰

疇不有生公之生也無虧疇不有死公之死也可悲斯人也而至於斯其孰謂天道之可推嗚呼噫嘻

吳匪莪墓誌銘

一皐有通人曰匪莪先生諱家修字仲舉姓吳氏世爲如皐之白蒲人非素尚通者也爲其晚節自豪遊方之外有似昔賢任達之流故稱通焉先生少孤且貧甚然有至性父冲宇之喪廬墓三年嘗悲不得養其親讀詩至父母劬勞輙掩卷哀號比古人蓼莪之意自著號爲匪莪既葬除服益苦嗜學勵志操非其力所致不衣食雖諸從姻黨皆富盛然一無所丐藉糲飯敝緼或强餽遺之不受族人皆笑以爲迂學數年溢於文辭補博士弟子員試輙冠其曹食餼尤有聲然卒蹶不得志人皆高先生文行從之遊甚衆同時采芹或登賢書往往稱吳先生門人先生性方嚴不肯苟同所交皆四方廉潔士尤嚴取予嘗自歎曰吾昔貧無所取今郎稍腴亦且無輕予夫非所取而取非所予而予二者皆妄也吾豈爲妄哉然遂以是見嫉於時向之迂且笑者或起而毀實之至搆獄惟先生行完潔素乎於人毀者不能傷先生亦不以見毀之故改操其不苟爲通如此惟約節衣食稍治生產及從遊問

業者致束修甚豐腆乃益置田宅買僮奴資用饒給因歎曰貧不能自振者辱人也富不能快意者賈豎也且夫道德名譽所以立身聲色肥甘所以娛形達人立節亦以自娛頤形長年與道爲俱豈能子處愁居槁項黃馘以沒世哉蓋自是先生始尙通矣築室蒲塘之間厥田肥美有果蔬竹樹之饒水深而清激水爲池壘石爲山園亭堂廡弘敞深秀家姬色藝數人童子歌謳者復十餘輩先生日夕娛其中多釀美酒植名花賓客至則歡讌留連時或放舟順流載妓樂遨遊東

誌銘　五

皋崇川間遇曾相識必名與飲曩時迂笑毀質者又更笑爲狂先生益自喜弗顧又嘗歎死者人之所甚諱然而人壽幾何殁即歸土正惟丘壠爲足戀戀耳故營生壙題曰吳子本宅表以崇山樹以青松中爲壙室今可置几筵時危坐其中兀然終日或張樂命酒名怂形者與相樂頹焉寘焉不自知其死生之所繫也康熙元年以次出貢應

廷試堅不欲行有司迫上道至則自罷歸不謁銓歸老生壙中娛形頤眞又十年而殁享年七十餘子協姑貢生可甫有殺

巳余閱先生試卷聞其行甚介及家於皋與相得甚歡過蒲觀於吳子本宅慨然而歎蓋先生始介終通要皆不詭於道此誠達人之高躅爲昔賢所寘契也是宜銘銘曰

貧愚戚戚憂其生孰是身死名不泯吾聞倮葬楊王孫生厚奉養沒返眞吳子之宅旨幽淪樂有餘兮壽千春

誌銘　六

勅封文林郎先考毅和府君行狀

嗚呼痛哉不孝獲罪大孽重禍及先人六年之中先慈即世兩兒繼歿茲又當先父舍官以逝也不孝之罪上通於天矣嗚呼痛哉不孝今日之分萬萬不應有生然先人大事成責之不孝使不孝自戕其生則亡人素行宗族郷黨猶能感而道之乃以不孝之故湮沒而不彰是重不孝罪也用是哀毀之餘輒復苟活謹以先父生平大節略陳一二敬告世之名公鉅卿倘憐而畀之賜以一字之褒則先父而有知也尚

當啣結地下況不孝躬親被之者哉先父生稟異資讀書過目成誦早歲補弟子員名籍甚授經里中會歲館餘百緡悉進之先大父謀公產爲仲季地或告先父盍營自爲計者先父對曰吾持此娛父母也父母憂瘁不給予乃豐裕是鬻吾將自處爲何如人時言者驚嘆而退先母性尤精敏身任家事早夜率婢僕操作弗休先父得藉此下帷發憤銳意攻苦迨先大父殁進取之念始衰時與相對慰藉以爲君才雖覊一世旦夕當絶塵而奔不宜遠自頹阻先父慨然以昔之所

以勞神苦形希得一遇者以二人在也今二人既歿吾有雛雖餐哉吾以吾父之望我者望之吾子耳自此高臥一室不稍屑爲舉業考究古今得失多所論著大約謂人之一生自有本末苟能守身盡倫完得一平常人此即一生大表建也時文士方以浮夸相尚故先父舉以風世并以教家當日聞者雖所趨各別未嘗不心折此語纔是季叔早世叔業故稍振三孤貧稚有覬覦之者先父悉以身荷之艱力調劑外侮遂自消阻撫誨三孤一如己出故叔母得終其節而三孤

亦卒是克有成立守遺業于勿替後又慨宗教不設支流日漸疏遠非所以敦一本之義則又倡建宗祠捐田屋不下數百緡祭祀以時少長畢集因以孝弟禮讓互相勸戒則宗人一有敎實自先父始邑素無叢林每爲行祠所苦先父以百餘金修海雲菴爲接衆處又有香田五十畝歲入不足供課先父以小沙圍腴産如數易之俾自耕以贍僧而反代輸其糧田之糧卒無後悔東郭有義塚歲久壅益繁後來者乃累棺而瘞先父出貲市地謀之萬陳諸君别建塚所瘞貧者歸瘞

逵有歿者則買棺瘞之己丑疫癘甚脩購藥延醫士設施局
於生祠堂遠近病者多所全活他如營井以便鄉曲修橋以
惠行旅則又不可枚舉而其大者若儒學傾圮竭力督修丙
子歲大饑條議上中下三等各出粟減直以糶而以身先之
時賴以生者無算署學事桼公主其事于直指直指亟獎之
居恒書座右者有曰損人利己之事雖小不爲濟世利物之
舉雖細亦做故一生周人之急或貸不取息或施不責報或
營債困迫代爲措償先父皆未嘗以此矜德色於人也嗚呼

吾家實不饒即吾靖所稱素封倍蓰十百於吾家者易可校
數吾父以慷慨好義而實就匱耗者獨博一饒聲已耳且先
父賦性直方與人無背言遇是非所在輒侃侃義形于色邑
有子衿某初聘子婦後以其父故家且中落遂背盟女家控
學博學博知正直不阿無如先父者竟檄下核之而某乃故
所親愛者也踵門泣告囑爲左袒指一女以許不孝先父揺
手嘆曰子不當負心以負歿者吾安敢負心以負公道且我
而直汝汝亦何取乎友我也當時合邑稱快而某亦慚悔卒

無怨言又里中有爭鬭久不下洎盛氣怒之門先父不數言
各語塞去故族衍千丁罕有以骨肉而庭訟者凡少年華稍
不自愛亦必動色相戒毋爲某所知也朝夕子孫侍側每稱
古嘉言懿行爲訓稍或不類必重加懲創即不孝自十九歲
受知于江右晏公後淹蹇將甚每小試輒一前矛弗得先父
不爲督責語但時舉不孝之同學而先達者爲屈指隱厲之
然其意則以實行淳德爲步趨不如世俗純以勢利尊顯相
矜炫也故不孝通籍以來後先戴罪幾邑焦勞困頓棲遲六

七載先父千里致書必諄諄以躁妄爲戒謂居官自當隨職
報效不可以痌瘝輒生厭棄況行止有數凡事止求無媿于
心吾家薄田可以供伏臘敝廬可以蔽風雨能守清白亦足
自活無少變塞重貽吾憂不孝即以父書粘示屏間每動必
惴惴不敢忘故得幸免人戾濫邀 國恩 榮封及親而先
父寔素自如絕無近俗縉紳態往往獨步街衢混迹儔伍時
逆貧賤故人即欣然握手就酒壚茗肆殷勤道故苟非熟識
即未辨其爲冠蓋中人也蒙郡縣屢檄舉爲鄉介賓者一大

宥者四。先父告送迎謝不敢。而通邑之見者聞者咸以爲當
之無媿云。甲午夏不孝奉旨謁西曹之　命便道歸省。雖時
先父母皆無恙。私念兩老人精力未衰。百年可期。不意先母
即於是冬見背。不孝三年泣泣。因得痰火之疾。時發時止。服
除後。不孝畢志終養。不欲輕出。以先父再四嚴諭趣之赴補。
究以哀毀餘生。精力消亾。夙疾不瘳。不克北上。叢前撫軍具
題奉　命旨放不孝得依膝下。爲先父製先者勝餘則日
治痾疾。先父謂不孝疾久不効。宜見名醫急除病本。否則恐

退思堂草　行狀　二

爲廢人。不孝因於五月承命詣蕪湖就醫。廿三四間。族懋祐
歸。道中亂時。時心動肉驚。寢不成寐。因遂兼程而歸。時先父
已於六月初一日偃臥不起。僅數息。不言其所以然。諸孫問
亦不答。至初四日不孝抵家。先父尚喜過望。若渡以及見不
孝爲幸。又以不孝之歸速爲訝。若不孝謂宜進醫藥。先父曰。
吾何病。不過體倦不耐煩。厭聞是不孝不離寢側。月所問者
皆家中常語。食飲鹽藏。粟帛筆批。檢券籍。了不異於平時。至
廿三四間。兩足微浮。命啜之湯飲。但搖手弗應。二十八日丑刻

始瞑目視不孝曰。吾將逝矣。不孝涕泣有聲。則曰。汝等切無
譁。至午刻。目遂瞑。一切呻吟繫戀之態。無有也。嗚呼痛哉。不
孝生而多疾。惟恃兩老人在。故得以有今日。中年不孝喪母。
猶幸依棲老父。聊博旦夕之歡。今老父又復舍不孝以去。不
孝將何以爲生耶。憶往日親召笑奉甘旨。期會出入。春秋祠
祀。皆父率子從。習以爲常。而今不可復得矣。嗚呼痛哉。朱氏
先世居毘陵北門。後遷江。自元代避兵時始徙。世儒稼相半。
多守先訓。行履方古。先王父隱淵公。表儀有介節。嘗道拾商

退思堂草　行狀　三

人遺金數十斤。俟於塗還之。至先大父悅暘公。尤奮志力學。
於書無所不讀。以數奇不遇。生子三。長即先父。先父諱應鼎。
字君謙。號媿和。生於先朝萬曆庚辰年七月二十一日未時。卒
於順治庚子年六月二十八日午時。得年八十有一。元配孫
封孺人。先先父六年卒。將以本年九月權厝於中河東宗祠之
右。俟另卜吉期營窆。謹將固陋其所歷。抆淚詮次。以爲乞言之
端。

勅封太孺人先妣孫行狀

嗚呼先母一生蓄憂勞疾苦中人也不孝不類弗克早有所建樹以爲母歡卽濫受　國恩又以五斗馳驅南北未得貽母一月之安使母以憂勞疾苦終其身不孝之罪上通於天矣嗚呼痛哉甲午冬不孝奉量移兵曹之　命方冀肩罪陳情或者得遂歸養之志不意胎車中道母卽棄不孝以去也終天負痛曷其有極惟是先母生平旣在里鄗姻族之口而遠鑒淺識實有不媿古賢媛者或非里鄗姻族之口之所得

而盡懼久之湮沒弗彰謹先抆淚私爲次述哀遽無倫言之不文非所計也先母姓孫素爲驥江望族早歲適家父時先大父母食口姝衆中人產歲計不贍家父方下帷發策未遑治米鹽瑣倓先母卽身任家事早夜率童婢操作弗休以曲承兩老人志家父歲以館穀酬稱謀公產爲仲季地間之者謂先母宜慫慂家父須潛自爲計盡出之匹益先母竊私獨喜謂侍此娛夷父母足矣父母憂庳不給子乃晏然豐豫是誅其將自處爲何如人時言者驚歎沮退故嗣此家道稍振

處姑於妯娌和好輯睦數十年無間言未嘗如近俗煦煦有德色也先大父母家敎素嚴尚勤朴而先母之性尤精敏以習勤爲樂衣麤食淡怡然自得而於先大父母饔飧又必竭力謀得精好以進進則躡屏後窺顏色愉愷如當意則私爲色解否則皇然食不甘亦不寢也後举愚兄弟先母之訓尤嚴切不少借每視課藝所丹鉛苟不當家父旨必痛責之至長則又視所交友之賢否以覘趨向之邪正每賢友相過必欣然親治飲具日夕歡焉無倦色若座客間有狎慢必私戒

不孝謂當自立王持與世周旋黑白自難太明第須外和而內方庶不爲友所誤不孝小試常不利先母不爲切責語第時舉同學之名下士爲問以隱厲之義方漢嚴大率如此至不孝倖通仕籍迎養署中尤諄諄以刑罰爲戒謂吾里某某以嚴刑效某某以嚴刑破家當官者取快一時之怒豈遂意干天地之和種無窮之業哉於是每晚必問笞人之數如少則喜形於色多則輒爲之不懌嗣是不孝親檢獄囚置絮被二十餘副日給粥水以緩其法前之弊具白當事畫案以永

之。此先母命也。不匝歲即思還里。不孝泣留之。不從。曰吾本以農事起家。奈何以汝居官忘之耶。人情習安易而習苦難。羣僕以官所優游不治生業。且至漸忘物力之難。自此日用費益廣細。則必爲汝居官之累。吾歸督耕以供伏臘。此亦汝清心之一助。近時閥閱之家。以怠侈敗可鑒也。嗟乎。先母以女流未親書史而持識淡遠。多與古賢格論暗相符合。此豈非中有定力。獨能不爲世俗所搖奪者哉。先母治家大約明敏貞肅。指使而下悉斬斬就繩矩。惟謹然體郵周至。又無不曲得其饑寒疴痒之隱。故人多樂爲効力趨命。恐後居恒尤好行其德。每有告緩急於家父者。必多方謀以厭其望而去。歲苟災復時相鄰戚之窘者周之。不以積自艱勞稍有顧惜也。母以先朝萬曆十二年六月二十三日酉時生。以順治十一年十一月二十七日午時卒。得年七十有一。今年春會舉襄事。伏乞當代　秉筆鉅公　俯賜覽擇。不靳一言表之。不孝鳳台不勝哀惶懇禱之至。

退思堂　行狀　十五

勅贈孺人先室侯行狀

嗚呼。余婦之舍我去也。九年矣。卒之歲思筆其行實以誌不忘。時以新遘閔。家紛然。內外無不環侍。余哀若焚。欲泚筆不暇。且賤士無所援藉爲不朽計。姑置之。每向燈青影寒。聞兩稚兒夢中忽忽呼母。聲輙不禁。膓腑欲裂也。今余被

國恩六載。得以例爲泉下乞

榮典。悒悒淡念。不忍沒其生平。故復憶述之。先妻姓侯氏。父孝廉公諱溥。母盧氏。生而端穎。數齡即曲解父母意。成人不及也。故得父母歡尤篤。嘗置膝上。教之字。一過輙能成誦。稍長遂熟悉古烈媛諸傳記。旁及經書漢魏唐宋諸志。強記善悟。如爲丈夫子。亦當以敏洽稱也。家素封。諸姊妹明璫繡佩奕然盈庭。婦獨簡澹自好。不事華飾。十六歲歸於余。諸務尚未諳悉。家慈間一指示。輙然不勞解。余家訓素勤。家慈率諸女奴手自操作。余婦亦侍姑旦暮拮据。肢力殫瘁。不爲告勞。家慈數憫之。令稍休。終不敢自逸。每靜夜一燈熒然。以紡績佐余讀。視余少倦色。即喟然誦懷與安實敗名二語以相警切。

退思堂　行狀　十六

且時時以古今同異得失折衷於余。余亦賴相助也。余禀家父命讀書寺中，每歸入省畢，必問余近業何似。赴社，約搆藝必問余文爲同社友可否狀，或漫得大許，輒謂近日文人之習面諛背非，評不以實，女時見吾父言之，深爲慨悼，常勿遽自恃其常，以虛心迎之，方不爲人所欺，且自以爲是者終身而孤居則可，然不能必人之我信，如余爲女紅中饋，從適子口與余日也可乎。其規厲切至，約多如此，蓋於余實伉儷而畏友者也。性勤於小物，而不失大體，事家父母尤詳謹，克盡

行狀　七

婦道。毋家餽遺至，或自作食，無論精否，不奉饋堂上不敢先入口。會佳節及時，尚江上鮮育，必多方營辦，尚承二人之歡。雖同室以婁煩注之甚力，幾飲食也，卒持磨塊堅兀不爲動，家父母尤憐重之，歡自若。婦卽歸寧，亦不以此告父母，雖訊之，終唯唯不深言也。時婦毋念乎甚，雖知女賢，尤慮余緩急細瑣之不備，女或以幾微見於顏色，貽我北門之傷，因從容及之，婦亦乂豫余志，絕不言余家有無，私有所與，幸惟精心簡所出入，布算督蒼頭犧功，凡村佃里傭，苟爲竭芟作之力

者，酒肉絲粟欣出之，以和勞苦，故於人無不得其用。歲入每餽於隣戚，而蓄貢以禦冬者，爲計尤悉。余得以殫慮呫嗶，無米鹽筐篋之憂者，實微婦之力不及此。然余小試輒不利，每棄彂氣沮，至相視泣數行下，婦慰藉彌至，未嘗如季子婦也。質素弱，以艱育生得疾，每不任晨昏。至乙酉，又困於避兵。八月望日，里中忽大噪，雞犬舉家驚倖，余疾呼，且偕家速奔，倉皇中不携一物，見婦急覓一紙刀納之袖，踉蹌出門，余不解，亦不暇問。行數里小憩，始諭之，慨然曰：事在今日，禍福固未

行狀　六

可定，倘不幸爲賊所得，吾以此報君耳。嗟乎！古今死義之倫，卓犖天壤，與日月爭光，此誠其志爲之，亦其遇有以成之耳。今夫秉松筠之節者，未嘗不全性命於亂世，遇不及也。余婦於造次顛沛時，人所百計而不及者，獨卽有以自持如此，使不幸而有其遇，決不與碌碌者等。然坐是驚憂困憊，不數日病發，終不起。嗟乎！妻亡而後知吾妻也，此語不信然耶？乃余之知婦，實不於婦亡之後，而余之痛婦，更在於婦亡之先也。嗟乎！余貧則與貧，余賤則與賤，余患難則與患難，乃今者不

得享有今日之安余獨何心能不悲哉婦性精謹自能甘儉約惟賓客過從則必盡力致款且不俟余囑也處事尤寬厚有禮不瑣瑣計利是視凡比隣姻戚以至余平日所師友苟有以婚喪疾病乞假器物錢粟者無不欣然曲如其情而去故里閈宗親以至諸姑伯叔悉交口賢之比其死也咸爲痛悼走余門哭之甚哀蓋至今猶可得婦於知婦者之口也婦生於天啟辛酉正月十有八日卒於順治乙酉九月六日得年二十有四葬於本里南埭之東子二長廷客聘繼婦兄

盧文學女以乙酉婦避兵於盧撫女相約今殘之次廷宏聘同門劉大尹女會有

王言之辱故纖陳如右惟當世

秉筆鉅公賜採覽焉鳳台幸甚

勅封孺人先繼室盧行狀

嗚呼傷哉孺人之逝也方孺人歸予繼室纔十有六歲耳今年春秋六十有六精神尚爾清健非甚沉疴乃遽棄我之速耶嗚呼傷哉記予偕孺人居官居鄉歷五十年無豐祿榮遂之速足以相慰藉常辛勤拮据煩害孺人心力及兒女長成婚嫁方思娛老共事養頤不謂彼蒼之不爾祿也惟是早膺

封典家居無事履安處順于人世可無遺憾但生平一二懿行有恒情所難者使泯沒不彰愴惻實甚爰稍次其生平梗槩

乞當代立言君子俯加採擇賜以誌傳誄章不特泉壤叨光將壽之琅珉載之家乘更足當禮垂數世之教德莫大焉孺人姓盧氏先世泗州人元末有鎮撫公避亂馬耽沙數傳至閤修公舉孝廉弟純一公娶袁氏生孺人孺人生而端靜寡言笑自幼嫻內則之訓一舉動皆循規矩人稱女宗先是余元配侯孺人以乙酉九月卒生二子長廷客六歲次廷宏四歲侯孺人母盧太孺人純一公女弟也撫二甥泣謂先母太孺人曰必得賢繼室撫之若不爾吾憂二稚子之不立也

先太孺人亦曰必得賢婦撫二穉子惟親母孺人是命未知姻戚家閨媛孰可以當此者盧太孺人曰吾有女姪未字爲人循謹柔順有賢稱與吾亾女爲昆季以妹繼姊即吾女可不亾于是議吉而委禽焉蓋丙戌之冬十一月也未及廟見余即赴公車明年舉進士候選留都門方以孺人年少恐不能執婦禮日以爲憂先父太封公貽書曰新婦果賢事兩老人無失保育二雛有加家務井井辦治有條理汝可無內顧憂邸中跪讀爲之色喜且歎外毋言不誣而始終玉成之德之大有造於予也迨余除阜平令調頻開化俱與孺人偕行余性固淡泊兩邑均凋瘠民風儉嗇長吏與百姓一以無事爲福故于民間常賦外無他責求署中食無兼味至種蔬以供七箸孺人安之所得俸薪輒緘封獻兩高堂以資菽水未嘗有囊金姆女或謂孺人曰主人居官廉介孺人從宦遊而空乏如此異日歸鄉里何以成家今俸錢可稍節省也孺人曰得祿養親此男兒本分事吾家兩妯娌皆居約持此贍舅姑尚恐不足何咨省爲且予婦遠離方缺於甘旨倘垂白之

親或有不給能自安乎噫嘻婦人何知知有財耳而孺人能曉大義如此甲午予以督撫按交薦量移兵曹顧以兩老親在堂不忍遠離孺人曰朝夕事奉吾婦人事也食朝廷之祿勤勞王事此臣子之職顯親揚名在此行矣吾爲君子促裝其所見誠遠大矣至先父太封公先母太孺人二喪拊身拊棺祭弔營葬之費孺人力言于當獨力拮据不宜耗二兄貲財酒漿中饋之司孺人悉預計之治喪之前日辦治有條理酌其豐儉無不合度付司事者受之哭踊周旋盡哀盡禮又處兩姒家無素儲每言若者闕則必曰若者有未嘗以匱之辭也其包容遜順而識大體又如此孺人性慈鶥恭謹和于家庭而篤於孝親於妯娌數十年無閒言諸子雖異母撫之如一有鳲鳩均平之意至兩外家父母親屬歲時餽問必豊腆戚黨有緩急無不曲爲之計馭臧獲婢女勞苦飢寒務極周恤曰彼亦人子也有小過但諭而遣之箠楚弗加啐語不聞其仁厚所性成也孺人歿家人無長少其哭泣之哀追慕之言聞者俱爲感傷焉孺人晚年頗喜長齋繡佛不嗜腥羶

家中禁殺禽獸歷數十年共好生惜福之意嘗自言爲子祈永壽且留善報於子孫非邀福田利益也孺人生平其立身處事一以從儉約守寒素爲本不爲時俗奢侈風尚所漸靡其能職婦道爲婦則盡孝爲妻則能柔爲母則慈愛爲娣姒則和睦以稱女士庶乎其無忝云爾孺人生于明崇禎辛未正月十八日卒于康熙丙子五月二十八日　覃恩貤封孺人子十一長廷客廩貢生任銅陵縣司訓陞六安州學正今陞知縣娶盧氏文學君濟公女次廷宏庠貢生任福清縣縣

丞娶劉氏丁亥進士建寧縣知縣尙中公女元配侯孺人出次廷宋庠貢生任宜川縣縣丞娶侯氏庠貢生曰端公女次廷宛國學生候選縣丞娶劉氏文學應聘公女孺人出次廷宁歲貢生候選教諭娶叢氏丁酉舉人淮安府學教授含英公女次廷宮廩貢生候選司訓娶胡氏賛禮苞九公女次廷寀庠貢生任沭陽教諭陞知縣先卒娶蔣氏壬辰進士蘭陽縣知縣位公公女次廷察國學生考授州同知娶馬氏明經陝西平凉府經歷崑生公女次廷宥廩貢生候選司訓娶侯

氏明經高平縣知縣日範公女次廷宷增廣生娶叢氏貢監蔚文公女繼娶項氏處士爾禎公女次廷宬廩膳生娶孫氏隴州同知而強公女側室師氏出女一適壬辰進士臨江府推官爾啓陸公子廩膳生錦先卒　孺人出孫男二十六人學復娶趙氏運城知縣石傳公女學解幼未聘廷客出學朱貢生娶劉氏明經舉縣知縣武勤公女先卒學震太學生候選兵馬副指揮娶夏氏巳丑進士保寧知府雨山公女廷宏出學嚴早夭學萃幼未聘廷宋出學文庠生娶沈氏文學疑章

公女學賁聘邑庠侯統人女學壹聘明經子衡朱公女學沛幼未聘廷宛出學潛庠生娶陸氏子增廩膳生錦女學漣聘明經天聘丁公女學澍聘辛卯舉人茹庸許公孫女國學生旬曲公女學濩幼未聘廷宁出學淚太學生娶石氏候選州同知旬餘公女學演庠生聘明經公球陳公女學灝聘貢監景蓮宗公女學泗幼未聘廷宮出學濂娶黃氏候選州同知鼎璧公女學洛聘明經景儀汾公女學沐聘國學生習齋公女廷寀出學濤幼未聘廷察出學泌聘候選中書心淵范公

女廷資出學洞學洛幼未聘廷宋出學滿幼未聘廷宬出孫
女十九三廷客出一適建德縣丞武敬劉公子庠生汝宸一
適明經逵公陳公子庠生琨一適己丑武會元文清劉公孫
文學雍州公子鐘悅二廷宋出一適華縣知縣武勤劉公子
候選教諭方澎一字太學候星若子竣一廷宛出字候選教
諭右箴朱公子源遠一廷宁出幼未字三廷宮出一字庠生
聖可范公子松一字湖廣布政司理問晝初許公孫候選縣
丞廷藻公子循後二幼未字三廷客出一適龍陽知縣明允

冑公子太學生珙一字候選州同知句餘石公孫太學龍光
公子嗣美一幼未字二廷宥出二廷宋出二廷宬出俱幼未
字曾孫男五永世學震出今嗣學朱永懷永惇學文出永林
學潜出永惺學復出俱幼未聘曾孫女二一學朱出一學震
出俱幼未字

亡兒廷客墓誌銘

此吾弟九子廷客之墓也廷客字勿齋庶師出生而聰穎善
記誦文稍端雅成童補博士弟子員試優等補增恩歲貢援
例沭陽縣學教諭沭故貧邑博士無解舍士又朴嗇少文客僦
茅屋以居修脯一無所問歲時課藝更饘粥之故士亦欣欣
嚮慕總督傅公以事按沭就學宮爲公署客因不時謁有所
問對答詳明公大喜深加獎譽因詢所居以實對公餉之旣
訖事檄郡守以贖鍰二十金爲修署費葢特遇也癸酉年報

陞知縣正在候補以弱症卒客性孝友事嫡母盧至謹於兄
弟怡怡如也爲人明敏有膽畧貌亭亭若不勝衣而遇事直
前無所回撓初沭宦某聲勢烜赫家人子弟橫行里中無敢
誰何投刺致箴卑儲書名無稱呼其驕悍無禮如此客絕不
通交官敗一子三弟發學收管遇之如常或諷以貽謝却之
其家以盛饌餉子而弟無一盂客驚且怒曰安有子飽而吝
弟一盂者乎即此其敗也固宜戒門者無內人餽不聽納此
雖末節然其識大義而不畏強禦亦畧見一班矣客生十五

寅年五月廿二日卒于甲戌年八月十三日娶壬辰進士蘭
陽知縣蔣公位公女子男三長學濂娶候選州同知黃公東
昇女次學洛聘貢士沙公景儀女次學沐幼未聘女子三一
適如皋龍陽縣知縣目公明允子國學生琪一許字如皋太
學生石公龍光子嗣美一幼未字今擇丁丑年正月初八日
葬于眞武廟祖墳東隅之新阡而思退子自爲之銘曰
寄也名勿也字曰惟思退子之子淮水湯湯鍾聲裏民祉將
膺造然已汝父銘汝曩卜此嗚呼汝其安汝址

退思堂草目次

卷之八雜著

退思堂雜著

靖江朱鳳台愼人父著　男 廷密息溪 廷寅覺岸 仝輯

崇儉約言

今者物力日絀習尚日奢無故之費殊多宴筵之靡尤甚割
烹宛傷生損福不揣荒部敬酌中則與同志約通名止須
單帖交際俱用古柬尋常宴會每桌六碟葷素五器葷飛特
殺素惟取便蔬果小碟倍之惟酒無量勿至沉湎或吝之則
昔日年來兵火未遠吾輩身經患難同時死者不知凡幾屬

邀天幸得有今日寧遂忘昨者顛危況瘡痍滿目百物衰殘
貧家一飽無時數日含妻相向苟念及此即有達慕壇丘精
羅玉饌其猶能下咽乎願有心世道者共敎勉焉
余戒殺生牛羊雞鴨鵝犬之類皆絕口不食每欲守周顗
之戒恐涉過矯故魚肉猶因其便延賓赴宴悉守茲約蒨
蔾藿原吾素分澹泊本於性生寬雅志所安用失終身不
衢

黄儁裳詩評

縱讀諸作其清矯如孟東野其英逸如薛許昌其明如白
樂天其空靈如孟浩然其縱橫如杜少陵其鬱興如韓退之
其沖淡幽澗如韋蘇州其復嚴而無近情如張曲江元次山
要皆彙昔賢之所長而鑪錘變化自成一家至於卷帙所存
每多思親念友守道安貧之什至性凝結文字之外別有物
在豈徒大江南北推爲詩家之獨步已哉雖皋奎聯父母方
正君子與儁裳爲道義交勉力稱貸代爲梓稿亦廉吏傳中

之一段風流佳話也陳蒼徐孺不獨夸美古人矣

勸速歸葬文

攷之喪禮殮以日計葬以月計公卿士庶悉有定制總未聞有歷年久遠漠然不葬其親者近今習俗謬戾停柩頓喪藉口覓地不思從來心地與陰地相感名陰地須陰德以滋培無心地而覓陰地雖覓不得得陰地而無陰德縱得不昌若爲覓地之故而久稽不葬爲父母者亦真可憐矣其生也既爲我作馬牛力雖憊乎猶不肯卽一日之安其歿也又因我求富貴骨且朽矣尚勿獲庇一抔之土思念及此父母一日

不葬卽人子一日爲罪人矣蓋葬者藏也藏尸於棺猶人之有室處也藏柩於穴猶室之有垣墻也不特骸骨以藏而有所附着亦使魂魄以藏而得所憑依不然者如凶子未返故鄉涕灑蛩吟四壁如敝廬不傷村落魄飄腸訴三更夫非盡人之子歟胡忍使親至此也況日夕見父母之棺蛛絲粘挂鼠跡縱橫對妻子能晏笑自若乎燕親朋能綢繆盡歡乎朝出而暮入能偃息悠然夢魂貼席乎且意外之虞豈復不少保無寇盜生而罹兵火之厄乎保無瓦墮墻頹而逢覆壓

之患乎保無野火延燒而遭灰燼之慘乎由是言之非直不忍久停蓋亦不敢久停矣昔有太學生羅華禱前程於一祠夢神告之曰子親久不葬獲罪冥司華覺大懼是年果葬郭元振年十六歲遇有喪服者叩門自言五世未葬振捐貲錢四十萬助之十八歲卽舉進士官至吏部尚書封代國公其餘停柩遭鬼神之譴早葬獲祖宗之蔭者枚不勝舉嗟嗟不葬親者罪業如彼助葬者功德如此炳鑒昭然可不戒哉

圃說

署西偏有曠地畝許，又爲叢棘所有。余至始命僕圃之。既成，得蓄蔬醞助七箸，三年皆拜圃惠。一日客有過余者曰：竊見士之仕也，朝被朱紫，夕易聽覲，御珍饈，飫醲鮮，童僕傻給奔走於目之一瞬，蓋任之者重，則養之者優，分則然矣。子今在官，嘗圃殆猶儼然寠食者，說則何居？余曰：吾向者爲諸生時，讀書家園，每雨後呼童子摘春蔬，下食脫粟，歡然擊栟古快史，竟日忘倦。竊嘗味子美畦蔬遶茅屋之句，輒慨然古人風

流，雖棲遲籬落之間，其意致固已遠矣。今吾雖出宰茲土，吾則猶然昔者之吾也。折此鮮露之餘，媚我盤飧，意之所適，似復甘之，亦正未嘗一日忘布衣之歡耳。且人之仕宦，卒亦何常之有？吾主也，仕客也，客有久暫，而主無來去。娛其客而忘其主，萬一客以留之既久，偶思他適，將若之何？故人或當事有少拂，而意中即皇遽不能自勝者，必其初過盡夫意之所得爲者也。吾謂其人可以遇，必不可以不遇，又不若以不遇處之者，其爲途似較寬也。吾自入仕籍，左右奔走，猶昔者田間數僕，故使其無忘稼穡艱難，亦似日涉成趣，欣然忘劬也。吾于公餘之暇，顧此煙霜濯濯，庶几執掌俗吏無慙江上之叟，亦以識韻適踈腸無傺甫，因云爾。

開邑兵食議

開陽居浙盡源，壤界饒信徽睦，萬山叢襍，徑路深險，自昔奸徒嘗竄於此，官府無自窮搜，故雖前朝太平時，劇寇出沒，縱橫無忌，動經當事者十數年苦心區畫，東西撫勦，而未得盡其支蔓，則開非無事之地，所從來矣。至其城廣不三里，又特短薄，且半偃於山，當時之意以為盡據形勢，而不知已漫然不可繩約，此則城之大病也。故平日與城而守之制，如砲臺墩墻，種種古法，在開皆不可恃，而弾丸窮邑，駐守之兵多

則不能少，則無濟，而距郡二百餘里，往來期會，又虞緩不及事，則今日之令，分設防兵於邑城草埠，互相犄角，尤便與郡兵聲援，此萬全策也。古人善戰者，原非必分營而言戰；善守者，亦非必畫地而議守。故全開備禦之方，亦惟以嚴據要害，寄布偵邏，使我之呼吸常通，而全力不分，則足以制之而有餘矣。然今雖幸四山伏莽，投戈就撫，百里之內，獲享安枕之樂，而愚竊以為今日之開，尚有大可憂者三。一在於荒土之未闢。年來所招流亡之民，咸謂其有故業可安，應無復有他

志也。然若輩流離數載，族黨凋殘，室廬灰燼，已不得謂之有家，一旦歸里，寧得復有向日親知可以告緩急者？自謀朝夕之不暇，必無力以辦牛種，則荒土終不得墾矣。土終不墾，則若輩終不能以自活，非計也。二在於守望之寥隔。凡地方警息，官兵之偵緝或踈，而居民之堡禦尤切，惟烟戶稠密，彼此應援，則雖有逆萌，終不敢肆志深入。今如本邑南西北諸鄉，竟有十數里無人烟者，即有居民，亦止數貧戶而已。年來保甲亦惟行之烟村盛密之鄉，始得令行而效速，若人戶寥寥，

即或有事相援，動經二三十里，則已無濟矣。萬一賊經其地，不能禦，又不及報，即强里巨村，卒然而至，鮮不受其毒者。三在於凶歲之無救。全開山多田少，土力最瘠，即或有秋，不足以供半歲之食，所仰藉者，惟販入運常玉西龍諸邑之米，以接濟終年之所缺乏。歲或不登，則田家農功始畢，即有枵腹之歎矣。又或旱時水淺，商舟力挽而上，恒不足以濟饑民十分之二三，且斗米價至三錢以外，此其常事，則貧戶且有日覩市上之米而哀呼立斃者。地方無食，人心皇皇，萬一振臂

則縱之適以養盜治之又恐速變是上下棘手矣天下事惟患之未然者則議防而患之將然者則用救一至已然則謂之無救可也今閙事得稍有生氣年來明鑑未遠思之正可寒心今試引領四顧則向者所謂藪奸之地固依然在也向者所指揭竿之徒初亦猶吾民也偶爾易向即經無限焦勞嘔盡心血始克幸有寧宇豈在今日遂可恃爲晏安不一謀所以未之者乎故愚竊以爲閙有宜行之急務而興舉之權寔不専在今一人之身者或在

雜著

當事之鑒納或在合邑之　縉紳先生仁人義士相與矢公誠而殫心力而興舉之效亦非可責之旦夕之間或需之以三年五年或報之以十年數十年諸得而畢其說令各地方營兵缺額請撥充請募補者有矣兵不增則不足以充額發兵一增則又適以煩徵索於是需餉愈殷而餉愈艱徵餉愈迫而餉愈匱衰民之力有限可憫也亦可慮也愚竊以爲有不募兵而兵足不徵餉而餉足者其要不獨在閙令試以閙言之可乎一曰鄉勇宜選閙人生長山谷風氣頗勁而習

俗殊儉故其人多有强力而耐勞苦强力則可以當選卒耐勞苦則或有過於兵者矣但鄉人聚族而居少壯强弱原無分别則壯勇之夫多亦無錄自見即其鼓衆殺賊誠有明效吾終以爲不選無律必非長勝之道也然安處室家之人遽欲令之就我編選充應征調此皆必不可得之數但於各都啚聽閙保甲之時察擇其壯健者另籍之當隨註定某都啚長名下某甲選丁某某各書年貌畢隨其數之多寡分置隊伍長主之仍聽都啚長督率仍着照常農業惟縣設熟知兵

雜著

鼓教習一員令其農隙時同赴教習所官給之糧講演戰技申明號令示以賞罰訓以信義凡遇本邑各鄉寇盜竊發或非止本處保甲所得而殄滅者則檄令都啚長速集選丁隊伍飛赴聽令會勦則旦暮之間赫然成營矣由是地方備禦之兵力日强而寔不甚損公家廪給之費其便一鄉勇嚴選入籍則精簡易約官得隨時調集無逃伍之虞其便二且閙則仍其鄉勇之名而陰已成爲官兵之寔本邑百里之內倘有事勦禦可以不煩别調其便三也二曰寔操宜講鄉勇精

敦朴寔不善矜飾。原與久在行間舉動伶便者不同。選之者正貴其徒朴可用也。但鄉勇之習有徒恃其輕銳恒多易動亦最易挫。入選之丁練其浮而使之靜。練其怯而使之閑。則可以成精卒矣。練習之法雖在步趨擊刺手與器習而平日工夫及臨時省決寔不專在於此。其要惟在使之熟吾令而信吾法。彼知吾令之所在必不可以意爲進退。則吾之令一而彼之志亦一。此則寔操之不可不講也。鄉勇既入選冊即赴就教習。恐亦必不能久。宜以賞罰號令各給一紙取其簡

退思堂 雜著 十一

而易明。或纂其要編成歌謠諸式。取其易於入口兼亦易於記憶。農作之暇或赴教閱。即以熟令與否爲賞罰之格。又如偶有過犯不至重大萬不可恕。亦以背令熟曉者記免其責。如此則鄉勇自鼓舞於吾令。可以無時不操無處非操矣。教練既熟自無鄉兵輕躁之習。可以資其寔用。并或因是稍減駐防之兵。而本邑一年又得餘留月米一二百石增入預備倉。此亦兩利俱存之說也。三曰弩制宜備。古者弓弩並用。咸爲利器。如昔所稱諸葛床子㕙張諸名。皆一時取勝銛銳莫

敵。若至今日。則弓矢而外。置弩不講。弩制亦將漸失其昔矣。弩之發也。其遠者可至一二百步却其力小鮮能洞堅。若持滿以俟敵至百步之內。勁弩齊發未有不立靡者。且其價輕易辦。一弓之值可得三四弩。雖村夫牧竪亦皆習之而易曉者。今苟以鄉勇三百人教之。分作三疊。以前疊爲發弩。以中疊爲進弩。以後疊爲上弩。前疊之發弩既畢退而爲上弩。中疊之進弩即前而爲發弩。後疊之上弩即中而爲進弩。如此更番迭變循環而進。則當場即有百弩弦不絕響矣。況用

退思堂 雜著 十二

弩之人未嘗不可兼携別械。則救弩之窮者可一人而備具也。吾見閩豫諸山居民多用以殺虎。弩簇着藥即以虎之强無不速殪。開縣多虎。可并以此制之也。四曰屯政宜舉。年來婺德之界戶口流亡荒田動以數百計。若會核全邑四十餘里荒殘之數又何啻數千。招囘之民既無資力墾植。則或於流亡之中及地方貧寒無倚者選其少壯亦分爲選丁次丁等第。籍之編置甲伍。官爲措給牛種。使其就近開屯。三年之後始徵其稅。仍以開屯事宜彙著一令。中立屯長使照令督

諭。勸力開墾。察其種植之及時。墾土之多寡。歲收之盈絀。以為屯長之賞罰。每歲屯功既畢。則分操合操。教閱如令。如是行之三四年。則地方貧民咸得有其生產。可免四方顛連之患。且未墾之先。正供虧缺。官民受困。靡有窮極。茲則可以照則徵餉。為

朝廷每歲增數百金之餉額。亦萬年長久之計也。乃說者又謂此時各餉方亟。牛種官給。言者終畫餅耳。不知今日之徵餉而餉不足者。正以此荒土未復也。以辦餉而棄荒土。即至十

年數十年。餉終不得而足。且非特不足者僅止此數也。事窮勢變。即此猶能現辦之數。亦將漸絀焉。此事之所必至也。今約計牛種所費。不過三四百金。不及各餉十分之一耳。苟或凶歲。

朝廷猶將捐帑出粟以賑之。況僅捐三四百金。以惠養衰殘之民。兼裕足兵之寔。又以厚植千萬世四十餘里之賦稅。是果孰得而孰失乎。至若本邑產米不多。地方從無蓄積。若豐不為區畫。則流移盜賊原相因而起。如昔年江南六郡海內所稱腴壤。一旦米貴。民不得食。遠近各鄉。掘土救饑。而蘇常諸郡城乃有掩縛童子為食者。盜風四起。遂不可制。蓋以其平日無備故也。況開邑又非寧宇。而囂凌之俗。人易思亂。若俟其積壅一潰而後為之所。亦何濟乎。故愚竊以為救之之說。一官置和糴。開民種植。既不足以供終歲之食。而民家刈獲之時。又多不甚惜。雖所收不豐。而凡有貿易。皆取給焉。一至匱乏。則又東西那貸。此愚俗之常也。今誠措處數百金。分散各行戶及各都啚長或凡鄉中賢能任事之人。於本地穀出

時。照時平價買數百餘石。即於本鄉擇一穩妥民房貯之。即令本人收管。倘本處不足。又或於近界產米之地分遣收買。至明歲青黃不接。則出倉穀照原買價盡數發糶。循環收散。歲以為常。如此則蓄穀之家不得閉糶幸災以牟大利。米價自此平矣。二設立社倉。和糴之法。不過以粟之出入均其價值。然有貧農無值可糴。抑將立而視其死與。閩俗富豪出貸之例。每石取息五斗。或至六七斗。竟有息與本侔者。貧農無可奈何。貸以救死。至終歲勤勞。始得登稼。又大半逼入富豪

之案貧家數口眞有吞聲忍淚莫可控語者則昔賢社倉之法豈眞宜於古而不宜於今者乎今於每都擇一廉公長厚之人詳列本里極貧人戶以十家爲甲甲推一人爲首五甲則另擇一誠寔通敏者爲社首其遊手無藉與衣食不缺者俱不許入甲其應入甲者又須聽其自願願者置籍以貸之貸法以一甲爲一券至秋收時則令社首催諭甲首甲首催齊完納每石取息一斗小歉則取耗五升大饑則緩其索至豐歲取償原額或小豐則二歲之中每歲各償其半此較之

富家取息則未嘗不天淵矣三力剏義田和糴社倉之法其事誠善使皆得公正好義之士守而行之亦可久而無弊然近世賢者誠有如昔人所謂名文公而人不文公物文公而後不文公者寧可勝道則一法旣立流弊嗣興則和糴社倉之法窮將若之何今計開田願賤每畝價有兩餘以至二兩者誠得仁人義士盡力區畫倣黃震知撫州法鴆直買田四五百畝名爲義田每歲收租除課而外則另貯之常平出糶取價更買新穀兼或出貸照社倉法收息經理出納數年之

間自應數倍原額一遇大饑竟行賑散庶乎民得末受其惠也四勸興義廪凡遇凶歲官爲設處補救之方惟恐未盡而惠之所及有限貧民豈得均濟宜於各鄉勸諭諸有力之家各以惻怛利濟爲心兼以種善保身爲計除本家歲所需外各出所餘會所公所出糶價値較時使稍減一二分少濟貧戶之萬一官不與其事吏不經其手自行收直富室未嘗有所損而貧民已寔受其益矣五優奬捐濟公私蓄積旣少儻示許人納米上倉以備賑貸旌之以官昔韓襄毅于忠肅俱

力請行之當時不惜一塞命以活千萬人之命救時之權宜義無傷也今如下令諸富室有能輸粟備賑者彙報
兩院官給旌扁或相其出身申請咨給空銜或請疏
題選授官司俱以禮相待免其家襍差大役而所奬等第以納粟之多少爲差仍爲勒名于石大書某人輸粟若干計全活人若干者令義濟之家不許借名嚇擾則富室賢民之善得之無窮亦足以鼓舞近俗樂爲君子之念所裨亦甚多也六惠招商販本地官民之米所積雖多終屬有限若至大饑則

全恃隣邑商販之米必先出示官不抑價任其低昂投牙發
賣不許地方無藉借端誆詐又恐荒年盜賊生發舟行或有
中梗則所過地方如有宜加備禦之所即諭着本處人等令
知爲本邑官運救荒之米公同防護或會防營遣兵衛送或
請分置塘卒往來遊邀令無失米之虞官或時致慰勞懸以
賞格約令速集則來者必多米價不待抑而自平矣七那庫
返運公私備賑而不足繼之商販然開本無巨商即有興販
恐亦不多今誠申懇借庫帑動銀兩又或那撥解各餉約

雜著　十七

湊四五百金擇家饒誠練者數人付之令分兩番一往一來
赴近處買運仍計其路之遠近量定舟費工食往回應用
若干官爲另給而所運之米悉照原買價出糶運之人紀
錄申與事畢仍以糶銀補庫不過一那移轉換之間在官帑
未嘗有分毫之損而饑民已受寔惠矣八請行粟昔項襄
毅疏請關中各郡縣斷罪俱令納米自贖備以賑先嘗行
此較之古者入束矢入鈞金者則尤法思兼盡今誠請之
當事不必泥項公舊法止分別罪之等第以爲納粟之多少

是亦官儲備賑之一精也九與開池塘開田既少又無蓄水
以備天旱溪河雖間有壩春夏間又多木商放木竟開壩
隨水而下故雖有大雨亦無停積時或亢旱農夫惟束手待
斃耳今宜公懇之
權關主政立爲定則諸商運木必令拼夫自運過壩蓋一壩
所隔不過數步即令兩人以鐵鉤拖挽而過亦不過拼夫一
擧手之勞又或木商以過壩稍煩議欲少加工食應不及原
例十分之一在商家不爲過費在拼人不爲過勞已足救無

雜著　十八

數饑民之命利害輕重寧不判然吾見開農多不甚勤溪河
壩亦不多嗣後如遇凶歲饑民無食則勸令有田富厚之家
稍出工食募築溪壩築法須以大石平累以竹樁石塊泥土
之屬間錯輔之務須平寔而堅密而浮面沿水所澳處尤務
極其堅穩使鈞木過壩不至傾落爲則至田有不近溪處則
可相其地勢多鑿池井以貯水一可救後此旱荒之田亦享
其利一以使饑民得食一擧而兩得也蓋惻隱救人本亦人
所同然但畏難與好利之心兩相糾纏遂至甘於自棄故浮

薄不肖戾氣所鍾之輩姑無足論即在賢者亦未免俗情難
破便生發種種議論無非爲推委阻抑之計則良法自難舉
行耳天地間無人不可爲利濟無事不可以利濟况人有可
爲之資事又不可不爲者乎從來地方之患多於荒歲無救
種毒最深故其發也亦最難制况在開言之初又爲事所已
著幾所易形若共相推阻不爲預備萬一卒有不測則官民
旦夕之安此豈易得者乎故由前而言用以佐開兵之窮由
後而言用以佐開食之窮謂佐食者即以佐兵可也吾故曰
救之也

退思堂書壁一

士君子布衣窮居時見長吏有敗行侵愁小民者必戚然不
平於中謂吏失若職以蝕吾民一至於此吾屬不幸乃見有
此吏也其有淳明潔清卓犖爲子婦所譽頌者或當世明達
其人或得之往古記載及父老鄉人所感愴而誦述則必慨
然咨嗟愉慕謂如此眞不負父母名吾屬惜未即得志苟得
志當不後若吏也一旦身受百里之寄乃不復念昔之所爲
戚然慨然者何若凡可快吾意者爲之罔不力亦罔不竟至

事會一决困敗立至始瞿然向者之不早一留思也嗟乎士
君子身名至此雖百思亦奚濟哉大天下事莫不張於微而
成於忽微與忽者思之藉也至張而成則無可思矣故思者
勝於未事之先者也若既事而思以救之則其得也半失也
亦半而吾謂其救之而得半者終愈于不救之也今朝廷爵
爾祿爾與爾以紓民之疾痛爲事爾不之念徒日夕自謀爾
子孫自豐爾田宅抑知爾之所爲歡樂宴笑者即民之所爲
怨憤罵泣無可告語者乎上帝不赦不畏民生不敢不念苟

思之民或者尚可相保不阽危以至於死此民亦救之而得半者即吏之所爲救之而得半者也故予以爲終愈於不救也

台侍罪開陽六年於茲矣來職無狀私謂日夕憂皇不足以補踈拙之過然此衷耿耿不敢自昧因復書此自爲飭誡安危成敗尚未可知亦庶幾盡其在我以俟之耳 日藏

徵文引

竊以長樂離筵霞撒武陵之袖太沖彫錦毫悲傖父之箋望紫氣於豐城寧虞借道矚靈光於魯殿定擬看花夙有賞音雅結蕭朱之綬詎嘗惜齒笑彈王貢之冠況鷄壇燈火十年熱龍清河筆硯即鴻羽風塵數載夢隨仁裕煙波誰儲錦都窮尚念藏珠未已敢尋舊締敢乞新篇用彰幾絮先聲預作史名實錄旗亭香雪一使謾說歌楊州花夜春愁千里遥同酬逸句話落庭前之月鷹影猶寒飛來江上之雲龍光欲

動不勝歧埃駢既騁馳

與麗而售逸自不同俗手頑鹽 蕭公木

畝有令該條銀四百四十兩零加派於通邑未嘗少虧歲供之
正額是名有坍沒之開除仍實令人戶之包賠也是蘆課之陞
科日增于額外平沙之坍沒包賠于無窮竊念蘆課較之初徵
既已三倍小民上供不爲不多敢請自今以後江邊新漲之地
不許告陞蘆課業經前任張令請詳在案懇乞仍照舊制分爲
三則與平沙合爲一體凡遇漲坍就中轉移以不失乎遇漲均
減遇坍均加之成法至于現陞之蘆課除已經成熟之田外其
餘未經成熟之處作何調議并已後告陞者或立攻沙木沙名

色或派二分三分起科統候　憲裁酌奪此誠上不虧　國下
不病民調劑兩全通融盡善惟在　當事一轉移之間而三十
年之積困一旦可蘇矣

則賦議

靖邑六十年前、環靖皆江也、大抵浮沙淤土、漲坍無常、沙聚則
淵漲、水擊則土崩、有春夏爲田、而秋冬竟成巨浸者、所謂朝爲
桑田、暮爲滄海是也、故舊制分爲平沙灘田三則、凡在江邊者、
漲而成熟、灘轉沙糧將坍、卽以沙而轉灘、既坍卽全除、漲則減
通縣之糧、坍則糧加于通縣、是以額賦無盈虧之數、而小民亦
無賠累之虞、法至善也、止緣　國初坐派蘆課銀一千八百兩、
無地可徵、遂使通縣包賠、至順治末年、工部駁查平田既納大

糧復完蘆課、一田兩糧民累何堪、因分平沙二則專納大糧、灘
田專完蘆課、三十年來平沙二則之田、坍必除糧、除則糧加于
通縣、江邊一帶之地、漲必陞科、陞則糧歸于蘆課、是以平沙之
田愈少、平沙之糧愈加、若使日復一日、害無已時、蓋昔日平沙
灘三則合爲一途、便可以漲而補坍、今分爲兩道、遂使彼盈而
此虛、況蘆課初徵僅一千八百兩、而今已有六千、三十年來外
加四千二百兩、此四千二百兩非由江漲出、皆除割平沙除坍
之地、以賜增蘆課之數也、查康熙三十年、告除平沙田六千角

靖江水利議

嘗謂水者財之源也如人身之血脈也血脈不通則病財源不通則貧貧病交侵患孰甚焉至於滄桑有變沿革在乎因時利害無常建置貴於乘便靖本江心洲渚平衍卑窪非盡力於河渠難望收於畎畝嚮以四面環江旱潦無虞迨後漲連泰皋北方雨水盡欲南歸勢迂地遠不能竝瀉每遇大雨已有田卒汚萊之害又兼泰皋地形高仰以靖爲壑常有載胥及溺之憂幸賴前朝寒山陳公開濬團河聯絡諸港又開藕家港瀾港天生港纏宗港造三大閘以資蓄洩泰皋接界令築高堤所以捍外衛內爲地方計至深遠也康熙七年開被泰皋貽開蔡家廟謝石碇柏家夏仕等五大港直接焦滯黃橋等處領乎卑之橫流注靖邑之卑地又不廣開通江仍假道於蘇家瀾港等數路夫蘇家瀾港等數路僅用以灌本地之水尚且嫌其紆緩豈今加以泰皋各地之水而通江水道不廣不疏是欲以田溝畎澮之細而當龍奔積石之衝逆一邊何其不傷而潰哉以致每夏秋霪霖一降平地成湖田禾汩沒屋宇傾覆若非廣濬通江斷難免於昏溺將來民生不遂勢必流徙他鄉賦稅無措有妨　國計予今杞憂徒切老衰不支謹攄愚衷條陳如左或曰予之言是也第人心不齊恒情可與樂成而難與慮始得毋空言無補乎予曰不然夫事但患不力行耳有賢上司實以愛民爲心提其綱於上賢司牧實以民瘼爲念挈其領於下賢佐貳實以盡職爲分勤其猷於中不畏艱難不避嫌怨以其事上之府司督撫如鄭俠之繪圖如賈長沙之痛哭務期必行行期必成不數月而工可告竣矣誠如是則水患既除而力田有秋東半沙皆有起色庶幾百年之利非目前苟安者比也

一界河之設雖以分疆宇實以資灌溉舊額闊六丈深三丈今漸淤塞一遇大水橫潰莫當必關會泰皋兩縣各着近界人夫協力開濬如舊庶可免患

一廟樹石碇兩港上引北水至團河不能直達大江宜因形便令廟樹港疏通東天港入江石碇港疏通蟛蜞港入江則水道利而水患減矣

雜著

一蔡家港雖通陳公港柏家港雖通曹仝港夏仕港雖通安寧港但其勢木分其流易壅宜因形便廣濬蘆塲港塌港臧家港龍潭港口則水勢分而水患息矣

一各港舊額闊三丈六尺深一丈六尺今因積久淤塞強梁越占宜令該境人夫開濬同舊不得推諉阻撓

一沿江各壩之設本爲蓄水濟用非爲曲防留難宜令該境人夫隨時啟閉以洩橫流

已上數條有利有害有難有易多一港則多一橋椿多一衝

激此小害也夫天生陳公港之所以衝坍者水勢聚而湧潰爾諸港濬則水勢殺而無衝激之患且以數萬頃之荒蕪較之數橋椿之小費其利害必有間矣恒情安常襲故喜逸厭勞今欲興大工動大衆或借墳墓爲辭或以住宅爲碍此其難也但以數萬户之陷溺較之數家之移徙其是非必有間矣况墳墓住宅所在可以順人情因地利彼此轉移酌令兩全誰復敢阻撓乎港身上照舊額不必分外買田用該境受害之人開該境除害之港不必分外僱夫誰不子來恐後乎

一而其要尤在當事者以實心行實政爲國以爲民諭令鄉保與報能幹耆民計度工費均派人夫并委職官巡行料督限以時日責以成功不許草草塞責將見荒地變作膏腴貧民盡登衽席盛德弘功豈在禹王下哉

退思堂草目次

卷之九偶抄 有引

甚矣合[illegible]不仁之禍殉無有大於溺殺子女者也人之生命最重而於己生之子女爲最親一旦栽[illegible]殺之而無難不以爲不忍也吾知[illegible]一所忍焉者多矣不寧惟是即[illegible]者聞者亦視爲固然而不之[illegible]不以爲不忍焉吾亦知其所忍焉者多矣五倫之中惟恃此[illegible]不忍之心以相持於不敗今[illegible]不難[illegible]吾之所生尚安望其不忍於人之所生也哉伏讀

講筵恭紀雖至忍之人未有不　惻隱之心者況覽古今所載報應彰彰如是亦宜有所欲而爲仁有所畏而不爲不仁矣憶予曩時待罪關陽得以[illegible][illegible]本[illegible][illegible][illegible]李公時公既下令禁所屬淹殺子女而[illegible]定婚娶之禮以爲之輔仁人用心之詳是以厚俗如此余故備出梓之以告同志俾諸仁者聞之將不忍於其[illegible]之所生則台之心慰矣且不忍於其己之所生而[illegible]以不忍於人之所生則台之心更慰矣用是[illegible][illegible]誌[illegible]

序

梁江朱鳳台題

講筵恭紀

順治十有六年閏三月二十日左都御史魏裔介奏曰
上帝好生惡殺故人皆有不忍之心出乎性發乎情自然而然非有所強而爲之也然而風俗凋敝則或有父子相戕之時臣聞江南江西福建皆有溺女之風他省安必其無父子天性何分子女忍心害理莫此爲甚疏奏
上曰溺女惡俗殊可痛恨遂命所司嚴行禁革是月二十三日
臣應臣本榮恭侍講幄之次

上曰朕向聞有溺女者猶未之信今覽憲臣裔介奏始信果有其事深爲可恨彼父子天性男女應無異視何獨忍於戕害其女孟子曰今人乍見孺子將入於井皆有怵惕惻隱之心此爲路人言也因憐其幼小無知誤陷死地故盡人見之不忍豈有親生父母而反忍於溺之是可忍也孰不可忍也朕思
上帝好生欲萬物並育而不相害今殘害始於父母寧不上干
天和是以水旱災荒疾疫兵戈所在有之民生迄未得安樂職此故也古帝王泣罪解網皆仰體
昊天好生之心朕每遇法司論奏重辟必再三服念求其生而不得然後論決如法於心終惻然乃始生嬰孩無罪而致之死慘更何如今雖下所司禁革恐未能家喻戶曉必使之感動天性永斷此忍根方愜朕懷臣等恭承
天語退而思之不覺伏而歎曰甚哉我
皇上之如天好生何其溥博而懇摯也念人皆有不忍人之心而惡俗竟至父忍其子下民之作孽旣甚

上帝之譴責必加宜乎災祲相仍樂利未遂
皇上所以旣惕
天威又軫民瘼遂爲之宵旰靡寧也至於打網重囚尚廑
睿慈之惻惻若彼無知赤子尤迫
聖心之如傷於是下令嚴禁速於流水而
皇上又恐科條雖切難保人盡同心何如動其天良勝於有司禁制大哉
王言臣等側聆之餘固已感涕交流即普天率土聞之凡有人

心者亦當油然動念潸然泣下矣嗚呼人無壯穉罪不奮生厄無水火靡不畏避嘗有道經江河偶遇驚波駭浪舟覆將溺號呼求救哀聲震天倘路人之見者聞者袖手坐視鮮不以爲不仁而呱呱黄口豈獨無貪生怖死之心耶特有口未能言無號呼哀救之慘聲耳爲之父母者輒付之一溺悍然不顧眞滅性喪心極矣無論現前之

王章赫然可畏即冥途之報應更森然不爽安知覆宗絶祀之禍非怙逆肆恐者之所招也與言及此有不革心易慮變

此惡習者實理也哉臣等謪服

皇仁謹援筆恭紀以識

盛世化民成俗之道端在

皇上之一舉念間而已臣熙臣本榮恭紀

辛庚生先生詳禁溺子女文 先生名際期庚辰進士湖南孟津人時爲浙金衢巡道後官至工部尚書

蓋聞天地生莫貴於人人類莫親於父子親之愛子本乎天性捉據禁貿畏其不壽理所固然乃今竟有牽於俗狃於習乖倫悖德可駭可異視以爲泛常而沉溺兒女者浙東八郡處處有之憑彼赤子何罪何辜乃甫離母胎輒抛死所呼號不及痛苦無訴熟父爲虎親母爲狼痛哉一何不仁至此不知其起於何人始於何代而慘酷殘忍遂成風俗數十百里同此凶德方今

聖天子在宥寬歸順之典矜覆奏之刑白骨欲肉罪人尚宥何可使慈父母殘其愛兒女而恬不爲怪哉本道愁焉如搗細察其由緣中人之家以女字别門無關承祧而有奩資之苦細民之家以子育繁多不俟聽老而有餬口之累遂使嬰兒墮地之日便是掯客之時因出示曉諭并檄各屬嚴禁有犯則律以故殺子孫之條而又申明里保隣首不報蔽罪之文且集賢士大夫於庭商確論列酌以婚娶奩資二等之數其他寒畯子多無力併育許該里即時呈報本道仍捐俸代爲兩淮吏令朔望日

保甲將里戶有無生育溺死情由具結該縣月終彙報然日久
弊深習沿數郡非藉憲臺威靈無以挽積世之頹風救全浙之
生命倘蒙鑒允承著爲令自今以始八郡兒女世世敢淥無窮
憲臺生生之德將與造物併矣

聘嫁禮式引

賈子曰法禁於已然之後禮禁於未然之前此本論也道衰俗
敝必先犯其禮蕩檢軼度如瞽無相冥趣妄蹈而犯刑隨之古
之聖人服物采章等威必辨豈獨以不踰爲敬哉納之軌物度
量之中則覬覦不生讒慝不作所以婚姻久其好而蔽樗不吟
似續蕃其生而采芣足賦也余衛惡風湛溺兒女一事余心痛
之且嚴爲禁革概坐犯者以故殺子孫之律而捐俸爲貧者資
其哺養深惟溺女之源濫觴於習俗以資粧相稱姑嫜夫婿不
尚令德而尚厚奩奩薄則淑女亦成憾婿奩厚則婦種亦屬嘉
耦於是嚮餌爲破家利斧而虺虺爲窮兒變相若不立爲成式
畫一可守雖厲禁斷刑從之者半不從者半矣用是集柯城賢
士大夫公議本之文中子禮式之論參以孫覺中法之裁除編

逢細戶原不以媵送相責應置勿論其上中二等裝式倂同聘
儀酌中設額明定其數與士民相遵庶幾新婚符樂生女勿悲
在踰斯制即屬罷民其輸粟千鍾于樂豐倉以備荒政若姑嫜
夫婿較量妝資德音無良以虐新婦我則引嫁娶違律以治之
一凡見任縉紳及家素可比封君者爲上戶　行聘不得過三十金　幣不得過八端　牲菓折偹不得過六兩　遣嫁首飾不得過五十兩　冬夏紬紗衣襖不得過八襲　系布襖中衣不得過八件　衾裯不得過八床　箱櫃不得過十件　媵一僮一婢
一歲入倍出可贏可比三百石者爲中戶　行聘不得過二十金　幣不得過六端　牲菓折偹不得過四兩　遣嫁首飾不得過二十金　冬夏紬紗襖衣不得過六襲　系布襖中衣不得過六件　衾裯不得過四件　箱櫃不得過六件　媵一婢

東漢賈彪舉孝廉爲新息長民多困貧不養子彪立制與殺人同罪城南有盜劫害人者北有婦人殺子者彪出按法椽吏欲引南爲解彪怒曰賊寇害人此則常理母子相殘逆天違道遂驅車北行按驗其罪城南賊聞之亦面縛自首數年間養子數千僉曰賈父所長生男名曰賈男生女名曰賈女

元末趙仁素敬元帝患危疾醫云必得紫河車乃愈仁曰我見人服此藥無一善終且陰致人兒女出此胎者多不育我何惜一死不忍使兒女夭殤也卒不用是夕夢元帝告之曰汝

偶抄　七

命當絶緣不用胞胎一念上帝赦汝增壽二紀年九十一而卒

紀信可有女名引鳳被二鬼拘入冥府門上大書地獄二字王者坐殿上下列數百婦人各有小兒抱足號呼索命有孕而三月而自毒其胎者有因生女多而溺死者有因家貧生而不舉者有妻妬妾生子而打墮者有因爭鬬而觸損者有因怒兒啼哭打撲至死者有因觀兒不謹死非其命者有因救乳致死者王者一一詰問莫不極惜在身枯瘠可憫引鳳泣

壽未絶放還具白其父信可因大書於天寧寺爲戒

俞偉宰劍之順昌以閩俗産兒多者計貲產不贍輒溺死作戒殺子文召諸父老列坐廡下置醪親酌之出文使歸勸諭其鄉人毋得殺子嗣是活者以千計生子多以俞爲小字偉被差他郡還邑每有小兒數百迎於郊

舒州全部員外郎王堯臣有女患鬼胎二年不下父母疑之密令二婢伺察其女覺而大怒乃手圖中自經忽空中有聲曰不得枉了性命二婢馳救遂得不死因爲說醮懇禱家事真

偶抄　八

武是夕降言曰此女前生嘗爲藥婆貨賣毒藥爲人打胎內有貴命亦被枉殺尋復從墜卒難出離帝怒罰令永劫爲恒沙毒蛇今只餘此一生人身昨日圖中若不遇吾已爲蛇矣

蘇東坡與朱鄂州書云昨王天麟偶說一事聞之辛酸爲食不下渠言鄂岳小民例只養二男一女過此則殺之尤諱養女生女輒以冷水浸殺其父母亦不忍卒常閉目反身以手按之水盆中咿嚶良久乃死凡殺子者其父母屢有惡報而愚人竟不知改天麟每見其側近有此輒馳往救量與衣服飲

食則留之既旬日有無子者欲乞爲子鄉又不肯以此知父
子之愛天性固在特牽于習俗耳
鄂人秦光亨將産時其舅陳遵夢一小兒挽衣求訴甚急遵思
姊娠將産而意不樂多子豈應是乎馳往省之則兒已在水
盆中矣救之得免今光亨以及第爲安州司馬
頻娠子者厭多子自毒胎屢矣後又孕復毒以藥血洞下伏枕
六年臨終明見數小兒前後挽撮語聲琅然舉家聞之
婦人楊阿剩自訟貧病踠盖狼狽臨終自語曰我前身本一男

戒殺生　偶抄　九

子爲醫失于詳審有一婦人自稱病蠱不能辨其是孕遂以
芫花酒下之婦人與腹中三子俱斃是我一舉殺三人陰官
罪我受苦滿足罰受女身今已三反世世常爲賤隸長困饑
渴多病少安可語世之醫者以我爲戒言訖而死
福安俗不育女凡有洊溺並瘗牀下不則終不得男有林乾妻
張氏連産六女置木桶坎牀下産輒溺死棄桶中封以土後
復産女溺殺之張啓封將棄桶中有巨蛇從桶躍出蟠繞張
頂以首碎其乳擊之則痛苦不可當張遂死人謂死女之報

如皋縣誌豐利場劉勤家生一子不舉瘗之卧牀下以磚覆之
越數歲偶思用磚取之牀下磚且突起尺許勤怪之啟視所
瘗兒長幾二尺頷有白鬚家人驚駭忽有旋風起室中人不
相見遂失所在
婺俗最喜溺女民有連生四女者皆溺之瘗於寢室最後溺一
女瘗已月餘忽見女手出地上疑爲猫犬所發以土覆之次
日兩手皆見又深瘗之次日兩手兩足皆見乃怪而焚焉
皋村龍游河南民婦布産得巨蛇者蟠踞屋棟一晝夜猶連聲

戒殺生　偶抄　十

呼媽媽索乳徑投母懷母驚而殞蛇亦自斃母旁試之則此
婦先産七女皆溺死巨蛇之報宜其及已
俞龍圖戒溺女歌曰虎狼性至惡猶知有父子人爲萬物靈奈
何不如彼生男與生女懷抱一而已我聞殺女時其苦狀難
比胞血尚淋漓有口不能語咿嚶盆水中良久乃得死吁嗟
父母心殘忍一至此我因勸吾民毋爲殺其女荆釵與裙布
未必能貧汝女性最柔慈愛親甚于子男子多出外女常守
父母男子多遠遊女常順父母男子怠伏事女常近父母男

淳步悲哀女常哭父母女有孝順心每每救父母女有好夫
子每每顯父母不觀緹縈女免父肉刑苦不觀唐香女救父
而扼虎單氏年十八能令八喪舉曹娥年十四泝江覓父體
叔先痛父溺抱屍浮于水袁女母癱瘓火來不能起女泣不
忍避甘與母焚死宋女號陳三父母貧如洗三姐供饘粥專
靠採菱承親死不肯嫁廬墓没其齒唐女王和子父兄皆戰
死和子甫十七披跣走邊鄙乞丐扶骨歸營塋憑積縷剪髮
毀面貌然後廬墓所大節達宸聽旌詔表其閭孝哉蕭氏姬

孝感篇 偶抄 十一

父母殁異土姬方十六齡扶櫬還鄉里舟子欺其孤中途委
柩去犇卜穿拔髓姆獨與一婢毁容日夕哀結廬在水次服
滿不肯釋求婚不肯配有能還其棺乃肯委身事果嫁還棺
者楊佘一老尉東湾屠氏女父瞽母攣痼家無隔宿糧親隣
皆相棄女乃務二親遠處於紵舍晝採薪易粟夜績麻易梨
二親卒夭年負土成墳墓守貞終不嫁只爲無兄弟古女賢
淳備其多難筆記有司或聯金朝廷或欽賜也有爲𤢺也
古夫人類若能存他命報施應不悖

宋河東人元秀家財四十餘萬生子四人其餘諸妾所出不問
男女並撲埋之一日夢中見十數兒來追殺元秀驚起兩手
兩足盡變牛蹄展轉千狀大叫三日自言子無嫡庶何忍殺
庶而留嫡頭斷而死四子相繼病亡
巴東赫連傑妻行多慘刻凡僕婦有孕必墮之既生勒令溺之
蓋惡懷抱之勞併妨工作之勤也忽一日見小兒十數或形
骸俱備者或肢體未全者或血圖一塊者皆淋漓血漬爭噬
其膚號數日而死徧身潰爛

孝感篇 偶抄 十二

訣世大畧

吾嘗笑老而貪生者惡人說死殊不知死歸也百年混世今朝始得抛除一笑歸真去路絕無繫戀吾不久奄逝須以日後喪禮約畧示則

一我平日小病即絕腥污至病危之日闔門俱宜齋素嗣後亦宜勉持至百日外然後通融

一親友族人遠來者斷要留素酒飯吾年居長不論親疎合族俱要付孝其開喪必須五日恐路遠到遲者無人應酬至五

日之後仍宜請一人照管遠來補弔者仍宜留飯

一我性喜清靜不許僕婦代哭以滋擾亂子若孫及子婦孫媳或哀至則哭不必勉強持久以偹觀聽

一吾性素不佞佛不必延僧追薦七期供養俱用蔬腐以後歲時燒獻隨常飲食不必分別

一在生半世行五篕死後如蒙親友來奠者懇求以蔬腐等五碗獻之几筵非徒致潔省穢亦大爲老朽造福矣倘見子不預乞免致屠宰到門即是大不孝

一親友賜奠者俱用祭文訴說情欵書之紙軸足矣不用紬絹以致多費無益

一墳地已定須在七七之內極遲不過百日俾速安堵入土

一北門外二處東鄉一處墳旁屋宇一有破損值年者即加修葺如或遲延觀望是真已死我而置之不論不議之列也於汝安乎

一看管墳佃務要加意保護俾之安居樂業無虞

朱滄崖詩集

（清）朱灤 撰

《朱滄崖詩集》十二卷，清朱溁撰，據上海圖書館藏清康熙刻本影印。

朱溁，字茹榮，號滄崖。清江蘇靖江人。士鯤四子，過繼伯父士驥。以副貢老於家。

本書無序跋，前兩頁爲收藏者手鈔作者生平及目録。十二卷詩歌按創作地點分類編排，依次爲卷一《西谿草堂稿》，卷二《東皋集》，卷三《粤哀吟》，卷四《羅陽小草》，卷五《粤歸草》，卷六《錫山小草》，卷七《春橋集》，卷八《夢餘存草》，卷九《中州遊草》，卷十《燕遊草》，卷十一《顧影草》、《江蘺草》，卷十二《楓皋集》。朱溁父士鯤、弟滉等明末殉難於廣西北流，後朱溁入粤求其遺骨，逾三年不可得。卷三至卷五即記此間行事見聞，哭亡者諸篇，讀來頗爲感人，如『渺渺魂何在，音容一紙存。半生餘骯髒，一死謝乾坤。零落荒山骨，飄颻勝國冤。廿年兒始到，悲痛復何言。』（《設位哭先給諫母夫人暨嫂弟諸魂》）一些詩歌則描繪異鄉風物，亦令讀者感到頗爲新奇，如『高城摇海氣，列肆占山光。鏝瓦圬泥白，穿階斷石黄。秋英分荔子，蠻飲嗑檳榔。共説花田好，紛紛茉莉香。』（《羊城》）

（周　忠）

朱溁字茹篥江蘇靖江人朱士鯤第四子縣志朱士鯤傳崇禎壬午由選貢授武宣令常熟瞿忠宣公留守桂林與士鯤有舊相倚爲重薦歷吏科給事中并辟其少子溁爲北流令庚寅桂王在梧州傾知桂林失守急趨潯州轉之南寧以士鯤從道梗相失士鯤遂之北流遇土冦累朝統作亂與子溁闔家殉焉朱溁聞父母友弟之難入粵求遺骨逾三年卒不可得歿以副貢老於家又松江倪匡世跋朱滄崖詩云蓮邪無不忠孝之佛子蓬壺無不忠孝之神仙我用是知不忠不孝之人未嘗有文章也何則忠孝爲乾坤正氣忠矣孝矣其性屬陽其爲言也大而遠不忠不孝則陰矣其聲如鬼之附物若有若無聽即泯矣滄崖萬里尋親棄家從葬癘而不頌歸則占耕自養不爲祿仕而困死以老其身忠孝如此宜其詩之一字一淚一字一練也嗚呼滄崖苟能忘其所謂忠孝而更上一乘神仙也夫佛子也夫

朱滄崖詩

西谿草堂稿

靖江朱　灤滄崖氏著
吳門周世祥　符氏
同學　朱鳳台愼人氏選
范明輔公理氏

春日晴和偕劉子睿生皙生過友人江上楊
柳莊

春煖杏花久門前湖草初吾愛數來此於君定何
如君言樽中酒樹酌長不疎陶然臥山窗松風鬪
我書

過友人山中　飲適微雨止宿

雞鳴杏花中識君深隱處青山與托隣草碧自成
路炊烟亦何閒小酌就花樹辨葉斂傍眺因香縱
恬步江風弄微寒果兆夜來雨蕭蕭春竹鳴高館
更成趣移燈諳山窗茲遊吾已屢留與及三秋天
香飲華露

讀蕭公木先生詩集感賦

先生東南秀其人卽幽石一起江山寤獨剏烟霞
格有時理清咏秋蘭吐芳澤靜意瑩心神逸響超
疇昔露坐蟲聲間與君共朝夕弄琴復銜觴悠然
林月白

江上雨泊別友人

寒雨滿天地蕭條况孤舟盡此一樽歡爲銷千古
愁芳酯耿華燭雪唱翻輕鷗奇峙琴書閒靜晒天
雲浮㳂肉坐崎嶇世人知此不橫笛悠遙夜旅雁
懷烟洲相共此山川白雲何離憂

春夜獨酌有懷友人讀書山中

向夜山氣流春草飲繁露閒此燈下心感彼蟲聲
驚卽境固無欣深酌漸開趣思君晝諷暇松陰展
恬步偶聞乳禽鳴時與落花遇和澤幸已稠郊原
緑咸娟何當擘琴樽薄訊蘗蕪路

村居

非敢事閒適塵務拙所營遵時自飯牛努力原上
耕蒲杏期已愆屆夏苗亦深乘閒坐新樹恍此黃
鳥鳴忽然隣翁至展切晴雨情春醪釀初熟持向
蓬戶傾藤花次第飛田水參差明悠然至頹陽聊

觀世上名

述懷

晏息向竹房耳目澹無侮林花覺我閒紛紛下庭戶霽心與定氣憑之酌終古自昔邈何獲在我恬有取人謀實未僥叔季別多悹願言謝桔槔山㬋漑寒圃

懷肅公木先生官建平廣文

庭樹日蕭瑟江雲更沉沉夜夢蘢眠花不知秋淺深美人弄山月隔溪彈玉琴清風豁上來悠然吹

我心我心不可道離居憶春草青青水中蒲纂纂籬間菊把酒悲秋蟬開門葉堪掃時序閱草木風物感懷抱

田家雜詠

理策赴秋山山遠趣彌殷其中嵐彩積不異城市氛來往簑笠間知是何峰雲隔溪見草堂依依散斜曛禾黍被前坂樹下牛羊群入門喜僮僕能令四體勤遙泉上桔槔斲室資斧斤東園花未稠藥畹次第分冷冷修竹枝蘩葉搖清芬飲此青翠光使我心顏醺揮手謝時哲吾廬吾已欣山木笑徒壽餘情何足云

其二

結室面東陂風來陂水香隨意采菱舟夤緣洲渚傍香靜月色吐清輝照中堂淡淡螢火流冷冷竹露光絡緯抱花啼啼聲亦何長鄰女弄秋梭竟夕燈燭張晚田虞不給餘布易我糧聊以贍兒女并爲成衣裳感此勞者情終夜爲彷徨陂木豈不彫菱葉亦以芳刺多泥復深采采中懷傷

村居雜興

村靜亦何豫懷此青山影孤春響花樹開汲藉苔井耳目兒自由物吾始知省草深汨牛路松晴囀禽境恬行春野中四矚雲光靜惟覺和歌聲農喧未能屏

其二

徇物固溺志絕俗亦近名何如井里間努力壽桑耕春深花藥氣氣暖倉庚鳴蓐食起負鋤自向田間行人生衣食交孰是無一營田租未可邀悠悠

風雨情豐穫縱安希聊用畢吾誠

送范公亮公序之開化訪朱愼人

客路入菰蔣秋花質夢長故人官似鶴幸舍食爲魴海鶩雲霞色山抽橘柚霜嚴陵無恙否煩一酹寒荒

寄懷朱愼人

開道循良甚才寬早放衙初猶弭盜賊久乃徧桑麻舊俸開來未新糧豈又賒懸知閒吏事幽夢落藤花

秋夕同王問臣兄弟坐潤上人房

野雲挂秋竹予意與同閒薜葉甚妨路荆扉何事關夢青松雨後夜白露花間祇覺無言際星河侍定顔

喜心上人問法歸

須却西來意何妨返舊山經行松界響歸臥竹房開樹色晚逾靜江聲秋又還六時烟水際寧異萬峯間

秋日田家

農家事勤動形苦神則閒十畝但求穫餘情何所關螢爭將暝樹月展欲晴山何事長天鳥翩翩向我還

華美之相别十餘年矣忽過訪村居欣慨有賦

悠悠十年别相見鬢增絲顧我虎兒野復當風雪時新烟綿土屋荒雨滴山籬賴有樽中酒爲申寒歲期

送吳禹臣遊匡廬

匡嶽春烟外看君採藥行遙飭分鶴路高枕向猿聲山鬼寒蘿笑巢僧降樹迎何殊三徑裏二仲接平生

秋村訪友不值

靜者復奚適雲光閒映門自憐榛草步爲亂薜花痕翻葉鳥常戲啼蔬重不繁君歸江月出寂對亦何言

送心上人參五臺

祖林開寶月萬里謁文殊古鉢澹棲柏秋航正有

蘆律香薰雁汝梵貝出飛狐一演清凉法春山望
衲珠

秋夜江上待友人不至

不夜江天月秋聲積氣中賣魚喧暗火弄汐祭歸
風警露虫難定啼沙雁不窮祇餘虛白在眺聽入
鴻濛

其二

佳人期未至宛在此亭孤夜定秋何際潮寬月欲
無寒情寒宿莽高咏響菰蒲子復誰能遣奇山有

繫桴

病中友人見存

蓬門枉知己忍學野鷗飛力疾軀彌善談言俗所
稀高烟窺鳥路深草曳牛衣笑指山籬菊隣秋葉
漸肥

江村歌爲延方壺使君五十壽

江村酒熟魚亦肥穡車漁網連江扉老人笛鼓賽
秋社醉騎黃犢風前歸粳秀禾香三十里上世胥
庭如此矣傳來三戶殊未然草木軍聲咽殘壘魑
蛄繁響亦不聞用貽之者惟使君苜蓿骨高鈴下
馬梨花手演帳前軍孤矢高懸届此節繞案文書
省何輟赤羽營覘楚澤星鉞髮應添藐姑雪四十
九年非白知少時歷落鹽虀爲雕龍會有神物妬
閹犀不顧妻兒飢江鄉戶戶爭歌舞不覩仙裔祝
天姥二十四考歸未遲長向板輿傍麟脯帆閩黃
石纍纍然余亦騎鯨浮海烟挹取蓬萊千尺水注
作金壺玉甕涓涓不盡之瓊泉

答友人山遊所寄

閑雲與飛鳥客心良可見擊汰鳴秋花琴樽意方
晏高山能有情流雲滿芳甸碧入空明盡候爲遠
遊善山中之人睇笑長詩來屢割秋蘭芳水邊閒
魚待垂鈎野籬扶菊容蛩觴窈窕向人青若語更
覺朋從慼孤慮星翔露白沙路開夜夜青山延夢
去

過家石軒兄東溪別業

江雨綿無次秋陰雲滿門殘籬通水霧高樹挂湖
痕歲儉憐雞鶩家貧念弟昆一燈相對坐至性在

無言

秋村

卷跡衡茅下秋窗靜對雲竹疎山氣透荷近稻香分欵客盡家釀爲農無異聞土風自淳朴敢曰厭囂氛

江寺贈僧

禪室臨江埠自然軒戶凉蒲喧聞蛤誦蔘盛覺鷗香海月潛栖鉢秋潮每觸床暫來分茗粥已識道心長

贈王守府明矣

南北滄夷正未蘇時危笑擲出關繻燕臺開市千金骨虎子能彎五石弧月幕吹笳臨画戟秋舲擊檝動寒菰今來海上騰新警保障須君見臥桴

村居和家伯父伯雨公韻

剃扉農節不令關荷篠攜壺任往還竹塢兼旬苔每厚松風入枕夢多閒論文漸罄盈樽酒乘月徐登傍宅山籬菊秋來霜漸老好將展齒印花斑

其二

高話羲皇到日西村翁互答不相疑偶聞遥浦傳漁唱坐見村烟動晚炊歸鳥漸喧深竹徑閒魚自躍野萍池荒厨已貯賢人酒候月升林酌每遲

其三

秋陰雲氣滿村居爲愛婆娑樹繞廬稚女藥欄閒鬪鴨村童荷葉漫包魚竹聲報雨凉歸枕菜甲連畦味入鋤酒後放歌山月出清光遥映一床書

婁君山莊夜集有感時事

雪霽梅花香正悠晴林鳥語亦相求風霜共牧平

津冢燈火重縫季子裘羌笛凄其吹夜月楚香零落滿滄洲與君共醉枌榆社梁父岧嶤未敢愁

寄訊潤上人結夏海嶽庵

海門秋欲半瓢笠尚何依積徑苔應厚映簾花已飛草喧蟲領月松響鶴臨扉蘆荻滄洲滿無煩杖錫歸

秋村卽事

授衣亦成適落葉稱秋顏吾道籬間菊朋樽江上山潦收漁務整場淨穡車閒漸覺村烟合栖禽亂

我還

送善歌李湘文之江南

江南春欲半汝往預鶯歌行入落花去共如芳草何袞衣箏語細垂手舞風和莫整優旃調愁思動綺羅

過隣翁夜酌

野心無所與晩步向田原寓目山何靄招禽烟遂繁村春延夕月室火永農言敬此高朋意爲君罄一樽

花朝雨中舟行

二月春水大輕舟信所之魚苗沿岸留江雨報花期墜鳥餘烟惑遙山逐霧移前村成小泊新柳正欹垂

偶晴郊行

入春亦已半而我猶未知昨夜雨方歇園林花參差鷺魚趨細疾濕鳥度聲遲佇聽高原水淙淙過遠陂

春日偕尤赤城瞿九王劉松樊訪孫湘矦讀

書孫氏山莊拉同野步

讀書不妨暇靜見高雲心拾此晴江步了然黃鳥音一溪通活水數里入層陰日暮且分手歸來林木深

其二

野情無所與汎寄入東風溪盡田家出橋廻仄徑通追隨緣岸草指點約江峰且逐晴沙去歌聲劇小農

東皋集

靖江朱　淡滄崖氏著

吳門周世祥禎符氏

同學　朱凰合慎人氏選

范明輔公理氏

晤郭天聲感舊

十年風雨歎分襟，握手能忘感慨深。蕭寺一燈同待漏，岐途千淚各爲心。獨憐故國人如夢，剩有空江月照琴。形影與君慚晤對，可堪出處未追尋。

送徐亦史老師之任楚黃

離筵期盡醉，各自見平生。湘芷縈官路，江梅別早鶯。道成均出處，情至切堅貞。一涉滄浪水，應知就濯纓。

京口泊宿

輕舟再宿浪花前，雉堞秋開水驛邊。暮角聲吹灘月冷，孤鴻影起客心懸。山餘六代烟中樹，地接三江水外天。明發不須愁日暮，中原誰復着鞭先。

其二

大風秋捲暮雲斜，影入平江水一涯。西去荻蘆迷楚澤，東來樓櫓起悲笳。山中日暝鐘千壑，海上潮生月萬家。既醉不知風景異，重關依舊控三巴。

有所思

有所思，所思在蒼梧。上有浮雲陰，下有清猿呼。猿呼聲斷續，浮雲陰暗相屬。相屬蒼梧東西南北頭，中有游魂悲素秋。父呼母兮母呼子，遥望鄉關六千里。六千里，空凝竚，荒墳纍纍迷風雨。魂兮魂兮知何處。

定慧寺同江素嵌夜步

城隅高敞地，古寺獨凌層。一水自然碧，諸天如可憑。月明秋在客，鐘定夜宜僧。久立忘形影，荒寒覺未曾。

詠梅

鮮淡元如此，凄清只自知。幸同高士夢，不受歲寒欺。臘已香偏早，春先白宥遲。幽姿誰共許，珍重雪霜期。

寄懷徐亦史老師

文章經國事夫子幸無苟況值兵荒內共如撫字
何盟心寒共水問道月如波持此酬當世無煩問
蒔蘿

其二

剿縣聞難理吾師心獨輕一清民自貼百靜吏無
爭歲儉遲言俸春深早放耕晴川千里碧應見慕
蘭生

贈趙我用 有序

我用南州人既宦矣喪亂以來既灑新亭
之淚兼深岐路之悲浪遊四海無以爲家
卜築靖之西郊茅屋不容膝課兒子力耕
已且餬口筆硯間前年客藍陽今年客永
寧皆垂橐歸而我用亦若倦於遊者薄田
可耕烟江可釣行且自老耳余在阜特過
相訪留數日而別寄語睿生兄弟江月無
恙孤山一片石無恙好相慰藉余亦且歸
矣

爾我俱爲客栖栖其奈何未甘淪日月遂不有風

波十畝歸來晚千秋放失多嗟君不得意榛草事
狂歌

贈金廓明

半生栖泊一身餘數口無家不愧余放眼直收千
古業閉門空著十年書離心待月人歸後（時趙我用來自豫章數日別去）客夢驚秋葉落初賴有新詩頻往復相依
聊以慰居諸

秋夜獨酌

獨酌憑誰覓旅愁燈前清影自爲儔月殘共色管
鄰瞽垂吟爲聲不借秋季子無金羞入魏仲宣作
賦慣登樓故鄉指顧卽杯外葭菼蒼蒼白露洲

寄諸弟姪

百里亦爲別離心久自傷驚風群木落聽雨一燈
涼誦讀惟長計耕耘莫太康懷歸余已切擬及桂
花香

其二

余業已蹉跎汝曹共奈何艱難思父祖身世怯風
波落葉故廬满淸霜旅雁過前期各努力歲月尙

無訛

登燕子磯觀音閣

高閣倚層岩筱空攢青碧窅窱來天風江聲翻然
剨側足躡雲根松柏生肘腋下臨無底淵云是蛟
龍宅杳冥不可探奔濤歷危石身高心逾俯境超
跡彌適齋心叩定雲俯仰知開闔捫蘿互廻轉安
知步亍亍回舟宿林莽海月悠然白

禮自然觀音小詩代贊有序

自然觀音者如皋東馬塘某氏銀杏樹中
所生也樹爲官所採用斧斤不入鋸而分
之兩形宛在樹廣三尺像七寸餘耳眉目
儼然衣珠璀燦趺坐碧蓮花上鸚鵡向臺
而飛山巒重叠上有修竹數竿似翛翛作
聲座下海波洄潏一童子駕蓮花瓣合掌
鞠躬而朝之其上又有日月二九西東並
列赤白異色畧有高低蓋繪畫之工不及
此矣然而琢削不加丹漆不設故曰自然
一在揚之福元一在皋之大寺今余所贊

禮者是也

此是觀音耶藏身胡在木若曰非觀音威儀具端
肅趺坐碧蓮花葉葉如可擲岩石何玲瓏波濤互
洄洑小鳥名鸚鵡低飛傍疎竹童子有慧心合掌
躬蹋促蓮葉以爲舟彌望香臺壓日月列東西陰
陽互承續普化大千界天地皆靈育是木是觀音
何用辨誰孰

送蕭公木先生赴任國子學正

大雅洽所適夫子安則窮孟夏戒行李長淮起天
風齊魯青入眼望望來空濛令德信貞吉身癯道
彌豐苜蓿寒已寒絳紗會有逢於皇成均樂禮樂
何冲融得交天下士夙契賢豪中文章歸首善桃
李鬱蒨葱瘦骨悄輕肥爽氣西山通天子日予師
豈必羡三公教成身不有歸臥東皋東

諸子詠

山公

山公乃靜謐吐氣秋蘭芳夷猶名理間抱易歸山
房入俗謝矜飭懷古意何長霽心婿幽獨北郊開

草堂

赤城

大江東西流浩蕩開胸臆發舒爲文章吞吐忞溟渤震筆天雲飛膚寸皆奇特汲古綆愈修作詩秋月白俊氣霜天高江峰青歷歷有時發清謳木葉微風脫可憐親已老窮居守蓬蓽甘旨在負書脩脯供朝夕勉旃務前期善世日明哲斂氣毋太雄擴衷毋太窄

松樊遠翔

文雅樂天倫名理庶綢繆子之兄弟好師友以相求伯也秉令範靜思春雲流維仲復凝秀綺則絢芳洲況復饒叔季英英名前休古學一門內式好無忝尤世情處豁刻君心樂此不撫身慎所入蹈道各自謀夙志苟不移千古爲君收

膚功甥

吾甥值韶齡英邁顧可喜讀書敦夙好秀骨飄然皋森森出人群大雅亦相許勉哉古之人爲學只爲已

自遣

饑驅去我里我里非不思讀書那入俗應爲俗所唾煢煢秉微尚嗛嗛德彌瘁眷念感疇昔撫心天雲遲郊原已蕭瑟絺衣淒以其不朽者何事寸心諒當知謂言矢勿諼志豈在斯須平生既自負千秋空爾爲望望歸故鄉秋風以爲期

觀園四君詠

吳賓王

風流吳伯子襟期豁長淮斟酌先民理閉門坐高齋放眼空古今流俗亦難諧選群潔修名英聲歎同儕所以富交遊天雲渺形骸才達命爲慚道成世彌乖修闓開著書芳園滌繁蔆抱璞終有耀物寶豈長埋

石夏宗

古道耿懷抱名賢夙所好胸中有千秋意氣何浩浩讀書貴條理遺編恣探討朴衷發淳理庶幾見深造閔時却俗氛繁蕩一以掃高望在疇昔名理以爲寶

黃宏音

奇情曙佳辰素質殷芳佩因之褰俗寄風雅居然在幽獨理自陳庶以篤靈脊覞子以修名古芬多采采

石月川夏宗子

亭亭者誰子秋水湛顏色川與月俱融石乃山之骨宜其秉靜娟停雲曙天碧曠懷娛古今靈修儲夙昔妙悟在幽貞青春肆夷懌美子韶令姿古貺應無斁

雜感

天地既開闢帝王亦塵埃升沉有迭曜興亾何在哉不知洪荒初萬物胡由胎干戈與揖讓賢聖各安排寘心會元化閉門坐蒿萊

其二

至矣義軒人一畫包千古後人不了義于言同一語惟其文字多所以遭秦火祖龍不道人顧令義軒妥真理在無言簡編徒斁斁

其三

飛龍利在天亦或潛于淵天淵非不遠龍性無不然豈同凡鱗介尺水從所便

其四

乾坤束縛人聖賢莫不憚周孔契大易彌以攖憂患兄乎一夫智安得超界限不如草與木榮謝合所撰莊周強曠達齊物亦爲誕形骸苟不有鴻濛吾可放

其五

所爲貴適志非以慕榮期榮期銷鑠人志豈得猶

夷西山甘餓死東海奮雄姿丈夫各不朽區區空爾爲

寄懷徐亦史老師官臨皐

吳楚一以望江山鬱青蒼美人隔縹緲宛然在一方文雅饒吏治經綸見行藏蘅杜馨奇服采采應滿筐清湘亦何清微波生渺茫矢心恭明德濯纓問滄浪秋風木葉脫新霜動微涼爲道荒洲畔有人兮無斁

登天下第一塔

天宇何遙遙靈境不可極憶昔文皇初萬國共球
集高引俯山河巍然矗金碧璀燦翻朝霞絢爛迎
旭日壯哉帝王居鎮撫規四輿群象杳冥開遠近
鴻濛一由來神聖功廓闢收創踶

憂旱

大火亦已流密雲不可亟炎涸各有時上下協厥
職胡為三伏中燥燠略物力朱曦煽鬱蒸擊土烟
焰直長淮阻通津大江滞涸汎有本者如是區區
剡溝洫蛟龍久蕭條魚鱉就誅殛早稻八月收七
朱滄崖詩集　卷之二　二
月未起色蒲稗亦憔悴况乃嘉穀植草宅幸無疒
所憂長蟊賊草宅有芟夷蟊賊蔓難極過時而不
雨雨恐反為厲空閭走巫祝豈解去捨冤人實乖
其和天心匪不德曰咨爾農臣國賦有常式小人
憂力役君子戒反側天怒不可干相敎慎食息

寄陸燮君

門前有大樹日夕來天風君時一壺酒醉卧眠其
中樹下清溪流遠與江潮通雖當三伏旱灌溉應
不窮但恐桔槔力不勝雨露功人生貴食動燥濕

豈必同豆苗已油油稻花亦芃芃晚田充賦税聊
給莫求豐對此忘憂患養閒十畝宮宮中饒書帙
修竹况蒙叢更植東籬菊采采霜枝萃采罷念遊
子歸及雙飛鴻好貯床頭酒為我慰飄蓬

感遇

附鳥須附鸞藝圃須藝蘭藝蘭無棘刺附鸞無鴟
翰君子慎所托岐路何足歎

其二

松柏生層巔霜雪披其枝豈不感時序貞節常自
朱滄崖詩集　卷之二　三
持笑彼桃李花開落春風時容華不暫保何有歲
寒姿

初夏同虞山范兆一毘陵金廓明廣陵高仲
升過優鉢庵聽冰上人彈琴

高雲淨天宇薰風暄平陸物外許幽尋恬步城南
麓一徑闢招提小結三茅屋中有禪棲人洗心坐
幽獨空香生妙悟疎磬警群木動靜理自常而我
胡刺促延賞發清機微微花雨沐為我拂素琴彈
作高山曲絃指兩相忘威儀具端肅眞聲引修柵

流泉落深竹悠悠天地心軒窗森以穆好鳥時一鳴窈然對空谷起眺江上峰無言互迴復

忍辱詩

狂風吹百草草枯不待秋芳蘭本自好寧與衆草儔所惜陷非類蔓衍滋道周世目無别白賢愚混阻修摧折不移時蕪没委岩丘蘭在草中泣爾草噎何求物理有伸屈君子慎所由

其二

鳳凰高其翔五綵儀暉吉所棲惟丹丘所食惟竹實世亂不苟出忍饑慎行跡一朝山谷摧失路荒荆棘凡鳥不相知謬引爲匹敵鳳耻與爲徒長鳴向天闕天闕不可開垂首衢路側吁嗟下愚人網羅胡自設

其三

升沉不碍道消長會有時文王非不聖艱貞屬明夷從來憂患中賢聖多安之立心苟不臧群小空爾爲

其四

明明天上月混混溝中水水月兩相遭水清月在底攪水月交亂終然無泥滓

其五

韓信在淮陰跨下遭群閧壯心豈無悉殺之不爲勇丈夫要自立汙辱非關衆千秋不自責没身有遺痛

其六

恬枝無競翼安流鮮驚鱗動靜皆自名尤悔豈由人平心測物理幽居全天眞克已以忠恕嗔喜兩俱泯廓然懷大道斯民吾其隣忿身身始貴忿人人始親

詠史

子胥乞吴市女子授壺餐報楚雪大耻投金瀨水寒恩義豈在多所貴急其難矧彼丈夫流鼠首懷兩端閉戸不出氣忍心覗摧殘人我既異體各自圖所安愧此貞義女滅跡輕波瀾

其二

虞卿棄相印云急魏齊窮信陵不肯見自剄悔所

逸人生許與分豈在流輩中丈夫秉明義要在持寸衷勢蹙低顏色何以植微躬窮愁尙著書千古緬高風

續忍辱詩

瑟瑟秋林暮落葉隨風舉何異浪遊人飄飄去鄉土落葉不歸根遊子去無所感物使心悲泣涕淚如雨食息盼睞間欲言半吞吐世情好輕薄胡敢怨凌侮窮途斂壯顏岐路窘長步隱忍依他人授室闢荒墅所需無一周動作少倫次汲井不及水

求舂已失杵乞火隣家遲朝餐將及午空庭萎秋蕪白晝語蒼鼠病妻向我啼粗糲甘蓧黍癡女不解事日食要三餔可怪三稚兒狂叫索餅餌長男差健強奔走冒風雨敝衣不掩骭雙足綻襪履肅肅天欲霜鳴蛩入牀語敗絮半伶俜安能待機杼嗟予何不辰詩書事逆旅直性不合時謬托聖賢侶不見聖賢人所適常齟齬何如還故鄉息交守環堵

其二

去去將何之離家百憂集蔓草萎長途舉步入荆棘妻子強我隨同作流離客叩門告主人我亦有家室客居艱所需凡百仰緩急富者不諒貧出内有時節屢空欲一言羞顏多蹇拙十朝共五餐八口皆飢色空庭閒洒掃閉門坐秋月人事有錯誤狂風中夜發群鴉啄孤鳳謂鳳爾無德鳳孤不敢言隱忍就羅織文彩汙泥塗毛羽憑摧拉非無鸞鳳儔運否同見厄來儀不以時焉能耀暉吉何當翔天池長鳴振羽翮豁達笑凡禽爾輩何足憶

其三

戚戚貧家女辛勤夜中績因無燈燭資餘光借東壁富女不知貧塞竇燈光滅安得明明月普天照幽寂

其四

人生歸有道衣食固其端苟非自力給胡以免飢寒落拓不事事身名兩摧殘不見浪遊子向人乞盤餐緩急非所宜中道生波瀾人靡不有初保終良獨難所以古君子坎坎歌伐檀

雜感

步出北郭門荒墳何纍纍貴賤與賢愚此中俱速毀欲知生世人但指松柏里白骨已無憑松柏安足紀

其二

人生有緩急季心安則窮丈夫處末世不波或以風安能閉門臥槁然如蟄虫所貴植明義豈曰頋微躬耿耿魯連子排解何明通功成不受賞逍遙東海東

其三

華閲誰家第高樓連院起一過再過之丘墟如此矣行人話當年猶自誇隣里一朝廹官事主人先戮死妻子籍爲奴瓦石皆官紀宅後一名園臺榭荒流水不有昔繁華安得今頹圯何似蓬戶人綢繆長孫子

其四

鳳凰入笯籠蛟龍在泄洛雖有飛騰姿亦是凡鳥鳥所以曠士懷宇宙覺猶小希聖全天眞遺榮探至道形骸且不有千秋空自老

其五

盈盈靜姝子楚楚事明德灼灼五色絲盤作同心結中有雙鴛鴦綢繆效比翼托贈要君心永誓爲家室信修植堅貞妣嬖羞粉飾井灶凜常儀小心庶無斁東隣有妖姬羅袖招行客觧語媚人心歌笑終日夕歡新愛亦移寵故情當竭妍媸在君心好惡殊夙昔同心結久離鴛鴦翼亦拆漉漉溝水流明明天上月流水無時回明月耿不滅君自棄妾心妾心豈斷絶天霜下嚴威北風吹絺綌去去

復遲遲日暮且行泣

杜門

大道莽榛蕪修阪互盤曲出門悵何之未步先跼促人情若素絲蒼赤變忽倏勢利見傾奪舉動乖心目波瀾在其口戈矛仍在腹萋菲成貝錦蒼蠅點白玉積毀無久骨群羽鮮堅軸西施與嫫母好醜任反覆直駕陟危途高岸塹深谷柳下號通和三黜遭斥辱况余粗疎人胡由免群啄白頭與傾

葢千秋徒自昜張陳凶其終蕭朱隙其末交道自古難剡茲效徵逐撫躬蹈愆尤刻責敢自贖多咎以多言白圭庶三復拙性懼不移坦然安謗讟旨哉張仲蔚蓬蒿坐幽獨永言謝知巳閉門慰羈束努力務令名行行愼躑躅絕交聯寸心銘骨效忠告

築土垣有引

敝宅久荒破頹屋三楹不任修葺上年巳拆賣償官賦所餘瓦礫委積庭內虞妨往

來屋既去內外洞然理急障隔乃命蒼頭取彼積土成此泥垣繞舍既周及肩而止非不知工力兩艱而綢繆牖戶亦非得巳因作詩示兒子誦

版築亦云勞窮居况憔悴非不愼經始所貴安家室若非梁棟摧胡由餘瓦礫輿廢固有端經營覗緩急門戶如荒阡乃理取障隔吁嗟爾老蒼衰頹頗蕭瑟清晨飯其腹黽勉肆餘力舂鉏見調理移用均凹凸既使墻垣成亦免苔徑仄運鋤䕬草根

落杵恤蟻穴周遭十餘丈及肩四五尺告功有期程量力弗云亟截高以厚基立久宜土客風雨念不時歲月虞侵蝕葢覆以菅茅彌縫防决隙面北開竹屏姑以容出入墻東聊避世何敢希顏闔

絕粮詩

人生歸有道維穀斯爲命三登歲之中再食日之正嗟予不稼穡焉辭瓶罍罄今朝告絕粮烟火虛荒甑嬌女訃始窮翻甕無餘賸恐傷阿翁心行行思貸稱貸稱亦不得倚牀弄清鏡痴兒飢若狂叫

怒頗恣橫病妻强解事斂腹喜清淨含情向老夫飄飄抱羸影曰古有窮士病餓莫能興或七日不火或立而須凭緬彼何人斯清風蕭然映愧余嘆嗛者屢空亦何病剡茲遭亂離得免溝壑幸枯槁理之然是用心耿耿負杖聊出門逍遥理商詠

梧蔭

嶧陽有高枝鳳凰不可宿先生隱其下時把離騷讀

竹風

清風動項珏蕭蕭落寒翠不用故開簾素心人已至

寄尤赤城

憐君難入俗所以久窮居白髮雙親老青春兩鬢疎有書縻歲月無地寄耕鋤此日蓬窗裏秋聲幾葉餘

其二

爾復憐饑口余兼困酒途客寒秋易老江冷月常孤不有寸心在將無吾道迂好持千古意相共守菰蒲

朱滄崖詩集 卷之二 圭

寄伯仲兩兄時謀入粤迎二親柩

同氣止三人妻其共此身終天猶負恨異地各含辛楚水湘魂接西風蜀魄淪煢煢余季也雪涕破蒼旻

寄諸叔

吾宗猶未謝文獻尚堪籌策勵一生事艱難長者心計應逢世拙貧爲讀書深黽勉勞諸弟身名莫淚沉

寄懷崇川王先民部公木

鳳凰臺畔憶分襟上策當時歎陸沉孤嶼夜寒同抱月一江烟冷各知心長風萬里鵬終擊幽夢三年鶴在陰明歲相看桂花發秋香還爲報知音

長安客

有客來自長安道車馬翩翩亦何好顧我荒齋秋草深草深一尺門不掃整衣勉起恭趨承意氣相看呟且矜謂言我今初筮仕得官便是州縣丞此官雖小君莫輕買之須用千黃金讀書十年不救餓孔聖孟賢俱陸沉君看傳呼者誰氏高官不用多識字持粱刺肥及時雄寸管尺編空自誤不如從我遊長安長安城中多達官奉身一旦歸權要妻兒頃刻顏色歡古來名利原如此於陵仲子空餓死身後之名安足賢眼前富貴聊自取吁嗟此言理或然囊中無錢世誰賢送客既去日已暮悵望秋空生暝烟

朱滄崖詩集 卷之二 圭

清夜吟

淸夜兮景幽月出兮高樓衆星朗兮不獨白露下

兮衣浮風蕭蕭兮動鈎蟲啾啾兮何求悵修梧兮已秋予心悲兮來憂望美人兮中洲安得生羽翰兮遠遊

庭樹

庭樹日蕭瑟高風鳴長柯一葉復一葉飛飛何其多有客坐搖落對此傷蹉跎葉落明年會須發人生蹉跎可奈何

重陽日歸里宿家泳思兄東莊

江上離心水一偎歸來正見菊花開草堂剩有茱

朱滄崖詩集　卷之十一　圭

萸酒且慰飄零更舉杯

送人遊楚兼懷亦史夫子

葭蒼露白晚悠悠青雀西飛宛欲浮芳草晴開鸚鵡路布帆遙挂洞庭秋十年舊雨滋蘭畹千里清風到竹樓此去莫愁黃鶴遠晴川依舊在黃州

同陸斐君過劉松樊村居留飲

故人初避地北郭草堂開古道存雞黍閒情眷草萊感時頻雪涕話舊共傳杯歸路殘陽外秋生鴻雁哀

其二

風烟搖落際小築事幽吟繞檻碧流靜空堦黃葉深一樽田舍酒十載故交心不盡憂時意憑君慰陸沉

其三

讀書兼學稼尙友說柴桑野岸楓能赤秋籬菊自黃樽香容我醉語至任君狂搖落應同感新霜動晚凉

客感

北風吹雨雪旅館正蕭蕭竹瘦凌寒徤梅僵待臘

朱滄崖詩集　卷之十一　亩

驕關河猶戰伐踪跡況飄搖已自安匏繫歸心永夜遙

揚州城南夜步

夜色浮群動更深不禁遊香吹衣巷霧燈鬧市無秋酒氣熏遊客歌聲徹小樓可憐閒錦纜明月令邗溝

冬日遊熊園

出郭名園古廻環水一泓溪寒全戴雪石瘦半欹

松俯仰亭臺見幽深洞壑重憑高更乘興江上揖千峰

瓜洲渡江

古渡說瓜洲三江控上游樹分京口路潮落昌門秋漕艘東南急烽烟西北愁客行慚浪涉未有濟川謀

其二

灘高流轉急一棹下江東未過南泠渡遥聞北固鐘槳分人拜浪帆正柁歸風漫擊中流楫天連楚澤雄

眞州客次晤戴魯文兄弟慨然有贈

十年不見思如狂相逢一笑顏俱蒼握手殷勤話疇昔歡欣未已旋悲凉君情我意說不出出處行藏兩茫茫欲呼斗酒論心曲躊躇久立愁空囊我今四十尚貧賤君今無食兼無裳秋眉慘淡風塵色短劍拂拭冰雪光詩書雖是致身物世路誰復尊文章不如長弓短箭及時雄風沙漠漠變秋霜又恐東西南北失奔控丈夫無錢空激昂君爲我吝嗟我爲君傍徨傍徨吝嗟立道傍道傍誰家白面郎黃金絡馬玉爲裝意氣凌人驕且強我欲從之借糗糧去而不顧心悲傷勸君更鼓昂藏骨莫向人間低顏色歲云暮矣且歸去耐可西風滿天雪

臘月二十六日立春

一雪辭殘臘初晴見立春鳥聲寒出谷梅魄冷侵人客夢關河斷窮愁草木新辛盤且莫薦猶是隔年身

寄家泳思

落魄吾其已冰霜斷客愁風華空老大歲月任沉浮計拙荒時務書狂汲古修深慚鳧雁志未遂稻粱謀

其二

三載無家別今春又若何臾身惟筆墨破産是催科壯志銷孤劍浮生苟短簑歸心隨夜永寒月墜江波

其三

豈但悲微賤，飢寒只傍人。竹欹青待雪，梅老白先春。書債三更斷，窮愁四壁親。東溪容小築，歸計欲垂綸。

其四

牢落悲生事，棲遲憶故園。淚應窮日盡，翮豈倦遊翻。世亂多妻子，家貧仰弟昆。終當謀共隱，深雪閉柴門。

其五

小弟終貧薄，吾兄亦暮年。貧身惟故業，娛老有江田。歲月嚴寒過，山川暮雨邊。蒼梧有留骨，永夜哭參天。

其六

近傳書信到，道是耳多聾。已覺時堪訝，何妨聽不聰。艱難婚娶裏，憔悴亂離中。謝寄雙絲履，應知念轉蓬。

其七

西風天欲雪，晚歲況離居。賤悔文章拙，貧嗟骨肉疎。楚歌應恤屈，馮鋏不求魚。歸臥今當決，江雲信卷舒。

花朝

見說花朝花滿臺，今朝猶未見花開。起來欲作催花賦，腸斷春風落酒杯。

春莫

三月江春暮，青青草欲齊。暖風斜燕子，細雨濕黃鸝。岸碧全欹柳，沙明遠浸隄。落花還可攬，恬步入香泥。

飲酒放歌爲陸夔君作

元會以還復誰是，蒔飾蹉蕪薄吾事。屋高夜白傳樽空，悵望糟丘起長嘯。君不見西山春老薇蕨荒，棄花麥秀吹落蕊。又不見銅盧之顛一卷石，潭靜烟深予衰碧。昨日朱顏發華茲，今[illegible]鏡盈霜鬢。笑盡一樽苦不足，君胡對酒長嗟吝。年光若顧人嗟吝，長江應有西北時。

升天行

朝榮亦可悅，短世亦可嬉。高陵日有傾，松柏將安歸。縱體排崑崙，仙人子爲誰。雲日蕩精魄，芝菌禦

我飢此事不可要終爲黃壤欺㝉笏春風開秋月
旋因之畢情向一觴但醉勿復辭辭之餌丹砂行
行躡高霞

寄懷謝司訓震生

皋城函丈地飲啄判春雲老我心如草懷君夢亦
芬琴言删定友霞氣避高文想見傳經暇風前咏
有聞

自皋返里門八日手簡切從遊之意再書相
邀詩以答之

一春風雨見離情蕙紉蘭搴總舊盟燕已營巢鶯
故壘鶯猶求友放春聲晴情久矣輸前輩太雅寧
今屬後生珍重追隨千古意青堂深柳趁高晴

石頭城

高高山作城城以山爲骨不見青苔生日見戎馬
跡

其二

倚山築高城山高城崔嵬悵望孫吳事餘烟覆綠
苔

仲夏

草木因時茂晴蒸五月中梅黃連日雨麥秀滿畦
風穴土蟬猶蟄啼林鳥不窮江鄉宜蒔插秧細已
叢叢

有歎

四十老生猶負書毛穎無靈硯無食頻年餬口口
不給空囊歸來落花積書廬久荒破復破頹垣敗
瓦傷覊促白晝階前蒼鼠飛一庭風雨儂幽獨
冷烟寒爨不炊糜兒索飯苦啼飢老妻慰我強解
事提壺汲井行遲遲便向東鄰借米來幸蒙借米
柴未許將米買柴柴不敷朝餐已失將及午鶴洲
沙畔雁翎向白馬渡頭鳥畢遍江田十畝已蕪穢
縣官急賦嚴追呼大兒有田事官府仲已傾家丧
門戶小弟吞聲望嶺雲樸稷禾耕蒼梧路丈夫失
計學雕虫貧賤一身空轉蓬顛仮人人所鄙低
頭不語心忡忡閉門莫作浪遊客古來浪遊幾人
得謝却毛穎中書君君不中書我應絕

再之如皋別內

又作無家别相依愧漆園艱難餘稚子慘淡有諸昻久客身當賤長貧道豈尊牽衣如欲語開口復吞聲

天孫織錦歌爲高仲升五十壽

先生之生後三日正當七月七日也天孫弄杼聲軋軋綠纈氷蠶白於瑤璇宮繡戶金梭擲濯之銀河淸且栗爲君織作雲錦匹非穀非綃烟霧贊縟君藉君使君逸沐日浴月光露霧十年十疋君自操逸今五十年不缺前此錦十疋覓更長積至百匹長無盡與君裁作雲錦裳霓爲飾兮霞爲裝拂披閶闔袖八荒手排雲漢分天章星斗燦爛夜未央烏鵲橋頭紛翺翔彷彿似見雙鸞凰引君遨遊咸池與扶桑或至蓬壺之頂崑丘之陽其上俱有金銀之宮闕珊瑚之門戶珠玉之瓊漿瓊漿之味氷雪凉疑即白兎所搗之玄霜苟非仙骨不敢嘗先生一吸淸肺腸天孫拍掌笑口張此子果應佩七襄君時飄飄凌上蒼稽首丹陛朝玉皇群仙拱揖相扶將起來拾我銀漢傍我亦乘槎海上客隨風會到支機石願君分我錦一疋持來憑有君平識

寄家泳思

痛哭平生事凄凉不可論猖狂看僕隸否塞信乾坤咄咄空書字勞勞莫訴寃南雲一睇望何日是歸魂

其二

自傷貧且賤作客歎伶俜春草悲萋萋秋原愧鶺鴒簡書頭白句媚俗眼誰靑羞澀圖饘粥淹留不自聽

螢

孤光不自匿疎影薄爲明附草應難穩臨書較有情高低知量力隱見學全生莫動飄零意秋風客思淸

秋燕

已了將雛願危巢故故棲亭臺非一主來去恐多迷弱羽霜前薄輕颸雨後低明年重到此何處啄春泥

秋風

淅瀝知何自，商飈忽已回。未能吹夢去，翻爲送愁來。客裏衣裳薄，城頭鼓角哀。梧桐秋欲老，一葉下蒼苔。

早秋憶家

幾年落拓愧飄蓬，望入長天秋色同。寒到異鄉驚蟋蟀，月從今夜落梧桐。弟兄漸少頭俱白，兒女雖多計轉窮。見說江田頻苦旱，空餘禾黍怨西風。

城上烏

城上烏，胡夜呼。寄巢生子城南隅，城南烽火照吾

廬。老兵挾彈彈我雛，我雛八九將及備。毳毛摧拉傷羈孤，天明城動四野蕪。家室不得留須臾，壯者執兵老執殳。婦女亦來提酤醐，空村日暮啼飢狐。有田不種猶催租，妻不得妻夫不夫。棄兒道傍聲呱呱，父兮母兮我何辜。骨肉忍教相捐軀，誓將去汝飄江湖。況爾巢危秋風枯。

聞黃仙裳客蒲塘不得晤

與君蹤跡共江干，曾憶蕪洲醉舞歡。詩格應隨爲客老，年華豈異昔年看。蟬吟木葉秋風早，鶯隱蒹葭白露寒。相望東西六十里，月明清夜思漫漫。

寄劉松樊

結交十許輩，悠悠皆弟兄。一朝異行藏，相逢兩眼瞪。非不暫綢繆，氣已分枯榮。君獨謂我曰，幸莫負平生。銘心向君語，奉身期耦耕。耦耕既未遂，復作負書行。辛苦徒哺啜，去去非我誠。我行與君别，閭君掩柴荆。時節值仲夏，孤樹坐流鶯。去非輸井稅，足固不及城。豈無所入處，到門心惺惺。我則就衰謝，嗟君正韶音。胡爲蓬蒿下，浮名早已輕。彼世既

捐棄，吾亦保硜硜。息忘看時物，浩然發將迎。竹窗課兒讀，詩篇見高情。時牽三稚子，垂釣溪水清。種田十餘畝，高低宜豆秔。燥濕援物性，豐儉酌虛盈。卽此見經濟，衣食免他營。江北近苦旱，勺水無宿罌。草枯豆苗死，黍稻秋無莖。不知我閭里，此患果否攖。家室不足念，怵惕傷科征。衣冠既狼藉，卒隸當縱橫。秋成苟不有，遊子憂方幷。爲我語家人，急公宜及程。飢寒且勿顧，庶免羅網阬。天地既已閉，世路多欹傾。吾謹守貧賤，無欲亦無爭。丈夫貴樂

幽室

幽室天心見，虛窗獨照時。無私恬寤寐，多暇省㦖疵。高慢過雲靜，空階度鳥遲。閒中吾已懶，小摘更抄詩。

落葉

落葉來何許，云傳萬樹秋。客中容易見，霜後宵遲留。到地聲仮砌，辭枝影傍樓。寒蛩叨覆蓊，啾唧莫深求。

春旱謠

蒲葉貼地綠，浸種江心車折軸。杏花映日紅，春鳩不鳴魚無躬。

行路難爲范兆一賦

行路難，行路難，如此出門十步九羊腸。東西南北嗟何底，阮生胡不早回車。途窮慟哭徒然耳，弧矢雖云志四方，無錢安得稱男子。梁鴻空傷愛離墳，侯羸已老信陵死。海內誰人下布衣，曳裾羞入王門裏。風塵回首浩茫茫，寸心自許無知己。丈夫有口莫讀書，丈夫有眼莫識字。一身落魄困貧賤，縱命龍蛇隨所成。窮達各有得，寵辱何可驚。陶潛田舍翁，至今有令名。

見野老有流離之歎者

去去將何適，飄飄棄本根。敢云逃賦役，所恨長兒孫。骨瘦支還蹶，聲微出復吞。山川搜括盡，未必有桃源。

獨夜

百虫聲裏坐，獨客夜誰儔。天淡星河影，窗虛梧竹秋。懸知愁不極，擬向夢中求。何自高樓笛，吹殘月

半鉤。

早秋

睡起驚風葉，凉吹到竹扉。已聞虫近砌，漸覺客無衣。生意憐庭草，鄉心冷釣磯。懸知閨裏月，永夜望人歸。

虫聲

靜夜泯群動，虛堂羅衆音。凉添孤月迥，愁助一燈深。唧唧通宵且，凄凄續曩砧。老妻今夕淚，遥濕不歸心。

有文章人不啻獨不見東吳范公子五月披裘東
皐市當年綵筆干雲霄今日青鞋混泥滓

送范兆一歸琴川

君歸何似客我客尚無歸去住同垂淚風塵各掩
扉醉拚今夜酒飢剩故山薇歎息言游廟文章事
已非

刈麥歌

四月江村啼布穀小麥未枯大麥熟婦姑腰鐮出
深竹黃頭小兒懷中哭兒莫哭急打麥一畝十束

宋滄崖詩集　卷之二　三十七

斛一斛歸來哺兒薄作粥八口亦果三日腹門前
租吏休相督吁嗟乎租吏休相督

詠齋中新竹

紫籜迎風解抽梢拂院陰本來元直節生小便虛
心待鳳寧無實爲龍乍有吟蕭寒吾可托對此已
披襟

新燕

呐呐言猶澀交交力尚微穿花爭小隊學母試輕
飛細雨沾斜影低枝掠乳衣生成王八意回棟宵

相違

有客行 客中逢生日作

有客有客號蒼崖四十有二猶無家去年生日出
門戸今年生日隔風沙妻病子飢歸不得坐使百
里成天涯人生百年已過半功名事業安可除負
書劒口口不給眼昏手倦徒咨嗟王人慰我強進
酒嘖嘖美我頭未華且莫美我頭未華天馬渡頭
白楊樹去年無枝今藏鴉心事已矣付談笑鹽車
誰解悲騮驊歸來歸來釣江鯊莫學阮生窮途慟

宋滄崖詩集　卷之二　三十八

哭始回車

其二

五月已破六月熱棲遲鬱結無絺綌一身去留莽
隨人草木流年嗟何及遙知閨裏典衣裳應為離
人遙舉觴東浮滄海事已往何不歸來守故鄉

月夜溪步

寂歷秋生夜高涼水在天危橋三洞月衰柳一溪
烟遠火開疏莽輕謳動小船沾衣墮微露餘興落
前川

九月二日作

西風昨夜至一雨報重陽遂使悲秋客因之憶故鄉荒籬遲晚菊敗葉覆寒螿旅食兼多病無衣怯早霜

大理石屏風歌爲冐汝定賦

大理之山鎮南輿其中產石白如玉賦滑織浮體質匀造化靈奇出渾璞良工琢削混沌開山川歷歷何崔嵬製爲屏障安君室高堂隱隱聞風雷峙者爲山流者水輕烟細霧空中起山有廻巒水有聲若滅若沒最有情近覩何知斧鑿痕遠看又復搖心魂秋生萬壑原無雨月落千峰若暝猿我日坐臥慰岑寂滿堂空翠衣裳濕已教几席淨風塵頓使聰明悟氷雪君之此屏何晶瑩山精石怪不敢爭爲君一日一拂拭光芒的歷周遭乎我欲南中訪蒼翠恨無珊瑚之骨屏上行

秋日遊范氏園

名園高築連城起咫尺林泉隔市朝問徑忽穿蘿外石入門遙認竹邊橋樓空待月秋如繪樹老棲烟鶴可招最是芙蓉堪醉客霜風明日欲蕭條

秋日送劉松棻之黃岡謁徐亦史老師

江天瑟瑟木葉稀葭蒼露白雁南飛遊子何之急授衣言將西遊黃鶴磯黃鶴仙人不可見白雲去住應無限晴川芳草兩悠然掛帆直指黃州縣黃州縣令徐安宜及門見許同襟期卽今三載深契濶巴江漢水空遲遲昨歲書來道岑寂朝上臨皋暮赤壁幾回待子明月樓臨風獨醉秋江色秋江兩岸何青青湘靈之瑟猶堪聽君去莫愁秋漸晚蘇公曾此話岐亭十年道義原知己千里江山咫尺矣故人相見應有問道我飄零餓未已

俠士行

讀書十年不出戶憂樂已關天下務家無擔石不言貧千金有敎非義顧寸心自許天雲遲一片肝腸短劍知時窮勢屈韜行跡天寒日暮臥氷雪一朝忽遇有心人許身不惜平生血丈夫然諾重丘山天地低昂杯酒間救人豈暇論情愫義在則然何援扳大人爲學羞爲己男兒有身非浪死風塵

蕭蕭水荳寒荊軻倘是兒女子樊於已死丹亦亾
震慴徒然笑舞陽所事不成何足取氣感白虹空
倉皇所以君子不務爲擊搏所貴慷慨磊落有以
排難而解紛振窮而扶弱既不是詭激以立名又
何事鬬雞走狗吹竽擊筑屠狗而陸博引經守正
俗不驚功成要在安寂寞君不見魯連一箭下聊
城豁然一笑千金輕又不見朱家之奴髠其首至
今猶說河東守人生緩急信有賴安能跼行踏步
老死爲

朱滄崖詩集　卷之二

朔方健兒行

朔方健兒騎大馬道逢高軒不肯下短衣窄袖結
束新長弓硬箭威風吒擊鮮賭酒封牛羊芻粟紛
紛掠原野白頭老翁驅負薪小姑小婦令抱衾酣
歌大嚼意不足抽刀橫索牀頭金吁嗟乎此曹滅
豁慘于虎兕蠆尸僵目還努縣官給供杼柚空萬
戶千村淚如雨江上烽烟晝欲昏戍壘列列如雲
屯若靜封疆報天子士女何惜傾壺餐所嗟此曹
朔氣索鞲鷹一飽不復摶未能摧廓排妖氛徒自
張威代寇虐摐金伐鼓轟雷砰高牙大纛呼將軍
坐看部曲擇人肉充耳卿枚如不聞

苦寒行

玄冥乘權風怒號黑蛟眠淚冰山高陰雲黯慘晝
不解枯山裂石豺虎逃原野蕭條烟火絕吾人胡
爲冒風雪君不見任氏之子衣絺綌叩門告急無
相識世情之寒寒更寒奚必長途嗟路難

延令道中遇劉智生返自淮陽倉卒數言而
別悵然有賦

朱滄崖詩集　卷之十

子客淮南我江北經年不見心若失忽漫相逢岐
路間天寒歲暮多氷雪蒼茫執手野店側道傍有
酒不及沽明歲行藏欲有問歸來相待孤山隅

北風行

北風中夜號枯木轟砯欻吸回地軸江天黯月無
雷聲凌陰駕棧黯冰穀玄猿只啸山石摧黑蛟斲
拂滄溟蹴窮老鸛孤只閉門絕爐竈見妻兒哭起
來鵠立倚寒竹手足凍皴頭毛禿四野蕭條已剝
膚中原鼓角猶殺戮吾生幸未塡溝瀆何恤短衣

出門風入肉

題包稱修先生画梅

石圖老人画古梅一枝兩枝花半開支離崛強隨意態知君筆底無塵埃我日坐臥梧氷雪瞎香隱隱吹素壁月落參横斗柄斜夢入羅浮魂欲絕一

花朝過陳仲式山居小飲乘醉至華嚴庵茶話踏月歸

見說花朝花正開晴光□道送青來春塘過雨低新柳細草浮香點落梅得酒偶然忘主客等僧隨

意坐蒻苔晚來明月能相待猶照橋南水一隈

上巳喜晴過范氏郊居

天清遙遡永和時禊事誰當續後期燕掠花鬚飃翅軟鶯梭柳幕度聲遲溪能漲綠杯堪泛草有幽香蘭可貽逸與吾徒應不忝聊乘霽色到江湄

贈安止上人

垂柳深藏寺危橋倚短籬堂虛風習習鐘定日遲遲香飯炊牟麥春衣補袷絺清言酬妙理禪後不妨詩

其二

寺野苔能古僧閒徑只荒高松長陰佛深竹自開房畫諷何多暇朝餐并可忘維摩雖善病方丈幸相將

過楞嚴堂重贈安止上人

不到香林久堂鐘異歲時籬荒初被徑松老半存枝鳥下翻經榻花飛洗鉢池六時閒自課疎磬一聲遲

春日范公序招同金沙焉爾啟燕集西園

細草晴吹香一園淸溪斜抱曲通村籬編弱槿移疏圃石甃蒼苔壓竹根餘瀝沾花蜂欲醉輕風拂樹鳥多言墻東更有幽栖舍時聽書聲出小軒

竹外幽通別有蹊開園晴色草萋萋櫻桃結子經霜落薤本封泥着雨齊行入落花追粉蝶坐承高柳聽黃鸝笑余醉步攲斜甚扶去橋東仗小傒

返舍

吾廬亦已破鑿寶未成屏腐瓦生苔客新椽架竹

稀負書頻索米洗腹待餐藜兒女休相誚空囊擬典衣

揚州晤徐唐山賦贈

憶昔真州別三年此更來舊寒同待雪新雨各分梅爾豈安飄泊吾終戀草萊相逢判哀樂顏貌尚無猜

雨後

園林雨後有餘清濕草溪花嫩獨行氣潤莎隄蚯蚓出晴吹荻岸蟪蛄鳴遠山十里青皆立茅屋千家水自平忽聽農歌烟外起桔槔聲動試春耕

愁坐

愁坐春風裏傷心暗淚殘病緣妻子累貧益弟兄難誦讀還時好交遊失古歡夜來無宿飽長笑問朝餐

其二

破屋權棲止蓬門漫掃除呼兒拾瓦礫向市覓薪樗衣敗無從典田荒不任鋤衰年筋力罷日月悶居諸

送春

百舌聲殘柳絮飛開園黯黯綠如酣薰風暖縱青梅熟細雨輕沾野葛肥鶗鴂有情憐我老鷓鴣何處送人歸可堪一種芳菲盡腸斷高樓怨落暉

至村家

季夏田功作溪耕歸每遲我來敲竹戶犬吠警花籬揖客泥汙膝登筵韭雜葵殷勤問官府放假幾多時

寄贈冐明允太守

丈夫有身羞獨善策勳萬里開荒甸五馬歸來未乞身天子側席王侯薦時艱急仗英雄才運開雙肘憑風雷欲待蒼生稍蘇息功成好上麒麟臺大賢心事則如此致身要路酬知已屠狗交遊盡布衣不肯浮沉混閭里君不見湖海元龍意氣豪高樓百尺凌群髦餘子瑣瑣臥床下求田問舍真兒曹

寄姚雲上移居

畋卜江之滸汾流別有溪僻宜江市遠貧愛草堂

紙一徑稻花雨數家烟樹谿我來遊處所招客行
黃鸝

孥哀吟

靖江朱　滄崖氏著
吳門周世祥禎符氏
同學　朱鳳台慎人氏選
范明輔公理氏

告衍

出門齊泣血冢天鬱乎楚望望蒼梧雲遙遙六千
里下有未歸魂荒墳三四五云是吾父母暨嫂弟
弟婦憶昔初宦時兵戈連四宇父殉國兮母殉父
嫂弟饑之爭就死山廻嶺複鄉關阻廿年幽愁泣
風雨阪有榛兮隰有栩啼猩猩兮嘯猱狙招魂不
來江波驚目渺渺兮愁日暮蝮蛇獉獉封狐怨哀
猿入夔山鬼語山鬼語我兮魂久佇魂久佇兮聆
故土亦有兄弟誰非人子有居有行疇孰審處曰
維伯兮仲兮持門戶執笈予季矢行旅季有婦病
病如堵滿目飢寒號兒女人生豈不顧妻子父骨
不歸生何補去矣去矣秋風苦絺衣澌澌瀝飄如縷
吞聲送我江之滸淚滴江波眼欲昏未忝離離被

秋風葦蕭緝緝亂洲渚白露露裳木葉舞鴻雁南飛逐前侶越山川兮截蛟虎憑瘴癘兮雜猺伍九疑綿綿杳烟霧烟霧杳杳兮不知處吽虞舜兮其鑒予指點白雲湘浦路

別內

三年瘵病瘦骨支床萬里長途死生一訣

爾病已三年我行始萬里牽衣欲有言嗚咽不得語慷慨出門去寧嗟道路苦亦不悲生離所悲别後死吾亦有父母安能戀兒女不見蒼梧間荒墳

壘壘殘骸久不歸碧血埋風雨顧爾孱孱者首丘亦奚悔

別同學諸子

西風吹淚滿洲汀望望蒼梧隔杳冥萬里招魂愁暮雨廿年泣血冷秋星哀猿引夢群啼蜮瘴海横烟獨放舲揮手一江紅蓼晚飄搖直指九疑青

臨行示愷兒

遠行吾念汝年少未成人先學綠家窘謀生料歲貧艱難憐弟妹辛苦給昏晨但解持門戶無須泣送頻

其二

叮嚀無別話母病汝知之藥餌勤加減凉溫慎蚤遲最宜調喜愠無過謹追隨留待生相見何悲遠別離

其三

吾行雖已遠爾伯倘堪依出入時須禀尋常敎莫違敬承方肖子跋扈卽危機永保無瑕玷全身待我歸

渡江

秋風昨夜至蕭蕭喚斷華皷淚莫頻摧萬里從此始

寄內

伶俜瘦骨倚支床臨別牽衣泣萬行料理病身對兒女明年花發待歸航

舟過虎丘雨濕不得上

水次聞松吹山光逈未分風沉試劍石雨暗闔廬墳積溜埋紆磴高鐘逗片雲空傳金虎氣長對鹿

麌群

雨過太湖

江縣水爲都混茫說具區蛟龍深窟宅風雨截孤蒲獨鳥銜烟沒浮山拍浪孤乾坤流不盡一棹落虛無

其二

瀦水天俱遠通流地欲無亂山全障越高浪半吞吳空闊聞啼雁飄飖感病蘆輕舟風雨外始覺旅情孤

夜次石門城下泊船見新月

隔岸鐘初定孤城早閉門夕天流霽色新月澹秋痕露草螢爭集風蒲蝈正繁凉飔吹客袂兀坐賦招魂

至杭州

八月錢塘路凉風動客襦江聲秋帶雨山色越連吳南渡餘荒草西湖悵夕菰愁心懸百粵頻望嶺雲孤

晤張鹿溪先生許附官舟入粵感泣賦謝

官程幸許到南天萬里秋帆掛嶺烟飾領雙旌逢驛使符分五馬會乘傳拋椰葉曉山無雨柳子香吹酒滿船多少愁心託知已山花不用泣啼鵑

邸中晤同郡吳澹岩爲余說粵中道里風土甚悉賦謝

錢塘江上雨模糊邂逅欣逢話客途以爾詩囊蹤跡遍分余別淚夢魂孤千山月曉招猿狖萬木秋深聽鷓鴣總是計程須被髓白雲多處認蒼梧

錢塘寓中言懷

廿載蒼梧夢茲行敢滯留江山餘舊淚風雨度中秋旅飯看人面郵程問客舟愁來頻悵望越水東悠悠

張公約遊西湖余方愁切不欲往

未識西湖面難等湖上船峰高秋易雨樹暝晝餘烟有客吹笳入何人載酒還兒甚多淚眼忍復向山川

鳳凰山是南宋舊苑處

鳳山門外鳳凰山傳道遺宮接闕闈曲澗尚流金

苑水高松猶識御苔斑吹笳牧馬人誰問控海環
江勢豈孱王氣東來應未盡空餘落日滿秋菅

錢塘雜感

句踐亾吳日曾聞采葛吟至今淛水上惟有暮潮
深地積鴟夷恨舟傳少伯心隔江烟雨外愁絕見
山陰

其二

南渡遺墟盡秋山落日無笳吹湖上月客醉海天
孤金水猶含照風篁已斷呼輿亾不可問灑酒弔

林逋

其三

吳越王何在江名尚霸標一隄能捍海萬弩便迴
潮地濶滄溟盡波翻島嶼遙誰觧歌舞地竟日有
鳴鵬

九月三日發杭州舟宿書懷

客行不自主一月錢塘住今朝始登舟夜色臨江
樹天宇曠澄霽星河墮微露秋潮暮何高莽莽滄
溟注獨立扣舷歌月黑山無晤新涼薄我衣推篷
理幽寤行役自有懷夢越飛帆驚何處櫓聲驚
我前行路推衾不暇寐明發聽雞渡

錢塘江曉發

侵曉快揚舲雞潮散落星一江秋水碧兩岸越山
青露漬螢猶濕灘迴雁忽醒前行知幾里已到會
江亭

自富陽舟行至桐廬

揚舲泝流上秋色紛游衍丹楓壁自文翠荇波仍
淺前嶺積未開後嶂猶轉輕風生遠帆始覺峰
巒展蒼茫歸逕杳夕照已西晚何處問桐君高雲
自舒卷

過七里瀧

進瀧遲下瀧陡風帆一片群峰走伏瀨參差飛鳥
翔迴波蕩漾黿鼉吼方疑前浦封忽訝後溪湊千
環百轉空翠行瞬息不覺青天剖吾人利涉心勞
勞前行又聽灘聲高

嚴先生釣臺

一着羊裘去帝京富春江水至今清釣竿尚復留

遺跡誰逅先生不愛名

富春渚

進舟眩空翠伏瀨緣山趾澄泓一碧開云是富春
渚下抵浙江潮上蘋蘭陰水峭蒨寫層淵潆洄亂
芳芷陰霞麗平沙晴暉蕩泥滓抑觀群峰攢顧影
反在底空谷來高風颼飀度松吹聞有岩栖人年
衰傲天子遂令一澗深耳目清心理嗟余怵于役
傷心白雲駛何當采蘋藻明信敦幽軌

朱滄崖詩集　卷之三　八

古樟行有小序

古樟去亭步驛五里許大三十餘圍婆娑
蔭二十餘畝虬枝下垂入地又復生枝周
遭叢密可藏千餘人相傳明高帝爲陳友
諒所殆避其下適大霧追者不覺得脫詔
土人加培護鼎革時欲伐之樟即死土人
請免亦隨活然非復向時榮盛矣

亭步驛東有古樟老幹鬱拂參天長上枝樛樛下
枝結深根屈曲蛟龍翔不知生長幾百載但見冽
冽凌風霜霜皮不剝亦不蝕十里亭亭青蓋張在
昔高皇曾駐蹕追兵十萬相煎逼潭深暫屈潛龍
蟠葉密更教士馬匿大霧濛濛四面垂惟聽鳴鳩
與啼鴂追者過之不復疑始見中天開白日帝嘉
汝功賜汝食詔令厚地加培植三百年來雨露深
枝葉綿綿俱恩澤誰知一朝百六厄天地黯慘忽
流血鼎湖弓劍不可攀景陽玉樹亦灰滅盛衰成
敗固有時草木亦是生成物雖未斬伐殘其身豈
無木性標孤直即今枝幹半凋枯獨立秋風無顔
色其餘一半尚青青蘢蔥青蘚與白骨飛鳥猶徊

朱滄崖詩集　卷之三　九

不忍翔夜半徒聞鬼神泣始知靈樟不蒙曠斟酌
死生酬帝力嗚呼樟兮樟兮慎莫即朽蠹飄蓬蒼
生憔悴方爾同

九月八日過衢州

浙水流方盡閩山到亦遥三衢通要領百粤轄雄
維雲斷江郎石風寒姑蔑旗重陽明日是舟楫莫
逍遥

望爛柯山作

青霞洞口白雲間聞有仙人看奕還願借斧柯斲

愁悶少留歲月在人間

九日舟中呈張鹿溪先生

漸遠江南路猶沿越水涯千山黃葉外一雁白雲斜未落參軍帽還同博望槎登高欲有賦非是爲思家

舟行雜咏

正解山根纜旋聞報急湍欹帆防怪石拽柁上高灘落日催歸鳥昏林速暮䊵前溪又訪泊心急路漫漫

其三

路轉千山外舟行一鏡中細流沙盡汰高岸石全豐水碓流秔白霜林戛葉紅微聞岩谷響始覺有秋風

常山道中

竹兜小乘歷盤紆旅飯殷勤勸僕夫山店野烟圍柘柏石田秋黍亂榛蕪雞聲出樹人知牧虎跡交林客戒途指點前峰分楚越草坪西去日將晡

玉山縣

荒荒榛莽披長路隱隱孤城傍夕陽板屋幾家存結構遺墟到處識流亡瘦兵詰客聲虛壯野老歸村影獨凉見說近煩賢府主初從離亂勸耕桑（謂李黎愧菴先生也）

謁疊山先生祠（廣信府城南）

勝國飄零事已非建寧物色一麻衣百年涕淚思江左亂世君臣托採薇月黑鄰溪魂獨往鵑啼洛社夢空歸誰憐遺廟空山裏滿目秋風又落暉

葛溪

人烟隱樹杪射落帶江流數里樟楠蔭千家蔗荳秋火耕開瘠土水碓繫虛舟何處持竿女臨溪野汲愁

鄰溪道中

石棧懸江路崧顛隔浦雲人烟圍木末客擔走鳥群竹筏魚罾賈秋山暮可分何爲鬼谷子教客敵紛紛（地有鬼谷山是儀秦受學處）

贈吳錦雯司李

鳳凰生丹山毛羽煥文章夕宿翳若木朝飛凌扶

桑和聲叶金石蹌蹌儀朝陽一鳴南國瑞再鳴海
日光大仁沛天和見者稱福祥豈無搏擊姿茂育
齊栝良鷹鸇非所用鴟鴞自潛藏時清徧德輝豈
但被遐荒終當振逸翮天衢以翺翔

滕王閣

滕王高閣俯南州極目登臨萬里秋山表霍廬吳
地盡江分章貢楚天浮文章異代餘殘照歌舞誰
人繼昔遊孤鶩落霞空在望風流千載幾淹留

南昌雨泊

滕閣猶維纜西山暮雨連三江沉雁鶩九派接風
烟草濕徐孺墓波翻孺子船望雲心正切還誦落
霞篇

鄱陽湖聞雁

鄱湖東望水茫茫群雁高空破大荒寒影乍迷湘
浦月愁聲初帶嶺頭霜中原滿地餘矰繳南國于
今少稻粱萬里愁心憑寄語果能相送過衡陽

夜次豐城

嫌夜維舟急孤城隔遠灘沙虛崩岸火石淺激溪
濟劍氣終何在星河徒自寒誰能名博物更向斗
牛看

峽江縣

峽東江全急山高縣轉孤人猶分楚越地邑接巴
渝虎跡穿郊郭民居帶荻蘆可憐兵燹後遺廟獨
周瑜

白沙驛

古驛蒼茫出短牆臨水東望白沙長人稀遠覺雞
豚飲市小深知虎兒在日落山腰遲宿雨溪廻石

脚動高檣螺川十里雙江合天柱高灘擁石梁

廻龍庵

野寺嶙峋石磴重當門恰值兩三松風開雲葉呈
諸壑雨洗山嵐出眾峰龕火夜寒摧魍魎梵聲宵
徹靜魚龍憐余萬里孤帆遠徒自依稀傍暮鐘

夜泊天井攤聞虎警

野泊山無月孤舟絕四鄰草蕭風獵獵村落夜泯
泯虎嘯陰崖動人呼遠谷淪敝衣不能寐倚眼望
星辰

過十八灘

贛江西流一百九十八高灘起梁口黃公天柱稱最奇其餘小者亦絕陡峽東崖奔走急湍鏌釾岌業蛟龍蟠橫亘側偃森倚薄白晝能令青冥寒上水迸落下水扼闘石銜崖多鬱拂晦明翕闢須臾間飛鳥過之恐隕蹶風瘦撇捩石腳開日氣噴薄大吳摧撼翻地軸亦何有瀰砰頃洞聞轟雷眼亂不見前山逼咫尺惟愁岩谷裂舟人躋蹬發狂叫迅速不及施篙楫石角稜稜相錯連高帆大柁皆失据乘凌越險非常事百丈斜牽天倒懸

驟寒行 次贛州作

吾聞天南十月無早霜梅花紙被相禁當今年朔風何冽冽欻激吹斷雰都石黑雲黯慘晦白日稜稜欲作千山雪鴻鵠飢號毛羽摧蛟龍偃蟄鱗角折客舟膠澀愁凌澌絺衣半折不可綈安得咫尺縮地試炎熱春風早為嘘寒骨

未至南安十餘里地名石孟山谷盤互谿流曲折人家散布其中炊烟裊裊從林木間出自舟中望之四面皆山念桃源世界不過如此矣

蒼翠忽而至耳目不可專亂山已前擁方舟猶洄沿磴曲谿隨轉松吹領遙烟入谷不數里縱橫開原田桑麻逞秀色村落帶流泉雞犬饒舌聲足知風俗便翻嫌桃源裏并絕漁人船

東山獨步

客心各自理散步披榛莽不知仄徑幽但聽流泉響深竹導歸雲高松連斷坂寺古落葉深佛老莓苔長蒼鼠晝窺人枝間鶺鴒椽潛行急過之俾以恬生養餘力上層巔天風任俯仰

題曾氏東山別業 今以寓僧

一室緣山趾開軒面夕陽泉泉皆到竹怪石可支床雲過鶴留影月明僧在房天風何處落縹緲達空香

大庾嶺

連山鬱盤紆絕壁界天表地利限封域樞鍵于焉肇湖湘控東南交廣伏海嶠自昔阻險艱車馬不

敢討卓哉張丞相開鑿緣木杪劈石鏟危巒棧雲道鳥道至今梅關隘厄塞懸縹緲松風破雨崖磴級高蘿蔦峻勢妨坦陟殺之以繚繞白雲自西來歷歷窮諸島

放鉢石

一鉢何所有置之石不動石不在鉢中如何使鉢重

晚至南雄

暮色横諸嶺蒼茫拼一州路縈平浦驛天轉大庾秋半壁標甌越高城掛女牛所欣鴻雁少或免異鄉愁

夜泊始興江口聞笛

帆落風旋止月明江正闊何堪今夜笛恰傍嶺頭梅客淚關山遠離心歲月催白雲如可即縹緲正西來

泊平圃驛望南華山

孤舟晚泊暮烟寒古驛蒼凉帶遠灘千樹樟柟團野色數盤蘿薜出雲端香分梵路溪流轉石逼秋花谷影攢聞道曹溪開勝地祖風遙挹萬峰安

過曹溪口

昔聞此溪口曾有異香流勝地窮諸壑開山踞上游禪歸一派水鐘隔萬峰秋慚愧塵中客心同不繫舟

蓋灘阻風

海國沉冥際天風起鬱𦘦危檣欹石角遠浪拍山腰虎怒懸崖立猿驚隔樹跳陰雲迷四野愁絶暮山樵

蒙裏驛

榕葉青深處荒荒古驛存編茆聊作屋倚石小成村晚警惟防虎寒聲滿聽猿空餘江上月偏與照煩冤

觀音岩

遠江翻石壁彌望蒼烟高空青眩帆影木面群峰交礧砢鬱積阻突兀緣秋毫峭蒨矗雲根叠翠叢霞標穿篠來天風玲瓏敞虛𥨍懸蘿梟巘末陰广穴山腰梯徑絶飛鳥磴跋臨奔濤中有金碧宮結

搆遂深邃云是古大士松龕棲宛窈維舟一稽首
皈心溯晚潮

湞陽峽

江光蕩石石欲裂山勢壓江江欲截白晝鼋鼍破
古崖青天風雨摧絕壁飛帆超忽走廻巒松栝森
森墮急湍逶迤連亘三十里日月虧蔽蒼薜寒聞
道尉佗抗南海憑陵屈曲雄要害至今猶說萬人
城啼猨一聲空烟靄

峽山 即清遠峽

崇崖亘不舒遠江如無入舟楫倏凌亂耳目遂超
忽俄頃歷層深淵谷互翕闢夯峭各自雄勢逼青
冥裂盤渦掀潛蛟列嶂圍白日天根飛倒影波痕
動山脊矗蹬日月高廻環天地劃蕊蕊白泡潭沸
星蕩泂滈冥冥沉犀浦風雨通呼吸上流有勝地
靈刹標岌嶪至今白雲裏猶勒飛來迹兒有二偈
祠縹緲隱蘿薜蒼蕊想軒轅崆峒應咫尺

飛來寺 峽山上相傳蕭梁時峽有二神人化爲方士往舒州延祚寺夜叩真俊禪師曰峽據清遠上游欲建一道場足標勝槩師許諾夜半風雨大作遲明啟戶佛殿寶像已神運至此矣

高峰縹緲白雲限寶刹玲瓏頂上開出地菩提歸
法象 庭中有菩提樹一株亦飛來物也 憑虛樓閣幻風雷上方鐘
動千山轉下界龍吟萬壑哀勝槩只今猶不滅香
幢隱隱自天來

過三水縣是日大風海潮壯甚

海氣搏蛟霧山風鼓地雷城臨三派水地擁百蠻
臺馬圍高危堞 平藩築養馬城于江上 牙旗簇峻桅尉佗猶
傑黠誰是陸生才

佛山冬至

天南十月日彌短短日何堪道路長縱是葭灰飛
六管果能黍谷逼初陽蓼莪淚盡梅花發烏鳥情
兼雁影涼可耐愁心添一線白雲迢遞欲沾裳

廣州

高城曾有五羊來大海廻環四望開地總百蠻沉
莽蕩山連五嶺鬱崔嵬鯨波疊駕樓船湧虎旅雄
屯畫角哀不見當年椎髻者教人愁上越王臺

登海山樓

危樓俯瞰海天長，島嶼微微出大荒。萬堞秋高搏蜃氣，千山霧暝失蛟房。牂牁西控浮雲迥，嶺嶠東連落日蒼。回首越王臺咫尺，祇今何處漢封疆。

羊城晤宋尚木先生 時爲潮州守

區區亦解慕州平，海國欣逢五馬行。驪徒久傳今吏部，鳳棲還說舊端明。文章自是推前輩，畣頗何當借後生。愧我窮途傷岵屺，麥舟感切故鄉情。

海珠寺 在廣州城外江中，今以屯兵

古刹嶕嶢擁海濤，危樓飛堞逼城濠。香幢影颭牙旗動，法鼓聲諠畫角高。盡日魚龍聳梵貝，深更燈火散雲飈。何時會見烽烟熄，重汲慈波洗積鏖。

西竹寺訪澹歸和尚踪跡不遇 澹歸者，金道隱先生法號也，與先給諫同合，今爲僧韶之丹霞山，時往來此地云

窅窅竹西寺，高高玄覽臺。入隨孤磬杳，門向亂松開。不忍談興廢，因之幻往來。還疑踪跡秘，或向雪庵埋。

其二

闢道金閶彥，深山獨掩扉。經披西竺字，佛供首陽薇。迺籍傷存没，灰心泯是非。行藏莫謾問，一鶴暮何歸。

羊城

高城搖海氣，列肆占山光。鍛瓦坊泥白，穿堦斷石黄。秋英分荔子，蠻飲盛椰共。說花田好，紛紛茉莉香。 花田在府城西，地多素馨，傳劉美人瘞此

端州謁包孝肅祠

龍圖學士舊郎官，遺貌依然一笑難。堦砌肯容狐兎穴，鬚眉猶映竹松寒。頹垣剝落題蝌篆，古樹槎枒擁豕冠。共說清風高一硯，芳洲突兀砥狂瀾。 江中有投硯洲

臘日入羅陽署中見庭梅盛開賦贈張鹿溪先生

欣逢臘日開官閣，恰植南枝發早香。仙鼎乍調羹在手，靜琴初試玉爲堂。天垂庾嶺春先到，地近羅浮月未央。自是鹽梅勞佇望，故敎冰雪見回陽。

除夕立春感懷

臘已辭今夕，春猶戀隔年。鄉心梅弁發，客淚柏先

德爭影遲鴻雁招魂切杜鵑蒼梧空在望咫尺白
雲連

元旦壽許懷親守府

物色王正大幕開鬱葱佳氣傍雲臺巳知臘轉梅
花節况復春從柏葉來南斗近標銅柱烈漢廷終
伎伏波才軍中好奏昇平燕競捧駝酥作壽杯

征北流留别張鹿溪先生

春風吹客淚浮雲黯蒼梧遊子懷長路去去復躊
躕嗟余抱遺恨終天慘不舒廿年泣血心悵望天

一隅夫子秉明義慷慨重嗟吁江城矢一諾舟楫
遂前途計程五千里歷時秋冬徂風雨難晦明州
嶺互盤紆惠愛周飢渴痛癢深肌膚感此綢繆意
巳足慰羈孤餘情復不巳斟酌裝囊虛邀我過羅
陽意若有所需酌酒梅花下懇勤致長謨曰此歲
云暮况子寒無襦殊方多瘴癘從客商所圖嗚呼
此意切奚啻骨肉乎天涯感意氣敢不留須臾但
念所來事沉痛廹憂虞往脇聲何悲血漬青燐枯
父魂羈咫尺忍復憚崎嶇再拜告行李鷓鴣無勞
呼死生仝不朽高誼天雲俱微軀不足捐豈但報
恩珠

宿陳貢士莊

四山排闥草堂幽中有高人古太丘野聚敢占星
是德招魂還信客多愁深杯泛月聽猿嘯遠火侵
林見虎投賴爾竹床安遠夢先隨瀧水到梧州

陸大夫祠 錦石山下

山自青青水自長先生曾此泛舟航祗今遺廟含
殘照何處江山是漢疆

至梧州

廿年長泣蒼梧淚今到蒼梧淚黯然江上雨催篁
竹裂山頭春亂鷓鴣啼翠華何處尋虞塚芳草空
知漬杜鵑欲吽湘妃頻問訊九疑杳杳白雲連

謁黃卧庵太守退上此作

蒼梧太守黃潁川終年閉閣人稱賢座上不宥留
凡客意之所樂方周旋知我西來非干澤麻衣輙
許覯顏色開口欲言不敢言寸心迸裂聲嗚咽終
天幽恨慘不舒萬里匍匐天南隅凌烟冒瘴寧顧

遠岫半天暮雨寄危巒蕭蕭驚影依人下梟梟猿
聲到客殘淚灑東風還悵望蒼梧自古路漫漫

容江舟行 即馬伏波仰視飛鳶墮水處

聞道容江出北流飛鳶跕跕至今愁山多瘴蔚晴
飛雨石競潺湲水泐洲忽聽猿啼惟有淚旋驚過
虎屢囘舟含情欲望圭峰影冥冥烟波迴不收

將至北流

未到傷心地霪霪淚已垂愁雲迷遠岫瘴雨亂荒
芘怪鳥一聲臭究魂應在茲翻疑前夜夢嗚咽恨
來遲

上北流令王世品先生

大子秉明義輒敢呈我私泣涕還再拜嗚咽不成
詞憶昔遭逢百六期有父遠宦天之涯干戈阻絕
鄉國杳日歸不得空侘傺是時閩粤尚阻險永曆
亦是先朝裔兒有群公盡推轂托身臺諫著風儀
弱弟是時亦竊祿分符佩印來寶圭中間散亂不
可說危天遍側難重持文山空戀燕關月秀夫莫
救厓山危一家骨肉三十口甑飃異域傷孤羈崛

闇青燐白骨傷羈孤恭聞高義軀今古願借餘光
照泉土君不見西伯仁恩天下聞荒瘞常作枯骨
主

寓高聖輔幕署賦別

蕭蕭官舍又栖遲多謝高情振渴飢對酒深談輿
廢事挑燈忽讀蓼莪詩恩流舊蔭棠無伐德及重
泉鬼有知聞道寶圭山下路春風已發杜鵑枝

黄太守招飲大雲樓俯仰悪眺感切中懷乃
不知哀情所廹而為之歌

大雲樓對大雲山雲去雲來不可扳使君開晏喚
雲任恍如置我縹緲間一杯一酌雲飛鶩雲深莫
辨蒼梧墓停杯含涕問雲岑雲亦紛紛隨淚注

藤江雨行

淼淼藤江遠沄沄赤峡砦亂雲爭度水飛雨忽移
汀浪急翻魚白烟濃墮鳥靑愁心安野泊寂寞掩
虛舲

繡江亭晚望 岑縣

繡江亭子江干立江自悠悠亭自寂幾樹春雲迷

塋不宥虧鬚髯慷慨捹將華㚇屍果然罡風燒黑
火鬪門誓死甘如薺萇弘有血久成碧杜宇不歸
魂何依嗟我飲泣二十載愁雲迷望天南匯天南
道路亦修阻隻身匍匐來遲遲瘴雨綿綿山谷迤
灌木深深啼子規城郭人民已非舊江山滿目含
餘悲渺渺幽魂嘯古月榛榛白骨埋荒莳嗚吁戲
悲乎哉吾將瀝血遍崔嵬封狐嗅蛇白日亂岩壑
無人春風哀君聽哭聲山石摧

設位哭先給諫毋夫人暨嫂弟諸魂

渺渺魂何在菁容一綫存塵餘骯髒一死謝乾
坤零落荒山骨飄飖勝國冤甘聲兒輩到悲痛復
何言

其二

曰維年月日不孝跪陳詞萬里觸哀遠千山跋履
遲弟兄俱困頓家室半陵夷愧負終天恨蹉跎罪
敢辭

其三

魂兮應列坐旅酒再三斟地下猶飄泊人間亦陸
沉狐狸常作伴風雨久相侵好示臨危處披榛待
我尋

其四

憶昔行邁日中原已式微不期來絕域果爾竟無
歸傲性原招患危時豈識機至今北流上空老首
陽薇

其五

猶記單閼歲曾將尺帛傳干戈艱阻絕臺省尚推
遷遠念愁家破平安報母痊詎知書寄後隨復有
顛連

其六

細數平生事文章孝義俱一官猶晚暮九死竟羈
孤有子誰為子非軀不負軀生存讀書處傾側已
荒蕪

其七

痛絕傷吾母劬勞百病身艱難隨父任慘淡別江
春淚為憐雛斷愁寧入地泯平生多乳畜負土果
何人

其八

吾弟年猶弱天涯折雁行死生豢父母殺戮爲冠纓義爾眞人子悲余亦乃見棲遲訊父老猶話舊形聲

其九

嫂氏伶仃甚稱人久未亡尋常猶將死喪亂豈囘腸一女偕全節孤兒幷早殤九原如不隔好覓故兒翔

其十

琳也吾猶女嬉嬉正可憐三遭離亂後萬里泣終天罵賊甘長夜完身赴北泉至今江上水猶濺桂腸鮮 琳以兒女也賊擄也欲污之不從赴水死

謝王使君招飲

褰裳拔餘淚含情赴嘉招華筵旣修整旨酒亦清滲豈敢饜盤餐所貴仁者邀慰論兼悱惻清談袪煩囂疎燈耿高閣意摯情彌超明德巳甚飫況此風義饒黽勉承三爵悲腸結紆繆明月出東嶺淸輝何迢迢再拜謝綢繆瑟瑟歌同袍

蒙克悌來晤 有小序

克悌北流人先給諫客也聞余至短衣破帽倉皇出晤一見悲感具言先人形貌性情如在目前且言居諫垣頗著直聲疏奏無虛日其大者如中興八議俱復南京整肅朝政等疏俱慷慨激烈大爲粵東西傳誦數年前遺稿尚存余早至猶及見也今燬於火亡矣予屢歲與弟㤗同歸邊滬得北流蒙得會同先人嫡籍時蒙尚在海南

不勝故舊之事來迨不勝任甚也今老而貧頓慷慨饒氣誼云

白髮蕭蕭素領寒自稱門下老任安倉皇出晤客懷舊涕泣爲言辨爭冤

往歲村荒久靖難地

問途聲忽春戒舟淚猶潺觸石駭奔濤亂山鬱蒼莽遙望愁雲生知是魂來在梟梟清夜藪啼聲莫悽愴

泊大羅村

懸崖一、村出斷岸數家憑截竹聊成渡披榛小作塍蠻音藏狖室鬼物弄舟燈欲共冤魂語陰雲颯颯輿

初至黎村

痛此臨危地愴然廿載心亂山叢灌木榛草蔽層岑碧血埋何處驚魂隱至今荒荒不得路誰與指哀箏

其二

未暇悲荒壟翻傷奇耗乘全家來死地孑身委榛

骸血漬青林闃嶂飛白日霾號天無可達颯颯野風飄

其三

阻僻絕人境傷儳轉自悽陰風鬼魅遇白日虎貙啼蔽路拚榛隙捫蘿踐石倪山魈持毒弩見客怪相齊

清明野哭

他鄉風雨夜寒食故國松楸未有期歷歷荒岡迷白骨紛紛野火亂青莊號天有路冤誰問剪紙無憑鬼豈知悵望平林烟暝漠聲聲惟有杜鵑悲

其二

倒却空囊買紙錢雙攜孤淚拜荒阡青山不盡籠蠻雨芳草無聲障遠天已愧顏烏傷負土誰憐介子哭綿田故鄉此日應相望矯首歸雲華表前

北流春夜

賣圭山下暮雲遮萬里招魂不見家一夜東風吹瘴雨朝來落盡木綿花

勾漏山

天地剗其闘端倪肇靈域南服多奧區圭峰尤岑崒平疇鬱莽蒼拔地攢青碧斷續亘旌旗簇蟀森劍戟直上無寸膚鋒稜削奇骨嶙峋亦飛舞布置若拱揖積氣漏一綫窅渺開窟宅冥冥玉虛洞混沌于焉洩秉炬探幽深頹洞驚魂魄入門頗宏敞轉側始周折需雲散石花鬼斧鑿霞壁不知幾萬變旁通滙堂室石筍軟可餐玉乳寒欲滴四壁光晶瑩燦燦星辰列變空噴烟霧風雨稟呼吸半中一方塘湛碧凝膏液寒魚不畏人見明爭唼喋過

磵跋層梯盤紆徹山脊稍透日月光微竅窮地脉
雕琢幻造化玲瓏逗開闔曾聞葛仙翁丹砂留遺
跡至理合杳冥地底藏白日至今鼎竈傍苔蘚不
許蝕

白沙洞

玉虛已幽玄既出神猶亢徘徊坐石角始覺群峰
曉從遊爲我言白沙還更好踴躍披榛途山根繞
數繞仰眺巉岩半陰洞岬殘照援蘿一登之側足
屢欹側我勇豈憚疲樵枯續餘燎俯身探飛磴凌

空下深窖忽聞雷雨聲千峰剷寮䆗燦燦白蝙蝠
霧然拍炬燿杳冥塞大明歙空露微竅歛束匍匐
過飛梁度堂奥平開兩石扉閎閟呈至妙天花噴
華蕋寶珠綮紺縹懸空汪玉杵㙈㙈盤奇藻物象
窮變化斧鑿神工肖背後一石柱支撐隘逶道轉
側遂紛披百孔迷所造或凹如杵臼或凸如城堡
或偃如折床或横如破艫或捲如縐縠或展如覆
幬分趨任徒侶貫串仍齊到滴瀝生細泉涯流忽
浩漾渟泓不可渡褰涉媿魚鳥投炬燭前蹊壹壼

[illegible]白沙何以悟棲尋窮源測靈肇

北流城南喜遇羅君 有小序

余既至黎村見其亂山盤欝篝茅蒼莽茫
然不能得路山獠數家奎鳥獸語問之不
省廹之則持毒弩擬客自顧無計返舟北
流城南日號呼于荒岡斷阪之間冀天之
一哀憐之或先盡之有命也羅君來自鄉
見余哭問之語之故即訝曰固有是朱侯
者名滺少年面白皙口語吃吃令吾邑兩

月而被難于黎村是君耶吾非特識之
且朝夕共事者獨太翁待行在未識耳因
爲具言喪亂事且曰黎村非一人可往即
得路少人亦不能深入君毋悲此事吾當
任之余泣謝返舟既悲且喜以淚濡筆而
爲此詩羅君諱國㚨字仲常北流諸生以
節俠爲懷遠伯所知出入行間弟令北流
實相爲倚重云今年甫四十餘已棄諸生
不爲矣

寶圭城南春欲暮鷓鴣切切啼烟霧天涯孤客哭斷雲淚落平蕪不知處隔岡何處竹車來聞我哭聲爲我任訊知鄉邑心已驚既通姓字情自悟吁嗟不覺久徘徊慷慨直前吐情愫自言托身懷遠伯曾在行間衣尉匠當時年少有朱矦是君令弟吾之父兩月縣令值亂離出入聲援相依附旄頭一落大將亡罡風四起乾坤蹙鳥獸奔騰山谷催滿地蒺藜難馳步弱肉强食遍殺傷何暇紛紛擇流寓至今十有五六載白骨榛榛成野聚天陰雨濕野鬼號空山無人虎豹怒且收餘淚返舟楫明朝爲討哀尋路

宿羅仲常山莊也仲常邀余過其家宿入黎村

之子敦高義相邀矢片言開樽延夕照敲閤聽山猿淚盡燈花濕談深楚客寃微心一感激餘夢尚聲吞

其二

客淚憑君慰深燈坐鬱胸楚招空有賦秦哭得同袍夜迴星臨閣山寒樹作濤旋聞名徒侶待旦寸

心勞仲常爲余召集村中壯健三十餘人爲追山搜尋之計

再至黎村賴羅君率壯健四十餘人爲余導引遂能深入

慘慘山猶鬱荒荒日復斜尋村無舊壘轉谷但深蛇地即交豺虎人今戀網羅魂來應有訴愴惻一長嗟

其二

入谷一長望當年此寄身支棚松尚屈叠竈石全蕪但見猿猱跡空悲風木但陰雲飄杳處餘恨滿山隅

其三

闢榛叨衆力濺血歷層巒尋骨春方漲棲禽晚自寒露炊攜野飯草宿偎巖巔懸山蜩響悲音續淚殘

其四

四顧蒼茫裏羈魂阿那邊覓骸皆作血聽鳥總疑鵑括括黃沙水離離赤瑪烟摧心一滴淚曾得到重泉

其五

匍匐乃深入愴聲迸一號刺膚藤漬血側足石披毛松黑狐狸壯烟荒魍魎豪魂兮庶來往尚以慰忉忉

其六

攜來十指血漏擬歷荒荆豈憚峰巒互惟憂水火攖紙錢隨樹掛芒履逐坡行獨有終天淚空將猿鳥驚

其七

誓欲求遺骨歸來整墓門如何荆棘裏并絕血苔

痕永作無家鬼終成失主魂蒼天不可問何以報諸舅

其八

此來誠已晚空自淚滂沱剔蘚尋荒穴聽風認鬼歌躊躇難去住躑躅下坡陀忍遂尋歸路哀音憫蓼莪

遣悶

圭峰園古驛竹屋抱孤城野火雙橋叠春苗二月生悲來雲只白家遠夢難明最是愁人處山山鵑鵑鳴

其二

此地空來往孤舟四月艤草封勾漏洞日下伏波祠野圃棲餘燹官衙臥小貍春風知客恨猶作亂離吹

其三

萬里哀誰洩終天恨莫酬徒然成野哭不得慰松楸天遠蠻烟黑山春杜宇愁眼看湘水上添得白雲悠

將發北流有小序

千山喪首片紙招魂解纜躊躇獨傷永痛已知無復許稍似有猶由山流白雲定有游魂在廿年泣血心今日始成遺萬里空跋踄豈追通天罪活活北流水杳杳圭峰靄歷歷泥愁人咫尺落天外沒身之遺恫詎敢匆匆背雖不睹形聲幽通庶幾會自此永天涯一訣遂無逮解維勞寸心淚滴空江碎招手叫諸魂歸途好同載

謝別羅仲常

聞君慣作天涯主慷慨一諾無爾汝流寓紛紛盡
寄孥周旋離亂如安土嗟我父弟失所歸仳傴跼
踏投豺虎廿年皮肉委烏鳶白骨榛榛慄風雨我
今匍匐萬里來哭斷荒岡雲不開謝君哀憐發悲
感爲我熟計重徘徊烹猪漉酒召徒侶斬榛披棘
歷崔嵬上窮絕巘下塹谷寸指親爲捫寒灰山虫
咬人血流絲野藤刺膚鬚裂腮自暮山昏陰風起
枕肱藉股眠山趾荒冢野封徵懸洗髏朧故匿烟
嵐裏夜半魍魎走木魅群哮歷歷啼山鬼起來招

朱滄崖詩集　卷之五　卅八

呼更深入東西南北勞心擬可憐蹉跎歲月深巒
烟瘴雨俱爲侵幽魂渺渺不可見天荒地老悲陸
沉忍痛一訣下山去孤舟月落荒江潯拜君別君
感君心鬼亦從今識地主千年冥德流雲岑

烏生八九子

烏生八九子營巢江上樹風雨飄搖巢未固老烏
覓食天邊去天邊去叮嚀八九子慎守我巢天邊
網羅高復高我去不歸我心勞他日反哺憂爾曹
八九子爾亦人之兒父母之愛知不知見母之去
不見母歸其巢在斯安用巢爲爾九子他日莫哺
雛

自北流回舟至梧州

來往千山裏陰晴萬壑殊春歸啼鳥換瘴起客舟
孤回首雲縹緲遲徊夢有無不堪隨去浪餘淚別
蒼梧

其二

浪逆來時路山凝去後悲可憐湘浦恐只有鷓鴣
知水瀨石猶怒魂遙雲故遲菰蘸爛雨外千載起

朱滄崖詩集　卷之五　卅九

人思

其三

容江今夜月慘慘向誰明石鈌風無定山空樹有
聲鬼燈操宿莽猿影掠孤城野泊何須問中流避
虎行

其四

鬱木何勞速南山苦欲奔雲光穿石墮日氣蕩江
昏有淚隨孤影無天寄斷魂愁心莫可訴翻要一
聲猿

其五

孤舟催客淚，叠嶂送歸人。自愧顏烏力，空啣精衛薪。瘴高山易雨，江濶水誰春。歎息著梧地，愁雲不肯泯。

其六

來覺灘鳴石，歸無浪打船。豈因心轉折，悠却路洄沿。跕跕飛鳶墜，瀰瀰赤峽連。歌羅成影動，烟樹接蠻天。

羅陽小草

靖江朱　滐滄崖氏著
吳門周世祚禎符氏
同學　朱鳳台愼人氏選
范明輔公理氏

喜雨呈張公

小旱亦爲虐，况乃赤其土。一雨即其蘇，况乃沛而溥。萬物各有生，枯潤由所主。我公精禱誠，所以通輿咏。王豐歡客顏，年登壯官府。遥聽山農歌，春苗

香石塢

苦雨

甚旱苗則枯，積陰苗又顛。譬如久飢人，哺之當以漸。嘉惠此滂沱，膏澤豈不徧。所惜造化心，舒寫過漫滮。高田飜波濤，深谷塡淤澱。病苗力不支，披靡就凌亂。鴂羽慴溪梁，飢號失顧盼。况我霪滯人，沉冥廢書卷。苔蘚緣衣生，蛙鼁上堦戰。黙測天地大，腸雨有遺感。

方心山之廣州送之

與子相逢良不易我來子去如相避豈是飄零各有因須知良貽天所忌五年城內越王臺啣杯一笑海天開莫向花田尋茉莉趙佗劉鋹俱塵埃

又贈方子

肝腸君自許憐我哭蒼梧語至心俱絕情親意轉孤贈衣深縞帶分淚失江湖同是飄零客何須悲鷓鴣

謁羅定守管鍾石先生

夙聞黃綬吏今見紫芝眉雅量如無物清襟不受

天滄樓詩集 卷之四 二

緇寬柔降武悍忠恕忍瑕疵杈度波千頃汪汪越等夷

其二

茂死推才子眞儒出上京仁優無外物道大民能聲閣靜琴開月天高鶴友笙瀧江千里碧堪比使君清

憶内

憶汝牽衣送去途支床瘦骨倩人扶能捹離別兼生死獨有肝腸念舅姑歎日調飢惟約腹衰年顛

血爲哺雛可憐萬里音俱斷疑誤煎心夢亦無

初夏張公署中書懷

官閣淹留日清和乍有風榕陰非舊綠荔子已新紅拭淚勘時物低頭拂斷蓬遥知兄與弟竚望海門東

四月十五内人生日也悽然念之

今朝憶汝逢生日萬里無由訊病身僮向風前遥寄祝願支瘦骨待歸人

端午後二日送張太冠之杭州

天滄樓詩集 卷之四 三

纔罷蒲觴又別離羅陽城外雨如絲舟牽紫荇縈瀧木路入黃梅憶子規仗劍君應酬國早招魂我尚賦歸遲西湖烟月能相待爲採菡萏寄所思

將赴管州守館聘之招

去留難自決鬫命復躊躇慷慨吹噓際淒凉誦讀餘客心雲共杳鄉路夢猶紆敢尚誇南面江湖久廢書

過管公署

旅況何遷次愁心勉自支威儀存雅道賓主畧浮

詞暮雨竹聲亂空堦榕影披雖然暫棲泊一錫有
深知

四十又過四五月二十五日初度作

四十又過四悠悠遲暮情迂懷期不朽至性易孤
行誦讀飢成癖風華老未平爲人無大節歲月總
浮生

贈別劉東衢還山東

男兒有首莫戴儒冠有手莫弄三寸翰儒冠轉
誤多誤人書記姓名何足美但能慷慨磊落自負
一世豪安能低首斂袵同兒曹獨不見山東劉東
衢偉然七尺昂藏軀爽氣拔俗連虬鬚裘騎馬
雄且都千金結客無趑趄酒酣擊筑歌嗚嗚倚劍
長笑輕郭朱一腔熱血酬知己見人歷歷輸肝膜
今年過我南海隅悄然憐我悲窮途爲呼一斗酒
擊碎玉唾壺丈夫有意飄江湖何處春山無鷓鴣
貝丘城南秋欲盡長白山頭白雲冷君今歸去心
耿耿余亦江南理烟艇何時同上泰山頂東觀日
出廻滄溟

送楊生還京

鬱鬱嶺上雲渺渺幽燕路同是天涯人君歸我尚
住

其二

君家汾水頭我家楊子尾萬里各悠悠由風吹暮
雨

其三

嘗聞燕趙士悲歌慷慨多何有不平事寶劍常摩
挲

其四

我有終天恨不敢向君語君乃知我心拔劍望平
楚

其五

囑君無別話燕市酒頻呼醉倚金臺月爲余問狗
屠

其六

盧溝風已秋滹沱木未落莫云踏長城天寒飲馬
窟

其七

結客少年場氣意歡邂逅寸心不盡言他鄉各回首

其八

離尊不復醉蒼茫訂後晤君是潮海人應過楊子渡

七夕立秋

天上佳期夕人間遠別心河明天有界橋迥鵲無音獨樹初辭葉西風漸報砧遙憐閨閣望瓜果罷穿鍼

早秋客思

客意驚時易新凉薄葛衣他鄉雲只白故國葉應飛蛩語爾何訴月明人未歸慇勤望來雁爲訊舊柴扉

其二

嶺樹葉不落何由知早秋身孤凉易覺天遠月多愁禾黍鄉園路松楸勝國丘含悽歌九辯宋玉本吾儔

贈山陰韓鍊百

會稽之山何突兀中有奇士韓鍊百十三探得亮委書擕向雲門坐盤石十五十六氣益豪磊落不肯安蓬蓽北登泰岱觀滄濱空濛蕩滴開胸臆可憐十載幽燕遊短衣長鋏風塵色才名不必碎胡琴醉倚金臺笑白日祇今未滿三十強老氣橫歷輕九陌昨歲扁舟過羅陽主人開幕招嘉客主人誰乎張千秋愛客相歡無促戚男兒少壯未逢時但遇知己死亦得君不見陳琳阮瑀建安才書記翩翩皆記室古來雄英亦爲此何必慷慨思投筆君且飲聽我歌維浮山月高嵯峨披襟大叫海天白梅花落盡松風多

題包長明先生祠

五馬當年鑾谷迎至今遺愛勒清名文章化俗師前輩竹葉題詩見吏情秋水滿池魚尚樂山雲入案鳥無驚華亭鶴影今何在父老猶瞻天外聲

開元寺

城隅斜抱寺門開秋水涵堦漾古苔僧老僅餘鐘

報夜佛貧空歷刼成灰（時已被火）遙山入座雲爲蓋野
鳥窺燈樹作臺布地黃金何日事人間樓閣總塵
埃（時寺僧募修未集）

晦夜

積陰沉四壁寂寞夜無聲露瞭聞敲竹星稠欲障
楹颼颼攢屋語魍魎逐人行悵望明明月來朝魂
始生

喜再晤方心山

與子別未久孤懷常自引怪君何爲者勞我心耿
耿離緒雖強名但覺精魂并昨夜夢君來秋風瀧
水冷今朝果維舟登岸遠相訪知子憶我心與我
憶子等出迎不遑衣纖絺倒持領執手一相笑未
語聲悲哽慰欵無支離至性發深省茅店酒可沽
慷慨且爲飲起視江月生千峰蕩高影

送方心山隨蔡幼文僉憲入京

一樽相對慘驪歌瀧水悠悠奈若何別有性情存
涕淚共憐身世渺風波秋辭百粵蠻雲合客到中
原鴻雁多聞道高堂生白髮燕關雨雪莫蹉跎

中秋獨坐（是夜多雲月甚朦朧）

明月宜今夕愁心待爾安如何憐客恨故自匿雲
端天海雖云遠關山共一寒願將圓滿意照我淚
痕殘

秋懷

山城處處急疎舂禾黍鄉園隔幾重纔過中秋又
九日愁看黃菊對芙蓉空江月冷魚龍卧遠谷風
凄虎豹訥獨有客情無倚賴時從飄落問高榕

其二

孤影天邊孰與親吞聲暗自哭秋旻江山慣葬無
家骨烽火難歸未死身萬里寃魂悲楚些千年淚
竹怨虞嬪哀猿冷夜尋常事愁說江湖滿白蘋

美人蕉

招颭誰家女參差小作群艷非關綺縠幽自悟聲
聞浥露流紅臉梳風墜綠裙若存霜雪意窗影許
相分

雉

已具文明質還含耿介姿既然多所美安肯苟爲

隨歎息遭羅網光輝作羽儀獨憐徒自損不及舞
下時

鷓鴣

爾豈難行路偏能向客啼一聲春雨暗千里暮雲
迷弱羽飄江海微身困草萊哥哥且莫喚已在嶺
之西

果下馬 高不踰三尺可果下行故名駿者有兩脊骨又名雙脊馬健而能行

僬僥高三尺矮矮未滿韋四蹄輕不蹶雙脊健無
前緊悍空凡肉神奇托瘦顴真宜乘果下低拂落
花偏

歸思

秋又辭吾去家仍落夢中天從今月遠月豈故鄉
同所事已無着何途不是窮病妻知在否愁絕望
高鴻

倦夜

虫鳴燈欲盡愁緒況交加月故窺人微鐘猶為客
聆新涼侵慢幕重露滴窗紗半枕邀殘夢歸魂或
到家

秋盡

客意悵秋盡胡為竟我辭訴愁憑好月邀夢托涼
颸無盡黃花路寒申十月期多情承蟋蟀床下話
天涯

初冬

歲功收百物客意警初冬殊俗氣猶暖故鄉衣豈
縫小春申臘信高樹客霜容嶺上梅花早歸途正
可逢

過管公署中對月

已卜歸途月如何又獨看他鄉週歲滿今夜十分
寒萬里應同照空閨莫早殘庶幾遙望處咫尺接
團圞

憶內

一病其能久占歸我又遲生寧無忍餓死必重傷
離縱有諸昆弟其如幼女兒愁心無準則夢路亦
多岐

見菊

天南十月始見菊盈盈瘦骨秋一束豈是寒心不

耐蒸故待輕霜存幽獨人情趨炎不趨冷晚節惟君獨修整東籬采采果何人落英滿地西風緊

庭竹

蕭蕭一庭竹非雨亦秋聲不是瀟湘種胡爲斷客情

閬邸報見徐亦史老師被參有感并懷尤劉二子

物論驚心總不平天涯轉復動離情清能絕俗原招謗道不宜時敢愛名師友十年千古在文章獨

契寸心明歸來好整滄江釣共采芙蓉賦濯纓

刪竹

物性孤則貴道以虛而長所以君子心不受朋從黨荷彼挺直節豈不嘉容朋曰斧之斯之清風應弘獎

殘菊

一寒能自慰何事亦支離惟不矜繁艷終能抱故枝霜侵甘到骨雨抹尚餘姿晚節尤須重摧殘莫詭隨

十二月望夜對月

客中時序暗推遷見爾相依十二圓知我歸心期隔歲故將寒影報殘年

霜月

空庭霜氣肅增此明月光群籟一以寂窗户生高京霜亦不在地月亦不在天霜月兩不知光氣爲

濛前

霧月

空濛合一氣混沌疑未鑿即此見洪荒萬象歸冥

漠

見梅

一枝寒訊到鄉思忽悠悠不用頻攀折人今在隴頭

春日言懷

絕域青春異花時花盡飛惟餘芳草色猶解送人歸久客防人賤窮途與願違何如故園裏長採北山薇

其二

春色嗟留滯陰晴二月時江深催雨急山暖落花遲飄泊慚書卷踟躕倦酒巵歸心不可問只有鷓鴣知

雨後曉望

江郭含初霽微陽破曙烟春塘流未定竹屋濕猶懸出谷鳥聲喜爭枝猿影牽山花無意緒飄落客歸前

蓮池庵

寺闢古開陽門臨春水塘高榕蓮徑側野筍出林

長鶴去石床靜僧閒龕火寒一泉堪飲客少坐挹清光

其二

曲曲荒岡互微微細路分水天涵境地魚鳥濟聲聞鐘定佛何寤門開山出雲吾生已飄泊暫此謝囂氛

贈鍾秀才

聞道高榕裏幽深結草廬出交天下士歸讀古人書區別名原貫歐詹學有餘慚余天畔吝懷抱得君舒

春愁

客心無復慰春色為誰來鳥帶蠻音合花從萬里開江山叢淚眼戎馬失登臺不見南中路何由寄落梅

出郭

遙青紛客袂坦步歷晴沙二月春猶半山田麥盡花家家分荔種處處與魚牙漸聽蠻歌動相邀獨野衲

上巳

何堪飄泊逐芳辰客計蹉跎又暮春不見秉蘭川上女但看折柳路傍人聽鶯苦憶江南樹修禊空追逐少塵願借灘江夜愁闌憑風千折問歸津

羅陽八景

古洞何年闢曾聞起蟄龍風雷留幻跡苔蘚勒遺封是石皆成竅無雲不到峰時時見靈氣隱躍動高松 龍龕蛻骨

其二

崍峋一卷石云是古青牛紫氣竟已杳白雲空自悠眷高蒼蘚沒樫老綠莎秋想見猶龍去曾同函谷遊 石牛仙跡

其三

孤塔渺蒼穹危橋落彩虹虛隨流水折遠蕩夕陽空一柱浮千嶂高鈴揭大風何當凌絕頂俯視盡鴻濛 東橋塔影

其四

聞道嶺梅早嘗開十月花果然無雪到已報數枝

朱滄崖詩集 卷之四

斜香動雲俱鴻林繁月不譁最宜深夜步清夢逐仙娟 南嶺梅先

其五

千山縈水澗斷岸過風腥何處賣魚了歸來一槳停細敲温夜火短拍激清冷只在蘆花裏無由問醉醒 大灣漁唱

其六

山雲高欲落隱隱逗輕歌風動忽而斷鳥鳴更以和林深烟作笠遥遠谷傳柯日暮催歸擔清音談一阿 金種樵歌

其七

混混雙龍合悪空自蜿蜒欲爲天下雨故作一朝烟樹色千林幕泉聲萬壑咽何如太山頂膚寸潤垓埏 雙龍曉霧

其八

奕奕四高冈軒軒彩鳳翔明霞蒸海氣旭日麗天閭丹嶂垂千秖靈苞發九章會當搏逸翮咫尺到扶桑 四鳳朝陽

朱滄崖詩集 卷之四

別黃藿齋

以我欲歸意爲君轉慨慷依人無壯色結客易空囊烽火十年夢江湖萬里霜高堂慈母望切莫滯歸航

東歸草

靖江朱　滐滄崖氏著

吳門周世祥禎符氏

同學　朱鳳台慎人氏選

范明輔公理氏

舟過三洲岩不及上

江痕蕩碧懸崖枉石屋深藏香玉乳奇峰鬱礌鐵
不如未入其中神已杳高松瑟瑟欲壓舟白雲出
洞如我留我欲停舟風正駛空憶三山與十洲

謁吳石霜司李

夫子聲名久重是文章伯雞壇狎齊盟衣被盡群
哲奇葩鬱風規麗藻宣雅則蓄異匪凡儲蘊眞鮮
今質驅駕班馬埸踔厲徐庾席才大不枝梧識察
耻剽竊華國充羽儀清時資黼黻如金鐘大鏞琅
琊鳴天闕如景星慶雲爛爛耀閶闔聲光逮下士
紛綸任所給後生蒙吹噓大雅芬齒頰評隲寓甄
陶領袖歸獎掖足知樂善誠虛懷無促戚尙憶去
年秋連舟章汇側西山暮雨收伏謁覲顔色君懷
一硯清我抱蒼梧泣獻君招魂賦感君重悽惻客
江有沈疾東道煩尺一即此麥舟心窮途彌感激
慚愧瀧江水兩載羈孤跡蒙寄嶺西篇曰以慰岑
寂舒寫本性情風流見標格不才挾布鼓敢向雷
門擊哀吟有二草輙自忘鄙澀一以慰疇昔一以
告請益

其二

請益君莫辭淵源亦非偶同譜忝家兄文字諒俱
有況兼世誼存通家要之久恭惟太尊翁是我先
子友維時陳友台師木叔作令荒江戴致客多名流

湖海望亦陛太翁涉江來芙蓉攜兩袖汪汪叔度
風千頃無瑕垢先人雅古歡一見形神剖俗外深
相知豈但傾杯酒來往雜諷詠文雅交相誘時時
志意豁共倚寒門柳至今垂柳根猶記雙攜手偷
仰千古中良人不虛耦吾祖像亦古翁拜曰老叟
我父重再拜邀翁以不朽翁文如金石匪人諒不
授至此獨欣喜擺脫無停逗矜重筆墨間一字不
肎苟既成有道碑復邁蘭亭肘至今光家乘琬琰

堪世守忽忽三十年存殁空回首太翁樂期願我父厄陽九辭罷淚盈襟天涯愧奔走

晤南海陳喬生先生是先人舊同舍邂逅道故感念存殁泫然賦贈情見乎詞

窮途孰與訴哀情父執欣逢百感生通籍惟君爲碩果招魂愧我已虛行江山不盡興亡淚文獻兼淪杞宋名（永曆朝紀事史籍俱令兄秋濤先生錄藏後以起義被收不屈死并其遺集無敢存者）敢向人前詢舊事幽憂贏得一吞聲

游七星岩

何年七星墜地爲七峰峰峰散作青芙蓉根萌歊入瀝湖東光苡猶似懸蒼穹深广邃谷闢以啓開闢混沌爲軒庬霞甃霧甓鬼斧工雲屏月殿森玲瓏頭洞或恐藏蛟龍至今寒泉猶淙淙千年古苔不敢封白石鑿鑿誰磨礱其聲鏜鎝鐘鏞同老僧一扣四山空冷如萬壑傳松風我欲鬅髮凌長松醉捫碧落呼鴻濛安得更遇摘星仙人來雲中爲我一剖星石變化之始終

吳司李招同陳喬生給諫朱新庵別駕飲署

中小樓

朱夏氣清和薰風來廣除君子樂茂育刑清庭晏如招客啟官閣端然好樓居丹楹耀圓景新荷敷方渠西漱端溪流東眺星岩紆疎檽不受暑爽氣生衣裾矜慎荼瓜肉脩楚捐俗腹壽心延古歡雅飲何徐徐威儀節繁簡倡酬歸恬愉調同理亦超妙悟酣醇醨季方既夙德（喬生爲秋濤先生嫡弟）紫陽多遺書（新庵編集先儒理學之言名時習錄）主人吳季札詩成太代餘跂子發哀吟落落蒙吹噓（余獻粵哀吟并羅陽草同座傳閱歎賞）艮曾

足千載清夜寧須臾起行歌既醉明月下城隅

登閱江樓

閱江江不盡更上閱江樓峽束潮爭入城低塔湧流乾坤何莽蕩日月會沉浮莫問滄桑事深防惱白鷗

贈韋心宇副帥兼柬陳朝簇秀才

大將雄風絕嶠行閒揮羽扇坐專城懸崖瘴海鯨鯢靜立馬秋山草木平幕下文人尊杜牧筵前鼓吏恕彌衡書生未識將軍令訪友來看細柳營

望頂湖山

山光迸裂湖光遠，湖在山巔山有烟。石汲神魚吹白霧，雲拖飛瀑界青天。遥鐘忽送千峰雨，絕壁如懸萬歲蓮。未審涅槃臺幾尺，上頭應有老龍眠。

晤澹歸

吾父曾同舍，夙聞風義饒。死生俱慷慨，家國總飄飄。彼美皈金粟，西方見聖朝。含情欲有說，默默視歸潮。

其二

青鎖當年客，緇衣勝國人。患家趨講席，度世答君親。諫草封雙樹，禪心轉一輪。數聲山磬後，捻却是孤臣。

其三

百死身猶在，千峰道始生。諸緣今日盡，不朽異時成。大夢觀前事，灰心忍獨存。翻憐採薇者，空抱餓夫名。

其四

聞道丹霞裏，空庵一往深。還將君父意，來證佛天

朱滄崖詩集　卷之五　五

心。苦石勘與廢，烟鐘悟古今。此生未了事，經濟到禪林。時方大造丹霞山

海幢寺謁阿字首座

入寺聽潮聲，知師道已成。碧傳天海濶，詩到夜禪清。說法群龍醒，拈花一鳥鳴。何當發悲憫，爲我示無生。

古詩贈閩中林元之

枯桐雜於薪，誰知太古存。合之以梓漆，巧斵借軒轅。紃之以七絲，響發潺湲。一鼓萬壑哀，再鼓風雷奔。當其在火坑，焦尾不能言。

朱滄崖詩集　卷之五　六

其二

鳳凰不棘集，騕褭耻服箱。種蘭當溝塗，安能揚其芳。南國有美人，絺綌以禦涼。時違才乃拙，售賤賈寧良。陶朱老范蠡，赤松遊子房。古人不可作，徘徊以自傷。

其三

浮雲無起滅，倦鳥不擇枝。人生如轉蓬，悵然將焉之。關山何迢迢，車馬何遲遲。遲遲復迢迢，行行多

路岐少小輕遠遊衰老重別離豈伊異心志物各
悲其時俯仰念鬚眉風塵惜今茲

其四

白日落高樹青山罩晚陰凉風自西來飄然吹我
心仰視雲中雁鍛羽思暮林風疾不得下婉轉發
哀音荒原何寥濶河水清且深路長馬力罷獨立
望高岑

其五

美人白紈扇遺我當冬期豈不感恩愛所傷非其

時憶昔與君歡兩心各不疑自從中道違風情遂
以移貌言何繆綢肝腸自乖離黃河亦可測太行
平如夷白首倘難量傾蓋寧易知古人重交結斯
言良未欺

其六

大鵬翼垂天天池徙翱翔風力忽然息萬里徒頡
頏中道遇飢渴枋榆不宥將物大難爲濟顧謝自
悲傷陽岡有良禽曰名爲鳳凰秉性何太殊睇距
厭圃場擇棲梧桐枝擇食竹實香世亂不苟出天

地闕其祥嗚呼河上鵝濡味河之梁潑潑鱣與鮪
快獨亢其腸

贈沈友石提舉

休文自是文章伯國蓄猶來鹽筴與聖主理財海
作府儒臣憂國心如米鳶波象群舳艘梗鮫淚珠
厓島市憎蒿目時艱君獨切榷縚宵復效桑弘

贈潮州鄧嘯庵別駕

極喜初相見翻然又引嫌愛從今日汎情爲故人
兼城外潮千尺堂中雪一簾悠悠道路意轉復惜

清廉

別阿濬二公

與師相見卽皈依悲涕何堪手重揮骨肉一家剪
露溘江山千里夕陽微已將泡影觀身世甘向西
山守蕨薇遲我十年婚嫁畢丹霞來共結禪扉

胥江夜泊

水落江猶濶沙寬岸轉紆亂星低市火新月漾風
蒲賈客連檣語蠻僮隔竹呼青樓招颭處有女坐
當壚

廻岐驛聽王將軍舟中彈箏

廻岐驛前江微波，樓船使者夜來過。將軍自醉金叵羅，十八蠻奴發皓歌。自矜學得秦聲曲，六尺桐箏雁柱促。拉雜啁嘈銀甲齊，遏雲宛轉紛相屬。金珠擲地更鏦錚，一彈再鼓手不停。二十八調流方響，鮫宮月靜魚龍沉。更有琵琶能趣節，鵾絃玉板不曾歇。餘音如縷幾廻腸，五月邊風飄絳雪。八蠻小鼓應宮商，入手輕翻伎更強。不思絕様文姬拍，還唱明妃出漢疆。須臾曲罷胡笳咽，牧馬悲鳴壯士泣。李陵衛律盡侯封，誰認關山漢時月。

風雨過彈子磯

絕壁來風雨，孤舟溯急湍。雷殷先在木，江動正摧巒。鸛鶻翻枝墜，黿鼉護穴寒。客心方蕩漾，小泊敢求安。

復到連灘

憶買灘舟去，山田麥正秋。如何阻舟楫，復此聽鵂鶹。月雨孥村店，沾泥擁敝裘。路難今始諳，野宿傍浮鷗。

客店遣悶

行李淹殘卷，兵戈穿腐儒。三番沿湞水，七月聽啼鴣。道梗裝難給，村貧酒客沽。飄飄無倚着，淚斷故山樞。

其二

客心搖坐臥，遠道尚多艱。困懶拋殘帙，支離苦病顏。鷓鴣催莫雨，槲葉響秋山。屈指南來雁，西風又擬還。

題董宜平祠 董，關中人，永曆時有戰功，封宜平伯。鎮羅定，多惠政。病殁，士人思之，爲立祠。

聞道將軍領百蠻，至今遺廟閉松關。一抔馬鬣依僧課，三尺金魚鑄佛顏。出谷閑雲無意返，穿林野竹少人刪。眼前多少興亡事，疎磬數聲秋滿山。

鍾秀才山齋遣興

背市斜通一徑深，虛堂正對碧溪潯。傍檐聽鳥忘為客，啟戶看山不隔林。種得新松皆磊落，叠成怪石總嶔崟。可憐橘柚垂垂發，又作秋光一院陰。

待張公官舟久不至 時方入粵，予仍附舟東歸。

歸途又提趁王程八月江聲動客情萬里思鄉鴻雁到秋山聽雨鷓鴣鳴雲中未辨王喬履溪氏猶聞子晉笙幾度臨風歌湛露蒼葭已映鷺鷥明

自金雞嶺步行至梅嶺

小憩肩輿攝敝裘嵯峨不憚萬山稠松能礙路微通徑石故侵溪直壓流客擔遵蹊衝鹿過人家隔塢見猿投草間還聽涓涓溜細理泉根上嶺飄

途次與韓鎮百分路

嗷嗷雲中雁飄零共一方風霜互爲恤飲啄相扶將倦翼厭所歷連群歸故鄉西風吹霜日江海空茫茫中道遇羅網飲齊無舟航徘徊顧形影上下徒頡頏大運當乖離凌風各分翔分翔復分翔既去還徬徨昔爲兄與弟今作參與商舉首望高雲涕下河之梁河水清且深原野多嚴霜何以贈久要努力慎行藏

舟泊百家村遊劉氏廢園

百家村口暮烟浮荒苑無人不禁遊曲徑草深惟見鹿平池水淺尚宜鷗行人輪鐵蕪枯樹齋寺殘

磚乞小樓舊日繁華一悵惘夕陽斜映石欄秋

登白鷺書院後樓懷歐陽文忠公

高閣芳洲上江流繞閣明思之舒遠望遂以悟文情山帶音螺合堂開白鷺揖斯人不可見大際浪微生

新淦道中

風定帆檣適江空霧靄濃家家枚橘柚岸岸蓄芙蓉市小人歸早城孤客夢慵遺聞秋稼熟寒杵報村舂

徐孺子墓

鬱鬱高士墳松柏空寂寞俗士不相知但愛滕王閣

樵舍

不見樵人跡空傳樵舍村孤亭幽斷岸老樹出頹垣湖近魚鮭賤天寒雁鶩喧扁舟憐野泊沽酒向誰門

吳城登望湖亭

古渡臨湖岸高亭一振衣雲山空外落吳楚望中

微世事孤帆杳鄉心白鷺飛西風明日去倚檻思
依依

渡鄱陽湖

浩淼湖光合西風一葉浮波翻星子動天轉大孤
流晴日涵霜鏡平沙點白鷗匡廬秋正好隱隱只
隨舟

舟中望廬山作

夙懷契廬山茲焉伸遙矚澄湖映崇岩高秋一鏡
裏漾舟刃心往肅神思其理紛渾亘一氣氤氳互
起止穆穆萬古色蒼烟發浩紫面目自有真端倪

曷以紀緬想初生時磐礴歸太始

湖口

一縣臨湖口孤城浩渺中地連三楚闊波動九江
通望嶽瞻南斗聽鴻領北風蕭蕭蘆荻外一棹落
空濛

彭澤

山縣高彭澤湖光抱郭廻陶潛不復見黃菊為誰
開霜急寒城閉天清落木哀何當沽濁酒蕭瑟一
罇杯

荻港泊宿

亂葦藏深港江風正颯然寒星低浦樹細火隱漁
船雁為孤難貼砧因冷易懸歸心連遠夢已到石
城邊

東流縣

大江流不極此地號東流人事傷蓬轉鄉心信浪
浮城孤惟見菊浦靜合名秋誰念陶彭澤霜花老
一丘 地有菊所是彭澤種菊處

夜過采石懷太白

飛帆越松聲寒月蕩江影暝色斂危峰烟樹壓孤
艇撫景懷美人風流飄然引奇情屬遐賞况此山
川靜高吟動河漢鸛鵲相悲警騎鯨渺何之勝概
千秋領何當酬一巵醉問江天永

泊牛渚懷古 即謝尚聞袁宏詠史處

寂莫西江水空明一片秋何人此高詠竟夜停孤
舟石苗磯如立犀然浦不幽荒荒無與泊明月為
誰留

舊縣

問訊南陵渡丹湖水一杯千家緣岸曲小市倚山隤木落繁昌浦烟荒縹緲臺桓公有遺堞臨眺獨徘徊 桓温嘗築赭圻城于此

池陽江行

遠江憑嶼潤高樹與雲斜風力降蘆葉秋容頹蓼花心隨寒浪折路入故鄉遐遥望山青處峰峰次九華

蕪湖守闗

歎息鳩茲邑江闗控舳艫舟人寒不諱榷吏夜猶呼浪鼓蠙鬚立風摧葦岸枯不堪形勝地千堞俯平蕪

將次金陵

高城帆際落已聽舊啼烏山色遥分楚江流盡入吳六朝餘恨在歸客旅情孤定欲逢人問鄉音怯有無

泊瓜步

夜色兼孤泊寒潮正未降月明村在水風亂荻鳴江家近鄉愁怯魂遥客淚雙蕪城鐘已動的的到篷窗

夜到鎮江

京口歸來路寒潮夜已冥鐘聲連北固燈火隔南泠爭渡喧漕使鳩工急戰舲艱難鄉國意敢復惜飄零

至毘陵望空酬酒呼先魂而告之

千山萬水逼霜天已到毘陵古驛邊魂若有知應記取風波滿眼異當年

其二

廿載覊魂萬里歸故鄉城郭是耶非若從天外棲華表猶說遼東丁令威

其三

慘淡江雲過不開全憑片紙托魂來隔江兄弟遥相待好渡輕帆莫浪猜

錫山小草

靖江朱　澡滄崖氏著
吳門周世祥禎符氏
朱鳳台慎人氏選
同學　范明輔公理氏

署樓晴眺

霽色敞高樓，樓高極望悠。山爭排檻入，水盡抱城流。遠樹浮孤艇，輕烟散一丘。遥聞農唱起，秧插滿平疇。

送陳目漢之中州

黃河岸北古懷州，君去行當大火流。明月夜隨沁水潤，白雲曉接太行秋。懷人好向高陽里，弔古應登廣武樓。且喜比來烽漸息，漫聽石鼓動離愁。

寄懷張超然　超然閩人寄寓虞山

猶記相逢笠澤湖，高樓曾共攬虛無。十年作客身如寄，千載論交意轉孤。醒酒定澆虞仲墓，題詩應弔子游廬。眼中落落誰知己，羸得憐才屬彼姝。方與吳氏才女議婚

陳亭農新製紙帳索題

非綃非縠片雲流，明月匡床掩素秋。落盡梅花君未覺，幾番清夢到羅浮。

其二

何須結綺與流黃，碾就秋空一夜霜。擕向月明支竹枕，却疑身臥白雲鄉。

霪霖歎

不雨雨乃佳，多雨雨翻苦。物理貴適中，燥濕原相補。過則反爲災，愆伏各有主。昨歲旱太甚，焦灼遍垓宇。餘黎靡孑遺，遺者命如縷。仰荷皇天慈，福國及諸庶。逮茲麥秋成，稍稍蘇喚咻。辛苦藝佳禾，耕鑿安編户。詎謂復降割，商羊當路舞。石燕濕不飛，霪霖積月許。時節值仲夏，犁鋤甫能舉。刈麥或未終，稽天忽奔侮。平疇翻波濤，高岸成渚溆。減頃憐新苗，蕪没及稗穭。村墅渺荒林，屢市盡懸釜。蘋藻縈折床，鷺鳧栖敗堵。棟宇付波臣，剡乃塲與圃。移家爭破船，不者黿鼉伍。江南雖澤國，湖海爲納吐。開霽不崇朝，滂沱旋報午。潦減或寸餘，溜益翻尺

五昏墊切其吝安所捌平土豈惟先西成春作計
當阻念此頻仍災田廬真逆旅國賦有程期租吏
猛如虎敲朴近切膚偷安謀二舗死亾吾所甘所
悲長兒女去去委溝渠弗久甘天怒

署樓爲今閩撫吳伯成先生令錫時所建予
得栖托三十餘日念事有不相及者不禁
緬焉懷想慷慨題壁而去

使君勝概存高樓其來坐臥如同遊今朝別樓下
樓去勝概遙遙還難御當年意氣多雄豪下交不

肯遺蓬茅俸錢結客常嫌少滿座留賓意傾倒政
餘樓上看青山青山還逐使君關豈聞豪舉賽官
職還愛猶勒龍山側閩南關府何差裝轅門擁谷
黃金多大任終須大度擔小夫齷齪徒爲爾君不
見吳公去後韓令來樓猶拘瑣屑如枯荄

覓舟不得

晚出郭門西蒼茫失舊隄暗雲侵市近崩浪蹴橋
低人亂津樓閉燈昏驛路迷招招不知處夜柝警
鳧鷖

閩撫吳伯成先生郵致二千金爲林師償庫
額義風所激當事亦爲疏白予聞而感之
有足爲窮士心死者德又不獨在林師也

人生感意氣所貴惟緩急鮑子向知我分金留遺
績平仲脫驂停車冀越石緬彼二賢風千古何
烈烈末世尚澆漓豆簞見顏色不謂賢豪流越俗
邁前哲懿我林夫子倫歲推良瓌十載佐毘陵轉
漕著勞勣中丞重借才煩劇需剸割茂苑古衝途
奔命疲日夕自非大材良蔑由紓膠轕擻自殷任

哉利器試錯節是時適軍興供億起倉猝杼柚既
云空石藥將焉出束手徒徬徨無聊計那借所借
惟帑金百千盡頃刻無米炊爲難救瘡肉寧惜開
餉例有常顧反蒙譴責責日務速償否則聽參斥
薄俸苦無餘鶴琴兒蕭瑟國帑敢久逋臣力嗟已
竭章吟三十章艱窘具披瀝當事置不聞府檄原
膜隔煢煢計無之奉身甘側奪非無平生親到此
成掉臂非無舊朋儔旁觀徒唧唧巍巍吳開府共
事叨夙昔詩酒互盤桓吏事兼調燮所贍矢千秋

心期稱莫逆闊天五千里鱗鴻猶咫尺聞之發忿
惋重以深慰藉國不念勞臣胡以厲偃息公論久
無憑直道固宜黜瞻彼在原鴒飛飛復嘖嘖伊余
何人斯忍能後匍匐不腆二千金聊代償庫額豈
曰周良朋亦以郵材傑慷慨飛尺書直叩中丞閫
中丞曰慕公白簡曾載筆既亦冲悔之感此彌惻
惻前事既莫追後效圖晧雪稽首拜草疏誓當還
厥職卵翼雖由衷吹噓緊誰力始知豁達人爲太
杲在微金錢本區區咫天仗三諾剪拂尚有期豈

獨寬追延此義古所難奚啻拯飢溺予亦爾洒淚
聞風遙感激予方收老馬窮士傾胸臆詎盡沾餘
波所感在當厄書此告同心頸血應爲熱

靖難八駿圖 倣杜飲中八仙歌體

赤兎霹靂矯若驚渾身汗血桃花明白溝河頭雄
縣城先後突陣奔雷霆龍駒炯炯雙眼瞪似嘶不
嘶怒未平卷毛瘦削霜蹄輕渡河氷合馳鄭村昂
隆豎子無安營烏兎一疋鐵錚錚東昌獨殿接短
兵負護雄王歸北平乃知爾是房星精飛兎騰達
千里程徃來夾河如流星鬣張背裂氣憤盈盛庸
之軍誰敢攖飛黃栢色微帶赬跳脫超忽雲中擎
大風颯颯吹鉤膺槀城一踏平榛荆銀褐昂昂吭
欲鳴玉花獅子不足名霜毫雪練皎若瑩浮河夜
渡如游鯨束炬四舉不見形眞龍乃得空中行橐
駝棗騮爾爲驊小河北阪執幾傾被槊欲蹶不閃
睛一躍入陣何崢嶸黃馬橫奇勢欲爭戰渴不飲
河水淸靈壁一捷大業成旋趨金川罷鼓鉦

按 文皇靖難所乘八馬曰赤兎曰龍駒曰烏
兎曰飛兎曰飛黃曰銀褐曰棗騮曰黃馬皆臨

陣被箭而 文皇不傷馬亦不至於斃及卽位
詔工繪爲八圖并記所乘之時與所遇之地藏
內府三百餘年甲申間驍騎李將軍得於長安
市上總兵張遠公從李所見之命好手臨摹縮
大爲小合八爲一謂於初本不啻神似張與林
師俱閩人且同學婣友也故舉以贈云

李伯時山莊圖 用杜劉奉先山水障歌

海底珊瑚拂枯樹神靈所居迷煙霧李君手寫龍
眠圖掛在高堂開生趣掃練不易逢囘毫直可遇
左臨與右盼滄波凝寒素欹岸側島勢相吞悔不
移家入崑崙欲罷蒼虬舞無際葬龍翻群靈激激
天廻訴啾啾壁上墮窮猿坼地風雷昨夜急小港

漁舟操不入琉璃破碎雜中流老樹槎枒應獨泣木槎石梯相鈎連青鳥呼人樵悴立瀟湘冥晦鳳北凋俯身欲附烏鵲末劫窣孤踪恒無主使君生計同誰活自昔負神姿天飄傾石髓歸老龍眠山清妙更莫比有友冲元中幅巾倒掛巖樹裏有弟李德素招携酒盎兩童子華子岡雲門寺古人心跡等浮雲絕頂天門遊方始

吳仲圭墨竹

我昔嘗聞山陰中修篁老幹似游龍此物好直吾

好屈變織風濤與之同頗思誅茅結室於其下蕭襟一解披涼風不然亦買蜻蜓棹一夜飛渡鏡湖東蹉跎此志兩莫遂蔔蔔滿瓮破碎鷓鴣洲邊處士悲鷓鴣岸上湘妃淚萬竿蕭颯動船舷王龍啾啾晴空墜籜草亂沙蒼梧陰斜月曉開藍田詩吳生何年寫此卷織霧濛濛猶可見斜枝不異遊玖雙修條總比琅玕絢楚江茅堂若可舒窮猿墜石驚婉變泰人花源又可窺子規空山啼日晚超忽已經四百秋古墨淋漓神無變我今坐臥對此

君非廬井艇亦自便小窗捲幔領蕭寒綠雲片片流几案

張子房画像

吾聞鬼谷子隻履蕭遊津下士無仙骨誘之仍失真子房遊下邳傳書出漢濱豪氣無所用長笑捐斯人秦韓俱灰滅慷慨意誰陳清渭有流水鈎竿不終身貴乎寥高跡謝彼賦暢塵

檀尺行　并小序

檀尺者云是内家物□藏宋田妃所製□

也甲申之變兵卒或拾於泥塗中由東鄰東衛用百錢買得之至是出以示余遂感而為之賦

今晨何晨夕何夕秋風颯颯吹羅唐北堂抽悉倘未終入門又有遠行客江湖多事日紛紛繡衫窄袂短戰裙一時裝束各殊異欲語未語心如焚如意擊殘唾壺裂探囊把袖驚復滅須臾持出檀尺看云是內家執捉芊螭頭文彩凱爲裁膺膺香氣襲人來座上欷歔但垂淚盈盈金碧眼中開當時

天子富春秋田妃寵幸方絕儔小院新修鋪金粉
賜名端在初上頭紅蠻褥子影菈菈簾額未收透
曉光窈窕文紗香霧澀裁縫顛倒幾鴛鴦初作御
衣後征袍腰圍欲準心煩勞暗中量度者稱體舊
素新縑費剪刀辛勤不作內家態宛轉侍君得君
愛素絲紅絲手裏過珠簾下却不成匹纖纖檀尺
兩頭出影倒銀屏曲又直夜久機寒力不勝空床
明月大刀折長安三市捻三條桃李春風處處鬪
別有驕奢人不識十指不動絲纏腰此尺雖短意

則長君恩君情那可量百年三萬六千日日日爲
君效七襄詎知時事多變故美人倏忽掩黃土紛
紛舊物滿御床羅衫血色難廻顧曝衣樓頭人穿
線天上人間兩不見螢飛鵲去各西沉刀尺迢迢
聞別院君王一聽倏廻車正值蓬萊罷晏初方士
無情招不得內頭誰拜新尚書神州况復烟塵起
宮殿燒焚悲帝子蓬頭劍客何處邊黃金臺上凉
如水望斷蒼梧不復還攀龍誰泣鼎湖灣拔髮號
天天不語鵑血空啼萬壽山欽安殿側翻紅雨倉

卒莫整金蓮步今夜漫漫何處尋夕陽已掛瓊華
樹石榴裙裾蝶飛飛走出宮門知爲誰臨御不敢
輕相問拭淚無聲但暗垂當時萬事恍親見軟霧
濛濛忽遮面琵琶切切月海西行人大半腰橫箭
紅衿小燕白項烏幾囘殿上聲相呼鳳箏珠碎曾
啄出零落金條尚有無念君同是江湖者一旦拾
此淚傾瀉不知何物侍金輿笙箏蕭瑟風鶯馬檀
尺檀尺最深情三日五匹直易成玉指冷冷怨纏
素引來引去心難平况是江南三月天菟絲麥飯

實堪憐深閨女兒誰能好在事說來也淒然人生
此情何終極相逢却是舊相識低頭滅燭且盡言
清霜倒飛意惻惻篔簹谷口竹千丈空心短節難
想像獼猴叠叠叫西風寒玉一夜瀉哀響漢武玉
盌濕青苔秦皇金鳧成刼灰君看往古皆如此不
但此尺令人哀

深秋容感

五噫歌殘祇自哀悲秋應愧楚臣才霜清畫角連
宵動露冷疏砧薄暮催壯志全銷慵看劍羇懷轉

劇罷登臺秋陰也似憐岑寂漠漠長空迥不開

其二

何來一葉下江臯愁聽西風入夜飈天籟自鳴秋
坎廩地靈偏種客牢騷凄凉歲月雙蓬鬢潦倒乾
坤一布袍搔首不堪頻悵望碧天初度雁行高

其三

金風獵獵碎寒塘水國秋陰屬渺茫一雁叫空天
黯淡數蛩啼夜月蒼凉自緣討拙聊言達却爲時
清敢望狂日暮忽聞羌笛起凄清何似舊山陽

其四

霜華歷亂冷秋萍幾度西風涕泗零白雪何人憐
郢曲青峰有客賦湘靈披離楊柳迷烟渚慘淡芙
蓉泣露汀回首江天傷歲暮空教潘鬢點星星

其五

萍蹤何處是遭逢筆硯於今老更慵獨向西堂聞
蟋蟀誰從北渚采芙蓉一江寒浪愁平子滿目青
山泣嗣宗自分不材甘棄世餘生决策付耕農

其六

誰家玉笛夜猶吹正是孤衾夢覺時貧士依人顏
每厚衰年作客意常悲曾臨岐路因多淚爲歷窮
愁更有詩悔不行歌甘帶索空將面目愧榮期

其七

太息經年萬事非萍蓬身世竟何歸生涯有限羞
彈鋏老境多窮合掩扉岐路琴書還惘惘空閨刀
尺更依依何時再築西溪隱策杖吟行採蕨薇

白露

白露驚時下西風落院低寒從今夜到秋定故園

凄飄蕩摧殘葛裁縫困老妻含情語蟋蟀且莫近
床啼

春橋集

靖江朱　瀠滄崖氏著
吳門周世祥禎符氏
同學　朱鳳台愼人氏選
范明輔公理氏

庚申長至日爲家伯氏七十之辰恭上祖德詩七十韻以當瓜瓞泯漆之意并以爲後人告

暖室麗朝暾葭琯回初律懸弧屬古稀況當日至

自至日日漸長嘉兆應綿曆介酒有餘歡含情轉悽惻憶昔少小時家世猶堪述同氣四五人追隨學操筆畫蘁蕭寺中歲月消呫嗶兄時噪文譽風雅見標格壬午獲一鳴推服傾同列詎謂遭喪亂顛覆傷緯恤雁行復中斷差池僅兩翼生涯況艱窘憂虞亦時迫養晦事田園採薇羞藜食先業付追胥江沙壓開闢世亂急謀生寧能辭沐櫛期以育子孫翻致罷筋骨積勞神易疲繁憂髮早白今者幸小康遂已支衰颯杖國古有稱庶幾相娛悅觴酒集朋儔華燈耿瑤席列坐羅諸孫既醉歌無斁天倫荷遐庥因之懷祖德祖德夫如何請從近者說粵我曾王父姚江稱入室乃心歸聖賢詩書當力穡藝荒肇新畬逢年遂有獲厥誕四丈夫俱號文章伯伯也試明經文獻推邦則虞山寧州間兩地流教澤維仲實我祖賢書叨仕籍三載令永豐淸琴鶴一隻翩然賦歸來圖書惟滿篋英英碧華公豪氣多橫逸惜哉竟齎志中道傷夭折介特有季祖自少抗高節談笑謝靑衿吟詩稟秋月猗

嗟迨我父英姿尤挺出幼承祖父訓才名已藉藉嘉運値龍飛（謂皇也）洗恩選首推擇奉身遊戚均冀以大所業湖海氣益豪結交盡賢傑張楊爲比肩（謂西銘機部）錢許稱舊識（謂牧齋石門）陳夏讓先儔（謂臥子彝仲）蔣魏固莫逆（謂盤初仲雪）狎主雄雞壇聲價重京邑所志在千秋科名徒屑屑努亦遘數奇公車屢困紲歸來益下帷壯志固不屈篝燈集良朋古學相劘切文調與義誠寒暑靡間隙樂育徧後生甄陶寓獎掖所以人倫中領袖傾群哲獲报賴吾兄差以

慰伏櫪嗟時事已非中原多草竊慷慨矢澄清誓
擊祖生楫一官到南天國步苦顛躓風景異當年
共洒新亭泣南渡雖偏安宗周繫一脉涕淚拜黃
門青瑣常排闥大厦既就傾一木支寧得雖有中
興疏長抄空太息（文有中興八議疏傳播嶺表至今人猶惜其未用也）望望
匡門山孤臣敢苟活一家三十口共喋文山血涉
沙黃沙水（先人靖節地也）千載流空碧悠悠蒼梧雲含悽
豈不極何以慰終天所賴謀纘述一經有畏謨克
On伊誰責大雅念溱洱綿綿遡瓜瓞豈曰冀箴瑁

祖期免躍鼓鬭世有同心勉旃各努力相勸復盡
觴庶以業今夕

除夕

臘始今宵盡春先半月回梅花寒對影柏葉冷侵
杯天醉何勞問詩窮敢浪哀一錢囊底澀留欲買
凝獃

辛酉元旦自嘲

新曆從頭帶笑披杖鄉只欠一年遲坐同里黨居
前列飲遍屠蘇讓小兒拜刺多慵常避客迎春已

倦懶題詩開來殘篋無長物自信生涯落硯池

梅花次韻

名花偏自傷瑤臺十二雕欄取次栽一夜橫吹先
飄破幾迴斜舞帶春來霏霏雪映藍田色漠漠香
生處王昌莫道春頭何太早嶺頭萬樹已紛開

其二

也曾高唱小遊仙夢緣初傳謫世緣碧地飛香逃
夜月春函浮玉隔朝烟果然吹老芙蓉後不信開
當薜荔前緣滿青綠殊未醉林風驥點作寒天

賦得春天樓閣五雲中（孟大尊試題）

帝城春色曉蒼然鳳闕遥瞻霄漢邊花繞上林疑
瑞靄日融鳷鵲散輕烟眾恩靜掩珠簾直燕雀高
飛画棟懸最是穆清多氣象需雲常護聖人前

寒食野望

典却寒襦掛紙錢棠梨花落草芊芊三家兩舍無
薪火錯認江南也禁烟

前有樽酒行

樽酒且自置悲風從何來豈無雕琴飾以明薇豈

無玉壺繚以青絲我心慘慘胡樂哉南遊白草原
北歷黃沙堆崩崖峭壁無宮館來往三秋心徘徊
雝雝鳴雁出北林念我遠人爲之哀

其二

燕山雪大如席河梁水夜獨流悲哉遠征萬里人
羅幃明月爲誰留且將射虎追昔遊引弓摧雕虎
仰手接飛猱一死群爲號一走群爲啾觴亦不必
爲之停淚亦不必爲之收孤墳崢嶸誰所托埋没
蒿萊心何求

其三

大道豈無曠天馬龍爲群朝朝暮暮同爲遊竦身
欲上閶闔門一自天路揚塵氛我馬伏櫪多鞠究
四蹄蹶蹶無一存飲君戀君不能置四顧淚下徒
紛紛我既不能追玄風君亦不能登青雲相看躊
躇臨岐路逸氣稜稜何足論

其四

勸君莫渡黃河水勸君莫踐太行雪丈夫隨分得
自安孰向道途營九折出門有車囊有錢安能保
君常不缺曼胡之纓且自垂短後之衣且自結生
不逢堯與舜禪蒞蒞九州化爲沙與沈龍伯巳死
精衛滅往而不返徒阻絕

其五

巳焉哉黃河捧土可塞螻蟻噬人難休我生零落
何求但勸仙人一杯酒仰首浮雲且自歸行將笑
夔龍桎梏稷契傴僂渺天地其誰儔長繩爲我繫
白日爲我留乃復進蓬頭突鬢之劍士瞋目視披
吳鉤

七夕

金井商聲又一宵懸衣樓下景偏饒人間定有三
生石天上寧無萬里橋雨歇銅池秋寂寂風迴玉
宇夜寥寥淫思古意誰能遣隔巷停車嬾小喬

二作氣味似玉溪生

其二

九秋風信起青萍桐葉飄時白露零夜合花開人
不見水仙操罷酒初醒貧餘犢鼻還隨俗智盡蛛
絲㕘乞靈莫倚銀潢望河鼓斗南一點是文星

中秋遣興

白紵低垂怯晚風一橫一豎坐廣庭空闊山有影入
如淡河漢無聲夜正中靜愛秋芳飄古桂凉驚夕
吹落高桐謝莊已老眞無賴授簡誰憐賦草工

明月篇 有小序

余幼讀初唐四子長篇見其詞致富麗音
調流轉以爲風雅之遺在是而少陵獨曰
王楊盧駱當時體輕薄爲文哂未休則疑
古人詩歌務埀淡遠無取綺靡之爲者及
觀何仲默明月篇叙似欲舍少陵而宗四

子抑又何與中秋之夜月色甚佳乃不知
興之所至忽共固陋輒爲擬作一首然而
蘊藉疎蕪殊愧續貂又不足當少陵一哂
矣

長安月年年掛海瀛光生複道無虧蔽影瀉長門
史縱橫錯錯叢星搖離離宿霧捲鴛鴦瓦上飛紅
霜菡萏房中墜碧粉霜飛粉墜慘離情窈窕紋碪
愁欲生二九花前纔弄色十三絃底已傳聲貴主
行宮接帝家粧樓舞榭影相遮粲粲共烘九微火
盈盈更燭萬年花坐惜金梁縈翠箔行愁玉壘濤
霜笳霜笳翠管年年度人生歡笑惟三五錦水雙
鴛浴漢池沙棠一棹沿湘浦思君尙在碎葉城念
妾倘在垂花塢此時羅幌初分輝此時瑤席正流
素流素分輝却當輪脈脈何如明鏡陳開屏毎憶
陳后王理匣還思李夫人綺帳空將金送暖湘床
只有犀辟塵辟塵那可得不惜黃金買夜色
數錢蛇女愁掩韈蕢酒文君淚沾臆可憐西施越
紗中可憐神女巫山側折花映水難爲容掃粉卷

衣久無力漏斷恒驚棲烏飛宵長更畏搗兎急兎
搗烏飛恒相促芳顏倏忽銷白玉挑琴誰非延露
歌送酒誰非明星曲素掌未伸霰已晞青腰再轉
霜初沃三時二候雖有餘一夜千秋常不足夕郞
醉勒黃金騎連翩意氣且孰如宮槐官柳拂衣出
庭鵠庭鴉繞樹呼只知金雁分來去那管銀河濬
有無銀河金雁一時流瀏泂明月共悠悠擊鼓鳴
夷空白舞吹簫鼈女爲誰留碣石乍沉滄瀛起海
水天風動不已誰將琥珀挽千絲誰將芙蓉賓翡

蓋相逢相遇等流波相戀相思托錦字并命文禽
願雙棲齊心翡翠期同死俄頃軒轅架玉臺蒼茫
一氣絕織埃姮娥寂寂如相問賣賦成都本狂才

棄婦篇

輕風搖綠漪雙魚出廣池上有黃蒲葦寘寘得所
依釣竿灕且池鈎餌繫青絲迴頭一引顧苦飽不
苦飢情故相好樂念我初婚時上堂陳莞席下堂
曳羅襦翠羽雙并命文禽兩交飛相當桃李葉相
對桃李枝低昂揚素手盼睞生光輝一朝遭棄置

恩愛忽中虧新人從門入故人從門歸新人結芳
蘭故人結柔荑新人振阿錫故人振薄絺新人陽
春曲故人白露詞逝水但知東逝日但知西黃金
闇無色急絃自摧悲南山有松柏青青誰當移

巫山高

巫山高何巉岏臨以臺俯以軒群烏集下紛紜遠
道之人懷苦辛在昔七十帝軒轅升官賓陛下撫
九有巫山峙雲端美人修淑若舊歡期以三千歲
重來復晤同遊盤

西門行

出西門步念之前路垂楊柳後路交柏枝日我來
斯中情鬱拂悲哉解一 斗酒已無歡壽命安可期試
問道傍塚纍纍者爲誰解二 白日蔽虧雲露霏霏魂
魄無愚智何以解憂悲解三 安得仙人王子喬變化
白鶴下來長逍遙安得仙人王子喬變化白鶴下
來長逍遙解四 爲樂當及時去去復何之人生百歲
間毋爲達者嗤解五

東門行

出東門曷不歸綺羅燁燁不如服絺八簋陳席願
獨哺糜解一 從來君子交小人反嫉凝望望城東陌
樹葉各離離解二 各離離下設百尺之網上設千尋
之羅大造久相催行子欲何之解三 鬱鬱鹽車不逢
伯樂仰秣俯飼空爾爲鬱鬱鹽車不逢伯樂仰秣
俯飼空爾爲解四 拔劍出門去去歸曷有期高高滄
浪天咄咄黃口兒解五

却東西門行

榮衰各有命出門各異趨黃鵠不高奮鴞鶡爲之

盤飄颻周八極上有神人都日精與月彩照耀我
道途雲璈爲我奏玉笙爲我吹千年爲一晏歡樂
幸不衰吁嗟野田蓬飄東而又西九州不足居行
游將焉如濺濺河中水纍纍水中石一日一迴轉
浩蕩無終極

陌上桑

朝日麗城隅秦女行採桑纖纖作細疵清影照芳
塘芳塘何所有碧藻間鴛鴦文彩慼可惜蔭映兩
輝光使君從何來飛蓋錯東方前瞻盛珠翠左顧

足綺黃遣使相問訊近前羞顏紅含嬌未及答趨
步世無同夫婿宦臺閣文史頗稱工歸來當日暮
驅馬狹斜中賤妾意蠶桑桂枝鉤圖籠朝看蠶上
薄暮看蠶成叢蠶飢妾乃出何用問貽通

杯槃舞辭

承盛世共盤桓玉顏齊舉舞杯槃解一舞杯槃天門
開我騰而上何樂哉解二左槃廻右槃轉心中慷慨
徒稱善解三合絲竹陳樽酒七槃歷歷矜玉手解四聲
相應心相期變化無方曜二儀解五金與玉合又分

究若龍轉隨浮雲解六隨浮雲何翩翩將流將引承
此槃解七垂明珠轉玉除停觴不御欲何須解八登元
氣攀日月君之臣明服無外解九南斗吹北斗奏合
來坐者皆富壽解十

白紵歌

蘭膏熒熒照綺黃美人搖步曜明璫徐廻徐起作
低昂朱絲玉柱紛北堂層樓明月初回光念君華
年安可忘暢暢飛舞氣流芳

其二

笑倩兩犀目揚蛾流情送意一何多中庭桃樹枝
連柯三五容色妙妍華金罍美酒瀺若波衆燈半
熒朱顏酡今者不御情奈何

其三

刻金鑄作南山爐龍鱗丹彩承歡娛雲羅霧縠舞
須臾芳花露泫臨玉除左廻右轉揚輕軀念君高
臺擬天居爲雲爲龍孰與俱

其四

芳袖一動芬葉披荆玉臺上舞楚妃絃催管促情

不移流黃明月照同時千金易盡日易馳凝華結
藻私念之心中慷慨誰當知

其五

羅袿廻轉舞再揚燕燕于飛繞夜梁步搖明月客
儀光芙蓉七彩流芬芳君恩感人人難忘風花作
英承春暘舞以盡神妙無方

其六

玉墀崔崔麥屑雲暢飛暢舞上天門容光華艷妙
絕群含商咀徵思繽紛纖腰婀娜垂花裙拔舞起

節直爲君上聲急調世希聞

其七

雕屏匼匝帳齊施明月直入光廻移盧女抽絃攀
蛾肴德音娛君君弗疑九月寒衣已擣治淒風夜
起素雲馳非君之故我安思

白紵四時歌

姑蘇臺上錦成堆春花亂落蝶飛回房櫳觳薇音
雲彩笙簫合樂不相待西施當筵飄鈿帶露臉斜
開榮愁態清歌欲節情難再三星低戶月沉海盈

盈素腕舞羅巾流情轉盼承芳塵願君無忘攜舞
人

其二

閶門華路廻香車楊柳花飛青蒲舒行宫直接臼
花裏花裙婉轉風吹起絲桐願耳感人意西施爲
君舞不已同心并命雙翡翠嫫若彩雲停綠水持
觴把袂娛君前東江明月初經天飛出西江光滿
圓

其三

館娃宫畔千芙蓉江波瀲灩夕露濃月綴金鋪花
婉孌姮娥廻履光轉轉樂歌白紵四座韡光風吹
蘭夜舒卷此時奉君情不淺木綿抽絲盈八繭離
鸞別鳳舞雲中九疑山高青濛濛銀床低轉箔幕
空

其四

白紵一歌心相傾缸花疑笑寒不明凍輪夜轆玉
華井連翩翠袖凝寒影西施微醉嬌不醒文犀壓
枕憐夜永羽觴漉霞紛樹聽歌停淥水芙蓉冷白

紵白紵白如霜願隨白鵠來君堂宛宛轉轉歌難忘

關山月

片月飄淸漢繁碪度遠城羽林十二將列帳俱分明大地金霜色中宵画角聲光輝長不夜何日罷西征

隴頭水

隴雲依碣石隴水下桑乾此地古離別梅花幾度殘洗兵瀚海合飲馬交河寒何用胡笳咽已悲行路難

折楊柳

渭曲繁花滿河橋審葉多春風楊柳陌攀折意如何垂手牽金縷停鞭綏玉珂倡樓蕩子婦空唱竹枝歌

梅花落

飛雲沉瑤席廻風繞吹臺可憐春色裏亂落一林梅拂舞素雲轉迎粧皓月來思君君不見芳意爲誰開

江南弄

三月蘭橈出由來勝若邪青絲牽落木白紵舞流霞菡萏千鬟亂鴛鴦兩翼遮隴頭三叠弄夫壻未還家

善哉行 卽古秋胡行

驅車晨上山浮雲度我前驅車晨上山浮雲度我前黑行歷險鮮不顚蹶達人不私巳寄托非徒然高高者天孰與齊肩歌以言志驅車晨上山一解 禽獸過故丘悲鳴復何求禽獸過故丘悲鳴復何求

嗛嗛君子懷德莫讐利傷有倚刀急急恒自投食草去根願防賊蝨歌以言志禽獸過故丘二解 長夜無光明仰視雲間星長夜無光明仰視雲間星一葵在園童節孤生故人不相信何用贈南金天道晝一權石爲程歌以言志長夜無光明三解 山路何峻層下有去來人山路何峻層下有去來人瀉水舩中孰辨淄澠遺際非險巇令德安見稱隨時修行甑如履氷歌以言志山路何峻層四解 美人在雲端飄風何其寒美人在雲端飄風何其寒松柏有

綰結鴛鴦波底並頭眠

來日大難

來日大難川流湯湯會爲舟船周環其間解一闔門置酒淸白異樽弊車羸馬乖枉曷論解二崑丘有玉貧者弗攻懷茲耿介俯仰孰從解三鄙哉思人戚戚中煩青青者草秋隨野燔解四處淵何入陽谷何升人生若寄與之浮沉解五王喬控鶴輕舉未還仙化嘗道豈在金丹解六

其二

今日相樂置酒高堂左手執籥右手執簧解一涼風入室哀音清揚念我昔人曠若參商解二長袖靡靡出入雲端豹宛善舞絃和聲靡解三朝雲邈矣應龍莫攀鼻手相謝道路爲難解四人生何常牝斗欄干燁燁春華朝不再榮解五芳俎既列佳肴既陳哀哉大命不及沾唇解六

艷歌

磐石生南山松柏蔭其傍朱輪交被路徘徊以故鄉上枝巢翡翠下枝宿鴛鴦中閨踰百尺鸞鳥自枝下據銅盤將絲來北素好醜自相懸委身奉事鬢髮班班歌以言志美人在雲端解五

其二

烈風西至白日爲傾不朽者事不晦者心窮枯絕粧此中有人青青桂樹豈不冬榮解一決渠爲隄河水莫侵君子所防寧獨在名兎行徇實不貴其身八龍蜿蜿馳驅相并瓜甘蔕苦棗美棘生初終相結豈復羞貧解二嗟彼賢喆寂寞自投匪不勉勉錯趾捁尤直者道死曲者封侯彼世者人吾將曷求解三

長歌行

嗚呼受命雖有獨何能長不衰尺蠖雖智貴在觀時傳匪爲高屈匪爲卑男兒生世恒坎壈隨酒追歡復何悲理君玉匣奉君金巵明燭列置繡羅紛披皎皎水壺濯濯青絲毫髮爲瑕丘山移非君之故我安思忍令歲月向西馳

採蓮曲

蘭橈桱漾水如烟蓮葉蓮絲處處牽自是同心相

以爲轡人骨以爲鞭中不有千金鐙閑君胡爲
難羨封狐修虺各千里十日代出尤不死得人肉
狂斷飛湍陰險讒諛謂鉤不卸開圖之始無息兒魚
旋蟻足所未顯心神中王良造父失顏色無目四
病馬朝饑不得息賜鏘讒嘆西東遭逢之人知
鐵石誰悴誰向我冬則霽霽翻風寒則翻翻豪且重
中挽手闕天大庭墮兒烏嶠下雜蕪翠翡見衣襟
孟門山何難焉身戾此危是矣尤祈修途遠悲耋

孟門行

弱草猶然難恨天涯老
冤茫茂陵今莪草松柏爲薪陵土少廢歐嫌欲何
霜月荊顏色蓮花莫凝塞浄峰來央何處藏鎮月酉
魏宮無復金莖簇掌中銷宮千門蘊含翠春而秋
傷心清渭流賜血波轉去耳情濃厥一行夜夜人

金銅仙人辭漢歌

既匪不長輪菌者把不知從何方
徒徬徨曠日彩雲里仙人白玉坐蓬萊歷不維羅
馭朔咏閶闔烏朝日瓣縹光火輪復殿闕秋路

得音聞
葵藿但願施松柏不朽光芒發笑眼有時見隗叔
宜兼遲不復采藩蕩秋風時秋風吹葛長碧葉以
黃葛生谷空何蔓延何離離飄葉貫絲綠蕊所

黃葛篇

搖去乞君縈組依何嫌
先澤羅出飛相對徘徊不皆綰衾碎參秀新蘆伏
登身欲穴空蹊蹊振翠翎縈雲雜遊遊翹予示俾
雉朝飛臨池繞華顏斷夢逢解又逭雌雛其

雉朝飛

心孟門山何難越
池行由連屬峥嶸相求來入盈留兒東險者在衆
路貴通水鬻波久虎群鑷育珍離斜分肅歸動賊
際之險難能越昔日推轉高嶠在山中谿谷新鑿
生人面見三峽之流播人魘孟門山猶可陟在
生國慈只一言秦山杯酒反覆翻年見扎雉之峰
地刀痕新莫莊道上已卸此何兒逸非我視人
尚曆鴻君不見東市發然更酉市殺鑼人仟庭在

雙燕離
翩翩雙燕情故相於出入桂棟往來蕙帷既疑睇
又揚眉春日遊春風歸幕雲起雙燕離啣花振羽
俱含悲虹梁早夜恒獨窺儔侶刷翠幹路超越渺渺
長永別細管長撇爲君絕美人鸞鏡涕不泄江南
別枝安可歌

君子行
飲忌盜泉水息避惡木陰外物本區區豈能易我
心渴賜匪不苦所惡莽其各細有葯無謹大德將

焉成

種瓠詞
種瓠清江側江清瓠離離培用清江土沐以清江
漪雖無百尺根蔓延何葳蕤竊比女蘿草附身托
高枝緣吟齊結實結實亦纍纍及時當採擷豈但
盤餐爲願爲賴上瓢掛樹來清吹

艾如張
艾而張羅羅高張群雀啾啾起翱翔莫翱翔艾已
薄何不聳身學黃鵠黃鵠一舉千里去羅乎羅乎

徒爾慕

枯魚過河泣
魚欲枯過河泣本是橫海千里鯨崛強空向泥沙
立蝦蛆莫相欺尺水難苟活

獨漉篇
獨漉獨漉水深泥濁水深滅頂泥濁涉足苑苑者
稿生彼道周匪無蘭蕙畏質曷敢食莽知甘食荼
知苦義利所趨易地均吐月明在天清輝流川縱
有塵滓濁之則鮮相彼禿鶖在梁濡味鳴鶴雖饑

陋此群臭肅肅北風渡彼中河有舟無楫渡當奈
何

登高丘而望遠海
登高丘望遠海霓爲旌雲爲蓋神人所居今安在
弩連發車疾趨鞭怒石中游魚菸菸海宇孰闢驅
風伯前雨師後奏雲樂御天酒主稱千年臣萬壽
珥扶桑濯咸池翠羽葉蒼虬枝鳳凰乃復鳴舞之
飛瓊降右英上解我裳施我帳感君纏綿意相向
鳴雞喔北斗闌迴瓊轂轉玉盤人生安得長盤桓

孔北海言志

巖巖鍾山松，澹澹金華露。皎潔本相須，托根在天路。蕭曹競刀錐，姬孔營鐘呂。功細謀乃成，志大業未舉。年運直何嘗，人生貴得所。百里昔飯牛，相秦建功祚。築岩者何人，一朝感帝寤。虛名不足攘，機會安能遇。南溟有潛鱗，北極有翳羽。當未奮身時，豈必窮馳騖。

魏文帝遊晏

良辰集讌會，羽蓋出西園。噎風搖玉樹，飛鳥自嬋媛。翠翰一以振，華星耀前軒。金塘迴綠波，碧葉汪浮雲。芙蕖敷四周，纖手攀且援。嘉賓相羅列，芳氣集象樽。雅舞沬及奏，慷慨心中煩。鳴麑啣善草，呦呦念所歡。矧我衆君子，交親謝不敦。

陳思王贈友

輪軒出廣野，飄飄靜飛塵。丹槐扶雙闕，靈景曜青春。上枝迴鸞駐，下枝拂游鱗。朱華既綽約，光澤衆所親。志士希世業，所匹在鳳麟。淸時雖窮樂，文彩鬱雲興。置酒娛長夜，陂塘錯群星。淵魚倏仰沫，兹歌激復陳。玉顏相交曙，遺履與絕纓。明珠間蕙若，采采乃衆賓。成周美多士，多士氣如雲。王途期共濟，好爵何足云。

阮步兵詠懷

朝登古臺上，素風蕩玄林。蘭英夾長路，鶗鴂弄哀音。昔有神仙士，玉顏相追尋。纖羅垂彩珮，靈鴛忽駸駸。雙霓與飛電，來往激淸塵。耀我若木花，翳我扶桑陰。徘徊何所慕，紫庭倏已升。詎知楚宮裏，曲夢自沉冥。朝雲既儻恍，感歎傷我心。

嵇中散言志

末路誠難處，翩翩振高步。斥鷃薄蒿林，職影企朝露。崇谷鬱蒼蒼，神鳳奮儀羽。同域各異趣，浮沉在中路。嗟我羅塵寰，相攖非一緒。太和雖同游，玄機豈無誤。莊生垂遺編，十讀九反顧。長川去悠悠，垂綸竟安遇。體道得自然，游戲出玄圃。頗冋安足希，黃軒安足慕。神藥苟可求，羽翼自相附。五絃手中揮，目送飛鴻騖。

潘黃門述哀

婁風若枯林枝葉忽蕭瑟之子歸重泉玄廬杳難
即感歎多辛酸百憂誰爲述妍姿世所希寸桐爲
幽宅金玉委塵土衣帶今何結展轉視柔翰餘芳
猶昨日故房何所棲床幃啼蟋蟀朝露尚未晞京
飈迅流節藹藹高桐枝鳴鳥哀求匹今時參與商
昔時膠與漆豈無帝女靈靚形慚乏術纏綿恨彌
加拊心一若失

劉太尉傷亂

華域昔遭厄皇綱弛不張群氛相競逐百里無完

朱滄起詩集　卷之七

疆炎燎獨神州九龍適在陽擾擾者何來不辨氐
與羌誰實生厲階此物致披猖河朔既雲擾關隴
尤很搶振策登古城四顧徒旆旆荒原迷白草落
日慘以黃邊烽中夜起角聲吹嚴霜衣冠嗟淪喪
宮闕何凄凉念此久陸沉中心慨以慷安得英雄
士戮力共騰驤枕戈以待旦聞雞戒嚴裝

郭弘農遊仙

濟濟金閨士陽言慕神仙金臺高千仞露壇窮九
埏神藥駐精魄昏昏多塵緣豈知沉冥子雲壤共
周旋朝比蜉蝣質暮儕龜鶴年丹心不可測長嘯
得自然粲粲青谿石游鱗出洞沿蘭茗冒寒露顏
色更相鮮素秋雖早至青陽亦復延

謝臨川遊山

南山多佳山映蔚實炎德飛溜涓涓停修幹團團
植朝辭石門阿暮憩銅陵側新苞敷華滋漸蔓被
粉飾遵渚鶻將翔乘流魚就食連巖含迒驛叠嶂
失初色潛鱗恒蘊眞媚冉亦懷實虛寥玩古今繽
紛娛晷刻幽歌傷祁祁楚奏動惻惻豈不搴澤蘭

朱滄起詩集　卷之七

于焉懷田穡靈域屢遭迴異人窮升陟原子浮名
違閔生微尚得高詠白駒篇空谷究可即

許徵君自叙

仲子志雖高魯生跡愈邁冷然秉遐心得賞不在
外弱齡負神姿意跡頗相晦馳情向圖籙亦以羅
咎悔明月固暗投愚者恒自昧勝意何所寄周游
六虛内綠竹覆層陰碧蘿披朝暖石室有餘閒飛
泉相灌溉神往縱所歡良辰豈復再榮素兩無存
身名皆同慨却粒希赤松往跡誰能逮

隴西鸚鵡篇

宋皇御宇纔經年紛紛應奉爭後先明珠花石不足貴隴西鸚鵡最光妍泰川歷歷渭陽雨道遠那知頁賦苦紅襟翠尾插雕籠不但能歌兼能舞丹鳳樓前初放朝沉沉萬宇度輕簫此時忽報隴使至彩盤日影動金翅詔收置在玉妃閣妃人相妬偏相謔紅豆輕拋金索搖玲瓏響動珍珠箔滿庭競唱鼉茲曲錚錚相和聲如玉對御爭籌恒得先誰人不羨承恩沃親教文字便知書金鳳傳來萬疊餘宣報所司皆得當花間親侍我皇居玉眞風性本殊人共托錦衾心最親參差花貌相映出雙去雙栖只一身何期時事多倉猝飛變一旦歸瑤闕漢皇不見李夫人方士無情招不得清齋秘殿日悠悠空餘遺字錯蠅頭禿襟小嘴頻呼喚感得君王朝暮愁斯時敕令歸鄉土雕籠輕提出玉戶承恩失恩直須臾三十六宮罷歌舞光陰慘慘愁情動宮監兩邊臨門送憶昔行幸南苑中新歌舊曲忽坠弄迫迫隴路鑣軺笙啼猿引子下山岡層梯飛棧相縈帶來時不如去路長多年不記舊鄉語歸來蓬樹無伴侶水則隴水山隴山漠漠寒烟迷故處營頭火號動飛灰恍疑御燭夜城同重疊青山一盼望分明宋使按邊來男奔女走各迴避鼓吹旗旛忽動地悠悠年月向西沉安得備詢宮裏事一飛向前一繞後口噤心勞語良久玉妃空死杜迴腸借問上皇近安否答言生死經年別海上神山今阻絕崔崔玉殿號長生鴛鴦久冷翡翠滅椒房阿監已衰老落花成堆久不掃中和時節蓮夜香殿前空見鸚鵡銜吁嗟故物今猶存羅袂無聲自黃昏坐天天地應相見往事茲茲難具論果然一聽倏鳴悲雙雙絕命在一時幽魂縹緲不知處疑向湘江追二妃不識東京烽火起何人曾殉重圍裏帝子王孫泣路隅肝腸摧斷東流水行邊使者出廣陽黃蘆蕭瑟心悲傷回首汴州直昨日金鈴閣上微風涼自古帝王圖不朽鑿地移山開戶牖空留鸚鵡問上皇海石江花今安在

邯鄲才人嫁爲厮養婦

一圍桂樹映譙宮少小曾誇巧笑工今日嫁裝猶倩伴飛花臺下一不成叢

其二

依然掩面拭芙蓉半臂宮紗憶舊封何似團團扇上女輕羅猶得障狂蜂

其三

東西蝴蝶未成雙宛轉花前啼玉釭背水一飛花盡死吳王別殿只臨江

其四

轉轉深宮步復遲香羅未結淚先垂桃花幾片釣欄外猶憶當時合面脂

其五

青楓樹上鵲雙飛把火慇懃看正稀淚盡羅巾遲自拭無端飛騎帳前歸

其六

爲竹爲心總不如眞成薄命出形除雙鸞織月當筵下舞罷誰憐二八初

其七

盈盈趙女宵當爐夫婿長年累酒胡日暮倘逢輕薄子定將顏色比羅敷

其八

幾迴望斷九疑低翠鈿花凝色色迷日下雕窗呼不起愁人最是汝南雞

其九

蓮花簇簇空中排咫尺離宮望復差此去遙姑曾幾許不聞嫁女出天街

其十

多時玉盒不曾開絡酒提漿向帳來卻恨春風飄蛺蝶令人望斷青陵臺

其十一

夜市千燈作好春邯鄲道上盡游塵不知橫吹從何落慢道鸞笙不是秦

其十二

蹉損遠山總不分春羅猶着舊時熏醍醐勸向馬鞍上姊女祠前看暮雲

其十三

姊妹同時列禁門拋身獨出暗銷魂單刀試舞知
無力歸去花間事白猿

其十四

浮雲千片不勝寒擎出并刀裁剪難春色還同眉
黛淺對人不敢話耶鄲

其十五

美人轉戰諒非艱夜裏分亐亐一彎不識孫吳親
教舞當時傳點可依班

其十六

啼烏雙雙不肯前壚頭人去柳飛綿一時急逐神
仙酒慢道妖姬慣數錢

其十七

行雲浦上望迢迢點點繁星簾箔搖一自銀屏隔
斷後人間總是可憐宵

其十八

翠烏同心頭並交何因彈淚向弓鞘狂夫忽索絮
袍急道是西風欲凍膠

其十九

歷歷真珠寫小楷風飄燕粉慢相遭鴛鴦十五初
曾繡更製長垂白玉刀

其二十

啼烏三匝夜如何蹋臂歸來樂較多倚徙熏籠嬌
不任幾迴先唱邯鄲歌

其二十一

雙雙玉女字茗華寂寞當年未有家臥看[illegible]連
夜月一天秋色冷琵琶

其二十二

朱滄崖詩集　卷之七

迢迢賦妾臨河陽美酒同傾春恨長也有平原佳
公子挽留不住枉迴腸

其二十三

漳河流水獨盈盈紅粉人歸紅粉營阿母當時親
教舞十三十四便知名

其二十四

釵頭鳳子與蜻蛉傳出深宮意娉婷結網珊瑚絲
已斷夢魂猶自倚銀屏

其二十五

飛來曉月出西陵，自倚新裝恨不勝。七夕相逢天上侶，空教銀漢俐秋繩。

其二十六

蓮花脫葉露輕流，記得當時新上頭。今日內家齊按拍，曲中可是小梁州。

其二十七

破鏡一輪飛復沉，紅裙拽地出街心。于闐國裏花如玉，今日相逢何處尋。

其二十八

不盡天風下嵩嵐，雙垂玉筯鬢鬟鬖。欲知今夜愁多少，帳裏自抽八繭蠶。

其二十九

蜨蝶輕飛不入簾，堂前手語玉纖纖。可憐綠草華山下，過客何人不淚潸。

其三十

羅衣賜後未開緘，零落金條已滿函。何處飛來雙燕子，春泥乾後尚喃喃。

走筆贈友人

人間無復真乘黃，怪爾飛騰七尺裝。滿握黃金空自貴，障泥美錦亦徒狂。風塵結伴青雲遠，江海逃名白日長。一自暮年歌伏櫪，不妨擊碎碧琳琅。

其二

莫從岐路泣楊朱，滿眼青山孰與俱。縱酒不妨千日劇，論才真覺百年孤。諸峰天外排寒劍，滿枕風前據碧梧。擊筑和歌還憶否，狗屠遺跡久荒蕪。

梁父吟

梁父鬱岧嶤，岧嶤倚崢嶸。膚寸起雲霧，霖雨崇朝

生。憶昔南陽人，隴畝事躬耕。一朝感三顧，魚水同君臣。三分爭割據，鼎足勢已成。誰知未遇時，抱膝惟長吟。朝爲梁父吟，暮爲梁父吟。梁父鬱岧嶤，岧嶤何崢嶸。嘉會不可再，感歎傷我心。悠悠此千載，何代無豪英。風塵徒碌碌，誰爲崔州平。

東皋道中雨雪

莽莽東皋路，重雲不肯晴。泥銜驢項沒，雪壓帽簷低。樹夾烟難簇，村孤客易迷。荒原無雉射，寒色滿征綈。

張倉雪避暑中峰寄此問之

聞道憎炎燠高凉寄一峰幾松堪命屐何石可支筇寺是何年破心應此夜空還應發高興磅礴寫雙龍

夢餘存草

靖江朱　瀠滄崖氏著

吳門周世祥禎符氏

同學　朱鳳台愼人氏選

范明輔公理氏

感懷

凉風起天末危柯載寒霜菸菸一俯仰榮華安可常願得根深固零落不摧藏飄搖匪自卜松柏翳青蒼勿以蕭艾榮棄此蘭桂芳

其二

清光蘊貞抱坦然心跡齊勿言萬事艱乆運得天倪長慮耗我神守愚道不迷強弱同徂喪千古永不移但求無愧怍何必重栖栖

送王懷祿邑尉調金山衛

豈必憐平調江干遺愛存春潮環柳岸夜柝靜花村君職治水巡盜故云種菜資貧俸觀書省訟言即看巡歷處棠蔭滿平原

其二

此去松江路輕帆一水通秋蓴羞倖混白苧製衣
工釣可尋三泖遊應上九峰卑官聊避世柳下未
言窮

度關山

度關山風雪何漫漫五步狐狸穴十步羊腸坂彼
居者何鬱怫起長歎斫冰爲水折木爲爨百人遺
一肝腸摧斷人生天地間當運泰華之山如轉環
垂衣歌舞以靖億萬禮反其所生樂樂其所本越
陌度阡車折馬瘴匹夫殉名萬乘易逝等[illegible]齊力

朱滄厓詩集　卷之八　二

闘驅並奮上枉既傾下軸莫轉天地道久長人反
居之短

貞女引

青青茂木守冬榮有鳥處山夜長鳴感彼柔條含
甤英連娟寒態與之并夕風四至無人聲木偃鳥
鳴恒怔營孰處閨中淚交傾羅幃薄月鑒不明安
得爲生全令名

開洪基　擬古郊祀歌

開洪基靖區宇周萬物公還普告成上皇錫之輔
開洪基惟太元嘉上服體至尊陰陽度理被華文
開洪基永配命神若宥嘉以正衆庶敷與朱明盛
熙熙茂豫罔不敬

河之清

河之清橫天經上發榮下騰聲簸混沌洩金精紛
哉綸五色慶叶平宜以風意繩繩周三旬膏潤并落
天門利在坤我皇之德永不偏昭明三光騰氛氲
宜爾子孫敬受命

飛龍引

朱滄厓詩集　卷之八　三

經遊名山雲霧漫漫白榆歷歷參錯津盤弱水左
側九龍盤桓彩蜺可駕飛雹難攀投壺六博玉女
姍姍黃金靜室白銀露壇崢嶸無地恍忽萬端采
石得髓芝草以餐鳳洲超越來往驂鸞不憂年往
何虞路艱

壽潘山公

君今七十我六十一年占得兩生日自來少長號
肩隨兄復相知稱莫逆喜君恰值桃花春玉洞流
霞酒滿樽而我亦及榴花節照眼珊瑚應可挹桃

花榴花不世情持贈何妨互有攀對花酌酒忘予汝汝且歌兮我且舞世事悠悠何足論同向花間遊太古

奉贈劉文伯總府

獨開雄鎮控遙天鈴閣風生棨戟連横槊成詩邀海月行營緩帶散春烟談經屢側橋門席愛客偏深名士緣大武自應多勝槪轉令起舞憶當年

其二

風前含笑拭吳鈎開府欣看踞上游擁節久傳勞

帝簡揮毫真可壯　皇猷祭遵就禮歌仍雅杜預耽書癖轉遒不是將軍韜武畧清時豈獨重兜鍪

其三

保障全資第一籌會聞越石嘯清秋開圖陣列名魚腹論相侯封應虎頭千里江光閒鸛鶴一庭花氣隱貔貅旂常久勒切　皇眷况復家聲重九州

其四

國士真傳慷慨身祇今聲氣重綸巾股肱　帝念干城重耳目軍驚節制新不惜黃金酬劍客長留

白雪待詞人笑看鵲印年猶艾應得龍文夜夜陳

其五

意氣誰千古風期自九秋匣中雙劍合閫外大江流雅飲消烽燧高吟動斗牛祗餘憂國意慷慨一登樓

送范介峰歸江上舊隱

百年吾道竟安歸飽盡殘經剩有饑風月味來文圃足蕨薇生處硯田肥覽心白水堪容傲入眼青山可息機珍重歲寒期不淺一天風雪臥漁磯

遠遊篇

端居鬱不樂翹首肆翱翔翱翔欲何之徒倚復徜徉會見高飛禽形容盛輝光奮翮起扶搖升雲遊八荒和鳴徹霄漢振羽凌扶桑仰吸金莖露俯吸玉壺漿咳吐成珠玉羽毛厲風霜魏我願頡頏踴躇困榆枋願從叢桂側聊借一枝藏上以遊矰繳下以沐蘭芳更藉高風力仿佛拂明璫

爲第二泉解嘲

但得清如此何妨第二名中泠雖少長三峽自稱

兄不愧燮齊飲能消鄙吝情況兼松際月常與鑒
幽貞

題江上諸同社画卷兼寄周硯農先生

從來物色皆幻跡丘壑本由人意得苟其物外負奇情偶然落筆俱突兀江城諸老何風流硯農八十尤清遒其餘諸子亦雋絕丹清潦倒恣嬉遊適當硯農懸弧日群圖五岳開壽域廿圖未了一圖進恍如五老倍瑶席硯農大笑稱快哉四壁青蒼大半來平生丘壑本吾願點染況復歡同儕憑呼

美酒酌大斗吾徒不惜稱妙手願從壇坫寫雲烟狎主齊盟吾何有衣冠洛社好丰儀鬚髮商山照紫芝江城歲歲花如錦韻事千秋可繼之吾聞此景深仰止溯洄尚隔一江水何當贈我尺幅箋臥遊想像追予美

寓江上王育公深柳堂雅飲佳篇叠承惠愛聊賦短章兼以志謝

客况憑誰慰幽居托庇深一溪通遠碧高樹落秋陰有興詩頻得無苛酒慢斟只兹晨夕意相對已

披心

中秋獨酌

空庭寂歷夜無譁獨坐啣杯啾月華豈有霓裳人教舞浪傳星漢客乘槎蘋砧雜沓催秋籜蟀蟋悲鳴續暮笳此夜清光看不足可憐白露浥蒹葭

絕糧詩

清晨理盥潄洗心媚幽獨春氣帶微寒衰顏岸簷旭引領望中厨炊烟午未續入室顧妻孥蕭條徒仰屋瓶罄罍亦耻飢腸任轉轂小心厯慰藉傾倒

羞敝簏采苦聊作虀數米薄爲粥虀多米復少泥漾不堪掬歡然命一飽且以謝鞠育吾道自當窮天心匪不啬逍遥開簡編微言權果腹胡爲漆園翁苦索監河粟

門人高山公補任孟津令賦此送之

重問新命領河陽早見花飛驛路香少室雲開呈漢碣中天日出護周疆吹笙好弄緱山月聽訟還依邵伯裳夙昔相期原不淺好肴名姓最循良

聞鄭明府奉使祭南鎮蓋去靖十餘年矣喜

其再至不勝企望 時官納言

聖朝牲璧礎南鎮特簡銀臺領秩宗雪淨玄夔開道路雲凝丹詔護杉松禹陵若古探奇册江郭花明勒舊封爲道兒童喧竹馬衰衣相見暫從容

立春喜晴 應湯大中丞教

連朝飛雪報春來春到欣看霽色開陌散輕風將放柳天呈麗日欲舒梅青幡司令傳三朔黃竹祈年徧九垓敢向郢中誇絕調柏梁還望薦雄才

喜鄭明府再至

岸柳紆新蕪江花迓故侯還欣棠茇下再覩繡裳遊遠念頻勞夢公居京師十餘年每飯不忘靖至屢形于夢寐餘波尚借籌邑利弊宜興革者復爲當事力言感深翻倒極能禁涕長流

送鄭納言祭禹陵竣事還朝

啼鶯百囀動高林綵鷁西飛柳色侵禹廟雲封新祝册銀臺花帶舊棠陰雙旌杳杳皇華路十載依依父老心此去封章憑出納恩波還望達江潯

孤山遠眺

一丘突兀俯中洲獨立高岑四望收眼底滄桑袞不在山舊在江中今登陸百餘年矣樽前天地大江流花明野岸深藏屋柳暗春塘穩繫舟最是一般佳勝處麥風千頃漾平疇

東莊退庵少尹

不道甲棲久還嗟祇役頻無營甘宦拙有道耐官貧啟署延江月觀書拭案塵清才今日重會見錫褒綸

其二

老我疎狂甚君胡辱取之時因清俸薄轉念廚儒

飢誦讀勘微尚風塵契獨知有懷徒忝竊深愧報瓊詩

冬至南郊恭紀三十韻 李學臺題

葭琯回陽律璇題轉玉衡黃鍾開萬光帝德協群生漢畤蓬萊闕周郊日月迎翠華驅太乙綵仗出通明地接玄雲閣天臨白玉京甚輿周法象輔弼列冠纓金樞星辰位瑤編海嶽名飛梁馳劍景懸圃敘傳聲露氣承琳觀虹光曳繡楹神祇聯二后禮樂走諸卿陟降椒漿注居歆荔席橫銀潢香霧

盛碧落燎焫清俎豆馨三獻筵竽合九成八鑾鏘
引馬雙闕拂廻旌麗旭螭頭動脩風雉尾縈黃珠
垂紫幄蒼璧照朱紘嵩祝登封遠虞廵秩望輕受
釐丹雁集頵德赤蛟鳴曲鄗汾歌奏杯同鎬晏傾
時時聆管磬萬國荷幪帡

有感

有木名連理雨露均培植胡爲各長成榮枯異枝
葉稟受既有殊無爲徒戚戚

其二

釜庾急志士詎曰非當阨夫苟傷其心千金不爲
德古人耻嗟來立槁亦奚恤

其三

夔齊讓千乘或乃疑竊屨若非西山薇孤衷竟莫
喻寄言操鑒者還望徵乎素

春望

春深天意靜草滿碧無聲野潤烟難盡山濃雨易
成火應殘海國花及綴江城掩抑傷心細吳農且
放耕

庵居遣興兼贈蘊瑞湛然兩上人

野寺郊坰外開門帶碧漪徑幽雙樹合堂靜一鐙
沉以爾栽花意生余入竹心夜深禪話久還爲豁
塵襟

其二

數畝香林地幽便得自怡看花閒聽偈劖竹小題
詩茶熟松風細香殘雲縷遲還欣寬酒禁不用故
攢眉

秋夜

夜枕覺有聲乘月披衣起白露濕芙蓉時時滴秋
木

題畫

絕壑一茅庵中有高人在枯坐夜沉沉月滿桐陰
碎

郊西

五里郊西路村村綠樹連板橋通徑仄茅屋隔溪
懸蓼氣吹烟暖菱花帶雨鮮欲尋沽酒處帘影小
籬邊

恭上李學憲三十四韻 時以翰林侍講出督學政

昭代金閨彥斯文亶在茲鳳池尊侍從龍紀叶端揆秀起衡廬色祥占翼軫奇紫垣環斗極黄閣闢絺帷經學玄成業皇謨傅說資二篇陳啟沃七畧較參差掌握絲綸重周旋禁籞遲露分仙掌鶴星應殿頭螭芸省班華燭藜光敢秘笥鸞坡親密勿虎觀有深知帝謂掄才亟廷推造士宜欽哉眞學士允矣大宗師郢匠斤堪運南車響獨持應圖求駿骨搴秀擷芳蘺廣被紅綾展宏幬絳帳垂品題

憑史筆藻鑑濯冰姿大冶鈞陶寄群材雨露滋珠無滄海泣驥不太行悲道重章縫貴名高物望毘餘波搜隱逸善誘及歌詩式雅淫哇絕扶衰古調吹藝壇標典則士運肅風規約束歸容保栽成普教思菁莪培國脉壽格溉邦維酒落師生契風流袞繡儀峩鳴瞻鳳彩清佩挹蘭猗況是吕明會能無淑艾私通家矜孔李 公先司馬集有宿恩江贈月舫朱明府詩灤先大父 也顒望切雲泥翹企龍門峻蹉跎駕乘疲青衿中歲裂白髮暮途疑硯宥君苗棄書慚鄴架窺飢寒佇汲齒咕嗶負前期剖玉空存想然灰豈有時合情動仰止聊獻穆如詞

賦得老身古寺風冷冷

衰年猶自強傭書竹榻婆娑古佛廬老眼祗堪翻貝葉浮生贏得伴鐘魚蕭騷秀髮經風斷爵發屏驅拖影疎獨有寒梅憐客況一枝香早護窗虛

自題桐窗夜讀小影兼以自嘲

六十年餘一事無小窗深坐學潛夫平生雅慕飢寒骨尺幅真傳拓落圖蠹簡夜披燈自熒桐陰秋

掩月常孤時人若問蕭閒意爲道拘迂一腐儒

寒雨

冥色侵寒夜瀟瀟已浹旬凍雲千樹合細火一身親夢斷江梅影思沉海月輪綈袍虛自擁誰是故心人

寒月

梧桐凋已盡寒月爲誰來莫便吹羌管梅花尚未開

示內

裘白慚糊口凄涼憶債春衣單誰復線爨冷失朝
餐事到霜前廢心於鏡裏慵薄遊吾道在切莫怨
飄蓬時余將遊中州

示恪兒

允髩催年老餘生作計慵問心天敢怨逢世道誰
容書債償憑汝家聲切望儂前期思努力惟有足
三冬

夢亾室

窮愁豈與夜臺連夢裏商量更黯然永訣緣慳追

死後長飢債未了生前關心結髮憐兒女轉念傭
書老歲年不盡綢繆愁落月一天霜訊冷嬋娟

楊宗柳泰郵庠友也拆字言休咎有文理而
多奇中予見而異之率爾賦贈

包羲一畫分奇偶造化精英洩已久誰生厲階亂
蝌蚪鄙茂倉頡真禍首先生大笑此何有游戲先
天在吾手橫翻側轉隨意剖據文切理窺二酉欽
弄乾坤如做帚巧妙豈落圖書後君不見成都賣
卜叟市肆藏名且糊口逢人歷歷勸賢否

登君山

逶迤石磴倚危欄兩岸飛帆杖底看不盡天風吹
海立無邊浪影漾松寒春申墓冷餘殘碣季子祠
荒落遠灘憑眺不堪追往事大江東去任漫漫

空城雀

空城雀本是鳳凰族鳳凰上天去不還獨向城西
飢啄粟口腹既爲人所涎毛羽不爲人所憐空城
雀何不奮翅起高飛徘徊空城曲日暮何所依何
所依集于木飛飛耻作稻粱謀穷向朱門乞粱肉

相逢行

長安城中少年子銀鞍翠蓋春風裏意氣傾入杯
酒間許身不惜爲君死須臾月落子規啼鳴鞭上
馬各東西明朝相逢長安路對面茫如障烟霧匣
中三尺午夜鳴欲向人間堪不平

歲暮感懷有小引

歲月共除風雨交廹囊空爨冷老境多窮
率題短韻遣諸弟姪并二三知己備緒愴
懷詞旨凌雜遂不銓次云

不可傷人解自憐吾道窮文章招俗忌面目許誰同爨冷驕寒雨窗虛岸朔風無錢沽濁酒愁對一燈紅

其二

身世寧堪問凄凉只自知浮名增落魄短袖失威儀足食焚書亟全生入俗宜無聊拈禿筆擬續四愁詩

其三

歎息流年誤蹉跎一事無不因遺白眼焉解困青

蚨養拙貧難免違時道自孤飢魂招不得始悔學潛夫

其四

失計戴儒冠生涯愧伐檀備書終破產責字不成餐薄俗周旋少窮途涕笑難何如僵臥穩大雪正漫漫

其五

不是輕逃物年來久息機斷虀營藿食敗絮補絺衣夢到三更盡頭回萬事非終當謀小隱長採北山薇

黃節烈輓詩有小序

節烈姓黃氏福之古田縣人觀察臥廬先生之女子邑侯子簡明府之姐也少通毛詩史鑑小學諸書年十四歸同邑儒生郭聖昌未及三載而聖昌歿無子姑姚寡且失明節烈忍死奉之十餘年然未嘗一日忘殉夫也甲寅歲閩中告變古城陷節烈懼不免遂登樓自縊時康熙十六年三月

二十三日也節烈年僅三十有一棺殯皆葬夫時預備亦足以明素志矣

有鳥有鳥名黃鵠本是丹山鳳凰族滄海悠悠失故雄霜天月落甘獨宿甘獨宿巢飄搖罡風四起號群鴉毛羽不宜稍摧折杳然一舉凌穹霄君不見雙塚碑題高碧落青陵臺上風漠漠

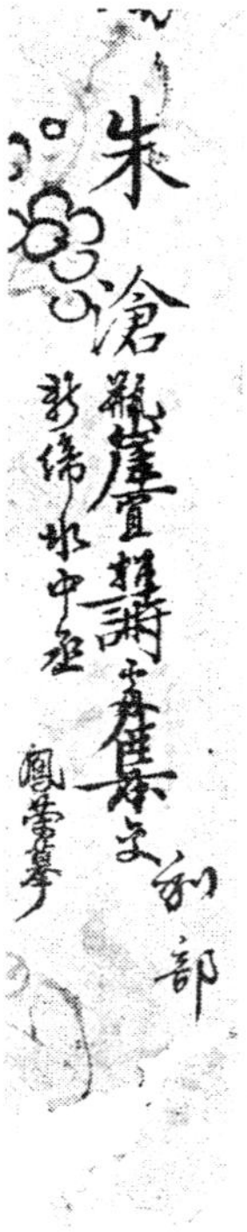

中州遊草

靖江朱　淶滄崖氏著

吳門周世祥禎符氏

同學　朱鳳台慎人氏選

范明輔公理氏

晚至高氏山莊宿

客行難首路落日駐輕軺舊圃仍移竹新渠正上潮鄉心綿靜夜遠夢托今宵罄此殘燈話離魂黯欲消

朱滄崖詩集　卷之九　一

口岸

岸以江爲口江崩岸轉移人烟圍浦溆市井帶流澌沙暖桃爭發溪廻柳並垂遠烟投宿晚孤夢落茅茨

途中清明

馬上逢寒食愁心黯自傷禁烟猶故里折柳是他鄉餓鬼郊墟滿腥沙道路長山頭雨欲至新火正蒼涼

六合道中大風雨

客程難自必曉起問星天江近飛狂飈山空簇暝烟路因積石滑驢爲蹴泥顛指顧靈岩是淋漓不可前

將次滁陽喜晴

東風晴日映沙町宿雨猶懸野水泠隔柳溪光全漾碧過江山色總浮青龍蟠光望雲連岫虎踞西流月滿汀矯首瑯琊應咫尺不禁飛越兩高亭

過滁陽不及登醉翁豐樂二亭并瑯琊諸勝悵然久之

高城晴色散嵐烟何事驅車竟式遄兩岸桃花虛問渡一泓春水任浮天山川自古慳遊屐風月空教負昔賢聊向豐丘關一望釀泉幽谷正相連

滁陽道中

四圍山色斂晴沙趁得東風度小車幽谷開歷隨上下懸崖置屋任欹斜溪田雨過飛江鷺石路春深放野花更向橙林高處望炊烟墜墜出餘斜

過關山 山在滁西舊傳以關壯繆得名然按滁志無所謂關山者即壯繆事亦無考但稱龍蟠山在州西南綿亘峭拔又西行里許有麼盤山亦險峻與龍蟠相連蟠盤疑誤故相沿耳然環滁皆山歐陽語正不虛也

客心原有屬蓄意恣探歷日日行看山山遠未我即今朝行忽奇步步生紆折群峰堆馬首亂石枳車轍斂足入層深攝心遵凹凸谿谷開田原高霞蟲松柏日氣互晦明林光歛出沒峭蒨叢雲根礧砢森苦壁廻巒鬱積阻蕁壁疑無隙仰睇一綫開縹緲奇巘末危徑緣秋毫而更多碑碣飛鳥下空青天風裊蘿薜探奇不暇懶鼓勇上崒嵂拭蘚坐懸广振衣拾頹級綿亘十餘里蹉跎猶屈躍呼階

耐其煩陡鍵甘亍彳日暮驅我車蒼翠仍相揖

大柳驛覓宿

日日山行山不了今朝始得下山樊平岡戴石微通徑古壁臨溪小結村風起長林驕虎兕日沉荒塢斂雞豚驅車稠剔繁榛路山市燈昏欲閉門

過村家小墅喜其幽致率爾口占

牛羲春陰好平沙碾馬蹄桃花茅屋底楊柳板橋西蒲衰籠新麥清流到舊堤如何寒食過不見燕啣泥

紅心驛早發

戒旦荒雞警客心披衣不覺薄寒侵蒼凉古驛猶傳柝慘淡疎星尚拂林雲湧亂山籠曉日風來遠谷撼棲禽輕車逐伴趨前路市火蕭蕭已爨鬵

途次少憩

行行下馬坐莓苔日暮深林鳥正回亂水皆從平地走群峰忽自遠天來留人老樹陰成畝借力荒村酒一杯長路勞勞何所事歸耕終擬老江隈

鳳陽道中有感

落日荒原不禁愁黍離曾見哭宗周傷心怕入興龍地深夜吞聲過泗州

垓下弔項王

當年逐鹿果誰勝兒復重瞳贊暴興一自鴻門機會失至今風雨暗陰陵

宿州

符離北望草連天落日孤城起暮烟官道畧成新市井土人猶話舊戈鋋淮南賓客今誰在泗水旌旗亦杳然往事不堪頻極目大河東下自潺湲

鐵佛寺 始入中州界

東風一路逐輕塵行盡江南春未回柳色不因征客減桃花猶作故園開銅駝何處埋荆棘鐵佛先看坐草萊闊道兩河頻苦寇荒原今始滌殘煨

拜協忠廟 在歸德城西祀張巡許遠以雷萬春南霽雲配

肅肅雙祠倚斷障門臨睢水至今深風塵到此真無色天地於君獨見心古柏槎枒留勁節豐碑突兀勒孤吟 碑勒公軍城早秋詩 莫言一死猶遺憾保障江淮免陸沉

寧陵道中 垂楊夾路蔓蔭可嘉

行行又過葛城西匝路垂楊一望低屬玉幾群翻翠幕游絲千尺罨晴溪人來遠陌青驄駛馬踏平沙綠映蹄過客不須愁道渴嶺頭甘露滿堪躋 地有甘露嶺

汴梁口

汴水環流處通津縮大梁數駝來冀覓舟楫下荆揚市火含星動村帘帶柳颺曾聞父老誰此地昔荒涼

過圃田驛

百里無山色，荒途覺倍長。老槐支古廟，廢驛剩頹牆。細麥含沙白，平岡映日黃。薄遊真汗漫，前路又滎陽。

自滎陽至汜水道中作

百轉穿重障，高低砂石中。人家岩腹宿，行路嶺頭逢。地近成皋險，山連廣武雄。由來征戰處，控扼大河東。

其二

狹隘微開徑，深沙屢礙輪。山光沉宿霧，樵語出荒榛。曲磵迴通馬，懸崖遠受人。艱難感行李，却怪雁飛頻。

其三

欹路迴斜照，陰崖亂木斑。河形縈汴水，山勢逼崤關。即虎牢　柝起荒城靜，烟遮野戍閒。深林歸鳥性，應覺倦飛還。

虎牢

崇關突兀如蹲虎，挐攫憑陵瞰中土。疊嶂層巒鳥道開，伏輿懸崖儼環堵。最得雄名號虎牢，設險無煩置樓櫓。況復形勝當要衝，東有成皋西廣武。地勢由來處必爭，紛紛戈甲纏今古。幾聞漢帝據敖倉，又見奸雄竊鄉塢。龍爭虎鬬氣何豪，轉眼旌旗委荒莽。白日陰風木怒號，猶似當年轟鉦鼓。君不見太行孟門稱最奇，興廢如今幾易主。大河南北多戰場，一帶黃埃遶戍堡。

征途柳絮

高柳漾春晴，因風裊素霙。秖應捲幔入，胡向客衣迎。慢舞疑無力，輕飄似有情。翻憐飄蕩意，萍轉類吾生。

入孟津界喜其風土因書所見似高令

朝辭石峽村，暮至叩馬里。邱山峙南壖，太河縈北址。墟巷暖阡綿，川原森蔚綺。密樹覆長垣，人家羅隴坻。柿林交廣阡，梨棗亦比比。雞犬連遙村，烟火復迤邐。夾道喧犢車，春田善耒耜。麥氣薰容顏，和風颺葛藟。高柳好鳥鳴，輕莎文雉起。況聞弦歌聲，渢渢來闤市。悅此民俗淳，足徵吏治美。我行采風

謠展也歌囊只

口占報高令

寂寞楊雄老歲華相知惟有一侯芭單車倚得東
風便看遍河陽萬樹花

署中遣興

一庭槐影逗疏簾永晝春濃喜暫淹事簡定知民
氣樂官貧難得客心恬栽花聊韻詩頻就剪燭敲
枰子慢拈可奈窮愁侵鬢髮慵懷愧老夫髯

出郭

作到郊坰外憩然與著何藏鶯吹面軟鶯語藹雲
和打鼓喧林社歸樵答野歌青山能遠客步步響
烟蘿

恭謁原陵

壽陵高擁大河邊此日瞻依重惘然王氣鬱盤松
檜色爐雲猶護翠蘿烟赤符定鼎關京洛黑夜觀
星入紫躔歷代小臣瞻草莽徒勤拜舞夕陽天

舊縣行感　楚武王渡河處

津頭幾堞尚巍峨我見說當年此渡河黃鉞久看成
故事白魚無復躍洪波蕭蕭廢郭殘陽滿漠漠荒
原野樹多自古桑滄俱代變何論豐鎬與朝歌

瞻兩河形勢有感

沃野仍千里人民曩古今由來腸地腹此處控天
心老樹遮襄眼行山領衆岑回思中洛意輾轉亦
何深

大梁行

立馬大河邊行行大梁道夢作夷門行慷慨深懷
抱大梁城闕高嵯峨當年爭霸皆績紛養士南來

酬白璧誰共著作信陵君彎弧報怨良非易邯鄲
飛檄連車騎虎視方闘群多名輔鶴尤稱公子義
舞袖歌鐘綺閣深蘭燈留客共登臨赤欄四面俯
魏闕山川歷歷縱披襟春闈百二錦壁壘賓客三
千豪斷金此夜一杯輕七尺此時片語傾寸心須
臾全盛空回首卿環黃雀復何有古道凄凉汴水
清長堤寂寞繁臺柳歲月重新事已違千載徒勞
人是非魏王池館今何在年年惟有雁南飛

津署初度山公置酒稱觥舉觴中謝并志歸

懷
官舍逢初度流年感倍深一樽師弟酒十載歲寒
心鄉夢青山杳窮愁白髮侵遙知閨閣裏小祝典
寒衾

其二
空懸千古事回首一悽然作客非長計爲農失舊
田君情如月滿吾意逐雲旋願托黃河水秋風待
邗舷

送盧成九入京
客裏愁逢別況當炎暑行涉飛督亢里水澀大河
濱時京師苦旱過樹聊停馬迎涼且聽鶯秋風他日約
切莫負歸程

雨後同山公城樓眺望
高城突兀敞危樓一望平原暝色收列嶂刺天嵐
氣落長河交霧浪花浮千林葉鬧聞鴉語萬井烟
生見鹿遊最是藥郊農事好盈畔新綠漲西疇

賦得月出嵩山東
月出嵩山東蒼蒼開烟霧好風驅之來飛掛城西
樹光氣燭鴻濛萬象森可數玄鶴來何方翩翩厲
高羽鳴聲一何悲徘徊爲我駐愧非王子喬延佇
徒爾慕

立秋
作客心多感觀星火正流商飈初獻夜孤意早驚
秋木脫仍迷角山寒欲入樓愁懟祝芳草宵爲故
園留

洛城行
雒州卜宅邗山阿左瀍右澗花大河九坂旋門森
迤邐轘轅伊闕互嵯峨玉書霧篆留緱宇龜殼龍
文湧碧波風雨爲之會陰陽爲之和公旦之所經
始柳宿之所蕩摩王城百雉纓虹蒂官道三條響
玉珂鋏馬將軍犀佩盤雕鞍公子金盤陀鋏馬雕
鞍相照耀貴人擁路皆年少朝從獵騎過平泉暮
挈胡姬遊青要偏袒慣來博塞呼白眼愛向山間
嘯生風出火放鞲鷹豪竹哀絲歌水調共言書短
當夜遊不惜千金買一笑遊倦歸來過市廛朱輪
丹轂各喧闐外戚鸞旗呵道過王侯紺幰謝恩旋

蒼頭不怕洛陽令寶憲能奪公主田田園複閣連雲起梓澤華林百餘里蒼虬天馬動虛空鉅砌周垣無表裏琥珀盃浮酒色紅珊瑚梁映檐光紫沙棠烏桕葳常青盧橘哀梨冬不死簾掛水晶薰桂蘭屏開雲母雜芳茝艷婦擁爐斗帳前侍兒吹水沉香底富貴繁華看無數豪門相競留春住王愷徒殘赤石脂齊奴擊碎珊瑚樹花里臺前楊柳風南隣陌上桃花雨花里南隣誰與儔他信春來不信秋休誇城里擢鍮銘再問衙頭翡翠樓樓上方

看群呼白櫝前又見駈鳴騶處處開樽銀作甕家家欵客綵爲毬垂楊弱柳天留影打鼓椎金夜不休紅粉當鑪錢滿串青娥飲罷鶯纏頭紅粉青娥顏勝花紈扇羅巾臉半遮姚氏牡丹插鳳觜伊流雪浪瀉琵琶秋水爲神骨是玉嬌痴愛唱相思曲遊人一盼盡消魂盟誓千年嫌太促豈料年光去如電轉眼韶華不可見昨朝芳檻弄輝輝今日飃蕭落片片賓筵未厭碧巨羅韋鼓依傳白羽箭華屋堆成帝子墳杜鵑飛上君王殿松楸留待市朝人草廬屈任王孫燕古往今來俱若斯桑田滄海忽然變悲來乎已矣夫却想當年金縷裘却想當年錦屠蘇壯士慢言陳角觝美人無復戴珍珠我昨驅車洛川道瓦礫蓬蒿遍九衢城中夜夜啼冤鬼城外時時泣老狐感蕊深窺生魅埋始知天地一蘧廬縱有負郭五頃田何如中山千日酣游俠劇孟真芻狗牧羊卜式亦傭奴縱華終見台星拆季子還因相印誅惟有賈生能白壽文章光焰無時無

反古北邙行　并小序

古人北邙行多傷逝之詞予每讀爲之哽咽丁卯秋遊洛道經邙嶺見古墓壘壘率沉埋於荒烟蔓草中廻憶古詞倍深悽愴乃土人爲予言往年亂離狀至有以獲葬鄉土爲幸者較古詞爲更悲也故爲反其詞云

北邙山下白楊路壘壘盡是古人墓世遠陵谷多變遷高墳大塚爲平田洛陽城中百萬戶自經喪

亂無遺塚千年蕃庶一朝空誰人却葬故鄉土萋萋冷月下寒烟邙山壟上絕新阡悲風野曠見亦稀黃蒿林立大如椽

福王故宮

王砌芳埋碧草生望嵩樓上鳥空鳴等閒惟有西風入吹破六宮舊月明

其二 專歎宏光帝

鵑聲巳落故宮秋南國猶堪作帝州只道蕭王能復漢誰知天子號無愁

朱滄崖詩集　卷之九　十四

轘轅早行

曲折轘轅路山山盡向東秋光來幾許木葉已深紅林脊含初日禽音會早風嵩高看在望正擬入鴻濛

嵩山

嶽嶽嵩高山峻極開天宇禹貢紀外方填星位中土呼吸一氣開蒼翠横太古

嶽廟

下馬禮參中嶽廟燒殘柏樹尚童童破鐘古鼎委山裏仙旆靈旗陰雨中碑碣多年蝕漢字琅璫鉄夜響秋風可憐封禪餘荒草想像龍遊石磵東

登少室絕頂

虛空磴道歷嵯峨極目蒼茫發浩歌粤嶺千年存赭土洛瀍九派下黃河陰森日月崖邊沒吐納烟雲石上多封禪祇今成往事宸遊玉帳竟如何

少林寺

縹緲烟霞護殿深奇峰迢遞見珠林鐵皮老樹盤嵩影甘露仙臺接地陰高閣雲連五孔嶺禪房花落九年心振衣法界斜陽外翹首高天意不禁

朱滄崖詩集　卷之九　十五

初祖庵面壁石

隨僧迢遞緣雲去綠樹風清不閉門一葦禪心原不住九年面壁更何言花飛木脫形無恙月落潭空影自存金篦由來堪刮眼松聲夜夜報黃昏

法王寺

悲高面面峰巒起土銼僧房入太玄人世未能餐石髓嶽靈何故長金蓮繡禽塌翅沾花雨法虎吹風走杏田日暮四山横翠色一聲鐘磬隔雲烟

龍潭寺

此閒幽僻人難到一徑蒼然去復斜引子山雞餐聖米種桃溪去餧神鴉龍公夜出聽經呪仙姥春歸曬洞花世事喧豗何日了欲從空谷煑明霞

寺南橋精舍望五乳峰

九乳生來何乳長連雲西北凝鷲錫石華平吐青蓮色屋角斜飛紅藥香千載修藤纏谷口一雙老燕下脩房山川自是多靈異日落烟生望渺茫

遊海棠峪

諸峰巖壁翠爲屏路轉雲深戶自扃選勝吾曹遊太始看花羽士入沉冥山間倒掛千條白樹底平鋪一派青安得朱明吹律暖結廬日日臥潭星

盧岩尋徵君草堂遺址

此岩不易測欲覓舊徵君分隊來青鳥隔籬響白雲水經人面落天到嶺頭分石隱斯時意遙遙不可羣

觀瀑布 盧岩下

山窮壁立劖崖岸如懸大瓠刳其半瀑水遙從雲

外來風雨蒼茫吹不斷晴嵐晻靄秋復春霏微淅瀝無昏晨亦覺輕陰散霡霂透迤石隙生瀰瀰爾乃清碧雷雨作喧豗洶湃傾叢薄崇朝霽色洗芙蓉萬丈銀河自天落北望群峰隱若蹲鶩趨哀壑爭飈奔滄溟潮生浪花白騰波急溜衝雲根碧崿承流浩欲潰氷山乍倒瑤枝碎玉龍被剸鱗甲摧激怒難回亂飛墜從茲直下垂天紳建瓴之勢無停輪纍纍大珠小珠墮崩濤積雪浮松筠曦暉照見閃虹霓雲影徘徊淨霜練微風忽度相欹斜細雨輕烟拂人面仰觀不足常淙淙厥狀非一難形容晝暮陰晴亦屢變窮工極態烟光重粵昔徵君宅其下翠庭樾館何瀟灑岩因其姓以爲名高蹈應空後來者君不見龍潭石淙皆絕奇奇在巉峭水挾之此岩之奇乃在水林巒藉以增幽姿况且嵩中水泉少潺湲不絕無如斯嚮然疑是別天地胡爲無人於此誅茅茨空懷舊有草堂圖石林題語良非誣嗟彼少年不知遊之樂吾將老矣甘爲愚平生有志今始遇能無樂此忘日暮扶筇出谷

□躋攀猶聽濤聲在深樹

自吸風口下天門澗上入東天門

古稱冠子山森森削寒玉小砦雖毗連無徑通彳亍如花綴樹枝承柎僅相屬左岩懸斷峽阻絕蘿烟緣右爲天門澗一線如帶曲千尋勢若崩虢步畏局促及見澗已盡意謂抵山麓不知視平區俯間岡巒複乃復從東躋仰睇轉廻壓當頭雲欲摧空翠露初沐攀緣陟陰崖含風射酸目是曰東天門晹光始見旭自來氣動志屏息駴回矚我聞三

朱滄崖詩集　卷之九　十八

定思疑於此停足顧言少徘徊從以窮幽獨

自大鐵峽以西三里許一路石齒林立奇詭萬狀意所謂二十四峰者半在其間詢諸從者莫識也嵩頂之勝疑此爲最再上抵

中峰但巋然耳

太室鬱崔巍絕頂稱中峰自下拾級上逶邐披蒙茸度峽路轉高漸覺山情濃亂石旅若林其狀難形容斷者如砥柱連者如崇墉怒者如鬬虎矯者如游龍或如獅子坐或如馬鬣封壯如猛將立杳

□群僕從麗如霞綺散蒼如雪覆松斕斑繡翡翠綽約開芙蓉應接頗不暇輾轉相遭逢循名固莫識足音空爾跫昔人記靈跡（太室二十四峰名見吳天師靈跡記）胡不銘厥踪顧令千載後於此疑心胸嵩高夫如何勝境茲重重再躋乃至頂秪爲衆岫宗霄漢倘可接回飈與何慵

九龍潭

嵩山古仙宅最是棲神藪大麓結層潭潛龍遂稱九陽旱不輟津出雲媲川后雖亢詎有悔惟群見

朱滄崖詩集　卷之九　十九

無首遝樾度蒙泉修竹通寒瀏潺湲赴哀壑突兀聳崖阜於是畜爲淵一潭束谿口渟泓清且深圍廣幾盈畝爾乃垂天紳二三潭維耦顧在岩隙間遊人莫窺牖下爲四五六七潭相齊醜潤底稍紆徐肩隨或群友閉洩洞飛瀨八潭繼其後舞雩叩靈湫請水於斯取九潭當尾閭承流任虛受汗漫委平疇支徑紛矯揉惟茲遞灌輸屈曲懸河陡灝氣之所鍾奇詭鴻濛剖盧岩與石淙鼎足三不朽

石淙

嵩東諸水流沄沄石淙如闞爲之疊迤邐溶溶澗
如砥砉然直落如傾盆淸響潺潺驟崩墜下爲車
箱承其委兩崖夾峙束懸河深壑渟泓靜如睡蓄
洩異勢因广展嶙峋未若山容奇爲巘爲巒復爲
岫爲磐爲嶼爲中坻高可隱人鼻可越平可列坐
紛排突視之指掌如画圖參差可數森如笏嵩峰
六十何崔嵬干霄濯雨芙蓉開餘氣鍾靈結幽境
刻露淸秀神工裁御苑無埒荒薛荔蓮石如樓自
蒼翠聞道霓旌逭暑來試洗莓苔議題字

大小兩鐵梁峽皆前峭嶝後開斷澗直下千
尋而大峽尤奇遂梁乃山脊也大峽上有
岩甚峻其麓稍坦可憩下瞰西南絕壁如
創逍遙谷在其下

我聞嵩山曰如臥得坤之體直方大私擬其巔或
坦平不知岩壑殊縱横緣岡陟磴路忽秋小大稱
名鐵梁峽崖崩澗絕天地懸欲斷不斷如絲聯此
謂鰲腰度山脉亦如劍脊分中邊小峽欹傾勢偏
側斗然劈破千尋直大峽谽谺乃更奇凌空巨石
相撐枝宿雨常侵紫苔澀靈雲暗度烟蘿垂是時
秋盡天瀟灑俯瞰寒光射村野若走驚泉倒壑流
從知積雪留岩下峽上嶢崖開翠屏共陽可憩須
茅亭下看絕壁臨寥廓萬丈青蒼鬼斧削却顧疑
身倚絳霄徒虛假羽騎黃鶴

大仙峽

絕澗通幽徑扶筇擇步過高崖危下瞰重磴曲如
螺雲破鳴泉落春寒賸雪多誰言中有地不識在
山阿

崇福宮懷古

載酒遺宮悵望時泛觴亭廢只容基一泓水落紅
泉見萬歲峰高碧靄垂領畧野花蝴蝶夢啼殘荒
樹杜鵑枝興褱宋室多名輩楞散常教老奉祠

宿高登崖

高崖臨絕壑登眺信幽偏入寶如門闢緣山得棧
連風飄欹半舫雲臥濕孤泉可惜無佳隱虛來借
夕眠

從嵩寺過箬適庵

雲門千仞鬱嵯峨，古寺相隣繞薜蘿。可惜香臺虛外賞，偶然竹院得閒過。經聲初靜幽禽下，地力難耕野鹿多。寂寞老僧渾似慣，坐深春草竟如何。

中峰

峻極中峰此獨尊，雲低咫尺見天門。路迷仙館孤池在，烟斷黃河一線昏。封禪壇高虛月色，搗衣石臥見秋痕。不知山頂誰剗創，今古初無半字存。

瓦旋坡由邢家舖西登少室之路，稍上即小砦也

林巒幽深緩轡登，屢從跬步度嶙嶒。峰高亭午銜

斜照，徑僻初寒掛積冰。欲坐看岩頻息樹，相期歷磴更支藤。怪他如此烟霞裏，却少茅庵一箇僧。

再登少室宿寶豐岩下

天門直上覺天低，恨少驚人句可攜。黃葉已深荒徑沒，白雲忽度萬峰齊。早寒山氣愁將暝，遠靄河流望只迷。倚杖聊從岩下宿，一燈霜色晚凄凄。

緱山昇仙太子廟　在少室西北二十五里

緱氏昇仙廟，豐碑武后名。池荒無鶴飲，樹老有蟬鳴。縹緲遺靈跡，清虛謝世情。何當明月下，閒坐得

聞笙。

上龍潭寺　與下院相去六里許，今廢，僅存一小庵

萬麓平開一徑幽，下看猶在半山頭。天寒古樹鵲巢落，雨過輕泥虎跡留。仙梵晝稀花漠漠，僧房烟靜竹颼颼。神龍誰與安禪制，盡日潺湲萬壑流。

微雨憩少林南彌精舍

高林薄霧幾重遮，問叩橋南釋子家。雲裏望來非一岫，洞中香徹是何花。淺深嵐氣臨僧榻，來去鹿踪破綱沙。小坐不堪懷往事，數聲疏磬夕陽斜。精舍為前朝周府所建

象極洞

天地青黃卵，中原太極圖。豐隆揮玉斧，皋耳闢金壺。屐躡雲根轉，松盤鳥道迂。觀心處處法，神嶽契靈符。

嵾嶺

崷崪山勢截雲根，縹緲危巒闢一門。破石荅烟迷古道，粘天老樹辨遙村。林皋鳥下風初定，岩穴龍歸雨旋昏。咫尺嵩高連翠色，夕陽西下不堪捫。

題贈老僧

汝有超然意，幽居頗遠公。不徒鋤菜甲，兼得領松風。日月床頭過，興亾磬裏通。悟來忘色相，微笑白雲中。

再遊嵩嶽寺

與山別未久，再此叩禪林。塔影浮重水，松香隔暮岑。親疎黃鳥意，去住白雲心。秋色留人急，悠然何處音。

玉翠池

谿深石徑斷，雲靜一潭開。流水因何響，游魚為我來。幽情招遠岫，古跡近荒苔。偶值忘機者，夕陽未擬回。

柏樹將軍歌　漢武帝所封也

嵩陽老柏身崢嶸，墣日摩雲天為撐。漢皇曾此陽弓劍，寶亦不知何代生。恐是混沌之質，萬卉之外，幸遇知己而得其名。嗚呼將軍何縱橫，𭥍論骨體之奇，色貌之古，皮溜霜雪，幹排雷雨，匝厚地以無垠，盪長風而掀舞。凡鳥不敢巢其巔，樵蘇不敢試其斧。兄若弟兮連營，亘天樞而鎮中土。郎其貞姿浩氣，力任所衛。虬髯鶴髮，長鐵短穜。立則如山岳，鳴則如鐘鏞。功成分茅于此地，困圄圖象遊其鋒。其上又有百千孔，詢之土人，皆曰相傳陰雨晦暝日，此中嘗出大大小小不可紀數之神龍。我聞此語為徘徊，罡風颯颯從天來。日輪將翻地軸裂，大樹將軍亦塵埃。漢家又歷唐與宋，爾王不來使我哀。如今老將無人識，鵾鶴壁壘空蒿萊。兄復亂後多勇伐，恐君難保濟時才。安得起爾誅荊棘，誰其叩閶天門開。

嵩陽書院敬懷耿逸庵先生

聞道藏經地，悠然絕世喧。到來松引路，坐處石臨軒。不有遺書衍，安知古道尊。高山㢠仰止，永矢欲無諼。

洛中秋感

洛城衰草暗銅駝，躑躅征鞍客再過。望裏雲山銷王氣，愁來天地發高歌。他鄉風物悲鴻雁，故國音書冷芰荷。回首不堪形勝在，嵩峰伊闕尚嵯峨。

一六二

上林秋早集啼鴉，西苑年深斷翠華。玄石東遷猶有國，錦帆南去更無家。天教史冊存周赧，地壓河山恨永嘉。倦客登臨離黍後，王城依舊夕陽斜。

其三

鐵嶺金墉指顧中，龍飛虎視昔人雄。提封萬井仍周甸，屋社千年失漢宮。霜際曉鐘山寺白，日邊殘角戍樓紅。淵遲猶是元公卜，今古虛傳婁敬功。

其四

廿載中原戰血乾，洛陽花事倘凋殘。樓臺西望函關迥，風雨東來少室寒。桑梓苑中虛白露，芙蓉池上自紅蘭。石家金谷知何在，滿眼蓬蒿不忍看。

其五

上東門外廻車處，落日寒雲邙北邨。十代寢園空玉盌，二周城闕自金湯。徒傳太后驕梁孝，不信高皇易趙王。幾樹松楸樵斧盡，遺民猶見淚沾裳。

其六

哀衛城邊秋氣高，山川想像舊旌旄。亦知一旅驕戀甚，白髮孤臣轉戰勞。誰啟闕門開鎖鑰，遂令朝市滿蓬蒿。黃河不洗萇弘血，落日悲風捲怒濤。

其七

酒市相逢游俠兒，金樽絃管醉酴醾。田橫義重三齊日，劇孟名高七國時。青草古城嘶牧馬，白楊荒塚宿寒鴟。何如巢許箕山上，脫屣人間萬乘貲。

其八

西風落木下孤城，今古人同感慨情。三市塵沙淹夕照，兩宮砧杵斷秋聲。縱橫無地憐蘇子，神鬼何

知問賈生。寂寞灞陵聞鬼絕，十年愁思賦東京。

洛城聞笛

殘燈高館獨徘徊，夜半城頭北斗回。隋苑月明三百里，笛聲何處忽飛來。

不寐

萬感來清夜，蕭然夢不成。殘燈搖遠角，細雨洒寒更。久客青山暮，經秋白髮生。多情南去雁，頻喚渡江聲。

歸思

誰寄天邊信淒然歎滯霪壯懷因客减孤夢落秋
深影斷長空雁凉生永夜砧登樓欲有賦愁絕不
成吟

閻嵩嶽觀察招飲園亭賦謝

西郊幽絕處晉魏古風淳梅鶴歆偕隱松筠老乞
身月窺乖釣晚雲護著書新會見于門大森森長
石麟 時以諸子文藝相質

王章明京兆招飲兼憲先相國墨刻賦謝

京兆聲名貴河陽閥閱尊登堂揮玉麈接席倒金

樽絳帙書初褒蘭亭石不讓高山正堪擬珍重此
名園 園名擬山

秋霽

曉色湛晴空蒼然一氣中片雲歸遠岫遙見碧崗
嵩

永寧道中

北望崤關道南瞻洛水汀地連襄草白天入幕山
青舊國留侯墓遺風名伯亭中原此門戶莫遣失
嚴扃

宜陽

宜陽城外草漫漫曉霧空濛不忍看清洛帆光隨
遠照錦屏松色入高寒烏啼故壘風初急馬度荒
原血未乾見說甘棠依舊在祇今南雅半凋殘

洪上懷古

沐土分封日殷墟麥秀時河山存破社父老誦遺
詩祀重三仁廟郊傳七聖碑蘇門清嘯近寂寞此
心期

新鄭過故相國高少師慶園

斷圃秋城下蘼若客至稀野風搖竹粉簷雨落牆
衣鳥影侵堦亂蛩聲出砌微平泉遺石在寂寞度
斜暉

朱仙鎮拜岳忠武廟

破此班師地松楸故壘荒丹青嚴廟祀父老拜神
明南渡空遺恨中原自反兵不須悲宋社匂土繫
東京

見落葉

淺綠深紅映碧潯不堪一夜薄霜侵年年落盡江

南樹惟有垂楊繫客心

津亭野望

凭高不可望暝色歛寒空河潤吞天白霜桐亞樹紅平沙圍宿雁荒徑響秋蟲歸計今當決雲山隔幾重

秋夜感述

空院響梧桐夜永秋方半竟夕不遑寐沉吟自成歎披衣坐前楹仰視明河爛初月出未高衆星漸熣燦南有孤飛禽肅肅厲羽翰霜重儔侶稀哀鳴

如有愬山川既修阻時節復已晏稻粱志多違皇藻非所玩何當嶒嶸收飛飛入雲漢

孟津八景有序

八景何昉乎自伏羲畫卦而先儒目爲宇宙之大八景故雖荒州下邑莫不各有標識以紀山川風土之勝豈僅景物云爾哉亦倣畫卦之義見體局之不可不具也況孟津爲東都左輔負圖遺跡實係羲畫紛本而叩馬一諫尤千古名敎之所關顧名勝雖傳而詠歌罕及豈非一大缺典余故借爲拈出首負圖尊古也次叩馬重節也舊渡懷周原陵思漢大河瀍水形勢堪誇邙嶺柿林景光可挹而孟津八景遂躋瀟湘諸勝之上不揣疏蕪繫以短句庶采風者有所觀覽焉

負圖古碣 按圖馬從黃河躍驟水有火光身龍鱗首口鼻類龍歛成雲無角毛文成八卦爲乾坎艮震巽離坤兌即所謂宓羲氏之方位是也

混沌留遺碣先天洩至文自從龍馬出夜夜鬱玄

雲

叩馬遺墟

古樹鬱盤根爭傳叩馬村周師雖未阻亳社至今存

盟津舊渡

八百來同日曾孫此誓師白魚能效順何恤倒戈時

光武原陵

典主盤龍地松楸歷代承 歷代遺祭碑記甚多 蔚葱佳氣穩

彷彿似春陵

大河縈帶

崑崙來遠派積石下長流逝者原如此浮沉信白鷗

灃水環流

脉脉一深源發自西山麓東合澗水流卜落開中隩

邗嶺晴嵐

迤邐北邗嶺森森列翠屏朝來新雨過飛送一天

青

柹林霜葉

霜林高柹葉絢作武陵春若遇捕魚者還應錯問津

臥龍岡懷諸葛武侯

蜿蜒長岡曲當年一草廬沉幾規抱膝大畧托躬觀書管樂功雖就伊周業尙虛空餘前後表讀罷淚沾襟

客有示余趙州畫木圖者遂爲賦之 文武二幅世傳吳道子筆此其摹本也

吾聞趙州橋下水瀰瀰胡爲壁上生雙木造化原從幻處真地老天荒此不死東牆一木秀而文天晴日瀉出綠雲果是 聖人當九五海波天外靜無氛武木西牆牆動盪大聲吹地天蹴浪神魚怪猶弄干戈龍母蛟兒爭跌踼吳生吳生原多奇眞宰無權憑轉移吳淞半尺何足比并州快剪將焉施恍惚置我洞庭東陽侯夜嘯來秋風又似天吳怒相擊龍伯國人釣無庸忽憶我家江頭任擊楫

時過揚子渡安得扁舟漾此中乘風飛越扶桑樹

汴京篇

憶昔中原雲擾日五代迭興無寧室何幸天開夾馬營柴家兵變陳橋驛卜土開基宅汴京龍樓鳳闕何崢嶸列聖遞傳多惠養百年繁庶饒生成冠蓋聯蟬誇閥閱名園處處春花發簫鼓晴連艮嶽雲笙歌夜落吹臺月月沒雲開星欲稀城邊楊柳夜烏飛公子長停珠勒馬美人自愛金縷衣金羈寶馬狹邪路北里門連別柏樹繁絃一曲定情篇

隱囊四座彈碁賦金張甲第上參天飛宇高甍白日懸藻井常留明月影丹楹不斷綵霞遶錦車小駟驕春陌桃花柳絮爭顏色碧㕍文茵五十重紫絲步障三千尺文茵步障競遨遊列第歌鐘午未收折步纖腰爭上食吳歈趙舞不知愁豈知天運一朝改汴宮翻作金元壘臨安僻處小朝廷沉陸中原百餘載天心悔禍日重昇濠梁誕瑞眞龍興一洗腥羶光宇宙肇基鴻業開金陵𦏁𦏁龍準第五子剪桐備藩誇賜履奕世其昌史中之黃河如

帶規嶽鄙瓜瓞綿綿三百年本支繁衍遞相傳林立邸舍紛廛市租稅王田列陌阡服食多自殊方至大官供給差無異蕭牆內外多將軍老拳爪透稱儀衛彤管朱䋲琥珀流珊瑚翡翠如雲浮趙玉秦聲鬧金屋蹴蓮舞燕動笙簧亡何妖孽見東井百二關中賊壓境大河南北無堅城雄邑既陷南陽䔥猶㥁庚辰五月時石榴開遍舊來枝渠魁夜問黃河渡鐵騎直逼㚖山阪金明池畔傳飛箭咒不恩帝子鸞徹膳登陴老將半㾦疲鈍甲何堪驅出戰老賊立馬大河濱決河灌城無堵闉濤聲霹靂城頭濺丹樓綺閣俱淪可憐城中百萬族填刻盡葬魚龍腹淼沙浩浩絕炊烟雨黑天昏鬼夜哭至今落月暗孤城未寢唐宮蔓草平舊日玉關園內柳年年空復向春榮感茲興廢不堪數眼底山河幾易主惟有野老臥山頭歷盡春風與秋雨

登靈寶南城樓

輿客上南樓長河來欲浮雲當脩嶺出月傍虢城流檻外收秦晉樽前落斗牛憑高瞻紫氣關內有

封侯

其二

崇墉環四面粉堞儼千層傑閣浮雲矗寒煙動柳星山河渾未改曙晃若爲增民物今何似悠然見二陵

登望氣臺 函谷關上即老聃西度處舊在南原邑令江公重建今所

層臺百尺擁高峰瘵碣行人識舊蹤四塞昔曾誇虎視一丸今復後泥封殽陵古戍寒烟淨砥柱洪流翠帶重不見當年關令尹誰從紫氣認猶龍

同高鳳臺佟玉筍張敬齋高山公四令君朱
潤生府幕蓬池秋泛 池在汴城東北
画舫逐輕波清池映綠莎岸花秋露浮山翠夕陽
多歌吹親魚鳥琴書綴薜蘿寒芳欲有寄歲晚奈
愁何

其二
澄潭一鏡收小艇伴浮鷗吏隱情方適山寒葉樹
稠薄雲千里暮斜日滿池秋觸愧歌鐘外萍蹤客
子愁

龍崖夜雨
自歎洪水闢崖開更長千尋斷岸廻見說龍蟠陰
白日却令石國裂蒼苔流雲晴作岩前雨乳竇滑
驪淵戶雷欲上最高探禹跡飛泉百道瀑天來

黃河雨泊 以下歸途作
大雨侵流急孤舟訪泊遲灘高支纜遠山亂結村
危樵爨分漁火篷窗障荻帷羈心隨所扎閉臥對
鷗鷺

舟次河陰望廣武山是楚漢相拒處
放櫂沿河渚平沙隱雉樓從聞啞廣武誰復割鴻
溝古戍荒烟斷空山亂木稠雄圖今已盡浩渺剩
浮鷗

登廣武山眺望慨然有感
晴秋振屐層峰上壁壘風雲萬里開山接嵩邙爭
北向河連汾沁却東來寨沙白積埋遺鏃衰草青
燐沒廢臺帝業霸圖俱泯滅阮公千載有餘哀

歸舟雜詠
客心誰復耐八月下黃河浪湧頻摧岸雲崩欲壓

舸平沙譁雁鶩急雨泣黿鼉謾說公無渡風波是
處多

其二
一水蕩晴空凝眸遠望同天低河影接岸潰浪烟
籠淡日朝涵沫高帆曉信風無勞頻問渡已過汴
流東

其三
渾渾長河急乘流一棹歸遙灘聞雁語夜雨暗濤
屏岸影移沙晚鐘聲度木微故園秋已半知否接

寒衣

其四

狂飈忽淩厲嘹唳落鴻聲河濶月方好天高露正
清孤帆緣積水遠火隔層城訪泊知何處危譙已
二更

過潁上

曲岸如山舟晚移乘流坐詠櫂遲遲木程波嚙甘
羅塚官渡人來管仲祠荒草牛歷稀返照疎烟雉
堞抗秋旌灌龍淵吹前形勝黃鵠謠殘有所思

朱滄崖詩集　卷之九　三八

泗州

泗水浴洄處爭傳古泗州冥濛孤塔湧浩淼一城
浮兖豫通津要淮泥控下流誰憐形勝地鳧雁滿
灘頭

過盱眙第一山

第一山頭起暮雲人家兩岸隔荒濆水連淮海風
波濶地接濠梁王氣分湯沐何年還舊澤松楸十
里傷寒曛千秋石馬田間出夜半嘶風客底聞

天長道中

策蹇趨前路行行度石梁山連吳地近江入楚天
長國計憐禾黍鄉心怵螟蝗時小有蝗災幾行疎柳外
落日隱維揚

過歸德

驅車此地是商丘兵燹傷心涕泗流豈有殷人悲
白馬久無周吏問青牛屋邊犬吠驚新鬼城上烏
啼恨故侯橫睇睢州張許事慢將軍國殉恩讎

朱滄崖詩集　卷之九　三九

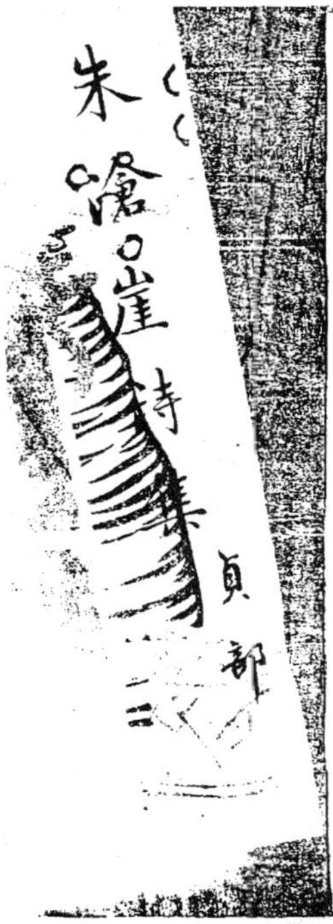

燕遊草

靖江朱　滐滄崖氏著

吳門周世祥禎符氏

同學　朱鳳台愼人氏選

范明輔公理氏

北行感述五百字

驅車復驅車憂來在所適慷慨行出門撫事百慮集豈徒嗟路難因之追夙昔緬維少小時謬學操紙筆世世業蘋父兄詩書沿厥澤雖乏悅頴姿囊中

希黍竊崢嶸歲月長黽勉事呫嗶晝齏蕭寺中篝燈風雨夕作文耻俗腴學古陋時習經營或慘淡揮灑亦時覿有時發狂吟題詩問秋月自謂可致身師友况奬掖以此忘饑寒治生羞儒術酉闈初試戰副車誤一擊壯志不稍降六月且自息曹子一劍存終能返三北荊和雖刖足良璞究不没姿意幸一售庶予誦黄責詎料時命乖國賦嚴杪忽微逋稍後期遽爾褫衣革聖世乃錮人素志竟蕭瑟碌碌三十年青衿付瓦礫既無負郭田安有服

賈力循分強傭書糊口仗筆舌覘國少豊年粟藿苦不給吁嗟北門詩焉辭室交謫屢空固所甘惜哉頭髮白兒女半長成婚嫁杳相逼少壯耐長饑衰頹將焉活歷歷靡所之蹉跎良可惜楊子泣路岐莊生悲涸轍薄俗羞賤貧逢人多黙塞無聊賦遠遊饑軀不遑恤遙遙幽燕地古稱豪俠窟况復帝皇都容畜盡材傑私心不自量覬光冀引汲珠桂悄空囊長途虞蹶踣少尹有莊公俗外叨別識知余老且貧清俸常周急還轉來京華金吾隸厥

職慨然相挈攜逍遙入記室甚愧建安才敢比當和客覥焉就嘉招或因廣遊展但恐迫衰年性復苦瘦劣長安多貴人氣勢何烜赫嘗懷彌生刺袖中曾漫滅當年燕昭臺荒蕪空遺跡匪無千黄金未聞買駿骨落日糜沙黄短衣徒躄躠終當歸故鄉没身守蓬蓽

與愷兒訣

人生何所苦所苦是生離况乃迫死别伊誰能不悲傷哉汝孱軀饑劬交廹之風露積沉痾奄奄遂

鄰危遠行不待訣作文何不慈忍痛出門去步步肝腸摧朔風吹車塵行行黃河滑黃河水手折老淚滋流澌

朱右山范膚功餞予西郊留別之作

浪跡真無賴何勞出餞頻當杯同感慨握手互逡巡寒色侵江柳孤鴻逐客津桃花春社會應念遠遊人

其二

遠去難爲別啣杯未忍傾征鞍催落日祖帳倚孤

城路入鶩沙滿天隨遠樹平更憐燕市月旅夜向人明

茱萸灣

聞道灣頭夜上潮紅樓十里遍吹簫只今惟有堤邊柳細雨春寒未放條

高郵

極目秦郵路人烟此處繁晚塘喧市舶春水嚙城根風俗魚蝦賤霞天鸛鶴翻我來看甓社蒼莽日車昏

露筋祠

野死亾名氏能令廟獨存自然堪下拜何用賦招魂風月淸傳珮蘋蘩香繞門一筋留潔白千載不黃昏

淮安

雉堞巍峩控要津通侯邸第望中新州分海岱關河壯地盡江南草木春落日淮黃看積水高風楚漢弔奇人孤舟漸欲浮天上細雨春寒近客身

韓淮陰釣臺

英雄能餓豈等常就食何嫌水一方跨下留身分楚漢塚前儲地待矦王從今鹿逐無堅壘在昔龍爭有戰場日暮天風吹淚影城邊遺跡未全荒

漂母祠

國士如饑死何人致楚亾識先蕭相國養待漢高皇一飯非圖報千金詎足償悠悠祠下水猶是漂流長

又題漂母祠

長淮浩蕩繞祠門阿母巍然廟貌存日暮依依流

水碧只今誰復飯王孫

清江浦寄家書

乍別心猶戀臨毫寫未工幾行寒淚下一紙百憂
中朔氣摧殘鬢河聲攪暮鴻平安無可報草草附
郵筒

宿遷

下相城邊水勢驕馬陵山驛草蕭蕭縛雞抱布津
亭鬧擊豕驅巫画舫高遮害寧菱憂未已宜房沉
璧討徒勞江淮自昔堪蒿目疏瀹今看禹跡遙

宿遷驛舍和吳閶女子壁間韻

千里移營打疊頻傳來漢語亦難真相隨一片龍
荒月曾照金閨是故人

桃源道中

策蹇河干百感生遺黎未見有春耕沙堤曲曲防
隤岸土屋蕭蕭壓破鐺村婦荷鋤當路泣丁男牽
纜踏波行司空何日寬征役隴畝重聽秧鼓鳴

溯河行感賦

大河南徙下淮徐疆域今非禹貢初轉粟全憑薈
水使富民誰治白公渠桃花漲落饑沉玉酸棗堤
開已葬魚願罷冬官無益費先王良法在耕餘

河上口占

巨浪挾風來東南天地坼辛苦大司農歲幣輸河
伯

途次漫興

計地餘千里離家已踰旬稍諳長路味漸遍異鄉
春登頓玄黃馬衰頹風雨身塵中驚物序柳色更
關人

郯城

春秋郯子國瓦礫僅孤城市井昏鴉集人烟返照
橫亂流歷地脉遺戍護農耕歎息班荊地憑誰寄
一聲

早發青駝寺

旅夜無更次披衣聽曙雞村荒疎樹斷野曠亂星
低道路悲鳴雁行藏信馬蹄僕夫勤夙駕昏黑路
猶迷

梁庄客舍步壁間韻

攬轡尋村店青山左右分一椽新蔽雨四壁盡穿雲野老談時事殘碑紀舊聞長途難遣興把酒對斜曛

棠陰道中

平沙堤度板橋紆殘月隨人逐隊呼路近龜蒙唯季子車臨堂阜予夷吾荒村烟鎖秦碑沒古戍雲連魯殿蕪慢向里人詢往事岱宗匹練渺東吳

望新甫

徂徠既瓌瑋新甫亦鬱秀蒼蒼百里間與岱相輻

湊翹首望嶔崟複沓森戢驟朱霞耀晨嶺白雲鑰夕岫倏忽無定姿晦明互蕩潏疑有靈異栖或是仙人囿漢武此築宮未盡方士謬我行肆瞻矚恨不躡岩竇爲詠閟宮詩遙集破儒陋

望岱

岧嶤泰岱俯平原五嶽從推獨擅尊海霧乎開通日觀岩雲中斷劃天門登封謾訝秦碑失秩望猶知漢畤存愧我攀躋違夙願夜來風雨阻前村

嶧陽詠懷

葛嶧初分地東蒙入望來青山臨岱岳滄海下蓬萊憤世心孤往憂時首重回中原凋敝盡客思忍悠哉

德州渡浮橋

古縣紆山左長川抱海西土風兼漢魏河勢割燕齊鹿角關形壯平原嶺樹低轉漕疲萬里隔水看輪蹄

獻縣

漢代賢王地清晨一騎過黄雲連鉅鹿白日散滹

沱地勢迎關險山形入冀多無邊臨眺意俯仰一高歌

河間

丹雉嵯峨枕綠壁賢王臺館至今稱詩翻北海波瀾壯杯映南皮月露澄燕雀啄餘千樹粟蛟龍吟斷九河冰憐余踪跡長潦倒風雨年年感茂陵

任丘

鄚丘東鄙地殘邑幾家存巨浸瀕滄海層巒望石門沙晴春漲滿風橫夕陽昏觸目蓬科轉飄飄别

故根

客途感懷

又見飛花繞暮天客懷岑寂背人憐文章多病同鷓鴣時事傷心付杜鵑幾樹桃花三月雨一堤楊柳萬條烟長途無計堪消遣征馬蕭蕭思黯然

雄縣

冀北迢迢路風沙慘客顏要津連八度（關名）險勢扼三關柳借城陰直橋臨水角灣五陵多俠少褰颯未追扳

樓桑

先主龍興地軒皇舊帝鄉王圖收七筯天意失荊襄歲月叢祠古河山漢寢荒長歌懷慷慨寒日下枯桑

琉璃河

琉璃河上水嗚咽帶龍沙隴灌垂苡黍畦滋抱蔓瓜洑流摧古墓烽堠斷漁家磨洗前朝事蒼茫望翠華

漁陽道中

平原一悵望故國已荒丘獨火穿林出灘聲抱石流月明燕嶺暮霜落薊門秋更欲停車問悲笳起暮愁

遙望思陵愴然有感（陵在錦屏山即田妃墓）

望帝何年泣草萊慢留抔土錦山開恨餘亾國偏英主愧奉先陵共夜臺雲暗蒼梧千古痛月明湘浦二妃哀神歸百室傳青史龍馭長依風雨來

盧溝道上

風烟萬里接神京此地由來古北平橋上霜花飛

木葉河邊柳色擁行旌人家夜雨盧龍塞牧馬秋風涿鹿營寄語二三游俠客五陵佳氣自縱橫

入京

灑血當年事傷心此日過河山仍突兀宮闕悵嵯峨御柳嘶邊馬官橋臥橐駝低徊情欲斷不敢淚滂沱

其二

徒步嗟爲客京華事已非文章供白眼感慨到烏衣傲性逢人少閒情入俗違試看五矦宅何似北

山薇

其三

夙昔安浮梗何心問帝京此行眞孟浪到日轉忡怦湖海懸歸夢荆高奏羽聲窮愁書欲著誰解重虞卿

其四

聞道長楊盛何人賦兩都平津虚客館西第自監奴日月猶衰鬓風塵敝壯圖向來飛動意到此轉荒蕪

送年月生下第南歸

一第寧君重悲看世態分但聞尊卜式誰解愧劉蕡樹暗瀛津路山横泰岱雲天涯同失意兄復惜離群

感懷

短褐蕭蕭帝里遊浮雲滿目正堪愁人情共羡虞卿璧吾道誰憐季子裘問世何須來卜肆依人徒自賦登樓朱門莫笑彈冠客多少隋珠盡暗投

春郊

出郭驚看春暮時野棠飄盡柳垂絲自憐京國風塵客花落花開總不知

登報國寺毘盧閣

飛閣依清漢登臨意不窮始知仙梵勝必藉帝王功窗鎖流雲濕松懸落日空晚烟鐘鼓動萬戸瞑朦朧

報國寺雙松歌

燕山奕奕盤龍氣餘力突生雙松樹古貌蒼皮屈鐵柯左拏右攫互盤踞摩天直幹不欲放縱之横

之吐奇狀夭矯虬螭旋舞低支離日月陰森向三日松根廟市開如雲車馬轟如雷繁楷匝地爭喧坐贊頌神功何有哉我來佛閣鐘磬静大枝小枝懸明鏡獨立寒光看不迴諸天肅穆全幽性松兮松兮托根五雲闕下西方宮閲歴人代千年空滄桑變幻忽倏中挺生厚氣歸鴻濛

都門逢高奐若荅不見者二十餘年矣

屈指年來事勞勞半已空乾坤餘敝帚風雨各飄蓬鋏是長貧短詩因久客工酒徒無恙否同醉望

諸宮

由安定門至水關望德勝門迹所見

疊嶂映朝暾人家野水村樓殘遺堞立寺廢古鐘存放牧春畦亂呼鷹獵騎眺干戈雖已息猶見哭聲吞

洗象行

長安六月三伏始長安城內玉河水玉河流水聲潺潺捲簾香起風日閙是日喧傳觀洗象立馬萬蹄車千輛旻延蹴踏羅岸傍吹角鳴鉦沸川上滿

堂賓客何從客局棋未了樽不空日閧報道象奴出至尊朝罷明光宮魋形詭狀三十六一一騎就深潭浴波湧乍疑龍蛇蜒端廻更與人翻覆須臾小吏前推排帳底官起群象同就中一象行躑躅齒牙脫落毛摧頹長者謂余豈解事此物經今不知歲聞說前朝萬曆初貢車遠自扶南至中更四帝時太平一朝闖騎走神京忍死不食三品料無到早朝淚縱橫滄桑變換何倏忽勉強逐隊多慘戚君看垂老意態殊頗似當年燕屬國

送人備兵寧夏代

漕渠書上小臣勞廿載爲郎意轉豪不向仙薹分沆瀣却隨天馬醉葡萄行秋乘障看橫槊惜別臨岐脫佩刀遙計持符雄塞好振衣蒼翠賀蘭高

逢內僧賦贈

且置威音事閒談天寶年乾坤吹野馬雲木黯山鵑世換人多默語低心自憐深宮長繞夢浩刼一鐙傳

寄家碕庵

家室悉誰恤徒煩長者憂却憐書到日又值客邊秋朔雁遲鄉信新霜怯敝裘懸知春草夢獨竚小池頭

與友

與君俱失意相對各生憐客枕雞偏惡鄉書雁不傳齒添兵火後愁入太平年牢落徒思酒栖遲未有錢

六月聞砧

六月未徂暑胡爲急授衣愁多音響亂客久歲時

非塞外寒常早閨中力易微先期頻用意忍待雪霜飛

新秋

高梧昨夜雨初收剪剪風來小院幽山色乍迎新序爽砧聲全似故園秋關心錦字催鴻雁欹枕天街待女牛今古年光原逝水陰蛩切切莫深憂

七月十五夜

邊月新秋夜哀音四面齊戰場多舊鬼野祭盡遺黎柝亂愁入聽風驚倦鳥栖遙遙天漢上河鼓漸

垂西

送人之延綏

薊門東接太行山山外黃河天際還綠樹碧雲看不盡雁聲飛過玉門關

老馬行爲畢友石司馬賦

春風已綠沙苑草塵埃日暗長安道蹄高尾秃走邊巡瘦盡空留皮骨老雙驢曳車轂轉急狹邪路隘躊躕立嚼勒無聲負日寒障泥改色臨流泣憶昨齊毛上林苑十二天閑較獵返綠髮搖拽蹴青郊朱汗淋漓驟蘭坂是時天子重神駿飛黃騄耳爭相趁七萃旌旗錦作營五侯騎從花爲陣飽食常供太僕芻黃金飾轡雲襆糊一出橫門志千里跼跳欲與凡馬殊時移物換厩阜改西來大宛誇龍駒後宮教舞但蹴蹋前驅要駕甘羈孤平原蕭瑟白草長閑西放牧依菰蔣神衰不覺眼低迷肉盡誰憐骨骯髒鬣疏奄破烏啄皮負薪隴坂山猿欺野燒乍疑燎火作秋雨獨畏陰風吹君不見天駟無光伯樂化服阜乘輿材亦下肯戀棧豆儕駑

駘日老荒坰爱瀟灑但留駿骨在人間倘築金臺有知者

過故萬都護白石莊

駙馬園亭舊滄桑歲月深荒榛埋曲徑野鳥噪空林陰洞朝光入虛堂碧蘚沉寒風發幽籟颯颯動愁心

國子監石鼓

成均舊辟雍中有岐陽鼓古今所聞十左右各惟五離離大星隕兀兀壞雲補氣若鎔五金文若斷

斂殿孤峰劃秋瘦千葩耀春嫵森嚴列戈矛爾雅
冠章甫摧輈半折軸敗舫或遺觽斷苔明碎錦古
壘漬頹礎思昔委泰郊雷雹驚草莽耒牛礪其角
鑿臼加以杵幸今依黌宮星口照廊廡圭璧遜其
儀俎豆與之伍𢚩非天意憐或是神明祐深簷白
晝永老屋祥鸞翥晴漣画戟陰冷濕宮牆雨諸生
獲講解髦士資訓詁啟鑰煩豎閽榻本利商賈韋
詞表姬周韓語懷李杜紛紜歐蘇作詰屈鄭吾譜
稱評雖靡定彷像詎非古我生千載下匏繫荒江

滸神徒馳周南足不出牖户饑驅汗漫遊遂作幽
燕旅平生慕奇鬬一旦獲嘉覩初臨色愈莊欲狎
氣斯沮如親至東都揖讓與甫卯親與困獵獮
攫兕與虎羈愁破昏懵喜氣浹眉宇西風號鵾鴞
荒城茂離黍宗周余夙懷覽古翻酸楚摩娑重圖
訓賦蹐愧庠序聊陳曹鄶篇式繼前賢武

謁文丞相祠 太學中

故宮秋草泣銅人滄海樓船是紫宸赤手欲擎西
墜日丹心誓掃北來塵山河萬里雙垂淚廟宇千
年獨愴神翹首燕山知幾仞至今高節共嶙峋

遊西山有感

禪林舊是焚香地見說紅樓繞梵宫鷲嶺方增金
刹麗龍池又與玉泉通幾家破屋荒寸內十里青
山暮雨中痛哭先朝功德寺年年石馬泣西風

遊西山有感

勝朝陵寢枕西山松柏森森落照閒一夜悲風嘶
石馬樵歌人向墓門還

來青軒

嵐氣蒼茫裏高軒鐘磬微亂峰啣落日獨鳥背雲
飛榭葉侵僧榻松花點客衣直疑人徑絶烟外野
樵歸

臥佛寺

古佛何年臥松陰晝掩關津梁疲此老刼火避空
山月映娑羅壽雲垂石屋閒鑁頭思息影終日聽
潺湲

靜德寺

西北群峰合悠然過石扉寒崖荒竹倚落日野鶖

飛倦定人踪絕秋深樹影微所思終不見雲臥一沾衣

碧雲寺

入寺聞山雨群峰正夕陽流泉自成響林壑坐生涼竹覆春前雪花寒刼外香湯休何處是佇望碧雲長

洪光寺

拾級深深入林端梵宇開晴嵐飛鶴鶴秋色繡莓苔磴轉山容變雲移塔影來邐迤不得住拾此復

塵埃

洪光寺舜蓮池舊跡

石磴攀躋意未闌流泉瀉影濺衣寒龕藏金粟三千界山擁青螺十八盤地古松蘿枝殆盡春深澗壑雪初殘逢僧欲訂蓮花社轉憶滄桑幾度看

天壽山

金粟堆寒石獸眠六龍腸斷草芊芊晚山躑躅開何處春社櫻桃罷幾年黃紙禁樵新約法白頭供埽舊中涓關情最是民間墓昨日兒孫掛紙錢

西山佇望

一道山泉響周遭總白楊鳳樓傷貴主龍種葬諸王粉蝶飛荒殿秋花落廢廊樵蘇新有禁流涕讀宸章

娑羅樹歌

不知老樹植何代西山一片娑羅名大葉小葉青如剪千螺萬螺繞根生塔前數畝數百載日月不許其中行傾耳恍聞風雨作穿樹乃見長天晴為問人間誰與偶漢柏是弟秦松兄

為人題楊妃春睡圖

明駝私發亂柔腸瑞腦偷分裹繡囊一枕嬌容呼不起安排香夢到漁陽

聞笛

群雁叫林坰關山此復聽鬢堪今夜白柳不故鄉青馬梨搖邊郡星河走戶庭客心感寥落涼月一窗扃

遊隆安寺

寂寞何朝寺逍遙任客遊日高雙鶴唳樹老一庭

的秋色侵禪榻晨光冷佛燈此中消歲月白盡老
僧頭

景帝陵

景皇决策佐于公定變支危社稷功南內已殊淵
聖没絶溝何意曾昭同玉魚殺禮虛幽寢以王禮葬蒼
鼠驚人竄敗叢莫向空山紛感慨十三陵樹各悲
風

皇姑寺 皇姑寺者英廟復辟建相傳正統八年駕出紫荆關親征也先陝西呂尼諫駕行曰不利上怒叱武士支捶尼趺坐以逝及蒙塵虜營數數見尼娓娓有所說

又時時授上餅餌駕返居南內又數數見尼如前復辟後詔封皇姑建寺賜額順天保明或曰隱也如日明保天順云

皇姑寺前秋日晴畏吾村畔秋風生山花堤柳一
悵望粥鼓鐘魚非世情鐵券南宮憐將相黃沙北
狩誤公卿獨慚叩馬輸巾幗天市星文幾夜明

太監王承恩墓

常侍荒阡傍寢園尙留殘碣表忠魂遺弓當日何
人拾應有銀璫碧血痕

三忠祠 祀武侯鄂王信國也在會通河上

三臣去業歸何處兩代精靈久寂寥各有孤忠回
末運更留大節壯今朝雲陰殿閣多松檜花暗河
津半蓼蕭秋水年年頻欲長悠然今古恨難消

蟋蟀

秋氣通寥廓中宵動客心西堂無好夢東壁有哀
音似怨雯風早還愁冷露侵可知傾聽處雜亂不
成吟

賦得丹鳳城南秋夜長

丹鳳城南秋夜長起看銀漢落東牆誰將笳鼓吹

衰柳況復砧聲雜細薹太液光浮龍塞月曲江寒
帶雁門霜愁來此際知多少思婦羈人總斷腸

老兵歎

嚴城疊秋色涼風蕭蕭寒笳聲吹邊月旅顏慘不
歡老兵向我語小坐聊盤桓廿三落邊土十五投
三韓十六列戎行十七侍大官十年中一解防秋
桃花灘苦戰三十載一子歿桑乾妻死不知處母
死孤墳殘中年來京華旣又戍函關西居席未暖
忽征南方蠻前年破水西非歲瀘溝滸朝䟦泥石

雇夜宿水草間力殫倦樵採果日常不餐沙礫不
言齊請君數刀瘢聞言未及旣惻惻摧心肝將軍
策奇勳士卒敢辭難不見凌烟閣矗矗齊京觀

石景山

一峰突兀峙河干蠟屐登臨興未闌高閣虛浮山
勢動鶯風俯聽水聲寒雲中宮闕分明見杖底星
辰取次看猶憶 先皇曾駐蹕傷心不忍過桑乾

靈佑觀聽李道士談遺事

靈佑宮中李道士年踰七十輕步趾自言身當明

盛時羽流三千更不止殿閣陸離巋然存陽平洞
子半遷徙我問今昔何其殊道士低頭不忍終顧
君端坐細陳之開口欲言淚如洮內家特敕選天
眞擇日齋壇修帝時五郊六宗次第升上至明堂
及禋祀天子法服搢圭臨排列黃冠林林指樂器
舞肦各類陳畫分隊仗與綱紀前後八鼓十六鐘
和鳴縹緲入雲裏大而琴瑟小笙竽無一不叶古
樂理須臾肅隊金一聲善世曲奏闕初美昭信延
慈陸續進引以禪悅并法喜忽然八風廻旋來俯

仰翁張皆有軌九秋含丹陽阿明七盤凌風長袖
起偏應妙濟曲再成六善八奏方斐亹法駕回宮
雲氣蒸雲中更語五色子只今器仗樂亦亾宮壇
罷舞地傾圮三千奉御留幾人半逸山林半歸里
我以總樂守空名奔走供役如胥靡去年敕祭帝
王陵點綴遺音降靈祉買旨闕雞仗裏人抱仗合
悲淚不已新備管製不耐吹舊插琵琶空相覩此
後歌舞更何人及身猶見盛衰駛說罷盛衰黙無
言我亦日暮將歸矣

崇禎皇帝御蹟歌有小序

御蹟一幅賜楊嗣昌視師襄漢作也師徒
旣衄遂負寵靈而鳳藻龍文亦致失墜岙
流落江湖者四十餘年頃從燕邸獲睹之
感事嗚咽敬賦此詩以當遺弓之痛云

憶昔崇禎年間事盜賊縱横數千里崤函天險失
重關嵩少連雲遍跫壘湖湘以南多鼓鼙烽烟直
接白銅鞮漢家陵寢終難問龍種王孫當路啼可
憐烽火甘泉晝天子沉吟下殿走麒麟高閣空嵯

閫鐵馬金戈誰欲授武陵元相自登壇九重推轂
萬人看腰帶文犀瑪瑙赤尚方寶劍雪霜寒此日
軍容誰比數百萬羽林雄貔虎長麾大纛過龍樓
親灑宸書壯成武比擬車攻六月篇翰墨淋漓走
風雨旌旆悠悠度漢來風淒野曠角聲哀十道將
軍齊解甲六師金鼓彭奔雷前軍大星落本壁呼
天仰藥復何恤魚龍已散習池雲鳥雀愁窺峴首
赤共憐房琯敗陳陶遠說朝廷倚安石黃沙磨壘
長荊榛獨留御翰光輝赫人間流落舊烏絲塵埃

堆積掩蛟螭竟同玉匣昭陵蹟誰道歌風壯士詩
野人掩卷吞聲哭為想明堂初夢卜只今玉蘸金
箋書恍忽英靈聚尺幅安得珊瑚玳瑁裝拂拭寶
軸懸高堂當年社稷存遺老得毋見此神彷徨

補裘歌

長安豪貴氣食牛飽腹向人矜衣裘田文狐白不
足數相如鷫鷞良可羞廝養下隸被貂尾賣珠小
兒穿雉頭羔羊之皮大夫好輕薄紛紛棄如草鹿
皮野人苦不聞年裘老子尋常少千狐之腋亦云
熱猶云不敵風兼雪黃金如斗買一毛市上貧民
衣似鐵我有敝裘行自披蒙茸最怕寒風吹呼奴
聊為補綴之猶似光輝初買時此裘着我十年久
驢背駝來燕冀走野宿曾沾茅店霜酣來半染旗
亭酒豈知新故一朝異幾回欲典無人覷誰道新
衣勝故衣故者如新那可棄

偪仄何偪仄

偪側何偪側短衣徒步燕山陌男兒有筆正須投
何苦從人覓顏色偪側何偪側

燕市酒家題壁

問我來何事非關飲與豪風塵燕市裏或恐有荆
高

即事

仗內傳呼驍勇士節書親自獵龍堆郎看羽衛凌
晨出遙見君王大駕來十道貔貅御苑馬三秋金
鼓隸鷹臺邊城此日差多事諷諫誰稱作賦才

其二

紇干朔氣馬毛黃野燒千堆照大荒青塚黃雲驅

舳艫白登黑月射群爭烟花臺殿非吾土南北山
河總異鄉萬里天涯勞夢寐征笳急鼓意滋滋

遣愁

客愁終日未能休何許尋思遣客愁鴻雁有情惟
叫夢蘆笳無處不吹秋雲連故國飛鄉雨月挂歸
心滿驛樓日暮金臺空徙倚只今誰復重驊騮

聞砧

作起西風小院涼月明何處擣衣裳將蘭玉露微
滋色飛作關山一夜霜

朱滄崖詩集　卷之十

其二

擣衣聲遠夜沉沉靜聽還疑空外音歲月那堪連
復斷遊人盡起故鄉情

續秋興　時將出京

帝城白日送秋光河水東流憶故鄉蟋蟀風來爭
客舍轆轤聲急到繩床緘情驛路書千里攪夢江
園淚數行最是暮年悽絕處西堂春草不禁霜家兄
年將八旬念之不置

其二

江長漏山林爭歲月黑雲捲霧放天晴殘風冷淚愁
中興□何寒鴉戰後城山換與亾猶故色河流今
古變新聲淚迸此日真無賴白木長鑱負此生

其三

清秋落木燕昭臺徙倚悲歌雁影迴舊感忽思天
寶事新豐誰薦馬周才雲寒關路青楓黯霜曉邊
城酒角哀回首故園多悵望却憐華髮易相催

其四

壘虹百尺鎖洪河惆悵盧溝匹馬過鹿澤荒烟迷
石室鄰亭寒露泣銅駝北趨碣石風雲壯南去鄉
關道路多燕趙古稱遊俠窟只今何處弔荊軻

朱滄崖詩集　卷之十

中秋張家灣舟次對月　以下俱歸途作

何事中秋月頻年客裏看光浮瀛海濶影動御河
寒露重葭移岸霜明雁泊灘故鄉今夜望應亦惜
團圞

其二

古渡淹佳夕羈人別獨愁關河千里月風露一天
秋岸影連烽堠笳聲遍戍樓南飛爾鳥鵲三匝欲

元

通州城樓眺望

雉堞雲齊擁小樓，登臨極目海天悠。南來秔稻千帆集，北去風沙萬里秋。山勢遥臨瀛海盡，河源直接太行流。一聲悽斷孤飛雁，烟樹蒼茫動客愁。

東昌懷古

鉅鹿孤城繞濮流，麗譙歷歷俯平疇。危檣落日聞爭聚，粉堞寒雲莽不收。哀絡艱難經百戰，魯連談笑獨千秋。却思形勢無長勝，終古空勞設險謀。

其二

濟陰秋色滿林柯，殘角離鴻愁裏過。風壯海濤連漢湧，嶽高寒氣入樓多。右軍宅傍桃花澗，莊叟臺隣瓠子河。轉眼千秋悲往事，獨來天地一漁簑。

魯連臺

聊攝齊封內，魯傳高士來。金堤一水下，日觀幾峰開。蹈海無遺跡，全城有故臺。能令後死者，臨眺獨悲哀。

臨清

一城三面圻，城裏度帆低。衛水斜承汶，黃河直犯齊。舟因關吏滯，草向客途萋。已去長淮近，乘風過水西。

清河縣

始識清河縣，碑傳君子居。地衢官吏賤，民少市廛疎。補屋全貧草，臨河半打魚。無城堪戰守，喪亂定何如。

分水廟

神宇依高岸，風檣度夕曛。水從山際落，河到廟前分。驛路千重柳，鄉關一片雲。客心同汎汎，鷗鷺許為群。

天妃閘

長淮浩浩勢絕陡，海立雲奔蒼龍忽昂首。隨帶波濤向南飛，高架石梁不敢走。三千水甲練光明，颯颯風生爭溪口。穿雲裂石怒非常，無數黿鼉晝夜吼。榜人刺船來往行，巨纜高牽千手。金鼓震地儼塵兵，鉅鹿昆陽復何有。北上如挽萬石鍾，南下如飄一葉柳。順逆俱羅不測機，但觸石崖歎立朽。浮生

道此號險途那知同稱利名藪行旅對之必膽寒
群向祠前釃牲酒南北舟楫列幾行時見逢凶十
八九祠中老僧坐蒲團日課法華辰到酉門外妥
危喧若雷試問僧知僧曰否

黃河

天水原相接分流九曲行先古險處變波泯幾時
平不斷蛟龍氣時聞風雨聲堤工久未息作苦向
誰明

過邵伯湖

斜暉低驛路孤棹悵何依晚渡潮爭上寒塘人獨
歸溪魚時自擲水鳥慣低飛慚愧垂綸者長歌入
釣磯

顧影集

靖江朱　淥滄崖氏著

吳門周世祥禎符氏

同學

朱鳳台慎人氏選

范明輔公理氏

除夕遣懷

老已無聞歲又殘竹聲燈火夜相催年侵瘦影斯
頻顧寒盡衰鴻敢故飛雪後梅花猶爛熳樽前甲
子愧依稀長吟膝孫雖劣道我明朝號古稀

元夕

貧家無令節僻巷閉柴門不信凋殘後猶聞鼓吹
繁盤餐從婦儉燈火任鄰喧轉覺春陰好霏霏雪
滿軒

春社前拜先伯氏墓

地下知還否傷心歲又更葬猶如昨日祭敢待清
明雁序春寒少鴉原宿草生痛思平昔事拱樹一
春聲

春日陪于曉江老師遊劉氏園次丁師韻

負郭名園好乘閒偶一過迎門花氣暖轉徑竹陰多山小堪叢桂池寬待種荷喜無人跡到幽意暫婆娑

其二

也是平泉地爲園亦自宜濃花喧鳥語曲沼勝魚兒小坐聞香遠閒行藉草遲若能延二仲三徑詎虛支

其三

本爲探梅至餘香幸未殘雙橋斜渡水獨樹半支欄竹密疑妨屐花繁欲礙冠辛夷方待放倘許再來看

其四

佳園何閒寂春滿少人知扣戶驚猶豫穿籬逐半欹觀梅聊止渴坐石稍忘疲薄暮言歸去徒懷入竹思

春日郊行

春暖江村遍行行踏淺沙板橋新水活茅屋綠楊遮軟屐侵芳草輕衫受落花青帘搖颺處賣酒是誰家

感懷

甚矣吾衰矣流年度已虛生涯凋落盡骨月喪亡餘有子難承學無田可任耡飢來聊自遣空抱父遺書

送春

對酒惜芳叢江城三月終塘添新水綠林倦晚花紅野店鶯聲外溪橋柳絮中春歸何處去閒醉問東風

過友人村居

四望園新綠春深隱者居好山皆入畫老屋半藏書性僻違時久家貧譜客疎何時開卜築共爾話樵漁

過友人看海棠

芳園幾樹海棠花聞道春深爛若霞正擬攜樽邀勝友恰逢新霽踏晴沙一枝倚石迎人艷萬點凌雲映日斜弱質莫憐開未半却愁風雨妒韶華

雨夜讀亡友劉松樊遺集

廣陵散絕動哀吟，孤憤風吹雨暗侵。自痛文與
君玉，誰將買島鑄黄金。西州淚寄鵑啼盡，東海魂
歸鶴怨深。嗚咽不成懷舊賦，獨挑殘焰夜沉沉。

過三英姪村居時有所感

愛汝東籬好，衰年亦屢過。關心惟骨月，絮語只催
科。閭世青緗重，憂時白髮多。春風原上草，無奈鶺
鴒何。

其二

爾獨安時命，江皋老一村。花光侵座暖，麥氣到門

喧。藏餘太息，喚時平。國法尊，但求無事者道
常繁。

華嚴庵訪慈夫大師

草草荒庵掛一枝，步隨天道信吾師。箭身爾是
蘭若，慧業余慚謝客。覺靜夜香焚，參偈久空涯
土坐禪遲。何當亟示原心法，或有拈花微笑時。

夏日徐仲宣孝廉招同周叔齊于曉江雨師
鄭文水劉宜之兩文學鄭宣成上舍社集

朱夏氣清和，薰風遍遠皋。之子天下士，湖海氣

豪。胡為耽幽獨，歸來理蓬蒿。因知敦古處，乃心務
同袍。同袍亦非汎，相歡惟久要。深竹開幽徑，篤言
事嘉招。翛然傍中廚，日式燕以遨。華筵既修楚，旨
酒亦清醪。淳意指倍腆，稚飲何逍遥。豈惟盤餐為
所重，者吾曹。威儀節繁簡，議論見風標。妙悟酣醇
醪，調同趣亦超。濂溪寓名理，武陵詩體饒。唐于武陵詩名
與李，虎將兩師騷壇秀，領袖傾群髦。鄭子二阮流，作賦
如簫韶。劉生大雅儒，載書謝煩囂。賤子豈衰朽，落
落寡所交。頃蒙孤引得，句互推敲。無敵既以洽，

綢繆寓遐。將語言托千載，永矢期勿佻。何當紀夏
會，我歌君且謠。

早秋苦熱行

六月已徂暑，七月已流火。時令有常期，愆伏惡乎
可。何哉赤帝御飛龍，堅提衡天丹。莫莽横踞南正，
揮祝融佐佑。曦曜懸長空，不許白帝生涼風。燔灼
一似洪爐烘，流金爍石透肌髓。吐氣蒸烟汗如水，
洗如酷吏逞威權，熱熱烹煨無窮已。不然亦如古
來暘亢徒，熏天炙手莫敢指，莫敢指，當奈何。神疲

體倦心煩痾。丸成宮中倚藥爐。乃圭寶與蓬窩
五明七寶不可禦。金莖沉瀣難調和。我欲遊之陰
山北。雪深六尺貔虎多。願言呼蓐收。沐浴咸池濟
周游廣莫鄉。寓宿清虛府。清虛迢迢不可即。玉壺
冰在容流咽。不須獨啣玉壺冰。但願爾齋勤厥職。
早為大地袪煩熱。毋使眼荊罹禍患。爭乘蜀蹶。吾
民亦得安居。

七夕雙桐閣社集

雙桐高聳倚空牆。綠幔低垂映畫堂。露過木花催
玉斗。風搖簾影動銀潢。但存意氣敦三雅。敢說文
章效七襄。醉後莫愁涼倒甚。還憑餘興索詩囊。

早秋書事示悅忱兩姪

閭道東皋路。江田處處豐。木棉全照日。荳葉半燒
風。頗喜償官足。無煩念柚空。望梅聊止渴。暫且慰
村農。

寶劍篇

我有赤堇銅。兼以昆吾鐵。恭延歐冶子。鞲爐煉千
日。魑魅妒其成。金火不相入。精誠感太乙。翩然下
雲闕。投以大丹藥。風伯鼓長鬒。鶉火焰亘天。輝煇
七日夕。鑄就比鉤純。發硎如電掣。拭以華陰土。蜀
江水時淬。七寶裝其首。貯之芙蓉匣。十年猶未試。
蟄龍嘯古月。古月沉沉秋水碧。蟄龍黯黯土花赤。
四野昏黃烟霧寒。斗間之氣誰復識。安得風胡吹
一吷。清天風雨開霹靂。揮霍八紘歸有德。掃盡欃
槍與彗孛。然後穩臥延津守龍窟。

即事有感

頻年落魄已無成。老去偏書百感生。吾道艱難原
自若。世情反覆況多更。孟嘗始解尊馮煖。黃祖焉
能容禰衡。收拾殘編甘閉戶。飢魂贏得保硜硜。

東皋南村訪高天錫蕃不見者二十餘年矣
迴思疇昔周旋研席時。恍如昨日而皓首
蒼顏。居然二老。撫今追昔。不勝惜別傷離
之感。率爾賦此。情見乎詞。不暇計工拙也

不到高齋二十秋。故人相見倍綢繆。蒼茫執手猶
青眼。忽漫驚心已白頭。往事深談頻命酒。離懷細
數轉添愁。共憐後會應難卜。挑盡殘燈當小留。

發從第九

門人高弘公别十餘年矣今春特過相訪感其欵曲慇懃禮意稠疊益念舊之情久而愈篤不禁愧荷交并而爲此詩

十年風雨歎分襟握手能禁感慨深愧我不材同散木多君高誼重兼金綺筵娛老歌頻奏恬飲扶衰酒慢斟總是情深深不已報瓊空賦白頭吟

憂旱詩擬上諸當事

於維我天民所寶曰稼穡藝植務及時茂育資膏澤陰陽貴其和愆伏即爲慝季夏雨時行月令明

若揭胡天不顧予肆虐恣旱魃二時已告終焦爍彌如炎赫熱空蒼焚炎灼豐沙裂深谷鮮芳莖高林之凋葉江田既磽确江湖亦滞澀通津絶涓流長耒盡龜坼豈惟廢桔槔甚且艱炊汲土氣積且偎犁鋤不能入秔稻八月收蒔插十未一過時而不種西成將焉給況復豆與花生理漸蕭颯二麥幸少獲半已充逋額嗷嗷者誰子阽疾此遺孑非不勤力作負耒耔立矯首望雲漢繁星何歷歷微露不成瀼雲但西郊密汙萊已卒荒灌莽被原

顧小人困酒漿國典重賦役敢望禦飢寒但恐逭呼逋計慮無復之甘心擬溝瘠不見中谷詩仳離啜其泣災祲古時有太甚嗟何極試揆厥所由咎且伊誰執人實乖其和天心非不德精禱諒已虔久未見感格古人論格天不以文以實溯究與理枉緩征與弛力兼屏逐宵小弗俾浪請謁當聞桑林禱六事以自責或明庶女冤或郭都而斥俱能兆滂沱厥應在頃刻往事有明徵茲理或匪忒矧夫天災行毋非一歲厄久旱且生蝗噬嚙森劍戟

又多長子孫滋蔓難殄滅君子懷隱憂能無慮不測救荒有先圖未必真無策社倉預積儲陂塘貴蓄洩豈特防流移亦以弭盜賊所以古大臣發倉擅賑䘏大禹古聖人畝疆莫溝洫亦粤西門豹鑿渠清漳側灌田數萬頃至今蕃黍稷足徵水利重往往致豐稔邇茲靖禪九濱江以作邑七十二半港自昔通潮汐要領屬圜河管攝分縷析懿昔太丘長謂陳寔先生也爲政規所切便利協僉謀悉心事開掘秝錘鍤云勞曰惟要永佚躬行隴畝間勞勸

核第十一頁

兼督勸紆曲隨地形深濶嚴丈尺民情亦鼓舞踰
月告底績更置四石閘啟閉慎宣節費約萬餘金
曾不聞嗟咄可見大有爲措置原多術樹此不朽
功菰蘆始起色桑麻遍郊墟禾苗慶與翼柳岸度
飛帆花村響函楫頓令百里區景與桃源埒詎意
五十年惜哉成棄擲後繼豈無人坐視忽修葺本
無任事心顧輒誘時絀開敗水無闕泥沙遂淤塞
旱既苦其乾澇又苦其溢譬人血氣滯勢必成咽
膈切脈製方劑利導在呼吸古之善醫國要在本

大滌崖詩集 卷之十一 十

計得爲民圖百年匪徒急眉睫倉睫非不憂後患
尤當懷事有創非常達人尚勇決成蹟況未湮詎
甚煩經畫所患者因循毋患功不集往者已無追
來者猶可及亡羊而補牢晚計未爲失誰當採國
風徙薪怨在茲

送內姪范寶箴淳彩赴省試

猗昔文正公實惟爾遠祖當其秀才時已不輕期
許天下爲己任斯言豈誇詡要惟志遠大所以能
建豎越爾先大夫繼起堪踵武早歲登賢書宦蹟
[illegible]梁肴曾孫爾小子世濟禀厥矩大雅歌無忝大
易稱幹蠱天倫得二難師友相爲輔妙年事詩書
文藻豐毛羽揣摩諒已成功名當自取功名詎足
多聊以觀所處不見天池鵬九萬在一舉願言各
勉旃嗣世光前緒秋風白下門桂蕊飄香滑

悅枕兩姪屢請過東皐別業俱未即赴至是
特遣肩輿相迎遂同汝廣汝淮兩弟盤桓
旬餘即事賦此以志厚意盖不啻太白春
夜桃園也

大滌崖詩集 卷之十一 十一

供給隨吾好家常樂有餘風林收墮果露圃摘秋
蔬軟飯炊雲子香羹芼玉魚老夫真淡泊何事侈
豐腴

其二

也自耽幽僻深情更爲留一村桑柘老數頃稻粱
秋聖世安耕鑿天倫篤獻酬但期常聚順何歎白
吾頭

題悅姪草堂

草堂幽僻枕江涯桑柘森森一徑斜小圃週遭通

添水疏籬曲折引。移花遺書滿篋見堪詩早晉登
場酒不賒樂志仲長真可賦但防租吏惱鷄鶩。

其二　和汝廣弟韻

到此真堪俗慮輕。開門正對大江橫。幽栖自合居
名野。堂扁曰野居好句先勞弟倡兄。時汝廣詩先成水面觀魚
聊適意。林間聽鳥亦怡情。獨憐秋色蕭條甚。散作
堦前細雨聲。

雨阻東皋和汝廣弟韻

何來江上雨。蕭颯報新涼。葉響驚殘夢。更吟攪寸

腸。孤村連霧杳。遠浦帶流長。果否明朝霽。歸鞭濕
不妨。

朱慎人駕部招同周禎符廣文趙則庵山人
瞿九玉貢士程羽公上舍集早聞堂賞桂

達人閒自早。愛此小山幽。香永宜今夕。叢生耐獨
秋。一軒風力軟。三徑露華浮。後夜丹輪滿。紛敷何
處樓。時中秋前雨日也

同家汝廣弟過姚雲上村居

扣戶始聞聲。披衣一笑迎。登堂忘主客。避世托崇
荊。白髮悲殘卷。出所作制義相觀青雲讓後生。論及省試諸友一
樽聊話舊。衰颯不勝情。

其二

細雨江村路。幽栖賦轉遒。一溪秋水靜。繞徑稻花
多。古道存雞黍。時情付笑歌。但留平昔意。短髮任
皤皤。

壽朱慎人駕部

樂天休致諱言早。夫子抽身過樂天。兒復必同三
代古。困之行恰五倫全。自天苞祿符華祝。本地風

光即閬仙。從此綿綿真不盡。雙人甲子已忘年。

張眉雪山人別二十餘年今冬忽蒙枉顧欣
慨交集情見乎詞

不禁廿載賦三秋。忽慢來尋竹徑幽。歲月不居吾
獨老。丰華如昔爾偏遒。吟成七字堪名史。著就千
山足紀遊。君遊覽甚廣詩畫皆臻絕頂握手寒江重攬袖。風流
猶是舊僧繇。

送張玉可山人歸琴川明春將有燕臺之行

驚聽驪歌怯早霜。歸舟閒趁菊初黃。離筵別酒逢

來膽剩有新詩襯薄裝河嶽榮廻迎畫鷁鶯花收
拾滿奚囊　帝京景物尤堪繪會見聲名達建章

又絕句

虞仲山頭春雨晴行人馬上聽新鶯遙知此去金
臺畔御柳千條夾路迎

贈林遂庵鎮臺四十韻

昭代麒麟閣由來第一儔山川儲間氣社稷啟宏
猷名世昌期卜淵人翊運秋遭逢欣日月報稱有
春秋韜慶宰開府蒐婁鄧書侯胸含黃石秘氣壓

赤蚩尤陣法參魚腹威名懾虎頭魏科先鹿苑太
武邁群流螭陛傳臚唱宮衣拜冕旒御香沾袖重
杏苑錫筵優特簡紆　皇眷其咨協　帝謀蓮燈
歸院簇盧矢建牙裒文武周邦喜蕃宣漢鼎繆恩
波辭太液爽氣接滄洲上將原專閫元戎合秉鉞
三吳稱要輔半壁藉弘疇握節推雄鎮分藩踞上
游柳營覘將畧甲帳豫儒修破柱風標峻行春雨
露稠綏寧周呂並克詰召方侔雅飲消烽燧高吟
動斗牛東西恬浙水南北帖江陽綏帶行營便雕

弧罷獵收灘邊閒鶴鵠花下臥貔貅放牧村無擾
誠民市不媮有時聊劍舞無事且壺投令肅轅門
悄花深臥閣幽晝長聞畫角夜靜撤干掫況復歡
文雅因之重唱酬布衣爲揖客孺子借前籌授簡
皆飽謝開樽必應劉雄談揮羽扇小醉換貂裘欲
客恒投轄邀賓每置郵逍遙調錦瑟談笑奠金甌
橫槊詩成早觀濤賦更遒占星依北極坐月敞南
樓總是苞符富行看帶礪悠旂常標寵賚圭瓚勒
殊猷獻壽杯盤舞登歌幹韎遊軍中多燕喜群上

穆如謳

謝隣翁貸脫粟

朝來瓶粟歎如懸多謝高隣給費錢却喜兒童能
解事歡然半飽過殘年

其二

斗粟攜來不假舂朝餔已過日方中孫雛也解憐
衰老炊熟先教奉乃翁

除夕感懷

誰道今朝歲又除自憐七十已多餘既無事業何

須靜雖有妻孥轉覺孤骨月摧殘枯老淚生涯悄落剩殘書從今撇却閒煩惱笑看浮雲過太虛

婁少尹画墨竹歌

涇溪繭紙白如雪，氷紋皎皎光欲裂，使君画竹妙入神，一日數紙手不輟，胸中成竹任縱橫，豈學時人事裝績，三竿兩竿落墨時，捷如蛟龍勁如鐵，此時腕力千萬鈞，方能挺立無屈曲，忽然放筆寫枝幹，張旭草書同一轍，蕭蕭風雨湘江來，萬葉迷離篱明滅，意象慘淡奪化工，向背紛披濃淡別，驅煙

走霧倏成林，枝枝撑亂分疎密，使君停筆默無言，放眼長空岸高節，笑問使君胡能然，筆未下時心先直，噫嘻此言誠要領，世事紛紛徒騷屑，但能尊運隨一心，剸煩理劇無難決，吾見君竹識君才，豈獨箇箇篩篩稱奇絕。

題倪小迂蘿广圖 次原韻以當臥遊即平生志願亦寄此中矣

茅齋結就枕深烟，晝靜山幽似少年，水泛餘花香澗底，風吹晴瀑響檐前，石雲斜逼分青嶂，叡樹重遮影緣天，喜近清溪寒曲曲，幾廻呼鷁上漁船。

其二

梢鬖方知入世非，幽盟堪踐未全違，琴清夜月留僧宿，酒熟春山待客歸，自製竹皮籠短髮，新裁荷葉理初衣，平生羞乞長安米，橡實寒泉可療飢。

其三

買山端為好藏書，校勘丹鉛慰索居，未醉肯言君且去，相過先問客何如，紅蕖葉徑尋詩處，香漬蘭汀洗硯餘，不欲種松知歲月，年光自分老蠹魚。

其四

停雲零雨感天涯，臥看岩頭萬樹花，憐舍飯香炊薏苡，野人羨美煮芹芽，傳書每倩司屏鶴，押字能驚沸沼蛙，栽菊藝桑生事了，石田空種故侯瓜。

其五

新蟬響壑樹先秋，烟梵沉沉靜夜流，自覺擄梧方喪我，何須擊蔗更言愁，移山愛著愚公號，逐月差無夸父謀，聞道高人多避世，竹間舒嘯有高樓。

其六

嵐光霞氣繞青林，投榻松根抱膝吟，飲澗野麋歸

澗曉啄花啼鳥語煙深夜多谿友邀論鉢社結山家約會琴為道躬耕從避世遙遙沮溺是同心

早春江村夜坐

江近春難到夜深寒有餘一燈殘酒在急雪暗窗虛身老才應減家貧計轉疎梅花侵曉發早得伴遺書

哭止止詩

止止余甥女也七歲喪母憐其無依攜歸撫育擬配孫男承祖幸長成十有九歲方圖婚配以家庭許語抱恨投繯悲忿之下賦此志痛蓋不禁老淚之霪霪也

攜汝歸來日伶仃失母時同年剛七歲約髮未盈笄詎慣嬌癡習生來窈窕姿孫雛方少長早訂百年期

其二

幸汝漸成長勞勞亦可憐寒燈催夜紡落月警宵眠井臼憑操作衣裳賴浣湔貧家多瑣屑辛苦十三年

接汝第廿頁

其三

家貧荒歲計惟汝識艱難食自甘麤糲衣寧美綺紈蒿簪盤髻穩盆水照容寒豈是慵修飾清貞性所安

其四

鴛幃方擬合切望繼蘋蘩不謂惺惺意難堪截截言無知生短計福性廹煩冤尺組何容易輕飛紫玉魂

其五

細詢家常事摧心奈若何恩勤吾豈敢幽怨爾應多大母乖忠恕群從昧癢疴不堪悲忿處能禁淚滂沱

其六

痛極翻成恨天乎何不平縱然多許語何至遂輕生辜負三生約荒唐再世情甥曾密語隣嫗有來生報易恩語可憐孤鳳操暗淚濕銘旌孫承祖悲流殊甚

瓶梅

甆罌一勺水蹋踏抱幽香莫道無根柢曾經傲雪

霜

江村閒宁

一村烟柳帶溪斜遠岸潮回出淺沙宿雨初收天意靜數聲山鳥放桃花

江蘺草

靖江朱　濚滄崖氏著

吳門周世祥禎符氏

同學　朱鳳台慎人氏選

范明輔公理氏

盤蘭詩和友人韻

聞道高齋敞碧紗。幽芬習習過非賒。豈因蔓草辭空谷。應爲靈修茁晚芽。韻到孤時香是國。淸惟絕處石爲家。江蘺沅芷原同調。肎逐凡葩涸觸蝸。

題飲犢圖爲鍾書泉

昔有人兮潁川叟飲牛不肎汙牛口先生大笑曰否否但我能淸汙何有朝朝牧犢敬亭山敬亭孤雲如我閒宛溪之水流潺潺汝往飲哉溪無慳牛乎牛乎無不可我今忘爾兼忘我

婁公允少尹以所画墨竹見遺賦謝

使君胸中有成竹。爲我森森寫蒼玉。霜枝露葉何紛披。托根要在存幽獨。使君使君何深情。歲寒幸許同貞盟。我今坐臥日對此。蕭蕭惟覺淸風生。

自題負簣圖

汝何人徒碌碌行行且止惟一簣中何有書數軸負之負之將何欲虛其心實其腹以餬汝口庶不辱

姚雲上館地相隣過從甚洽小飲言歡聊以永日

近喜高齋切比隣談心幸不隔昏晨衰年索伴惟求舊亂世論交豈諱貧避俗久嫌疎懶甚敲詩偏許往來頻阮家薄有床頭酒好惜餘歡慰隱淪

婁少尹招同周頡齋張文皐兩老師晏集劉氏園亭

山公多逸興載酒習池來座暖園新柳尊香鳧落梅欣同河朔飲愧乏建安才爛熳沾餘醉嚴更未遣回

春日遊劉氏園

名園負郭稱幽栖高柳迎門亘緑堤破徑早知花作塢過橋方見作通溪疏泉鑿沼惠魚躍選石爲山待客題最是林端多遠槪隔江隱隱數峰齊

花朝郊行至季氏山莊小憩

二月春猶淺花朝花未開暖風初放柳晴色乍噓梅野曠青無際山明碧盡來幽尋無禁約還欲問殘梅

姚雲上移館東皐賦此問之

不奈高吟月已餘東皐風物近何如春塘幾處堪垂釣野客何人解校書老去寧甞離索久詩成莫教往來疎前村聞有王無競謂王方玉也曾否相呼伴隱居

寄懷王方玉

羨爾東皐久卜築春田秋圃樂如如閒觀野鳥頻來往靜對江雲自卷舒三徑竹惟遲好友一床書便足幽居卽今姚子疎通甚應得相攜話古初

送鄭宣城表姪入京應舉

久擅長楊賦春風達帝京上林花正好遲爾聽新鶯

其二

聞道昭王里金臺舊有名聖朝方市駿君是郭先

生。

其三

匹馬去駸駸，空囊一劍鐔。才名君自許，何用碎胡琴。

其四

美爾方年少，高名天下聞。囑君無別話，一力任斯文。

其五

士所當爲者，千秋別有期。功名與富貴，定不止於斯。

其六

去去弗復道，將離矢片言。有才終有遇，莫踏五侯門。

東溪

不到東溪久，凄迷失舊阡。岸頹村屢易，林僻徑多偏。麥浪翻沙隴，秧針繡水田。桔槔無遠近，流響椷花天。

其二

勉力支衰步，徐徐踏遠沙。橋危因港濶，岸斷爲潮斜。草色連魚析，溪痕上酒家。相逢皆野老，欵欵話桑麻。

其三

四月江村路，春鶯語未休。野花開竹徑，茅屋枕溪流。暖日噓蠶箔，薫風釀麥秋。酒帘林際出，小坐狎農謳。

周潁齋老師解所著紗衾見遺賦謝

貝合披衾慣，何妨俗外看。無心營細葛，豈意襲輕

紈。清挹冰絲貴，凉分絳帳寒。緼衣承夙好，被服矢無刓。

信宿三英令則兩姪村居

信宿阿咸家，幽栖事事嘉。多男治誦讀，晝室力桑麻。引水添渠滿，編籬衛圃斜。勉旃輸國賦，此樂更無涯。

其二

二宅遥淹留，情親意更彌。田園方式廓，骨肉且綢繆。舉網羞魚美，登塲信麥秋。生涯憐吾老，未擬卜

蒐裘

其三 此首專痛先伯氏琦庵

環視林廬遍愴然我獨悲艱難餘結構榔沐到錙基合浦珠誰續 伯氏嘗欲刻雙珠集竟不果 遊東鶴尙羈 嘗欲爲先給諫營建祠墓亦竟未就 獨憐春草色依舊漲西池

送蔡宇江老師之任鄞水

鏓堂初撤講抗手揖諸生言別江峰去權爲楚澤行蘋風吹錦瑟鶴影庇文旌咫尺臨皐路到應採杜蘅

東寄姚宗上

聞道傳經地濱江亦自幽四隣高柳接一徑曲溪流獨坐聽黄鳥閒行狎白鷗知應多漫興好爲寄長謳

九日同周頡齋老師飲于僕鍾老師署齋即席

江風颯颯報重陽聯步高齋慰早霜莫以無花增寂寞須因有酒足清狂談詩促席梧陰合春奕敲簾雨氣涼師弟相依眞樂在不須登陟佩萸囊

後二日周師復置酒再賦一律

重陽雨過淨朝暉閒日開樽撤講幃酒到蘇臺沾味冽蟹從江簖擘螯肥綢繆杯斝歡同調遊戲楸枰見息機餘興更期偕訪菊秋原擬扣野人扉

同周于兩師赴朱園看菊之約留飲即席和于師韻

北郭高人宅聯群許一過疎籬斜破徑曲檻半臨河露葉秋偏老霜花晚更多清芬原有待采采意如何

友人餉菊數本種之庭下漫賦

誰解憐幽獨因君引興長聊芟籬畔草爲護雨餘霜影比枯吟瘦形同野老蒼急須沽濁酒待婦細商量

其二

幸分高士供來伴晚秋寒承露一庭曉籠烟半畝寬不愁凋葉盡應許落英餐珍重根荀在明年好再看

朱慎人駕部特製紬套見遺賦謝

接前第九頁

念舊何無巳深勞怵早寒自分華衰飾爲畚布袍
單裌貼宜熟服曳婁愧韓冠呼兒頻顧影爽步羨
珊珊

其二

敬此同袍戀殷然見至誠寒心擎處暖瘦骨着來
輕色奪晴嵐翠光疑蜀繭明行行敢屑越長佩故
人情

貧女歎 遣嫁孫女有感而作也

窈窕貧家女幽貞托寒素少小秉令儀端然謹盼

顧脉脉寡笑言笑言不啓齒折花來庭前裙裾貼
纖步既無鉛粉裝豈有綺羅裹雖常蓬垢
終匪仔羅襦破復破補綴更完固鮮潔宛如初未
聞澣濯屢婉婉可憐人靜好絕憎惡阿母傷孤孀
形影相依附東壁藉餘光深宵風雨度朝來告斯
飢咄嗟資紡具杼軸和鳴螿軋軋聲達曙時或理
綉帖針線供七箸天寒剪刀冷十指皴難响繡成
芙蓉花秋水絛縈慮待字已十年摽梅未逞賦今
朝歌結褵草草具荊布鏡奩紉殘絲衾裯襲敗絮

泣別阿母兒能安兒故世情重貧裝工客簿見
訾再拜謝姊嫜羞澀不敢訴井臼夙所諳蘩藻聊
自娛愧匪孟氏賢惟冀梁鴻恕

對雪有懷

但覺空林絕鳥聲一庭冷玉鑄初成亂封山影天
疑近斜點爐烟火細烹吹到貧家寒倍緊呵來凍
筆句還清幽情擬買剡溪棹壓盡江梅未許行

卩占代東寄雲上

生憎積雪入新年不見剡溪訪戴船料得灞橋詩

思好休教望斷早梅天

送懷兒入鄉學稼

晧危作活本宜耕況是飢寒巳半生莫以薄田慳
歲計且須努力望秋成擾鋤器幸隣家借種植書
從野老評屈指麥苗權當飽還挑野菜作藜羹

其二

謀生無策歎如何爲賈爲商計總訛兒如漸看多
鞠育歲年能禁幾蹉跎炎天薙草須攜笠雨際杭
苗好荷蓑向晚隣翁同勞苦村醪相勸和田歌

其三

失學何妨作小農百年生計落田中辛勤莫倦鋤
荒穢慵慢休忘學乃翁足胝手胼賢者事夫耕婦
饁古人風雖然三畝無多獲力作終須慶屢豐

其四

忽爾分移不任悲兒無一物助鎡基荒村茅屋牽
兒住椎髻蓬頭有婦隨禿筆收將書月令殘編檢
得記豳詩老身終欲同居止閒抱孫雛看播菑

花朝口占

見說花朝花滿臺今朝猶未見花開起來欲作催
花賦腸斷春風落酒杯

壽雲上七十

天下紛紛皆朋好惟我與君交獨早天下朋好皆
紛紛白首不移我與君憶昔相知忘爾汝周旋硯
席無寒暑有時聯展呼晴雲有時共被眠秋雨當
時意氣復慨慷文章亦自誇長楊自謂致身各有
托風期彼此同激昂詎料時命多錯忤委棄泥沙
交失據事業眞如陌上塵行藏竟似風中絮君歸
東皐作小農我久無家數轉蓬功名富貴寧足論
蹉跎可惜成衰翁君今忽忽七十矣顧我遲君一
歲耳眼中舊識半古人世事飜覆嗟何底我今沽
酒爲君歌與君同醉金叵羅蓬鬢已皤將無波魯
陽豈復能揮戈浮生一日老一日吾曹對此當奈
何當奈何君且飲春風二月芳菲甚但得樽前相
見長酩酊何愁短髮蕭蕭被素領

過友人村居留飲

幽棲愛爾僻江隈竹戶深深傍水開塵上浮青垂
細柳簾前飛白落殘梅傳樽屢倩花梢勸論詩時
聞鳥語催坐久幾忘歸路遠還乘餘興話蒼苔

孤山

看山如看士要在形貌外苟或形貌拘子羽有深
戒山何必其高嵋岏亦見態士何必其奇獨立始
爲最大易不云乎石也取其介茲山雖一卷巳歷
滄桑代當其洄狂瀾汩沒能無剷即今登平陸特
突標厥概譬如貞介士不肯逐流輩傲岸塵沙中
根柢居然在所以得孤名奇青甘自晦旣不羨崇

巍抑豈慕後大瘦骨雖棱棱時復露硐礀強項盈
仞間僵欲驕嶽岱振衣試一登且可舒眼界當春
薇蕨生春焉吾可採寄言夸毘子慎毋輕一塊

絕糧自遣

日長無計問炊烟自笑生涯落硯田未遂飲泉同
紫蛃將毋餐露效玄蟬腐儒口腹原艱食亂世文
章豈值錢敢向監河頻借貸閉門桑戶亦陶然

辛未之歲余年六十九矣客有羨其健甚者適讀陸放翁集有更爲念貧偏與健句爲之撫掌因率意口占遣二三知已使知余頹唐自放亦實一番笑樂也

未到希年鬢已絲逢人都羨健如斯放翁得意傳
佳句始信天公亦我私

其二

若簡真能曠達生先生佳句果分明從今并識榮
期樂帶索行歌步更輕

其三

白髮垂垂老漸侵飛揚猶有少年心自從吟得先
生句不復半騷怨陸沉

其四

天心豈必盡憐貧要是無營善葆真想見黔婁原
惠輩彭籛肯老定前身

其五

曾閱賢聖歷艱難鍊得身形百不剐愧我何堪當
大任也將筋骨傚飢寒

其六

自笑飢劬一老翁憑將筋力使天公轉憐昔日顏
夫子獨抱簞瓢只屢空

其七

笑笑窮途不任悲生來頑骨幸能強天心豈必真
憐我應是飢寒債未償

其八

國杖明年已可呼疎頑猶是一狂夫縱然不居奔
馳苦也要精神教也乎

其九

一生疎懶倦奔波宵爲飢寒喚奈何珍重天心憐

我拙欲將年壽補蹉跎

其十

莫道謀生蘇草草衰年博得客顏好不見東家驕騃兒酒肉堆中倏枯槁

其十一

貧乃長年富夭折此理畢竟非無說分付悠悠輕薄兒暴殄天物真可惜

其十二

不須羨我能矍鑠但須羨我貧到徹天心予奪本

無私奪其齒者予之角

敝廬

在市居還僻家貧客到稀臨街蘆作障關戶竹爲屏壁罅悉蜂入檐空任燕飛蓬蒿從滿徑仲蔚已忘機

朱愼人駕部惠麥作醬賦謝

淡泊經年只破窒何來瑞麥獨爲栖豈因周禮僻三品爲念貧厨欠八齊杖叟慢誇紅芍藥溫公容畫淡黃虀從今饞口沾多味斟酌羹湯付老妻

朱愼人駕部以新茗見遺賦謝

仙芽露逮動京颸色似春苗映素甆敢謂酪奴齊下若須知酌水勝醇醨盛來頓解劉琨鬱飲罷能消任育癡爲道近來詩思渴百甌滿引不教辭

其二

洞岕菘蘿久擅場蘭纖未發意先凉不論酒德劉伶頌且試茶經陸羽方活火嫩湯初得乳淺斟慢酌漸聞香衰年幸免相如疾詩思還添一倍狂

久不晤雲上率筆寄懷

已矣吾徒真可惜白頭剛剩兩衰翁可堪數月不相見忽使一樽時復空老去厭看時態異與來還與古人同及茲強健且聚首歲序倏忽如飄蓬

余詩未脫稿而雲上忽至倘亦有神感者耶因相與一笑而題絕句

正在思君君忽至相呼便看寄君詩風流千古推元白恍似梁州夢感時

寄贈東皋王隱君

竹隱先生一畝宮幽深僻在東皋東讀書夜坐梧

桐雨呼酒晴追楊柳風因勸田禾隨野老爲澆菊圃娛村童有時遣興題長句率意無心論拙工

晚晴即景十二韻

雨餘天一碧霽色映茅茨返照明江濶殘雲赴嶺遲飜波雙白鷺栖翅幾黃鸝溜急爭趨壑虹低欲入陂遥山方展翠近水漸呈漪村迥炊烟積林疎酒幔欹桔槔音暫隱蓑笠影猶遺放牧緣頹岸歸樵荷野落風禾青瑟瑟潤草碧離離樹静蟬聲咽沙喧蚓曲呼餘霞收晚景新月引涼颸何處蓮塘近清香一道吹

感事 有小序

感事者中元祀先而有感也不日祀而日事者事有所關也先給諫靖節公南渡既瀝血千山求骸不得屢與碕庵伯氏謀建祠墓以爲遼鶴來歸之地亦罔極無聊之計耳人事蹉跎竟成築舍今碕庵已賫志没矣滌復無力從事每歲時祭奠徒望風遥拜想魂萬里之外愴惻傷懷獨深永痛聊賦絶句二首以志終天之憾兼示悦悦兩姪亦短歌當哭之意云

驚心時倍競盂蘭隨例吞聲薦藻蘩惆悵羈栖天外影松楸望斷泣湘沅

其二

華表何年待鶴栖蒼梧雲影望終迷紙錢縱會因風起未必長吹到嶺西

讀亾友松樊遺集

嗚呼君已矣賴此見平生老眼能無淚深交别有情世爭誇作達天反妬聰明吾道榛蕪甚誰當繼後盟

瑞芝歌 爲季爾錫作爾錫今適稱七十

吾聞古者天和之氣多氤氲星爲景星雲卿雲禎祥疊見不勝紀堯階蓂莢尤著聞草木本是無情物豈曾有意占恩澤一當聖世被蒸濡勃靈毓秀爭萌蘖足知瑞應果非誣赤苗嘉穀無時無就中芝草最難得特鍾間氣無根株君不見青黃赤黑白與紫六種歷歷標仙史繪形别性旣分明生長

名山非耘耔惟有黄芝更擅奇稟受中氣嵩高麓聞道仙人採食之延年益壽眞可期君家芳園不半畝雜花繁卉殊離離一朝雷雨苺苔坼拳然突出疑葶藶細看盤盤何輪菌三花粲發黄金色厥狀中凹平四週恍如瑟瑣承黄流用登清廟爲尊卣馨香定見疑天休若非日精月華之所蘊結何以霞液露纈工雕鏤醴泉爲之滋寶光燁燁紛且彧瓊玉以爲莖珠漿需溢流精英異物還應異地有嵩高原係黄芝藪天教移植來君家君身即是

嵩之阜兆復今年號古稀我作此歌務多壽

慰送于臣虎

秋老江天冷白蘋扁舟美爾挹蘭筠詩當以後能無訂道正窮時且耐貧自有名山儲作述何須浪跡走風塵交遊此日多蕭颯誰解綈袍戀故人

讀雲間倪永清所選詩最走筆賦贈

雅鄭非一聲審音必牙曠方圓非一器度材必般匠寶劍風胡知駿骨孫陽相赤水有神龍觸物靡織障苟非具鑒衡安能别殊狀詩道久榛蕪人人各異唱北地振古昔七子實宏壯竟陵矯其偏意欲抵狂瀾雕琢字句間居然矜獨創由來文士習彼此逓訕謗不觀三百篇何嘗宗一樣人心之不齊如面古所諒燕許自堂皇郊島自幽曠互見寧或妨獨擅亦堪貺但取詞理諧宜可恣跌宕先生三泖秀斯道耽夙尚采風徧九州大雅歸指掌選汰既精工評騭復允當大力闢荒塗沉識表玄賞哀然詩最編國風見遐暢賴此存元音正始庶不喪願言愼甄收宗工應無讓

雪霽即事

冷絮朝來散碧虛昌寒使曉掃庭除空階雀噪飢無賴却喜梅僊態有餘野老負薪將質酒村童詠凍欲求魚貧家向午炊烟寂曝背茅檐且讀書

聞徐瘖亭歸自都門雨雪泥濘不得走晤悵然賦訊

聞道金臺客遄歸舊草堂衝寒休倦馬拂雪卸輕裝亂世功名薄凶年稷黍荒懸心阻泥濘何以質行藏

楓皐集

靖江朱　湶滄崖氏著

吳門周世祥禎符氏

同學　朱鳳台愼人氏選

范明輔公理氏

不寐

入春寒更劇擁被夜沉沉兒女關餘劫（去冬兩月間連喪廿日三人）飢寒攪寸心鄰雞殘夢斷窗雨一燈深侵曉披衣起棲鴉尚滿林

探梅

別却溪橋與水隈一枝猶帶雪霜來香留古節沉沉迥蕊爲清臭逾逾開書幌曾爲評玉帳羅屏曾作避風臺從今不作關山夢羌笛無須吹夜催

其二

不須更擬傲嚴霜且伴幽人讀草堂分得藜光棋照影倚來芸帙倍生香瓊姿戰徹冰壺瑩冷韻遙添玉案涼紙帳年來頗安穩芳魂還欲遶匡床

其三

朱嗣曾招飲家園時父子兄弟雍然團聚白首斑斕焜燿華筵余得厠坐其間不勝慶幸即席賦贈以志歎羨之意兼呈愼人駕部

閣潛歸去輸君早白傳抽身較爾遲好客每投花底轄躭閑時賭竹間碁堂開晝錦衣純[illegible]擬淮南桂有枝最是團圓歡具慶兄酬弟勸奏壎篪

寒花雖稱小清羗整整斜斜任所宜本以冰霜標
韻格豈因摧折損丰姿從今不借東風力此後應
無夜雨欺莫道幽芳根柢少到頭終免混蕪蘼

其四

滿天風雪不須愁老閉空齋作臥遊斑管縹緗爲
勝友竹床綠几即菟裘暗香[illegible]疏影亭
亭嫋簪修月落參横籌問[illegible]夢到羅浮[illegible]

其五

莫以摧殘歎息繫小窗聊結歲寒盟孤高自少趨
時態淡泊真同避世情傲骨只應閒處穩幽懷端
向靜中生主人兇解三更讀吟誦偏宜對短檠

其六

瓊姿原自離風塵謝爾相依不厭貧娜娜恍如司
案吏娉婷還似較書人暫憑硯格爲賓主未許爐
烟作比鄰別有幽情堪晤對何須索笑遶簷巡

其七

烟霞骨相本難刊處士齋頭締古歡生小便能甘
淡泊自來原不怕摧殘蕭蕭素壁流香細寂寂虛
窗抱影寒總是幽情眈閉戶任他明月滿欄干

其八 此首專爲殘時致予

只喜春寒伴索居淹然零落竟何如忽驚敗蒂斜
侵硯旋訝殘莖正點書香欲斷時情自泫影當離
處致猶餘知君已作遊仙夢應逐飛瓊返碧虛

春晴野步

東風一夜報新晴霽色侵衣緩步行隴上萋萋芳
草潤溪邊潑潑鷺鳶明餘烟乍斂花猶濕積雨初
收柳漸輕最是江村無限意人家茅屋小橋橫

五印庵贈清遠上人

野寺僻江碕汀流恰四圍水田侵佛案蔬圃帶禪
扉種稻資香飯栽荷補衲衣知師機已息不遣白
鷗飛

趁江舟入西洪沙

潮落風仍便輕帆溯急流浪花天際合山色雨中
收岸隤村如寄沙虛樹欲浮滄桑看似此天意渺
難求 此地几漲坍數易矣

張舸雪以所作畫卷見示求爲作歌

屠雪山人今僧繇，丹青不數顧虎頭。燕齊閩粵遊
曾遍，山川歷歷胸中收。觀我画卷長三丈，一氣磅
礴何莽坱。大山欲斷小山連，小溪渟泓大溪滉。山
廻溪互幾重重，大松小松橫亘仄偃交。其中方疑
幽窅路已絕，豁然一徑通無窮。看過丈餘始開曠，
岑濛蕭瑟多跌宕。異境忽開桃花源，雞犬桑麻隱
青嶂。從此豁山更超拓，高低夷險或間作。透迤濟
覺起坡陀，巉削旋驚森巘崿。千流萬壑排空來，巃
嵸鳥道遥天開。或則晴巒聳翠如欲滴，或則陰崖
黯慘閉塞千年之古苔。其下時聞幽澗細泉鳴濺
濺，其上則又飛流懸瀑千仞直下如轟雷。流觀兩
目不暇瞬，端倪首尾渾難定。細案方知脉絡明，恁
空幻出非常境。笑問山人胡能爾，山人笑曰吾亦
不知其所以。猶憶當日將画未画時，冥心靜坐恣
形擬。忽然落筆點染間，不覺斷續紛披聽行止。嗚
呼此語真明通，木雞之論將無同。至理原從寂寞
得，神遊八極探洪濛。絕技由來奪化工，何兒筆底
開蠶叢。君不見安樂寺裏寫雙龍，點睛破壁會飛
丹？還君画卷三歎息，耳邊猶似聞松風。

初夏郎事呈范公理內弟

暖日和風晝刻長，抄書纔罷坐匡牀。戲裁蕉葉爲
紈扇，敢望菅麻製葛裳。公理欲爲製葛衣，余力却之 柳絮輕團
蝴蝶粉，鶯衣分染乳鵝黃。北窗擬覓羲皇侶，鄰寺
鐘聲報夕陽。

其二

新篁檡籜生紋屋，外濃陰兩岸分。鴨乳芳塘晴
更漲，燕歸茅棟曉先聞。霞開遠岫拖殘雨，風激層
波襯斷雲。轉憶平生餘二老，謂慎人、雲上也 東西相望失
論文。

其三

灌木陰森十畝居，疎簾清簟午雞餘。慚余空續薰
風句，美爾閒披岐伯書。時公理詳究素問諸書 到處倉庚催
蔟箔，滿林佈穀喚耘耡。自憐未卜東皋隱，刈麥分
秧愧拮据。

其四

孟夏陶陶萬緑齊，輕雷送雨到前溪。新蜩乍脫音

猶澀反舌無聲意轉悽豈有招凉珠可佩空餘逐蔭巷常攜柳綿似解披襟意片片飛來綴薄綈

觀蒔

江村五月時秧色青如織東風江上來吹雨滿阡陌晚潮與之俱曲折通溝洫野老起飯牛扶犁衣襏襫呼兒早分秧蒔插趁時澤嚶敷桔槔聲滾滾中田溢白鷺何翩翩爭飛亂簑笠丁男頏之喜鼓歌呼仍自得但取綠盈疇奚恤泥污膝感彼辛且

勤理取自力食緬誦伐檀篇素餐慚老德

憨夫上人寄錫村市一小庵疑非栖禪之所而上人安之亦可謂心地俱清者矣賦此寄訊兼用爲慰

少年入道歷諸艱一鉢何妨寄闤闠道在逢場皆見佛心安隨處總名山如雲舒卷身無礙與月空明句自刪半偈拈來生止觀紅塵原不到禪關

感懷

老大無成只自憐白頭猶爾戀青氊筆花已冷成

書蠹雖助常嗟是硯田術鮮淳于三寸舌囊無杜甫一文錢從今且學榮期樂帶索行歌大道邊

感舊詩爲潘二石公七十壽

憶昔與君兄俗外托深契君兄十年長謂我曰汝弟綢繆道義中同氣眞不啻我性苦疎狂兄心獨沉摯宜其趨操殊顧反無嫌忌意容神愈親暫別輒相企動足無他之彼此互相詣叩門不問誰知匪他客至笑迎不暇衣敝戶歡童稚樵蘇并莫爨淡交見滋味間亦具盤餐草草忘麤糲深坐屏俗

喧微言豁蒙蔽論文富清機裁詩嚴體製聽雨或連牀晴遊必牽袂有時消長夏楸枰聊遊戲爭道亦忘機得失一笑置更復饒至情憂我拙生計既乃翻見取佳處原在是謂我能安貧不慣時機智晚乃妙禪理念佛通三昧邀我結蓮社同心參梵貝當其有得時一一相指示我亦差解悟了心釋疑滯莫逆三十年從無少乖異平生固寡交矧在桑榆歲謂且保金石娛老長晤對詎天不憖遺竟爾先我棄忽忽十餘載形影勞夢寐不忍過西州

遐則潸然涕落月滿屋梁凄凉發長喟儔輩豈無人自覺非我類臭味異薫蕕方圓乖鑿枘無言久群居邂逅猶畏避所以甘歎歎暗自傷凋朁憐君負妙姿聰明自幼稚跌宕少年場風流頗自恣當年聞爾兄每惜爾放廢惟余亦怪之燕朋或溺志何幸遍衰年終見回頭易浮生警大夢觀空悟身世妻子歸下泉孤子無掛恚懺悔從前非聽鐘入蕭寺魚鳥識經聲舊是阿兄詒同學皆故人猶憐共砥礪擬登般若船細繹波羅義足見不羈士原

自有根柢欽此大道心不負乃兄誨無著與天親慧業誇棠棣况今稱耄十我乃叨長二君又當兄我夙好欣重纓見君如見兄老懷爲一慰三月桃花紅介酒當此際燁燁玉洞天流霞止堪醉春光滿現前無窮看生意爲君沽一樽放眼窺大地長生與無生總之歸一致廻思已化人定證如來位若海翻波濤彼岸好同濟我爲作此詩豈獨敦世誼禾矢堅道心領取六如偈

江寺贈僧

愛此臨江寺翛然隔世喧開賜長到檻秋水屢侵門迤邐長堤擁迴遭老樹屯一鐘烟外響何異小祇園

其二

一徑水天蒼溪迴抱竹房庭空涵鷺影佛冷把江光梵罷分秧早齋餘築圃忙焚香兼食力真覺道心長

秋日過陳子晉聽梧軒

負郭緣溪下徑斜秋窗閒訪太丘家空階雨過篩

梧葉小院風微落桂花掃地焚香幽事業栽花種竹老生涯論心幸許疏狂客自折枯枝爲煮茶

其二

遥聽高吟坐草堂開門引客繞廻廊蕭蕭竹翠遮書幌寂寂桐陰覆筆牀隨意談諧供茗椀何妨傾倒出詩囊知君久有烟霞癖題徧蒼苔到夕陽

其三

南郭先生號隱居據梧自謂我忘余喜無俗客蹋苔屋獨有新詩富草廬苔色青連三徑杏蕉陰綠

歎一窗虛牀頭周易頻校勘要與羲皇話太初

其四

方將身世逐浮名掃徑由來簡送迎料理琴尊消永日夷猶今古足平生花間得句邀僧和竹下論文任客評有子趨庭能養志小窗閒聽讀書聲

嘗山藥

誰種山中玉修圓故自勻野人尋得慣帶雨斸來新味益丹田暖香凝石髓春商芝亦何事空負白頭人

朱蓉塘詩集　卷之十二　十

除夕遣懷

半生甘蓯蓉茲夕復如何殘臘愁中盡流年夢裏過柏尊寒自酌椒頌老慵歌參透窮通理無心歎逝波

雪中遣興

夜半西風打窗紙朝來恰喜雪盈門平頭踏凍遺粳米（朱慎人以米見遺）老婦敲冰煮菜根萬事不營愁儿去一寒已微興猶存病餘也解沽微醉頃倒衝無甕底渾

人日雪中朱慎人駕部招同周穎齋廣文仝月生徐仲宣兩孝廉宴集即席賦

佳辰恰喜人爲日踏雪頻勞折簡催漫擬畫屏全綴綵却疑瑤圃盡飛梅客因花發初回棹（時仲宣久客初歸故用薛道衡人日詩意）酒爲寒多屢命杯聞道梁園曾授簡衡余不是鄴中才

其二

莫開七葉報芳辰綵勝春盤勸客頻月正逢人堪慰老時當對酒莫言貧（月生有數老差貧之意）杯光泛綠纏金縷爐氣吹紅暖繡茵昨歲詩壇期再整（舊有詩社時作）宜久客主人況是早開（駕部堂名是閒）而慶

朱蓉塘詩集　卷之十二

其三（此首專贈主人）

鶺鴒道遙髮勝銀每逢佳節愛邀賓閒年豈止三萬日來歲方週八十春洛社衣冠尊國老香山風月屬閒身先生襟韻知何似梅作丰標雪作神

周穎齋先生五十初度

先生五十啟芳筵正是春風淑景鮮酒泛桃花烘絳帳衣沾柳汁傲青氈郵環著就人如鶴太乙吹

來蠹亦仙見說天香曾入夢先生誕時公夢仙人贈桂一株故家有仙桂堂先生遂以名集定看佳兆集三鱣

訊梅

問訊溪橋畔梅花果漸開已經催臘去今合帶春來瘦且因寒健香寧為晚摧東風如有信待爾舉深杯

寄吳枚吉

論文曾共倚孤吟十載睽離感慨深兩地春雲他日夢一江寒雨故人心窮途落寞青衫裂老景蹉跎白髮侵稚子猶能呼父執時令嗣雨高見訪不禁衰淚欲沾襟

其二

夙昔心期願已違蕭條身世竟何歸此時只合哀時命吾道真堪杜德機已惜衰年艮晤少又況久別素書稀何當更鼓滄江棹同採芙蓉送落暉

其三

聞道年來罷壯遊閉門高臥幾經秋著書獨惜虞卿老懷古尒憐庾信愁長日弄孫開課讀清齋禮佛小低頭枚吉近頗彷彿逍遥且自安遲暮莫更悲歌泣蒯緱

江村秋望

葭菼蒼蒼白露晞一泓江色帶斜暉平沙雁逐寒潮起遠樹鴉隨落葉飛處處刈禾喧竹塢家家絡緯響柴扉獨憐白首窮居者愁向西風憶授衣

新正四日同于曉江學訓過汝廣弟村居留飲

東風晴日歲華新五里村莊訪隱淪高柳未舒猶帶臘寒梅欲放已知春機忘且賭碁登局道合何妨酒百巡千古心期師弟在樽前況有石麒麟時汝廣以小孫出見

其二

閒闢十畝草堂幽喜得高車宵暫留野竹數竿連小圃疎籬幾曲帶寒流交因脫俗方成契話到披心不諱愁歲月憐余空老大一樽相對且綢繆

月夜坐惠泉亭

向夜群籟寂皓月出東嶺流光散餘輝山空四壁

靜獨往坐小亭澄潭蕭然映潛脉導暗泉乳竇涓涓引渟泓一鏡開石髮古甃冷更深喜無人聞然謝霜綆林端微風生合虛漾松影暫到情爲瑩久坐神愈迥撫玩測端倪會心別有領月亦不在天泉亦不在井泉月兩相忘并作清寒境誰當儲一瓢留待夷齊飲

病中無寐用陸放翁韻

愁來先却睡骨騰坐此蕭條昔未曾傾耳有聲疑墮葉委心無物似枯僧風回別院聞雞唱塵落空

梁見鼠登數盡殘更誰是伴半窗寒雨一檠燈

病起言懷

骨病支離怯早寒強扶兒女步蹣跚愁來已負中秋月老去從欲九日冠新酒縱篘仍斷飲好書雖借懶開看枕邊莫道無餘事猶有詩成句未安

寧述

衰矣吾今七十五支離身世等山樗貧憐入骨詩仍拙傲不隨時客任疎一徑枯蓬埋積雨三間破屋擁殘書飢來笑問炊還未老婦嗔言甕已虛

飽南耕齋頭種蘭數本芳香可掬因懸徐亦史先生画筆與相映發真不啻一室九畹也詩來索賦依韻應命

羡君高寄託孤芳攬得清芬聚一堂嫩葯數莖占九畹輕綃半幅寫三湘香浮素壁疑翻影影照幽齋欲染香最是寒修敦夙好不分真贋總堪鑲

賦得桃花馬上石榴裙

二月江南春可憐玉人閒踏艷陽天紫騮蹀躞承羅襪朱紱褊襬簇錦韉倩影輕籠花借色香塵微

動草如煙搖鞭緩控歸來晚贏得顏霞一色鮮

北固懷古

絕壁巉巖踞上游當年曾此話孫劉地連吳楚東南會水接荊揚上下流鐵甕百年殘角杳石城一片夕陽秋聖朝有道開雄鎮且喜烽消北顧憂

時邊警告靖

月夜汲中泠

月照大江秋江波靜不流等源探石穴逐浪測龍湫滿汲銀瓶冷輕攜玉乳浮歸來煮雲葉幽興落

滄洲

夏日過訪徐仲宣時方杜門養病兼有亾弟之戚

北郭橋西一草堂先生高臥竹方牀壯遊湖海詩應滿清暑園林日正長自有圖書敦古處還須風月慰平章仲宣久有復舉詩社之約今竟不果獨憐春草池塘夢歷得宵來淚幾行

秋夜臥病

兩暗疏燈風滿堂呻吟聊復對蛩螿老人衣服秋

偏早多病衾裯夜轉長客有遺書空習卦家無儲藥漫看方辟除苦望登高簡可奈萊萸未拆房

病起

病起衰顏蹤自哀秋深笑口向誰開二男不學從渠懶三徑俱荒怕客來聊展殘編消歲月且抛敝屣漬莓苔交遊物化今餘幾倚杖看花首重回

春郊閒步

春風娟娟夕陽西草草萋萋楊柳堤轉過堤邊有茅屋青林深處一鶯啼

客有遺予如意者賦以答之

半生多失意如意欲何須對酒空知舞看花亦向隅詩書千卷廢天地一身孤剩有狂奴態惟應擊唾壺

送朱我嘉學博赴部候選時已擢縣職

江皐已拂春新柳漾晴碧之子唱驪歌東風吹行色問子將何之言將赴京邑十載淹儒官教成應選陟名動日華東吏治借儒術日維民與社在哉膺厥職古人重守官非徒爲己殼平生讀書心措施見經術滿飾固所敦民生頗疲輯嗟嗟今民生

凋傷亦已極撫字與催科兩者貴均適會聞牧牛羊求芻尤所亟剝乃值兵興征糧常促急苟非善調劑民力恐愈竭若能寬一分則受一分益君過齊魯郊諮訪應可悉田廬久荒蕪村墟必蕭颯十室九逃亾多緣繭絲密司牧者何人能不爲心惻君家有治譜無勞遠取則阜囊與治門歷歷昭政蹟永矢勿忽亾家學庶靡忒行矣奏循良行與龔黃匹漢家重守令公卿由此出勉旃復勉旃行矣

其無數

歳暮仲宣以錢米見餉賦以志感

寥落生涯不自由忍將顔面向交遊衰年且幸孤身健卒歳徒愁四壁愁已分探囊羞趙壹何妨辟穀學留侯無端忽致監河使莫是枯鱗向有求

壽朱愼人先生八十

介酒欣朝杖者英社獨尊典刑推國老風月擅盤敦誦世名言重先生纂刻古今格言甚多交朋古道敦先生尤篤故舊更餘諸善行利物不言恩

其三

夫子眞人瑞優游享大年早聞過白傳先生年未五十即懸車故家有早聞堂 遠覩類陶潛五福箕疇備三多華祝全懸知籌不極等算有彭佺

画龍歌爲門人陳予植兄弟作

聞道君家世父諱伯誠先生工画龍画龍宛與眞龍同十日一鱗五日甲經營慘淡精靈通我久傾慕蕺由見既信且疑心悁悁今世豈復有僧繇點睛破壁誇神變美君兄弟能好奇況乃家珍忍棄之苦

心逼竟今始得一旦覩我仍嗟咨初看糊糢一片紙少選分明辨起止拏攫掀騰態若生蜿蜒天矯難比擬黑風吹雨寒冥冥翻濤駭浪來滄溟几霧蝕山岳動張髯奮鬣何猙獰前驅豐隆後列缺霹靂一聲厚坤裂氤氳倏忽不可倪幾滴天瓢向昏黑果然筆底含天機妙奪造化窮玄微不爾何以森森頭角僅咫尺飛躍恍欲超九域

送沈凝庵還雲間 沈好浪遊故諷切之

先生自是休文後八詠雄篇果繼之三泖月明堪泛足九峰雲淨好支頤衣裁白苧清無數夔煮秋蓴冷亦宜吾道秖今應閉戶眼前誰是鄭當時

秋夜不寐

街鼓鼕鼕夜漏沉無端事滿五更心衰年觸緒愁偏切末路逢秋感倍深竹塲半開悽月影綺疏虛掩怯亚吟安能栩栩爲蝴蝶一枕華胥不用尋

滄浪亭 中丞宋公重爲修復

十畝南城地滄浪舊有名昔人留勝賞開府寄閒情翠樹凌風散丹楹映水清來遊貪睆覽正好濯

塵纓

其二

勝跡欣重搆華亭一鏡懸水光浮曲檻雲影漾危枅藻綠魚仍躍天淸鶴更還中丞多古意應復憶前賢

其三

昔人觴詠地歎息久沉淪不遇英賢士焉能結搆新開軒招白鷗倚檻挹青蘋俯仰懷興廢應知感舊頻

其四

曲沼溶溶日薰風淡淡時修廊通窈窕畫檻俯漣漪鳥解棲新樹魚欣躍舊池懸知公暇後臨眺有餘思

賦得淡烟新月次韻

江皋薄暮望暝色入林幽冉冉村如合纖纖影欲浮斷鴻遮浦漵殘角暗城樓極目多愁思蕭蕭落木秋

朱白氏雪竹歌爲于曉江學訓作

蓮子峰頭竹繞屋森森頗似篔簹谷主人愛竹與可同寫得疎枝聲颼颼西風吹雪雪離離篩篩欲歎壓枝低萬竿敲戛勢澒洞瀟湘暝晦天雲垂蒼莖翠幹崛強不肯俯鸞尾梢空玉龍舞殘鱗片羽漫空來欻使琅玕滿瑤圃君不見劉褒昔畫北風圖見者爵發生肌膚朱生此圖無乃似六月頓教炎威徂先生對之神爽絕歲寒果爾徵高節吾徒正可作是觀莫向人間徉暖熱

再問文水病

念爾淹多病天寒近若何此時應弗藥胡不寄高歌眠食秋宜慎興居老要和眼前知已少珍重莫蹉跎

絕筆辭有小序

丁丑之歲余年七十五矣臘月十二日忽得寒疾勢甚危篤念碌碌一生無所成立享此大年殊爲過分豈敢復有所戀呻吟之際聊述梗概口授兒輩書之以當永訣云

嗟余生之荏苒兮徒碌碌而無成既落拓以自恣兮復矯亢以紀塵羌藩身之無術兮遂孑孑以寡營衆謂余其拙劣兮胡踽踽以為行嗟時命其不我由兮將役役其誰爭耻蛣蜣之轉穢兮効玄蟬之凄清雖屢空其不厭兮顏簞瓢而欣欣推托志于篇章兮竊慕乎前哲之修名汨乎不敢緬渠而背馳兮指謇修以為正亦嘗攻苦于舉業兮妄冀致身于登瀛慨中道而顛躓兮甘偃息乎蓬衡嗟悵悵而無之兮爰筆耕而舌耕稍涉藝圃與文囿

兮聊含華而咀英採杜蘅于江皋兮邀廻風而揚芬既畦九畹而植蘭兮寧與蕭艾而同榮苟正行其不忒兮詎復羞乎賤貧思人生之有大節兮厥惟忠孝為天經徃招魂于天南兮望蒼梧之白雲欲叫虞卿而返之兮羌躑躅乎山榛與闇苓終遼鶴之不歸兮空華表之亭亭撫楸松而莫慰兮孰弔夫九疑之荒墳負終天之永痛兮奚百贖之有身剟楞散之陋質兮固宜蒲柳之先零雖九死其猶晚兮初不自意有此遐齡茲七十有五已過兮

兮又致更望乎餘生任二豎之相苦兮吾方坐靈臺而不驚齊彭殤而一致兮夫何異乎朝菌與大椿矧有生之羈旅兮古者謂死為歸人視一切之皆敝帚兮胡貪戀之生心又何化者之足恤兮吾其儼然以全吾真獲首丘之為大幸兮庶葬中野而衣以薪吾慕乎楊王孫之裸葬兮何棺槨之旒旐死者固以速朽為愈兮奚膚與土之不可親兄無財不可為悅兮古人亦量力以為稱惟子若孫其敬聽兮無怨吾言之諄諄遂為歌曰已矣哉吾

不知其何去而何來惟太虛之泛泛兮庶撒手而超乎塵埃

大病瀕危凡四閱月而復甦真再生之幸也但精血消亡殆盡雖天假餘年恐終成廢棄翻足為有生之苦其奈何哉枕次漫賦二章示諸知已雖自慶實自嘲云

一病沉綿兮死耳如何殘喘復支離問年自覺餘生贅見客渾如隔世期豈是末償書債滿故教再續腐儒飢從今只恁逍遙去榮敝先生是吾師

其二

老而不死復奚爲兒復淹淹病更危診視雖誇和
氏術江藩楚參芪實出故人貲朱眞人先生支持手足如
無骨包裹筋骸剩有皮天假餘年雖可幸只虞衰
廢轉堪悲

中秋坐雨

無端今夜雨蕭颯滿疎欞草際螢流照簷頭鳥刷
翎竹陰寒蘚徑梧葉覆玄亭獨坐懷今昔深慚老
一經

其二

陋巷淹孤坐空堦滴雨聲一燈涼自照獨夜漏偏
明好月已無待秋宵徒自淸誰憐征戍婦砧杵隔
隣鳴

其三

已失良宵月無聊進一觴老妻烹豆角稚子剝菱
芡夜靜星文杳天空露氣涼稻粱猶未熟寒雁已
南翔

其四

此夜秋方半西風鴻雁哀高城忽吹角幾客欲登
臺露冷荷先敗霜遲菊未開乘槎人不見無意倒
金杯

其五

夜氣驚涼早呼兒檢敝裘暗風欺病骨驟雨妬中
秋罍恥何須問杯空且自由妻兒莫相誚東壁看
蚍蜉

其六

一廛依陋巷小院住初花細雨催秋柝餘烟散落
霞蝸居悟窮寨習鷹謝紛華賴是蓬蒿滿堪題仲
蔚家

其七

涼颸吹夜色群動轉稀微衰颯悲紈扇飄蕭悴葛
衣江空秋易老天遠雁何歸宋玉原多感誰言吾
道非

其八

衰年逢令節觸事總堪傷病怯秋衣薄貧憐故業
荒備書甘計拙作賦遣愁長無奈寒蛩語啾啾徹

延淋

贈醫僧藏溪

吾聞佛者號爲大醫王能使衆生百病俱消亾藏
公今爲佛弟子禪餘因復參岐黄岐黄之書直抉
造化髓苟非上智焉解此師獨精研得冥通妙悟
往往窮源委熟讀方書不用方一心運用通毫芒
三指真如隔垣照一劑兩劑輙披竅此中應別有
深造知師已證無上道醫乎禪乎是一是二請師
試下一轉語掀翻藥囊佛應許

送陳簡心之關

三月百花明送君千里行黄河春漲滿華嶽曉雲
輕大澗浮秦樹山高出漢京搖鞭須及早人識棄
繻生

其二

憐君不得意策馬入長安漢闕花飛盡周京麥秀
寒壯遊誇上苑古道憶蕭關自有平生志無辭行
路難

夏日于曉江廣文招飲雙桐閣下

竹薰風蕩綠服鬟含靜無塵芹藻散餘
古歡高齋暫休讀與言念同儔延佇歎
徑亭嘉招日來共幽獨道合鮮拘忌趨赴
迟修梧覆廣庭客蔭如新沐展席坐其下衣
生綠方疑墮繁露間亦漏微旭翠色侵杯斝
瀁醽醁一吸肺腑清再吸神情穆屢吸復不
酣陶陶歸太朴既醉欲忘言餘興吾能續

延和宋辛稼軒水龍吟詞爲内弟范公理作

有小序

四變

有文官花一株一日
以爲花瑞自宋元及明名公鉅卿題詠眞
蹟裒然成帙累代寶之如天球大貝眞世
傳宗器也自婦翁文開公没後其弟文府
暨仲子公叙各持一半去薈其時尚爲完
璧迨文府公叙相繼没兩人子不能收藏
不宵歸并一處作延津之合以故漸漸
大家傳故物竟委諸荒烟蔓草數十年

江上草堂詩存

（清）劉 均 撰

《江上草堂詩存》十三卷《附録》一卷，清劉均撰，據武漢大學圖書館藏清咸豐七年鉛印本影印。

劉均(一七九二——一八三一)，原名庭壁。字子成。清靖江人。博極群書，長於詩古文詞。

本書卷首爲自編詩譜紀年。集中詩歌編年分卷，起自丙寅，即嘉慶十一年(一八〇六)，其年十五歲，直至辛卯，即其離世的道光十一年(一八三一)。其中乙亥、丙子内容較多，各有三卷，辛巳至辛卯共爲一卷。全書收録詩歌三百餘首。附録有文三篇：《段功傳》、《楊娥傳》、《留侯論》，賦一篇：《漢高祖置酒沛宫擊筑歌大風賦》。劉均早年隨父居住雲南昆明等地，二十六歲後歸居靖江，本集詩歌記載其大半生事迹，也有助於對其時社會的了解。很多詩歌寄情於景，讀來觸動人心，如卷十三《野望》：『古柳岸西東，荒橋南北通。白低煙在水，黄散葉當空。凉意生幽草，秋聲聽亂蟲。復多遲暮感，搔首夕陽中。』

(周　忠)

武漢大學圖書館存

劉翊恒贈 二五、七、一三

江上草堂詩存

江上草堂詩存序文題跋姓氏序文題跋已失茲照原編各卷目錄下所載姓氏列於卷首以俟搜羅

卷一序　呂怡曾

卷二題詞　武崇德

卷三題詞　趙棟

卷四跋　孫繩武

卷五題詞　栗森

卷六題詞　陳棐之

卷七題詞　陳棐之

卷八跋　蕭失名

卷九題詞　陳斐之

江上草堂詩存　一

江上草堂詩譜紀年自編

乾隆五十七年壬子家君知甘肅伏羌縣是年六月廿四日生均于伏羌縣署

五十八年癸丑二歲

五十九年甲寅三歲十一月家君遷雲南蒙化同知攜眷南行赴任

六十年乙卯四歲是春至蒙化任所秋家君充雲南鄉試同考官

嘉慶元年丙辰五歲

二年丁巳六歲從萬純庵夫子授四書

三年戊午七歲是秋家君被議離任家屬入省城寓昆明縣

四年己未八歲是年家君奉　旨引見十一月攜眷同行師授詩經

五年庚申九歲二月至湖北省城武昌府家君入都家屬留武昌寓三山街風神廟十一月家君至以家屬入滇

江上草堂詩譜　一

六年辛酉十歲四月至滇五月家君署晉甯州事七月補雲南府通判充鄉試同考官十月署曲靖府事是年均從譚危峰夫子受尚書

七年壬戌十一歲從方夢亭夫子受三禮九月家君署新興州事隨至新興從陳石梁夫子受三禮

八年癸亥十二歲三月隨家君入省五月家君署河陽縣事隨至河陽師授易經初得見綱鑑

九年甲子十三歲從方夢亭夫子受春秋經十月家君署文山縣事秋充雲南鄉試同考官十二月家屬赴文山均得見諸說部書

十年乙丑十四歲從張補裳夫子受春秋三傳八月家君對簿入省家屬隨行均從呂鐵庵夫子受文選得見唐詩全集學作八股文是年家君爲聘婦錢唐徐氏

十一年丙寅十五歲家君命入明昆育材書院從從伯靜庵公受春秋三傳卒業八月仍從鐵庵夫子受文選卒業得見漢魏六朝以來諸家詩及史記前後漢書有古意玉龍寺諸詩

十二年丁卯十六歲從鐵庵夫子授楚詞及古詩源是年得交仁和孫接堂壽霞昆季有同孫五過海心亭詩及古別離諸作

十三年戊辰十七歲從鐵庵夫子受李杜集七月娶婦是年有登五華山老樹歌諸作得見金剛法華諸經

十四年己巳十八歲家君主講昆明育材書院均習舉業七月送鐵庵夫子入都從天津崔夫子受國語國策及八家文

十五年庚午十九歲侍家君住書院有送孫五之大姚諸作制府柏大司馬見余題慧林庵詩枉駕見過有上制府書及陸山閱陣賦是年得交李仲山魏瑞人韓印侯栗思泉諸人

十六年辛未二十歲住書院是年得見性理諸書及宋儒語錄釋道各經

十七年壬申二十一歲住書院是年冬先兄卒移家入城有萬人塚諸詩

十八年癸酉二十二歲是春復入書院得交昆明武子峻夏六月遊西山碧雞太華羅漢諸峰皆有詩

十九年甲戌二十三歲住書院得交南甯趙玉叔復遊西山讀書太華寺凡兩遊陸山

二十年乙亥二十四歲住書院是年兩遊西山碧雞太華華亭諸寺又遊玉案聚仙三華諸山法界筇竹妙高諸寺及龍淙獺石瀑之勝皆有詩

二十一年丙子二十五歲家君攜眷歸吳正月發滇城二月至貴州三月過湖南諸灘遂浮湘水涉洞庭渺大江北行四月至湖北武昌登黃鶴樓過黃州赤壁下九江望匡廬至金陵登金山由潤趨常五月杪再渡揚子歸靖江九月之揚州十月遊杭州十一月歸多以詩紀之

二十二年丁丑二十六歲居靖江七月客蘇州申太守丈署齋得交錢唐陳孟楷長洲費艮甫

二十三年戊寅二十七歲春遊吳門客蘇太督運判程鼎家重逢孫壽霞六月遊松江七月遊上海九月遊杭冬返吳門是年有寄栗山人長歌留別諸詩

二十四年己卯二十八歲春歸靖江家君主講本邑正誼書院均以養親不出遊有憶舊遊寄孫五諸詩

二十五年庚辰二十九歲居靖江有河決諸詩

道光元年辛巳三十歲居靖江撰滇南雜述四月家君移家書院

二年壬午三十一歲居書院集南蠻竹枝詞成一卷有跋馬行行路難秋夜對月諸詩

三年癸未三十二歲居書院編輯唐詩筌成自爲序

四年甲申

五年乙酉

六年丙戌

七年丁亥

八年戊子

九年己丑

十年庚寅

十一年辛卯自甲申至是未經編注即于是年三月卒

江上草堂詩存總目

江上草堂詩存卷一 丙寅至己巳

靖江劉均子成著

古意

淒風自北來吹我衣裳開我懷何殷殷臨風一徘徊白日在青天浮雲時往回世事不欲說日夕持酒杯酒杯寬歸思苦倚劍悲歌淚如雨何當馳逐李將軍終日南山看射虎

海心亭薄暮亭在濱城桒海子原作四首遺失二

烟水渺無際陂塘一望秋斜陽明小徑疎樹蔭漁舟勝地期頻到詩腸許細搜濠梁觀魚樂莊惠記曾遊

楊柳空潭上蒹葭曲岸邊風迴人語斷雲破日光全水閣供閒坐禪堂任醉眠晚鐘聲漸動歸意尚流連

古別離

斜月挂西樓朔風吹庭樹一燈慘無光悠悠別離處妾居河陽縣君赴黃雲戍君心與妾意飄然不相顧雪裏關山幾萬重驅馬遙從此中去從此去生別離望不見掩袖啼待到明年春草綠獨守空房淚相續

從軍行

萬里西風滿天雪橫槊悲歌輕離別不問天山五月寒男兒從來有熱血昨聞單于寇賀蘭戍卒三千竟不還感茲仗劍出河朔從軍西度玉門關天高日暮風蕭索塞草無邊連大漠追北身騎汗血馬駐師夜宿孤烟幕絕域窮秋鼓角寒身經百戰斬樓蘭受降城外黃塵靜無定河

邊白骨殘十年下闕

君馬黃

君馬黃臣馬赤二馬皆有千里志時未至兮受鞭策世無伯樂誰知之伏櫪哀鳴度晨夕嗚呼伏櫪哀鳴度晨夕

天寒

殘菊數枝斜蕭然處士家拾薪供賣藥貯雪待烹茶人病詩慵和天寒酒未賒何當灞橋上得得詠梅花

幽居

歲暮門庭寂曾無車馬來雪明黃葉徑酒煖白雲杯人瘦惟憐鶴詩清只詠梅苦吟求自適冰柱莫矜才

客居

遐方殊氣候一雨即如秋寒蘚緣牆脚夕陽黃樹頭詩尋今日樂酒壓異鄉愁汗漫憐身世飄飄海上鷗

夜經雨公禪院

雨公深院裏天氣晚來澄古樹風驚鳥閒階月伴僧禪心存白水大道寄靑燈爲問三千界誰居最上乘

夜坐

鐘鼓催寒夜空庭獨坐時霜濃孤月冷風靜片雲遲思拙吟詩苦身閒學佛宜秋來生意好叢菊滿東籬

題商山寺

秋風吹古刹松檜撼斜曛石砌堆黃葉山僧老白雲佛鐙將晚上梵語隔烟聞爲念吟詩處蒼芒夜景分

題孫五隻雁圖紵塘中年悼亡作此圖以誌哀

誰將慘淡心寫作凄涼景蘆荻淺沙傍西風孤雁影

送胡少府赴武定

滇山萬疊裏天暖雪初晴酌我一樽酒送君千里行春風過古驛暮雨入荒城揮手長亭外凄然別緒縈

戊辰夏五月偕孫梅坡徐敬亭侍鐵庵夫子雲秀庵觀荷限先字韻四首失一

倚檻忘言處池塘別一天香飄野風淡花放綠波鮮斷岸帶殘照澄潭生暮烟水禽避人去飛傍蓼花前

清酒碧筒傳荷風香滿筵人閒惟覓醉花靜恰宜禪我欲乘漁艇長歌自採蓮吟詩誌幽興一爲拂雲箋

晚烟芳草岸碧水夕陽天客散竹林外人歸柳渡前暮空湧新月秋水送輕船長嘯一回首蒼蒼雲樹連

秋夜

雲歛碧天淨寥寥夜欲闌焚香因讀易聽笛偶憑欄月冷蛩吟苦風清鶴夢寒遐心正迢遞不寐數更殘

五華山夜坐同孫五作

孤月掛長松寒烟鎖碧空樓臺收暮景砧杵動秋風塔影層巖上霜華

萬瓦中登臨悲倦夜搖落與君同

暮秋五華山晚眺四首 失一

倚杖憑高望不窮蕭蕭落木響西風萬家烟火寒城裏一片關河晚照中秋老荒山衰草淨雲開邊域暮天空滇池十載飄零客臨眺何堪聽斷鴻

秋色蒼然滿大荒滇中形勝拓邊疆山開金碧連黔蜀險據西南略漢唐此日百蠻沾遠化昔年六詔控殊方松杉不解興亡恨一任寒鴉噪夕陽

西風蕭颯景酸辛一臥窮邊困此身羸馬十年多病客敝裘萬里未歸人江山入望傷懷抱詞賦悲秋泣鬼神淪落儼同杜陵老長鑱託命耐長貧

老樹歌

涼風颯颯白日淡一徑山石何巃嵸中多老樹立石上鐵榦千尺撐青空掩映疏密數百本五里七里青濛濛枝枝葉葉生秋風憶昔我行文山道萬重老樹千山繞奇枝古榦蟠蛟龍大窟深根藏虎豹漠漠悲風百獸號瀟瀟夜雨羣猿嘯杈枒屈曲礙輿轎山泉百道樹上飛霜皮溜雨氣慘淒樹下徘徊皆異類僰兒猓婦來深溪披氈裹罽跣雙足明珠綴胸銀珥低侏㒧遶樹相笑啼我行至彼忽歎息伏波功名何烈烈明珠薏苡雖被謗銅柱神威未消歇丈夫平生當如是萬里沙場建奇勛要使姓名留竹帛豈知志氣竟未酬一身淪落天盡頭登臨懷古動感

慨拂衣長嘯天地秋祇將青眼向松柏勁節淩霄黛色浮豈與羣木同靡柔

九月十六日雪

朔風何寥寥寒氣侵人骨曉起視庭除瑩然雪已積爲問此何時九月十六日聞此殊悵然倚杖自歎息滇中地氣暖經冬水不竭胡爲今年來九月即雨雪節候雖有常寒暑不可測正月而繁霜詩人心惻惻當今聖明時四序曷變易自有調燮人時事無煩說薄言招良朋賦詩樂晨夕

遊圓通山

圓通山石壁千仞難躋攀屏風削出碧天影欹斜合沓青巉巉懸崖幾處置佛閣長風颯颯吹松杉上有螺峰之怪石下有比邱之禪關人言山側有石洞引我來遊翠微間但見暗峪吐霧枯藤纏巖石隙怒轉豁然成潭又見蒼烟浩渺水聲潺湲日影留一線恍疑非塵寰山靈有心騁雄怪定借鬼斧窮雕鐫不爾幽深奇險何至此能令愁人羈客對此俱開顏我聞國初逆藩踞此境乃搆崇臺峻閣畫棟雕檐奢淫僭越而雄視乎西南嗟嗟天道禍淫者徒令名汚青史誰能删巨慾跋扈竟何在往事惟可供笑談至今名山面目終不改屐齒還印苔蘚斑我來遊此心竊喜尋幽不厭奇屢探興來狂吟起舞復長嘯詩成大海迴紫瀾薄暮雲深朔風寒彈棊飲酒禮數寬小亭共坐傾酒榼月輪忽向松梢圓梵鐘一聲漏初下萬籟俱寂人倚欄松花柏子綠滿地脫巾痛飲聊

自歡諸君招我作長句相與聯臂登詩壇新詩綺語眞瑣瑣天上白雲方往還

出東門

出東門風蕭蕭仰視白日懸碧霄世上紛紛皆徒勞我欲披髮去遠尋王子喬遺世羽化身飄飄 一解 欲破黃金買寶劍寒光入手起紫電吁嗟乎匹夫之勇何足羨 二解 吐氣爲文章欲登班馬之堂疎狂不合世人意徒然嘔血搜枯腸 三解 已焉哉舉世之人兮誰其我知遑遑兮將何求山迢迢兮路悠悠江湖闊兮蛟龍遊懷美人兮多煩憂 四解

出西門

出西門思所歡歡所不可見朔風吹我衣裳寒 一解 我家江淮間去此

萬餘里美人寄書來趣我歸渡瀟湘水 二解 吳江美人欲我去蠻江美人欲我留去亦不可去留亦不可留不如結客登高樓登高樓秉燭遊飲我醇酒炙我肥牛佩我利劍服我輕裘 三解 大兒工歌小兒工舞呼兒勿作歌舞劇爲我吹笙竽爲我擊鼖鼓 四解 鸞鳳孤麟索處無鄰俗士異之乃以爲珍蒼蠅之笑聲使我掩耳不能聽 五解

長歌送鐵庵夫子入都

生不願識玉函金簡探天下之奇亦不願長歌入海乘鯨跋浪親見夫洪崖與安期但願一遇知音者賞我空谷爲我師示我水中鹽味見眞性付我正法眼藏爲眞詩使我雲龍上下長追隨我聞伯樂不在世無馬馬非無良無人知鹽車不逢九方顧老死轅下徒支離君不見長白山西鴨綠水一代異人從此起胸羅列宿淸秋筆帶風檣奔駛仙人投壺天大笑電光倏爍落片紙早年讀破三篋之書多苦辛詩思直如海波白汸黃鵠遠舉之絕塵文章有道竟何益世上未有如公貧 成句 斯人斯世遇何蹇還來一現宰官身宰官說法亦不壞有時遠遊山水逞豪邁一十九峰靑巉巉巨靈擘截擲光怪江山千古如有神酒債尋常更詩債可憐直道事人強項公魚服被制等閒敗天涯潦倒歎途窮幸我得向龐公牀下拜憐公空有太古無弦琴醉醒淸濁誰知音百年衣鉢傳誰是度人空此鴛鴦鍼我生也晚欲撼樹讀書空向皮毛尋縱橫經緯治絲亂目眩耳滯心寖寖我公豁然示我最上乘拈花一笑現仙心金丹授後應換骨洗出靑天一片月大雅還知追建安淸雄每入曹劉

格與酣搖筆賦蓬萊擲地聲應作金石他年道東道南安敢言且欲絳帳風披桃李列方嗟萍水相逢遲豈知又作他鄉別我今長歌送公直北遊白雲無際天悠悠三湘五湖烟水渺西風木落蒼梧秋楚澤澄光送征棹岱峰蒼色生馬頭憶昔銅章遊南詔擔琴飼鶴眞風流而今攜詩一篋灑然去抑塞意氣竟未酬男兒投筆客萬里功名原欲期封侯不爾抽身亦當早守我松菊三逕幽脩然好作衡門客陶潛淸節誰與儔豈能曳裾事權貴使我不得吐氣凌滄洲吁嗟乎鐵庵子騷雅有正聲人倫先孝弟滄海橫流一人耳

倚樓

西風吹落葉天地忽驚秋遠樹寒烟合空山夕照收胡爲萬里外竟作

十年留歎息欲何往長歌獨倚樓

別送

送君歸舊林別思與秋深契闊一樽酒關山千里心夷門誰擁彗空谷我知音詞賦此生事高歌自古今

鴻鵠百年志其如燕雀何拂衣逕歸去湘水遠生波名士遭逢少遐方魑魅多驪歌猶未已惆悵此山河

題慧光寺

寂寂禪關鶴守扉空林葉墮晚風微老僧頭白無人問獨坐斜陽補衲衣

江上草堂詩存卷二 庚午辛未

靖江劉均子成著

送孫五赴大姚

滄海變桑田深谷成大阜嗟我失路人窮愁亦云久猶幸風塵中邂逅得吾偶詩清味轉腴交淡意彌厚丈夫謝知己寸心復何有憐君不得志事事居人後下有孱弱兒上有垂老母生計日蕭條形容日老醜一身無足道何以慰八口文章與功業未必垂不朽乃爲飢寒逼狷介難獨守怨作遊子吟悠悠望楊柳與子悵言別浩歌各攜手日暮西風來林木皆怒吼倉皇登前途歛子以濁酒

男兒不溫飽所志在聖賢養身當有術豈羨佛與仙君相云造命修短

皆偶然窮達與得失都可一笑捐文章娛性情何用窮雕鐫但求氣精足光焰自萬千力扛百斛鼎詞流三峽泉瑰奇變怪盡古淡神始全林臥觀元化聊以養天年奈何久零落困頓濵海邊猛虎陷巨塹潛龍伏深淵世事不欲說此身誰爲憐安能挽風氣再見三代前行矣復何惜安排且任天

寄孫五

濵海飄零客春來別思深故人千里夢長劍百年心日下蘼蕪徑風傳橘柚林舊時尊酒約契闊到如今

春遊

枝上流鶯處處啼綠楊芳草路東西消愁借得旗亭酒紅豆詩成醉似

泥

怨

靑天碧海路茫茫搔首東風幾斷腸莫到舊時遊冶處桃花飛盡柳絲長

觀碁歌

蕭齋風靜日漸長微雨初歇竹樹涼數聲啼鳥破午睡起來啜茗清詩腸科頭曳履向何處觀碁來就同舍郎就中何人號國手一枰終日敲斜陽離離碁子布滿局局中局外兩寂寞人心略與碁心同柏子偶隨碁子落衆星列天形縱橫羣鵲依枝勢交錯兵家變化正復奇鬪智凝思意寥廓死生刼奪徒紛爭機心無乃損天眞局中黑白究無定袖手

甘爲局外人

經亡姪阿廉塚 在江南會館後

慘淡江南地招魂自古哀六齡悲短折千載臥蒿萊白骨寒荒土青燐沒夜臺那堪今日淚一爲灑塵埃

秋風引送徐敬亭東歸

秋風淒淒秋氣深碧梧搖落成秋陰天寒路遠思沈沈浮雲萬里傷秋心昆明城頭日初霽忽見金碧千丈岑中有一人徐敬亭早年意氣頗不倫學書學劍二十載豈知半生猶賤貧人間久失意况作羇旅人不如且隨烟霧去飄然東歸滄海濱千古江河去漠漠百年歲月來駸駸功名富貴不足問尊前一別頓傷神吁嗟乎卞和泣玉伯牙碎琴國士呑炭霸佐分金古來魁奇磊落不羣士莫不珍重夫知音胡爲班馬嘶驪歌咽雨散星分一朝遠別望四山兮鬱嵯峨猿猱嘯兮對纖月子規啼兮潸泣血悵別離兮心蘊結我本清狂客心與雲同閒偶以詩人事遊戲六合閒隻身四海少知己惟君與我開心顏幾年聚首滇城裏淪落相看在泥滓意氣何能動九秋文章空自悲三迤滄桑世事更誰論十載窮愁志獨存羨君翩然逕歸去楚水黔山無限路東遊何處最銷魂斜陽千里瀟湘暮蒼梧洞庭烟波開風雨颯颯騷人哀黃鶴樓頭看江雪春風吹夢過秦淮還家好作朝天計奮翮雲路抒壯志何年擕取滿囊詩來向人間訪循吏我今送君不辭遠千山萬山烟樹稠行行三百三十里馬蹶直過古猴州臨歧向我索詩句形神慘戚不自由悲來

逼人弄紙筆爲君一洩萬古愁丈夫不作兒女態浩歌一曲天悠悠嗚呼吾亦欲東耳滇水何事西南流

板橋次韻驛壁詩三首 失一

悴憔天涯歎索居文園渴病不曾蘇行雲一片江皋路猶記當年解珮無

繫恨牽愁柳萬條夕陽時候最魂銷馬蹄記得曾遊處冷雨淒風過板橋

西石橋夜坐

獨坐平橋上蕭然秋氣深西風淡明月老樹下疎陰落葉搖詩思流泉清道心良宵應不寐遠近聽蟲吟

九日

病起驚心歲月催閒開望眼一登臺昆池寂寞魚龍靜隴嶺蕭條風雨來絕域雲深山影黯孤城秋老角聲哀十年潦倒遐荒客又醉重陽酒一杯

蒙段雄圖舊井疆寒烟千里鬱蒼蒼鐵城銅柱新邊塞慘日悲風古戰場天地一身存耿介風塵孤劍足光芒丈夫自有四方志何必蓴鱸憶故鄉

滇海茫茫水倒流滇山無際使人愁關山慘淡悲三迤雲物淒涼動九秋齊國壯夫終伏劍漢家飛將不封侯古來抑塞皆如此搔首長歌獨倚樓

涼風吹樹雨瀟瀟且夕悲歌飲酒醪三徑秋深黃菊冷一聲雁叫碧天高江湖有浪蛟龍怒關塞無人虎豹號回首不堪塵世事欲將哀怨補離騷

擬古

平生重意氣少小邊城客博觀三篋書更思爲任俠投筆欲從戎請纓將繫越志在圖遠大富貴豈所屑高高賈太傅孤懷耿金石生逢聖明時痛哭猶上策

屈原遭放棄行吟山之阿芳蘭委蔓草山鬼嘯女蘿舉世既云濁一身葬清波讒人竊祿養賢士多坎坷從來覽古意拂劍還高歌

素琴具宮徵清風生指端雖有成連心其如聽者難良馬困鹽車長鳴聲悲酸世無九方歅騕褭誰當看太公未虎變空持渭濱竿季子歸洛陽親戚不爲歡英才淪下位抑塞徒長歎何如拂衣去痛歌懷考槃

五花大宛馬千金狐白裘乃是邊城客來爲京洛遊京城何赫赫冠蓋擁道周高門起丹甍夾道連青樓紈綺怨趙舞箏管隨齊謳萬錢供一食玉盤羅珍羞二八充下陳姱態何靡柔門前盛車馬雜沓如川流自謂長貴盛可無子孫憂一旦運數盡寂寞歸山邱白日沒西海逝光誰爲留人壽非金石難與松柏侔不見鴟夷子五湖放扁舟寄言邊城客功名何足求

詠懷

鼷鼠飲滿腹鷦鷯棲一枝豈知東海鵬萬里遊南池朝歌鼓刀人今日

王者師巢許薄天下世人競銖錙去去復何惜吾將行採芝

孟冬朔風至木葉何蕭蕭美人隔天末何以永今朝豈不惜離別所悲金石交眷懷道與義箴言久寂寥望望不可見涕泣心鬱陶

蘭若何芊芊杜衡披薜荔池上冒朱華衆芳隨時歇羣動齊大運我懷良有得歲華感搖落葳蕤竟何益不愁紅顏老但愁涼飈發

北風吹寒林白日忽已沒茫茫吾何思念彼遠行客浮雲蔽千里遊子歸未得獨寐勞夢思願見君顏色夢見終渺茫中夜起歎息

惻惻歎路歧哀哀各西東汨汨滄海水行見車塵蒙元化乘消息此理誰能窮仲尼困中夏伯陽適西戎哲人已寂寞大運焉始終

登樓

孤城草樹青春老六詔風烟白日昏一劍空期齊壯士千金誰望楚王孫江山欲墮窮途淚詞賦難招故國魂莫更登樓學王粲南州飄泊不須論

次韻壽霞贈春八音 先三

桃花人面依然在一度相逢一斷魂崔護何須更惆悵春風還識舊王孫

命薄憐卿身世違飄零應自惜芳菲東風若解作人意莫遣楊花到處飛

蝦鬚簾下目成時脈脈柔情不自持莫道相思無好夢隨風夜夜入羅幃

秦樓舊約已成空兒女心腸醉夢中往事何堪再回首年年愁對落花風

繡戶珠簾錦不如小庭疎雨杏花初枇杷枝下關門處記得風流女校書

還到

綠窗開盡碧桃花門外垂楊曲岸斜九十春愁消不得踏青還到玉人家

懊儂歌

郎從江南來遺我兩端綺感郎珍重意裁成合歡被但繡雙鳳皇莫繡雙鴛鴦鴛鴦爲情死恐郎心暗傷

少年行

長安俠少年手把芙蓉劍獨倚酒家樓春風吹醉面

君馬黃

君馬黃臣馬騅君馬金絡頭顧影驕且馳臣馬鳥啄瘡毛骨何支離雖有騰驤志伏櫪無人知朝受鞭策夕伍駑駘伯樂今不在哀鳴向天悲朔風蕭蕭塞草稀天寒路遠霜雪霏吁嗟馬兮將安歸

慧林庵晚眺

愁眼今朝豁江山入望中烟開半城樹雲散一天風野水春餘碧殘陽晚弄紅此時清景好隨意倒詩筒

飲酒

攜杖登高原日落衆鳥沒凝雲起層陰水木澹秋色微雨西南來蒼然暮烟碧涼飈吹我衣遐想正孤絕歸來北窗下壺觴聊自適願言賦新詩樂此風雨夕

江上草堂詩存卷三 壬申癸酉

靖江劉均子成著

春曉曲

花霧壓簾簾不起簾鈎敲碎珍珠子絳羅委地春烟沈美人醉臥花房裏博山爐中香篆濃起來沐髮雲鬟鬆沈香水煖春融融玉肌洗落紅守宮蘭臉欲顰春恨減宛轉雙蛾尚嫌淺鸎鵡呼人看落花背向花前開倦眼

春陰曲

江南二月春水生江南女兒多豔情去年吹簫未成聲今年學得琵琶成春來漸解銷魂事獨倚東風聽曉鶯輕煙薄霧紅塵内凝眉一霎心

如醉春陰漠漠鎖池塘風來驚破鴛鴦睡桃花無力被雨欺一樹胭脂滴紅淚

關山月

漢將征西路胡笳怨玉關風吹一片月秋老萬重山邊寇經年盡天兵百戰還凱歌今已奏鏡裏莫摧顏

菱塘歌擬太白荆州歌

平塘七月秋風過碧雲捲起塘上波藕花漸落菱花多采蓮女兒怨茭荷處處月明聞棹歌

出塞

驕虜謀深入遊兵戍賀蘭胡天常欲雪邊地早知寒破敵誰稱最封侯事大難防身留一劍感激獨長歎

漢將議防秋全軍出雍州漫勞邊地甲誰飲月氏頭猛士幾人在疲兵百戰休男兒非李廣猶可覓封侯

塞下曲

海上黃雲斷征人故國心梅花吹玉笛春色隴頭深邊柳不堪折塞猿何處吟寒衣穿已敝莫怨雪霜侵

萬馬渡桑乾將軍夜出關愁心逐明月流影照天山峰警河湟外秋生鼓角間何時青海上片石紀功還

病馬

獨抱殘蹄臥支離瘦骨成天寒關塞遠水冷雪霜侵衰草豈堪藉秋風

時一鳴馴良看已慣仰秣若無情

一蹶幾時振窮途歲月深千金憐病骨萬里失初心神駿憑誰賞驪黃或可尋從來感微物聊爲一沈吟

萬人塚歌

龍尾關外風怒號瘴雲出沒如火燒故壘蕭瑟生黃蒿狐狸狌狨羣爭巢上有巨塚勢岧嶢殘碑字滅野火燋摩挲細讀嗟前朝天寶政事何喧囂弄權楊李凌百僚荒淫聚且寵妲褒邊庭流血中土騷干羽未足格有苗謬謂邊功可一邀徵兵再舉入楚姚德魚安可當螭蛟片雪投湯立見消何異精饌貽老饕大蒙蠻王雄且豪搬金伐革揮旌旄甲盾弓矢鞬鞨韜斧鉞劍戟戈矛刀致師陷陣學犬韜短兵跳躍長兵鏖捷

如蒼鷹擊秋毫點蒼日落風蕭蕭白草滿地黃雲高將軍都尉紛騰逃
疲卒敗馬塡山坳血流泙湃杵可漂蠻酋鬼伯歡且呶僉曰有以處此
曹乃爲京觀如二崤築以土石堅以牢萬人戰骨千年拋秋天寂寂秋
氣寥天陰鬼哭聲嗷嘈野燐倏忽隨神飆恨血點點何時銷青春白日
魂難招

遊鐵峰庵六首

一徑入烟霞蒼蒼秋意賒怪松蟠路古危石枕溪斜竹暗連村雨風香
隔岸花祇疑幽寂處應有偓佺家

今朝好晴景負手獨徘徊雁影向天沒鐘聲渡水來巖花秋結子澗樹
老生苔且就一壺酒長歌懷草萊

吹笛

落葉滿城頭西風吹戍樓烟霞迷客望霜露起新愁天際層雲迴門前
一水流橋邊坐吹笛哀怨入清秋

滇中覽古六首

瘴癘西南國中原路八千星分參井度地闢漢唐年風俗蠻夷雜山川
劍蜀連如何楚莊蹻草草竟開滇

百里昆明縣羣峰列犬牙地偏稀見雁土溽不宜花滇水隨西盡蚴山
向北斜蕭條風景異惆悵此天涯

漢帝窺西域當年志已荒空勞尺一詔遠結夜郎王金馬神靈杳樓船
歲月長蠻方招未得滇水自茫茫

劉燮縱橫地英雄大有人乘時思奮發創業見經綸掠地三唐過焚樓
五詔淪如何中國主世世許和親

蒙氏稱兵日蒼山扼要衝靈奇徵異鳥精氣出酋龍唐代龜茲樂番王
贊普鐘羣雄頻自屈北面受人封

霸業皆消歇風流慨兩京大河傳玉斧古邑記金城五姓已稱帝三朝
曾用兵莫談形勝好天下久承平

次韻孫交淑九日登高四首 失一

蠟屐相邀坐五華旁人笑指葛巾斜山川異域悲遊子風雨寒城送菊
花日落秋天遙沒鳥烟橫古柳晚栖鴉忘形痛飲誰賓主濁酒還教漉
帽紗

世情幻逐電光紅早燕何須笑暮鴻萬事當頭誰喝棒孤舟不繫更愁
風千林葉落秋將盡三徑花開酒正中自惜鬢眉淪落久高文渾欲碎
虛空

鬢毛颯颯醉顏酡筆陣從收紙上勳快寫硬黃酬舊雨連浮大白餞斜
曛五言壁壘添詩敵十日平原壯酒軍最羨蘇門天籟足有人長嘯入
青雲

登昆明樓

獨上高城客思迷天涯霜露晚凄凄千郕砧杵秋聲動九月關河雁影
低故壘荒烟衰草歇戍樓殘日野烏啼承平日久諸夷靖雉堞風高咽
鼓鼙

十姓紛紛竊衆收燹上宮殿剩山邱荒原草冷銅駝沒古戍烟深鐵杜秋蒙叚降僭曾尙主漢唐敗將亦封侯遐方自昔稱形勝一水偏能作倒流

信筆

破帽殘衫久浪遊少年心事寄吳鈎無端讀得書千卷別作人間一種愁

行步長攜酒一壺胸中塊壘藉消除兒童拍手眞無謂竟把山翁當酒徒

江上草堂詩存卷四 甲戌

靖江劉均子成著

春遊懷書

薄暮重城外輕陰寒食前落花春草岸斜日晚晴天景物憐今日歡娛記昔年離情與別緒都到酒壚邊

往事空追憶幽歡每恨遲誰知心許處不待日成時已和相如曲還許羅隱詩飛瓊眞姓字肯教世人知

春草四首

新綠生時斷岸斜莫將芳信寄天涯東風野徑招遊屐寒食江村帶落花去國王孫應有念惜春詞客正思家關情最是南園裏蛺蝶雙飛戀

歲華

一片荒烟接遠空芳郊翠陌影葱葱愁生古岸垂楊外春在斜陽細雨中野樹千重鋪暮靄平蕪十里捲東風城隅小逕青如畫時有遊人試

玉驄

落紅狼藉碧苔粘秀色分明上竹簾三徑青涵烟漠漠一痕翠漬雨纖纖謝家曉夢憑詩續南浦新愁共水添千載銷魂是離別莫將心事問

江淹

裙腰一道遠糢糊脈脈春愁寄碧蕪拾翠兒童嬌欲臥踏青姊妹笑相扶荒原小雨飛鵶鳩野渡春風唱鷓鴣十畝淸陰看不足醉眠須傍酒

家壚

吹歌

吳娘二十眼如漆隔柱窺人光欲滴雙鬟婀娜不自持卻向簾櫳作斜立酒闌獨唱白紵歌春風吹愁入牙頰誰能倚聲彈錦瑟五十絃中幽夢澀夜來深院花草香可惜遊蜂無氣力

無題

淅瀝輕風灑背寒秋河不動曙星殘月藏遠樹從教墮花隔疎簾更耐看紫玉敲愁蟬翼重紅箋書恨麝煤乾此身未合柔鄉住癡緒千條欲訴難

纔見洪崖便拍肩移家同住有情天死無餘恨曾攜手生不重逢誓獨眠露冷紅絲憐此夕霜凋碧樹省他年休論蹤跡多拘忌偸食綏桃亦是仙

龍葱烟柳畫橋西繞徧牆陰路欲迷一樹迴風鴉舅警五更殘月鶗鴂啼紛紜前事眉心露重疊私章紙背題收拾牢愁千萬斛鳳皇何事棘林棲

金雀銀鱗碧玉緣纖纖秀質似香桃手熏豈藉龍涎劑面藥全非獺髓膏楚殿舊腰臨水細南朝新髻出簾高分明眼底多歧路燕子何能强伯勞

下簾時候暮鐘聲院冷樓寒夢未成燭暈隔窗紅蠟掩鞵蹤經雨綠苔生刀環四面渾無迹棊局中心自不平雌蝶雄蜂各惆悵祇將薄倖報多情

一刻良宵直萬金房櫳悄悄月深深試彈寡鵠單凫曲爲寫煩絲亂絮心幾葉涼蟬移別樹三生幽夢隔重衾伊誰淚作蓬山想細膩風光恐不禁

背面殷勤見面羞花添濃豔水添柔三年不悔登牆諾一笑應須破產酬蕉葉乍舒雖有露菱枝未斷已逢秋孤鴛莫向南塘宿烟月淸宵獨自愁

冉冉流光歎逝波愁中日月費消磨家貧不稱詞章豔年少無端感慨多夢斷巫山神是女風悲子夜鬼能歌多情拋盡閒心力爭奈青春負我何

樓上女兒曲

樓上女兒年十五芙蓉裙衩黃金縷日日凝妝不出游倚欄只把歸鴻數落花游絲飛滿天欲訴春愁無管絃隔花來往鳴金鞭何處青驄美少年

江上草堂詩存卷五

靖江劉均子成著

四月十七日遊三塔寺次去年韻示趙玉叔武子峻

一林疏竹靜含風竹裏招提闢向東野徑蓬蒿爭出入古牆苔蘚雜青紅僧逢舊識談諸熟詩證新禪結習空九十韶光眼前事寸心還與故人同

世味蕭蕭馬上風烏元鷺白各西東金鍼不度恆河劫石火誰爭頃刻紅傀儡登場殊自苦雲烟過眼總成空飄零心事君休問歲歲天涯感慨同

昆明懷古三首

黑水西南郡蕭條古寨門人悲元帝子地闢楚王孫割據規模在關河險要存莫言形勢好成敗不堪論

寂寞古金城秋風蔓草平詩人重結社憑弔不勝情蹤跡非唐漢英雄失姓名惟餘邱隴上蕭颯白楊聲

未逐龐公隱空教庾信哀烟塵千里合風雨四山開漢相無遺蹟梁王有廢臺西南豪傑盡覽古一徘徊

戲作花魂蝶夢二首

雨雨風風倍愴神莫將心事委芳塵雲蹤霧迹春前恨活色生香夢裏身倚檻幾回頻顧影隔簾一笑欲依人羅浮不是三生路月下相逢恐未眞 花魂

逐紫追紅太覺忙倦來小睡向花房人間金粉都成幻夢裏溫柔別有鄉雲雨朝朝同宋玉形骸栩栩記蒙莊醒來堪向癡人說色界天邊有妙香 蝶夢

寶劍篇

壯士手中三尺鐵冷氣颼颼動霜雪鬚眉颯爽爲誰舞肝肺蒼茫爲汝熱欲與英雄共死生不愁塵土長埋沒龍紋隱隱疑變化蛇尾森森未磨滅伊誰鑄此離奇形土花斑駁涵金星深沈古澗秋影黯寥落長天霜氣青風雨摩挲助光怪雷霆倏忽通精靈犀象至今遺草澤鯨鯢何日斬滄溟雪刃熒熒未摧朽欲試鋒鋩難歛手四海多稱戰伐名中宵每作蛟龍吼忠臣孤憤十年淚俠客悲歌一尊酒世間恩怨幾時平撫

劍徘徊一搔首

采蓮曲

江南采蓮女采蓮獨自語人愛蓮花紅儂道蓮心苦采蓮向西灣香風隨我還采蓮向南浦翠葉迎人舞夜夜采蓮歸月明雙槳渡陂陀三十六鴛鴦何處宿不見采蓮人空聽采蓮曲

靜夜思

萬籟悄無聲夜深風露冷空庭明月中獨立桐梧影

江上草堂詩存卷六 乙亥

靖江劉均子成著

記院中草木十一首 存二

我來書院中寒暑凡七易同人共知我夙有烟霞癖勞勞塵網中未遂遊山屐每恨諸名勝無緣盡搜索不如且閉門靜坐賞幽僻老樹知媚人涼陰生几席遶庭衆花木與我頗相適連夜雨雹多紅翠苦狼籍惟看竹籬閒亂草紛紛碧

夏暑如酷吏驕陽爍秋金秋暑如猛虎毒熱更相尋可憐秋夏交溽暑雨涔涔疎花一兩枝憔悴短牆陰年年苦霪雨凋零不自禁穠華忌太早乃爲風雨侵何似籬下菊開花待秋深微物知耐冷誰賞歲寒心

與韓應侯趙玉叔武子峻遊太華山佛嚴寺

西南一山海上浮蒼烟萬古青油油長風吹海海影動對此欲入山中遊我與山靈如有素年年皆至山深處烟捲寒濤四面開白鳥隨人向西去青鬟布襪來登山山靈見我應開顏振衣直上最高處杳然如立烟霞間天風吹斷碧雲冷海山琅琅汨秋影不見仙人駕鶴來空有層樓壓山頂梁王宮作梵王宮晨鐘暮鼓驚魚龍寶壇倒影三百丈金碧氣與烟波通海中晚景更奇絕翠影紅霞爭變沒乃知造物有深意百怪千奇爲我設十年臥病居滇池滇人笑我狂且癡性情祇與山水合每逢佳處即題詩海月堂前延秋望歌吟似答漁樵唱遙見滇城縹渺閒一點寒烟隔風浪

與印侯玉叔子峻登佛巖海月堂聯句紀遊

太華多勝境 印侯 風物動清遊未入招提境 均 先登艋舴舟葦塘飄一葉 玉叔 沙岸引雙鷗浪影連帆闊 子峻 波聲動地愁碧烟濵海岸綠樹水村頭曲徑紆廻上 印侯 奇觀次第收鐘聲鳴古寺 玉叔 幡影落清流烟雨開千嶂 均 江山聚一樓蒼茫歸遠眺 印侯 浩渺入新秋海闊魚龍戲 子峻 天空日月浮翠峰攢草木 印侯 萬壑響松楸宿霧橫丹嶺 玉叔 殘霞映綠疇高巖飛蝙蝠 子峻 絕壁挂獼猴山竹隨時翠 均 湖雲入望稠菰蒲搖浦漵 子峻 盧荻寫汀洲欲賞蕭疎景 玉叔 還攜汗漫儔裹糧探舊蹟 印侯 蠟屐踏荒陬得句追千古 均 狂歌隘九州詩成同一笑萬象付冥搜 子峻

宿佛嚴寺齋閣

去年遊山亦已苦太華峯頭遇秋雨黃泥沒膝水洗肩猶作詩歌戲同侶今年遊山始稱樂佳客相逢韓趙武趙君文字韓君詩武君丹青吾所取平時追陪共遊宴話到名山色飛舞半生心事一朝償登眺須以詩爲主一歌一答即未工繪寫江山差近古詩中往往有遺漏更教武君以畫補佛嚴寺後小閣上點綴湖山八毫楮尋詩覓畫皆好事眞境迷離渺何許酒闌夜靜燈火稀臥聽僧樓鈴鐸語

遊羅漢峯石室

我非當年韓伯林胡爲好入名山遊天公付我濟勝具年年策杖西山頭西山之南羅漢麗秋濤洗出山容綠回環暗壁破山腹亂石崚崚嵧人足傳聞昔年吳道士十年闢此成幽谷神工鬼斧都不借祇憑精力

窮穿鑿吳公雖好奇嗜好與我乖心思耳目貴自適以此悅人眞苦哉
秋風蕭颯東北來懸巖雜樹鳴聲哀危闌可以騁遊目憑空一望風烟
開翠屏倒影三萬尺水氣雲光遠相接魚龍無聲市井喧但見孤舟横
一葉江山如此無詩篇山靈未免笑我頑興來石壁埽狂墨長篇大句
誰能刪道人厭我揮我去何異催租人叩關等閒敗此好清興松風冷
冷吹我還還家定作十日想烟霞生我枕席間名山一一爲寫照風雨
馳入秋毫顛屈原披髮爲水仙李白騎魚飛上天此心一失三千年

石室壁上王壽昌有詩因次其韻

湖光明似帶宛轉繫山腹山形俯如鬟斜簪一枝綠尋幽愛奇絶險路
忘彀觫枯藤低掛樹怪石横刺目時維秋夏交萬象變寒燠風帆飄一

葉秋水呑萬斛烟霞戀佳客共惜歸期促

青草湖上作

十幅蒲帆掛午風篷牕日暖浪花紅平生不識風波險穩睡扁舟一葉
中
睡起斜陽一丈高蒹葭蘆荻影蕭蕭恰如十二年前事鸚鵡洲邊看晚
潮
湖上秋山展畫圖水光雲影兩糢糊恍疑身在江南岸忘卻昆明青草
湖

秋風

八月昆明秋氣高西山北山風怒號滄江夜靜聞簟籞赤岸日落横波
濤殊方僻遠少書信客子飄零愁鬢毛明年放船歸故國欲窮筋力誅
茅蒿
秋風遙遙吹草堂遠客每夜愁中腸不知庭菊有何意日日花開爲我
黄凊宵獨立不成寐月落江城天雨霜故山薇蕨尚可採歎息烟塵道
路長

秋柳四首

水國霜天正寂寥年年顦顇柳千條空餘落葉迷青眼無復東風折素
腰江北江南同瑟瑟秋烟秋雨總蕭蕭關心最是隋宫裏碧瓦紅牆白
板橋
野岸參差一望疎輕霜斜日影糢糊憐他弱質隨人老問有飛花似雪

無憔悴不堪秋水照淒涼卻要晚風扶堤邊十里烟如織搖曳湖光入
畫圖
一夜風吹落葉愁長條不管舊風流曉霜殘月誰家岸冷雨疎烟何處
樓羌笛聲遙悲古塞章臺人老怨深秋劇憐舊日桓司馬悽愴江潭不
自由
疎林漠漠起寒烟水驛江城倍黯然萬樹低垂秋草岸數枝搖落晚涼
天殘陽影裏横孤雁流水聲中聽暮蟬獨有南湖湖上客一竿斜倚小
橋邊

秋月

關塞晚淒淒長天入望低誰將明鏡影高挂碧雲西楚客逢搖落邊城

怨鼓鼙悲秋新得句還向月中題

明河初轉處遙見半輪懸皎皎開秋影娟娟隔暮烟細弦今夜上破鏡幾時圓望久雲鱗合參差蔽遠天

黃鶴西樓上誰人共倚欄涼風吹素影秋色滿雲端白露長天迥淸霜萬瓦寒懸知三五夜桂樹影團團

海上孤城閉高高一片臨四山圍夜色萬樹結淸陰對此中天影空懸故國心愁來橫短笛試作水龍吟

江上草堂詩存卷七 乙亥

靖江劉均子成著

龍女歌

莫唱湘妃謠吾恐竹上之淚今已消莫誦洛神賦吾恐凌波無人見微步不如起作龍女歌黑水茫茫生白波黑水西流作瀛海卿雲縵縵聚光彩雲海空濛萬里深中有亭亭龍女在烟鬟獨立瀛海邊海波洗出花枝鮮窈然如鬼翩然如仙乘風倏變化意態何纖纖鮫綃衣裳輕如烟手持綠玉珊瑚鞭冠帔環珮不可以方物但見寒潮上下相迴旋天長水遠相思苦不作神仙作兒女碧海深深無限情兩鬢淒涼閱千古身亦不能老形亦不能覩騎龍登天與天語大魚羣飛小魚舞鮫宮婢

媵千娉婷往來雜沓隨雲軿金璫翠羽出歌舞羣龍皆來水上聽靈旗飄風水氣腥流霞飛雨香冥冥蓬頭鬼母眼深綠皂帶青裙跣雙足龍女呼來歌一曲鼉鼓鏗鏘聲似哭江深夜黑風雨涼羣星倐爍抱寒芒此時龍女弄狡獪臨風變作梅花裝濃鬟秀髻試一笑粉白黛綠隨飛揚身騎青鸞白鳳皇金馬碧雞驂兩旁攀雲躋霧凌蒼蒼萬里鬱天羅帶長羅帶長羅衣素衣上塵顏色故滄海枯桑田暮乘蛟車駕龍轄來如烟去如霧芙蓉村鴛鴦渡江上廟江邊路朝朝暮暮嬉遊處雨冷雲荒無所遇獨把江心孤月輪抱入西山深處去

夜

散步披襟客涼天淸夜遊寒花疎照水老葉暗沉溝月色古池靜蟲聲

亂瓦秋懷人風露冷竟夕起深愁

病僧

瘦骨棱棱面更黃自扶藤杖出禪房惟參般若三千偈但祝維摩一瓣香經卷無卿消永夜衲衣多恐坐斜陽那堪落葉西風裏老病蹉跎禮梵王

病妓

眉黛淒涼强自持秋光顦顇冷臙脂憐他鏡裏三分瘦尚有人間一半癡銀甲不彈因謝客寶釵欲賣爲酬醫夜來枕簟新寒重誰念挑燈獨臥時

病花

殘枝斜倚曉烟叢弱質飄零霜雪中此日摧殘隨衆草當年沉醉向東風管絃莫怨春華盡蜂蝶何知相色空千古風流如在目細腰人困楚王宮

病馬

歎息人間行路難雄才逸足久摧殘長城日落胡沙遠古戍秋高塞草寒伏櫪已輸千里志馳風曾許萬人看何時復出安西道白髮將軍一據鞍

十一月初一日天寒欲雪因預約諸同人雪中遊山是夜竟無雪次日天忽晴悵然作詩示諸公

十年遊山遊不足僻水荒林皆寓目陰晴變態千萬狀四時之景看已熟惟餘一境不曾遇雪擁羣山如積玉南中瘴癘地氣暖欲求此境眞難卜豈無微雪一二寸隨風消滅常恨速一朝嚴陰作驟寒天公似將娶我欲彤雲漫漫布四野猛風北來吼庭木買豚沽酒約賓友明朝策蹇湖山曲深山雪滿少行旅定訪梅花到空谷懸知幽澗小橋邊萬樹槎枒吐清馥夜闌但聞風蕭蕭啟窗不見飛滕六空園無人雞喔喔啼破長天雲萬斛烟銷霧散百鳥鳴啾啾依舊朝暾射茅屋忽晴忽雪事非大歎我清遊竟難續何時雪夜駕扁舟歸去吳淞江上宿（烟館句疑有訛）

宿筇竹寺

生平只辦遊山屐裹飯尋幽已成癖人將烟霞作痼疾我以烟霞爲枕席有酒不向市樓飲來就空山娛永夕寒風夜吹筇竹寺萬象萋萋擁

深碧僧樓覓句眞好事明月流光滿庭白月高燭燼不肯眠責酒論詩談轉劇諸君瀟落亦同我那復斤斤嚴品格明朝共訪龍淙洞出入烟霏理輕策懸知清興定當發題滿西山山上石

法界寺次韻鄂文端公遺詩

自龍淙步入法界寺見殿壁石刻鄂西林相國一詩後自跋云東歸有日矣因留題法界寺云云余亦將去昆明故感其言爰次韻二首

聚散悲歡第幾巡年年烏帽走黃塵窮愁共訂烟霞契霜雪長侵夢幻身億萬恆河藏法界大千文字感癡人何時再到滇南境重結江山未了因

芒鞵遶殿步逡巡兩袖頻揩壁上塵詩句空傳千載業泡漚已化百年身蟲蛆世界摶成夢筆硯生涯笑殺人試問旃檀三世佛當年象教是何因

聽瀑樓

萬佛山東石洞相疊狀如層樓亦范公舊遊處也范題石壁云聽瀑蓋洞中有泉暗鳴如瀑故名今則隆冬水涸矣

絕磴紆迴遠插天藤蘿交處石樓懸空餘暗壁疑風雨無復雲門吼瀑泉野竹青浮翠樹色山椒紅點一溪烟范公舊迹尋難遍惆悵危橋曲岸邊

墨雨庵

相傳高僧某講經於此感龍來聽僧乃吮墨爲雨送龍使去後人故以名庵余是日徧尋范公一草亭不得因往憇庵中

天畔難尋一草亭亂峯殘日晚冥冥溪頭竹樹含風遠門外松杉夾道青洞裏龍眠誰作雨庵中僧去莫談經遊人欲憇招提境何事柴扉盡日扃

醉歌行贈韓大武四

人生恨事惟有此眼中之人忽萬里征馬悲鳴朔風裏雪花爲我飛不起吞聲躑躅謝故人一聲別離心欲死酒酣誰唱行路難邊城歲暮衣裳單故人一一與我別長篇短韻聲悲酸天涯何處開懷抱萬事不如歸去好努力甯知富貴遊窮途莫歎鬢眉老坐中韓侯向我笑笑我飄

零色枯槁爲君拔劍擊唾壺爲君拍案歌嗚嗚丈夫三十尚貧賤何事高陽作酒徒與君意氣相感激斗酒相看更相惜尊前留我留不得愁緒茫茫天地窄武侯同我作醉歌歌聲未吐先嗚咽大江遙遙山兀兀風塵萬里還相隔明朝相憶頭俱白

江上草堂詩存卷八 丙子

靖江劉均子成著

次韻前篇答昆湖散人

傷心病鳥久驚弓怕見春燈照眼紅良友相看成遠别酒杯何事醉東風明年遊冶情如舊此後浮沈勢不同自惜窮途歡聚少酒闌回望大江東

醉時歌留别李處士尙思魏上舍應祥

魏侯才如萬斛舟不搖不動橫中流乘風破浪會有待雲帆高挂滄江頭李侯三十志邱壑往往登臨有新作讀書萬卷不求名紛紛世上空輕薄麗農山人狂者流十年落拓濵城遊興來但覓李侯醉三百青銅登酒樓李侯好飲甚於我濁醪村醪無不可魏侯飲酒如飲茶轉覺李侯皆瑣瑣李侯笑口不輕開魏侯佯狂眞可哀昨夜問我欲何往萬里江湖歸去來人生百年何草草秋月春風送人老肯將七尺受人憐富貴何如致身早少壯幾時哀樂多滄海桑田君奈何問君有底不平事爲我停杯作浩歌李侯聞歌但搖手綠酒青燈開笑口南北東西不足言他年更覓相逢否嗟余半世如轉蓬天涯破帽怨途窮今年還山已太晚萬里長江吾欲東春潮香天舟一葉歸帆出沒烟雲中濵南故人渺何處相與慘淡吟悲風

贈别余崇季畢醇庵

十年奔走逐兒曹深喜天涯有二豪談笑皆能存品節文章未肯薄風騷身無俗累心長淡詩出天眞格自高萬里迢迢與君别春風夢破楚江濤

答季培元茂才送别

青衫落魄幾經秋空向天涯説壯遊芳草似憐人欲去歸心應共水爭流樽前莫唱江南曲别後相思明月樓書劍蹉跎一回首六朝歌吹古揚州

正月十九日步入常樂寺戲作

春陰十日輕寒逼處處尋春尋不得興闌隨意入僧房桃李參差弄顏色深紅淺白滿中庭柳未拖黃草未青誰知一種無情物換得詩人眞性靈

舟過桃源

别有一天地虛無縹渺間桃花餘數片吹上綠羅山雞犬迷時代仙靈祕往還杳然千載下惟見水潺潺

江上草堂詩存卷九 丙子

靖江劉均子成著

桃源行

武溪之水淸且深上有無數桃花林桃林忽幽異杳然隔人世乃知神
仙流別有一天地唐帝治天下憂勞困軒冕一朝翻然去遂欲禪善卷
善卷避堯入深山秦人避秦亦不還神仙避世欲何往祇在桃花流水
間

沅江夜泊

日落楚江遠行人聞杜鵑客程千里外歸興十年前綠水迷春草黃花
疊暮烟繫舟憐旅泊新月又成圓

赤壁

荊州天下稱雄藩老瞞當年征戰繁順流東下窺蛟黿八十萬人心煩
寃楚江無際沙無垠烏林赤壁山嶙嶙舳艫千里銜鵬鯤月明星稀歌
酒罇景升兒子豈犬豚仲謀安可同日論天意不厭江東孫長江天塹
吳難呑奇才瑜亮同飛騫合從并力相牽援疾風東來吹軒軒火光燭
天士卒喧炎精火德衰不振胡爲此火來乾坤炷熿煥炳燿且焜燿熾
赫燁何煓燉熛熛爐焱焫炰燔煆焠戈戟薪轅輀燼皮灼膚毛髮髡師
熸將滅火其屯嘻嘻出出三軍怨跕跕聯聯鳶烏飛震震爚爚火維掀
夔夔睢睢神鬼奔帝赤熛怒居應門驅策丙丁沒星辰仲冬營室中初
昏朱雀哀字缺一熒惑尊皆用出火以燎原南軍水戰如猱猨北軍突圍
羝觸樊矢石鋒鏑無讐恩不分玉石焚崑崙屍浮血流江水渾巫陽披
髮招羣魂焦頭爛額叩天閽炙焫肝腦心志煩奇寃上訴天何言遺黎
禍燼哀後昆南煬丹崖古所存年年江水洗戰塵江頭烽火夜可捫

過鸚鵡洲

蕭條鸚鵡洲高枕大江頭芳草幾回綠行人千古愁楚山皆北向漢水
自東流誰似扁舟客孤吟憶舊遊

春盡日渡漢江遇雨

黃鵠磯頭樹影稀漢陽渡口雨霏霏韶光已逐東流去無那春歸人未
歸

登黃鶴樓

李白雖書生頗有縱橫氣高歌黃鶴樓醉眼觀天地李白已死歸山阿
後來俗物何其多君不見黃鶴西樓上至今有酒無人歌孫劉戰蹟今
何在滄海桑田兩相待王霸之業不足驚英雄豎子爭浮名浮名寂寞
終何有共此生平一杯酒黃鶴初從海上飛遙見仙人正揮手赤壁山
下濤聲哀大江爲我從西來崔顥狂歌安在哉禰衡黃祖皆蒿萊眼看
漢水疾如駛白波連山走千里浮雲片片天上來寫入江城笛聲裏江
南梅花落江北江南遊子歸不得三月楊花四月飛武昌城外春無色
人生非酒不能豪登樓大笑驚兒曹把酒獨向青山飲綠水倒射樽中
影何煩燒卻頭上巾世人知我無黃金黃金毀白壁碎楚山頭空凝翠
仙人舉臂招我醉長吟一聲騎鶴背

醉登黄鶴樓望漢陽遂渡江登大別山晴川閣

江頭一醉萬事休人生何必愁更愁滿江斜日照我影獨上仙人黄鶴樓當年李白空搔筆崔顥詩名乃無敵衕來一千三百年江天何處聞吹笛世無英雄將奈何隔江樓閣高嵯峨狂來徑渡漢江去小舟一葉輕風波大別山前漢陽渡沙岸崩奔銜古樹長江千古限中原鐵鎖當年沈此處桃花洞口息嬀祠祠畔桃花無一枝息嬀無言桃花落還似生平宮裏時楚王臺榭已磨滅傾城傾國無人惜一夜東風捲白波沙鷗雜亂飛如雪晴川閣上烟雲荒萬里歸來看夕陽人生窮達皆細事楚舞吳歌空斷腸

題武昌風神廟

客路蒼茫日未斜詩成一棹去天涯十年舊事空回首三月春城正落花此日風塵留姓字他年烟雨化龍蛇鬼神若肯勤呵護何必山僧籠碧紗

過黄州赤壁懷蘇長公

水光山色滿扁舟猶憶先生載酒遊赤壁當年傳二賦黄州從此亦千秋已無孤鶴橫空唳尚有長江遶郭流歎息南邦眞大幸謫仙曾此五年留

江中望快哉亭

亂山環台野雲開萬里東遊亦快哉芳草幾經人世改好風曾送謫仙來千年舊蹟斜陽冷五月江城畫角哀悵望蒲帆歸去速蘇公亭下首重回

潯陽江中望廬山

長歌昇天行白日遊人間富貴之人旣以神仙爲寂寞神仙之人又以富貴爲癡頑使我十年一醉難開顔手中無寶劍腹中無金丹人生萬事不快意且將兩眼看名山名山遠落南溟裏奇峰忽向碧天起凌空挂出五老圖倒捲青天一張紙我昔作畫圖意與名山通一朝見名山又向畫圖想像求形容始知人心最變幻莫怪廬山面目萬古都在烟雲縹渺虛無中一峯從西來驚落青芙蓉五老迎而笑龐眉哆口騰虛空南極老人拜南斗羽衣金節來趨風五色迷離雲氣逼不辨東西與南北羣峰欲相避各就雲中匿非雲非山不可名但見天邊一片青松

色青松鬱鬱數十圍一雙白鶴參差飛冥冥日月西海歸青藤綠蘿花垂垂遙見紫陽眞人玉笛風吹手持紫霞觴願爲玉皇壽星宮之君列左右迴厓沓嶂爭奇秀西望弱水東望蓬萊長風颼颼不知幾千里吹此亙古不散之浮雲塌然而開浮雲猶未開日影一片先飛來羣峰應一笑笑我非仙才人生但須日對酒一杯仰視蒼蒼之天何爲哉達者不過王侯將相一場夢窮者不過貧賤勞苦萬古同塵埃安能使我淚爲之墮而心爲之哀此心忽與山靈遇白雲相憶山深處翠厓丹壑不寒盟行當玉杖山中 波幾道愁殺人一夜猿啼江月曙寄言青牛生千載報平安玉女倘無恙贈我青琅玕請君橫琴白石上待我醉時騎鶴飛來彈

自采石磯揚帆下金陵長歌懷古

飄然而來者大江萬里之長風浩然而行者五湖四海之水流朝東長風大浪忽相送我欲挂帆直入烟雲中高帆疾如駛舟行不可止舵工閉目不敢諱但聞風聲水聲鳴兩耳一船迎面來頃刻已相違回首望其去去已不可追但見來船之疾尙如馬始知去船之疾眞如飛客船來往爭分飛客心茫茫何所歸舟人舉手指天外采石磯頭橫翠微磯頭寂寞一抔土當年血戰爭龍虎爲王爲寇總消亡世上紛紛空弔古今人莫替古人愁且復飲酒消煩憂君不見采石磯前一片水安能東去復西流李白楚狂人萬事本無意狂歌能使天地驚捉月騎鯨等兒戲白日照天光在地安得斯人重把臂我來長吟五百字始覺青蓮有

生氣短衣布褐亦足豪何必人閒宮錦袍眼前笑殺一江水江衣吹浪靑天高世上功名眞草草多少英雄難自保丈夫生意且高歌綠水靑山塚送老李太白劉子成同作潯陽江上行劉子成李太白江上相逢似相識別來倏忽已千載人閒且有靑山在欲跨驪龍入東海吾恐紫府仙人不相待江頭夜夜猿聲哀江花江柳紛紛開謝朓青山安在哉願得長竿一千尺釣出江心明月來

過丹陽道中

長堤古岸曲如環柳外明湖綠一灣自有江南風味在夕陽樓閣好溪山

岸上琅玕萬个靑郁邊雜樹遠如屏晚風吹送誰家笛付與尋常過客聽

柔櫓聲聲送客船風平水軟正堪眠匆匆覓得宣城筆爲賦江南第一篇

江上草堂詩存卷十 丙子

靖江劉均子成著

哭鄭太守錕二首 失一

雄辨曾將座客驚果然異績滿邊城奇才何必由科第走卒皆能識姓名官與浮雲同寄迹詩如老樹作秋聲人間知己從今少南望胥江淚欲傾

秋思

昨夜霜風歎敝裘吳門飄泊一年愁南來朔雁寒無備東下胥濤咽不流烈士暮途惟縱酒騷人奇作是悲秋修書寄與臨卭令消渴相如久倦遊

論詩八首 失六

六朝博衍麗以則兩宋頹唐豪更麤今古才人同鼻息不須依樣畫葫蘆

一卷牢騷萬古哀相逢擊節歎奇才知他泣鬼驚神句都自千錘百鍊來

寶塔灣

綠瓦紅牆白石欄樓臺無數夕陽間畫家佳境詩家料記取揚州寶塔灣

舟行阻風

河堤如帶水如練行人三日風吹面挽舟欲作逆風行試向船頭曳長縴挽夫漸曲縴漸直風與人爭一縴力輕舟尺寸不能進弱纜孤桅互欹側惡風捲地聲悲號千年之木皆折腰我行忽遭風伯怒且復避地林塘坳飯生動與造物左寄語羣兒休笑我客程雖遠終可到疾行固佳遲亦可

揚州

百里邗江日已曛廣陵城外葉紛紛淺深楊柳藏秋霧金碧樓臺掩暮雲千載荒遊高太尉三生春恨杜司勳不須喚醒揚州夢恐負人間月二分

過高□寺

楊柳樓臺水一灣高□鐘鼓翠微間烟迷樹影交帷幔石漱泉聲響珮

環鈴鐸時聞深院塔峰嵐遙見隔江山烟花十里揚州路猶有閒人肯閉關

丹陽舟中

鼓棹東南望山川古曲阿殘霞隨日盡老樹得秋多久客望軒冕傷時託嘯歌壯心消幾許俯仰借蹉跎

吳山別徐季子

客從洞庭來兩眼青如洗風吹蘆花滿天飛秋色茫茫三百里問君何爲遊武陵感時落魄傷知音不如登山逞遠目飲酒消壯心舞不必青萍　不必綠綺琴春風秋月自嘲弄未許兩鬢霜華侵吳山高處望落照飛來峰頭野花笑樂天主人東坡賓此何江山成二妙左望海右

望湖餘杭形勝天下無頭上南冠久寂寂腰間長鋏歸來乎足踐王侯門目不識神仙字詼諧談笑二十年不是佯狂眞玩世太府二百錢長安一囊粟東方先生意不足韓娥工新歌齊謳非古曲南郭先生漫相逐爲君重歌行路難丈夫遠遊非所歎天長路遠關塞寒鴻飛冥冥青雲端我歌固無謂君醉亦無益武林門外與君別梅花萬枝江上雪

題友人小照

楮墨蒼茫寫素心碧雲涼月起層陰風流絕似稽中散獨自攜琴向竹林

花朝曲

前年花朝滇海路尋花夜過雲澤渡明月陰陰畫樓碧雲遮斷花深處

去年花朝貴陽城旅館荒涼風雨聲愁人獨坐數更鼓那得花枝照眼明兩年羈旅傷飄泊惜花忍看花零落爲有傷春一片心殷勤更把東君託今年江上度花朝庭院東風更寂寥十年春夢同雲散一夜春愁泬㵳消愁人莫怨春光少春易飄零人易老揚蘄三生杜牧之多情恨不尋春早唱罷長歌續短歌人間萬事總蹉跎可憐春色年年在花落花開兩奈何

春夜

小院東風靜沈吟感舊遊簫聲吹月色簾影漾春愁身世浮雲變韶華逝水流夜寒心欲折遺恨滿江頭

贈陳闇陽

十年落拓走江湖雲海初逢汗漫徒君未登牀輕許汜我能援手識王符鬚眉驚衆身難隱詞賦求名計已粗阮籍自知青眼少獨憐相賞在窮途

橫塘一百韻

家住古橫塘門前柳絮狂少年情悞月往事憶能詳索笑繁華隊尋春遊冶場關心青玉案感遇碧雞坊草色侵官路鶯聲入畫堂綠槐橋畔屋青粉水邊牆宿雨含蕉葉輕陰護海棠蝦簾垂小礎釦砌發新篁繡柱苔將澀銅鋪徑就荒罘罳昏北戶屈戌鎖西廂猶記風流地初逢窈窕孃仙姿凈冰雪嬌語媚笙簧鬢髮分鴉翅眉山露劍鋩細腰憐鶴立弱態趁風翔薄粉融星靨新脂溼汗妝連娟宜顧盼薌澤弄清揚纖軟

鮫綃帕飄颻薜荔裳石榴翻袖褶金燕動釵梁萱帶知肥瘦鸞絲報吉祥羅襦懸瑪瑙寶扇畫鴛鴦偷步朱闌外微吟錦瑟傍童奴隨度曲女伴踏春陽飛羨梁間燕歌傳陌上桑牽絲雙笛管綠錦小笙囊技藝精心妙聰明夙慧彰多情生疾病喻意到文章夢未千年醒愁難萬斛量虹屏逢賈午（下闕）

贈鄭雨亭

康成淸操絕塵埃淮海風雲發雋才百行皆從忠孝出六經原自性情來半生鉛槧青箱麗竟日弦歌絳帳開借問窗前書帶草先生曾否手親栽

贈別江蘭舟

秋水伊人思未窮一篇別賦識文通嵩雲舊事懷潘令憂樂中年感謝公行誼已爲流輩重笑談猶見古人風他時相憶江南路雲海冥冥兩斷鴻

古意

佳人白團扇哀歌怯皓齒古月照新愁空廊不堪倚殷殷紅淚斑無由寄千里欲采芙蓉花伊人斷腸死

江上草堂詩存卷十一 戊寅

靖江劉均子成著

寒食虎邱贈曼生

闔閭城西錦帆渡落花紛紛白日暮哀絲豪竹宛轉吟楊柳千條送人處客愁不可寫欲挂橫塘樹歌聲一片天上來風吹行雲渡江去與君看花長洲苑玉瓶琥珀從君勸與君澆酒弔眞娘美人黃土空斷腸男兒意氣苦馳騁學劍不成深自幸日飲醇酒對佳人猶恐雄心消不盡且攜虎邱伎來上生公臺鳥不必向我啼花不必向我開水從足下流雲從天外來青山一角酒一杯且復攜手相徘徊丈夫胸懷自磊落相逢一笑忘疑猜白團扇紅心草古來陳迹都如掃人以多情累天以多情老長笛聲中江月曉東流春水西飛鳥

放歌寄栗山人

一泓海水九點烟無人得見盤古前女媧摶土太多事歌哭紛紜三萬千愚者不足豪智者不足巧弱者哀駘佗强者鹿盧蹻但聞狗吠而昏雞鳴而曉同作乾啼溼哭人出門一笑靑天小呂望釣叟伊尹　大不逢湯武老死溝渠寶不必和氏之玉珍不必隋侯之珠劍不必鏌鋣之器騎不必渥洼之駒一朝風雲雷雨相際會莫不扶搖日月而奮足於天衢男兒可憐蟲造物恣播弄少無鄉曲譽豈爲蒼生重虬螭無能乘風魚龍失水何由騰空藏白猿於靈檻縶靑骹於樊籠何以撮東郭於三窟之下接垂條於千仞之峯文選熟秀才足敬叔載寶子張千

祿朱衣筆點頭紅紗鬼換目局促復局促書中竟有千鍾粟樹木嫁達官怕雉羹事君女閻圖霸諫官喻仗馬丞相稱甘蔗假借復假借西園大索公卿價恥爲神仙子弟豈作王侯上賓不談九州便固陋欲稱五帝難雅馴子雲自知文覆瓿孝標不信錢通神折肱只能驗疾病戴盆豈得窺星辰世閒兩狂夫乃有我與汝身不縫掖頭不章甫不學墨子屠龍不學李廣射虎視文章爲奴隸坐古人於廊廡名士半竊盜薦紳等商賈接輿可歌簡兮可舞胡不游於塗而登於俎重爲告曰千夫之女一木之舟與奴謀耕與狐謀裘牛驥不同牢而食梟鸞不接翼而遊然則吾與子也宜其俯仰而沈浮

館娃懷古

消盡梧宮萬古愁青山無恙枕長流龍釵耕出黃塵黯鳳管歌殘白苧秋夫婿東方千騎杳美人南國十年留匆匆易醒鴟夷夢慢遣雞人唱曉籌

霸業消沈委逝波當年麋鹿徧山阿人民亂後談遺事絲管春來按舊歌何處臙脂埋玉井有人荆棘歎銅駝寒烟一片平蕪裏花草曾經照綺羅

與陳孟楷論詩四首

年少清狂老不休乾坤一任此沙鷗有青山處堪埋骨未白頭時且浪遊彈指梅花江上笛消魂明月酒家樓無端絃管金閶路肯爲吴娘一笑留

傷心人住別離天零落棲遲五百年舉世莫能偕我隱此人何必以詩傳腔中血點紅成淚夢裏愁痕綠似烟肯現多情身說法語言文字總眞詮（末二句初稿作但把因緣結把文字始知慳在此生前）

還恨抽離一卷詩十年甘苦寸心知能翻唐宋元明案別作風流放誕詞不肯埋頭鑽故紙有時刻骨寫相思豪情豔想都消盡卻與疎狂作總持

宋玉悲深庾信哀千秋悵望獨徘徊果然名士都無福未有英雄不愛才絕代文章本天授一朝風氣要人開莫教百尺竿頭上獨讓蘇黃李杜來

長歌留別

貧莫貧於胸無書一編賤莫賤於枉己求人憐貴莫貴於結交當世之英賢壽莫壽於文章言語傳千年丈夫無所遇便當掉頭去或尋安期入大海身騎白黿向東渡或將頑鐵燒黃金龍虎陰陽自陶鑄否則提劍取封侯馬上揮毫草露布否則閉門自著書鞭撻莊騷與遷固窮鳥戢翼不能飛鳴寒士失志何由成名漢陽趙元叔少爲鄉黨輕長揖對宰相痛哭驚公卿聲名一朝起郡國爭逢迎乃知人生屈伸在知己誰能悲號泣血來相明讀書何必多致身何必早鳳不與燕雀爭棲驥不與駑駘同阜棗公何爲而好龍虞叔何爲而懷寶惜富貴之蹉跎兮恐神仙之枯槁吹萬古之黃塵兮滿江南之芳草姑蘇臺木蕭蕭閶闔城人寥寥去亦不可躐來亦不可招張融好危膝陶潛恥折腰與其侯門

擁篲何如市上吹簫梁鴻自溷於傭保東方蟬蛻於金貂曷不等我於太倉千箱之鼪鼠鄧林萬木之鷦鷯

吳儂橋

湖菱初熟藕初花千樹垂楊萬點鴉載得松陵秋色去吳儂橋外日將斜

松江秋望

晚景堪圖畫江郁落照邊白鷺三泖浪青愛九峯烟岸圻橋斜倚崖空樹倒懸瀫山湖上月今夕不能圓

晚過松江

挂席五茸遊江風散旅愁漁燈先照夜楓葉早驚秋野岸花開落閒林

鳥去留一輪黃浦月照送到蘇州

舟行雜詩

殘夜棹歌發輕舟迎早涼暗潮粘鴨綠曉日剝雞黃村店栽籬短溪田穫稻忙願求秫二頃終老此漁鄉

橋邊白枳花風景似天涯村女收漁網溪農踏水車江山應有助湖海豈無家勝作諸侯客朝朝聽放衙

烟水吳淞路扁舟記往還白鷗橫綠浦黃犢面青山荻港花相亞楓林葉半殷九峯如送客拱揖夕陽間

暗浦通潮處蕭蕭盧荻陰怪禽疑鬼嘯古樹作人形山遠銜初月波深俯亂星夜吟無警句莫被老龍聽

月夜聞歌作

客愁如輕塵濛濛不可掃同作天涯人相逢須醉倒長陵女兒年最小人人愛汝腰肢好爲唱秋山紅豆歌相思一夜人堪老寒城寂寂更漏長殷勤相勸各一觴席上燭花紅欲淚門前涼月白如霜酒闌獨買扁舟去月落吳淞江上樹吹盡蘆花兩岸風琵琶聲斷人何處

五雜俎

五雜俎巫山女朝爲雲暮爲雨君不見襄王一夢成千古

五雜俎驪山土阿房宮藏歌舞君不見咸陽三月楚人炬

五雜俎漁陽鼓辱曹瞞罵黃祖君不見鸚鵡洲前賦鸚鵡

五雜俎南山虎李將軍箭飲羽君不見霸陵醉尉還相侮

五雜俎吟詩苦飯顆山逢杜甫君不見恐懼棄捐忍羇旅

廣雜俎

東海魯連未蹈南山李廣初歸行藏不堪彈鋏心事惟須采薇

翟公一貴一賤霍王無短無長身世山頭廷尉功名竈下中郎

謝宣明面靦覥李洛姬肚彭亨兩頭纖纖古弼一目眇眇符生

水母豈無蝦目尸鳩賴有鵲巢縛雞不能韓信食粟而已曹交

陶潛非折腰令殷羨豈寄書郵狗盜雞鳴人物蠻爭觸奪公侯

杭州歌

送君容易別君難欲問歸期心暗酸君行未出杭州郭妾心先到子陵灘

錢唐江上水悠悠七里瀧邊風已秋順水順風三百里送郎一夜到衢
州

吳歌

采得芙蓉蕚殷勤贈所思恐教鄰女見藏卻並頭枝
女伴相招邀南園鬭百草歸來笑問郎誰比阿儂好

興秋

香爐茶具足盤桓自喜身閒歲月寬屏上小詩和畫讀硯邊幽草當花
看忽驚疎雨飄清晝便覺輕陰釀薄寒從此西風漸蕭瑟又吹秋思入
毫端

席上有贈

屏掩香猊扇掩紗夜燒紅燭訴琵琶歡情細洽樽中酒春色橫添鬢上
花猶記羅巾收別淚浪憑錦瑟送年華斑騅門外垂楊路肯放蕭郎擅
狹斜

江上草堂詩存卷十二 己卯庚辰

靖江劉均子成著

題舒鐵雲瓻水齋詩集

天仙鬼仙同一流把臂徑入嫏嬛遊五千餘年書盡讀三十六體文最
遒奇語忽從天外得解人難向塵中求哀弦一曲風雨亂彈破英雄兒
女愁

憶舊遊寄孫五壽霞

手揮數十萬金不足豪口誦數十萬卷徒自勞百年僅得三萬六千朝
而況憂愁疾病常相遭天地大物容吾嬉遨醉則弄昆吾切玉之寶刀
醒則吹丹山引鳳之靈簫不食終山一桃不釣滄海六鼇得鹿不必尋

蕉亡羊不必補牢達不必半部論語窮不必一篇離騷千里馬九方皋
王摩詰鬱輪袍萬劫一彈指太山等秋毫神仙富貴成兩失出門大笑
青天高君行直至蜻蛉塞紅厓白國蒼山外晝不飲樹頭酒夜不食高
河菜我行亦且苴蘭西瘴霧蠻烟滇海迷饑不能吞金馬渴不能噉碧
雞樸樕部闌山搖水撼騰衝越賧天奇地險境不開自禹益事不聞於
髡衍南行鬼國天萬里東望齊州烟九點我聞西南夷上應鬼井墟其
先出自摩竭國王低蒙苴其地多產金銀玉石瑪瑙琥珀與硨磲蠻蠻
蠕蠕𦍩姦之區金精白虎翚然而趨邪龍橫肉翅鬼母騎飛魚風災鬼
難佛不能祛身熱頭痛人不可居羊苴咩國國已除優鉢曇花花已枯
窮途莫問雞骨卜壯遊曾覽蛇神圖點蒼雪皓皓洱河雲渺渺爲我兩

人抑塞磊落之懷拖陸山天蒼蒼黑水波洋洋爲我兩人悲愁恨怨之
文章兩人蛩蛩負且走君讀書兮我飲酒古人白骨今何有兩人嗚嗚
歌且吟我擊筑兮君彈琴美人黃土傷知音覓棠舞漁陽鼓淒楚復淒
楚馬嵬坡下一抔土垓下歌楚聲多奈何復奈何虞兮拂劍舞婆娑英
雄兒女皆寂寞富貴何遲年命速如此功名思爛熟仕豈皆爲貧人苦
不知足每聞下士笑莫向途人哭君家臨平山屛樓倚修竹我家揚子
江數畝傍茅屋有劍可擊書可讀有山可樵川可牧何用伍胥吳市簫
何用漸離燕市筑何用白馬從朱旗何用青山叱黃犢救貧不如積錢
求富不如執鞭秉燭遊不如閉戶眠千金之玉驄萬金之劍鋒不如五
尺之疲僮三尺之短笳舉酒欲飲鼻息如虹拔劍起舞鬚眉生風盟鷗

海客失馬塞翁學成渴睡漢雕出可憐蟲人材堪令僕門第亦王謝世
皆耳以爲食何獨窮而在下且隨牛馬走莫問樹木嫁解木客之能詩
怪山膏之好罵蝸牛以嗔息爲春秋燭龍以呼吸爲冬夏烏元鷺白誰
雌雄鶴唳猿啼同變化亂曰摠樹蜉蝣搔蚤傷鶺卞和泣玉楚人沐猴
薰蕕共器胡越同舟甯拾牙後慧恥與肉食謀不乘張騫枯槎且披嚴
陵敝裘有槌不碎黃鶴樓有脚不踏鸚鵡洲有酒不澆者闍靈邱有夢
不到歐羅巴州有劍不斬五濁惡世內睢盱齷齪之人頭

題所畫山水

十年畫山山不凸十年畫水水不活已被古人束縛牢腕底何從求解
脫南宋北宋野狐禪當頭一棒無人喝手中么麼三寸管即此便是眞
衣鉢元人學宋宋學唐半是巧偷半豪奪膠山絹海天地闊豆人寸馬
秋毫末山有烟雲水有波誰知渲染非塗抹

孤山園亭

幽亭對小池薄暮酒醒時石有自然態花多絕妙枝著書原忌早成佛
已嫌遲祇向空囊裏新添數卷詩

對酒

豆蔻香中遞酒巵笑將便面索題詩劉郎前度花開盡杜牧三生夢覺
遲芳草樓頭迷遠望流鶯枝上話相思關心春色匆匆去又到紅稀綠
暗時

桃櫻五首 失一

別淚多於水春來到處流悲歡同一夢花月不禁愁年少青驄馬春寒

紫綺裘闔閭城外路聯轡記同遊
妬煞點酥娘相逢琢玉郎一雙雄蛺蝶七十野鴛鴦清夜遙聞笛吳歌
最斷腸櫻桃花落盡何處覓餘香
豔陽桃李時輕薄賣珠兒沐髮熏香久搔頭傅粉遲越羅宜醉舞吳語
帶兒癡亦解人腸斷含情共賦詩
昔時空有約富貴莫相忘今日成追憶飄零祇自傷曉雲隨夢散春草
似人長孤負同舟夕殷勤翠被香

微詞十二首 失一

霜滿罘罳月滿簾黃金垂鎖玉尖尖三挑舊約存鈿合十索新詩貯鏡

奩深夜綫幫苦逕滑隔年衣袖唾痕纖狸奴蹤跡烏龍影密密芳心自戒嚴

羅幙深藏綺扇開神光離合費疑猜輕裙祇恐隨風去剗襪還期步月來玉樹塵清難寫恨瓊枝雪豔解憐才靈修若問人間事爲訴相思未肯灰

寬髻鬆鬟束素腰花明雪豔可憐宵幽懷漸向燈前吐綏語輕從醉後挑千蝶帳迷香炧冷九雛釵溼杏烟嬌誰知一萬重山外拚箇癡魂細細銷

謝樓西畔宋牆東珠箔銀屏曲折通對影聞聲來冉冉牽雲曳雪去匆匆低懸簾額排金雀碎結燈花綻玉蟲一樹刺桐寒未發橫塘歸路月

如弓

醉倚闌干倦倚屏誰分惆悵與娉婷燈前永漏關心數花外驚尨側耳聽依韻酬詩知有贈檢書占夢恨無靈焚香願乞風姨力吹合滄波兩點萍

蘭葉葳蕤桂葉疎櫛雲樓閣浣花居舊封情淚痕難掩新沐香鬟滑易梳欹枕細思臨別語移燈重讀寄來書繞廊行處分明甚月落星沈似夢餘

澹月初生豆蔻梢調笙對坐影相交乍開妝鏡煩耶拭新製春詞倩婢鈔濃笑不知金鈿落豔歌時借玉釵敲鯫生欲別蓬山去如此風光未忍拋

萬斛春愁一斛珠黃金難買此須臾羞逢韓壽窺簾語笑許陳遵倚醉扶別久更貪燈下看睡濃翻厭枕邊呼朝來試傍珊瑚問消渴今年較減無

詩無聊賴酒無情花底誰能活一生遮面自憐團扇影倚牕曾聽翦刀聲鄂君繡被舟中煖宜主纖腰掌上輕迴首銷魂陳迹在舊湔裙處莫重行

巫雲峽雨苦匆匆還恨抽離太惱公楊柳新詞歌未答箜篌幽會夢難通目成人去腸先斷頭責文來謔最工絕似黃初曹子建馬煩車殆賦驚鴻

紫蘭香徑夜蕭蕭極目春心千里遙人在愁中偏易老魂從銷後不堪招寒生半臂憐孤影霜壓重衾夢細腰拚得淚珠千萬點封情忍思寄

江潮

河決四首 失二

一決金堤豈易收馮夷驕憒畢方愁濁泥直欲乘天湧激水焉能擇地流鬼物紛騰喧白晝魚龍沸鬱鬬清秋誰知倒捲黃河尾谷沒山平怒未休

蛟龍馳驟忽騰波愁絕當年瓠子歌海若有心翻地軸巨靈無力挽天河泥沙汨沒禾苗盡楂梗飄流楗石多惟有賈山存下策淇園菉竹費搜羅

苦憶

香奩吟罷寄妝臺謬許江郎臌錦才鴆鳥心情防嫉妬狸奴蹤蹟涉嫌
猜明明似月人常見脈脈如潮信易來苦憶清明攜手處眞娘墓上野
花開

蘇臺

蘇臺楊柳萬條烟繫恨牽愁記往年綠曆私行尋舊夢紅窗小語訴哀
弦伯勞飛燕東西路舞扇歌裙去住緣贏得沈腰潘鬢在半生憔悴與
君憐

舊遊

曲徑穿紅藥幽居近碧潭名園花第一良夜月初三密緒頻年積佳期
片刻貪未勞鴛牒撿先遣雉媒探聽曲知心病聯詩解內慚鴉頭容暗

捉雞舌已像含賓麝籠衣袖瓊簪墜枕函猜嫌懷盡釋嗔喜性都諳薄
暮愁依竹終朝悵釆藍舞憐楊柳倦睡愛海棠酣子夜歌難續摩登咒
易參春風今幾度吹夢過江南

長相思

春風吹暮愁飄零向何處海燕惜春歸銜得楊花入窠去傷心一片陽
臺雲朝飛暮卷徒紛紛江南江北消息斷夜夜相思還夢君

春詞

金色垂楊宿暮鴉紫蘭香徑月初斜銅鋪寂寂無人扣一點紅燈隱絳
紗

韶光冉冉思迢迢二月東風豆蔻梢第一人間惆悵事百花生日是明
朝

早秋

溽暑閒中退林花靜裏開青蟲懸到地綠草細於苔紈扇何人怨涼風
昨夜來紛紛惟落葉聲助暮蟬哀

江村

溪冷荻蕭蕭疎花覆短橋地幽行迹少野曠市聲遙草閣藏秋樹村船
逆晚潮漁人羣舉網沽酒更相招

九日

莽莽金風萬里愁茱萸亂插幾人頭江聲東下青山暮海氣西横白雁
秋釆菊不堪巾漉酒題糕何處客登樓年來重九皆孤負空對黃塵季
子裘

江上草堂詩存卷十三 辛巳至辛卯

靖江劉均子成著

春潮

萬里峨嵋雪東來勢若奔漲飛連夜雨沙沒去年痕岸草沿波綠江泥逐浪渾漁家茅屋外浩蕩欲侵門

寄跡

寄跡來書院幽閒爲避紛盆池魚引子庭樹鳥呼羣有客登高者相留坐看雲不談朝市事深恐誤傳聞

牡丹

新拓花城南面封春風大雅態雍容天生富貴人難羨不做神仙福更濃金屋虛傳雲雨恨玉山誰辨去來蹤莫嫌孤立難成國尙有將離作附庸

芍藥

曾受東皇九錫加緋環紫列擅繁華不隨羣卉同時發甘作春風去後花五色釆雲來日下一圍金帶出天家芳叢留得韶光駐也當回天相業誇

雜感

中夜起長歎幽憂欲問天百端交集際三十早衰年病免親朋譏貧邀盜賊憐猶勝揚執戟遲暮始能元

結客非遊俠工詩豈苦吟讀書除習氣看劍折雄心阮籍蘇門嘯成連

海上琴誰能洗塵耳空谷作知音

與倪筱迂話金陵舊蹟

清溪流水接秦淮鐵騎曾經照影來青史姓名存白骨烏衣門巷沒蒼苔蓬蒿故壘遊人感絲竹新聲少婦哀惆悵石頭城下路野花含恨不能開

雞鳴懷古記當年重話遊蹤尙惘然碧瓦池臺蟲滿砌白楊墟落草連天銅駝夜泣三更雨石馬秋沉萬井烟聽否隔江商女曲一彈一唱使人憐

夜晴

步檐見月起徘徊銀漢迢遙宿霧開殘夜燈明人未寢涼天雨過雁初來韓非失志傳孤憤杜老傷時著八哀消遣窮愁惟此法羣兒錯道是矜才

從族兄竿客乞金鯉

幽居少所營耳目事消遣詞章六鑿深轉令天機掩何如飛躍物活潑長在眼盆池甃金鯉憂眉日一展鼓鬣閒青萍軒鱗邊碧蘚刻畫獅虎形彩繪鳥蟲篆素擬雲母裝紅若丹砂染尾或龍門燒額豈朱衣點翠衣揚金支流霞光瀲瀲吾聞北海鯤溟渤恣偃蹇波瀾本莫二巨細勢則限雖無跋浪才呿擲同氣熖吾兄知者流樂水興不減同是豢龍孫畜養必靈產未與琴高騎安容夏王啗但求致婢媵已足壯觀覽連宵雷雨鳴神物誰能辨化龍倘可期莫恨蓬萊淺

登城

秋色暗高窗孤城俯大江岸吞沙勢走風蹴浪聲撞懷抱悲長鋏交遊感異邦無爲歌伏櫪欲遣壯心降

野望

古柳岸西東荒橋南北通白低烟在水黃散葉當空涼意生幽草秋聲聽亂蟲復多遲暮感搔首夕陽中

角聲

滿天霜氣五更頭斜月疎星照獨愁一片淒涼聽不到角聲三弄海風秋

春望

蒲芽荇葉風謖謖江岸無人鷗鷺浴欲采蘋花寄遠人茫茫楚水生微綠登高望遠傷倦目何處天涯人似玉唱罷靑驄舊遊曲亭皋千里捻春綠

桃花行

春風胡爲從東來吹此江上桃花開去年春風已歸去千花萬花委塵埃今年春風倏又到桃花依舊迎風笑懸知明年花再紅春來還與今年同花若主人春若客江上相逢能幾日日復日春復春昨夜風聲何太怒今日花枝已不新今日春風非昨夜昨夜桃花今日謝

春夜

明月畫橋陰簫聲無處尋春愁論萬斛良夜直千金榻颺茶烟細簾烘燭暈深袖中紅豆子相伴幾沈吟

無題

玉漏催遙夜金風感歲華蟲聲香徑滿月色粉牆斜瘦學相思柳嬌成含笑花琵琶弦上語半是說天涯

秋草

烟滿空林葉滿堤蕭蕭瑟瑟更淒淒舊時蔥蒨容何在今日蒼黃影不齊野店山橋人遠近孤村流水路東西王孫惆悵天涯去無復靑靑送馬蹏

秋陰幾日復秋晴漠漠秋光一望平南浦別來春信杳西堂夢斷客心驚經年雨露雖相負隔歲根芽幸已成今日若逢周茂叔也將搖落繫

幽情

鶗鴂悲鳴歇衆芳水村山郭思茫茫登臨最苦秋將盡行役重歌草不黃疏柳陰中侵古道亂蟲聲裏賦斜陽誰知八月西闉客蝴蝶飛時也自傷

秋盡江南萬綠凋和烟和雨恨迢迢靈均佩服傷遲暮仲蔚門庭感寂寥詩罷自憐芒屩倦酒闌無奈玉驄驕相期來歲尋芳侶十畝新陰臥聽簫

五君詠失二

魯仲連

倜儻魯連子聲名天下聞片言救趙國一笑卻秦君萬乘不能屈千金

安足云飄然無所願六合此浮雲

司馬相如

兩漢多才子相如寡匹儔聽琴人可得題柱志難酬身以貲郎進名從狗監求一篇封禪草口實付千秋

李太白

長嘯開元後人間倒屐迎酒徒爭把臂天子爲調羹將相皆奴視神仙以醉名玉環偏大幸消受賦清平

秋夜對月

人無百年壽乃好千載名及時不行樂以此勞其生一葉墜我前惕然爲之驚秋聲滿天地況此孤雁鳴借問誰所驅栖栖事遠征悲風從天

來吹汝別離聲貧士怨失職坎壈志不平感此搖落意因之傷我情

褊中自多感況此秋將半强持一尊酒欲遣百憂散憂來忽已醉熟睡須人喚起視秋月光熒熒在枕畔悵然卷帷看銀蟾低碧漢勞生無百年何爲腸屢斷既知月無情復對月長歎月輪幾圓缺世事幾更換一物流連中茫茫方寸亂

憶昔嘉慶中遠遊滇王都徵逐紈袴兒結交詩酒徒鮮衣耀駿馬游狎以自娛清夜碧雞坊看月登樓呼蠻娘十五六雙鬟如畫圖滿頭茉莉花綽約來當壚我時二十餘意氣頗豪粗逸興飄然來秋思滿烟蕪詩成碧山笑酒盡浮雲孤胸中千古有眼底一人無此境遂渺茫流恨來東湖掩關臥千日著書擬潛夫昔慕釣鼇客今憐摘句儒升沈一細事何必歎江湖

對酒不欲飲望月起自吟望月何必吟爲感秋氣深不如且置之無爲亂人意往坐妻孥間陳說平生事嬌女不知愁弄我襟上月舉頭笑問我何故衣變白聞此轉自憐憶我如汝年我父或看月有時扶我肩悠悠二十載照汝立我前更遲二十載我髮安能元我老憂汝老月故如此圓乃知有情物不若無情好照盡萬古人此月仍不老蟋蟀爾何知哀鳴窗下草秋霜一飄零萬類同枯槁浮生若過客榮名何足保富貴空爾爲神仙勿復道白鷗何時來與爾同懷抱

雷

掃盡陰霾氣重回宇宙春力雄能出地聲大必驚人玉虎從風伯金蛇

掣電神陽精時一發鼓動此乾坤

勞勞亭

歸雁去迢迢長亭酒一瓢亂山烟漠漠落日馬蕭蕭柳色東西路江聲旦暮潮古來離別地行客自魂銷

夏閨怨

博山罏內罷焚香自掩殘妝倦倚牀花氣濃蒸雲鬢溼簟紋深印玉肌涼鶯花已送青春老鍼黹難消白日長買得宮紗新扇子如何偏畫兩鴛鴦

紈縵紗衫浴後輕水晶簾下立娉婷蝶飛近扇無心撲鵲噪臨窗最惹聽午睡不知香熥枕夜涼怕見月當庭只將局上殘碁子擺作牽牛織

女星

讀白香山詩

平生有雅尙翰墨與文辭學之二十年漸得窺藩籬始知性情際所貴非離奇若使强爲之羊質蒙虎皮雖驚小儒目終爲大雅嗤斯文有眞宰矯飾良非宜勿嫌語言淺勿嫌格律卑寫得性情出天馬脫凡羈意眞而境實興到而筆隨汪洋澹泊中自有秀異姿筆墨如花鳥歌舞以自怡所以古名流用意常在斯松雪老人字香山居士詩

書堂

經年無事出游稀抱膝空堂似息機蠹簡欲攻千古破芒鞵曾踏萬山歸詩無酬應吟方適書爲科名讀便非自信得天原不厚梅花難鬬鶴

難肥

秋日感懷

迢遞秋陰起暮天西風蕭瑟正堪憐空江晴弄蒹葭影野寺寒生橘柚烟淚跡曾教遊萬里著書未敢計千年流光不覺傷遲暮自撫頭顱更黯然

野廟

魚鱗碧瓦倚層霄一角黃旗盡日飄殿壁雨昏塵黯黯廟門風吼樹蕭蕭衮旒法象威儀古兵火殘碑世代遙閱徧滄桑人事速隄邊旦暮兩回潮

秋夜

寺鐘款款報初更風露秋堂坐轉清鑪內僮添煨芋火鐙前兒效讀書聲停雲半就檐間宿缺月斜當樹隙明賴把歌詩消永漏重陽新句詠將成

寒夜獨坐

斷角殘鐘大欲明匡牀起坐不勝情蕭騷窗紙有寒意膈膊鄰雞非惡聲欹枕關河今昔感閉門風雨短長更浮名何足爲身累况復浮名亦未成

惜花

春來纔幾時倏忽春將暮爛漫東城隅雜花空滿樹奈何芳菲姿常被風雨妬可憐數日中旋即辭條去韶華如逝水不肯須臾住新綠未成

陰殘紅已委路出門向花叢不忍重回顧恐教零落態觸我悲涼緒金鈴與彩幡徒勞勤愛護明日馬蹄塵踏徧曾開處

失題

天蒼蒼風璟璟浮雲自舒卷中有黃鵠雙飛翔 仙人羽化飄飄乎九垓欲往從之青鳥不來 神仙不可求富貴亦難得野草易發生松柏多摧折袖藏鉛刀莫輕割 周穆八荒遊西宴崑崙之邱乃伐黿爲鼓刳龍爲舟 兒女之淚英雄之累英雄之略聖賢之累 人生三十不得志鄧禹當笑人嗟嗟功曹亭長亦難得一醉一醒可以終其身 人無左馬才終日坐烟霧卽有左馬才千載嗟盲腐 耕田得寶刀氣寒風凄凄我欲持之報仇但恐俗血汙神物破壁更逐雷霆飛 春陵原

嘗世無其事我持此刀嚇豎子春陵原嘗世有其事我持此刀爲誰死

示友人

誰與狂夫共往還惟君晨夕數開顏士當相賞風塵外詩豈求工字句問四海交遊少知己千秋著述望名山自來薄劣違時用棄置何妨缺二字閒

旅懷

書劍蕭然强再擕風塵回首客魂迷關猨晴鳥聲悲切瘦日寒雲氣慘悽久住漸教遊興減逢人常覺旅顏低南飛烏鵲將離去繞樹徬徨何處棲

桐江道中

江上草堂詩存　卷十三　九

風緊林淒欲晚晴短篷危坐眺秋清青泥絕壁流雲氣白石空江過雨聲濩落一身原似寄牢騷百感竟難平賢豪自古多飄泊莫對沙鷗歎此生

秋夜有懷

夜久羣動息燈影靜秋齋疾肢厭倦臥攬衣起徘徊暗窗斜月上肅肅羣雁來念我同心友山河千里乖恐成久遐棄殷殷傷我懷

登城晚眺

獨倚孤城思渺然雲光江影共澄鮮幽懷政要詞章寫好景難將圖畫傳落葉黃如金布地殘霞紅似火燒天徐吟緩立斜陽裏賴此消愁六七年

曉起

鬱鬱香燈靜綺櫳愔愔幃幕度疎鐘峭寒擁被憐春淺猛雨喧牕覺睡濃欹枕笛聲風宛轉下簾樹色月朦朧浮雲悵望佳音杳水隔山遮又幾重

感秋

西風颯颯葉紛紛滿耳秋聲不耐聞客夢夜驚窗外雨歸程曉望雁邊雲世途坎壈空嗟命生計艱難尙賣文安得南山看射虎短衣往逐李將軍

秋氣西橫天地空登臨徙倚歎飄蓬一溪烟影淺深月萬樹蟬聲高下風疲馬羸童長吉醉荒畦破屋玉川窮男兒只合生如字缺老我殘杯冷中

江上草堂詩存　卷十三　十

客夜

林葉蕭蕭客舍空燈花隱隱夜窗紅芭蕉涼夢三更雨蟋蟀清秋四壁風豎子功名原有命書生骨相本宜窮一腔塊壘一尊酒澆徧荒涼寂寞中

福山廢亭

客中未肯廢登臨閒倚溪山望杳冥四面秋陰生遠岫萬重寒翠入空亭莫因羇旅悲身世正要窮愁鍊性靈四十頭顱猶寂寂憑誰杯酒話飄零

失題

夕陽搔首獨沈吟翻動平生萬里心海內親朋多契闊年來魚雁致浮
沈歲行盡矣雪霜逼君不來兮關塞深詩罷不須頻悵望勞歌何處覓
知音

塞劣從知愧友朋生涯蒦落歎無能自知身已爲窮祟猶幸人皆以嬾
稱夜榻殘灰煨芋火寒窗疎雨讀書燈惟將吟詠酬貧病禿筆重呵滿
研冰

銀漢疎星永夜明虛堂寂寂掩秋清一階涼月微茫影四壁寒蛩斷續
聲志士恥隨人作計書生好與鬼爭名撫時已自傷搖落況復胸中多
不平

庇竹居賞菊戲贈主人

重陽已過秋光老沙淨天空秋轉好況逢坐上菊花開尊酒相留須醉
倒君家種菊數百株紅黃紫白滿座隅霜風吹人神骨淡持螯索句相
歡娛狂吟信筆如兒戲詩成寫以欹斜字莫怪詩粗字不工庶幾與爾
花相似

夜飲

亂髮蟲衣窮可憐狂歌來上故人筵捲簾秋在黃花雨倚檻涼生碧樹
烟生計全拋詩卷外壯心一露酒杯前夜闌起作蹁躚舞意氣何曾減
昔年

溪上

溪上春寒花滿枝斜陽負手獨尋詩煎熬歲月皆心血消受窮愁有鬢

絲蠶缶自悲行樂晚閉門深悔著書遲早知行路難如此老死蓬茅也
不辭

題章于畫

游山如涉世平坦勝險巇平坦易偃息險巇難攀躋舉頭問猨猱牽援
何太勞我無濟勝具安可隨爾曹但求騁目遠何必置身高莫學韓昌
黎輕蹈致號咷

江村

江淨沙明草似苔斜陽村徑獨徘徊壯心漸向閒中盡倦眼偏宜醉後
開野色昏昏鴉陣合秋風嫋嫋葉聲來黃花寂歷東籬晚又勸飄零酒
一杯

倦夜

庭院淒清月一方倦懷誰與共悲涼貧甞弄影徐侵座蟋蟀移聲漸近
牀衣食竟爲今日累文辭敢學古人狂勞生萬事皆辛苦祇恐吾猶未
盡嘗

欹枕

澹澹星河天未霜遲遲更鼓夜初長涼風蟋蟀秋八月白露蒹葭水一
方千里懷人欹倦枕半生爲客臘空囊傭書賣卜都非計矯首雲霄自
激昂

郊居雜遣

戊子歲賀邑侯爲余買宅西郊適余遊越歸遂奉母居焉年來

日益貧悴惟以辭章自遣而比鄰牽耕町織婦鮮可與談風雅者霜朝雨夕蕭然寡懽意有所觸輒成吟詠凡得小詩若干首蓋非一時之作而所言亦非一事聊以消窮愁耗壯心耳爰題爲雜遣不復次其先後云

閒中歲月任推遷萬事悠悠總付天且學平陵張仲蔚蓬蒿深徑日高眠

蘆芽柳葉綠參差隱映遮藏陋室基慚愧昔年賢令尹殷殷料理草堂資

門前春水綠迢迢半浸牆根半上橋岸圻籬崩慵未補不禁每日兩囘潮

入門四序總如秋環堵蕭然風日愁務勝張融危膝坐陸居無屋水無舟

苦茗閒斟一兩甌翛然斗室恣優游牀頭蠹紙堆盈尺也傲人間萬戶侯

支頤搖膝意倀倀甘被時人笑作狂更向枕邊安筆硯夢中得句恐遺忘

早眠遲起畏風寒草草齋鹽置午餐自笑猶能營口腹閒來屠肆問豬肝

白草黃雲出塞愁閑聽閭里話封侯豈知枯坐繩牀客二十年前已壯遊

峭帆曾挂富春烟每夜篷窗聽雨眠記得嚴陵灘畔宿繫船剛在釣臺邊

天空雨過晚霞明江岸泥乾漸可行千樹桃花萬楊柳明朝作意看春晴

偶過僧舍暫從容欲啟經函眼尚慵幾度摩挲看壁畫愛他破墨兩三峰

螻蟻王侯共一塵灑然逆旅視乾坤伯倫飲酒終非達埋骨猶須荷鍤人

野岸荒陂獨步遲半尋花柳半尋詩歸來已覺斜陽晚更爲鶯聲立許時

衡門寂寂閉著苔十聽人敲九不開今日淵明雖臥病料無人送酒錢來

最愛香山古體詩篇篇句句豁心思燈前看得雙眸澀直到鄰雞唱曉時

一技雕蟲絕可憐枉拋心力苦鑽研相如空有凌雲氣只賺君王去學仙

曾讀西方貝葉書生天成佛擬須臾而今始覺從前妄何肉周妻尙未除

風靜雲閒日似年空廚過午尙無烟癡兒枵腹還嬉笑惟解牽衣索一錢

垢髮經旬嬾不梳但憑蠹紙日咿唔舉頭忽有欣然處雲氣堆窗似畫
圖
擁衾斜臥思騰騰欲掩殘編眼未能誰意五更風雪裏牀頭猶有讀書
燈
貴客華堂擺錦茵曾無餘睞及羇貧手中紈扇偏高雅恰畫披蓑荷笠
人
料得門無長者車滿庭榛草不芟除偶教豎子移荒穢明日天晴要曬
書
高尙誰能傲大君肯將丹壑換元纁隱居自乏經時策不是山中戀白
雲

元眞老子已冥鴻被詔曾來紫禁中不識玉階金闕下作何位置釣魚
翁
素願區區未敢奢不求利達與聲華但期數畝崎零地半藝桑麻半種
花
四十年來世業空八千里外客途窮生涯淡飯粗茶裏心血殘編斷簡
中

題畫

水閣軒窗面面開隔溪隱隱見樓臺扁舟一葉知誰繫載得瀟湘暮雨
來

段功傳

段功小字阿奴其先武威人世爲南詔蒙氏將蒙氏亡祖思平遂據雲南稱帝號大理國十四傳至興智爲元太弟忽必烈所滅元以其地爲大理軍民府授興智之弟實爲總管世守其地又九傳至功功抗直有勇略通書翰於元順帝至正五年襲職六年木邦蠻叛參政買敦熙率雲南兵討之以功爲前鋒戰屢捷敘功晉功參政先是元梁王把匝刺瓦爾密鎭雲南與段氏爭地數相攻二十三年三月蜀紅巾賊明玉珍明二等兵三萬襲雲南元兵潰四月梁王奔楚雄遣使求成於功且乞師謀於員外楊智命之卜卜告吉功遂以精卒從梁王進破賊於關灘江再戰少挫段氏驍將鐵萬戶死焉賊恃勝不設備功夜焚賊營賊亂

功以鐵騎橫搗之遂大破其衆賊將謝得攻安甯梁王命功救之與賊遇力戰斬首千餘謝得逸去功巡野獲賊驛使以玉珍毋書寄珍功命楊智易其詞稱中國兵入蜀趣玉珍速歸募死士裹紅巾賚書往玉珍得書果以衆旋功追躡至七星關又大破之師還梁王奏陞功雲南行省平章妻以女曰阿褡褡美而慧能詞賦功愛之遂留昆明年餘不思歸矣其妻高氏以家事來召乃歸未幾功念阿褡不已欲之昆明楊智等諫之功曰寶劍豈理荒土物耶遂率家將倍道至昆明梁王故憚功勇且以功卒來深疑之曰彼欲呑金馬噉碧雞耳召阿褡謂曰而夫功誠高我待之亦厚然彼常欲謀我不殺之恐爲害殺之恐非汝意奈何褡泣諫王不聽他日王求孔雀膽欲以毒功褡私告之且勸其周防功

不信禍曰人以虎狼視君尚不以牙爪自衛乎否則兒有千里明駝願從君西歸功不能用久之王謀功益甚禍與功坐燈下曰吾聞雲南施宗施秀皆以酒色死今君徒以妾故居此誠恐樂極生悲耳功起而笑曰而父待我厚我戰受創彼爲我吮血裹指而獨不之知耶翌日功從王過通濟橋功馬逸王即令蕃將乘機掖殺之阿禍聞之慟哭曰天乎胡不信吾言也命家人以王禮殮之送其喪歸大理揚智聞之歎曰寶劍折矣遂自殺以殉功二子長子寶襲職寶死子明襲明死功次子世襲後世爲明將軍傳友德所擒職遂除阿禍痛功亡以詩哭之亦不食而死詩曰吾家久住雁門深一片閒雲到滇海心懸明月照青天青天不語今三載黃蒿歷亂蒼山秋誤我一生踏裹彩（華言錦被）吐嚕吐嚕（華言可惜）

江上草堂詩存　文附　二

（可惜）段阿奴施宗施秀同奴歹（華言死）雲片波潾不見人押不盧花（華言起死靈草）顏色改肉屏（華言駱駝）獨坐細思量西山鐵立（華言松林）風瀟灑

楊娥傳

楊娥者滇之奇女子也其祖父世爲黔國公家武藝教習娥之兄曰楊鵝頭藝尤精然與娥角輒負娥貌美甚而趫捷過人黔府護衛張小將者美少年也以勇俠聞鵝頭以妹妻之娥年十六歸張氏順治三年也時黔國公沐天波奉永明王是年冬安南土酋沙定洲叛陷昆明天波出奔楚雄娥夫婦及鵝頭蹤至從之而西明年流寇孫可望等入滇天波奔滇西徼外後永明王兵敗奔雲南吳三桂追之王與天波走緬甸天波命娥夫婦衛王時流寇四起道路梗塞娥與張奮力捍禦無能當之者王始得達緬吳三桂索王急緬人執以獻天波與從臣數百人皆死之娥聞之曰吳三桂何人彼獨非大明臣子耶後永明爲三桂所殺

江上草堂詩存　文附　三

張悲憤成疾死娥遂從兄歸昆明賣酒平西王府西日施脂粉御金翠靚裝豔服自當壚纖腰玉貌見者疑爲天人吳藩帳下紈絝子弟聞麗人當壚皆來肆中飲飲既醉游談謔語稍稍侵娥娥視其壯健者提之如提孩童擲諸狗竇沸湯澆之羣驚起來奪娥略以手揮之皆倒地負痛逸去明日聚惡少數十人譟而來娥出立街中羣聚圍娥娥聳身一躍疾於鷹隼自衆頭上飛出立圍外衆相顧驚愕不敢動視娥則神色不亂意甚暇衆遂散娥亦不復賣酒矣吳三桂聞之欲納娥娥忽中寒疾疾亟鵝頭往視之時已深夜入其房一燈碧色寒風颯然牀頭設永明王與其夫張之靈鵝頭呼妹弗應就視之奄奄然僅存一息鵝頭撫之泣娥忽躍起推兄曰汝亦健兒何作女子態耶遂啓其襟飀然出一

七首寒光射人不可逼視娥左手把兄袖右手執七首東向指曰吳三桂逆賊殺吾王致吾夫死絶域誓不與之共天地故覓此報仇物以待之老賊好色計吾之貌與藝足以動之故忍恥自昡冀老賊聞而納我吾計成矣不幸病死此天不欲我爲國家報仇也言訖一慟而絶猶握七首東指云

留侯論

子房佐高祖取天下小大百十餘戰量敵決勝其功爲多及楚亡漢興天下已定曰吾以三寸舌爲帝者師布衣之極於良足矣願棄人間事遂謝病辟穀而去其後漢功臣韓信彭越黥布盧綰輩皆誅死論者謂子房幸而去不去必及禍劉子曰不然子房蓋機智之士而未知聖人之道者也古之豪傑幼而學壯而行得於君則行其道於天下道不行而去不得已也子房遭逢英主受不世之知遇功成名就非道之不行也何爲去哉蓋其時實有不得不去之機昔高祖居山東以長者稱後得子房爲之謀主運籌帷幄陰謀祕計人不能知必有高祖所不能疑者子房導之使疑高祖所不欲殺者子房導之使殺自得子房而高祖之智益深謀益老後遂疑功臣殺名將未必非子房啓之也既已啓其機而思所以自全乃託於神仙之說謂欲從赤松子遊云高祖得天下年已老太子闇弱諸將豪橫自度百年之後必不能使天下無事故曰欲安劉氏必用周勃以子房之才之智高祖以爲能甘心服從呂后耶抑以爲呂后能制之耶抑高祖之倨傲嫚罵有以深結其心耶夫以義導人者人亦義待之以機導人者人亦以機待之況高祖以雄武之姿經營四海撻伐羣雄子房之導之者以義乎以機乎彼固以機心待天下獨不以機心待其臣耶君不知使臣之道而惟以機術制其跋扈臣不知事君之道而惟以機智杜其嫌疑君臣以智術相傾軋其能相安於無事哉持刀禦盜盜未必去而反足以啓其殺心彼以爲我不殺彼

則彼殺我矣古之人臣以才智術數結人主取富貴而不能終其功名者皆職此也何獨子房爲然譬之彎弓矢揚戈矛入深山逐猛虎而欲其不反噬吾不信也子房之去揆之以勢則當論之以理則非故曰未知聖人之道也蓋君臣之際進以禮退以義苟無誠信相格而徒以術智自衛小矣後北魏崔浩以才略智數受知於太武軍國大事皆所區畫浩每自比子房蓋深知子房爲機智之雄有類於己故慕之也惜浩惟知智之爲利而不知智之爲害故溺於功名卒致族滅子房則知智之利亦知智之害故奉身而退名高千古此豈浩所及哉然浩精於推步占驗揣摩縱横之術以子房自比雖過而其學實有以近之也世皆知浩爲機智之士而獨不知子房且以爲有儒者氣象其識又在崔浩下矣

漢高祖置酒沛宮擊筑歌大風賦 周文宗觀風題代友人作

項王死楚兵散六國悉定天下皆漢高帝酒罷虎節偃龍韜王韓彭相蕭曹建通侯之國酬諸將之勞而且封雍齒於讐敵赦田横於逋逃蓋其規模最大而功德殊高是以三戸西來五星東聚精悟河圖識歸英主遂經營關中以控制海宇形勢甲於四方威業邁乎前古一時豪傑所歸後世英雄之祖則有鼙鼓之臣爪牙之士鳥盡兎死不甘棄置雖以英布之强不出薛公所計以至雲合六師星馳萬騎長驅百勝之兵往徇九江之地及其旋軍豐沛之郊駐蹕芒碭之藪經舊游之里閭撫曩時之田畝以亭長爲天子誠亘古所未有爰召故人同茲杯酒父老致詞子弟拜手願進一觴祝君萬壽若夫宸遊所經殊恩所沛就龍潛之故居駐虎文之大旆拂金甲之征塵雜彤庭之暮靄取富貴而歸故

鄉感風雲而爲高會追往事臨故宮從臣執戟衛士彀弓錦衣若繡玉劍如虹見禮儀之疎闊知天子之豪雄日落氣酣風來酒中思將帥以誌慨指山河之紀功乃有樂官奏鼓伶工擫笛絲管啁啾鐘球戛擊惟衆音之慨慷動中懷之感激聞楚聲之多悲恍垓下之破敵於是憮然傷懷奮然擊筑不賡咸濩之章不和雲韶之曲音悲凉而激楚氣雄大而清肅仰浮雲之荒荒聞悲風之簌簌時則淮南落葉泗水揚波軫情歲月感逝江河吐英雄之氣爲燕趙之歌惜壯心之未已人生歎人生之幾何是蓋驚羣動振萬籟回陽景埽陰壒起草莽而功成由帝王之度大故威加於域中而風行乎海外至其烹獵狗藏良弓蓋諸將處功

名之不善而非帝待勳舊之不終耆驗其置酒歌臺擊筑沛宮未嘗不思猛士而感大風石世隆之徒聞而歎曰天子還鄉一代殊遇高歌起舞布衣情素磊落雄才豁達大度命世之資惟天所賦願得北面事之不敢與之馳鶩

古意磅礴議論縱橫 原評

跋

先君幼侍　先大父於滇南卽學爲詩及歸日事吟詠裒然成集憶道光辛卯先君見背錫晉與伯兄喬孫著有松侶詩草女兄織孫刻有梅影樓詩集年俱幼貧不能自存母氏攜往浙西轉而之江右依舅氏贊府徐公作幕下客不幸伯兄早世越咸豐癸丑粵匪陷饒州母氏與女兄同墜眢井以難亡錫晉犇自省垣求遺骸營葬悲泣不自勝踉蹌歸里急搜先君遺藁得自編詩譜記年一紙詩目二紙起嘉慶丙寅止庚辰計七百餘首依目檢詩十得其二三後辛巳迄辛卯十年間搜零章僅得八十餘首知散佚者多矣今諸君子醵資付梓名曰詩存蓋詩存猶人存也至序文題跋俱失照原編詩目列其姓氏又於遺藁中得賦一首文三首附刻卷後因剞劂將竣謹志顛末並志諸君子之雅意云咸豐丁巳嘉平月仲男錫晉謹識

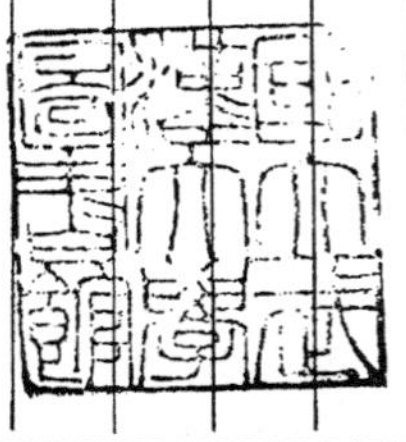

先我集

（清）陳文田　輯

《先我集》四卷，清陳文田輯，據《海陵叢刻》本影印。

陳文田，字硯薌（也寫作硯鄉），號止室，晚號晚晴老人，江蘇泰州人。道光十七年（一八三七）拔貢，咸豐十年（一八六〇）進士。官刑部主事，奉命回籍襄辦江北團練，獎員外郎銜。升江西司郎中。居官不事干謁，銜散後常手自一編。暇即造訪琉璃廠。

此書輯清代泰州詩人一百二十人之詩作。始於吴嘉紀，終於仲貽勤。目録後有題記一行：『道光甲午首夏陳文田硯鄉氏録於聽秋園。』此爲道光十四年（一八三四）。各作者名下有簡單小傳。海陵風雅，代有傳人，至明天啓崇禎間，垂垂欲絶。後鄧漢儀崛起其間，有扶衰振雅之功，海陵詩人由此彬彬蔚起。鄧漢儀輯《詩觀》，搜采甚富。其後更有夏荃輯《海陵詩徵》，然當時未能付梓。民國間韓國鈞四處搜訪夏氏遺稿而不可得，後輾轉鈔得殘本十之四。因思續成之而未果。得陳文田此集，乃亟爲刊刻。雖然其集所收人數不多，但猶可見泰州文學之盛況。

（江慶柏）

海陵叢刻 第二十種 先我集

先我集目錄

吳伊訓	陳璨	桂天培
吳陵	宮爲坊	繆祖培
宮協華	韓敬之	潘世求
李廷蔚	宮增祜	俞圻
俞至	繆承鈞	團維墉
朱慕渠	孫廷颺	宮國苞
常廷謌	楊尊夔	朱景泗
夏震	高筠	陳燮
俞國鑑	潘慶齡	吳會
程應佐	萬棨	仲振奎
仲振履	仲振猷	姜鳳喈
羅克倓	田琳	吳渙
韓光棨	韓一鳴	李宸
許浩	俞國華	吳增祿
許秉銓	費履堅	儲夢熊
葉兆蘭	鄒熊	徐鳴珂
湯治昭	楊筠	李覲時
夏蘭	王輔	常增
康發祥	魯嘉祥	仲貽勤

道光甲午首夏陳文田硯鄉氏錄於聽秋園

吳嘉紀（字賓賢號野人著陋軒集）

答贈王幼華

郃陽王伯子爽氣松林秋名成不出仕擔簦來揚州非無薦紳交樂與漁樵遊籬花黃一城訪我城南樓攜手出邗關喟然登古丘翩翩雲際鶴何事隨海鷗寒原落日下木脫風颼颼與君共無衣歲晏豈不愁

與仔倩弟

吞聲臥蓬蒿顧影驚衰老揭車逢歲晏不若三春草況余實凡材地瘠生意小漫自計珍賤伊誰共襟抱鶗鴂亦已鳴花葉亦易槁紛紛榮落外吾愛連枝好

賤貧欲誰儕趙壹遭鄉閭翳然枳棘間鴟多黃鵠孤霄漢豈無路羽毛不得舒吾弟禦侮來意氣靡䨱夫寒暄時相須如彼葛與裘九月颶風作海色愁

閉鷗阿兄把魯酒阿弟佩吳鉤門楣有藉在多難復何憂

時俗攻文藝腐氣銷清眞悠悠三百年章句困殺人吾叔情何似（弟尊人玉水先生諱纘姬山東庚午舉人）秋天遊孤雲方舒倏然恐惝怳江淮濱堂上歡菽水門外理絲緡

風波曾不避葭菼甘自淪清節映漁竿呂嚴何足云

疇昔童稚時抱文謁吾叔顧我衆人中謂是藍田玉田忽變爲海玉猶未出匱淚眼看滔滔泥塗就碌碌清晨侵露出薄暮睞烟歸燕麥炊作餐鬼絲織作衣衣食亦猶人誰知我寒饑回頭念賞音此生幸一遇若竹不開花春風空煦煦

送程龔士

出城江水大雨歇開夕陽程生攜妻子歸去東臺場輕舟入浦烟風起芙蓉香去者方愉悅送者忽徬徨宿昔舊茅屋與君同一鄉海潮漂里巷親友半

流亡家有臥病妻秋月夜正長蕩子貧不返望望涕霑裳

留別王黃湄

雞鳴攬衣起顧侶心踟躕晨月在簷楹歡會戀斯須丈夫非連枝安能守根株舉步便隔絕何況秦與吳海薦會東翔塞馬思邊隅升沉各有役愴愴即長途

送吳眘西歸長林

孟夏雨初霽海村桑葉肥小麥蘄蘄秀雉來麥上飛悵然遠遊子顧盼思巖扉十年困馬足四體懸鶉衣世態已閱歷長策莫如歸嶧樹無甘蔭氷壑無炎暉從來高蹈士不厭寒與饑去去故山中努力餐蕨薇

長林何處所泉潔山秀峙曖曖人烟際灌木四五里枝上老鴉多春來各生子子幼含哺勞子大雄雌恃恩勤雖已極骨肉一巢裏此時垂白母望遠閭

自倚行路稍欲稀夕陽半山紫兒也遠歸來無米親亦喜

老夫貧賤交強半是君鄉兵甲阻來往雲峯苦相望逢君問所思十人九人亡而翁最知我墓已拱白楊感念平生歡不覺淚霑裳自顧運暮景宛如斜日光出門道無事入門甕無糧何時磨鏡去一慟亡友傍

送王玉久歸茅山

結廬雖福地家無辟穀方白石煮不爛無食愁高堂勞勞負米兒遑遑今還鄉持此且承歡新穀將登場鄰里聞君歸叩門攜酒漿咸稱新吏賢七月未開倉吾族老與少差得緩逃亡月照谷中屋雞鳴牆下桑高眠須適意勿便趨行裝

詩四首爲隆皐戴節婦賦（婦汪氏戴勝徽之母）

隆皐樹湛湛鹿車遊其中雙情共一娛所向多春風奈何時命衰黃壚沒爾雄沒者長已矣寧知生者悯朝爲並栖燕暮作單飛鴻鴻飛金天寒人泣玉鏡圓遂甘堇茶味乃自桃李年

隆皐月遲遲入門復上堂悄然見公姥衰疾須扶將新婦起爲子忍心稱未亡虎嘯山頭風雞鳴樹上霜酸辛百年養黽勉二人喪鄉鄰爭歎羨舉動合禮儀事親有如此不弱親生兒

隆皐雪深深夜闌寒寡婦餔糜活赤子紝織勞纖手堅冰齊泰華母德共高厚兒今知古士踽踽米自負人者笑兒汪母不謂兒醜百計存藐孤艱難力轉堪不慚嬰與杵嬰杵猶是男

隆皐泉泠泠霑濡遍遐邇于中有賢豪聳若江峯峙身自持門戶義仍及桑梓得穀即飯饑有錢頻救死宗族子憑藉周親墳崰嵑人今多緩急尋問魯朱家朱家是婦人鬢髮猶未華

范公堤

茫茫潮汐中砅砅沙堤起智勇敵洪濤胼胝生赤子西塍發稻花東火煎海水海水有時枯公恩何日已

哀羊裘爲孫八賦

孫八壯年已白頭十年歌哭古揚州囊底黃金散已盡笥中存一羔羊裘晨起雪霏霏取裘覆兒女亭午號朔風兒持衣而翁風聲雪片夜滿屝股動自解護阿婦裘之溫煖誠足珍不得衆身爲一身吁嗟乎長安天子非故人羊裘冷落對邗水他年姓字齊嚴光今日饑寒累妻子

朝雨下

朝雨下田中水深沒禾稼饑禽聒聒啼桑柘暮下雨富兒漉酒聚儔侶酒厚只愁身醉死雨不休暑天天與富家秋檐溜淙淙涼四座座中輕薄已披裘

爾翁大貧家未夕關門臥前日昨日三日餓至今門外無人過

江邊行

江邊士卒何闐闐防敵用船不用馬督責有司伐大木符牒如雨朝暮下中使嚴威震舊京軍令還愁不奉行親點猛將二三十帥卒各向江南程江南誰家不種木到門先索酒與肉主人有兒賣不暇供給焉能饜其欲老松古柏運忽促精魂半夜深山哭一一皆題上用字樹樹還令運出谷出谷到江塗幾千將主騎馬已先還家貲破盡費難足衆卒仍需常例錢道路悲號不住口槎枒亂集成山阜一朝舟楫滯沙汀只貴數多不貴精君不見揚州戰船六百隻輸盡民財乘不得寒潮寂寞葦花間日暮灘頭渡歸客

曬書日作

弱齡多病嗜詩書藥裹書帙病篋笥散髮養疴萬卷前人生如此眞得意十

年戎馬鬪中原產破無聊歸蓽門丈夫久困形容醜手持經史換饔飧鄉里小兒氣驕矜凶年擁穀如璵璠饑時但得許升斗我直十倍何須論卽今五十暗雙目衰疾纏身輟誦讀飯食藥物向誰求牀上殘編餘一束細字模糊半銷滅鼠跡蠹痕手難觸握出茅齋憶往年炎暉杲杲吞聲哭

題汪孝子子喩先生遺像

孝子遺棄榮名隱居煉丹峯下竭力養母四十年弗怠母老死孝子慟甚哭輒嘔血亦死令子于鼎以行樂圖見示圖繪孝子松泉間面諼草不違北堂蓋生前素志云

悲哉孝子爾力爾血力竭逢哀血盡存骨骨隨老母皓月青峯昔聞芳躅今識舊容儀若古賢情則嬰兒言念北堂愁然以思攀桂茹芝莫如樹蘐松陰我蕖泉滋我根根葉長茂樂不可言

落葉

枝上曾幾日夜來秋已終又隨天地意亂下戶庭中不靜月斜處偏驚頭白翁何須怨搖落多事是春風

送汪耳公之沙邱

沙邱宜遠望三十六湖前下第去爲客含情獨上船詩書成皓首妻子怨青氈不寐聽鳴雁蘆中曉月圓

賣書祀母

母沒悲今日兒貧過昔時人間無樂歲地下共長饑白水當花薦黃粱對雨炊莫言書籍效今已慰哀思

重遊邗上途中寄懷周櫟園先生

病裏又爲客登車聞曙雞海明殘月上野闊數星低憶昔吟梅下同君在竹

西來朝過舊館碧草正萋萋

五月初四夜

令節我何歎頻年天一涯宿烟孤館樹啼雨五更鴉老去病除酒夢中身在家幼兒依阿母頭戴石榴花

新僕

語少身初賤魂傷家驟離饑寒今已免力役竟忘疲前輩親難愜新名答尙疑猶然是人子過小莫輕笞

登燕子磯

空翠壓蒼波高亭試一過江流向北小山色直南多風雪孤舟遠饑寒兩鬢皤浮家願不遂老眼看漁簑

危磯猶似昔（曾同王鴻寶登此）孤客獨傷魂親友浮雲散關山曉霧昏疾帆衝白鷺

怒浪擁蒼黿俯視維舟處潮收露石根

歸燕

春色空梁少霜華昨夜新他鄉徒有子倦羽漸無鄰已識時將暮終難冷傍人故巢託王謝簷雀未須嗔

九日同夏五作

歎息三秋暮蹉跎萬事非年衰初學稼霜降未成衣隔水蘆花潔開門塞雁飛登高無處所海岸雨霏霏

風雨朝初晦乾坤日用兵秋魂聽鬼哭老眼看人爭榛梗方爲害東南稍輟耕吾家二十口溝壑正關情

泊船觀音門

磯上誰長嘯蒼然老匹夫江山六朝在天水一亭孤禿樹翔歸鷺層濤捲亂鳧漁舟安穩甚吹笛入菰蒲

懷吳後莊

海內諸兄弟吾憐吳後莊負薪歌下里學稼養高堂有病還耽酒無求不出鄉平山分手處木葉又蒼蒼

僻壤

僻壤無春至安知春已殘海雲千里黑塞雁一聲寒老去謀生拙時危作客難直西是鄉路日日出門看

內人生日

潦倒丘園二十秋親炊葵藿慰余愁絕無暇日臨青鏡頗過凶年到白頭海氣荒涼門有燕谿光搖蕩屋如舟不能沽酒持相祝依舊歸來向爾謀

九月四日吳兩臣見過是日雨臣初度

俱是先朝戊午生相知端不爲同庚黃塵戰伐無年代白首漁樵此弟兄荏苒人稀雙雁下茱萸節近一谿晴疎籬陋室秋光在莫厭頻來酒共傾

客悔齋送汪舟次之龍岡

正値梅花開草堂扁舟何事去天長家園入夢同遙夜老病無依各異鄉藥裹半囊爲旅食詩篇幾帙是行裝他時見月應相憶君上龍岡我蜀岡

送貴客

曉寒送貴客命我賦離別髭上生冰霜歌聲不得熱

汪舟次別後詩

渺渺河流繞石隄蒲青沙白畫船低檣中攜手同來客隔在秦郵湖水西老來離伴若爲情皓首湖干落日生天際一帆看欲盡杖藜扶上缽盂城

丁日乾 字謙龍號漢公順治乙酉舉人著漁園詩

白門秋集高座寺彈指閣

山靜紆南郭僧高閉竹扉人從黃葉過寺有白雲歸攬勝全忘俗同羣自息機一簾清磬外秋水淨垣衣

擬江陰北渡不果從無錫南遊

歲暮又南去孤篷何日還家貧輕遠道人瘦戀寒山霜月三秋夢風塵一夕顏違心是旅雁嘹嚦下前灣

湖樓獨坐

何曾懷抱好萬念冷如僧瞑色含諸岫烟光泛一燈夜深雲更出人靜月初升擬便歸期早躊躇恐未能

九日同人登雨花臺

正擬登臨散客愁逢君著屐上高丘遙帆欲度長空影落木多開別墅樓此日何人還載酒六朝無地不悲秋曾經少壯嬉遊日搔首西風感白頭

紅橋遺興

鷗鳧荒徑蔓青莎鼓櫂閒遊一嘯歌夾岸垂楊秋氣早橫橋斜雨夜聲多蕭條風景殊隋苑寂寞漁燈自楚波何事興亡重感慨且持樽酒對枯荷

陳忠靖 字念共號曉堂順治丁亥進士刑科給事中著曉堂律詩

夜泊南陽大風雨

草木山山變吾來濟泗東寒艙五夜雨愁鬢一天風疑有魚龍泣將無神鬼通誰憐飄泊者平野聽飛鴻

遊西園

何處尋芳草閒情到辟疆人登十步閣月護一庭香石氣尊前動松陰雨後涼吟成吾欲去留意在滄浪

望月

抱影不成寐披衣攬月華此時天欲露昨夜夢還家白袷依秋樹朱樓隱暮花東來雲氣盡城上已啼鴉

丁漢公漁園分韻余服未闋不敢卽席同人代拈得十四鹽補入詩會

聞道同人聚多風入畫檐談深燭影瘦坐久月光潛酒政隨人量詩籤信手拈寒盟吾豈敢因是未離苦

天津玉皇閣晚眺

登臺且倚盧敖杖一嘯臨風覽畫圖雁帶斜陽歸大漠人從北陸達神都千檣兩岸燈明滅萬戶三更月有無不是銅街催滴漏丹梯十丈好提壺

李嘉允 字爾孚號孟齋順治己丑進士順德知府著草樓集

夜識軒

山靜寺亦古窈然入初冬曉見千峰雪夜聽寒巖鐘有閣非草元有酒勞過從柳下眞吾師閱世非不恭

九日同客飲石宮

露白葭蒼節序哀旅情鄉思共登臺邗江浪冷芙蓉晤沙磧風悲雁鶩迴醉眼極天窺月小亂山遮樹逐雲開芳樽敢惜遲遊屐城闕新晴暮鼓催

贈人赴隴西

印綰通侯度塞垣肯將詞賦老文園寒氷夜合千山立牧馬晨嘶別部喧猺俗舊傳周窟室客星今動漢河源關門烽火連年靜百里何妨屈士元

古塞下

燕支山下舊刀痕萬古天關百戰分莫道漢家開國遠邊人猶畏李將軍

客靖邊作

蘆中人去幾千里幻入秦關任馬牛一曲驪歌半簾月夜深孤燭看吳鈎

朱淑熹 字艾人順治辛卯舉人

酬黃仙裳見寄顏平原書八關齋會報德記碑

束髮漫塗鴉輒愛平原筆腕鬼能搏人勢奇不能出顏公碑版十數通摩挲日挂東閣中家廟多寶及坐位直與大令爭豪雄聞有八關報德記平生第一楷書字此碑高竪宋州東安史鋒挫田王功州人戴德羣加額特向魯公求鐵筆石幢高一丈其大可數圍磨礱鐫十面矗立何巍巍火燒兵刼城池改乾坤幾度更桑海惟有顏碑巋然存靑天紫氣常光彩幾經耳熱羨客談遠道莫致情空含叔度論文三十載遙貽一本同蘭蕙白頭狂喜舞復歌相思江樹迷烟靄

濟南舟次奉寄鄧元固夫子

歸興滿扁舟輕帆滯驛樓客中沽酒慣春日看花愁寂寞劉賁策蒼茫杜甫游十年知已淚飄洒汶陽流

劉懋勛 字堯叟 順治辛卯舉人

盧溝橋晚發

不作長征客安知遠道情寒風吹雁疾朔氣壓雲平路入殘星暝橋連積雪明那堪三輔地野燹隔林生

燕城道上望京口有感同孝威漢公賦兩

霜月維揚路南徐入望初人家鐵馬後雉堞斷烟餘野哭流青火江聲跳白魚艨艟何日靜舊業問樵漁

贈清溪蔡碩公世兄次燕京留別韻

才華夙許擅題橋漫向風塵念孝標交道生憎時態薄離情夢入故山遙衣冠兩世歸殘刼縞紵何人共久要他日羅浮運白舫草堂相勸酒如潮

周櫟園先生重過吳陵招同諸子讌集

邗江持節當年地白舫重來鬢半斑眞氣迎人心欲醉清言滿座暑全刪風霾曾洒孤臣淚湖澥今逢故舊顔聽說射烏樓畔事如公豈合老東山

易東 字田授 辛卯戊子兩中副車 著曉堂集

錄別

驪車大河陰朔風飄我衣白楊彌廣路川途浩無期曠墟絕塵踪雨雪行霏霏緬懷素心子東西渺何之黃雲晤征塵日暮多鼓鼙嚴城飛鳥盡四顧惟旌旗一身不自保遑念妻與兒中宵悲不勝起坐捉衣裾

丹陽早發之瓜渚同吳菌次申周伯劉玉少作

風雨雞聲裏呼燈上客舟一身兼主僕諸子只窮愁日暮無村酒囊空有敝裘寒鴉啼古驛夢已到揚州

次韻贈李助

李子貧非病漁竿坐水門秋風今歲晚野日隔溪昏掃徑憐花影鋤雲動石根六朝千里月無恙照霜村

銅鞮趙孝子

痛哭前朝事傷心忠孝門千秋爾父子百戰此乾坤井碧孤臣淚山青烈士魂皋狼重過處慷慨向誰論

晚望和王維夏韻

東溪晴亦雨相望水波青歸舫輕烟直穿雲古殿冥荷香深一港葭影亂孤汀對此忘城郭漁歌取次聽

歲暮送翁岱瞻

殘冬雨雪夜冥冥相對同人鬢半星却喜銀瓶新漉酒可堪風笛出離亭一帆落葉鐘初動十里寒河草未青花約明年能憶否羅浮烟雨望仙舲

暮秋遊西湖雨阻宿板橋

一路寒颸動客愁旗亭貰酒脫鷫裘青簾夜捲神仙舫紅袖人歸燕子樓暮

雨不堪悲落木霜燈如此照深秋鐘聲吹入芭蕉響野宿星橋夢白鷗

積雨遣悶

暮雲高閣楚天昏亂石驚泉惱客魂花落隋宮愁似燕柳沉江館靜疑村奔流萬頃連陰壑斜雁雙飛下島門縱使雞聲遲我去也知頭白厭劉琨

李拔卿（字枚及，順治八年拔貢）

晚出南口城

黃沙撲面駭飛蓬四月驚寒起朔風南下地形趨督亢西來山勢扼雲中吹笳半壁城樓晚牧馬荒陵草木空却問當年誰鎖鑰北門終想寇萊公

宣鎮

上谷嵬然壯客遊當年右臂繫神州途經鷄嶺山如鑿地近羊房草易秋鹵簿昔聞從帝子犬牙今復制諸侯邊聲盡入西風厲鼓角悲涼鎮朔樓

許光震字雷青順治乙未進士鳳翔知縣

酬淵公贈畫

宣州墨妙絕躋攀却幸逢君照客顔擕得雲嵐過江去海門青接敬亭山

陳志紀字雁峯順治己亥進士翰林院編修

寧古塔春日雜興

謫居關塞遠忽忽又春深雪氣猶千嶂花光失故林從人學射獵驅馬試謳吟宣室無由見虛懸待漏心

罪比丘山重　恩同覆載寬一行來絕塞萬里見春寒邊草青難發鄉雲晚獨看琵琶誰更奏暗引淚珠彈

自度陰溝路來從絕塞居雖盤迴野色雁轉望家書幕府雖加禮鄉園已盡疏舊時三徑菊蕪沒定何如

劉懋贊 字質公號儀三歲貢著雪村詩草

鍾山

荒原六代後弓劍更堪愁落日歌翁仲秋風賽蔣侯墓門狐窟棘輦道草成丘縱有冬青在年來幾樹留

初春送客還京口

把臂纔三日春風冉冉回草依征壘發梅傍驛樓開鐵甕浮潮出芒鞋觸雪來江南紛戰馬君過肯徘徊

深秋同張湛生賈祺生遊水月菴

零落吾儕只短蓑故山風物奈愁何斜陽帶雨浮鐘磬幽寺無人黯薜蘿雙淚老垂殘菊盡一生興傍酒杯多諸君不厭招提寂佛閣禪林足嘯歌

繆肇甲 字晝書號補山歲貢生著間月樓集

景州道中知山妻復病寄沅兒

亦念吾身苦翻憐爾母危一年多病日雙淚教兒時躑躅趨長路殷勤寄遠詩到來天際雁慰得客中思 時得沅兒信

盧溝橋懷葛天衣喬梓

客路同君續楚騷清尊明燭興偏豪詩逢知己還分韻客到臨岐解佩刀兩世論文存我輩一鞭遊子戀同袍國門揮淚難分手愁見孤城片月高

登天目山是晉王治飛昇處

形勝東南第一峯登臨斜日探遺踪荒臺草軟疑馴鹿古井雲封想護龍脈接蜀岡流水合氣連橫浦暮嵐重昭明訪道乘船後縹緲仙音更不逢

廣陵雜詠

畫槳游人欲斷腸珠簾翠幔繞垂楊誰知十里繁華地原是當年舊戰場

顧紹美字景先著 瑟菴集

飲僉樓和仙裳先生

總是知音者看山先後來今宵留客處當日讀書臺月可添詩料花如爲酒開新知與舊好都是謫仙才

病中

自別殘冬後居然隔世人酒因多病減詩爲寫愁眞對鏡全非昔求醫更苦貧明朝寒食節又負一年春

孔東塘先生改拱極臺爲海光樓

相傳拱極是仙臺一望荷花十里開觀海人從天上至乘槎客自日邊來公餘挈伴尋詩去興到探奇載月回怪得海光名再易尼山原只在蓬萊

沈復曾字大復號林公 著旦園詩集

將西同詞臣孝威賦

短市商歌疾驅風此敞裘地形趨碣石山勢坼河流雲策隨征馬春詞憶射牛東南銷王氣立馬向齊州

寄懷孝威燕邸

羸馬單裘雪渡河秋風禾黍疾商歌昆明夜月旌旗見項闉荒雲鹿豕過河朔幾人同濁酒江楓萬里一漁蓑古來擊筑吹竽客惟有荆高慷慨多

秋日題長鏡上人浮玉山菴

岧嶢飛閣倚嵯峨絕壑憑陵晚吹多北走大荒分楚漢南通百粵出山河千年草樹深江雨落日魚龍起夕波最是漁人輕雪浪烟蓑不避白黿渦

四天澄碧水茫茫此夜招尋宿上方石路漸深山市遠禪關長閉海雲涼鐘鳴下界晨烟白樵唱空江晚霧黃慚愧飄蓬許元度欲將清夢付滄浪

高沙道中

閘口奔流爭渡遲黃頭駕船赤汗垂襄陽估客鬢如雪愁對青湖白鷺鷥

黃雲 字仙裳號旅樵諸生 著 桐引樓集悠然堂稿

除夕寄女兒瓶梅

右軍愛女兒鍾情倘同之余有四掌珠大者方及笄遠嫁無百里中心悵有違離居曾幾時倏居青陽期遙知循婦禮櫛盥警鳴雞汝性嗜芳潔凝妝對庭梅如何臘已盡未見寒花開海隅斥鹵鄉地偏春或遲聊因家郵便折寄隴頭枝盛以小膽瓶前代宣德磁綠窗接香影舊夢猶依稀汝母坐我旁淚下如綆縻

春初棹舟訪宗定九於東原村舍途中作

初陽麗江皋索居慕同儔烟墟十里外窈窕循碧流渺渺盧舟逝習習條風柔文鯉躍澄波百舌喧芳洲殘英覆梅坂新綠彌麥疇氣和物已通地偏情自幽彼美寄丘園守道無外求安得結比鄰南村以淹留

讀書堂與諸生講禹貢

園居新雨餘薰風扇高帷碧篠紛冉冉芳草何萋萋疏解夏后氏反復隨刊辭始冀而終雍高下功異施乃粒在烝民八載亦已疲當其過門日中心常苦悲痛父殛羽山追顧呱呱兒天地竟平成至孝安可追卓矣萬世功蒼昊濟巍巍誰爲無父人把卷增涕洟

同人集千佛樓

故人邀避暑塵氣此中清小院覆梧色空堂聞雨聲寺貧饒妙趣僧靜有詩情莫負終朝坐秋帆又遠征

歲暮白上人歸自崇川

犬吠出深樹人家多掩扉寒河雙槳動破寺一僧歸皎皎月當牖輝輝霜滿衣明朝又更歲長守故山薇

江村元日

門前芳草路春到有誰過曙鳥喧寒樾條風動綠波性迂求世少親健得天多莫訝將強仕猶然隱澗阿

遊雨花臺因過半山園小飲遇雨

雲氣晴清晝山遊爭攬衣亂松崗北寺一徑酒家扉地僻留錢飲秋陰帶雨歸無窮好事者行樂舊京畿

香山宿來青峯

望都亭上望斜日影朦朧烟樹迷茫外山河指顧中泉聲隔梵唄蟲語入松風伏枕無窮事灰心佛火紅

廣陵贈惲正叔喜香山涵萬兩先生有姪也

不足盡君處人傳顧虎頭道心澄白水詩骨在清秋久別蘭陵酒初逢明月樓阮家儁才子彌想舊風流

丙辰新秋寄淮陰蔡子搆

瓠子今來決江淮白馬騰潮頭衝斷雁山脊剩疏燈災患開英傑流離念友朋楚鄉饑更甚進食有誰能

靖江晚眺

客路羈瀾港風波盡日狂潮聲連夕照帆影亂江光黃歇分封地孫權牧馬場暝烟迷極目無限使神傷

旅館雪夜

肅氣入簾幕孤燈剔未殘雪疑深夜重衾念老親寒離舍甫三日關心非一端牀頭餘濁酒強飲不成歡

桐鄉陳刺史宅贈黃介石

白門多難後生死亦相依閱歷一心在蒼茫萬事非寒城鳴暮鴂舊第閉朝暉慚愧論交者如君眞復稀

過汴梁廢宮作（今改貢院）

黃河灌後事堪傷全盛東京憶汴梁烟鎖閒花新使院烏啼垂柳故宮牆滄桑訪舊少遺老樓觀憑高空夕陽亂定招徠三十載蓬蒿猶有半城荒

邯鄲登叢臺

聞道邯鄲滏水側一丘野花相對開城郭幾更非趙國山川猶指是叢臺風沙滾滾征車過塞草靑靑獵馬回短衣騎射定有意昔日武靈安在哉

邗上喜晤趙韞退大參賦贈

舊事東南盛主賓山公淸望獨嶙峋久從元晏懷知己重過維揚少故人城月尙憐今夜好嶺梅猶記昔年春相逢又看軺車發惆悵西風立暮津

偕內子入廣陵舟中感舊（甲申避亂閱十三年已無家可歸矣）

十載還鄉舊路同一雙畫槳趁東風沙鷗翩影迎窗際隄柳搖光入鏡中夢到故園愁易醒語追離亂不堪終尋常愛讀蕪城賦肯信繁華逐轉蓬

經落帆亭是癸巳春與陳濬仙先生別處

故交十載散浮萍檇李風烟此再經今日獨齋磨鏡具當時相送落帆亭東門蟻酒春猶綠南浦絲楊晚更青只有寢園生宿草鵂鶹啼處不堪聽

重過秣陵不復見顧與治

數年不復賦南征舊路重遊百感生流水板橋桃葉渡斜風細雨石頭城誰人齋酒迎中散當代論詩失顧榮宿草一庭三徑廢偶過門外馬頻驚

婁東修復前觀察馮留仙先生祠宇

憶昔驚心丙子年誰將隻手獨扶天畢朝半醉烏程酒名士拚沉白馬淵黨禍淸時公又死奸謀用後鼎俱遷寧知宗社丘墟日廟食東南肅几筵

金陵下第歸夜泊朱家嘴舟中呈唐祖命

江南江北烟波接百里乘風願亦違宿浦爨分漁艇火泊船月近酒家扉露寒漸覺征衫薄秋盡仍從舊路歸幸有故人相慰藉中宵痛飲任忘機

武康前溪

黃鳥啼殘百舌鳴前溪隊隊踏歌聲誰人更續前溪曲少帝風流萬古情

靑溪月夜續燈菴即事

莫信繁華擅六朝茆菴深坐話淸宵金陵萬事都如夢月色猶留舊板橋

梁溪舟宿聞吳歌

雞唱烟中亂槳鳴夢回酒醒未天明江南風景彫殘後纔聽吳歌第一聲

陳志襄 字陶思號南村貢生著淡定齋集

客中秋懷

四野秋風落羈人尚遠征驚沙隨地闊老馬向人鳴山峻寒光早衣單酒力輕不知閨閣裏砧杵爲誰淸

月夜登燕子磯

絕壁憑江下空聲盪石洲登臨千里盡縹渺一身浮潮落沙增岸風高夏亦秋分明天際月化作白烟流

同黃仙裳暨蒼珮諸弟訪希聲上人不遇

不厭丁丁伐木聲閒從惠遠洽鷗盟那知洗鉢前溪去空閉盧堂佛火明相見豈能增一解不逢偏覺少餘情杖藜落日無歸趣坐看衡山紫氣橫

陳志諶 字君山貢生著嶧桐園詩

題王無倪所畫灞橋風雪圖

王君自是好丹靑三十年來門戶扃閒向小屋作圖畫依稀欲入僧繇庭昨來爲我開卷軸風雪飄飄生尺幅乃是浩然踏雪圖幅巾布衲轉深谷橋頭水紋凍不開悠然折得梅花迴風吹老蹇雙耳直雪花片片從東來我閱此圖長太息當日才名動京國召見豈忘北闕尊吟詩但寫南山臆功名富貴人所羨寧無訣詞動顏色甘心策蹇灞橋頭潦倒風霜形佝仄吁嗟男兒倘得乘駟馬擊鼓摐金坐大廈自應表表天地間安能俛仰隨人者不則閒釣槎頭縮項鯿淸詞麗句自堪傳至今鹿門山月在猶照襄陽耆舊邊

曉發泰安州

道出齊東地郵程喜漸南曉風吹馬鬣宿霧雜山嵐鶴唳不知嶺鐘聲何處菴到來生感歎兵火十年諳

燕城竹枝詞

春風到處酒卮香十里旗亭古戰場那復游人談舊蹟競將新曲闘霓裳

沈晴開字亦季

懷吳長吉

見說君歸後此心殊不閒一燈生遠夢三月在黃山芳草忽然碧故人猶未還荒村花亂發亦只掩柴關

兵起江上懷顧心

鐵甕城邊滿甲兵秋來江水亦難清詩書不謂逢多難烽燧何因過此生堂上疏燈雙白髮閨中荒雨一蟲聲知君必發毘陵棹不盡西南夜夜情

秦定遠字以御康熙癸卯武舉著快雪堂集

塘棲即事

石門貪夜發天曙入塘棲一水連吳越雙橋隔鼓鼙小船人渡穩落日雁飛低極目高樓上鄉關望轉迷

次韻答王大宗伯敬哉先生見送

經年燕市客春盡始言歸攬轡花如錦臨歧淚滿衣知交千古重去住一身微豈不慕高舉淹留難奮飛

甘羅城晚眺

秦相功名此地留烟波浩淼望中收南連淮水通清口北枕黃河湧濁流碑碣舊橫榛莽境帆檣競出荻蘆洲只今落日孤城上一片啼烏動客愁

席允叔招同諸子聽花書屋讌集

燕城三月雨初消攜手尋春度板橋花滿青山宜載酒人依畫閣聽吹簫隔林短槳來桃葉映水長隄拂柳條但得吾儕饒逸興鶯聲何日不相招

勞勞亭

山亭灑淚送君行多少離愁唱渭城亭畔昔人曾種柳年年折盡又還生

陸　舜字元升號襄平康熙甲辰進士浙江提學著雙虹堂集

瓜步

積水荒烟兩岸平三竿落照似懸鉦布帆帖處長空遠沙鳥飛邊暮靄明雲外沉山連海氣風前吹角入潮聲獨來徙倚江干樹心跡翻從作客清

易之炯字浚洲田授子康熙己酉武進士著秋錦樓集

送陸無文先生之廣陵

隋苑殊非舊君行及早秋亂烟隨雨散涼月下江流何處飄蘆管今宵夢酒樓知君憑眺久橫筆過揚州

送趙石渠守同州

天中行欲盡拔劍指秦山郡邑寒烟外人家野燒間虎風開陝路雞月警潼關知爾多題詠應憑驛使還

宮夢仁 字宗袞號定山康熙庚戌會元福建巡撫

七夕文讌

天際涼風來雲衣澹秋碧迢迢望河漢仙期度靈匹烏啼欲驚林螢點忽飄帙薄帷鑒織月玉卮未盈魄緬懷緱山駕仰睇瑤島跡鴛梭織已停初陳綺羅席西園富才彥出入金馬籍相將凌黃鵠乘時貴羽翼上溯勳與華下企皋與稷邂逅契魚水兩美豈終隔高雯曠何許良讌娛此夕秉燭念攜手庶幾長慰惜

登上谷北山山寺

郭外山堂勝尋遊憩遠縱眼空諸法界身上最高峯列戍屯荒草層陴劚暮蛩老僧耽絮語想像舊軍容

清江送張友鴻滇中司理寄訊藩臬諸同人

簫管中流雜棹歌仙郎擁傳下牂牁百年詞賦題金馬萬里風烟阻石礫蠻俗古來多健訟　主恩天外待鳴珂昆明戰伐今何似寄語加餐老伏波

張　琴 字桐峯康熙癸丑進士內閣中書著耐軒集

同友人遊南屏

薄言遊南屏棹舟湖水岸惜山欲遲行峯巒時仰看烟光過蓬萊嵐氣出霄漢遙入浮圖外松聲始浩瀚不覺暮靄重但見青雲斷翺翔顧吾侶二子清且粲遇我若無心朗吟共把玩

宣署雜詩

鄉國何時別橋山醉後醒客中愁易老塞上草難青風雨圍氈幕烟塵集幔亭無勞悲戰伐吾道託鴻冥

孤山

頹寺連山嶺來尋六一泉清光迎竹葉僻趣落松烟猿狖寒風急鼪鼯樹影偏講堂何處所流水自潺湲

射鯉謠

星將稀當射鯉官家稅白糧不稅田中水

山東道中

剝民種樹細商量半畝荒丘亦幾行莫訝枝枝都愛惜全憑梨棗上官糧

鄧漢儀 字孝威康熙己未舉博學宏詞授中書

廿烈女詩

孤雁號空陂貞女守敝帷伉儷既以定生死無乖違 一解

孤雁未有匹貞女未有室比之于伉儷那得言膠漆 二解

媒氏既通辭父母既心許此身已屬人周易重男女 三解

嗟哉廿家女曾許冷家兒雖許冷家兒未爲冷家妻 四解

何意訃音至冷家兒遽亡父母悄無言女痛摧肝腸 五解

三日絕饔飧三日毀妝飾一旦懸絲繩四壁無顏色 六解

太守遽聞之命駕造其廬雙旌爲黯淡五馬爲踟躕 七解

焚香拜靈櫬鄰舍咸嗟吁奈何小家女辱我使君輿 八解

使君自涖郡秉禮而化民風草有丕應首及荊布人 九解

上書臺使者冀邀 天子恩女名重靑史女行光里門 十解

過胡安定廢祠

老樹崚嶒極人傳舊講堂兵戈一橫厲祠宇盡荒涼蟋蟀鳴頹瓦鼪鼯竄短牆怪來仙釋地金碧盛輝煌

錢塘江行

夷險寧前算鳴榔已便風魚龍汀草外吳越浪花中樹近知江狹山回引岸東飄搖終快意萬里一漁翁

雨中泊海安鎭

不知鄉路遠但聽岸雞鳴曉色連雲動寒光入樹平遠波千葉下微雨一篷行似有同聲在難爲慰旅情

山行趨大庾

莫愁前路杳日出正東峯人馬盤空細烟嵐返照濃過崖星陡見近郭火偏逢更喜灘聲外層層響亂松

晚抵三水

昏黑仍前發疏星破寂寥岸明知有汊船動覺生潮海道犂龍會山城百雉驕稍因兵舸接盜賊滅三苗

宿八里江

對江湖口縣此地只孤付夜色圍廬嶽風聲觸海門地防蛟穴鬬人習虎崖蹲且復高眠去天涯易斷魂

過馬當山

水逆舟難上橫江更馬當飛雲盤斷壁絕壑走危檣隱隱蛟龍伏迢迢虎兕行臨深頻自責從古戒垂堂

曾庭聞自潤州枉顧草堂賦贈

偏是窮途重友生柴門握手淚縱橫一時聚散兼貧病十載存亡只弟兄宅巷重尋車馬跡江湖猶戀鼓鼙聲與君試話封侯事慷慨悲風萬里情

嶺南作

絕島誰傳颶母生五羊城角暮烟晴蠻花爭傍陳隋碣海道曾過秦漢兵百戰地埋烽火黑中宵龍抱寺燈明無心更訪匡門事月黯榕村破帽行

張登子招集喜遇胡豹生感賦

別汝眞經十五年瘴南重遇百花天中間生死誰書札此地悲歡盡酒筵萬里河山驚鬢葉一時兒女對烽烟英雄老去心情改淚盡高涼洗廟前

巴河鎭登太乙閣 閣爲故相國姚公崑斗所建

平津賜第久荒蕪傑閣巍然瞰楚都高處衡廬天外伏到來雲夢雨中無千

家烟火猶洲渚幾葉風帆自畫圖曾是赤眉燒不到奎光深照斗牛孤

萬安道中臥病至章門小差時值清明

過嶺風花陌上狂冥冥細雨入孤航客中人病經寒食愁裏鶯啼入豫章垂柳軍城殘日動新烟漁浦戰雲荒不知麥飯江村路寂寞誰來弔國殤

平淮西碑

雪夜功成能鼓鼙昌黎碑版照淮西文章何意開讒妒婦女偏能竊品題易代摩崖爭日月當年奮筆掃鯨鯢只今蒼碣斜陽外頻見遊人駐馬蹄

沉烟亭聽白三琵琶

寒日林園尊酒陳琵琶急響似西秦赤眉銅馬千秋恨譜入鵾絃最感人

北極諸陵黯落暉南朝流水照青衣都將寫入霓裳裏彈向空園雪亂飛 雨雪 正時

白狼山下白三郎酒後偏能說戰場颯颯悲風飄瓦礫座間人似到昆陽

天寶傳歌竟屬誰四條絃子斷腸時蠻靴窄袖當壚女今日公然識段師

詠懷

雲暗陰岑犀甲多風吹漲海蜑船過好看銅鼓荒祠下萬古人傳兩伏波

戰艦黃昏覆淺灣陰雲千載疊空山銷魂最是煙波客陪葬君王有白鷴

濠瀼歸舟偶感

青茅春瘴逐山流細雨孤帆瀼客愁聽徹猿聲江更闊衹疑天上是韶州

厲烈士招遊天寧寺塔有作

千丈浮屠未敢登佛龕聊與伴香燈十年親酌曹溪水我亦江湖破衲僧

題息夫人廟

楚宮慵掃黛眉新只有無言對暮春千古艱難惟一死傷心豈獨息夫人

過江州琵琶亭

江州遷客未歸秦絃索初聞淚滿巾今日善才風調盡蝦蟇陵下總新人

江行雜咏

江州解纜客途長三日西風逼建康試問誰人鐘姑熟青山牛渚滿斜陽

十載遊踪冷燕磯今來旅棹復將歸却憐亭子空青極無限鵁鶄自在飛

繆肇祺（字介玆，康熙乙丑武進士，浙江掌印都使）

都門懷歸

思親辭鳳闕，驛路尙漫漫。日落江南夢，風生塞北寒。長途懷故國，旅食寄征鞍。莫作他鄉客，歸來膝下歡。

盧溝早發

燕趙悲歌朔氣寒，披裘十月買歸鞍。霜飛匹馬旗亭酒，月落荒雞野店餐。千里雲煙迷故國，百年棋局夢長安。幾回射策金臺畔，一笑臨風振羽翰。

客都門汪函齋夫子招飲

燕山木葉走城壕，撲面黃沙旅夢勞。故國雲深埋雁鶩，他鄉松老捲波濤。三秋客屐盈華館，萬事風塵有濁醪。梧掖彈文眞諫議，狄門桃李愧吾曹。

羅柱（字碧山，號笠隱，晚號金粟山人）

九日碧雲山房同施千里、許介眉、張雙橋、魯菴上人

秋雲隨處碧，靜坐勝遊行。古木鴉千點，遙空雁一聲。籬花元亮酒，竈芋懶殘羹。不待詩投契，匡廬舊有盟。

夢山陰黃儀逋師

移封思酒國，醉死得姑蘇。衰草迷孤墓，新碑誌宿儒。傳詩名不朽，感遇淚同枯。迢遞道游魂至，依然喚玉壺。

蔡孕環字公梅 理問

春日同謙龍此度潁士飲西山分韻

一望浮青靄山光漸已春登臨纔此日歌嘯復何人城郭低飛鳥乾坤老戰塵且休談往蹟樽酒坐荊榛

贈歌者

憔悴天涯正此時黄昏鼓角亂鄉思也知崔九岐王少懈懶唱江南紅豆詞

薛芬字奎生 雉嘯集著

過得一菴訪妙峯上人

霜落疏林淨烟開古殿晴梵音朝磬寂禪性曉潭清曲徑迴人跡虚簷斷鳥聲所居曾不遠得與惠休盟

贈張古民

宿昔曾聞賦子虚十年始得識相如尊前白雪朝擕酒閣上青藜夜照書天地得君開翰墨山川老我獨樵漁歲除有約休教負鄭重春風到草廬

黃九河 字天濤 深柳堂集 著

北上於袁浦發家書

丈夫志四方不受兒女羈苟懷萬里志勞勩何足辭昨發海陵城今宿淮水湄附書於送徒援筆中心悲親亡兩弟弱支戶惟中閨水旱歲頻仍全家常苦飢官租宜早辦西疇勤耘耔幼弟學易荒肅恭承明師回首望螺山先壟草離離遠行戀所生貧賤無歸期苟能行直道何懼路險巇長安多親舊音驛日夜馳紙短苦意長挑燈重封題欠伸啓蓬窗月落村雞啼

送孫豹人先生赴右督府幕

聞道廬山路烽塵漸欲銷千金能致士六月遂乘軺軍鼓翻湖漲漁燈散市橋傳經還幕府心事總蕭條

舟雨

野色雨濛濛游人護短篷草青天隱浪江白鳥呼風茅屋花全放村帘酒正濃那堪寒十日春盡板橋東

夜泊惠山汲泉作

向夕健遊屐挑燈坐石牀泉同人意瀹茗是雨前香啜罷山容寂聽來夜籟長松間有明月偏照薜蘿裳

月夜坐虎丘石上

出門無好月恰喜到山晴疏磬雲邊落微烟水際生懶尋穿寺路時有踏歌聲偏愛生公石猶傳六代名

雨中登多景樓

江雨瀟瀟暮不休攜尊着屐一登樓含風草樹翻低浪到岸帆檣起亂鷗梁代標題蒼霧冷孫郎戰蹟暮山浮誰能對此無愁思况復天涯事遠遊

邗上訪劉公甗先生不值時予與先生將先後入吳

門巷垂楊第幾家寂寥旅館傍城斜冰壺自屬山公鑑銀漢頻移博望槎日落隋宮飛社燕風吹吳苑落秋花預期石上聽歌去短簿祠前酒易賒

送毛亦史歸婁東

知君夜夜夢鄉關夕照荒原看獨還剩有此身娛白髮竟無餘橐買青山江風細雨高樓外野樹叢雲斷岸間此去逢人如問訊爲言有客鬢毛斑

黄九洛 字定姬

喜李子鷹見過卽次見懷韻

君在東皋日思君獨倚樓那堪一月隔已是萬山秋襆被忽聞至哀絃頓欲收情深言不盡坐待月光浮

九日期趙庶先先生登高阻雨留飲小齋

兩兩青山阻屐痕蒼苔空自掩柴門黄花香冷烟三徑紅葉聲中雨一村客似孟嘉誰落帽主非陶令獨開樽秋光自在幽齋裏且把茱萸細討論

月夜聞笛

長宵幽籟最關情梧蔭高樓月自明江北江南風景異總憐羌笛似猿聲

張紹良 字又房號留菴諸生著柳村集

學圃

管寧戴皂帽與友同荷鋤視金如瓦礫毋乃與衆殊我不分五穀而能辨園蔬園蔬日以秀灌溉臨清渠荷鋤倦歸來展看山海圖

京口曉發

渡口月初落城頭鼓角鳴人家明宿火行李帶殘星野店江光白山程草色青南徐頻作客歸夢幾時醒

瓜洲晚眺

朝放邗溝棹暮登瓜渚城林紅殘日下江白晚潮生風送孤帆遠雲連斷嶂平金山標古寺隔水聽鐘聲

俞梅字師巖一字太羹康熙癸未進士翰林院編修

舟次燕子磯

乍脫風濤險維舟燕子磯雲空山影瘦潮長浪痕肥狂客吟秋水孤帆下夕暉倚篷無限意目斷燕南飛

次韻黎湘芷招飲

兀坐連朝雨黃花染翠烟化身同野蝶放眼屬寒蟬日影霑雲溼秋風着草眠共傾三葉酒漫誦柏梁篇

半塘弔詩人黃儀逋墓

天涯孤塚水邊門寂寞人間北海樽三尺荒烟埋醉骨萬山冷月照詩魂是仙非鬼余終信欲殺能憐世莫論獨惜孟光墳墓遠隔江愁緣鎖眉痕

集古旗亭限韻

酒邊徒侶散如星舊雨蕭蕭共窅冥雲隔烟塵無限白霜凋林木有餘青曲闌畫壁猶題鳥小苑黃昏孰放螢莫唱春風楊柳曲殘花都落古旗亭

陳厚耀字泗源康熙丙戌進士翰林院修撰

北苑新秋應　制

雲天淸暑色木葉送秋聲水淺魚龍起山空鶴鹿鳴南憑金闕近北眺翠屏淸一路沙痕白拈花亦有情

熱河趵突泉

由來鑿飲頌康衢誰道甘泉彙勝區萬派寒潮飛匹練半天花雨灑明珠膏流海外尋源處淸在人間發軔初此地風雲開北極靈根　窟擁　皇圖

宮鴻歷字友鹿號恕堂康熙丙戌進士翰林院編修著棣園集舊雨集

魯仲連射書處

樂生已歸趙聊城猶抗齊仲連一紙書墮城如拾遺信哉國士語賢於十萬師韜光臥東海孤踪何可追戰國標季運而有高世姿刑名習申商口舌誇秦儀謀身亦云巧反掌憂禍罹微名腐草同長爲萬代嗤

送顧俠君歸吳門

桃竹三尺弓青莖一囊矢君射南塘鴨我射東皋雉相望雲水間相見長安市沽酒道心曲託身等微技明日秋風高聯袂一水沚雉翔寥廓中鴨沒寒潭裏去矣勿復云拂拭衣上滓臨歧有贈言弋獲古人恥君手青萍劍我腰白玉斧斧劍固殊用用之何所取鍛斧爲劍器切玉碎如土冶劍作斧斤自署修月戶二物雖同心市兒半聾瞽鄰女解自媒倚門被繪組薔薇塞東籬桃李荒舊圃利器猶在手藏以待良賈

木菴先生壁上觀李松嵐畫松歌

松嵐畫松誰與匹畢宏以來推勁敵數尺根株一百盤慣將拗筆摹尤物學士壁間畫五松高枝樛結如蒼龍蒼龍夜挾雷雨至五松嶽立爭豪雄瘦蛟蟠紙多稜節虎脊熊腰姿態絕老榦常捎三峽雲新枝已屈千鈞鐵風條露葉故依然化工入手天無權水墨經營極意匠晴烟不斷青蜷蜷噫嘻豔蘂濃花世所尚吾徒冷落知誰向無用霜皮四十圍有時白髮三千丈願君寶此後凋心桃李春風莫惆悵

臥佛寺

古柏秋陰合羸驂放寺門碧泉通磵戶紅葉失山村已與塵囂隔安知歲月奔追隨愜幽趣雲路許攀援

涿州謁張桓侯廟

泥深路滑客心疲立馬斜陽讀古碑州破猶全天下士軍行河負帳中兒靈壇松老森高纛古堞霞明捲大旗主上東征亦蕭索眼穿難得沼吳時

上巳日雨和胡孟綸先生兼以誌別

浮雲黯黯蔽江汀彥會高車此日停歸夢欲離江上水新詩應滿竹西亭鶯花客裏和愁過絃管聲中雜雨聽此後相思何處望越山一點暮煙青

先我集卷一終

繆沅 字湘芷康熙己丑進士殿試第三人刑部左侍郎著餘園詩鈔

和陶靖節羲農去我遠一首原韻

末造方任運達人思保眞抗志慕皇古惟以返吾淳六經正燦設光景日常新俗學尙虛無咎不在嬴秦禮樂若桎梏典籍同埃塵卓哉柴桑叟逃古何殷勤途遠轍自合跡異神彌親昭然揭大義爲世通迷津獨立魏晉中岸然古冠巾飲酒乃寓言所念羲皇人

文安王孝子詩奉和座主安溪相國作

丁徭日繁重閭戶多逃亡文安王氏子飄泊辭故鄉棄我舊井竈舍我舊耕桑廿心離匹耦各自東西翔　故鄉不能歸涕泣淚如雨一燈何熒熒健婦揞門戶生兒在襁褓日夜尙須乳　兒生未十期兒志如成人上堂見阿母兒有平生親兒生不知父兒不如鮮民阿母爲兒言汝父久埃塵上天與入地欲見愁無因孝子聞母言含淚聲酸辛　酸辛不能語獨立心踟躕奉母居道旁冀得達音書朝來撤勞薪爲客具晨炊客有遠行者孝子前致辭兒生自有父遠在天一涯長跪進履襪爲兒一尋之荏苒又十年消息斷路歧團圞復團圞爲兒授家室登堂見花燭吞聲哭不得兒生未識爺何以安枕席誓辭連理枝永遠事行役再拜阿母旁泣血流顏色　出門何所之惘惘別里門長號感行路天地爲之昏日則望雲馳夜則戴星奔飛蓬冒天末何處尋本根　出門何所之竄身落山椒望見田橫島悲風何蕭蕭海水爲不流嗚咽凝寒潮　行行大壑旁偃臥荒祠外精誠動木石魂魄交冥昧開門揖老叟夢中與神會午食見指南莎羹未粗糲當歸乃隱語不聞附子膾迤邐入東南山澤形神枯黃沙蝕顏面瘡疾生肌膚果然帶山下夢覺逢精廬佛香飄院落有客蒼髯鬚詢知舊鄉里驚喜立坐隅尋聲猶識得精神

相感孚父子抱持哭淚落千浮屠　殷勤勸還鄉緇林戒行李入門見老妻毀顏已暮齒新婦潔盤餐爲翁具甘旨至行格天地和氣浹鄉里高曾遺矩矱子孫遍朱紫至今道旁人齊歌王孝子

劉節婦詩

金石有銷滅立志常貞堅可憐劉家婦鄉里稱豪賢劉翁欽寄人作宦珠湖邊劉郎溫飽士嬉游堂東偏陽春桃李花爛熳春風前以爲免摧折可保長芳年誰知時勢異羅網紛糾纏劉翁貶官去劉郎亦株連可憐劉家婦于歸無一年夫壻哭在途寡婦哭在堂可憐劉家婦掩淚出閨房急脫紫羅襦急卸時世妝下堂理刀尺上堂調羹湯躊躇不能寐嗚咽東方明叶謨郎切

北風寒氣冽雪下白皚皚堂上翁與姑相繼游泉臺新婦中夜起行坐愴中懷夫壻知何方道遠難與偕低頭乞四鄰軟語慰僮僕相助送翁姑瞀寐歸夜窆叶呼酷切野田曠無路雪光蕩溟渤可憐劉家婦皮肉凍皴裂一手拊白雪一手掩白骨

溝水東西流各自從淸濁人生賢與愚所爭在好學可憐劉家婦生兒具頭角兒生父未見兒長母淚落夕陽下野田羣兒共力較皆言劉家兒門戶最衰弱公然來欺侮對面相束縛兒歸哭告母母急爲扶持呼兒告往事淚下如綆縻自從汝父出君家婦難爲汝今不力學宜受羣兒欺送兒就外傅受書歸書帷願兒熟孝經不願工文詞

秋蓬辭本根蕪亂無枝柯羈人患難後萬事皆蹉跎當年朱閣秀今日窶人家荆釵插蓬鬢憔悴難光華日刈田中禾夜績燈前麻幼兒不解事索飯聲呀呀阿兄門外來驚見生咨嗟咨嗟追往昔廿載星霜換作歌告同仇紙上血淚漫夫壻在天涯各各心腸斷

與顧俠君

君前入剡時春波蕩綺縠遙峯青蜿蜒芳草茸茸綠鼓棹下鏡湖夜遊時秉燭清詩如束筍剩葉寒滿屋我今剡中歸殘雪散林麓小停訪戴舟尋君半塘曲洒掃秀野堂多缸酒新漉堂中足圖史清華湛水木撐腸五千卷插架三萬軸蟲魚細箋註迅掃千兎禿相逢一笑粲共補山遊錄

若耶溪懷古

赤堇山前波瀲灩峰巒無數銜山店日暮溪風吹客面弔古重來訪遺箭樵人不逢鄭巨君寒磯早與仙公見上有葛孝先釣磯晚登鑄浦弔歐冶灼灼芙蓉經百鍊蜿蜒立佩五蛟龍出入食火森岩電當時吳兵入會稽提鼓行成幾爭戰純鈎湛盧空自好魚腸臣閼安足衒不若夷光誇絕豔臺遊麋鹿千秋鑑沼吳只在如花人多事越王重鑄劍

袁術

公路浦前白日昏千重駭浪猶奔騰袁曹昔時爭戰地秋原尚作黃雲屯兄弟鬩牆事堪歎術也讐紹翻結瓚謬算適足羞先公強云圖讖天所贊里謠誰記當塗高僭號不聞闖象誅符命之說誠荒唐當車有臂疑螳螂江淮凍餞士卒死宮中日夜爲荒亡蛾眉皓齒競害寵馮家小女悲懸梁灊山之敗所自致江亭奔竄如亡羊堆牀十斛僅麥屑一勺入口無蜜漿當時割據意何取離離滿目悲禾黍我來袁浦爲弔古老龍書眠蛟夜舞鯨波蝕盡戰場土

秋夜聽雨

坐臥水亭清宵涼陣陣生月光行雨外電影照秋聲玉瀣和雲冷銀河隔樹明會須憐織女天上賦閒情

題李剩水明經傳後

大隱非丘壑斯人應客皇山林終寂寞河嶽散英靈有道人師表中郎世典型遺書今在否雲氣護山庭

春暮過平山堂

不到平山久棲遲又五年松聲猶帶雨山勢欲浚烟孤磬開初地幽亭咽古泉却憐春未盡惆悵對江天

讀書落花下作

映雲殘日淺繞砌落花深薄俗不得意古人知此心字濃香可泥行密影堪尋未待黃鸝喚悠然自好音

壬辰春奉　命分校禮闈東勵南湖張硯齋蔣西谷諸前輩

清霜簾幙鬢毛侵天日無私共照臨十五國中才最盛三條燭下感逾深滿懷氷雪無餘滓一片空明證此心學士鑾坡清望重爨桐從此有知音

送顧嗣宗返吳門次留別韻

韓孟雲龍且夕依故山猿鶴久相違人如諸葛真名士客是江東大布衣吳地烟嵐應入夢楚天鷗鷺漸忘機步兵日有尊鱸思隱語當歸且緩歸

和沈桓雙遊金山詩

幾年歸計負雲山衣帶遙青冷欲刪兩岸荒鐘沉海嶽一天秋夢滯江關芙蓉千片擷來遠鷗鷺經時看處閒却羨休文多錦字偏能濟勝賦孱顔

靜嘯堂觀演天寶遺事

法曲人間未渺茫檀槽一夜響倀倀海青罵賊龜年去各有琵琶答上皇

獵火光中一串歌千年舊淚滴銅荷李謩曾傍宮牆聽殘序霓裳記得多

芍藥亭荒更不春宮人入道也傷神海山久已餐霞去猶把塵心哭太眞

題漁洋先生放鷴圖

照影碧潭同耿介刷毛琪樹共婆娑開籠放處白雲滿昨夜故山歸夢多

忘機久已狎冥鴻閣外初弦月似弓盡把閒心託閒客小軒秋氣逼孤桐

別舍弟旬洋

憔悴江東阮步兵鄉關回望不勝情一肩行李蕭條去從此人間重弟兄

訪汪鈍翁先生故居

山光塔影尚嶙峋遺築丘南野水濱草沒垣衣何限感乞花場上弔詩人

沈龍翔初名獻康熙癸巳舉人

天目晴嵐

天目本仙阜年來耕種平晴嵐杳何許井石自縱橫

泰堂明月

高堂俯一州去天纔尺五明月當空懸照徹窮簷苦

吳崇先（字式武，號鶴山中，著有世綸堂稿）

遊白雀寺晤豁堂上人

綠遍春郊外尋幽到上方松陰遮寺路亭影接湖光入座參空偈聞言有妙香偶來隨所適快覯米襄陽

黃河卽事和李書雲內兄

行盡江南路因深去國情鄉音隨地改暮雨漲沙平荒岸知秋早輕霜帶雁聲故園憑夢轉紙帳與梅清

訪友留飲

不近高人榻誰窺湖海心十年聞意氣一夕定知音清吹散平野白雲橫遠岑相思常念切尊酒話更深

塞雁

地北天南萬里身驚寒昨夜過邊塵暫隨沙漠秋來夢還識湘江戰後春斥堠長銷憑寄信稻粱猶滿勿傷神荒汀斷渚年年路應認蘆花作主人

閱射

日暖風和駿馬行穿楊飲羽意縱橫江東子弟新承寵射虎爭誇右北平

俞楷（字陳芳，號正林，著華亭數論）

登攝山中峯絕頂

駕言登繖山陟其最高頂不圖傾東南豁然如夢醒江流秋色中流光何耿耿風檣燕子飛虧蔽浮雲影錯趾多峼嶁大勢已吞併茅蔣可與言衆山俱氣屏龍蛇走萬松靡曼若茗穎薄伽百海印窅沒無人境對此心茫然胡能辨喧靜天風落異香翩翩心骨冷興廢成今古任運絕思省自出人世間安知有箕潁

天開巖

絕人奇險處沓嶂忽天開一線江聲遠千尋秋色來逃禪存正眼造物見奇才選勝非吾意沉吟對講臺

初三日登千佛嶺看月

看山尤愛日云夕過嶺初窺月一涯萬樹松濤浮片影千崖佛火照孤霞鐘聲不醒齊梁夢香氣空聞晉宋花植杖無言秋色暝西來紫氣屬誰家

木樨花下聽奕

清秋避世日牆東枯壑荒籬徑不通亭午山前秋雨歇棋聲靜落古香中

沈嘉植 字子原號恆樓清河 數論著山雨樓集

蒙陰道中雪

北風吹征鞍晨興氣蕭索遊子事遠征凜冽悲衣薄陟巘望蒙陰霎烟起城
郭四顧天沉冥密雲寒大漠初驚微霰集繼乃如掌落飛絮捲長空須臾滿
冢廓乾坤玉結成邢辨丘與壑我僕瘁以痛我馬罷且弱行行路轉難依微
見東嶽安得登其巔齊魯供揮霍

寶帶橋看月

橋頭看月色驛路白如霜砧杵千門靜蒹葭一水長關河秋渺渺雲樹影蒼
蒼醉後饒餘興呼童載舉觴

送蔣霞生入都

迢迢冀北道遊子漫羈栖古驛寒梅放平沙朔雁低千盤衝雪度一劍帶霜

擕珍重樽前約春風聽馬蹄

花朝獨坐

晴日風和百卉新疏枝滿院笑芳晨寒爐茶熟誰相過獨有梅花是故人

朱光巒 字青巘號竹林中 書著牧鶴軒詩稿

題文徵仲寒山飛雪圖

幽人長年不出戶家住千峯最深處滿天寒雪灑空林一夜琪花生玉樹此
時對酒懷抱開山南隱者獨未來樵靑掃雪正相待幅巾曳杖衝莓苔茶鐺
藥臼茅檐下百道飛泉半岩瀉松梢一點露紅樓古寺微聞鐘磬罷誰能放
筆爲此圖景物不異風神殊一皴一折皆奇秀待詔名高天下無

秋日重遊焦山

不赴山靈約重來挂短篷江空霜更白秋老樹能紅歲月淹遊屐魚龍攪梵
宮徵君何處去千載憶高風

瓜渚曉發

放棹烟波裏漁歌聽榜人孤城猶月色獨客正風塵山寺鐘聲早江花野店

春昨宵瓜步酒歸夢幾回眞

眞州口號

千艘雲集大江濱日日金陵山色親欲問英雄渡江處蘆中不見打魚人

朱光嵒 字魯瞻號藥圃貢生著古香亭集

報國寺雙松歌

咄嗟何地無松樹報國雙松天下奇橫拖倒映一千尺頓令蘭若回春委一松偃臥無今古嘯傲巖阿類猛虎一松怒突勢奔放山魈水魅紛奇狀神龍夭嬌幾千春屈鐵虬枝侵㕙浪五陵豪俠當新秋肩摩轂擊訪林丘俯仰那知有人世坐臥渾疑蓬島遊我來招提偏繾綣日對雙松事筆硯殘鱗剝落風雨生禪燈梵唄飛霜霰松乎松乎何落落盤空翠黛森巖壑不知何日鬼魅侵一株攝取歸冥漠使我淚點滿心胸烏能突兀再見此雙松

麻村

只在烟光裏行行路更賒驚濤從石轉老竹壓簷斜野黑高原燒晴香古陌花微吟羞白髮幽興寄桑麻

望太行

造峯積翠倚嶒岏俯視風烟萬派喧狐塞秋聲盤地軸燕臺雲氣接天門正思絕頂窺邊騎無那荒林繞斷猿紅葉青山方在眼高原躑躅又黃昏

王鴻藻 字彤山號中翳書

與田半園丈夜話

我亦似飛鴻飛靡所止迴翔欣有託凝神且住此客歲遊京華戀戀家園裏驅車南與北日月迅如矢 [illegible] 息近三年日歸且課子椿萱正向榮桑榆信可喜有叔中表行骨肉眞知己笑予服轅下胡爲不知恥今朝服官去爾亦慎行李揮手出里門時命復爾爾黃金聲價重文章生氣死叔氏爲予惜勸進杯中旨歲暮欲何爲四顧悲風起

送友人之江右

整日都亭強送人送君今日倍傷神鶯花二月征衫薄烟水三江旅食貧帆落湖天呼舊侶枕欹風雨憶慈親莫言彈鋏歸來晚香滿河陽已及春

登北極閣

高峯一閣插晴空指顧金陵入望雄北極星河蒼漢外南天風雨碧烟中三山佳麗迷飛燕六代繁華冷斷鴻登眺不堪回首處朝陽殘樹月朦朧

儲澐 字山濤，含山訓導，著《若霞集》

詠史

漢帝得天下豁達異凡主區區斬蛇事荒誕何足數謠哉劉寄奴奮跡起行伍權力挾天子恐爲衆所阻詐言新州蛇擊斬類高祖皇天眷有德符瑞自非古茂陵封禪書三代棄如土

山水歌贈顧禹功

山峯遠樹何蕭森洞庭之石蒼梧雲先生寫畫先寫神前身自是曹將軍我常思買灊山麓見此峯巒已心足安得坐我高峯頭直向懸崖結茅屋

登大觀樓同黃交三趙憲吉澄鑑賦

天氣晴明曙色開危樓高聳踞江臺雲迷樹杪潮聲亂窗對沙州日影來豪俠久埋橫槊志風流空負濟川才湖山閱歷從茲始好友銜杯亦快哉

宮懋謙 號杜洲，德州知州，著《嘯月齋集》

渡沂水

白日落沂水欲去聊盤桓秋風散蒸暑凜凜生新寒手中竹馬鞭是昔青漁竿臨流不垂釣佇立興長歎

九日岳阜登高過雲谿精舍

志士感蕭晨騷人愛素節杖策事幽尋谿迴路多折捫蘿展遐眺佳興登高發山空雁影沉木落秋容潔下臨古蘭若花石轉幽絕上人足名理相對忘言說一悟清淨因永息馳驅轍牛羊下前山黯黯溪頭別回首晚林鐘疏烟淡微月

圓 鴻 字雲翔儀徵籍廩貢生著棣光草堂詩

和潘雪帆留別韻

相逢正值菊開時孤詠淒涼事可悲風木臯魚空有淚參商杜甫更留詩極天關塞孤帆影捲地烟花兩鬢絲懷袖三年書不滅下言離別上相思

平原覽古

路入平原思渺然四君聲蹟至今傳處囊上客尊毛遂蹈海高風得魯連如許頭顱操一硯向誰肝膽弔千年賣漿欲博人安在日落荒城起暮烟

圓 昇 字冠霞號鶴筱儀徵籍副貢生訓導著畫山樓集

春中過蘿園 在冀州

夜雪作餘寒朝曦薦微暖物候本向榮精舍況非遠窗虛山翠明林靜鳥聲緩坐久寂無人繁花落空館

天門舟夜

已決歸期近愁心翻不眠水昏初月夜山響欲風天客路依漁火人家認柳烟新涼醒殘醉坐整葛衣偏

周　虹（字虹思　號天橋）

駱賓王墓

古碣横衰草唐賢姓未殘墓門冬始見（狼山麓草枯始見）海氣晝常寒落跡江湖易憐才宰相難空餘憑弔淚千載爲君彈

江東門訪舊

舊遊多白下訪舊繞江行沙軟留人跡山空聚葉聲雙楡公子第百里帝王城相與同懷古秋風無限情

秋雨潰隄

隄潰秋來雨連綿幾月陰怒濤鳴釜底亂艇闞湖心村落無高岸人家剩短林淮南十萬戸與水共浮沉

揚州晚泊

日落楚山遠秋殘暮氣淸白花沽好酒紅樹望高城短短天涯棹茫茫客子情二更燈火裏何處玉簫聲

梅花

霜迴月冷二更過江上冰妃意若何半臂爲誰搖縞素寸心只欲老烟蘿花經寒極開方豔香到淸時夢不多惟有孤山林處士相逢幾處起高歌

與鄧孝威寒窗小集賦贈

破帽高歌去早秋重來堅凍合長溝詩人易惹千年謗才子誰封萬戸侯此日解裘同買醉何時作賦共登樓五陵笑煞諸紈袴被褁黃綢不出頭

憶嶺南風景

六年車轍遍天南五嶺高低漸欲諳山寺路隨雲斷續土人語共燕呢喃窗推蕉下聽秋雨書枕樓頭看暮嵐夢裏至今猶戀戀七星岩上酒初酣

人日登開化寺大悲樓

巍然高閣壓吳陵袖拂慈雲此共登瀕海天光全在水渡江山勢半歸僧靈辰雁解排人字礿地花先綴佛燈極目浮螺氷欲泮東風吹徧白稜稜

落花

辭柯逐影日匆匆凋謝何須怨晚風自是情多人易老豈因春去色皆空蕭疏江浦千家外骯髒山塘七里中可笑補巢雙燕子年年天末拾殘紅

黃泰來 字交三仙裳子著岱青樓集

將有洞庭之遊蔡右宣程言遠以詩相送援筆答之

我聞洞庭之山七十二峯高嵯峨洞天福地何其多東西對峙青纍纍上有姑射絕世之仙娥餐霞吸露匪朝夕光華日月相摩挲仙人夜吹白玉笛胡麻麟脯能留客長嘯一聲千壑驚水晶宮殿銀蟾白吁嗟此境不易登千家橘柚垂層層丹丘在人境仙子憑虛升上有蓮花放千葉高呼帝座如可膺蒼虬赤鯉竟何處花落花開自朝暮蓬瀛清淺路不通女牀又長相思樹烟中縹緲看若無玉几珠簾隔紅霧銀河倒瀉摘星樓天香滿袖劉郎渡欲攜二客訪芝庭具區湖水如東溟麻姑勸我展莫停神仙自古忘其形洞中仙子久相待俗眼惟見洞庭之山點點湖中青

游花谿奉懷東海夫子兼東龔含五先生

花谿昔爲安道宅千個黃鸝叫深碧江左風流今尚存玉峯夫子追前迹郎地便是綠野園臺樹參差最開闊胸中五岳任意生眼底天池隨步得登峯造極無以加曲磴懸崖幾百尺始知會心不在遠丘壑從來屬安石文章德業亘古無榮光夜映台星白瀛臺侍宴瓊花朝太液揮毫珠樹夕分明身在閬風中玉宇品樓紙常擘柏梁和龍又芝房天馬大風賡瑤席名園晝閉午橋莊落紅滿徑蒼苔積濠濮遊魚自得情野鹿能迎山客屐白雲來往自無心春秋閒却東山奕珠江有客歸未能一榻高樓愛幽僻十年心慕始相逢投閒那久棲巖隙傾談共念玉峯師一代儒臣聲望赫猶憶廣陵初識荆陽羨陳君話疇昔紅豆歌成恨未終標置蒙公爲鞭策門牆萬仞總難窺雲泥北眺江湖隔菰蘆抱膝祇長吟撫景無端空自惜花谿桃李千萬株飄蓬我作滄浪客

虎丘謁蔡忠襄公祠

蔡公忠烈超千古晉陽百戰缺戕斧猛士相徒盡致身白日黃沙捲旗鼓憶在鼎湖十八春羣盜如毛塞寰宇中原千里無人烟處處堅城逼樓櫓秦中拱手失函關赤眉百萬號豺虎臨邊將士心膽寒寶玉紅顏恣賊取須臾一葦渡黃河太行搖動擎天柱中丞竭蹶命出師裨將彎弓石沒羽摧鋒入陳屢敗之賊勢遮天壓城府兵盡矢窮潛上疏孤臣力盡負英主孔明陣裏將星流宗澤營邊忠鬼苦生爲柱國死明神今日酬功立兩廡湯公遍焚淫祀多改作公祠亦英武吁嗟當日失廟謨掣肘封疆用閹豎緋衣常侍講孫吳坐失事機由莽鹵寧武關前寒草黃英雄血淚傾如雨大璫反爲賊元勳九門迎龍開宮戶此輩平時挾主威臨危授命誰堪數中丞鐵漢睢陽風國恥未雪埋黃土只今祠廟虎丘間忠魂夜作胥潮怒

賦得花月春江十四樓

十四樓何在春江月尚明曾聞遺老說夜夜竹枝聲鈿粉幾時事興衰此日情秦淮佳麗地懷古益愁生

贈汪鈍翁先生

高樓百尺臥耆英餘子紛紛慕姓名道德千秋歸碩果文章一代屬先生身逢山水頻營宅心厭榮華不入城著得太玄經始就問奇門外有人行

山塘送卓子任歸廣陵

送春時候送人歸惆悵臨岐指落暉幾夕未醒還貰酒今朝欲別又牽衣崖前野店楊花落樹裏紅亭燕子飛君去渡江吾尚滯舊山先已夢漁磯

姑蘇懷古

佳麗千秋憶闔閭吳王宮闕已荒蕪採香徑沒青山在響屧廊空夜月孤霸

業不堪同逝水興亡何處問啼烏浪傳西子終歸越一片菱歌散五湖

秋晚同唐祖命先生渡鑾江夜次朱家口

秋老人同北路歸晚投荒浦思依依山雲繞寺塞鴻過漁火照江楓荻飛客
裹空囊添酒債月中涼露薄征衣扁舟此夕追從處痛飲狂歌興不違

吳門即事

寒雨蕭蕭江上生西風愁絶闔閭城疏鐘尙憶寒山寺夢斷楓橋落葉聲

雨中攜樽過唐耕塢舍人雨花寓園

叢桂香中風雨稠攜樽相訪醉南樓六朝山色推窗見木末亭前一派秋

鸜鵒橋泊舟

踏屐歸來上畫橈酒醒常覺是中宵春聲到枕人難臥細雨斜風鸜鵒橋

黃陽生 字妃懷號晉漁仙袞子著月舫集

懷金孝章前輩

我愛金夫子行踪類昔賢避秦歸洞口思晉隱籬邊虎阜三秋月邗江獨夜
船相思隔烽火書信倩誰傳

醉里訪褚硯耘先輩園居

十載聞風義今來訪隱淪浪遊爲俗累高臥足天眞暗水趨池滿秋聲出樹
頻曾心何在遠魚鳥自親人

已亥秋深與鄧孝威先生家園

亂後來深院荒林落葉平秋風欺破屋朔雁唳寒城酒傍陶家漉詩同謝客
淸豈知鼙鼓震幽興爲君生

和唐祖命先生見寄

山溪黃葉打秋窗北望銷魂水一江收過稻苗人事簡荻花叢裏放漁艭

鄧昺宋 字扶風，號大德，孝威子，著我笑軒稿

別姚舒恭

寂寞荒村裏，傾壺那復增。秋光連遠岸，水氣逼深燈。繫柳家家舫，沿溪處處晉。難爲分手別，款款話吳陵。

九日之東皋省家大人，卽寄巢民先生

亦知逢令節，客舍倒壺觴。可惜猶歧路，無由話夕陽。夢隨雙槳動，心逐片雲長。寂寞秋江上，閒花強自香。

赤壁懷古

孫曹決勝地，日夜大江流。不見旌旗盛，惟看麋鹿遊。空山支石枕，絕壁蕩漁舟。何限登臨意，燒荒兵火秋。

遊野寺

野寺人誰過，禪燈到眼微。蒼藤盤畫壁，老樹隱柴扉。僧去鴉頻喚，蟲鳴葉盡飛。難堪秋水漲，極目祇斜暉。

鄧勵秀 字七友，孝威子

春日登太白酒樓

山銜江面出，樹壓一樓荒。猶覩風流跡，曾傳供奉觴。祠堂啼獨鳥，春色散斜陽。無那宮袍杳，千秋憶酒狂。

句曲道中

不意茅城路，歸裝如此難。亂雲埋四野，寒日辨千山。書劍風塵客，乾坤冰雪顏。蕭蕭多虎氣，那復任躋攀。

舟泊閶門

雪浪銀濤一葉舟，忽經勝地暫淹留。梯航萬隊趨吳市，絃管中宵沸畫樓。事去猶懷傾國恨，潮回頻打故宮愁。曾經麋鹿傷心地，無限騷人總白頭。

鄧勵相 字方同號冠城 著文選樓稿

天童寺

萬松圍古寺蚰徑勢迴環日黑長疑雨雲陰欲變山仙禽穿澗浴翠竹繞亭閒極目窮滄海森奇任意攀

廣陵贈杜茶村

身經喪亂困干戈此日行吟意若何滿地軒車誰顧問一時屠釣好相過黃金散盡頭全白老驥歌殘淚自多却喜風騷猶未絕常聞高調起巖阿

立秋日微雨送姚舒恭次原韻

涼秋郊重鎖柴荊黃葉蕭蕭泊舫輕一代風流成舊夢六朝詞賦只盧名山村有路連雲合野陌無人帶雨耕憐汝遠投郊外宿客樓登望不勝情

王晉原 字雪樵雍正癸卯解元

劉節婦詩

海濱有孤雁音斷葭蘆洲乳雛墮巢盡寒飈夜颼飀家本客星後節操素講求心安不奢望聲名乃所羞草莽甘埋沒同穴蓬蒿丘春來靡蕪長採之非一儔歧路隨所向誰肯相從遊蒼天浩無極悲風鳴松楸

癸卯春赴省應試題齋壁

一天雲勢擁奇峯萬丈文芒駕彩虹龍見初行梅節雨鳳飛遙舉麥秋風彈衣柳霧新沾碧映酒榴霞簇曉紅最是鶯聲催特賜櫻桃擎出蕊珠宮

繆標 字曉巖一字海峯雍正己酉舉人左州知州著自怡集

庚子春楚游早泊西梁山登最高峯名曰天門因賦長歌

大江逆上波光騰梁山萬仞盤崢嶸蒼藤刺袂紛糾縈飛鳥徑絕難憑陵捜身碧落峯高撐天門詄蕩開帝庭舉手似摸春天星俯視石磴紅泉清白雲縹緲逢山僧自言住此六十齡山路陡仄無人行江濤怒薄懸崖鳴夜深元猿啼杳冥夷險不一視所經旅人念此心屏營壯游且勿談三生劃然長嘯青天横

程盛修 字風沂雍正庚戌進士順天府尹著夕陽書屋初編南陔松菊集

詠史樂府

斷罟匡 臣按儆非時也魯宣公夏濫漁於泗淵里革斷其罟而諫公曰吾過而里革匡我是良罟也爲我得法使有司藏之師存侍曰藏罟不如置里革於側之不忘也

泗淵漁里革匡斷其罟悟君王君王聞言三歎息阜物防貪良史職有司藏之無忘規庶幾見罟如見革師存一言婉而風置革於側無面從不見朝聽忠言夕委棄留衣留檻皆虚僞前漢皇後宋帝

市價對 臣按遏淫刑也齊晏嬰宅近市公曰子近市識貴賤乎於是景公繁於刑有粥踊者故對曰踊貴屨賤公爲是省於刑

臣近市識貴賤我后知不知胡不探衢諺臨淄十萬生齒多家家粥踊可奈何踊之價浮於屨不嗼咻誰歌舞仁人一言省於刑頓教億兆無詛聲修德更不誅祝史海岱千秋思晏子

辟戟諍 臣按裁近倖也漢武帝置酒宣室使謁者引內董偃東方朔辟戟而前曰陛下方積思六經而偃以靡麗奢侈極耳目之欲宣室者先帝之正處也非法度之政不得入焉上曰善

東方生能直諫守法度黜靡曼何物賣珠兒敢容宣室宴辟戟陳詞意氣雄侃侃尙有先臣風不見申屠嘉坐丞相府執法猶能困鄧通

乘船戒 臣按勸持重也漢元帝欲御樓船薛廣德頓首曰宜從橋上不悅張猛進曰臣聞主聖臣直乘船危從橋安聖主不乘危大夫言可聽帝曰曉人不當如是耶乃從橋

從橋安乘船危千金之子坐不垂莫蹟於山蹟於垤舉步何必非嶮巇曉人言眞可聽君不驕臣不佞灞陵西馳騁六飛諫草能教馬首迴

撤屏悟 臣按防色荒也漢光武御坐新施屏風畫列女帝數顧視之宋宏燕見正容言曰未見好德如好色者上即爲撤之

屏風新畫美人美人顏色傾國姿君王顧之情爲移情可移即可誤賢臣獻規君頓悟不見精勤納諫唐太宗不畫蛾眉書奏疏

侍宴規 臣按抑華侈也唐諫議大夫蘇世長侍宴披香殿酒酣謂唐主曰此殿煬帝之所爲耶唐主曰君諫似直而實多詐豈不知此殿朕之所爲乎對曰臣實不知但見華侈如傾宮鹿臺非興王之所爲耳唐主深然之

披香殿是隋是唐臣莫辨臣雖似詐其實忠不聞興主營離宮露臺百金儉德崇

從獵諷 臣按止遊畋也唐諫議大夫谷那律嘗從出獵在途遇雨太宗因問曰油衣若何得以不漏對曰能以瓦爲之必不漏矣帝爲之罷獵

油衣不漏瓦不漏諫議微詞規乃后罷獵從茲愼馳驟禽荒垂戒古今同拒闢不納羸馬供漢門侯魏筆公

佳鷹表 臣按杜微求也唐太宗遣使至涼州都督李大亮有佳鷹使者諷使獻之大亮密表曰陛下久絕畋遊而使者求鷹陛下之意深乖昔旨如其自擅乃是使非其人上悅手詔褒美賜以荀悅漢紀

涼州鷹使者諷之獻王廷王者久不貴異物今日何與昔旨拂君無荒臣有表悉索徵求愼微小旅獒入貢載周書世間玩好無時無

宮體箴 臣按黜浮靡也唐太宗嘗作宮體詩虞世南曰聖作雖工體非雅正臣恐此詩一傳天下風靡不敢奉詔帝曰朕試卿耳

宮體詩廟堂首倡瓊琚詞詞雖綺麗體不正天下靡然歌詠之朕試卿卿果諫同時尙有王師旦翠微宮頌不入選

用筆喻 臣按端心術也唐柳公權爲司封員外憲宗政暇嘗問公權筆何如則盡善對曰用筆在心心正則筆正上改容知其以筆諫也

用筆在心不在筆結密矜莊露神骨司封員外侍書來片言足使君心一萬幾操縱總心生落筆端人正士形平原太守顏眞卿

觀燈諫 臣按陳民瘼也宋太宗以上元御乾元樓觀燈賜宴見京師繁盛諭近臣曰朕躬覽庶政萬事纂理每念上天之貺致此繁盛呂蒙正避席曰乘輿所在士庶走集故繁盛如此臣嘗見都城外不數里飢寒者甚衆願陛下觀近以及遠蒼生之福也

乾元樓矚神京樂熙攘慶太平太平有象張燈宴君樂須教民樂徧焉得綺羅筵前千萬燈照見九州蔀屋鵠鳩形

三司告 臣按慮盈滿也宋眞宗初即位陳恕久領三司常命調其中外錢穀恕久不進屢詔趣之恕對曰陛下富於春秋若知府庫充實恐生侈心是以不敢進也帝嘉之

領三司掌錢穀胡爲不入君王目春秋鼎盛府庫餘豐亨豫大非良圖不見朝無先識李太初祥符中葉進天書

同年顧震滄棟高授大司成賦贈

千佛曾通籍依然理鈞緡非官能奪志有毋足安貧稽古忘寒暑殊榮出苦辛一言資拜獻風俗未還淳召見時棟高所奏對

田雲鶴字輪長太學生著金鑾集

秋夜同葉善百步西橋望德香閣並半園舊址

薄雲如擘絮孤月絕塵滓年年悲秋客又落秋風裏吾家德香閣窗戶照清泚當時雁塔人焚膏曾繼晷半園背其北聲伎逝如彼醉石倒青苔荒林匝斷垝入望烟景迷連村灣一水疏梵出破刹柳岸無舟艤今夕乃何夕罾魚撥剌起睡鴨驚我來晚蒲結沙嘴露下何凄凄籬根明素藹笛借桓伊弄樹留吳質倚但看今北垞何如昔甫里逝將齊得喪灑筆淡憂喜

聽鄰舍絃管

綺戶光參差明蟾掩將夕月高絃索鳴亞字欄干隔初疑出塞愁漸似霓裳格檀槽恣悠揚紅牙爭按拍停杯一再聽偃臥龍鬚席路華散淸影桐花漾虛碧歡怨迸飛來愁絕牆東客

冬暖

鄉關還帶嶺南心那有酸風襲素襟破暖早梅逢客屐經秋病葉醒空林雀喧簾外夜霜重枕倚閣前朝日深疊置羊裘頻質酒小春意趣滿庭陰

宮翼宸字參兩號楓亭光祿寺典簿著紅椒山房集

送程風沂北上

不及河橋餞知余病已深循陔雖子職補袞是臣心別路風沙熱空山水木陰阿連如見問知足任浮沉觀成弟時同事垣中

宿遷懷古

官柳連雲水滿坡蕭條舊跡重經過烟生遠戍迷殘壘日落寒城隱大河騎擁暮雲看射雁鈴驅秋草聽鳴駝古來白馬烏騅恨兩兩銷沉奈若何

謁周亞夫祠

細柳營空漢月留荒祠駐馬拜條侯藏弓不作前車鑒取箸終遺少主憂古瓦霜凋蒼鼠竄神龕風閃晝旗收兩甄戰氣銷磨盡寂寞平沙感素秋

絕句

花開滿林紅花落一園空等是春風力何心怨化工

仲　素 字芍坡諸生 著茗叟詩草

屏迹

屏迹荒園側門闢客過稀傍階垂石髮侵路長垣衣詩許鄰僧和庭惟山鳥飛疏愚安我拙不是濟忘機

擁青樓夜坐

衆鳥杳無迹鑪烟入夜凝不聞一人語但見半溪燈品笛東鄰女敲鐘何處僧徘徊岩月上窗紙白於氷

冬日口占

削面寒風厲幽窗未可凭葉空山盡露霜冷水初凝多病同王粲長貧擬杜陵蕭然幸無事呵手錄茶經

登烟雨樓

輕舠一葉轉迴塘水殿秋高七月涼樹底人家見城影日邊樓閣浸波光紅衣欲墮芙蓉老翠角初翻菱芰香立徧西風不歸去玉蘭花下說南唐

題羅笠隱秋江垂釣圖

細雨濕長綸一棹秋江冷獨坐看浮沉西風吹鬓影

李　穎 字箕山

落雁峯

舉手開天門嵯峨上通謁置身最高巔雲霧與出沒蒼甸環若盂黃河細爲髮鴻濛盡虛無萬仞驚突兀仙鳥飛莫至陽雁自回翮我觀謝眺詩聲如蠅蚋發驚人尚不能安可呼帝闕

遊西山勝水菴

鳥道藤蘿接山深日易西人穿欹石出天向遠雲齊是壁皆成畫無聲不到溪更憐蒼翠滴修竹壓門低

登兎耳峯

極目洪荒轉天涯近海東春濤奔萬馬初日馭雙虹不見秦王渡曾聞漢使通罡風吹半醉清嘯倚長空

仲鶴慶 字品崇，號松嵐。乾隆壬申解元，甲戌進士，大邑知縣。著迨暇集

過葉序東小圃

散步石橋曲，望見藏書樓。修隄互繚繞，一水西南流。破苔入深徑，闌檻環以周。籬花淡將夕，風樹吟寒秋。更登漠上閣，一豁臨風眸。山色四圍來，白雲衣上浮。古木何槎枒，歸鳥何啾啁。隱居近幾年，於此絕營求。暮爲糟丘生，朝爲百城侯。況有門前水，可以汎輕舟。況有水邊石，可以垂釣鉤。人生行樂耳，得失如浮漚。湖山亦我志，役車苦未休。風塵汙我襟，霜雪白我頭。對此感茫茫，悠然想林丘。

憶內

人無百年歡，苦爲離別悲。憶我驅車日，爾疾未窺帷。晨雞戒征旦，對鏡強修眉。理我春衆糧，檢我寒燠衣。前途告珍重，強笑淚已垂。方春忽長夏，彈指流

光移。江海浩漫漫，遠道何時歸。三度擘來箋，腰支較舊肥。其然其不然，使我心如饑。蕭蕭圭蓽門，蚩蚩黃口兒。煢煢弱女子，勉勉相支持。草木皆有情，人誰能不思。我思有酒卮，爾思無解時。

客中別李二齊

適從何所來，倉卒與子遇。歡言意未盡，旋復別子去。三年斷音耗，道路不可據。十日共聯牀，如雲暫依樹。我去君且留，各各勉長路。君家有老親，爲言爾如故。

披襟趁晚涼，送我達遠郊。執手兩無言，意索風蕭蕭。夕陽淡晴岫，殘霞映繁條。暝色亦已暮，舟子苦相招。慷慨一揮去，回首路已遙。人生暫相見，不如常相抛。

海上謠

海天荒，海雲黃，煮海作鹽白於霜。鹽成大賈汎舟去，嗷嗷竈餘空場。夜來猛雨急如注，並此空場不知處。食無麥飯衣無袴，來朝長吏催鹽賦。鹽賦嚴，鹽利普，鹽賈樂，鹽竈苦。

運糧行

將軍夜下催糧箭，鄉城奔走如飛電。掌握龍泉十萬兵，一日無糧必中變。地饒不慮糧有無，蠶叢鳥道苦長途。車不出行船無水，火牌但索運糧夫。丁男久已從戎去，家家誰與當門戶。老弱齊行尚不敷，可憐婦女亦充數。吁嗟爾婦來何方，衣裳敝垢髮焦黃。鞠躬聳肩不能進，尺趨寸步形羸尫。婦言家在銀江口，十里青溪半村柳。記得太平無事時，妝罷鄰姬鬪花酒。去年六月飛戰雲，兵書十二催從軍。妾夫仗劍出門去，從此蛾眉洗翠紋。今年大帥兵機失，戰士沙場十無一。妾夫僥倖得生還，徧體創痍血猶滴。運糧又到無次丁，

短衣妾願代夫行。身雖跋涉千山險，夫得平安妾命輕。勞君俯首相憐惜，妾本甘心無怨色。君不見夫因戰歿婦饑死，處處陰風鬼燈黑。

九日同人集雨香菴

斜日下荒城，開軒得遠情。亂鴉迴暮色，落葉散秋聲。地僻心俱靜，天空眼共明。風塵復何意，自笑誤浮生。

題高鐵嶺畫水墨芙蓉

晚放芙蓉楫，言采芙蓉花。芙蓉隔秋水，回首空烟霞。西風此時暮，美人何處家。惆悵不歸去，前溪孤月斜。

客中送別胡西垞

故人不肯住，一棹去江干。不道辭家易，偏逢別友難。空囊雙鬢白，短褐五更寒。前路誰知已，臨歧心自酸。

此會猶如夢誰能卜後期相逢卽詩酒臨別看鬚眉人立斜風裏鴉昏細雨時孤帆江海闊心逐水波馳

過潼關

百道走中原權樞在一門黃河落天際太華倚雲根石碣周秦古園營鼓角屯遙知魚鑰啟萬里望朝暾

將赴滇別署中諸友

十載風塵久三年老署閒一朝持絳節匹馬看青山土室蠻彝種沙場戰血斑遠遊丈夫事我幸未衰顏

瘴海標銅柱蠻江貫鐵橋此行眞忼慨不必慮迢遙金印仍攜肘弓衣各挂腰諸君休惜別門外馬蕭蕭

贈安東馬昭亭明府

西風一葦渡河津才得相逢話屈伸萬里關山戎馬客十年鬚鬢雪霜人清標猶飲漣東水浪迹常孤海上春幾日北窗同剪燭離懷消盡又風塵

春草

霜欺雪壓歷多艱又見重岡捧翠鬟野性不言萋菲事春痕多在有無間驚雷蝻蠖回身早落日牛羊得食閒只恐東來風力薄青青未度玉門關

書八寶王師乍詩集後

氣本桓桓骨亦清能於忼慨見和平風雲以外有天地魚鳥之中見性情半世浮沉莊叟夢一尊邂逅廣陵城安閒總是田間老擬共長吟過此生

秋月

一抹遙空素影流瀼瀼風露錦城秋三千鐵馬征人戍十二瑩簇少婦樓白練倒垂蓬島外寒光飛上玉峯頭穹蒼洗出清虛體宿霧閒雲頃刻收

罷官歸里留別同人

三巴浪迹非吾事揮手仍歸東海東六載眼花應轉白五更腔血未消紅衣冠皮相何須戀泉石襟期自不同丞相祠前長揖去八千里路一帆風

兩着戎衣亦佩刀蠻烟瘴雨下哀牢將軍幸得歌三箭書記歸來有二毛薄命人皆憐放廢投閒天或愛英豪古今幾箇封侯相不用燈前看戰袍

買得郫筒酒一樽蕭蕭落葉下江門敢言父老流碑淚未報諸君解網恩兩載煩寃都已雪千秋氣骨幸猶存南天幾日風光好綠柳樓臺紅杏村

妻孥共載鹿門車故老驚看客到家藜杖竹冠閒歲月酒壚詩社舊生涯剪殘斷錦猶成匹禿後秋毫尚有花帶得巫山雲一段與人歸去鬬繁華

九日登丹陽三義閣塔

不奈蕭條客裏秋凭高聊復遣閒愁雲邊山色剛平檻天外江聲欲上樓一帶烟林低夕照半空人語落寒洲鄉園回首知非遠籬下黃花開徧不

登北固山次趙滌齋韻

崇岡繚繞北城隈踏遍雲根坐碧苔吳楚帆檣穿樹去金焦山色上衣來六朝舊恨人何處二月新晴花自開同對東風一豪飲江天倒影入深杯

寄署中諸友

山逢奇險峯偏翠水到清泠路亦艱幾日苦中皆有樂歸來作畫與君看

得西坨書却寄

瑤函尺一說還家客緒離愁徧海涯頭白人歸風雨後鷓鴣啼落武陵花

無言坐到夜將分半是思君半慮君三徑如無舊松菊還來江上看秋雲

侍朝 字鷺川乾隆庚辰進士翰林院庶吉士

舟中秋懷

落日浮雲憶舊遊蒼山遠隔薊門秋獨孤年少方欹枕六一憂多恐白頭放眼晴霄來雁鷺側身大地感蜉蝣果然烟雨寒江畔千畝琅玕等列侯

徐步雲 字禮華興化籍乾隆壬午召試舉人內閣中書著鑾餘詩草

賦詩臺

當塗昔乘運觀兵踰長淮阿瞞信神武繼體亦雄猜橫槊瞰大江賦詩臨高臺山川盪文藻雲物相喧豗貔貅十萬師猛氣轟若雷烽火照白門樓櫓飛黃埃天塹不可越龍舟徂復回誰言一葦渡坐令心膽摧至今立馬處折戟深蒼苔才華易銷歇覽什空徘徊緬彼廣武歎豎子安在哉

入關過西安呈謝畢秋帆前輩

昔歲河梁別依依贈遠行 戊子秋於蘭州城外黃河橋畔話別 今來歸絕塞歷歷有逢迎一氣噓枯槁三年判蟀鷦何期瀕死者到此得更生

裘馬逢人寄鄉書託雁通飄零眞到我慷慨孰如公乍見渾疑夢茲游轉不窮新詩容快讀一笑酒顏紅

贈喬東齋 諱照時管理伊犂屯田

三年曾此地萬里識邊霜角冷軍無夢星寒夜有芒太平稀戰伐甌脫亦農桑好去班都護封侯返故鄉

次少林韻奉答

自笑勞生大海萍別來雙鬢感周星天教馬角烏頭白人是寒松雪柏青 予出塞後君至興邑存問老母

流水年華難再少出山滋味舊曾經江關日暮重回首桃李春風在此庭 時君主安定書院講席

專城列鼎我何能拄杖蕭然退院僧高坐一時窺絳帳短檠七載記青燈 予與君同肄業自丙子至壬午凡七年

悲歡往事都銷盡老病餘生已慣曾所恨卜鄰猶未得射陵一水隔吳陵

已未八月過毘陵趙緘齋先生留飲別後柬謝

微泉閣外敧斜暉四十年前舊款扉戊寅冬與王夢樓嚴冬友同寓微泉閣始訂交殘客再來如我少交情老去似公稀歡陪杖屨星應聚時蔣辛仲六兄在座悵望雲霄鶴未歸是日擬謁劉少司空夫子暨公家嗣鴻臚公祠未果後會重期都好在夜闌分手更依依

俞　埥字容寓號衡皋乾隆乙酉舉人舒城教諭著編年詩鈔

張烈婦顧氏詩

正氣鍾巾幗大義明閭里哀哉張烈婦慷慨殉志死我出城東門孤墳屹然峙途人相問答顛末略可紀芳徽易沉埋歲月東流水用作烈婦詩永以朂桑梓

烈婦不知書生長在茅檐禮法自矜持跬步凜疑嫌鉛華何所需春風冷香奩機梭鳴寒宵工素亦工縑豈惟容貌端允矣四德兼

十九賦桃夭嫁爲細民妻蕭條四壁立一室鼓樓西夫復嗜閒遊酒食益昏迷煢煢妾與姑忍餓守空閨妾餓何足言姑年臻眉棃典盡嫁衣裳鬻盡釵與笄委心敦婦道黽勉共鹽齏何敢怨媒妁賦命本不齊

嚴霜欺貞松烈風撼孤竹禍患來無端深巷鬼夜哭淡泊婦所甘勤勞婦所服何圖輕薄兒日向東牆逐華佩襍瓊瑤新衣試綺縠揚揚去復來風流故矜鬻蘆簾隔孟光目挑空躑躅

貪夫溺於財不得死不休狡童溺於色不得疾不瘳鑽窺望已絕金帛運新謀殷勤結乃夫意氣重山丘朝攜遊花田暮邀醉酒樓生計諸有無解囊欣相賙芳餌飼遊魚何以避垂鉤

烈婦燭幾先幽閨愈斂約當今重利交勢燄相熏灼蕭蕭貧賤居責報殊無着萍水驟委心人心不可度夫也胡不良冥然付一噱感茲增欷歔顧影淚潸落

萬物祇此心心死復何述人生恃廉恥恥喪復奚詰悲哉薄倖夫甘墮奸人術惡姑同搆謀宛轉誘蕩佚婦聞失精魂股戰肌膚慄泣血陳大節矢志皎白日倉卒夫辭屈嗒然揮手出

慘慘雲中月，昏昏案上燈，唧唧階下蟲，纍纍壁上繩。夫復搆謀歸，高坐盛氣
憑，裂眥申舊說，勢震屋梁崩。三問婦不答，毒手拄柔膺，長繩已逆曳，鉅結拴
層層。唯諾翃呼吸，直以死相陵，苟非絕特操，鮮不屈志承。
幽蘭生空谷，無言自芬芳，皎皎烈婦名，鄉曲久稱揚。宵來詬誶聲，入耳何悽
傷，明發覘其室，婦屍儼在牀。道路盡感泣，奔愬邑侯堂，檢屍擒二兇，執法嚴
秋霜。勘鞫得情實，一死何足償，題旌符定制，　恩綍昭煌煌。墓阡峙高碣，里
門表崇坊，草木含生氣，日月爭精光。拜手薦溪毛，千秋俎豆香。

江上觀潮

湖來一片白，沙岸杳難分。駕浪沉高樹，連天擁亂雲。千航平陸起，萬馬遠空
聞。對此增豪氣，凝眸日已曛。

夏日感懷

衣狗紛紛不忍看，窮年鏤琢起長歎。微名直可同雞肋，仙藥何須覓馬肝。一
枕斜陽梧影靜，半枰疏雨竹聲寒。適情無過閒中趣，華髮羞彈貢禹冠。

登德州城樓晚眺和宫篤周韻

堅城雄峙鎖長空，高步頻教鄉思融。劃斷燕齊雙眼外，包羅海嶽一樓中。洪
濤亂捲晴巖雨，落日斜明遠寺楓。勝概移人收不盡，任他哀怨起賓鴻。

吳伊訓 字步尹，號莘農，歲貢生。

老將

何年便專閫，白髮未投鞭。泣血關門表，驚魂瘴海鳶。宵人讒善飯，天子壯籌
邊。兒女手難託，終期馬革還。

老儒

投筆復何日，平生誤此冠。風雲舊時夢，粗糲百年餐。鐵硯猶堪拭，青氈不記
寒。晚成徒慰藉，其奈鬢毛殘。

陳琛 字開緒，號陞桐，貢生，著陞桐詩鈔

春日舟中懷餐英社諸子

客身如浮雲飄飄不得住春風海上來吹落淮南路微雨下原隰芳草綠古渡輕舟去鄉關背指海門樹思君君不知遙情託毫素

金陵懷古

嵯峨鍾阜落烟鬟閱盡繁華只等閒百戰英雄歸逝水六朝興廢見殘山舟横白鷺烟波外詩在靑溪柳色間更向雨花臺上望春林黃鳥正緡蠻

自潤州至白下舟中卽事

西風一棹下嚴關客路新霜冷病顏自笑瓶無京口酒天教眼看秣陵山三秋寂寞騷人老六代興衰燕子閒性癖從來耽水石壯遊莫待鬢毛斑

蜀岡秋眺

勞人安敢慕高眠又上崇岡眺野烟怒馬踏殘黃葉路亂山橫斷夕陽天多栽老樹招雲鶴更鑿新塘引畫船正是秋懷無着處一行征雁下江田

桂天培 字仙岩，諸生，著天香閣遺草

城北舟次

秋水寒塘曲蒼茫暮色昏白蘆烟際艇黃葉雨中村冷落嗟生計飄零愴別魂無窮羈客意誰與話淸尊

對月懷團大問山

獨坐淸秋夜燈殘酒欲闌如何明月上不對故人看影逼棲烏冷光銜雁陣寒南樓凝遠眺何處共盤桓

送家兄鄉麓之江右

臨歧慷慨發淸吟杯酒匆匆思不禁千里夕陽羈旅恨一塘秋草弟兄心西江雁過聞朝雨南嶺雲開見暮林別後相思憑尺鯉漫教消息太沉沉

得椒燈白門手書

淸風朗月滿幽居寂寂空階露下疏愁裏悲歌今夕夢病中感慨故人書芙蓉水榭欄紅處楊柳山橋酒綠初還念西樓高臥客一窗秋雨恨何如

僧舍

獨閉禪關却舊盟蕭蕭風雨滿荒城僧房盡日無人到一半鐘聲雜樹聲

吳陵 字又徐 號椒堂

馬劍池朱冠林繆晴嵐同集齋中小酌分賦

閉門如深山萬慮摒幽獨好風吹片雲款關來不速一笑典敝裘酒漿羅百斛四座發狂吟咳唾走珠玉豪氣不可干上下雲龍逐我先赴醉鄉客去我就宿著影照滿身寒月上修竹

過十二家兄別業

別館開三逕閒過續古歡鳥眠庭樹靜人語夜燈殘世事秋雲薄交情蜀道難坐深羣籟寂江月滿天寒

春日郊行卽事

雨霽人心快春風引杖藜野花沿路笑水鳥逐人啼村近炊烟密城高落日低歸途清興發買醉畫橋西

采蓮詞

采花采葉總尋常采到蓮房暗斷腸只說人生離別苦如何蓮亦有空房

先我集卷二終

宮爲坊 字言可 號芴園 乾隆甲午舉人 國子監學正

將至定陽和坦菴弟韻

朝日淡層陰山色何清越擬欲踏烟蘿直上青雲窟路遠不可登對景惜華髮依依同心人攜手入城闕夜色照梅花疑是故鄉月

同坦菴弟至淨慈寺訪實蔭上人

古寺隔雲深中有高僧住一徑冷蒼烟鐘聲入遙樹不知城市囂但與詩人遇趺坐晚山青我亦忘遲暮

過嚴子陵釣臺

炎漢成終古先生有釣臺雲山千里闊風雨一帆來灘湧濤聲急霜催雁叫哀伊人不可見回望幾徘徊

喜晤莊舍人復旦

昔別眞如夢相逢一洒然雲泥判此日風雪記當年我困羞營窟君行始著鞭揚州分手處依舊水潺湲

放鶴亭

處士今何在空留放鶴亭烟波如此闊一眺萬山青落葉飛無定梅花夢未醒我來爲惆悵無語對林坰

喜晤何明府南英

欣逢何遜在揚州梟舃蹁躚幾日留齋館潤分新賜俸雲山夢繞舊登樓書攤玉案生華髮官擁銅章已白頭一別十年今乍見扶笻還上木蘭舟

酬家應乾弟舟中見懷作

出匣光芒曜太阿雙旌重向武陵過麟符報最蒙恩早梟舃看山得句多贈我珠璣到吟榻懷人雲樹滿行窩宦遊未肯忘鷗鷺如此風流奈遠何

惜別吟

一行賓雁向南飛似向天涯說未歸到得歸時倍惆悵迴翔不爲稻粱肥

龍江東去是蘭谿漸覺灘聲入耳低獨有孤飛雲不斷泥人直接定陽西

水冷沙寒一鷺浮孤情暫寄此荒洲未能飛入雲中去不過繁霜也白頭吳王夫差時有白鷺出水中飛入雲中

看山曾說遠山好佳境還於近處增與坦菴同舟時曾言山以遠者爲佳一別雲峯舒倦眼烟波遮住影千層

夜泊錢江月影纖潮聲直欲到山尖愁吟落葉人非舊臥擁寒烟夢不甜

繆祖培號晴嵐乾隆戊戌會元著修月樓詩稿

擬溫飛卿曉仙謠

沉沉雲海光溟濛曉鴉亂叫翻罡風八萬戶中斧聲歇翔陽逸駭紅日紅瑤臺露溼花含淚闌干十二堆深翠烟霧迷離玉漢間丹符寶籙模糊字鈞天樂奏隨輕煙嫋嫋餘香嬌列仙欲言不言理環珮鶴唳一聲天寂然

玉關行

驚沙撲面衰草死寒雁一聲天似水雲荒日澹玉關西傷心譜入琵琶裏曲未終時雙淚零淚滴紅水僵玉指霜寒雪重馬不行四野悲風殘角起

月夜獨坐

獨坐不成寐秋高夜氣清晚花涼度影落葉靜聞聲何處領真趣悠然見此情舉杯送新雁好月上前楹

雨中同人遊雨花臺

一天疏雨悔遊踪蠟屐同登杳靄中松柏浮烟成隱現乾坤真氣只空濛四圍山色侵華髮滿澗泉聲響暮風長嘯憑欄不歸去素心惟有託征鴻

宮協華 字芍田號晚香 乾隆庚子舉人

赤岸登文昌閣

山僧蓮宇外傑閣倚斜陽海闊西風迴林深落葉荒　烟浮木末天影入青蒼不盡懷鄉意長歌付慨慷

玉山臺看月

鄉園一望客愁濃雲樹蒼茫隔幾重百轉烟嵐開殿閣數聲鐘鼓靜魚龍空江人渡吹長笛古寺僧歸踏亂峯此夜畫圖都省識玉山臺上月溶溶

題魏松濤進士春耕饁餉圖

紅雨青疇一徑斜百年風日屬田家桑麻儘有閒中趣肯學河陽只種花

韓敬之 字治也號廉泉乾隆丙午舉人上元教諭

送吳稼雲之嶺南

匹馬去河干春風萬里寒孤鴻送遊子大雪滿長安天地存吾輩山川結古歡不知丹穴鳥何事擇琅玕

病後偶成

燈暗香消襆被寒荒雞喔喔夜漫漫書遙每悔離家易病劇方知作客難百種秋聲聽欲遍一樓滿月望將殘故鄉此際思羈旅應料豪情酒未闌

送儲玉琴適漢陽

那堪客裏送行舟直到西南漢水頭千里故人還遠別一天涼雨又新秋無邊蘆絮侵霜鬢不盡雲山湧暮愁君去試看彭蠡闊有無鴻雁起汀洲

九日

百年有幾重陽日每到重陽不在家破寂慣斟孤館酒多情空憶故園花萬山落葉催人老一片哀鴻逐日斜俯仰茫茫寒水闊晚烟迢遞數歸鴉

潘世求 字作人號沙隄乾隆戊申舉人和州學正

淮陰齋中題友人白描牡丹圖

曾記東華春欲暮看花車馬紛紛度愧我緣慳第一香牡丹時候淮陰住正倚闌干惜落紅且喜故人來尺素披圖驀見窈窕姿輕若籠煙淡籠霧伊誰龍眠點銀毫繪取天香成別趣富貴偏傳瀟泊神等閒那許臙脂汚好將本色筆端留不傅時人眼底顧魏紫姚黃爾自春此間幸免蝶蜂妬

旅寺送王雪圃往河南

對榻乍逢君分袂何太遽花落一江春烏啼孤寺曙淋漓斫地歌太息登車去此去過夷門爲訪侯生處

中秋夜寓村寺口占

疏雨一番過蕭然坐上方乾坤眞逆旅烟水亦家鄉月色原非色天香別有香禪機今夕悟塵夢喜俱忘

閒居詠懷適陳澧塘見過

豈有懷中玉空慚頭上冠詩書終日對風雨一窗寒壯覺聰明減貧知世路難元龍欣過我剪燭話更闌

李廷蔚 字蔚岑號霞山乾隆己酉武舉

客感

四方男子志旅舍轉爲家斷岸呼漁艇霜林集暮鴉關河鄉信杳風雨客情賒不禁頭顱白孤踪未有涯

獨坐

獨坐沉陰候閒窗寫寂寥報秋在桐葉聽雨有芭蕉世態看雲變名心對酒消詩成無賴甚寧記髮蕭蕭

弔徐希鄴先生

數仞門牆未易窺兒曹何幸得追隨一經祕授三更火廿載論交七字詩人去空懸高士榻魂歸猶傍讀書帷思君倍切彌留語泣指雙英好護持

宮增祜字篤周號潔溪副貢生東流教諭

辭家

街鼓靜無聲荒雞叫深院起促游子裝行李殊簡便山妻前致詞中途調攝善太息我命乖風霜筋骨鍊關河往來頻回首淚如線忍淚別親嚴晨昏汝無倦母氏繐帳前芳藻一杯奠饑寒好爲之毋使遠人戀揮手謁帝京問歲卽相見

題秋江坐月圖

秋氣苦泬寥秋水何浩蕩伊人性殊俗扁舟任俯仰蘆荻滿江皋飛鴻天際響明月皓以潔深心發妙想嗟予不得志跋涉何擾攘悵望圖中人超然脫塵鞅

送友人南還

秋風催白日萬家急碪杵策馬鳳城隅談笑心悽楚合尊每夜闌言別愧雞黍襆被逐行旌握手能幾許羨子出都門而我尙羈旅豈不懷遄歸落魄神消阻堂上白髮親膝下嬌兒女霜天稻粱謀嗷嗷迷處所薄暮對孤燈悲來不能語

梅竹杖歌丹徒張曾石帆屬賦

石帆子今詩伯孤潔之性躭奧賾白髮飄蕭拄杖過彷彿東坡先生笠屐之標格新詩贈逸源謫仙長歌短謠相齊肩手摩青筇互往復告予來自西山巔體堅色淨信無匹片片梅花若萌茁粵稽嘉名非溢美斬根削節文而質憶爾蒼梧之野九疑之側日月照臨霜露雕飾汀洲澧浦兮蕩磨芙蓉薜荔兮環翊既韶勝而格高復中空而外直頃自盧洪江上來適與石帆孤潔之性兩相得規圓久受削靈壽亦被汚杖兮杖兮爾何幸得與詩人作奚奴和靖之鶴日與俱子猷之癖無時無夜半推敲繞孤廬惟爾周旋差不孤閒掛百錢買糢糊與酣一吸酒百壺帶月歸來仗爾扶兩兩結爲烟霞徒杖兮爾何幸數百年後桃竹梅竹名並驅爭是値根八十四山上文貍赤豹相喧呼

過陋軒先生遺址

往哲乘雲去行人式此廬卽今蕭瑟意想見浣花居兩頭長吟夜親朋乞米書榮名身後事當日混樵漁

俞圻 字越千號讓林副貢生

秋夜登金山絕頂

長江八月江水清萬山倒影涵空明白雲淡宕秋天平人烟遠隔瓜洲青振衣直上凌峥嵘一聲長嘯天冥冥錚鏦陵谷金石鳴水怪夜出洪濤腥寥寥夜半江無聲回首海門秋月深

題友人琴鶴圖

海天春欲暮心跡寄瑤琴古調空流水疏風落遠林畫圖餘此意天地幾知音野鶴一聲唳蒼茫下夕陰

新寒

頓覺鶉衣薄尤驚兩鬢秋疏烟淡平野孤月靜高樓楓落山無色氷輕水倚流圍爐試新火莫惜酒盈甌

冬日江干送客

小艇斜陽去丹楓兩岸殘雙峯浮水靜一雁落沙寒暮雨悲萍梗春風失蕙蘭倚欄頻悵望江汐正漫漫

俞至 字僕人副貢生

佳人

佳人起徘徊瑤瑟矜獨擅俗耳悅箏琶專房失寵薦蘭茝委穢墟遜彼桃李賤縑素異工拙良人詎一眄門首有逝波絃上無回箭自分妾命薄豈繫恩愛倦秋風亦多情未敢怨團扇

燕子磯

危磯高百尺挈伴共登臨山色連吳楚江流自古今片帆經雨溼孤鳥入烟深羨彼垂綸者終朝澤畔吟

歲暮客浦水雙杏堂

出門行不遠別業過橋尋一徑接溪響數家連竹陰茶烟熏畫壁人語雜幽禽坐久忘塵俗悠然見此心

早梅

纔轉東風第一程梅花消息問江城烟中雙寺夜鐘動雪後一溪春水生似畏峭寒猶隱約如尋殘夢忽分明試燈院落人相望幾點窗前瘦影橫

繆承鈞 字增緒號萱夫貢生

別燕子磯

天截重江險瀾迴一水灣老漁欲終古燕子自青山記我維舟日秋風落照間舊遊似相識爭忍不躋攀

欲老

升天成佛願齊刪一晌驚心兩鬢斑不分年光秋逝水強擕巵酒對春山紅藤映日新扶杖碧玉臨風舊佩環聞道淮南丹竈近可能大藥駐朱顏

歸輿

歸輿踪跡等奔星幾見雲歸客尙停一夜秋心紅樹雨十年鄉夢綠莎廳香鑪依舊隨荀令席帽分明戀管寧莫向前塵歎憔悴古人書劍亦飄零

感懷

憂患餘生泪幾吞夢中猶自憶驚魂待歸已是沙場將請解青袍看劍痕

團維墉 號燕璈儀徵籍副貢合山教諭著小蠹山房詩鈔

客從遠方來

客從遠方來遺我雙鯉魚鯉魚豈不好羞見故人書客從遠方來遺我雙耳璫耳璫豈不好照鏡減容光客從遠方來遺我雙錦鞴錦鞴豈不好風雪滿長天客從遠方來遺我雙唾壺唾壺豈不好紅淚不成珠

古意

白馬青山道紅樓碧沼家交頭金屈戌鏤背玉琵琶簷下鸚呼字門前棗作花悠悠成此恨天上有匏瓜

綦玉雙纏緊氍毹五木枯郎非黃鵠子儂作博山鑪楊叛初隨母羅敷自有夫紅窗無好夢打起後棲烏

送朱蘿田赴

牢落不可極風高攬敝裘長歌滿天地短劍謁公侯山色渾河古關門大樹秋憑君到函谷一爲訪青牛

宿焦山文殊閣雨霽曉望

徹夜濤兼雨高窗一望閒殘雲京口樹初日海門山粥鼓流音脆沙禽曬羽開擬從幽壑底瘞鶴訪潺湲

周天橋齋中作

湖海同擕手東風明日歸鼠姑開未了燕子向人飛酒病葛花起詩情香草微寂寥無可證來扣浣溪扉

小紅橋

小紅橋外舊齋房門掩誰添手爇香人去不回空落絮水流如此況斜陽彈碁往事都翻局錦段淒情尙疊箱欲訪瓊簫今已寂斷魂何必在他鄉

答桂二仙巖

新詩的的豔芙蕖攜手憐君綠鬢初古錦囊中瘦長吉遠山眉畔病相如香沉只共清池語門閉深同燕子居欲扣雙鐶愁不敢恐驚花落滿階除

送宮節溪先生赴吳門

五更江浦月娟娟破曉離人正扣舷宦到中年寧怨薄才非後世不知憐虎丘烟柳魚鱗屋香水桃花鴨嘴船君過閶門倘相憶好吹羌笛館娃前

眞州春望

鷓鴣飛遍水雲間如此東風客未還寒食有天皆細雨江南無地不靑山茫茫金粉芳名歇黯黯關河旅病閒惆悵西園三載別小桃花下閉雙鐶

捲簾圖爲洪一琴作

海棠庭院畫樓閒曉起添香囑小鬟儂欲捲簾卿欲放春來知怕望家山

征衣

征衣磨盡損塵顏又逐流雲繞故山捲地西風槐葉冷一鞭斜日出壺關

鄉思

太行山色壓齋廬萬里靑鹽感敝車此去雁門才咫尺春來不帶一封書

一臥流雲減鬢毛西涼使者送葡萄春愁未斷鄉愁起親向幷州買剪刀

五十年游覽白下及雨花臺而止長干以南未之問也今始由安德門至善橋一路

無多金粉剩南朝回首雲山感寂寥行盡石頭城下路野田竹樹雨蕭蕭

朱慕渠 字希藏號郇洲貢生

癸丑元旦京邸大雪謝鐵厓餽酒

春風一夜春光洩吹放梨花萬樹潔天上瓊樓玉宇高光明不許纖塵涅九門大道塡欲平疲騾曳車車欲折北風刮面輿人僵凍手引鞭十指裂車中坐擁紫貂裘不覺雪寒怪雪熱我是長安臥雪人袁安門外人踪絕何處吹來餺飥香屠蘇滿琖味清洌一吸能回頃刻春人生有酒即佳節醉後吻燥思煮茶自起下階掃殘雪

九日黑窯廠登高同源鐵厓作

一醉酬佳節登臨強自寬山光西望合海氣北來寒往事悲歡集依人去住難菊花頭上插忘却鬢毛殘

京邸春日齋居感賦

長安十載賦閒居又觸鄉情二月初不可告人惟客況最難下筆是家書鶬鶊自分卑棲慣蝴蝶空驚好夢虛日暮鳳城南望處海雲江樹渺愁予

孫廷颺 字虎山 諸生

贈黃文溪居

幽居無比鄰終日絕來賓秋水綠當檻蓼花紅傍人吟成參道味老去見天眞自分漁堪隱淸溪勝富春

答周種蕉

豈學牆東隱終憐硯北居累多生計拙貧極故人疏入世羞談劍逃名悔著書輸君能食力手自把犂鋤

上隨園夫子

蕭騷鶴髮老江濱舊是西淸侍從臣解組竟抛三浙路買山權作六朝人中原壇坫誰同調海內靈光剩此身今日南都近山斗朱霞天半仰丰神

含香曾讀小倉詩萬軸琳瑯過眼時名到驚人何況早生當並世不嫌遲都將經濟歸風雅儘爲雲山作主持聞道隨園開百畝願從三徑與追隨

聞雁

海天霜冷雁初飛旅館驚聞思轉微橫槊健兒應解甲鳴箏少婦欲沾衣水雲身世家何在氷雪關河計轉非謀食年年爭似爾天涯空羡稻粱肥

宮國苞 字潤川號霜橋 監生著半紅樓集

冬日過王平圃先生石畫軒

冷逕稀來客高軒抱曲廊石情生水墨詩骨鍊氷霜到眼無新豔論交發古香百城看坐擁面面設吟牀

春夜書懷

照室紅燈暗盈頭白髮新老生顛倒夢春遠寂寥人闕酒心猶壯看花迹已陳衰年驚節序孤負此良辰

僧舍避暑

倦遊來佛舍小徑竹風淸夢向衰年破秋從極熱生淺溪雙鷺立高樹一蟬鳴煮茗逢僧話蕭然萬念平

送胡丈西垞東遊

淚落不關春春江又送人窮來惡離別老去怯風塵舊國青山遠他鄉白髮新孤帆從此發珍重百年身

秋夜懷范松亭司馬

煩暑因風退新涼入夜深夢殘孤燭影秋緊百蟲聲落寞無新意飄零感舊情相思隔天末官況水同淸

棠湖晚泊

湖波淸且潔晚泊近沙洲雙鷺白浮水一花紅爲秋霜華消客路生計羡魚舟待月沽村酒長吟破旅愁

東海旅次寄懷秀璣八弟客京邸

花前分手記春殘冷月珠林悵獨看千里關河孤夢遠九門風雪一燈寒年衰荒海謀生拙米貴長安作客難兩地相思各天末尺書珍重勸加餐

放舟東溪訪了凡上人

乘月泛東溪溪環水重疊不識老僧廬烟鐘在林樾

寒夜宿姚司馬官署偶成

一天寒月照氷池偏是勞人睡獨遲野寺鐘聲官閣鼓十年聽得鬢如絲

珠溪道中送黃小松歸江南

相思相見總生愁况是河橋欲去舟如此垂楊如此別銷魂何必定揚州

送梁松坨歸里

酒醒虛堂燭影孤秋風一夕起江湖十年涕淚知多少半爲窮交送別枯

常廷諤字諍士號儉齋著儉齋集

黃葉

黃葉下紛紛西風作暮陰衰遲應有恨搖落本無心雁到霜偏早蟬鳴秋已深江皋人別後斜日滿疎林

客中登高

旅思愁無着秋懷強自寬酒須今日醉花當故園看日落笳聲壯江空雁影寒悲風起天末吹我客衣單

秋柳

冶葉倡條事已非臨風無力尙依依少年空使黃金盡此日能邀靑眼稀終古隋堤傷逝水一聲羌笛怨斜暉飄零莫問靈和事只有寒鴉作陣飛

楊尊夔字竹菴號漁亭

秋山

一片極天淨蕭然三兩重苔痕和石冷雲意失春濃落葉空林路西風古寺鐘楚天新到雁飛過夕陽峯

秋夜

涼風在高樹萬葉鳴空庭夜月半窗白秋燈一榻青浮生悲老大往事感飄零何處弄長笛凄清不可聽

上巳前一日同人集雲谿精舍

東風生蠟屐天氣近初三流水殘花徑空山破草菴春須如命惜詩可當禪參話久斜陽盡吟燈冷石龕

題聽秋圖

秋從何處來聲從何處響深夜立空庭月在梧桐上

朱景泗字冠林一字鐸斯

平山堂瞻六一先生遺像

日暮遊蜀岡松濤起峻坂斜照上叢祠山光澹以遠載拜欽鬚眉高風留近晚經濟出文章予懷殊繾綣江月漸茫茫鐘聲催客返

經岳忠武故里

五國春深草不綠千秋誰洗青衣辱鐵騎宵馳北斗低黃龍塞上賢王哭壘書十二九天來河北英雄氣盡墮只今再過生申處夜深喬木清猿哀

過清寧道院贈皆春鍊士

曲徑攀蘿入花宮絕頂開亂松鳴古澗落日下荒臺山氣連雲動江聲帶雨來欣逢萍水合掃石坐蒼苔

讀晉史

西伐南征奏凱歌羊車便爾望恩多君臣正學唐虞禪兄弟偏操吳越戈但見廟堂揮玉麈已知荊棘沒銅駝張賓王猛才如用或免新亭喚奈何

古意

饑驅向良友問我來何爲坐久寂無語秋風吹鬢絲

夏　震字東起號春舟

衰草

何處寫秋色六朝蔓草荒飛霜連塞白落日極天黃遠道歸期杳清池舊夢長寸心含冷綠留取待春芳

新夏集瑣香書屋懷方立堂汪劍潭

朱櫻綠豆年年會小雨疏燈夜夜愁往事難平將去水離心易感未來秋夢中芳草人千里江上瓊簫月一樓借問蕪城詞賦客清尊還憶舊吟儔

荔塘將有遠行寄詩留別奉和原韻

問君何事嶺南遊見說聊爲八口謀萬里雲山空有夢五更風雨獨驚秋不愁前路無青眼其奈依人已白頭從此相思渺天末數聲征雁下西樓

春日思家

春風吹羅幕春夢全無着幾日不歸來山花開更落

夜泊聞鄰舟琵琶

孤舟夜泊酒初醒到耳哀絃不可聽商婦琵琶司馬淚秋風各自感飄零

高　篤字省存號棨嵐乾隆乙卯舉人中書

彈琴吟

古人重典樂司聲必瞍矇瞽明與般巧不及師曠聰宣尼大聖人瞽襄北面從與摯復見冕階席禮虔恭樂自人心生和本天地同五音配五藏六氣應八風七絃十三徽黃鐘旋相宮洽洽十指間哀樂感由中全在以神運不在以形窮得心自應手默識乃心融端坐靜塵滓天籟生虛空偶然一撫弄鳳鳴和雌雄冷泉咽幽石清颸生古松夜靜響逾絕如撞寒霜鐘鏗鏘發寂寞天海盪心胸虛室忽生白飄飄一仙翁歐陽永叔云予抱幽憂之疾退閒不能治學琴於友人孫道滋受宮聲數引久而樂之不知疾之在體也乃知造物恩肓我不我聾收視萬感歇返觀衆妙通陶得無絃趣孫鼓一絃工所以嵇中散目但送飛鴻

琴之爲言禁禁邪以修身古君子不徹時共書策陳胡爲鳳求凰翻致挑淫奔可知兩漢時音已非古人古音日以遠古調日以淪一曲廣陵散尚且杳莫存何況三代樂箾韶復咸韺古調惟傳鹿鳴一曲關雎則音與詩不叶已非復房中之樂昌黎所補諸琴操雖非舊製然詞意近古故音韻尚雅近世至以小令譜入絃歌不止鄭聲亂雅矣俗工圖悅耳變雅爲新聲綽注雜瑣碎吟猱紛蠅蚊時作瓦缶響繁然琵與箏可懷元酒味酸醎亂太羹舊譜更沿謬傳音不傳文謂若有文字便同膠柱論豈知古聖賢絃與歌並聞東坡改作醉翁操嫌其元辭近俚音韻不雅可見音之不離乎曲也搏拊必以詠無詞詩惟筌空山寂衆響視少聽倍精操縵遵古法得譜在五經磬控比六轡靜安喻和平朱絃疏以越遺音三歎神悠然與古會古貌復古情寧澹毋纖巧寧緩毋慓輕放翁詩云琴調養心甘澹泊道徽詩云幾回拈出陽春調月滿西樓下指遲香山詩云慢彈數聲琴又云入耳澹無味愜心潛有情又云信意閒彈秋思時調清聲直韻疏遲近來漸喜無人聽琴格高低心自知可得彈琴之秘矣養以書卷氣韻出雅而清縱令知者稀識曲務聽眞松窗時佇月安絃歌鹿鳴

陳　樊 字理堂嘉慶戊午舉人 邳州學正著憶園詩集

謁儲柴墟先生祠

吾思柴墟公異才本天授便便孝先腹書味非飣餖射策掇巍科下筆海山走蓍望官南都蔚然松色茂中朝及嘉隆昌言爕屢搆疏薦四諍臣忠肝鐵石就至今諫草傳鬱爲儒林首餘技及篇翰不落七子後惜哉用未竟銓衡職空守荒祠遺搆存殘碑臥苔甃夕陽下城闉海風肅圭竇典型去已遥鏜鼓知誰扣歸來讀公文簫韶九天奏

謁王心齋先生祠

餘姚昔講學高見卓不羣空山萬籟寂妙契由天真良知獨提倡兩字張吾軍大業炳南紀浩氣凌紫氛先生起布衣守道衆所親聞風益興起拾級趨龍門長揖文成公論辨超常倫退就弟子列甘與草澤淪力行久逾積坐忘

理則存同遊二三子罔弗尋厥根始信吾儒貴不借軒冕尊荒祠數百載海澨無替人遐哉學樂歌讀之獲未聞

秋日同俞楼人繆善夫李南阿程嵇亭過浴沂亭奉懷韓次山先生

孤亭出寒漵敗葉園元關穿籬度累彴倚檻聞琤潺凄迷失舊雨瑁稞輸華班及茲秋氣悲每憶春風開濠粱官獨冷淮水波漩還牽船作學舍釃酒臨荒山知莊昔有惠苦孔今誰顏高情緬埏埴別夢仍追攀黃鵠一再舉合并寧當慳

元夕後一日同黃仲則登天橋樓待月作

春風吹人人欲仙春月照人人可憐昨宵月出我醉眠今宵待月爭月先城南尺五韋杜天驚沙自起吹寒烟天橋橫貫入馳道忽開空曠無迴旋酒樓之高高百尺登樓四顧心茫然氷輪欲上不肯上清光一線相連綿但見遠火出林際疎星錯落明遥天舉杯呼月月在手月驚我頑我却走脫貂付與酒家娘醉引荊卿作死友座中山谷今文雄風流却似阮嗣宗途窮偶爾痛哭返率意獨駕誰與同狂言霏霏落玉屑高歌颯颯來天風排雲直上叫閶闔欲令眞宰迴洪濛嗟予抱病風塵下客裏良宵亦聊且對君長嘯忽復悲欲起古人問來者素娥悄悄無一言照予清淚如鉛瀉

射虎行

斐旻射虎妙無匹一日得虎三十一欻然怒馬叢薄中衆虎屏息一虎出虎小而猛據地吼將軍墮弓辟易走回頭却顧封使君風號日冷起愁雲北平父老笑相語君乃射彪不射虎

潘沙隄寄和雜詩仍疊前韻奉懷

天末雙魚到開箋獨倚闌龍蛇隨筆落肝膽照人寒遼海三秋老長城五字

難多情千畝竹一一報平安

說劍

不是袁公術聊從莊叟遊齒牙飛古雪肝膽話清秋鳴自匣中出言於天外留怪他持寸鐵細碎辨恩讐

老兵

百戰餘生臥草萊戍樓閒聽角聲哀迷離望極平安火慷慨歌成阿濫堆至竟封侯無骨相何曾廝養不英才記從故李將軍後夜夜山南射虎回

黃葉

秋老江南木葉稀六朝金粉未全非高峯度日不知處古戍驚沙相間飛慘迷心情餘畫本蒼涼烟景入荊扉却憐草色河橋外又逐征塵上客衣

登戲馬臺

衣錦何年戲馬迴龍蓯怪石擁荒臺重陽風雨思高會西楚山川出霸才浩蕩秋原看鹿走蒼茫戰壘見花開阮生一掬英雄淚廣武吟成逈自哀

懷王雪圃同俞樸人宮竹軒韓柳村李南阿作

楝花風起思茫茫話到分襟感不忘鏡水無由歸賀監雪圃會稽人吹臺空自弔梁王愁中歲月消杯酒客裏山川對夕陽知否同心二三子懷人慵理舊詩囊

題張船山太史雜感詩後

王師四載出褒斜羣盜猶然恃井蛙天下奇才誰八陣古來烽火畏三巴闗山馬骨連雲棧風雪樓船走浪花廿首新詩疏痛哭祗今惟有賈長沙

俞國鑑字澄夫嘉慶庚申舉人通州學正

詠古雜樂府

先人功高督八州今乃束帶見督郵叩門乞食亦可喜何必區區五斗米銜山歸來甲子書醉鄉却在羲皇初册金輪設銅匭鏡殿開明堂毁女主昌歷二紀晉陽局設美人計禍水相沿亦天意君不見鸚鵡翼折不得飛宮中又唱桑條韋

前有六賊後汪黃朝廷那復相李綱登聞鼓擊聲喤喤悲哉一死偕歐陽諸生舉幡伏闕下漢唐有人乃獲赦

新安道中看山作歌

晴沙粼粼石齒齒水入桐江清見底朝攜鐵笛坐船頭不害無風七十里瀧口已挹千重山山光却在冥濛間狂奴故態亦何有只愛飽看烟中鬟一峯未斷一峯出晴雲伐隨雨雲溼雨來頻助瀨聲喧雲起全遮峯頂沒雲閒峯合疑水窮扁舟影落澄潭中豁然一綫劃崖際石門洞鑿還相通上灘曲折波迴繞却羨來船下灘好惱人不是峽猿啼密樹聲聲畫眉鳥鳥聲未歇天黃昏斷霞魚尾明前村秋晴處處山田潤潮落家家水碓喧幽花歷亂層厓放狂笑能令衆山響奇秀由來甲海東新安爭似浮天上明發天都最上頭芒鞋竹杖宜淸秋回頭却望從來處笑指烟波一葉舟

雙成曲

風風雨雨春愁足斷腸花史無人續有客橫塘買棹歸尊前倩譜雙成曲雙成舊住本瑤京曾抱雲和海上行一絃輕撥干天譴吹墮罡風百二層生成弱質深閨裏家傍吳山鄰越水小小才華擬姓蘇娟娟風貌同名李春色三分魚口橋爭教人見不魂銷桃花才向門前笑柳葉新從鏡裏描盧陪公子

開妝閤肯引少年閒縱博縱說纏頭十萬多妾心視比秋雲薄忽逢交甫訂心期笑解明珠不自持樸誠最是多情者不比尋常薄倖兒低幃泣向檀郎訴年來苦被風塵誤郎意如憐解語花妾心甘作甘心樹從此朝朝暮暮餘枇杷花底閉門居蜨蜂謝盡遊踪少箏管抛殘曲調疎東君早與花爲主莫使空房淚如雨話到深情急切時怪郎宛轉偏無語油壁何曾巷口來柔腸百結費疑猜拔釵倩遞青鸞信贈佩親煩鴆鳥媒傳來消息堪驚愕盡道烏㣲今負約已遣香車迎別人箇儂莫更生躭擱郎有深心妾早知敢將謠詠如此盼斷芙蓉不見蓮麗娘今日爲情死玉泣珠啼劇愴神擬心能感路旁人若非贈得回生草已逐驚波委逝塵重泉再起人還在只恐卷中顏色改萬一靈修感妾心且留一綫殘魂待我向燈前怨鄭虔情鍾何事更拘牽縱然身作經風絮那有泥汚出水蓮藕絲未斷棃雲冷燕子樓中褪紅粉我聽琵琶已淚流君親斷送如何忍絮果蘭因悵蹇修倡條冶葉逈生愁何當小改氤氳簿移取鴛鴦宿並頭

輓陳公豫九

怪底君家科第盛先世文人重民命一編敬止勒成書力爲鄉邦陳利病不同他手炫詞章小技雕蟲工餖飣君其裔孫有古風文獻之家式先正元龍羣季並醇儒一鶚高騫羞躁進高曾矩矱奉遺書務爲實勝毋文勝君如陳實教於家能使後生生愛敬忽聞易簀傍重陽滿城人阻登高興定知先澤猶未央科名永甲維揚郡

待雪

寒色淡無際低空凝凍雲灞橋先有客魯酒不成醺飄颯來天末遲迴到夜分朔風吹斷處惟有鶴聲聞

耐冷披裘坐虛窗燈影斜寒幾交二九韻欲鬬尖叉簑畫江天釣茶香學士家爭春當此夕消息問梅花

題鄭湛若抱琴遺像

紙上鬚眉尚激昂抱琴心事本非狂離騷哀怨沉湘浦銅柱勛名紀瘴鄉亡命人皆惜張儉絕交書早類嵇康莫從洗硯池邊過浩浩天風海水涼

潘慶齡 字子亭嘉慶辛酉舉人蕭縣教諭著龍城消夏集

雨中游五洞山

連山若奔濤到此勢欲匯中有古洞天晝陰忽如晦五峯勢杳冥五洞遥相對盤盤入層巖目眩足先退不知身何來冷然沁心肺雷雨注飛泉倒瀉危石礙須臾起晴光詭譎非一態去去山風吹殘陽在鵶背

九日邗江寓中懷彭石夫時石夫客京都

作客却思客邗江獨倚樓重陽兩地夢千里一人秋黃菊自佳色西風生遠愁前程應努力勿爲稻粱謀

遊天門山絕頂

振衣窮天門攀蘿復抱木日落不逢人松風鳴謖謖

吳會 字曉嵐嘉慶甲子舉人著竹所詩鈔

出門

男兒事干謁仗劍學奔走僕夫行製裝舉酒別親友堂上拜雙親見父不見母欲哭更吞聲徘徊膝前久門戶戒家人晨昏託新婦弱女甫四齡依依戀懷袖誰云四方志至此不回首

擬今日良宴會

今日良宴會四座歌慨慷一奏邱中琴古意含淸商同心賦既醉樂事幸未央仰視天漢傾浮雲縱復橫日月忽逾邁百變來無方策名苦不早努力愛景光會須矯輕翼鸞鳳隨高翔無爲雍門哀涕泗沾衣裳

春寒曲

愁雲壓簾皺寒碧冷紅裛露幽蘭泣金鴨沉烟寶篆微銅龍嚙水銀瓶澀粉窗胡蝶抱香眠曲闌霧重花無色轆轤斷綆轉伊啞曉夢驚回鳳簟斜卻整新蟬下階立澹烟籠月護梨花

焦山古鼎歌

我聞岐陽十鼓泐三巫九鼎無一存焦山山深一鼎在萬古不被江流吞司徒南仲昔吉甫日並罍卣陪犧罇何年小劫墮人世天風吹落饕餮魂滄桑一十有九代自周迄明如目有見胸有言金甌完缺不可數膨脝只向山頭蹲不覆公餗不折足那肯帖耳登權門竭來披莎一捫摸上有歷代摩崖痕九十四字款識古對揚丕顯詁後昆想見史籀作篆刻雲云雷回偪其反不隨焦仙乘羽化不共鶴銘翳石根空中甲丁不敢睨神鬼呵護無朝昏上瞰日月沃烏兔下吸江海烹蛟黿此山此鼎共不朽豈識荆棘銅駝冤乃知法物貴永守挈瓶難仗賢子孫殷俘寶玉計百萬咸陽一炬非周原鼎如亦在三月

火超軼秦漢誰復論世人紛紛寶贋鼎不直田舍老瓦盆三千年物敢藝視位置合在明堂尊我歌未已鼎欲吼海門紅浴扶桑暾

京口送陳雲士入蜀

欲餞無家別征車且暫停他鄉兒女淚落日短長亭路入千盤細山銜一髮青斷腸今夜曲莫唱雨淋鈴

題毘陵驛

風急征鴻斷林空夕照斜一年三作客十夢九還家雨黯河橋柳秋明驛路花朝朝望鄉處雲樹渺天涯

宿攝山

一徑入修竹款關僧未眠江明無月夜山響欲風天客夢迷清梵塵心淨古泉何當掃空翠高枕法雲邊

邗江送劉蓴鄉昆季

事有不如意高歌登酒樓故人千里去江水一條秋水盡情無盡君愁我亦愁請看遼海上浩蕩兩輕鷗

渡江

大江流不息孤客此南征斷壁連雲起危磯插水生風高帆有力天迴雁無聲犂楫人何在清秋獨寄情

送藥闌之白下

是我曾遊地於今送客行亂峯圍別夢孤艇載秋聲風雨千山路烟花六代情故園吾久滯誰與共雲程

題寓樓

落葉滿邗水西風滯客舟苦將遊子意吟上酒家樓帆影銜杯落江聲抱檻流故鄉一回首何事久淹留

岳墩

精忠祠廟仰孱顏城角春雲鎖石關終古尚留南渡蹟一坏誰撼岳家山登臨故壘荒烟外想像連營落照間（城西舊有武穆行營）分得西谿橋下水百年遺恨響潺潺（墩下有小西湖）

蓬山四首

蓬山終古自迢遙夢雨輕陰鎖寂寥湘浦何年還解佩嬴臺從此罷吹簫千迴往事機中錦一例閒愁海上潮留得江郎遺恨句別魂今日爲君銷

三五栽過是缺時傷心惟有月明知丁年未了悲歡刼子夜空聞懊惱詞雙鳳鎖閒金絡索離鸞籍譜玉參差哀蟬一叫秋風裏不道劉郎鬢已絲

青瑣歲甃夜不扃紫蘭消息悵雲軿金猊香燼心猶熱玉虎絲牽淚已零短

夢關情空旖旎長生私語太叮嚀宵來一問吹笙侶碧漢年年何處星

衹隔香檀海一涯卻教何處覓仙槎早知別夢隨流水悔不將身替落花十二瑤臺新邸舍三千錦瑟舊年華緋羅欲證前生案愁有根苗恨有芽

送春和汪穎川韻

楝子風微午漏長銀箏譜出倦尋芳一聲紅豆驪駒過六代青山謝豹忙南浦離魂銷散騎楚天情夢隔襄王年年怕說相思恨婪尾花開不舉觴

木蘭從軍

依然當戶一嬋娟卸了裙釵便着鞭論孝直將東海並懷貞豈讓北宮先紅顏代父三千里白璧持身十二年但以知兵誇女子秦風已見小戎篇

石城橋

石城橋外晚風微徙倚平林送落暉記得去年曾泊處繫船楊柳又添圍

江口漁父

浪花無際水雲連荻葦蕭蕭晚繫船遥見峽江風雨急一簑披出海門烟

擬從軍行

親承內詔破樓蘭馬踏邊霜八月寒簸箕一聲齊帶甲黄昏時候出榆關

絕塞風烟接戍樓邊笳吹徹玉門秋可憐此際龍荒月一照征人便頭白

程應佐字嵇亭嘉慶丁卯解元

春日沭陽道中

策蹇朐山道川原風景殊大河東向盡歸雁北行俱棠蔭歌袁老簡齋太史宰此邑有政聲鄰封接贛榆魚鹽饒土物天限此方隅

聽友人彈琴

四座忘言靜不譁高山流水思俱遐夜闌聽到無聲處落盡桐陰一寸花

萬棨 字蕺林 嘉慶丁卯舉人

舟發武林晚眺

秋色易成暝頹陽光忽微疎林纖月出遠水冷螢飛何處明漁火有人看釣磯勞勞吾自哂後此片帆歸

吳江夜渡

未近寒山寺鐘先夜半鳴薄陰微作冷殘醉不成醒楓葉落何許江流空復清倘逢高詠者燒燭待三更

晤李白樓

邗江一別渺愁予千里來尋仲蔚居又借湖山供跌蕩相看鬢髮總蕭疎我如柳冕名終薄君有元龍氣未除手把金杯教莫放酒痕連日上襟裾

自姑蘇抵京口即事

吳山越水往來經我亦飢驅未暫停忽見流民紛道左此身不敢怨飄萍又見紛紛舴艋過江頭夜半哭聲多願幷百萬哀鴻淚截住洪湖水不波

仲振奎 字雲澗 監生 著綠雲紅雨山房詩鈔

錦江雜詠

昨夜山雨急唐安水勢高兩岸居人稀欲渡無輕舠立馬大河側滿袂風蕭蕭童子識予意村南言有橋橋廣不及尺亘如虹在霄洪波撼其下目眩心神搖錦江稱周道坎險在崇朝何況滇池路山川鬱迢迢

溫江小城郭雙溪襟帶間山水晝夜至狂瀾吞遠天溪邊有父老臨流淚潸潸出者生死別居者朝暮難陽侯又鼓濤浸此百畝田居者不如出暫得免饑寒出者幸無恙歸來亦無餐

華陰西嶽廟

巍巍五鳳樓飛甍歘雲腳層城抱日月秋意滿鈴鐸金龍盤空起白鴿對檐落中有太皞宮神光晝歘薄

擬古

忽忽何所樂乃在天一方關山路綿邈何由知故鄉付書與鯉魚所言不能詳方春雁北飛方秋燕南翔遠別常經年歧路多旁皇萬物所不堪游子心以傷浮雲在風中欲住行復颺飄泊非長計男兒當自強

清灘

清灘一片石江水一百尺萬石水中排萬水石上立天吳鞭撻龍一羣掉尾齊向東洋奔之而芒角勢夭矯吹沫直上天爲昏扁舟觸險不得進有似鄒滕敵齊晉曳兵早欲望風走摩壘更受挨心困四分巨竹聯一簰細裹密纏如鐵石三條總與百夫牽打鼓兩聲金一擊忽焉一落千丈強金鼓倒擊聲驚惶重加巨纜大於臂邪許一聲一倒退自辰達酉險始出舟人相顧面無色安得秦王鞭驅石盡向東海填安得錢王弩倒射驚濤不敢怒山頑水惡

無傑人如何上有明妃村琵琶出塞不復返粉潭妝閣今空存枕邊淬透聽猿唳滿耳灘聲不能睡

石城曲

美人在何處家在石城西石城艇子木蘭楫門首秋水青玻瓈芙蓉花落蓼花老江上秋寒游客少當窗理鬢默無言眼底紛紛誰最好君不見東家好女嫁作商人妻昨宵遣逐歸來啼西家阿妹能作婦夫婿情多翁姥怒老守閨中良亦美妾心清似石城水石城水尙有波瀾妾心乃如井水寒

夜泊無湖

孤月水天浮中江夜泊舟春星臨野大漁火入雲流人坐一壺玉寒驚三月秋翛然不思臥更檢木棉裘

蛩

紅藤碧草陰蟋蟀以秋吟一覺空齋夢月明如水深夜風輕不動人籟杳然沉凄切調宮羽天涯萬里心

元日過馬當山

一片馬當石崚峋天半生懸崖落人語老樹挾風聲嶽雪籠寒色江春放晚晴張帆值元日應賦快哉行

九日北城高眺

經旬坐拳室放眼此登臨老樹發寒籟歸雲生暮心半畦叢細菊一雁度遙岑故國無消息秋風兩鬢侵

海門署中曉起觀荷

一片相思月雙溪菡萏天露華殘夜重花氣五更圓流水碧如此疎枝紅可憐衙齋同徙倚香遶茗甌前

水仙花

瑤釵新拾得欲以贈同心萬里寒雲外一江春水深相思不通語此恨恐難任寂寞憐交甫空成漢女吟

錦城晚眺

錦官城外錦江湄閒眺斜陽暮靄時綠樹千盤來灌口靑山八字見蛾眉公孫樓櫓遺灰盡丞相祠堂古柏欹歸路自邀明月照市燈紅處酒懷宜

將游邗上示弟妹

椿庭已買春江櫂余亦重游保障湖三處別離勞夢想一家骨肉爲饑驅浮萍逐水風飄泊飛燕依人壘有無珍重晨昏北堂上年來多病體淸臞

枯坐

枯坐廬堂靜掩扉閒評物理得先機秋當熱甚花終少春在寒時蝶已飛識字鄭牛空自老能言隴鳥爲人饑思量放浪江湖去七尺漁竿一釣磯

夢中詩

支枕不成眠相思爲誰苦寒燈耿廬房一夜梅花雨

漂母祠

千金報德渾閒事一廟長年對碧流到底熱腸靑眼好溪毛不到頡羹侯

仲振履字雲江嘉慶戊辰進士東莞知縣

題程禹山南歸集

遊興亦已倦征人胡不歸風霜十年飽骨肉一門饑零落匣中劍闌珊身上衣應知憔悴伴含淚下鳴機

羊城旅次贈王雲程貫一樓劉霽巖同年

記同走馬曲江隈瞬息雲泥亦怪哉笑我木天無福到與君花地有緣來五人出守惟江令同年到粵者五惟嵐霞得官八口啼饑愧李悝到底輸儂占風雅僑居獨近越王臺

羊城偶興

玉局仙人此舊遊掀髯我亦儘風流簪花髩禿烏巾敞詠雪堂閒白戰收檢點香籠裝鳳蠟掃除竹徑待羊求浮家到處皆堪住不問儋州與惠州

仲振猷字雲浦嘉慶戊辰舉人

相思曲

相思結子紅離離美人種入春烟裏子成還作相思樹知子相思自恨起相思不老人易老愁抱春雲泣芳草

偶成

繞屋濃陰蓋四圍杜鵑空喚不聞歸此身恰似營巢燕一口香泥一次飛

姜鳳喈字胄儀號桐軒諸生著蛾術軒集

觀刈

種花得春華種禾得秋實水田稻花香轉眼秀秫秫夜闌呼婦子月落曉星出刺船載粲往雜坐不容膝秋風吹騷騷腰鐮聲銍銍驚起白鷗飛黃雲堆落日

鏡香井歌

北斗臨城列井宿州有七星井歲久闌干綠苔繡更有古井名鏡香宋明幾度更滄桑泮池塔影已非舊此水猶得鄰宮牆憶昔何陳葺相繼數典愁荒昔人制銀牀拾得泥沙中依稀上有文曲字君不見開化院井清且澄松風滿院伴老僧又不見天目山井眢且久仙翁隱去名不朽何如一泓照清影常近齋盤味孤冷汲古要須得修綆

登報恩寺浮圖歌

燕邸龍飛初得國雄心耿耿無人識報恩建剎選佛場天禧古寺生顏色金錢不數萬工池善財樓閣彈參差飛甍畫棟煥初地迴越赤烏初建時英主尚未愜懷抱七級浮圖矗雲表高撐江南半壁天龍尾怒向空中掃清遊聯袂披秋風遙聞梵宇鏗晨鐘珠宮貝闕開簾櫳石橋古水流淙淙御碑約爛碧瓦護蟠龍夭矯凌高穹攝衣拾級上傑閣呆綸鐵鳳盤虛空履危陟險興未已歷境萬變如鬼工入門陰森密無罅翻疑白晝成長夜闇捫石級蕩心魄蟻伏虵行不知罷懸空一綫鑿天光紆迴百折窮微芒飛梯愈轉勢愈陡陡見萬里開洋洋江流汩汩向東去蜿蜒山骨撐低昂棲霞牛首入方寸一髮橫截千峯蒼梯雲陟盡時目眩蒼茫不復分郡縣仰視鴻濛只一氣江山頃刻烟雲變乃知龍蟠虎踞自千秋雄圖霸業空浮漚君不見塔鈴自語江風急波底老蛟夜深泣

燕子謠

燕燕來燕燕來東家畫梁無纖埃雙來雙去穿繡戶銜泥不惜污妝臺搆得新巢為育子采花掠魚忙不止乳毛初脫各遠颺大抵生兒類如此詩人觸境增歎吁嗟朝鹿鹿何為乎饒汝白頷封侯相不及人家屋上烏

雁

天掃秋陰淨江涵樹影開因知烟水興不為稻粱來落日迴戈地西風戲馬臺冥冥向寥廓鷗鷺莫相猜

看劍和繆漁湖

胸少不平事何為橫膝看自從讀史後久識報恩難彈鋏星文動迎眸電影寒壯懷頻激烈只在酒初乾

和霜泉立秋日江上即事

澂江清曉狎沙鷗管領天光一葉秋細雨暗添瓜步水好風先送秣陵舟牀聯玉局思前事余與霜泉讀書清微道院箋擘松花紀勝遊去去莫教豪氣減元燈朗朗照吾州前癸卯解元為吾鄉王雪樵先生

登北極閣

臺高遠並北辰懸拾級徐登思渺然山色南來初度鳥江聲西去欲連天空餘古堞環腰下直送浮雲過眼前不識漏催元武夜繡襦人往幾千年

送漁湖同坦菴之常山官署

嫩柳初芽怕折枝匆匆寫就送行詩過江風物知無限尺五刀魚上網時

桃花春水鱖魚肥指點桐江舊釣磯到得定陽春正滿棣花風裏試單衣

羅克佽 字靜安號夏園諸生

黃金臺

六國事紛爭燕昭志復古築臺禮英才黃金漫相與得士邁縱橫頗爲仁義語惜哉鷟荒誕中道慕冲舉大業罔克終賢才散如雨我來登此臺問名弗心許未聞古秦交其迹同貨取始進況已非成功安可覩憑弔發長歎慨焉歌杕杜

楊花吟

不見楊花開但見楊花落爲花惜飄零爲萍歎飄泊飄零復飄泊春風總斷魂翻思不如葉葉落歸故根

鬻牛歎

垂首驅牛行相逢長太息頻年羅水災田廬盡漂沒率族逃四方避荒就口

食飯牛嗟無糧謀生苦無術鬻牛以資生急售甘賤值牛銜芻牧恩屠身不敢惜人念耕耘功引手不忍釋倘獲水落歸春疇藉何力剜肉而醫瘡自痛非良策我見亟問之不覺聲嗚邑徒塵饑溺憂幸免獘理責

防水行

河渠執事當水立萬夫如蟻畚鍤集桃花水汛三月張十丈金湯勢不敵下游郡邑東作興大年小來俱未登低窪偏災已入告請蠲請䘏憂填膺霖淫浹月更不止崇堂生衣木生耳只疑上浲下泛會一期將爲小小闔闢一刼爾達人此際猶夷然小民情迫思安全恐鄰或以我爲壑大隄聚守夜不眠嗟嗟西南苦戰爭東南幸承平西南防兵勝防水何爲乎使我東南防水如防兵天道人事難臆決盱衡惟有心怦怦

周孝侯讀書臺

尋常數墨經博士定遠遇之笑不止奇才跅弛不知古子明視之若無覩乃知讀書貴有用人不誤書書益重不見陽羨周孝侯雄武忠義無與儔少時爲暴里中苦一語感悟卽改修入山殺虎水屠蛟勇敢精進眞人豪至今折節讀書處層臺終古名俱高吁嗟乎猛虎不食人効能翻覺勝麒麟長蛟不爲害呈奇亦可長鱗介男兒正厥終陋生鄙士皆下風嗚呼何不改行正厥終

登歌風臺

萬乘還鄉日高歌樂此臺丈夫竟如是猛士亦堪哀井邑留湯沐風雲入酒杯我非狂阮籍望古獨徘徊

讀甌北集

袁蔣云亡後靈光尙此君弓衣旋萬里壇坫得三分閱歷增奇險搜羅炫見

聞由來長揖者拜泣共殷殷

庚申省試莫愁湖雅集

打槳出西州名湖得莫愁晚荷當檻落秋水入階流時湖漲風雅徵同調江山引勝遊盛筵知不易扶醉復登樓

蘇屬國

節毛零落髮蒼蒼回首丁年淚滿裳窮海帛書秋繫雁寒氈雪窖夜呼羊祇聞裂土褒劉敬空使圖形殿霍光猶幸不同洪待制纔歸沙漠又炎荒

白下

撥盡琵琶酒不勝留都遺事說頻仍汪黃有計爭迎立管葛無人失中興內殿烏絲呈燕子中宵象板按春燈風流占斷規模陋愁對鍾山憶孝陵

讀元遺山集

火起幽蘭國運艱亡金文獻有遺山行歌慷慨餐芝外老淚悲涼賣藥間一代中聲開至大百年孤憤報完顏殘編讀罷杯頻酹海上遊魂招不還

絡緯

一片秋聲颯遠空蕭蕭絡緯曳西風響驚纖手三繰外怨入迴文百轉中豈有經綸遺草澤漫勞機杼出昆蟲淸吟我自慚才短軋軋如抽恐未工

按劍圖

淮陰逢惡少胯下一俯首原彼含忍時志不屑屠狗

鄒耳山聲玉山齋詩集題辭

張皇庯行最爲難那得驚心眛目看拈出幾章新樂府幽光靈氣滿毫端

米珠薪桂習爲常嫠婦遺孩極慘傷讀到痛深詞激處居然言職告流亡

憂貽堂上白頭親一病方知貴守身脫口不嫌無粉飾嘔心都覺是天眞

香山最說西湖好太白遙探禹穴奇名勝由來助才藻卷終高唱浙遊詩

田琳 字林玉號鶴舫諸生

擬古

中懷何耿耿夷猶春江曲杜若滿芳洲欣欣隨意綠將以遺所思采之不盈掬嗟我佳公子涓涓隔烟水期君君不來落日暮山紫

繆竹擬畫竹歌

竹擬畫竹胸無竹走筆一隨興所觸興來信手寫數枝颯颯空堂起寒綠有時畫以密爲疏尺幅之中千萬株有時復以疏爲密徑丈之中只數筆密密疏疏無定譜揮毫直欲空千古雨驟風馳筆正酣其時自亦難爲主鶴舫齋中得一燈氣骨神韻皆天成涼秋高張雪色壁疑有中宵風雨聲

夜坐

雨洗碧空淨烟光帶露流誰家弄長笛吹起故鄉愁花影半簾月蟲聲滿院秋消除塵慮盡此境最淸幽

老將

壯心猶未已部曲幾人存久醒封侯夢難忘報主恩據鞍雄顧盼擐甲數瘢痕定遠殊堪笑徒思入玉門

白下寓齋友人留飲

銜泥來訪舊柴門長板橋頭柳半髡雨後虹如才子氣月中花似美人魂地爲舊院遺址重談往事經三載共趁新涼潑一尊沉醉只愁歸路晚鷲峯鐘鼓報黃昏

答同社諸子書

雙魚遙寄五雲箋情愫聊憑七字傳詩境漸如淮橘化風懷猶作海棠顛久拋舊雨連今雨纔到中年羨少年爲訂淸秋重把晤鵲湖來放米家船

送友

客中情好正依依又理征帆掛夕暉身似落花留不住與春來亦共春歸

新雨初霽池上納涼

夕陽返照雨初收漠漠烟光滿院流忽有清風生兩腋再遲三日是新秋

吳 渙 字侍軒著枕流閣詩鈔

上方寺晚眺

躡屐步崇岡落木起寒色川原同莽蒼憑眺渺無極空亭澹夕暉歌吹久岑寂古人不可攀俯仰慨今昔入暮疏鐘鳴新月挂東壁

落葉歎

秋雨淅淅風蕭蕭委塵黃葉辭柯條飄入蒼烟翻屋角收拾秋心歸寂寞幾番惆悵倚欄看霜花著粤慧搖落回憶芳園脊滿樹不覺流光暗中度嗚呼人生遷變亦如此昔日少年今老矣

送湯秀谷之豫章

江水自悠悠江帆送客舟相思千里別迢遞一天秋孤枕添吟興西風動旅愁歸期定何計深與話離憂

懷劉臥松

去歲重陽日黃花一送君秋風今又老白髮感離羣海氣杯中合山光夢裏分何時同倚劍細細說從軍

蛾眉怨

勿怪郎意疏自歎妾年老昔日鏡中花今時路旁草

韓光棨 字曉村

白溝送客歸江南

昨日渡河來今日渡河去天寒雨雪多明日復何處北風吹我心共入江南路

廢圃

數畝荒涼地城隅一帶偏春風吹不到秋月自孤圓鳥鼠尋陳迹蓬蒿起暮烟何人來牧馬衰草尙芊芊

答同社書

故人書到勸加餐去住其如事百端有母別當垂老日無衣行况晚秋寒空囊作客神先沮長路依人鋏怕彈到底壯心消不得一鞭風雪上征鞍

韓一鳴 字柳村 諸生

范隄觀海

到此難爲水纔知天外天發源在何處縱目竟無邊日出鯨波湧烟消蜃市懸大隄隄畔路惆悵弔前賢

寄懷白下金二曙帆

客思經秋苦還添別恨深關河孤館夢風雨一燈心淚落尊中酒聲銷爨下琴人生似溝水各自感浮沉

嚴灘懷古

羊裘着去豈無因捷徑由來是富春七里烟波聊遁跡一生心事託垂綸客星枉自占漁父天子何曾忘故人若使堂廉誠盛德何妨朋友亦君臣

雨中同楊竹菴再過且住軒小集分得春字

疏雨蕭蕭洒麴塵元亭又見草成茵來如燕子重尋社開過桃花不是春嗜酒半生痂有癖縱譚一夕語驚人不知此會成佳話道路爭傳折角巾

暮春送別

離亭一別即天涯雲碧山青正憶家只有楊花飛不散紛紛如雪裹征車

李　宸 字楓崖 諸生

送韓曉村再遊大梁

一別十年久歸來意更親入門看鬚鬢翦燭說風塵結客黃金盡聯吟白社新緣何留不得又作遠遊人

去去復何處梁園此再過晴雲開鐵嶺夜雨下黃河屠狗英雄盡聞雞涕淚多平生豪俠氣客路半消磨

月夜同人登燕子磯

名山屈曲枕金陵此日同攀最上層十丈奇峯盤古樹一江秋水散魚燈疏狂只許容吾輩閒曠居然讓老僧徙倚莫嫌歸路晚等閒高處得先登

先我集卷三終

許　浩 字本泉

荆軻

笑睨無秦帝圖窮色不驚術由生刼誤名以報恩成慷慨衝冠氣悲涼擊筑聲如何魯句踐事往獨相輕

蕪城

淮東第一是維揚覽勝來登古蜀岡羅綺六宮隋大業文章千古宋歐陽豔稱傍輦司花女高築平山載酒堂帝子才人兩春夢竹西烟月自茫茫

讀椒堂遺集有感

猿鶴空山痛失羣重抛殘淚讀遺文生前心血搜應盡紙上吟魂喚莫聞那有黃金能鑄骨斷無青眼不憐君蕭蕭宿草西郊路三尺殘碑伯道墳

俞國華字村蔚

西郊

短隄曲曲近西郊偶爲尋秋俗慮抛山色遠從疏樹出水光低與暮雲交一帘酒市人探菊半角殘陽鳥認巢遊興漸慵詩興起草堂門在月中敲

冬夜病中有感兼柬友人

壯志蹉跎負此身聞雞夢裏覺酸辛峭寒風力能氷酒深夜鑪灰不煖人藥倘可醫非是病袍多相贈豈爲貧掉頭悟得三生幻舊雨箴規豈厭頻

咏史

江東已識無卿比關內如何失此賢太息桓溫空跋扈竟將人傑讓苻堅

豆花

蔓牽屋角蔭蒼苔千點花從雨後開絡緯一聲涼似水秋風先上短牆來

吳增祿字錫藩號燮堂諸生

偶成

未醉我謀醉既醉我無事咄哉荷鍤人乃爲身後計

雨中登高

佳節恐虛度登臨強自寬滿城迷宿雨雙屐破朝寒覓句空搔首逢人漫整冠濛濛烟樹裏誰把菊花看

秋夜懷夏園耳山紅舫客秦淮

秋風楊柳拂青谿秋水空明夕照低料得酒樓燈欲上一船人語過橋西

感舊

翡翠衾寒酒醒時消魂滋味有誰知雨中花片風中絮愁煞當年杜牧之一簾花影燕窺人盡日無言小病身中酒傷春兼惜別羅衣驗取淚痕新

許秉銓 字右衡 號饗原

過項王廟

三年霸業竟無成占得江干屋數楹破廡尙圖千里馬短筵誰薦一杯羹鬚眉不減英雄氣風雨如聞叱咤聲笑煞東歸狂杜默敢將大畧比浮名

中年

駒隙光陰過眼更半生樗散愧埋名詩緣舊稿刪輕薄友締新交近老成飮酒漸非當日量看花不減少年情可堪一事增衰拙兩鬢霜華鏡裏明

畫樓

畫樓咫尺粉牆東面面珠簾壓綺櫳一點凝情隨蝶幻十分幽怨託琴通雲來楚岫終慳雨舟入仙源竟阻風記得前宵凝立處海棠花外月如弓

古意

郎自理秦箏妾自調吳瑟絃聲雖不同一樣心淒惻

無題

裏湖湖裏荷花香外湖湖外郎船忙留郎住船看花去明日西風荷葉黃

費履堅 字叙夫 諸生

題孫訒齋楚吟集後

海上詩名重風塵把劍游雲吞三峽水猿嘯萬山秋弱弟埋青草高堂感白頭披吟一垂涕悵望楚天愁

湖州作

烟雲如畫水天浮路入平湖第一州繞郭波明都見底沿堤桑短半平頭秀分越嶺吳山色淸合苕溪霅水流滿市紅菱三尺鯉此鄉風味最宜秋

海村即事

蕭蕭樸被此停車茅舍相連四五家一夜海風吹凍雨曉來滿地結鹽花

婁江舟次

水抱江城十里遙臨江水閣夜吹簫通波門外停船客半等來潮半落潮

儲夢熊字漁溪兩浙鹽運副使

蘇臺曲

朝上姑蘇臺去望五湖水不見錦帆懸魚罾挂烟裏暮上姑蘇臺去望東山月山月照城市管絃聲未歇

古欽吳素江於燕市得古琴磨其背有字曰號鏑曰疊山曰東山之桐西山之梓合而爲一垂千萬禩知爲謝文節公故物作序徵詩因賦

劍浦名賢工審律異軫殊徽勤物色五百年前變徵音三千里外高人得西山之梓東山桐佳製倣古齊威公沙湮土漬日復日一朝復處歐囊中磨洗鮮明二十字字痕宛繡孤臣淚拂指蘿鷺附木聲撫懷驚鶴摩霄志安絃宜及月華開亦宜風雨空庭催正襟危坐彈清調當有忠魂駐聽來

呂城

朝過鍊塘去行行數里程秋風范蠡棹落日呂蒙城小市千家聚長橋一水橫我來尋故壘寂寞半榛荆

通州

白日沙邊郭黄雲海上城鮮船朝趁市獵騎夜歸營江勢依山轉天光壓樹平當年候潮處重聽石雞聲

河莊道中

日色黄於染嵐光淡是烟可堪倦游客又到杪秋天病有相如渴鞭輸祖逖先宦途翻作隱抱葉比寒蟬

若耶溪口

賀家湖畔絕風塵到此停橈眼倍新異代尙譚鎔劍事空山奮識采蓮人烟霞弄態溪彌靜猿鳥忘機客共親指點碧天深處路只疑原是薜蘿身

夏日西湖雜興

泉聽六一響琤潺坐領松風久愈閒蓦地遥天如潑墨溼雲拖雨過南山

不爲梅花棹也停綠楊無縫接西泠孤山山色原淸極况在先生放鶴亭

錢王宮殿綠陰中遺像欣瞻異代雄遠嗣尙珍歸國詔居人能說射潮弓

繁絲急管夕陽前取次金門泊畫船閒卻一規明鏡裏暮雲如水水如烟

葉兆蘭 號古軒著西河草堂詩牘

擬結客少年場用鮑明遠韻

馬前金籠頭腰下珊瑚鈎相逢在道路先問恩與仇朝射羽林獵暮爲俠邪遊倚劍崆峒巔採藥崑崙丘萬事鴻毛輕一笑凌九州青史多英雄纍纍高冢浮男兒但快意何必爭封侯朝露況易晞浮雲安所求請覆三百杯一消遲暮憂

草堂雜詠

草堂有隙地次第栽三梧憶昔初栽時榦小而色腴轉瞬三十載濃陰壓屋隅溽暑蔽炎日蒼翠沾衣裾幾日秋風動落葉堆階除莫怨秋信早中心已久枯樹老尚如此予衰當何如

庾信賦小園僅有三竿竹余家草堂後琅玕如林麓鬱鬱密成陰暑氣消三伏靜坐北窗中自覺鬚眉綠斯時萬慮空消受清涼福寄語熱中人黃塵徒僕僕爾縱不讀書對此可免俗

九月百卉靡秋鞠蕊始結天生冷落花西風吹不熱愈瘦愈精神一身皆傲骨淡泊情斯長霜中開不絕回首桃李花芳華久消歇人生慎操持所貴在晚節

禰正平作鼓吏歌

丞相張燈大宴客兩行甲士橫刀立有酒無樂客不歡堂上大呼鼓吏入鼓吏原是清白身裸衣打鼓旁無人當筵痛數滔天罪勝擊登聞叩九閽罵聲愈高鼓愈急滿座聵聾驚霹靂壯哉漁陽三弄聲抵過陳琳一道檄丞相殺人如兒戲何惜區區一鼓吏後來黃祖帳下刀焉知不出阿瞞意吁嗟乎士可殺不可辱德祖枉作權門僕主簿何如鼓吏榮雙桴已奪奸雄魄莫以嫚

罵尤狂生狂生之狂神鬼驚至今鸚鵡洲邊水猶作淵淵金石聲

李將軍 長庚 海洋擊賊歌

普陀山前戰鼓急將軍大破弓刀賊窮追直入漁山洋萬礮齊開海水赤賊乘大舶勝堅城舵樓十丈旌旗明將軍夜定掌中計一炬火燒赤壁兵四鎮受令如山重水犀甲伏三千衆篳篥一聲陣脚開戈船百道圍無縫別有一軍如生龍返蓬倒走擊下風賊船尾大掉不及霎時背腹齊受攻小校暗放連珠矢絳幘紛紛墜水死渠惡雖逃釜底魚潰師已墮舟中指將軍眼底無羣鼠誓縛長蛟蕩水府浴血轉戰氣如雷身着六創無痛楚同安船小賊船高以高視下逸待勞將軍兩臂如着翅飛身殺賊血滿刀黃盤洋外颶風起白鷁師迴賊遁矣將軍此戰十年無日走大洋八千里捷書飛上甘泉宮詔還孔翠珊瑚紅指日凌烟入圖畫飛將軍配海澄公

題太眞春睡圖

玉環夜侍沉香宴日高嬾出華清院宿酲未消粧未成繡衾半展香軀倦海棠着雨嬌不支梨花壓夢春雲癡侍兒倚帳不敢喚翻累君王立許時君王終日睡鄉裏雙宿雙棲呼不起豈祇樓東人獨眠長枕大被亦如水吁嗟乎漁陽野鹿來宮庭角聲驚破花間鈴馬嵬坡前一坏土終古長眠喚不醒

謁吳野人先生墓

草澤求賢日先生獨閉門出山名士賤易世布衣尊碑碣荒原臥詩文刼火存東淘坏土在落日一招魂

落葉

老樹有危色蕭蕭葉解柯高原風氣變空谷雨聲多不信摧殘盡其如衰暮何故根歸亦得幸免逐頹波

湄菴題壁（菴在眞州江口）

一徑入深竹蒼然幽象生冷風吹佛火破壁走江聲地絕遊人跡碑題勝國名詩成留不得落日下孤城

秋塞

戰後陣雲平沙寒草不生一雕盤雨上萬馬逆風行戍險邊笳急山空獵火明夜來尋虎跡已遍受降城

秋聲

絕無風雨夜空外響颼颼知爾來何處教人併作愁半生孤客耳萬事五更頭豈獨傷搖落區區草木秋

虎丘逢少白

湖海一爲別風塵兩鬢絲忽逢歧路客正是落花時酒醉要離家詩題短簿

祠關心無限事豈獨訴相思

爲予言近況不覺淚沾裾旅病饑寒起貧交餽問疏高堂有老母經歲斷鄉書早晚抽帆去空山守敝廬

邊塞

大漠天無色邊風裂戰袍四山沉鼓角萬指墮弓刀馬踏元氷渡雕盤白日高將軍貂帳臥夜夜醉葡萄

博浪沙

不中亦快事而非人力窮一椎天下動十日道旁空已落虎狼膽仍爭劉項功荊卿生刼後首難兩英雄

登歌風臺

亭長爲天子功成仗劍回斬蛇思故里飛鳥惜人才父老一杯酒河山百尺

臺只今歌嘯處落日大風來

友人過草堂觀桃花即事

去年君過訪種樹與簷齊今日重攜酒春風花滿溪亂紅吹雨散新綠暗鶯啼記取武陵境漁舟勿自迷

得宮丈霜橋（國苞）邗上書並秋夜見懷一律即次韻轉寄

草堂人正夢揚州尺素傳來訴旅愁此夜一燈同聽雨與君兩地各悲秋別來眠食知無恙老去風塵亦倦遊記取茱萸佳節近小西湖上望歸舟

十載

十載征塵滯馬蹄天涯誰借一枝棲窮途骨肉蕭郎僕冷眼功名季子妻鄉信久疏頻望雁中年多感怕聞雞客囊莫笑清如水三尺吳鉤日日攜

送秋

怕向西風折柳枝悲秋人已鬢如絲空江細雨愁中路紅樹青山去後思寒

到綈袍成一哭恩餘紈扇已多時疎林葉墮頹波逝送盡流光總不知

江上阻風借夏紅舫（闕）登燕子磯

石城橋下放歸舟燕子磯邊阻石尤到此幾番吾輩老依然終古大江流征鴻信斷難爲客落木聲多易感秋豈獨名心消逝水眼中何事不浮漚

甲子春杪病肺苦劇就醫曲塘承徐君百圍（方桐）一藥而愈賦此誌謝兼賀其復居清平港舊宅

欲訪桃源處士蹤特煩漁父作先容（因李楓庭得交百圍）見君今日窺全豹悔我當時好假龍名士交心融水乳美人親手贈芙蓉一杯秫酒眞丹藥消盡平生塊壘胸

拔宅逃名竟十年買山仍用賣山錢移來竹可栽三畝讀過書剛載一船家

有韓康爲弟子人疑柳祕是神仙寄詩權當門牆贄要乞長生綠字篇

和夏紅舫春柳原韻

依舊長條踠地生千絲萬縷織難成春遮蘇小門前路人指揚州畫裏城南國新添眉黛様東風輕試剪刀聲秋千牆角闌干外別有纏綿一段情

朝朝臨水悟前因傳出娉婷絕妙神那有風情能似爾縱無離別也愁人碧拖寒食千門雨紅覷桃花一路塵愛煞江南二三月家家樓閣總藏春

綠漸成陰絮漸飛依依猶自弄晴暉唱殘曉月歸羌管扶上春風𠡠舞衣嬌態似迎公子馬客懷都散酒家旂天涯何處無攀折雨露偏濃是　帝畿

抽盡相思是此條含情脈脈若相招怕看春去慵開眼爲受風多易折腰長袖可憐終日舞黃金須趁少年銷十圍手種西河樹獨聽流鶯慰寂寥

客中對月

西風吹月下河梁照見離人鬢上霜千里隨予惟隻影一年對爾幾歡場寒衣信斷秋將盡短笛聲終夜正長本爲愁多看不得凄涼豈獨是他鄉

古劍

淨於秋水凜於霜聲價爭誇百鍊鋼入地化爲金虎氣冲天散作斗牛光千年不滅惟冤血四海難逢是俠腸莫道塵埋無用處匣中猶自露鋒芒

眞州閘口謁文丞相祠

江上停舟拜古祠想公倉卒渡江時小朝已入田橫島大義猶興蜀相師一旦成仁吾事畢三年待死國亡遲只今逝水聲嗚咽似恨庭芝枉見疑

移竹

六月草堂無暑氣移來新竹漸成林涼添池館三更雨綠補芭蕉一角陰伴我有情能免俗對君無日不虛心北窗睡起清如水滿院秋聲何處尋

白荷花

清涼世界好停艭澈底波澄照影雙玉井峯頭秋漠漠菰姑祠外水淙淙野風不動雲連岸香露無聲月墮江一片幽情誰領畧有人深夜倚篷窗

秦淮水榭觀演桃花扇傳奇有感

十三樓上可憐宵一曲新聲譜玉簫人面桃花思北里春燈燕子送南朝將才不爲中興出士氣都從黨禍銷留得風流公案在賸金零粉滿江潮

謁史閣部墓

梅花嶺上角聲哀痛哭還登拜將臺四鎭干戈如不動孤城鎖鑰有誰開小朝竟蹙齊梁局末世空生管葛才留得舊君袍笏在千秋碧血葬蒿萊

書長樂老傳後

眼見河山四姓更著書猶自紀恩榮晚年官藉癡聾貴亂世人看氣節輕授命久慚承業死論功差勝褚淵生兔園莫笑無經濟數語能消耶律兵

重修黃鶴樓題壁

危欄敞接漢臯秋到此眞成跨鶴遊詩對古人難下筆身無仙骨敢登樓往來雲氣當簷落遠近江聲入座流攜得一枝鉼鐵笛爲君吹破古今愁

白雁

皓首西風客路長又分陣影下瀟湘一聲秋到花如雪八月邊寒夜有霜垂老尚餘鷗鷺伴舊遊重過水雲鄉玉關別後音書杳淚滿征衣感鬢蒼

春雨

誤盡春光燕未知濃雲如墨雨如絲落花一路香成海新水三篙綠上池城郭無烟寒食近秋千有約美人遲小樓十二簾齊下愁倚東風中酒時

讀小倉山房遺稿

少年金馬老漁樵五斗功名恥折腰山水緣能隨處結神仙福已及身消文章聲譽空三島裙屐風流占六朝愁絕清涼山下路酒旗歌板雨瀟瀟

周公瑾

江左人才管樂儔少年儒將擅風流三分未定黃龍鼎一炬先焚赤壁舟貧賤交難忘子敬英雄死恨借荊州偏安豈是平生志莫怪同時忌武侯

贈李東來

客囊如水鬢如絲湖海風流說項斯碧血燈前三尺劍青山馬上十年詩貧猶作客家難問老不封侯命可知我有美人遲暮恨與君分淚讀騷詞

擬古

匆匆郎欲行牽衣郎不顧忍淚拍箜篌只唱公無渡三載不爲容忽聞郎歸信小姑勸畫眉含情理妝鏡

子夜曲

楊花墮水中化作浮萍去飄泊無定蹤相思不相遇池蓮結子成饑禽啄蓮實依舊守空房苦心人不識

詠古

王者自不死非關劍術疏不然博浪椎何以中副車

讀史

漁陽鼙鼓動邊塵夜半宮車萬里巡老將生降妃子死當時同是受恩人

雷海青琵琶

換羽移宮淚萬行梨園一擊繫綱常花奴羯鼓寧王笛不及琵琶殉上皇

白桃花

天台流水悟前因劉阮歸來老大身枉與神仙爲眷屬駐顏方不授凡人

白芍藥

素羅衫子玉搔頭常帶將離一點愁記得春風明月夜與卿相見在揚州

墨筆牡丹

怪底徐熙設色華特將墨瀋寫名葩只愁筆帶寒酸氣不稱春風富貴花

秋海棠

瘦骨珊珊欲倩扶美人一幅斷腸圖早知命爲紅顏薄悔不香無色也無

秋魂隱約粉牆低慘綠嬌紅一剪齊蟋蟀不知花有恨五更風露盡情啼

劇憐思婦是前身別怨離愁總夙因無限深情消不得幽窗冷雨正懷人

梅花詩 十五首全用下平韻

似與梅花有夙緣題詩今日借花傳笑拈一管玲瓏筆遍寫香光色界天

蕊宮仙子正垂髫新製綃衣稱體嬌一路香風環珮過滿身冰雪掛瓊瑤 初逃

也狀 柴門冷落舊書巢玉照亭荒水半抝獨抱冬心倚修竹更無人問歲寒交 中感

也落 此材已分老蓬蒿強被東風改舊操可惜供他塵俗賞出山爭似在山高 浪悔

也遊 不信韶華逐逝波飛茵墮溷兩如何春歸一曲揚州淚閣部祠前酒最多 窮傷

也途 屢經抝折欲欹斜生意猶含數點花自洗膽瓶清水供紙窗晴日讀南華 外摒

也擾 不教開足是情長冷處能回鐵石腸一夜羅浮山下宿至今猶覺夢魂香 知憶

也過

眼底繁華頓掃淸歸山猨鶴遂前盟縱然未藉吹噓力感激春風一片情感友誼也

買得疲驢載酒瓶看花忘却鬢星星小西湖上尋詩路人在孤山放鶴亭祀社游也

早開運謝總難憑知墮罡風第幾層別有素心託明月一龕古佛一詩僧懷思悔也

漫誇淸福幾生修立雪難忘舊日游獨把瓣香心上供不隨桃李共千秋湖師恩也

美人一去碎瑤琴紙帳魂歸有夢尋記得唱詩淒絕處亂山無數白雲深悼亡友也

久無驛使寄瑤函別後相思隔瘴嵐萬里羊城官閣夜落燈風裏夢江南懷遠宦也

老來索笑愛巡簷銅鉢聲中韻獨拈詩要苦吟花要看忍寒終夜不垂簾幸老健也

詩情游興兩難芟又爲梅花早挂帆遊將鄞尉香雪海中擕一卷狂來親手勒靈巖

吳陵冶春詞

早春城郭雨瀟瀟卅里龍溪漸長潮幾日不來寒食近綠楊遮斷趙公橋

鶯飛草長晝初長蠻榼家家上冢忙記得鳳凰墩畔路紙鳶風裏菜花香

烟雨城南鎖塔尖千家新綠正齊檐近村小景都如畫一樹桃花一酒帘

圖蔣山迎岳阜靑小西湖水碧浛浛年年白社人修禊賭取新詞唱阮亭

別李沁春發國孝廉

笛聲嗚咽酒初酣歧路難停此夕驂馬上不堪回首望寒鴉落葉滿淮南

哭吳椒塘陵先生

一棺冷落寄僧廊消受山廚麥飯香三五故人知己淚勝他兒女哭成行

鄒　熊 字耳山著 玉山齋集 璧

太白樓

到眼無凡境披雲一倚樓高寒終古月空闊大江秋幾輩徒沉湎吾儕敢唱酬偶因學狂放長嘯徹中流

踏雪

倚杖一天雪寒飈撲面來吾生雙眼白合向此時開山遠疑無路香生始辨梅游踪皆化境鷗鷺莫相猜

夏日江館

竹樹陰森裏通幽徑一條樓開天近水夢醒雨喧潮到眼雲山淨忘機鷗鷺遙倚欄發長嘯心已脫塵囂

贈友

川原歷將遍半生舟與車跋涉本非計翻然歸故廬高梧生淨碧戶牖涵清虛無夢入塵境有子同璠璵勸君掃鄴架得錢多買書

題藏鋒圖

身傍畢竟有吳鉤猶負當年盛氣遊索性平津化龍去更無人與說恩讐

月下登金山

江光如練月如烟山影玲瓏塔影圓鏡裏樓臺京口夜浪中星斗海門天上方燈暗禪關寂遠浦舟橫估客眠黃鶴不來坡老去詩場酒壘憶當年

吳陵冶春辭

風細塵清一徑遙兩三鷺侶挂詩瓢小西湖在雲谿外不爲尋春不過橋

紅杏花梢拂酒帘打魚灣口晚風恬酒人淸嘯漁人唱溪月如銀出鏡奩

秋杪登北山寺後樓

北郭千年寺高寒百尺樓潮迎詩思活山爲酒人秋古木出危堞孤鴻下遠洲東南更寥廓大海暮烟浮

秋夜

一雁叫雲秋已深一蛩入戶吟復吟高樓風緊逼燈焰滿地月來流梧陰錦瑟頻調怯短袂匡牀久倚驚薄衾碪杵千家人萬里紅閨紫塞同蕭森

舟中夜雨

風緊雨聲急瀟瀟滿客舟潮喧孤枕夜夢醒一篷秋樹密涵繁響江寒生旅愁榜人不背發相與歎羈留

角聲

一角霜天曉嗚嗚古戍鳴山荒吹落月邊警肅秋城老將迎寒立征人破夢行凄清聽不得何日罷談兵

題汪蔚伯囊琴圖

廣陵一曲賞音難古錦囊封手怕彈只有枯桐燒未得相攜留當故人看

荷

豔却非妖淡却妍此花豈受俗情憐六根本淨宜供佛一瓣能香已近仙結社肯忘鷗鷺侶招涼合在水雲天孤芳我亦欣心賞日日秋江泊畫船

口占和余秋農留別原韻

七載一重見匆匆又買舟爲牽遊子袂同上酒家樓鬢髮全非昔風塵易感秋鴻章幸投贈許我豁雙眸

題寒江獨釣圖

一江風雪不知寒獨把閒情寄釣竿只有羊裘身未着怕人錯認是嚴灘

春柳和夏紅舫

鴨綠鵝黃到處生半拖驛路半江城千門曉色春如畫十里輕煙雨正晴駐馬才添游冶興啼鶯又帶別離聲那能栽向陶潛宅不替人間管送迎

短長亭外起蕭騷無那東風感寂寥過眼忽驚寒食近托根敢說漢宮遙凄清長笛吹殘月惆悵飛花付落潮此日幸邀名士賞且將半韻寫南朝

題馬貴陽江南秋色圖

殘棋一角不知愁紅葉青山畫裏遊知否有人和淚寫西風禾黍孝陵秋

聞雁

野店一燈暗寒衾短夢驚離家數千里征雁兩三聲江上悲秋侶天涯失路情欲歸歸未得竟夜感哀鳴

題崔吟香和簡齋太史落花詩

苦把零香賸粉描袁安吟罷又崔鏢仙人謫降辭人老各向春風感寂寥

廿載名場白髮新飄零我亦墮風塵可能更借珊瑚筆再爲殘紅細寫眞

喜晤李少白

轉瞬三年別京華幾去留家貧難作客遊倦況逢秋道路誰青眼功名感白頭吟壇重聚首剪燭話離愁

不少風塵感相看太瘦生此身無長物江左有清名閱歷空今古饑寒鍊性情酒闌看短鋏猶作不平鳴

子昂畫馬圖

畫馬畫皮如畫女悅世但憑顏色取畫馬畫骨如畫山崢嶸特立天地間想見松雪畫馬日馬不空羣不下筆圖成自賞應自憐龍種相看心黯然馬兮馬兮骨本重等閒遂爲人引鞚雕鞍玉轡有何榮鞭策者誰言之慟吁嗟乎代馬思燕草猶懷故土悲當年若解馳驅非何不畫向空山食蕨薇

謁王心齋先生祠

兩字良知學千秋韋布身縱談皆浩氣載道得斯人手握乾坤大先生有三三文在手心傳子弟醇我非私淑者到此瓣香陳

贈李梅生

落拓天涯一葉舟隻身海甸又吳州化機在手衆禽活大筆畫天古鬼愁座上少年宵勸酒客中清嘯月當樓還家莫學袁安臥某生有睡癖多少名山約再游

題袁冶山照

天高木落晚風寒景自蕭疎境自寬萬卷書圍名士坐一籬花當酒人看山空猿鶴相尋易市遠塵囂欲到難若肯畫圖添舊雨好張旗鼓當詩壇

祈年辭

東村爇香如斗大西村挑燈似星多祝天時晴復時雨晴好刈麥雨植禾

懷友詩

王魯石元琨 一囊吟草一船書白髮蕭蕭返故廬十載西湖音問絕詩壇酒壘近何如錢塘

周曙峯煦 吳越名區數往回山川跋涉出奇才畫中詩與詩中畫妙境都從閱歷來山陽

袁歠竹承福 客常滿座酒盈樽江左名流半在門金盡不嫌知已少有人尚識趙平原東臺

軒兆蘭 拈毫得句鬼神泣說劍當秋風雨生淮海十年深閱歷詩才心境兩和平葉古

人如鶴瘦性尤靈口似懸河舌不停夜半談詩兼說鬼滿窗風雨一燈青田鶴

琳舫
十載歌樓與酒樓囊中金盡不知愁歸來遍種籬邊菊占盡春風又占秋 愈蔚
村國華

十三月孤兒行爲繆君我洲作

孤兒有父有父早殤孤兒有母母痛夫亡夫亡血淚傾瀉矢志從夫地下夫死無子生不如歿夫有遺孤死不如活顧此懷中呱呱兒甫十三月　見兒如見夫吞聲飲泣哺其雛兒病母憂兒讀母績二十五載心血延此孤孤兒兒頭角母曰父冠冠汝孤兒身昂藏母曰父衣衣汝爲兒着父衣冠母淚如雨　憂傾危兮一木支歷艱苦兮兩鬢絲孤兒孤兒兮何以報之念釋不忘兮是十三月時

秋塞

驚沙黃葉捲風颼消盡烽烟尚建旄盤馬地生邊草瘦臂鷹人立將臺高戍樓落月寒吹笛甲帳飛霜夜枕刀思婦倍憐行役苦玉關萬里寄征袍

富春江懷古

到此名心淡何須再問津乾坤容大隱山水屬閒人鴻雁江沙跡魚龍澤國身我來臺畔立烟雨一垂綸

讀小倉山房詩集

奪取香山筆一枝編成百卷性情詩能移風氣空前輩早有聲華動外夷四序獨推春可愛百川誰比海無涯瓣香我愧靈犀少堂奥深深未許窺

題凌芝泉荆襄感舊圖

山荒月黑馬酸嘶士女紛逃歸路迷作檄有人正妻絕不堪細柳聽鶯啼
參軍情思本無涯苦設金鈴爲護花百計難回花命薄才離駭浪又驚沙

哀猿魂斷別時聲曾與韋郎訂再生終竟蛾眉能一死茫茫湘水碧無情
空齋一枕夢闌珊此後芳魂再見難紙上嬋娟呼不應朝朝暮暮帶愁看

春山

春在隔江峯飛來翠幾重不寒難見骨肯笑若爲容雨洗暮雲溼烟浮曉黛濃岩棲吾有約幽夢一聲鐘

寧王笛

稽首華清拜女師慧心一笛譜新詞倘教譜到清平調飛燕新妝莫漫吹

新蝶

金粉西園事隔年過牆又趁嫩晴天已消扇底三秋恨來結花間再世緣春夢乍醒猶悄悄少年相見已翩翩祇因初向風前舞弱不勝衣最可憐

漸來

漸來心境略和平兀坐書齋百慮清幽鳥一聲天近午落花幾片雨初晴能閒便享庸人福藏拙非邀處士名茗碗生香書在手世間何處有愁城

送春

無端飛絮撲離筵三月江城倍黯然花氣欲消中酒夜鶯聲漸老夕陽天不知此別歸何處又訂重來似去年每悵熱場遊未慣還須爲我少連留

柳線限韻同汪蔚伯吳侍軒鄧浦泉羅夏園

不藉樓頭女手纖金梭擲後漸垂條爲誰春冷縫衣袂到處風狂試剪刀斷續頻牽遊子騎短長能繫酒人舠此條若向紅閨拂辛苦穿針肯憚勞
酒旗歌板憶秦淮踠地輕絲十里皆綠趁烏衣穿繡戶青隨簾影織香階樓邊曲豔傳金縷花外人過挂玉釵底事江干綰離別纏綿情絮總無涯

春烟

遠迷芳草近迷花淺碧深紅一例遮輕不勝風原易散濃如着水便無涯嫩寒山霽嵐疑溼薄暮江昏柳正斜夜月朦朧林閣淡遙看隱約幾人家

題袁治山半船兒女半船書圖

曾寫陶潛樂閑情獨賞秋（圖有松菊猶存圖索題）十年翻橐筆八口共乘舟賣賦誰青眼謀生感白頭我無兒女累輕便載書遊

謝友人移竹

特爲山齋掃俗氛幾竿遙向密林分三弓地闢迎佳士十扇窗開揖此君午夢生涼人乍醒秋風入夜我初聞果然玉筍經春長培出兒孫定不羣

檔子行

華筵開檔子來朱繩辮髮金縷鞋長袍窄袖吳綾裁琵琶輕撥腕如玉宛轉當筵歌一曲曲中眉語目傳情燭光照面佯羞縮朱門子弟易魂消袖底金

錢席上拋買笑買嗔復買醉紅牙綠酒娛春宵門內偎紅更倚翠門外大呼排闥至酒停歌歇無人聲處堂燕雀逢鷹鷙一波平一波生峽雨巫雲夢未成頃刻家緣一笑傾囊空再與嬌娃見趙李糢糊記不清

讀史

孔孟道既微幻怪爭馳驅祖龍廢百家火中多僞書所阬侯盧輩安見皆醇儒曲學一淸擴後世鮮歧途獨笑愚黔首其心先自愚

賈誼以年少遂爲當路輕其言不獲用强藩禍終生張季起貲郎十年亡知名厥後作廷尉論法稱持平用才求濟耳奚必定老成更以資格論毋乃屈賢英

論才先器識文章安足數我薄爾正平輕身近豺虎阿瞞尚不容何況彼黄祖所託已非人謾罵亦何補庸流輕去就眞才愼出處所以隆中人蕭然歌梁父

得第求立名名亦未必久黃綠復奚爲倖進空顏厚一曲鬱輪袍遂含千載垢何如下第人劉蕡已不朽

賢如王文正昏夜受明珠剛如寇萊公附會呈天書功名心未已乃忽改厥初君子覘定力得失爭須臾

江陵佐中主時政賴起衰任重無旁貸嚴氣成矜持威焰衆所忌交口摘其疵一朝失砥柱綱紀墮恬熙論人貴持平功大而罪微日盛滿則是日專擅則非

白下喜晤周綺村

一十八年才一見相思便慰亦艱難頻將身世殷勤問各把鬚眉子細看客路風懷詩滿袖江樓歌嘯月當欄此遊那更期重到珍重秦淮片刻歡

桃花雨

苦歲荒心徬徨桃花雨其來哀哀枵腹呼穹蒼雨一滴粟一粒天將爲爾舒跼蹐麥有秋稻有收與爾桃花雨爲爾潤田疇顧爾命其須臾留雨淋漓心凄其望者喜饑者啼一日無一粥三月之後奚暇卜桃花雨來依舊哭

飽公來

乙丑丙寅淮揚大水鹹商捐賑以濟災黎新安飽君席芬至泰精心廠政靡所不周且格外施仁有加無已全活甚衆作此以誌

洪湖波頹昭關壩開澤鴻四野鳴哀哀鳴哀哀飽公來　倡義惟公捧符而東發鹽倉粟十萬鍾用施德惠無窮　一郡七邑設廠五泰之南廠公所主公良苦公如辭苦事無補　廠地自營度籌式自裁酌米較合與勺粥嘗厚與薄百事親其勞安所容朘削　結屋蔽雨何軒軒設車導水何漣漣活人

以丸殮屍以棺瘞骨以田君不見刺船結棚滿城下萬口嘔啞呼鮑爺者
母攜其女父負子赴鮑家廠如歸市六月廠開十月止鮑公之心猶未已
工代賑市河濬種菜遍野食無禁活爾過新年聽爾歸耕信　三月還鄉四
月栽秧五月六月早稻黃上遊又決荷花塘　甫安復危不遑寧居安得鮑
公再至民其蘇　鮑公至矣羣情慰矣設廠如故法逾備矣賑竣復續麥亦
飽腹載芋百車乃惠之餘　設長生位尸祝千門誦佛如來婦孺懷恩公乃
不敢居其名曰我
后之德與大吏之仁

梅花

精神雅與月相宜霜雪頻侵總不知冷境幾曾談骨相俗情原只愛丰姿世
無何遜開嫌早身遇林逋嫁未遲春到莫貪金屋貯也須珍重出山時

殘梅

此是羅浮未了因尚留數點爲傳神氷心如在應憐我冷眼相看尚有人天
許寒香存一瓣山藏古雪到三春朱顏要讓神仙駐好待羣芳步後塵

寒夜曉香曲

紅閨夜寂珠簾垂睡鴨金爐烟裊遲銅壺漏盡尚凝立挑燈頻蹙雙蛾眉簾
內薰香簾外雪篆烟不散倍凄切竟夜消寒人未歸紅牙綠酒歌喉熱纖手
拈香香又添捲簾放出爐中烟擬情願逐爐烟去隨風吹到青樓邊

錢武肅王鐵券

自昔剖符封爲天子守土銘之以丹書用爾爲砥柱武肅平鏡湖國勢車依
輔鐵券特酬勳世世藏盟府奈何唐祚移義旗未一舉曰善事中國殊非英
雄語嗟哉此龍章換世分今古及梁迹已陳何況代易五試讀金符文表忠
義何取境比南唐安人遜後唐武

習靜

習靜宜扃戶圖安合退居蕭齋塵不到清夢雨之餘身賤常依母心閒學著
書敢言遺世立生性本來疎

病中聞仲雲江捷禮闈後以縣令用作此代簡

雞窗卅載共清寒聞捷南宮我病安面壁竟登千佛選種花好與萬人看從
來惠政由經術要替蒼生望宰官一語使君須慎重守箴容易用才難

梅花詩

空山寂寂水迢迢好處都宜雪未消爲有寒香無媚色教人錯當美人描
芳齡荷寵侍三郎洗盡鉛華只淡妝輸與楊家能妙舞樓東明月冷于霜
謬詡調羹手段靈玉堂佳境想身經春殘吹起江城笛尚有游仙夢未醒

紅玉綠珠曾並採孕花結子兩無憑此中消息誰參透欲問蒲團入定僧

游仙詩

聞道靈犀是夙因欲從香案問前身書繙策府編三絕曲譜鈞天調一新滄
海駕鼇原有路淸谿跨鹿豈無人只緣未洗凡心淨淹忽塵寰五十春
曾結童男入海中靈槎偏遇引迴風豈眞青簡名無分應悔黃庭字未工幾
度造門空化鳥一生負局尚磨銅倘逢口授登眞訣定被仙師笑耳聾
少年怕讀枕中經塵夢悠悠不早醒輸與蟾蜍能解脫化爲蝙蝠亦通靈治
心先要除荆棘却病何須採茯苓我過浮丘曾挹袖歸來依舊髮星星
遙從閬苑乞天漿玉𡑺朝朝獻北堂博獻無人尋衛叔伴遊有婦學劉綱祗
宜檢印元都外莫更彈琴華路旁十二萬年逢大刼長生只抵一歡場

瓜步阻風

一棹停瓜步江風阻客程雲疑排岸起潮欲挾山行大澤蛟龍氣嚴關鼓角聲迢迢烟樹外燈火潤州城

抵蘇州舟中即事

千里征途正寂寥金閶城外一停橈春從欸乃聲中盡愁在湖山畫裏消燈火通衢喧夜市關津曲水接江潮所嗟遊子匆匆去孤負鄰舟約聽簫

登天平山

看山不喜平茲山太奇特層巒一徑通參天萬笏直數盤及山腰迎面插怪石忽訝石罅中藏梯三百級蹬附半壁懸蛇穿一綫窄出險始騰身乾坤驚另闢心喜奧全探足防高易失陡聞清磬鳴仰面見禪　努力登山巔老僧出迎揖精廬無一塵飛滿白雲色雲根落泉香松際裊烟碧問僧此佳境子何修能得老僧笑不言烹茶但飲客

龍江夜發

長空涵淨碧一望水天連明月故隨客遠山欲化烟江光清若此秋興浩無邊倚棹發長嘯夜深猶未眠

將衰

將衰不自覺覽鏡見蕭森莫訝山容改本來秋意深病多疏晉接神倦廢披吟剩有耽遊癖支筇尙遠臨

讀李忠毅伯傳

揮旄東下出艨艟十載驚濤烈燄中與賊勢難容兩立及身恨未奏全功礮飛閩海排鴛陣星落漁山哭颶風留得偏裨殲首逆圖麟第一定推公

題黃小秋翠屏訪友圖

漠漠春雲合迢迢春水流故人在江浦有約看山遊鼓棹入烟樹叩門驚野鷗主賓殊不俗同詠竹間樓

自愧

荒塍蔓草步艱難遙指田疇約畧看苦苦較量殊自愧別人勞力我安餐

促織詞

空階細雨夜涼天機軸三更倍黯然何苦盡情吟到曉有人燈燼不成眠

藝菊詞

秋花百本手親栽多少工夫次第培删去繁枝搜去蠹晚香原自苦心來

答周綺村

會暫離何久書傳見却難幾經勞夢想所幸尙平安君有簞瓢樂吾承菽水歡只愁重聚首兩鬢感凋殘

雜詩

高樹在深谷蒼然歷歲久生長道路旁剪伐速其朽托地有安危生材無薄厚所貴絕紛擾物以靜能壽寧爲山中荆毋爲陌上柳

大婦入門時照耀千明珠小婦入門時秋風吹敝襦大婦與姑語揚眉喧笑哤小婦與姑語澀縮一詞無豈日無一詞良由愛憎殊仰首見顏色低頭自囁嚅有淚不敢彈悚懼陳朝餔

五人墓

駕帖爲何物騷然逮正人雖端竟首發公憤得同伸生挫貂璫氣死爲虎阜鄰白蓮涇不遠（周忠介祠在白蓮涇）相副廌明禋

虎丘雜詠

共向繁華境裏行人都心醉我心淸千人石畔雲泉響疑是生公說法聲

仰蘇樓上一閒憑舊蹟興衰感不勝千古難消金虎氣如何鶴礀冷于冰

誰云揮麈世無關精氣常存雅度閒試看清談短主簿一靈千載鎖家山
幾人遊倦步遲遲山半徘徊有所思想是吟情消不得可中亭上立多時

吳江舟中

十幅輕帆片刻揚墨雲又起失斜陽寒山寺遠鐘聲斷平望湖陰水氣涼客路耽吟無礙雨春宵有夢不離鄉計程遙與湖山約三日天晴到古杭

看山

看山如論文濃淡須並收遊山如論交淺深以分投有山宜遙注一望烟嵐浮不雨生浮碧爽氣騰高秋出雲觀變幻奇氣豁雙眸有山深且奥妙境須窮搜入山勿計日快意斯勾留行山勿辭苦險峻必探求外不遺淡遠內不遺清幽夢夢與山見過眼浮雲流所以躁心人遊山如未遊

訪林君復先生故址遇雨而返

避世心千古遺踪未易尋到山經雨阻使我悵雲深何以舒幽抱其他非賞音前生應是鶴第一愛梅林

蘇小墓

西泠橋外有荒丘蘇小居然片石留聞道風塵能相士黃金一贈換千秋

登北高峯

三十六盤上武林此最尊一峯堪伯仲諸嶺盡兒孫近俯湖光斂遙瞻海氣昏山僧殊不俗留客看朝暾

蘭亭

到來人物盡風流似此山林不負遊觴詠之餘無一事勳名以外自千秋也同沂水春風樂欲比巖花澗鳥幽我愧留連身是客家園雅禊不曾修
蒼涼池館綠成茵轉眼流觴事已陳少長偕來眞達者彭殤閲盡幾閒人地餘勝蹟青山在我悵名場白髮新把酒花前須盡飲莫教淹忽度佳辰

雨中山陰道上

看山一千里才到快心時遠嶂疊無數亂雲飛更奇排青出矯變潑墨寫支離立久衣襟溼猶餘去後思

徐鳴珂 字竹谿監生興化籍 著研北花南吟草

游攝山

石磴盤屈曲蒼茫淩翠微層樓夾林表曦景明瓊扉
翠華行蹕在草木含光輝山禽鳴我前天風吹我衣烟嵐各異態旦夕氣候
非邈懷康樂句逍遙澹忘歸
玲瓏千佛巖窅窕通絕壑一氣爭變幻神工試雕鑿愗若恆河沙金光出林
薄覆以六朝松重重散瓔珞閒雲時歸來縹緲見鸞鶴安得此栖息塵緣萬
念却
山雨驟然至樹杪飛流懸長風送清響吹作珍珠泉琤琮戛寒玉奚必管與
絃下臨桃花澗空明共澄鮮金陵此福地來往栖眞仙洗耳塵不汚漱齒瑩
且堅何當一掬飲笑指滄浪天

杖策尋招提小山容結搆幽居塵跡少名勝別新舊懸厓驚坼裂絕壁千仞
透中窺一綫天媧皇補未就石氣鬱磅礴古木靜而壽晨露滴空翠霽色發
華秀聞有買山人寫山消永晝婁江張玉川工山水買幽居爲別業
我登最高峯濟勝臨絕頂江流束如帶汲飲乏修綆之子悵睽隔歲月易馳
騁絳都夢遊仙丹臺望延頸扶疏雙老桂金盤墜香影疑近廣寒居露挹衣
裳冷閶闔呼可聞長嘯振鴻溟

謝文節公琴圖

新安吳君素江購得古琴積土堅凝如石刮磨三日龜文畢見琴背
有東山之桐西山之梓合而爲一垂千萬禩上署號鐘下疊山凡二
十字皆分隸書鐵畫古勁始知爲宋謝文節公物素江喜甚繪圖徵
詩焉

吳山一炬梁木燼嶧陽之材亦可憫西臺誰奏塞鴻曲東嚮招魂惟慟哭故
人碧血埋荒烟餘生顛頓祇七年玉帶生已久亡命號鐘爾亦淪重淵奇寃
上訴眞宰泣鬼神呵護爲珍惜昆明刼灰有時見土花漬闇何人識吳君嗜
古特豪舉不妨人棄我獨取磋磨累日文始彰邈隸星布騰光芒乃知正氣
不可掩龍吟鳳嘯寧久藏得之狂喜轉益悲不覺涕泗翻交垂却聘終甘首
陽餓信國知音公一个當時匿跡唐石山橋亭賣卜逃塵寰茲琴得無伴岑
寂山月照人同愁顏又或相隨入燕地風雨羈棲憫忠寺別鵠哀猨時一彈
金石錚錚氣彌厲西湖縱好不歸來響寂音沉幾塵世我今見圖未見琴相
思千里雲山深對此已欲亟下拜何況他日聞清音丞相遺琴圖亦在鞠通
仙去五百載海鹽陳文璐有信國遺琴圖詩序碑藏閩中何氏乾坤留此兩完璧鼎彝槃敦無神采
歌罷還將篋琴撫輪君玩好得奇古打窗葉落天風寒高山仰望空長歎

曉起

不知秋已盡惟覺曉寒深客久忘塵累病除生喜心風霜氣一肅鷹隼勢千
尋晚節香仍好黃花耐冷吟

夜宿瓜步

樹影忽搖水涼雲微在天推篷山月上枕櫂榜人眠夜靜暗潮動秋澄清鏡
懸不須吹鐵篴吾意已超然

湯治昭字愻齋歲貢生

永寧泉

客身如浮雲吹落鍾山巔道旁一泓水疑是蛟龍淵大瓢與小杓汲者盈千萬縛亭甃白石活火飄茶烟揭來事茗戰一飲腸胃湔諸天散花雨高岡横其前瞻望博士祠悲來不能言松枝作麈尾敗壁留詩篇斜陽照歸路蕭散仙乎仙

靈谷寺

芒鞋破坱圠山色相招要松風萬壑來捪擊聲蕭蕭摳衣石徑滑拂面巖花飄入寺寂無人紺殿殊蕭條誌公不可作浮圖凌層霄滔滔八德水清美繁珠跳礿地焚瓣香梵音聆海潮晴曦射叢薄天宇清寥寥老僧檢經藏悠然謝塵囂

江村

雨過林塘淨江村事事幽幾行新綠樹無數夕陽樓雛燕能來往閒雲自去留斷橋垂柳下兩兩繫漁舟

寄呈法梧門先生

逝矣倉山叟先生替總持安排三寸管裁翦一朝詩河岳英靈聚聲華朝野知官銜清似水時復撚吟髭

袁江旅次

潮落烏啼月一林相逢淮上共題襟人聯白社俱名士詩近黃河有北音客路自然輕聚散名場容易感升沉數行寫向黃泥壁留取重來擁鼻吟

贈葉古軒

湖海元龍迴不羣此才差足張吾軍鬚眉純化幽幷氣旗鼓閒收翰墨勳早歲功名同逝水中年哀樂等浮雲輞川吟社招裴迪來聽清談浣俗氛

西河壇坫主齊盟許住螺園客亦清苦爲風騷留正派不緣標榜博時名爲龍我願偕東野射虎誰能起北平有酒盈尊詩萬首狂吟痛飲足浮生

文姬

絕代紅顏絕塞行哀笳彈作斷腸聲美人國士同淪落尚有生降李少卿

包湖

湖水清冷碧四圍幽人破曉放船歸數聲漁笛不知處野鴨一雙相背飛

楊筠 字篠樓 諸生

懷田鶴舫

遠向溱湖借一枝逢迎是處有相知最難作客能將母却賴依人好課兒寄到新詩多擬古傳來餘事又工醫結廬近得希夷子（謂陳丈瞻麓）樽酒應多夜話時

蠶婦吟

傷心處處石壕村咫尺分開骨肉恩道左有人含淚說去年此日正新婚

李觀時 字雨村 廩生

雜詠

燕許大手筆著作儀明廷豈是綴浮藻便擅一世名飣餖牛鬼字掇拾草木榮按之了無得糟粕遺精英毋怪皮相者事事逐虛聲禮數非不多意氣良足驚土木飾冠裳焉得眞性情

嘉樹植小盆枝葉苦束縛飛鳥閉樊籠羽毛戀家廓遇彼長養機就我耳目樂灌溉日以勤依栖得所托靜觀所生理至竟異咸若水必順其流智惡近於鑿凡性有自然請以驗民瘼

卽景

雨霽岸初綠新霧障溪左咿啞來櫓聲昏黃月華鎖漁舟在何處蒼茫見微火

黃葉

霜華一夜染疏林蕭颯枝頭色暗侵古院西風搖落意空山斜日別離心尙餘碩果懸靑幹可記遊人借綠陰轉眼東皇費裁翦垂垂芳蔭待春深

夏蘭 字補生 號紅舫

千金歌

天下紛紛逐秦鹿時未雄飛且雌伏關中相國能知人築壇一日三薰沐與劉滅項歸淮陰印如斗大輕千金記得微時有漂母千金來酬一飯恩一飯恩安足論母有語哀王孫哀王孫母語錯視信何輕薄古之黔婁長太息有人不食嗟來食

朱虛侯

派屬天潢位列侯生來將種足強劉私恩雖感如兒畜大事何曾與婦謀逃酒人難容竟去耕田歌不畏招尤只因議立親昆弟鬱鬱常懷社稷憂

新息侯

大志髫年即慷慨先平隴右後炎方人中龍早知文叔井底蛙曾笑子陽南海有珠騰謗讟雲臺無地畫椒房讒言銅柱勳名盛槀葬誰來奠一觴

孔北海

北海徒傳譽望隆未能施展濟時功危劉權已歸曹氏薦禰書猶上漢宮座有清樽知客滿家無完卵歎巢空可憐慷慨脂京兆獨記交情哭大中

無題

記得珠簾掛綺疏別來消息近何如地名桃葉思前渡花認枇杷訪舊居悄綠波三尺槳密通紅鯉一封書烏絲細疊無多囑好景平山四月初

迴廊曲檻會娉婷侍女傳言隔膜聽蕉葉有心多展轉楊花無力易飄零同心自可盟初日低首終難屈小星聞道使君原有婦不勝惆悵倚雲屏

論古小樂府

王猛秦丞相張賓趙右侯江東門第盛只有重清流

回首華亭鶴悲哉不復聞蓴鱸歸去客江上笑機雲

讀史

不知決策守關津誰是當時帷幄臣迢遞陰平七百里青天白日竟無人

同泰君臣正捨身河南兵已破城闉不圖更有龍光殿佛老原來不救人

王 輔 字左亭

過盧蕙圃村居卽事

烟罨羅浮青水抱范堤綠幽居阻漁梁書聲出茅屋暇日擕琴來欵關鶩不速酌我軟脚酒開軒豁心目飛鳥倦高雲閒花媚幽谷物態隨機宜予懷澹無欲醉臥長松下清風聽謖謖

聞雁

酒醒燈殘後嘹嘹聽雁聲未消中澤歎疑有不平鳴地迥霜初重天高月正明關山千里客此際若爲情

新燕

乍到如生客重來當故鄉主人尚無恙茅屋又何妨別緒憑誰訴閒身底事忙一枝棲便好不必羨雕梁

種菜

抱甕擕鋤取次忙秋菘春韭及時芳貧家風味原清澹老去英雄善退藏學圃未能聊復爾閉門無事且相將東陵瓜與南山豆各占千秋地一方

書桃花扇傳奇後

殘山剩水雨瀟瀟三百年來一夢銷亂世文章空復社處堂燕雀笑南朝春燈半夜傳新曲野哭中元賦大招石馬銅駝無限感只留遺史話魚樵

秋柳

曾拂壚邊換酒衣長條踠地事全非黃金莫贖韶華轉青眼重逢古道稀六代樓臺斜月冷五侯門第亂鴉飛可知賦命多憔悴能綰西風願已違

新柳

濯濯清姿楚楚腰不勝情緒正無聊一聲笛裏春猶淺二月樓頭雨乍銷對

此風流原可愛別來消息又今朝揚州城郭金閶路綠到紅欄第幾橋

常　增　字緝香　拔貢生

由桃葉渡放舟至城北

渡口午乘舸烟水愜逸興蒼蒼見籬落竹柏媚幽徑初行景已異屢轉境殊勝征雁起荻湄孤鳥入蘿磴村荒罕喧雜嶂遠遞綿亘不辨寺何處雲中響清磬欲返有餘戀城郭日將暝

自述

人心如田園不鬬將自蕪世事如蔓草不治將難除賤子守遺訓以書爲菑畬有人哀我貧勸我入歧途譬之不學圃而使往種蔬

河兵謠

安瀾有杜河兵如虎狂瀾莫禦河兵如鼠解一修隄築堰年年忙下河往往多流亡大吏小吏心皇皇河兵日夜守河梁解二東家健兒長七尺募作河兵去

供役秋來塘决多笞責解三猾者得錢身軀肥拙者束手常苦飢有事一樣聽指揮解四河水落河兵樂河水來河兵災河兵之災時有財流民一去何時回解五東南海道塞已久淮黃汎漲經年有實力能收治水功辛勤　即迴瀾手如釜低田億萬畝性命全在河兵手日賞河兵一斗酒解六

攝山

幽壑徵君宅寒林靳尙祠六朝餘幾寺終古此清奇境比山陰道人來暮雨時低徊想江令傳誦是何詩

長安道

馳驟諸陵下聊從劇孟遊鬬雞趨柳市彈雀過長楸鞭影侯家馬箏聲戚里樓小車能入殿丞相只千秋

歸鶴亭

當時歸鶴有亭在鶴去不歸亭亦空今日春風上荒塚行人無復說神翁迷茫溪水綠三里斷續菜花黃幾叢此地神仙不可見催耕時節雨濛濛

梅花和燕湖韋葯仙前輩原韻

前身曾許嫁逋仙生與西湖又結緣寂寞空山三里雪凄清殘月一溪烟詩成更索茅檐笑夢醒還參紙帳禪占得十分春最早幾曾賞識未開先

登北極閣矚觀亭

獨登高閣俯郊坰下界羣山作畫屏到此猶嫌眼界小天風吹上矚觀亭

康發祥 字瑞伯 廩生

勵志詩

勵志以畜德昔有張茂先我今拾唾餘附驥思能傳浮海溯其源升嶽造於巔造化有終始神智何能偪譬如操一藝名譽由精專戈必稱蒲且釣廼贅便嬛精或盡於弓魚思忘其筌不然涔蹄水寸鱗無生全桑隅惜烏影弩發驚離弦智愚雖異質各以全其天非敢必有功勿爲見異遷誠心金石開古人良有言

秋風曲

秋風至秋雲飛儂家葛衣漸嫌薄歎今製帛猶未歸樹梢萍末忽然起紈扇之歌歌不已秋風　起殿西頭秋風只在儂心裏

早發龍潭道上

盤曲蛇行路行行望翠微青山壓騾背斜月上人衣客子久登道農家漸啓扉故鄉業已遠僮僕儘相依

岳墩看雪

曠野雕盤勁彤雲自往還風聲搖古壘海氣失前山恍立氷天外疑來雪窖間不須誇白戰遺像有刀鐶

謁方正學祠

但把麻衣着何知白帽尊一言詢孺子十族感君恩骨肉寃聲起風雲氣色昏淮淸橋下水猶有未招魂

不寐

一榻屋西頭蕭然屋似舟亂螢流到枕疏雨滴成秋漏轉聞檐鐸燈明見瓦溝懷人當此夜天末不勝愁

讀陋軒詩集書後

蹤跡蕭疏海上行閉門作述盡餘生衰年已見盈頭雪長律難攻五字城餉饁田間惟冀缺結交世上有程嬰謂程雲家先生和平都是承平語休認凄涼杜宇聲

記夢

夢飛瓊句劇魂銷許渾有夢飛瓊詩河上楊枝抗手招一片衣裳如着水三層樓閣聽吹簫朱軒不閉葳蕤鑠碧浪剛生宛轉橋老我心情渾似鐵夜深有淚亦如潮

送程鶴衫之眞州戎幕

青年詞客竟從軍橐筆時酬翰墨勳馬上功名如可共江頭風景許同分懷人定見初三月弔古還過柳七墳何日草堂來共飯也應回首海東雲

促織詞

露下微蟲泣草根幾回促織近黃昏里兒不解無衣苦更買官窰蟋蟀盆嬾婦驚聞恐未安牆陰相對話辛酸明年傳語秋風早好占人間金井欄

擬塞上四時曲

青草墳前急暮笳淸明有客盡思家燒痕一片斜陽裏認作窮邊二月花玁狁曾勞六月兵貔貅到處朔方平炎風忽解陰山雪推向交河助水聲無邊落木似潮來撲面黃沙向夕開明月高高天尺五鐵簫吹上李陵臺朔雪塡平路嶮巇椎牛大幕犒熊羆苦寒不獨氷鬚斷凍破眞珠丈八旗

魯嘉祥號楓橋監生

富春江

萬嶂桐廬道紆迴繞富春雲山開畫意今古一高人此水淸無比高臺迥絕塵客星如斗大常照大江濱

無錫道中

紅藕花間客夢回聲聲柔櫓曉潮催泉從陸羽茶經品山自倪迂畫本來鴨艇橫斜停野渡浮屠縹緲插香臺梁谿絕似山陰道六扇篷窗面面開

春日書懷

風花泥絮各浮沉對此茫茫百感侵漸覺嘗完惟世味最難看破是名心匣中空有思魚鋏市上寧無買駿金過眼靑春留不得遣愁還仗酒杯深

仲貽勤字受之著有
蓉賓詩草

羊城過臘

又見天涯逼歲除一春消息欲來初南交原少氷霜到東野先看草木舒橙子寒斟金液酒梅花香坼蠟丸書拈毫學寫宜春帖自署珠江仲蔚居

大通烟雨

秋烟秋雨壓江流彷彿尋秋到莫愁却怪隔船聲潑剌鸕鷀飛過蓼花洲

泊楊梅村聞絡緯

蕭蕭絡緯滿林聲催作征衣萬里行想到故園秋七月豆棚杯酒話離情

先我集卷四終　　虞山丁祖蔭覆校

先我集跋

海陵風雅代有傳人至明啓禎間垂垂欲絶鄧舍人孝威以扶衰振雅之功歸之沈林公復曾吾邑詩人由此彬彬蔚起讀詩觀詩最諸集所搜採甚夥夏先生退菴更有海陵詩徵之作當時惜未付梓迨國鈞爲叢刻訪求遺藁竟不可得展轉鈔錄僅得殘本十之四思續成之而以年衰才薄又薄書鞅掌不果也嗣以此事屬之儀徵劉先生誠甫尚未竣事陳硯香先生手鈔先我集哀集吾邑百二十人著述彙爲此編雖未能如詩徵搜採及於唐宋諸家之多而其意則一夫人之顯晦著述之傳世與否皆有命焉不可強也明末及清三百餘年間吾邑以詩名者寧止於此而茲編所錄至百二十人而止而此百餘人亦非盡功名之士茲所刊行能否傳之不朽抑未可知惟及吾身而著之以求吾心之安若夫此後之傳不傳則仍歸之命焉可也是編刊印之貲由東臺周君輝林所捐助合併著之以誌吾感

民國十四年乙丑秋初韓國鈞

常熟儲新印刷社代印

韻琴雜著

劉韻琴 撰

《韻琴雜著》，劉韻琴撰，據南京圖書館藏一九一六年上海泰東圖書局鉛印本影印。

劉韻琴（一八八三—一九四五），名羽詵，清末著名文藝評論家劉熙載孫女，清江蘇興化人。幼年就讀私塾，『聰明好學，九歲能詩』，仰慕古代女英雄花木蘭，在七律《木蘭從軍》詩中寫道：『一朝戰罷回東閣，千古風高花木蘭』。劉韻琴不但作詩優美，且精通寫作和翻譯，因而在中國近代文學史上有較高地位。

集前有任厚康、陳縈廣、静寂子、成本璞作序四篇，尤以陳序對劉氏評價最高，曰『吾國女界能以文字託業於新聞，影響政局，啓迪人群者，當推劉女士韻琴始矣。』是集分詩詞、文藪、小説、筆記四部分，其詩詞多抒憂國憂民之胸襟，思故念鄉之情懷，愛國報國之訴願，兼備政治家之思想與女性視角之藝美，被臧克家贊爲：『思想内容與藝術表現兩個方面均甚可取。她所處的時代，能有如此表現，令人敬佩。』其文藪十七篇，多論政治，目光敏鋭，將所見所聞所學融會貫通，力求尋找救國之路。其文藪部分第一篇『滌穢』中寫道：『吾嘗至日本，觀其政治風俗及其五十年維新史，益知中國之無安期也。』可見其女性政治視野之獨到，政治敏感度之强烈也。其小説十五篇，皆堅持白話文寫作，構思精妙，篇幅精練，内容豐富，主題廣闊，讀之通俗淺白，自然流暢。文藪部分以文論政的角度，亦有合時代背景及人文風貌之作，文字間尚有感情潛藏，眼光尖鋭，筆觸細膩，行文自然。是集亦收其筆記九篇，皆將視野投向國外政治，英、法、日、德皆有涉及，亦以政治爲中心，以論政爲立場。是集思想先進，頗具引領時代先鋒之氣概也。

（朱穎倩）

文章慧業

羅良鑑題

中華民國五年八月二十日出版

韻琴雜著 全一冊 定價大洋八角

版權所有

著者 韻琴女士
校者 瘦卿女士
發行者 泰東圖書局
印刷者 泰東圖書局
總發行所 上海福州路一百十號 泰東圖書局

韻琴女士最近肖像

任序

韵琴君與余同里閈長於余者四歲君九歲能詩及笄文名籍甚時余格於家庭之涸蔽欲學未能也然時得與君過從輒相對探古之名媛逸事及其詩詞心益嚮往顧羈縶等於樊中淚乃數行下君每設辭爲慰謂今之家庭猶古之家庭也患不自立於人何尤古今奇淑女子何限寧有出於蔑禮義之放任家庭者哉余感其言奮發至滬讀於神洲女校今日之能略解章句君之賜也課餘見報端載君作甚富乃喟然有感於蘇長公有文不朽之語爲請於君并彙其詩詞爲一集以饗吾女界非敢阿余所好冀有聞而興起者故以余所迴爲叙丙辰暑假瘦卿任厚康撰

陳序

吾國女界能以文字託業於新聞影響政局啓廸人羣者當推劉女士韵琴始矣女士以聰淑之資適進化之例故其爲文也不鑈縣悱惻於兒女之私亦無搶攘呼號於參政之習抉藩入軌悉如分際予於乙丙之交得讀所爲文深韙之人亦以爲罕也既出雜著一集詩詞多美感小說筆記之屬則抨擊帝制警惕國人莊諧雜作懲勸并施不求艱深而意自遠夫以一弱女子而能於春容吟咏外卑不徃與欺罔一世之奸人袁世凱抗卒能合國人之血淚以傾之其事誠難而其文彌足貴矣可不敬哉陳榮廣白廬序於上海中華新報館

靜寂子序

長夏如年海若鬱蒸昏爲欲睡惱世君造廬出文一卷相示曰此韻琴女史雜著也試一披讀不覺啞然以笑怫然而怒淒然以悲喟然而嘆輓近國運世風一至於是而女史能以游龍之筆燦花之舌委曲暢達洵足警余一時之午夢也或謂此野史稗官者流何關宏旨曰在昔木鐸徇路輿誦建言以覘國風藉伸民隱芻蕘末議而聖賢采之況乎粲然成章公諸報紙以詔告天下針砭流俗者耶且小說九百本自虞初詩詞皆屬比興莊列什九寓言談言微中莊不如諧滑稽立傳有自來矣抑今爲普及歌謠於國民爲事夫夏商渾噩乎吾聞之中外古今說法精者莫如佛然若譬喻經六度集經諸品多引小物離奇詼詭超神入妙使衆生怡然以自解洒然而大悟蓋投機隨緣雖佛亦爾女史之乘時奮筆誠所謂苦口婆

心者耳吾於此益有殷望者今濁世滔滔江河日下民風頹墮有如老象入泥士罕知恥有如面蒙鋼甲鬚眉濁物（用賈寶玉斥祿蠹語）賦性本惡（人性男惡女善論見樂天邱病法卷二）女史雖具菩薩願現觀音身善巧妙辯欲以覺悟之而業海茫茫前途殆迢遙矣大易之旨曰至靜德方得主有常含弘光大乃在坤德夫女子者涉濁世尚未多其天良汩沒者尚淺人道一綫賴此轉移齊家治國胥是胚胎深願女史顯廣長舌散天花香以保我赤子弘厥大慈而清滌世界之熱煩也吳人靜寂子序於樂天修養館

成序

毛詩三百篇多出於女子之作說者多言女子善懷故孔子有取焉余獨以爲風雅之正變旨趣萬殊而皆以不失其性情之正爲主能正其性情則能保其道德形管有煒風徽彌烈所謂樂而不淫哀而不傷歌窈窕思賢才古之女教尚矣豈若後世之女子徒以吟風弄月爲能事哉自風騷以降時逾千年女子之以詩詞擅名者不可勝紀而求其溫柔敦厚不失風人之旨而其立身行事又能不悖常軌者往往難之近世女學大昌歐化東漸風尚日新而道德日墮或乃競求藝術薄棄文詞於是歷古賢媛名姝所傳之文學號爲國粹者遂蕩焉無存不其惜哉余於女學抱悲觀久矣今乃僅誦韻琴雜著中之詩詞而怦怦有感也韻琴所作爲雅而有節斐亹而盡致名篇麗句絡繹璀璨高情逸韻超絕塵埃而其性情之正

道德之高尤可爲女教之模範而非尋常庸俗女子所可夢見韻琴幼而好學長而憂勤國事有烈士風奔走瀛海其志不衰覽其所作而其平生之志事可見雖古今事殊吾知其於古詩人風雅之旨必有合也韻琴其勉之孟晉勿替吾祝君他日於女界中放一大光明也成本璞序

韻琴雜著目錄

詩　詞

文　藪

小說

筆記

韵琴雜著 詩詞

春遊

東風吹暖日添長散步芳郊興欲狂春水綠於春草綠菜花黃似菊花黃沿堤風送鶯聲滑隔塢雲遮蝶影忙無限韶光斜照裏踏青歸去馬蹄香

病中偶成

平蕪淺碧草芊緜正是清明二月天紅杏樓頭迎旭日綠楊陰裏襯朝烟梁間泥濕巢新燕屋角箏橫鬈紙鳶自恨春來顛頓甚病中翻覺日如年

紙鳶

誰家巧製試裁箋入耳箏鳴認紙鳶類鵠也敎翔碧落如鴻直欲上青天好憑羽翼雙飛遠全託游絲一綫牽爲願東風頻着力翩翩疑作九霄仙

殘牡丹

猶憶枝頭錦作團碧紗爲幛玉爲欄落紅陣陣愁雲暗冷雨凄凄徹夜寒昔日穠華何處去今宵狼藉這般看痴心怨煞風和雨催得名花頃刻殘

韵琴雜著 詩詞 一

春陰

漠漠天氣種花時小婢行來笑語痴遙指隔溪深竹外桃花新放兩三枝

紅梅

窗前春色醉遊蜂却借胭脂一點濃爲恐詩人嫌冷淡託根已改舊時容

桃花

一夜瀟瀟雨打蓬十分春色透簾櫳隔溪流水潺湲處霞爲桃花不敢紅

瘦蝶

連朝風雨褪殘紅倦落窗紗力已慵腰細不禁風蕩漾尋花且作夢惺忪

落花

無聊天氣懶題詩惆悵園林係我思何事春歸天亦妬東風滿地濕胭脂

酒旗

東風習習綠陰稠玉勒徐行覓酒樓瞥見柳邊高颺處青旗半幅可消愁

韵琴雜著 詩詞 二

帆影

春江一帶樹棲鴉十幅蒲懸影認斜最是夕陽流水急依稀又被野雲遮

夜雨

小樓一夜雨瀟瀟綠滿池塘草色嬌行過板橋見溪水比敎往日長三篙

送春

隔簾一夜風雨聲落紅滿地夢魂驚天公有意催春去杜宇何由訴不平百丈游絲繞芳樹那能繫得春光住惜別天涯餞遠行消魂明日東郊路處處花飛陌上塵捲簾愁煞惜花人問渠春色歸何處草碧前途已似茵無恨芳情增感慨間愁都上雙眉黛春歸明歲有來時願借春風栽錦[illegible]

餞春

唱罷驪歌與欲飛東郊祖餞送春歸落花滿地鶯聲老寒雨連朝蝶影稀瞥眼荼蘼剛吐豔驚心楊柳已成圍凄涼最是離亭路燕語呢喃惜落暉

繡罷偶成

韵琴雜著 詩詞 三

金針繡罷兩鴛鴦靜裏何曾覺日長不見兒童爭角黍明朝忘却是端陽

夏夜納涼

浴罷開軒坐微風透薄羅荷花香撲面何處晚涼多

秋草

院宇蒼涼夕照低隔簾青色半萋萋霜清野岸悲蛩語露冷荒郊送馬蹄瘦蝶魂消歸楚甸殘螢光閃下隨堤秋心寸寸憑誰訴悵望西風聽雁啼

秋花

閬苑芳園最上春隔籬寒色各番新霜痕染處餘紅葉風信催來起白蘋空剩海棠爭豔麗漫隨桃李鬬精神三春景物今何在愁煞秋花恨煞人

秋夜

雨過碧天晴銀河斗柄橫凄涼蛩四壁冷落月三更刮耳砧聲急驚心笛韻清天涯倦游客應起故鄉情

秋雨

韵琴雜著 詩詞 四

正是巴山夜雨時。淒涼永夜睡偏遲。聲聲滴碎芭蕉葉。點點催殘菡萏枝。繞屋繁音驚旅夢。破窗清韻助秋思。海棠嬌怯偷含淚。幾度低頭不忍窺。

客邸中秋

一片清光萬里寒。無邊鄉思上眉端。窗前縱有如圭月。偏是愁人不耐看。

閨裏中秋

閨中忽見月光明。私向蟾輝把願呈。最是令人難解處。朱唇微動不聞聲。

中秋無月

準擬今宵樂事多。那堪今夕又空過。何如借取昆吾劍。揮斷雲根見素娥。

白海棠

碧天如水夜初闌。清露凝花尚未乾。對月肯將紅淚灑。臨風且把素衣看。芭蕉底是烟含翠。楓樹奚爲葉轉丹。睡後不須燒絳燭。秋風吹處夢應難。

臨空皓魄過牆頭。滿照名花分外幽。素色披開千點雪。淡粧寫出十分秋。瓊枝產自蓬萊苑。潔骨修從白玉樓。婀娜數莖狡欲語。愁來相對可消愁。

紅海棠

雁聲嘹唳掩柴門。一徑秋風傍短垣。艷寫濃粧都着色。夢縈血淚早留痕。隔簾認作佳人面。對月應銷倩女魂。腸斷西風人去後。也隨桃李學無言。

白菊

風來陣陣送清香。遙見東籬一片霜。不與海棠爭艷色。縞衣更覺冠羣芳。

媚香樓懷古

行到秦淮古渡頭。淒涼空憶媚香樓。當年歌舞人何在。溪水門前嗚咽流。

木蘭從軍

萬里從軍因代父。盡忠盡孝敢偸安。朝辭寒口。黃河渡。暮抵江頭。黑水灘。寶劍揮來關月冷。雄鞭衝破陣雲寒。一朝戰罷回東閣。千古高風仰木蘭。

老將

凜凜虬鬚虎帳中。老來未減少年風。劍鋒猶帶秋霜白。袍血曾消昔日紅。誰道黃忠無敵匹。欲同廉頗共稱雄。休言老邁難禁敵。一戰猶能立大功。

老儒

命未逢時志未舒。年來相對案前書。青春莫中青錢選。白首空嗟白屋居。矻矻窮途都若此。茫茫終歲究何如。一朝得遂生平願。後輩安得不讓予。

老梅

古香兼古色。幾樹接重巒。鶴夢空山杳。虬根屈鐵蟠。月橫疎影現。雪壓白頭看。老幹精神健。居然耐歲寒。

梅粧

笑開檀口總生香。醉倚寒梅憶壽陽。淡淡雙蛾描舊樣。盈盈五瓣試新粧。簷牙遍繞花千點。鏡匣斜臨水一方。閨閣含章風景好。效顰競點額中央。

雪

乍疑天女散仙葩。六出紛飛整復斜。簾幕春遲沾柳絮。窗櫺曉啓壓蘆花。光搖玉嶺迷青嶂。凍合瓊樓冷碧紗。際此圍爐正襟坐。閒拈新韵鬥尖乂。

述懷

年來多病起常遲。弱質遭磨却怨誰。飲食半緣愁處減。心情只許月明知。蓬飛兩鬢慵臨鏡。塵鎖雙蛾懶畫眉。無限牢騷難遣去。綺窗小坐譜新詞。

秋宵吟

砧聲刮耳晚來多。幽人不寐倚庭柯。纖雲四捲舒輕縠。明月團圞鏡乍磨。月皎雲疏風景好。捲簾漸覺秋光老。古人秉燭長夜遊。及時行樂須宜早。君不見桃李三春競艷時。花攢錦簇翠披離。西風拂處色皆變。落葉飄飄辭故枝。悲秋常作天涯客。春去秋還留不得。曉來江上數峯青。紅蓼白蘋秋瑟瑟。

遠別離　留別仲雲二兄

遠別離。最苦是離別。老母年高近六旬。兩鬢霜侵雪。那堪病臥床。使我心如裂。生我劬勞罔極恩。何時報答情尤切。親疾未能奉湯藥。雖云有女成虛設。膝下承歡幸有兄。晨昏侍奉應無缺。吾兄孝友衆所知。不用嘵嘵多弄舌。瀟湘此去路三千。拆柳河干與君說。一月平安信一封。雙魚解我離愁結。休使天涯飄泊人。目斷昭陽音信絕。明秋買棹定歸來。全家共賞團圓節。

留別季瑛女士

心情未許俗人知話別筵前酒一巵朋友情深兼骨月識君惟恨我生遲

別淚雙垂濕絳綃洞庭門下路迢迢明年此日歸來也剪燭西窗話寂寥

登岳陽樓

岳陽城外有高樓憑眺能消客裏愁昔日仙人曾寄跡今朝我輩復遨游清風明月舒胸次湖色山光望眼收八百洞庭煙水闊浪花掀處起沙鷗

弔二喬墓墓在巴陵縣署後

墓前松柏自鳴風翁仲無言夕照中金粉脂餘人窈窕佩環歸處月朦朧春深銅雀千秋恨夢醒周郎一炬空莫道紅顏眞命薄兩家夫婿各英雄

岳州道中

猶憶辭家月上絃客中不覺易蟾圓沿途停泊愁難問此去華容路幾千

月夜有懷季瑛女士

歲月易蹉跎繁華轉眼過人生知已少世事別離多對景增惆悵臨風懶笑歌美人渺

天末遙隔洞庭波

鄉思

一輪冷月浸庭梧靜坐無言百慮俱惟有夢魂不怕險夜來飛越洞庭湖

弔秋瑾

劍鋩三尺逼人寒莫作尋常粉黛看肝膽燭天塵世黯頭顱擲地夢魂安女權未許庸奴占種界空嗟異類圖恨煞東瀛初返棹秋風秋雨送羅蘭

弔項廟

依舊青山繞郭長當年事跡已荒涼可憐亞父空籌策只勸鴻門殺漢王

彭城懷古

新築阿房樂未央漫誇功德過三王龍興芒碭開基業蛇斬當途出故鄉逐鹿早知秦祚隕沐猴堪笑楚人狂漢宮楚址今何在敗瓦殘垣倚夕陽

白雲不改漢時秋睢泗縱橫二水流父老猶傳秦楚事遊人偏起古今愁夕陽慘淡留侯塚風景淒其燕子樓回首可憐建都地當年宮室盡荒邱

哀國粹

明月揚清輝清光照巖穴巖穴有幽人傍惶思欲絕峻行應遭世俗嗤百城錯雜卷參差眼前道路無經緯白雪陽春誰復知昔時文物推震旦今日將如廣陵散嗟吁乎用夷變夏庥一時散亡經傳無人管君不見秦始皇焚書坑儒何其狂咸陽一炬剩焦土國粹既失國亦亡嗚呼哀哉兮後人爲之傷後人將爲後人弔安得中流砥柱兮保我千年國粹之光芒

感懷

頻年作客風塵老來去渾如不繫舟閱歷人情知冷暖鑽求學術費吟謳此身未必逢青眼已分飄零到白頭無限雲山迷遠樹不知何處可埋愁

和楊千里君天邊疊韵

窮通蹇塞原由命陋巷簞瓢敢怨天屈子悲歌徒抑鬱賈生獻策枉纏綿乘風破浪知何日掣電馳星又一年懶作新粧門時世此身已分老江邊

旅夜

寂寞空齋靜窗前月晦冥寒蛩咽秋露瘦影伴殘燈路遠書難達愁多夢易醒家山何處是極目短長亭

秋日舟中口占

滾滾波濤日夜流月明新雁宿蘆溝蓼花風起江天暮山骨崚峋露遠秋

歲暮

一年容易又冬殘白雪皚皚歷遠巒老大無成驚歲暮激昂有志肯偷安新亭涕淚車前鑑故國山河夢裏看時勢衰微今已矣誰人江上挽狂瀾

世事浮沉似奕棋六朝舊址半迷離當年宮殿生禾黍昔日亭臺走鹿麋不道覆巢將累卵奈何鼾睡却如獅古今同慨逢斯世歲暮無聊學賦詩

輓蔡季瑛女士

風淒淒雨瀟瀟四壁商聲助寂寥悲來塡膺不能寐殘缸欲燼還復挑昨夜故人入我夢霞爲帔兮雲爲韶手把芙蓉朝玉京爲言瑤池阿母來相召夢回四顧心茫然落月依稀顏色照朝來噩耗傳江南客心侘傺思同調嗟吁乎悲哉朋友情深兼骨月從玆

我更傷煢獨為君拂紙序生平長什歌成聊當哭女士字季瑛家聲閥閱中郎族昭陽地僻東海濱渭陽舊誼續新姻皖水滔滔江水急廿一於歸來吾邑阿翁落拓稱名士寄情詩酒無他事名士從來家苦貧布衣蔬食心無恚心無恚兮明大義幼嫻書史兼文字無何姑舅西歸促經營重整殘棋局夙興夜寐相夫子理財有術家饒足兒已成年婦亦歸階前蘭玉秀孫枝積勞蠱瘁無時已漸覺容光非昔時年來我為時所迫大江南北常為客猶憶今秋負笈時憐余落魄淚沾臆小別只三旬故人成永訣嗚呼哀哉魂兮有知何妨華表一歸來月明風露冷絮語慰離懷嗚呼哀哉窮通壽夭不可期余悲君兮君不知他日如我悲君者知是誰

關山月 步甘來君原韻

霜冷邊城月滿天關山迢遞恨茫然五更茅店雞聲急萬里林巒兎魄圓古戍寒光空際遠平川夜色望中連雄圖客感愁交集跋涉津梁年復年

咏雪 和楊淸如師

朔風獵獵逼丹幃雪滿關山鳥倦飛淨擬蘆花饒燦爛輕同柳絮認依稀玉樓凍合清

輝冷銀海光搖月色微際此尖叉門新韻及時行樂莫歔欷

春日遊元武湖 步淸如師原韻

一聲款乃春波綠雲水蒼茫路幾重六代繁華成代謝湖山依舊笑東風

波平如鏡草如烟一葉扁舟任往還最是促人鄉思急綠楊深處數聲鵑

怪石嵯峩夾亂松楊花如雪舞春風夕陽西下月東上一點燈光透梵宮

歲暮感懷

歲月易蹉跎殘冬轉眼過陰寒雲互結風勁雪婆娑大地腥羶滿山河感慨多夜深眠不得拔劍起悲歌

秋日懷秀如女士

相思不相見轉瞬又經年病久藥難愈宵深夜不眠新愁濃似酒往事淡如煙明日重陽節登高倍悵然

誌感 步箴仙原韵

聞鋤明月種梅花破浪乘苦愿已差休笑者番無遠志也曾仗劍走天涯

神洲難覔自由花世事如棋着着差爭是及時行樂好吟邊酒底是生涯

際遇榮枯不可期而今世事費猜疑相逢莫作窮途哭同是英雄失意時

嗚咽聲中畫角哀月移花影上樓臺重門寂寂無人到一縷詩魂獨往來

書憤 癸丑冬日步某君原韻於東京旅次

世事層波反覆中英雄落魄古今同市傭調笑姑由爾俗子何堪識乃翁邁莫遭時能養晦誰言他日不乘風此軀爲國須珍重毋復傷嗟怨道窮

喜晴 步仲雲原韻

斷絕簷前浙瀝聲殘霞一抹晚來晴欣騰四野田家樂喜雨名亭記待更

風雨夕感事

宵來風雨太驚人淒切呼號泣鬼神時局漂搖廣大廈藩籬破碎逞強鄰萬方多難無家客一個流離劫後身日暮途窮空躑躅憑誰江上指迷津

金風鐵雨破天來回首中原劇可哀縱有壯懷銷未盡那堪熱血已成灰魂同絮影驚無定愁似蕉心展不開我欲乘槎浮海去人間何處是蓬萊

憶秦娥 初春

平原闊東風昨夜催花發催花發海棠枝上新紅塗抹 捲簾瞥見時光換驚心寒食清明節清明節低飛乳燕流鶯聲歇

清平樂 送春

暮春天氣日日溟濛雨簾前柳絮隨風舞怕聽聲啼杜宇 今宵祖餞芳洲落紅狼藉難收一曲驪歌方畢枝頭鶯燕皆愁

滿江紅 問中秋和仲雲二兄

月又團圓朗照得六街不夜登樓望遲收薄靄冰輪高掛桂樹婆娑尘影裏蛩聲幽咽窗紗下料離人相對淚長流臨風灑 蕉滴雨秋聲瀉描寫出秋如畫喜廣寒重到兩番佳話皎色映清江上水寒光浸透簷前瓦愿今宵騎鶴下揚州尘程跨

蝶戀花 秋蝶

料峭輕寒侵弱羽風雨連朝花落難爲主暗度炎涼驚栩栩繁華散盡誰還顧 淒其舊日花間路晒粉枝頭麗景無尋處冷落秋光空自誤細腰倦作迴風舞

一剪梅代作

雁語蛩聲引恨長。人忒淒淒。景忒淒涼。多愁多病倆離床。誤却時光。減却容光。　富貴繁華夢一塲。名也尋常。利也尋常。黃粱熟後細思量。恩亦荒唐。愛亦荒唐。

愁倚欄令

西風緊。水平湖。病起。柳腰無氣力。倩誰扶。　當年掌上明珠。誰知道際遇榮枯。相對一燈如豆大。影糢糊。

鳳凰臺上憶吹簫秋夜

細雨霏微。蛩聲幽咽。殘燈一點重挑。正夜闌人靜。誰品瓊簫。都是淒涼之調。入耳處無限魂消。珠簾外。月明如水。銀漢迢迢。　良宵。一年有幾。且邀月飛觴。莫負今朝。把牢愁萬斛。借酒頻澆。一醉煩憂都解。放高歌稍慰無聊。乍驚人。平林葉落。颯颯涼飈。

秋蕊香重九前一日風雨大作偶成一闋

竟日風狂雨暴。似預把重陽報。二三知己聯翩到。共約登高落帽。　題糕且把前人效。黃花好。對花無酒真潦倒。驀見人來衣縞。

雨中花冒雨菊

徹夜狂風。一天細雨。籬邊叢菊披黃。正秋城景色。節近重陽。最好幾枝初綻。幽姿却未經霜。凭欄乍望。渾如浥露。分外生香。　濕雲淺壓。宿霧輕遮。秋光先到陶家。却好似衝寒梅放。初若奇葩。况復晚涼天氣。清香頻透窗紗。騷人幾輩。尋芳着屐。鬢插黃花。

一叢花倚風菊

參差瘦影寫娉伶。寂寞短長亭。幽姿冷艷開偏晚。西風裏。不畏飄零。隔檻花欹。沿籬葉墜。一抹掩疏櫺。　秋容淡冶送清馨。蝶倦舞難停。芳心輾轉驚無迹。低徊處。似酒初醒。倚徧欄干。莫教風動。愁聽護花鈴。

滿庭芳傲霜菊

濕露紅桃。眠風翠柳。笑他總不經霜。花落後。秋老獨呈芳。縱使寄人籬下。肯低頭。處度秋光。西風裏。嬌然獨立。終不赴炎涼。　寒姿甘寂寞。開餘冷艷。抱却幽香。羨骨格清奇。勁節深藏。那似三春景物。鬬芳菲。競吐紅粧。一朝至。嚴威緊逼。憔悴杜秋娘。

浪淘沙春日旅懷

春盡懶登樓。客思悠悠。二分明月憶揚州。恨煞遠山迷望眼。空自凝眸。　閒散羨浮鷗。湖海遨游。也無榮辱也無求。綠水清波隨意住。從不知愁。

前調夏日旅懷

十里菱荷香。觸景思鄉。低徊無語細思量。手足飄零誰似我。鴻雁分行。　雲水兩茫茫。路遠山長。何時歸去慰高堂。安得脇生雙羽翼。飛到昭陽。

前調秋日旅懷

游子苦思家。鄉信全賒。無端飄泊向天涯。悵望雲山何處是。一抹殘霞。　瞬息換年華。開遍黃花。客中心思亂如麻。醮筆細將千里意。題向窗紗。

前調冬日旅懷

寂寞倚欄干。愁上眉端。乘風歸去料應難。但愿北堂萱草茂。遙祝平安。　白雪壓重巒。歲已將殘。捧觴齊進合家歡。又是一番新氣象。餅薦春盤。

滿江紅鄉思

春日遲遲。又綠遍天涯芳草。長望裏。羇愁旅感。都縈懷抱。楚水相離湘水遠。君山隔斷

焦山小。最消魂。離合與悲歡。催人老。　江月落。波浩淼。洗不盡心煩惱。聽聲聲杜宇。不如歸好。血染枝頭啼正苦。夜來鄉思添多少。却終朝無語睡昏昏。眉慵掃。

鳳凰臺上憶吹簫岳陽樓和友人原韵

宿雨初收。曉山遙對。南來縱目高樓。正鏡湖波靜。芳草雲稠。却似登臨黃鶴。千載後。名勝長留。好風景。遊人錯誤。疑作杭州。　何憂。胸襟壯闊。效浪跡坡仙。笠屐攜遊。趁此清和節序。饒逸興。拋盡閒愁。欄干外。雲飛畫檻。潭影悠悠。

雨零鈴悼益峯大兄

問天何忍。阿兄方冠。便教伊殞。遺編尚在笥篋。斯人已杳。斷腸悲哽。碧落紅塵信絕。痛雁行分影。折手足。弱質煢煢。無限傷心有誰省。　孤兒尚喜多聰敏。讀父書。出口尤奇穎。人寰地府迷冥。思色笑。幾時再近。易碎琉璃。難久曇花。轉添幽憤。却似他姊妹花開。一萼風吹損。

蔡司馬逌庭。余父執也。游宦二十年。卒於黃州署邸。而清風兩袖。莫名一錢。無力扶櫬歸厝於安徽合館。司馬有子三。長廩生。次孝廉。三茂才。不幸長次皆早歿。只

季子存焉。司馬棄世。季子體素弱。痒傷過度。尋亦卒。距司馬棄世時只十三日也。次年其三媳高淡和女士。回籍措資扶櫬歸白下。跋涉三千餘里。扶兩櫬回。眞非易易。女士誠所謂巾幗中丈夫矣。爰成四闋以贈之。

鷓鴣天

玉宇飛昇已隔年。重來扃戶尚依然。宦囊蕭索清風在。世事浮沉歲月遷。　悲展轉。恨纏綿。幼男雛女累情牽。（時長女十五男十三幼女在抱可謂慘矣）傷心無以酬親德。追薦惟憑小禪乘。（時在郡齋）

（鳳畫三夜）

前調

扶櫬匆匆返故關。中途愁過白沙灘。孤帆落日涵襄水。勁楫乘風過峴山。　波上下。淚潺湲。江陵江夏霎時間。莫言巾幗輸男子。重任雙肩一力擔。

漁家傲

一幅眞容和淚繪。（女士精於丹青遺像皆其手繪）那堪惡耗來天外。廿載榮枯中道沛。無可奈。煢煢弱質眞狼狽。　一杜心香杯酒酹。官勤官愼清爲最。忠孝傳家遺稿帶。（殁時收理行篋只餘忠孝帶一條別無長物）

名自大嬌然不愧中郞蔡。（亦及忠孝傳家）

木蘭花慢

負生平傲氣。肯低首受人憐。嘆命薄心高。壯懷消盡。不似從前。宦海波濤一劇。霎時間如夢復如烟。無限牢騷誰訴。幾番搔首呼天。　臨長風灑淚如泉。精衛海難塡。聽商音錯雜。蛩吟階下。雁唳雲邊。只好瞢騰過去。更不堪回首憶當年。我本多愁善病。爲君徹夜無眠。

望江南寄同學楊韵英

清明節。柳色半勻黃。記得去年今日裏。月明林下捉迷藏。此景最難忘。

清明節。搔首憶前游。花露間頭宵步月。莫愁湖上泛輕舟。念及故人不。

清明節。最苦是離人。落月停雲縈夢寐。何時杯酒共論文。暢敘別時情。

清明節。寂寞孰爲儔。濁酒一杯澆塊塊。浣花半幅寫春愁。懶作曲江游。

菩薩蠻暮春病中誌感

自由不得毋寧死。孰能抑鬱長如此。病體太郞當。慵慵懶下床。　那堪春又去。無計留

春住。春去有來時。儂今病不支。

金縷曲感國事辛亥夏寄惱世

往事休回首。臘匣中。青萍三尺。夜深龍吼。故國空餘禾黍感。大陸沉淪已久。新時局分瓜剖豆。厲氣干霄因底事。彗星馳十丈光如帚。垷天象。君知否。　利權半屬他人有。挽危機千鈞一髮。豈容袖手。獅睡沉酣今忽醒。滿眼浮雲蒼狗。當懾服跳梁小醜。儂誓不爲亡國虜。謝鉛華努力從軍走。願痛飲。黃龍酒。

金縷曲時有假余名投稿於某報者作此以質之

心地明如雪。轉嗤他鬚眉巾幗。供人愉悅。女界文明參特識。誰謂人皆賢哲。獨詞藻妍媸能別。儘爾妖魔鳴得意。比寒蛩徒自吟嗚咽。蟬飲露。惟高潔。　尋章摘句拚心血。費無限揣摩簡鍊。低徊曲折。男子才華須磊落。下筆力同屈鐵。何屑效香匳一轍。大雅雖壇供賞鑒。信品評月旦非虛設。問叶否。音和節。

河滿子冬月自鄂返里風阻河干泊城外一宿

繫纜河干小住。計程明日還家。多事石尤風作惡。未歸仍是天涯。腸斷隣舟夜笛。聲聲

吹落梅花。

滿江紅癸丑亂後過金陵有感

大好江南。三年內兩經戰事。觸目處頹垣殘井。刼灰而已。鍾阜龍蟠消王氣。石頭虎踞空營壘。只磯頭燕子不曾飛。今猶是。　訪故舊。存無幾。桃葉渡。秦淮水。剩絲絲亂柳。冷淸淸地。無限滄桑懷古意。悽然一掬興亡淚。況今人愁較古人深。難言矣。

百字令有感

茫茫身世。問此生如寄。置身何處。畫餅虛名難一飽。回首年年羈旅。賣賦無金。攤書有恨。賺得愁千縷。有誰知己。半生空費辛苦。　恁是意氣凌雲。飛聲翰墨。說盡驚人語。只恐天高聽不到。還道此何須汝。許大乾坤。較量人物。屈指才誰數。靈均悽怨。美人今又遲暮。

金縷曲送楊濟如師之燕并和原韻

莫挽征車住。正江南杏花時節。先生獨去。滿目黃塵燕市遠。愁絕河冰夜渡。怎孱弱子身徒步。愧未當筵親擊筑。祝悲歌慷慨多奇遇。再休似。昨番誤。　一腔孤憤從何訴。記

白門花團錦簇同環講樹底事風流消歇盡瞥眼都成烟霧把大好家居輕付亡楚包胥惟痛哭倘秦庭別有重興路師與弟更相聚

韵琴雜著 文藪

滌穢乙卯十二月十六日作於中華新報館

自帝制問題發生以來吾人民與政府已立於絕對反對之地位其數月之所施設無論爲何等吾皆謂爲根本已謬枝葉不足論故每見逐節斥駁之文未嘗不嘆其失言而傷智何也政府人民之所孕出也今政府既離人民以獨立不以人民之憂樂爲憂樂虐我者仇則有訴諸吾人民之實力已耳不然則有嚚吾民氣之銷沉已耳譬之室有盜室人方鼾見者不促鼾者起禦乃徐議盜不合探吾囊發吾篋不亦迂乎今盜之鳴金伐鼓入吾室也有日矣見者之議亦綦多矣何損乎盜何益乎鼾且幾何不見其盡室以去也吾於是痛秦無人爲吾於是駭鼾者之眞鼾也吾於是哭中國之亡不亡於帝制久亡於吾民之心嗚呼吾一女子乃欲仰首伸眉論列天下事不虞出閭之譏亦羞當世之士然心有所感觸忍終默況亡國之慘不中乎男而遺乎女則是篇之作庸可已乎吾所謂滌穢者非謂政府穢而滌之也滌吾民心中之穢耳吾民心中之穢不滌吾國終無希望所謂[redacted]求於招無益也吾民心中之穢奈何苟安心與徼

倖心也請言其實苟安者飾不安以爲安而安之之謂也當辛亥之改革不百日而首事者以共和國拱手送於狼子野心之現政府謂不欲苦吾民於戰鬥亟讓之以圖安耳及見爲不法而有癸丑之役吾民則又狃於安以贍顧不進遂披靡不振迄於今茲唯飾不安以爲安而安之也吾嘗至日本觀其政治風俗及其五十年維新史益知中國之無安期也日本五十年前之國民輕鬬樂死行義不苟已具有現世紀崢嶸獨立之國民精神政府因勢利導入以歐西文化競競業業上下一心五十年而後有今日之治其物質之文明尚不足比埒歐西什一以吾國偸惰淫佚之國民卽奮起直追而地大人衆期亦當數倍之況上下相飾以僞如今日有識者忍謂中國有安期耶張君東蓀之言曰無苟安而後可以求安知己不安而後可以不欲苟安吾則曰爲今日之中國民求及身之安終身不得安爲子孫求安當終身求之此吾所謂不苟安者也政府方懸萬惡之的驅國民以趨之數月來每況愈下幾矣同的矣夫政府於人民爲最少數而所施爲影響之及於吾民也如此吾何暇咎政府哉弱者坐隳其志氣強者震慴於淫威之下而不敢有爲能者競不事事以爲高皆偸安反側於亂世者也皆間接

助政府之惡燄者也不肖者乘時崛起逞波譎雲詭玩四百餘州於掌股之上而莫可誰何非吾民苟安心之過歟吾亦嘗尋政府施爲之迹矣不可得也皇帝之樂究何加於總統立憲國皇帝之權何嘗能如吾國之總統而必棄總統之至安排萬難以求不可知之皇帝或曰爲其能世襲也吾誠惑乎自謂足智多謀之袁氏而謂今日之皇帝可一世二世至於無窮耶梁任公曰幸而得達爲歡幾何祇自躋其子孫於爲王勿許爲侯勿許爲庶民不可得之境而及身又犯天下之大不韙雖至愚之人不出此彼且行之不顧者何也行之者豈唯袁氏詡詡然謂際會風雲者皆是也其以皇帝爲之則必成成之則必得吾所欲耶知五尺童子猶能道其不然然彼且行之不顧者何也吾索解之不得臆斷之曰徼倖心也自民國成立以來國人方醉心於投機事業莫肯務實日皇皇於名徼利逐民德之惡世界殆無倫比不仁之政府又助其燄而揚其波兩相須以成今日百劫不復之局豈不哀哉荀卿曰治亂者非按亂而治之也去亂而被之以治修汚者非按汚而修之也去汚而易之以修今政府之惡猶是吾民之惡也若按亂而治之按汚而修之亦見其勞而無當耳吾故曰吾國民心中之穢不滌吾國終

韵琴雜著　文載　三

韵琴雜著　文載　四

無希望王而農有言曰小人之爲惡人皆得而誅之三復斯言吾益無尤於政府矣

誠勇乙卯十二月二十日作於中華新報館

甲午而還吾國有識之士日以亡國瓜分之禍警惕乎國人國人始聞而駭終而疑終乃如紸纊塞耳罔有聞知至於今日則見有言亡國瓜分者而却走耳其惡此不祥之言耶抑有以自信不至於亡國瓜分耶吾知其不然也蓋習聞其說而不見其事謂爲好事者之欺人語也今且見栖栖遑遑謀踐祚即眞之總統矣競上勸進表之官僚矣世安有亡國瓜分在眉睫而執政者乃粉飾鋪張若此是以益信前說者之妄非却走無以避之也嗚呼國人之心理既如是矣吾雖欲爲最後之哀鳴亦見其如水投石耳第吾一人果何畏亡國而必強國人以不欲聞哉吾縱不以女子輕吾責而存亡非一人之任既多數放任之亡則偕亡耳善知識如梁任公且以有國不優於無國召吾國人是有國不足愛亡國不足悲吾一人果何畏乎亡國而必強國人以不欲聞哉唯是有不能自解於吾心中欲言之熱度故言之言之非故擾國人之清聽也寥天唳鶴三峽啼猿祇自鳴其哀思而已

吾今就國人之心理爲至簡單之二問如左閱者盍一再致思而自爲良心上之答復歟

（一）列強能亡吾國否吾國尚有自存之道否

（二）現政府之施爲果有絲毫之希望否

答斯二問爲吾國人應有之常識亦吾國人應有之覺悟

吾國久居於存亡不能自主之境其能苟延殘喘至於今日特以有均勢之說耳於此期間發憤圖存猶懼不免而現政府執政以來四年於茲徒日施其變人類爲禽獸之模型以表示其不亡不已之態度吾能爲政府恕不能爲國人良心恕

吾亦嘗聆梁任公有國不優於無國之論矣第恨其不爲有身不優於無身之論終失之未耳夫國爲小我之積吾人不能外形骸焉能外國所謂當身憂患誰則遺之今且不遑爲之辯姑進一步言之亡國可也國人之國而亡於一二人之手不可也亡國可也共和國而亡於專制獨夫之手不可也更進一步言之亡國可也國亡國人尚不知所以致亡之故不可也亡國可也國亡召亡者猶得猶太富翁而吾民則死無葬身之

韵琴雜著　文載　五

韵琴雜著　文載　六

地不可也非不可也心不甘也心不甘也者亡國之罪可謂不在一二人而在國人也立國於二十世紀豈有一二人能關係國家存亡者哉國之人顧安在者胡爲任一二人奸回昏亂於上而安之若素夫困獸猶鬥爲求生也窮聾極聵之吾國人將並求生而不知之乎嗚呼如此之國民不爲亡國奴將安用之孔子曰吾欲仁斯仁至矣欲亡亦斯亡至矣政府之施爲果適得吾國人所欲哉則無惑乎政府答友邦以順從民意也呂尚曰民不敢怨非其上謂之政亡武王以政亡之候伐紂而前徒倒戈今之紂非政亡之候乎國人果不欲亡也尚何用其瞻顧要離曰人患不勇耳懦夫奮志何處不勉焉前淸以二百六十餘年之深根固蒂而武漢一呼皇祚夕徙斯固國人所共見不假吾一二談也國人果不欲亡也辛亥之勇氣猶在此「鼓勇」之所由作也意在斯乎

賀新丙辰元旦作於中華新報館

今日何日非由眞正民意得列強承認而後成之中華民國第五年元日乎吾人於今日而追思辛亥締造之艱難及諸先烈死事之歷史皆捐妻子棄骨肉不顧一身之計爲國人謀幸福吾人坐享其成者歷歲有四至於今日第五歲之始正應舉觴稱頌祝

共和於億萬斯年

然回顧四年來之經過吾人果見有所謂共和政體否耶果享有所謂共和幸福否耶水深火熱與日俱進以至於今日共和名色易簀彌留之候吾人將弔之不遑又何賀焉

夫今日之北京當局吾人之反對者也吾人之所弔宜爲北京當局之所賀矣異哉政府乃亦有不慶賀元旦之命也記者始聞而疑之徐求其所以而後知北京當局之此命實出於萬萬無奈其情乃大可憫也自帝制問題發生以來朝野上下孰不謂今日爲袁氏踐祚卽眞之期大典籌備紛紛制作無論世界人之眼光所注定者今日卽夫已氏數月來又何時不一想及以今日加皇冠登大寶端拱垂裳稱孤道寡受羣臣朝賀而卽樂不可支也哉知列強能爲帝制之梗者獨有日本故不惜拂絕大之犧牲以爲可得季路之一諾無如日本以歐戰方酣正將利用此絕好時期行解決支那問題之素志戔戔贈送安當所懷日本之承認未得而黔滇之義旗已舉此時夫已氏之驚慌錯愕殆如冷水澆背矣

酌琴雜著 文載 七

夫已氏既不敢悍然以今日登大寶而其心又不欲取銷帝制之議以徇國人則其勢不得不至於苟延以徐求日本之許可此所以有周自齊特使之說也唯是苟延之中不能不經過此靑黃不接之元旦於是夫已氏之心怦怦焉謂既不能以帝制實行慶祝此元旦矣將仍以共和慶祝此元旦乎夫以心目中無共和之夫已氏豈肯使國民腦筋中又深一層印象不帝制不共和非李非奈之元旦直以不慶賀之爲得耳故吾謂政府之此命實出於萬萬無奈

夫非國喪而至於不慶賀元旦求其故乃如此是不啻以狼狽之態自暴於人人謂夫已氏智吾不信矣吾故曰其情乃大可憫也

然則北京當局既以如彼之故不慶賀元旦矣吾於此而得共和復旦之朕兆焉是可卜自今以後吾人各能礪志砥行改弦更張以復我諸先烈艱難締造之舊觀矣嗚呼唐唐皇皇媲美前哲豈不懿歟吾是以將弔而又更以賀也因從而爲之辭以祝曰共和乎不息自強新年乎日進無疆

酌琴雜著 文載 八

敬告各省將軍 丙辰一月十四日作於中華新報館

本報於各省將軍已爲二次之忠告國家之存亡個人之利害亦既纖悉縷陳矣以我輩知識所及各將軍宏才卓識寧不早見及之已不容有二次更何事記者之三次喋喋爲也唯是天下之理惟靜者惟能得之動者輒蔽於物處明以觀暗目非不加明也而熟視無睹物蔽之也各將軍居朱明之地而利祿眩於前斧鑕隨於後其閉聰塞明者又豈若處明覰暗者哉故雖有聖智亦不免有所蔽也夫如是記者又安能不爲第三次之忠告以希裨益各將軍於萬一

數日來騰載報紙最惹世界人注意者非袁氏以帝制之故自行提出第五項條件餂東鄰以承認帝制乎人人皆知袁氏之心理以歐戰方酣無暇東顧但有強鄰一諾則堂堂巍巍高拱帝座莫可誰何其自爲計之得失姑不具論其事之結果亦無由知之記者不敏敢就此事揣之以情測度之以事勢妄爲論斷以俟事後之證明

東鄰素以維持東亞和平號於列強者也列強亦公認其有維持東亞和平之能力者也其警告帝制恐因帝制發生亂事損其維持東亞和平之譽也豈以袁氏一人之饋送而自背其初心以燃吾國亂事之引火線而無以自解於列強以此度之袁氏雖自

酌琴雜著 文載 九

行提出第五項條件東鄰必唾棄不顧也若然則記者不敢不再拜稽首祝東鄰萬歲抑記者又以不肖之心度之狡焉思啟何國蔑有兼弱攻昧取亂侮亡昔賢久以之召我東鄰或正乘歐戰方酣行解決支那問題之素志戔戔贈品存於中國猶外府也一旦吾國有事彼非已倡言執自衞之手段乎試問吾國何地無外人卽何地非其駐兵之所（協約國之人在吾國者皆在其保護之下）東鄰將以求其所大欲唾棄袁氏之贈送亦其宜也記者更以不肖之心度之袁氏殷勲致敬東鄰必不可却則彼且援得尺則尺之例額手拜嘉以玉成吾國之亂然後假自衞之名以肆其侵略之野心列強方疲於西不能務於東則彼爲刀俎我爲魚肉一任其宰割已耳

於斯三者孰爲近之各將軍審於事勢察於情理卽東鄰不必出其最後手段而袁氏亦必婉轉乞憐冀季布之一諾也雖然豈記者所忍言哉各將軍孰不愛國盍及其送禮未遂之時聲討獨夫之罪俾東鄰曉然於吾國之主權在國人德獨夫而結怨於國人實際言之亦恐非日人之利此國家之存亡關係於各將軍片刻之决心乃至重且巨也方今滇黔之義旗一揮川粵之警耗繼至春雷啓蟄全國之人弱者吐聲強者振

酌琴雜著 文載 一〇

臂同心。一德。羣集矢於公敵矣。詩曰。得人者興。失人者崩。袁氏之勢。若冰山。各將軍。縱欲徘徊觀望。袁氏寗有幸乎。不早自樹立。一旦冰山崩。各將軍將何以自託於民國。嗚呼。人即不爲愛國計。亦當知自愛其身。而謂各將軍之明。不見及此乎。記者知各將軍之心。以爲袁氏之帝業成。固佳。不成。亦罪有攸歸。各維持現狀。當不失今日之地位。若出而反對。成則地位無加於今日。不成則禍患隨之。以是苟且偸安。冀延旦夕之命。嗟夫。不知國人與獨夫不兩立。順逆之勢已昭然若揭。傳曰。去順效逆。所以速禍也。各將軍愛身而速禍。毋乃不可。且獨夫與功臣。亦不兩立。袁氏之陰賊險很。各將軍之所知也。其禍患所及。已由本報夢公詳言之。各將軍豈尙未喩耶。此又各將軍個人之利害關係。於片刻之決心。亦至重且巨也。見義不爲。噬臍何及。自求多福。是在智者。

韵琴雜著　文叢　一

籌亡雜誌出版預告

本雜誌。爲羊。蝨子。孫。小猴。兩走卒。所主。撰。選擇。材料。非常。翔實。論文。亦。極。離。奇。亡國。之。法。雖千。條萬。緒而本雜誌則綱舉目張不稍遺漏學亡國奴者不可不手置一編自出版起月出一冊至中華瓜分日止

韵琴雜著　文叢　二

定價。讀者之生命財產。　發行所。北京。籌。亡。會。本。雜。誌。編。輯。部。各省。軍。政。局。所。上海。皇帝。報。館。　國民大會選舉代表函訂預約者照定價十折

第一期目次

曹操王莽及今上御容

炮烙刑具眞跡

高麗李完用緬甸庚紋猛齊波蘭白爾翻斯及本雜誌主撰肖像

名妓胡翡雲陰雌安靜死小影

籌亡會宣言　蝨子

帝制主義新詮　蝨子

路易十六本紀　蝨子

今上之武斷策　小猴

專制有益於我　小猴

操縱軍人術　治我　自修　同著

屠戮功臣訣　溜死鬼

軍需報銷秘言　治我

煙霞治國主義　輕吾　大蔡　同著

萬國銀行保護私產規則　閻福

增訂撲滅亂黨法註釋　眞蠢

政治小說 秘密　怨生

其餘細目不及備載即日出版先印四萬萬冊購者從速

韵琴雜著　文叢　三

魔王賦 仿阿房宮賦體

清祚畢。南北一。民運厄。魔王出。肺專制。以共和。暗無天日。始則弄兵於贛水。血染潯陽。殺人如草。積屍成牆。包藏禍心。廢去內閣。民脂民髓。膏其饞吻。狡焉思逞。出頭露角。狗苟焉。蠅營焉。割贈土地。更何恤乎國權之旁落。逐臭之夫。妄冀攀龍。推波助瀾。妖氣如虹。利以昏智。莫辨西東。廉恥喪失。道德消融。牛毛禁網。風鶴淒淒。三海之內。六宮之間。而疑信不齊。牛羊獵狸曰猢曰猻。罪人功狗。暮楚朝秦。嗟彼六物。靦顏爲人。巧立名字。

韵琴雜著　文叢　四

愁顏。會也。妖言惑衆。復帝制也。雪片齊飛。勸進表也。如火如荼。籌備處也。雷霆乍驚。警告來也。悍然行之。置利害而不顧也。一顰一笑。獻媚呈妍。上下其手。以投票焉。借款五百萬。期限四十年。天然之利。藪北滿之礦產。外蒙之鐵道。帝制交換。贈諸外人。債積如山。苛賦重斂。羅掘民間。百姓流離。轉塡溝壑。遺骸遍逾。魔王視之。曾不少惜。嗟呼。共和之國。共和民之國也。狠子野心。竟欲化爲家。盡國民之膏血。供揮霍如泥沙。使禁衛之軍。多於日暮之歸鴉。顧問之官。多於隴上之羣羊。偵探之夫。多於荒村之惡犬。警隊森森。多於空山之猛獸。誅鋤異已。多於南畝之草萊。收買牢籠。多於六月之蠅蚋。使天下之人。不敢言而敢怒。魔王之心。日益堅固。演黔間義旗舉。莽操之雄。終歸黃土。嗚呼。覆共和者。國民也。非魔王也。戮魔王者。魔王也。非國民也。嗟夫。使國人各愛共和。則胡爲擁魔王。魔王而自愛其身。則謹守誓言。爲十年之總統。誰得而戮之也。魔王不知自愛而國人戮之。國人戮之而不亟求所以自立。是使外人將戮國民也已。

弔白渡橋文 仿弔古戰場文體

鬱鬱乎。烟樹無垠。涼露襲人。電線縈帶。鐵軌糾紛。新月乍吐。斜日初曛。游人如鯽。夜以

繼晨車聲轂擊逐隊成羣巡捕告余曰此白渡橋也前鄭將軍畢命於此鬼哭時聞傷己哉利歟祿歟戕爾生歟吾聞夫北兵南戍偵探召募民命之危幾如朝露歇浦朝發燕山夜度運動帝制奔波道路死於人手煩冤誰訴癸丑以來民氣陵夷借債割地無日無之王莽是法曹操是師法律廢棄捕殺用奇殘忍有背於人道公理迂闊而莫爲嗚呼噫嘻吾悲夫兄弟鬩牆隣人伺便二十一條勢將宣戰國勢飄搖孤舟斷續皇帝是貴民命是賤臨床會議揭開假面國民聞之眥裂腦眩尚復文過巧發通電回溯辛亥起義響應四隅張彪鼠竄瑞徵剃鬚清廷諸子束手踟躕國仇誓復痛已切膚萬衆一心義不帝胡當此之時天假袁屠勒索巨貲增添士卒國中公款私囊吞沒吸我百姓之血塡彼無厭之窟梁任公曰塚中枯骨是言誠哉總統兮不足共和兮逆絕借外債兮扣七折造民意兮國體決順矣哉濫加封爵逆矣哉骨暴沙礫鉗民口兮聲寂寂夜漫漫兮風淅淅警告來兮心皇皇私會議兮言切切再俄延兮景短顧鬚髮兮已白獨夫專制有如是耶吾思之無恥之輩若楊若胡千秋遺臭一姓家奴爲虎作倀筋疲力痡兎死狗烹豈能免乎滇省舉義肅清中原不戮獨夫誓不生還復我共和和樂且

閑犂庭授首轉瞬之間獨夫爲政虎狼當關屠戮志士碧血朱殷苛賦重歛債積如山國蠹不除爲國之患愛國軍人辭彼父母鐵血槍彈爲獨夫壽滇粵健兒逞好身手滌瑕蕩穢呼朋糾友嗟彼獨夫自取其咎獨夫罪狀國人共知拔劍而起幸勿猶疑天時地利人和秉之草檄討賊佈告天涯亡國之慘昔人所悲國既不存民將何依波蘭印度人民流離嗚呼噫嘻時耶時耶其在於斯直搗幽燕履險如夷

皇帝卜居仿屈原卜居

警告既至皇祚不能卽踐心勞日拙衆叛親離手慌脚亂不知所爲乃召見心腹倒運曰朕有所疑卿其爲我決之倒運乃稽首匍伏曰陛下將何以命之皇帝曰吾寧憂憂戚戚長以終乎將及時行樂以自愉乎甯誅鋤異己以固勢乎將取消帝制以徇人乎甯悍然不顧以成名乎將投閑置散以媮生乎甯厚事强鄰以邀諾乎將靡懦縮瑟卑躬磬折乞和於滇黔乎寧持盈保泰以守總統乎將遯跡倫敦醇酒美人以娛晚景乎寧促促爲轅下之駒乎將栩栩若莊生之蝶隨風上下日以飄無定乎寧併命抗滇乎將甘心媚外乎寧召誅六君子乎將從容以圖成乎此孰吉孰凶何去何從混淫滑以

同流竊鈎爲盜竊國爲侯小盜不治大盜何求口衆我寡孰是吾儔吁嗟踞踞兮誰釋吾之殷憂倒運乃涕泣而言曰夫吉其所吉凶其所凶錢有所不足兵有所不精民有所不服將有所不親用陛下之智全陛下之身微臣誠不能決此事

戲擬女子請願團奏請皇后垂簾摺

竊兵變陳橋擁立本非異事組含金闕迎王皆是殊勛無如好事多磨惡聲易至正朔既更乎洪憲大位未踐於新華天柱云摧鄭將軍戕生滬瀆皇綱不振唐都督起義昆明嗟警告之頻來事關國際駭逆謀之伏發禍起蕭牆荆棘盈途桑榆已晚成大事者不拘常理圖大功者貴有權謀臣妾等攀龍髯而既墮附鳳翼以猶騰思阮籍名言禽獸惟知有母效則天遺事人民何患無君倘能面首多封消盡朝中異志若更爪牙密布誅鋤草野英雄外交易辦惟割地稱姪稱臣內視獨尊仍據座乃神乃聖西太后之稱佛稱爺眞可慕也大總統之非驢非馬何足道哉臣妾等際會風雲休承雨露欣女權之活潑躋男子於沈淪近以定一國之鯤遠以洩千年之憤伏乞我皇后聖衷朝斷出總統於房州神器夕移踐大寶於承運獨夫既廢管教海內歸心吾

道以柔免得奸人藉口臣妾等不勝僥倖謹昧死以聞

新論語

猿曰稅而時加之不亦富乎衣袞服而冠冕不亦貴乎人不知而登極不亦皇帝乎

羊子曰其如民也激烈而思犯上者屢矣既思犯上而不作亂者未之有也皇帝務殺殺多而威生激烈也者其取殺之機與

猿曰偵其所言探其所行察其所居民焉瘦哉民焉瘦哉

猿曰稱帝者能生人能殺人

猿曰富與貴是吾之所欲也不以其術得之不智也民與國是吾之所惡也不以其術覆之不威也操莽無術惡可成名操莽無終食之間違術得國必於是稱帝必於是

猿曰朝登殿夕死可矣

猿曰亂黨之謀不可不防也一則以喜一則以懼

猿曰術不行乘輪弈於英從我者其羊與蟲子聞之喜猿曰羊也畏死過我無所取材

猿曰滇一變至於湘湘一變至於粵

猿曰。危不危危哉危哉。

猿曰。詐而多術陰而且險竊比於我老瞞。

猿曰。重歛構兵殺人不恤何損乎我哉。

猿曰。民心不服戰事不靖帝位不能踐皇冠不能戴是吾憂也。

猿之深居惴惴如也皇皇如也。

猿曰。甚矣吾衰也久矣吾不復夢見拿翁。

孟子曰。富貴可求也雖溷廁之事吾亦爲之今不可求吾將他適。

猿曰。天生德於予亂黨其謂予何。

猪其鉗問策於猿氏猿氏答曰。君君臣臣父父子子。猪曰。殆哉其如君不君臣不臣父不父子不子雖有粟吾得而食諸。

猿曰。噫天喪予天喪予其如命何。

猿曰。吾嘗終日不食終夜不寢以謀無益不如死也。

皇帝生命保險公司廣告

諺云千金之子坐不垂堂平民之生命寶貴有如此者矧皇帝乎故始皇求不死之藥曹操就扁雀之醫良以富貴既極生命堪虞也若夫共和國體更不容皇帝出現反對民意卽成公敵禍多起於微而發之暴倒行逆施者危險從之戰戰兢兢臨深履薄稍一不愼卽有性命之憂是爲性命計不可不防爲皇帝計亦不可不愼同人等鑑於既往思及將來特邀中外皇帝合資創設一皇帝生命保險公司所有簡章條系如下。

一　本公司爲保護皇帝生命起見故命名曰皇帝生命保險公司。

一　凡具有專制皇帝資格及謀帝位而未登極者皆得入本公司保險。

一　在保險期內設有不測當照保費原額賠償自盡者不在此例。

一　凡欲保險者宜親至望鄉台本公司招待所接洽或至支那各省之城隍廟分公司亦可。

皇帝生命保險公司發起人　查理第二　路易十六　夏　桀　同啓

殷　紂

拿破崙

天民上天帝書

竊聞盤踞順天妄干天位者本天山之一孽猿也因天演進化稍具天資遂異想天開而蔑視天理以致慘無天日天地爲愁胡帝胡天剕天棘地子輿氏曰天與賢則與賢天與子則與子是以天爲主體者也太誓曰天視自我民視天聽自我民聽則以民爲主體者也彼僞天子者本非天與人歸原係逆天行事然天網恢恢非一時可漏天眼昭昭非隻手可掩卽天下人亦豈盡爲天聾地啞者耶天民等天賦人權天職是盡不忍覩天下蒼生陷入天羅地網用是奔走天涯爲天下同胞謀幸福現偕同志等謹叩天門伏維我天帝召集天神地祇討論天法天條勅令天兵天將實行天討天誅天心震怒天道無私僞天子就縛後或囚諸天牢或施以天刑或降之天災如天泡瘡天然痘等症促其天年不致邀天倖免俾知天遺難逃則天民幸甚天下幸甚。

新四子書

馮子見猿魔王王曰叟不遠南京而來亦將有以助吾帝乎馮子對曰王何必曰助審時度勢而已矣王曰何以助吾帝將軍曰何以助吾王將校士卒曰何以助吾侯上下交求助而身危矣僭竊之國戮其帝者必親信之王親信之王殺其身者必心腹之侯王殺帝焉侯殺王焉天下大亂矣苟逆時而忤勢不若不帝。

黎子見猿魔王王居新華宮顧冕旒玉璽曰宋卿亦樂此乎黎子對曰賢者不屑樂此不肖者雖樂此不久也湯誓曰時日害喪予及汝偕亡民欲與之偕亡雖有冕旒玉璽豈能永久哉。

猿魔王曰寡人之於帝也心勞日拙矣滬上變則遣亂黨於死地移其兵於滬上武昌變亦然偵亂黨之謀無如寡人之用心者亂黨之數不加少寡人之臣不加多何也段子對曰王好殺請以殺言伏屍遍野流血成渠前者仆而後者起或百日而復變或五十日而復變以五十較百日則何如曰無異直不百日耳是亦變也曰鑑於斯則無望亂黨之易於殺盡也。

李子(六更)見猿魔王出語人曰望之不似人君就之而不見所畏焉卒然問曰亂事

韵琴雜著　文載　二三

惡乎定吾對曰定於遁王曰吾何至於是將以求吾所大欲也曰王之所大欲可得而聞與王獰笑而不言曰爲斂財不足於用與兵士不足禦敵與抑爲詐術不足以服民與精神不足以荀延與脚跛不足以出奔與王之走狗皆足以謀之王豈憂是哉曰吾不憂此也曰然則王之所大欲可知已取消帝制復原位仍爲總統而保利祿也以若所爲求若所欲猶緣木而求魚也緣木求魚雖不得魚無後災以若所爲求若所欲禍未已也

代袁氏祭洪憲文

中華民國五年三月二十七日項城袁世凱於汝喪之五日謹具老淚一掬濁酒三杯含悲飲痛忍氣吞聲奠告於洪憲之靈曰嗚呼憶汝胚胎之初爲民國元年恐南方地氣不利於汝乃授意京津保軍警譁變藉口居北鎭壓不惜以元首身分令軍警殘害商民糜爛地方開搶掠之風是吾預爲汝謀者一也民國二年宋敎仁由滬北上恐其與汝兩不相能將來必爲汝有力之仇敵乃密令趙秉鈞遣應夔丞洪述祖等殺之於滬甯車站是吾預爲汝謀者二也贛甯皖湘各省倡言讎汝恐將起兵吾挾國家軍隊

韵琴雜著　文載　二四

與人民挑戰先發制人以誅鋤異己雖塗炭生靈而不少恤陷國家社會於恐慌地位亦不之顧是吾預爲汝謀者三也國會屢次根據法律動加質問甚至提案彈劾各省省會亦附和之凡余謀有利益於汝者卽指爲違法行爲吾特用强力解散國會省會改造約法是吾預爲汝謀者四也民國三年知汝臨盆在卽乃舉行祀天典禮復以黃土墳途以示尊貴意在提倡神權以愚黔首庶汝誕生後不致少有齟齬是吾預爲汝謀者五也民國四年日本要求之二十一條卽慨然許之使饜其欲以爲將來承認汝之交換條件是吾預爲汝謀者六也嗚呼凡有害於汝者吾去之有利於汝者吾謀之以上各端不過舉一以例其餘耳蓋吾自民國元年攫得臨時大總統之日起至四年陽歷除夕止此四年中無日無時無刻不苦心孤詣慘淡經營耗去之精神嘔乾之心血可憐之情形昭昭然爲中外所共覩古今所僅見汝冥冥中亦當有所知矣當汝誕生之時吾家奴僕函電交馳爲余致賀余亦欣喜莫名賞耗五百萬封爵千餘人竊幸袁氏門庭從玆光耀可以媲美曹操而並新莽矣惟吾年未六十而髮蒼蒼復患軟脚病念吾衰頹若此恐不獲見汝成立旦暮就木而抱無涯之恨也是以設籌備處爲汝

韵琴雜著　文載　二五

籌備種種如冕旒也袞服也赤舄也玉璽也形形色色均報完備吾之於汝用心亦良苦矣孰謂汝生八十二日而夭耶嗚呼吾心痛矣吾腦昏矣吾眼瞶矣其信然耶其傳聞之非眞耶果夢耶傳之非眞耶而南方謂汝雖死仍不罷兵之電何爲而在吾側耶如吾令人在滬上所辦之亞細亞報何爲亦不書汝名耶嗚呼吾咯血日多精神日疲幾何不從汝而死耶悠悠蒼天曷其有極自今以往吾其無意於人世矣言有盡而哀不可遏淚雖乾而恨不能窮汝其知也耶其不知也耶嗚呼哀哉尙饗

烟界爲大蔡復仇通告

恩公大蔡者河內產爲元緒公之後裔十三世祖曾封緇衣大夫秉清江使銜嘗與魯大夫臧文仲遊固一時望族也後家道中落子孫日繁衍南方老人見而鄙之曰畏首縮尾冥頑不靈若輩只可供人支床脚而已(史記南方老人用龜支牀足)時大蔡年尙幼有術士見而異之曰是兒外骨內肉形團團有貴(諧音龜)相宜善撫之及長以善于鑽營歷仕滿清及民國當民國三年烟禁甚厲指烟苗爲毒卉爲禍苗偶食者棄市雷厲風行不啻使吾儕絕食同人一息懨懨幾坐以待斃呵欠連天不禁涕淚之交

韵琴雜著　文載　二六

頤也孰意命不當絕事有轉機易云窮則變變則通此之謂歟大蔡忽提倡烟政主張專賣酌定價格恢復吃食自由政府分紅五千萬財政得藉以少紓烟人遂高枕無憂依舊北牀高臥誠一舉兩得莫大之幸福也論大蔡對于政府之功豈但畫像凌煙理合胙分私土對于烟界之惠不僅歌功頌德直當結草啣環乃聞粵省民軍復活懸賞緝拿大蔡是猶公膠之死灰復燃也屈尾龍醉心五百萬懸蔡于觀音山是猶熟膏之專賣圖利也近復循民軍之請槍斃大蔡是猶烟具之和盤托出也伏思烟界若無大蔡早已脫癮而亡何有今日追懷盛德咸憤激涕零復仇之責義不容辭當聯合江贛粵三省同志約期起事與民軍背城借一高揭阿芙蓉之旗誓師于烟霞之窟藉刀斗之勢建槍林之功揚已死之灰續長明之火呼吸則日月爲昏吹噓則風雲變色成則福祿膏與諸君共享之敗則雖褫奪公權一部或全部非所惜也區區之忱皇天大土實共鑒之特此通告

羊肚上猿氏辭職書

臣肚言臣不幸自墮地以來卽不知有父同族中性多馴良復能愛羣昔蘇子卿使匈

奴與臣族相週旋者一十九年蓋羊無豺狼之凶而有騶虞之仁雖白髮老人黃口豎子亦得狎而親之也臣幼年受知于羊舌大夫亦少識之無寄人籬下時有不平之鳴實爲六畜中之頭角，崢嶸者及長出仕異族以工吹善拍爲同類所輕然臣志圖宦達固不知名節爲何物也乃猥蒙拔擢寵渥殊深銘感天恩屢思報答是以不揣綿薄藉盡愚忠假共和不適之名倡帝制復活之議甘冒天下之大不韙竊欲報恩于聖主也何期事未成而衆怨已歸利未獲而身將受戮回憶開大會于芳草坡前何等興高彩烈猫獵畢至猻猢咸集凡屬四蹄兩角者莫不望風而來臣登高發表意見戴聖主爲獸中之王當是時皆一致贊成蹄聲雷動臣以爲登極受賀百獸率舞直指顧間事耳他日策動行賞臣實有擁護之功則臣兄羊頭爲關內侯臣弟羊胃爲騎都尉一門貴顯不待智者而後知也乃者羣議沸騰屠羊之聲愈唱愈高幾爲衆矢之的轉覺資羊之未能祈福適足以召禍矣然觸藩之勢已成幸補牢之計未晚大道多歧（見列子）願求引退俾從茲塞草凝煙獨徘徊于隴上斜暉掛樹羣躑躅乎林中則羊族幸甚臣命幸甚跪地哀鳴不勝觳觫待命之至謹拜表以聞

逃出來辭 戲代梁財神作

逃出來兮冰山已倒胡不逃既爲帝制之禍首恐國人之不饒悟攀龍之無效悔拍馬而徒勞賴飛毛之有腿且遠遁之爲高夜沉沉兮月黑人寂寂而不譁越前門之大道穿野渡之小橋乃贖租界載跑載奔稚子侍戶小妾歡迎揮汗喘息少定驚魂相將入室哭訴煩冤痛前功以盡棄幸現銀之猶存人目之爲逃犯我自命爲財神藉外人以保護恐炸彈之無情效烏龜之縮頸學反舌以無聲日蟄伏於一室雖白晝亦關門謀狡兎之三窟作亡國之貳臣逃出來兮誓老死於天津友不以我爲友親不以我爲親爲一姓之功狗成萬世之罪人咸謂孽由於自作遂致利令智昏衆矢之的集於一身倡帝制之怪議得附逆之醜名意懸懸以不適心急急而如焚恨皇帝之短命怨吾生之不辰已矣乎洪憲紀元復幾時繁華過眼如浮雲胡爲乎停止兌現欲何之富貴非吾有勳位不可期幸頭顱之無恙勝華表兮來歸望帝鄉以垂涕聞杜宇而生悲聊儌生於人世苟延狗命復奚疑

韻琴雜著 小說

寓言短篇 白虎湯

吾友吉明先生精醫術遍遊世界活人無算法蘭西人尤奉之若神明素持大同主義不以國籍告人四年前來遊中土道大行庸醫忌之極端詆毀聲望自是稍減惟經其治愈者則堅信如初不爲流言所動然亦僅耳予心折其道嘗執弟子禮間往就教至則先生必舉一醫案以助談興一日語予曰醫者之治病不如病者之自醫自醫者何節飲食謹寒暑減嗜慾病自無從生否則日夕賊其身體雖百扁鵲無濟也予曾治一症病人爲戴仲華老大病夫也予細診之知其病爲遺傳伏邪至深非治以漸將成痿痺乃此老乏堅忍心未盡一劑卽行中輟其後專服金石之品以斬永[illegible]久之邪愈閉塞復不知悛頃且取加味六君子湯及天王補心丹等滯補之品時時煎服不知未經洗伐愈補而邪愈重聞前數日又受外感勢幾莫起其家人恐懼殊甚不承主命堅請予一爲援手予亟趨視則奄奄垂斃氣僅屬絲予語病人曰疾尚可治惟必信予至篤不惑人言方藥庶有靈也病人微頷索閱方案予付之見其作猶夷狀似疑予方過於

峻烈有傷元氣者予卽曰苟非服此者疾必不瘳蓋予所擬者爲白虎湯以其邪熱過重非以白面將軍不足以殺紅面將軍如喻嘉言醫士所言也病人始决心連催進藥實則彼尚以爲垂死之人姑服此以圖僥倖萬一尚非眞信予方也連服十餘劑果霍然愈調攝兼旬強健逾於昔日按此并非奇症使早信予言何至若此幸於彌留之際進此霹靂之方起九死於一生亦其命數未盡故能信仰予也先生言旣拈鬚微笑慈祥之色現於顏面予乃喟然嘆曰虎屬木木剋土凡病土頭土腦者投以白虎湯當無不愈也古人定方命名之意深遠哉

紀實短篇 大公子

我於今想寫一樁事提起筆來忽然發生一種感想在未寫之前不能不對看官們說幾句閒話因爲從來做小說的人都喜歡說謊話無端捏造些奇離古怪的事出來把看的人當小孩子玩弄我幼年的時候看小說入迷就是上過他們的當近來的小說家兼帶着營業性質更爭新鬬異的不知說到那兒去了一般看者亦司空見慣知道說謊話是小說家的慣技都另具一副眼光任你說得天花亂墜他儘是存着心看變

把戲兒似的看着消遣那裏有甚麼眞心去看像我幼年的時候看得入迷的呢所以近來的小說對於世道人心上是絕對不能生關係的我於今想寫的事既不能脫小說家的範圍又安能使讀者不存着看變把戲兒似的心思來看呢豈不辜負了我一片裨官紀實的苦心嗎我可先對讀者發個天誅地滅的誓我這小說不是揑造出來的不是有營業性質的是要使我們中華民國的國民知道於今政界種種的黑暗事實都是由這萬惡政府醞釀出來的我絕對認爲於人心世道上有絕大關係決非浪費筆墨供人玩笑本意已明便敘實事

安徽某縣有一個二年前被逐出京的國會議員姓戴名字却忘記了當被逐時原亦沒有什麼只因見機不敏轉舵不快正在依違兩可的時候險些兒名人亂黨虧弄了多少手脚纔免了大逆不道通電緝拿的花樣雖是如此在北京總是站脚不住只好狠狠回籍心中常覺悶悶不樂但是一時間也尋不着出頭的機會及聽得北京發起了什麼求暗會他便樂不可支暗道這千載一時的機會豈可錯過便和他妻子商量道於今有些大人物想學黃袍加身的故事擁立一個新皇帝我前在北京的時候已

韵琴雜著　小說　三

得了些影兒不過因當時國民黨的氣燄還盛有些顧忌不敢將這意思露了出來近來將那些人殺的殺了逃的逃到外國去了料到沒有人敢出來反對故拿錢出來叫羊肚等辦一個叫做什麼求暗會聽說各省將軍巡按使都啞口無言這皇帝想必有幾分光了我不趁這時候出去撈一官半職回來封廕你們更待何時只是我此刻到北京去比不得從前當議員的時候每月有幾百塊錢薪水供我揮霍今則一個錢一個錢都要拿出血本來的可惜我那賣票的錢津貼的錢近來坐吃山空都吃光了一時間到那裏去尋一筆大本錢做運動費呢若是赤手空拳的跑去可不是白丟了路費嗎欲待不去坐失了這飛黃騰達的機會豈不大大的可惜我特意和你商量想將祖上遺下的產業賣了去做資本你的意思以爲何如他妻子道祇要你拿得穩這一去必能發達就將產業賣了死錢能變作活錢用還有什麼不好不過怕你見得到做不到弄到後來偸雞不着倒失了一撮米那就眞犯不着戴議員聽得他妻子也願意將產業出賣便笑道我與你爲夫婦多年你還信我的手腕不過不是我說一句詩口的話我一到北京定然是求暗會一員健將大公子必然器重我的我憑仗着這一條

韵琴雜著　小說　四

三寸不爛之舌一管五寸生花之筆怕不能替求暗會增長勢力嗎將來九重眞龍出世論功行賞豈能少我

他妻子聽了便搖頭道我不信我不信你眞有了這本事爲甚麼解散國會的時候你嚇得那麼樣呢戴議員着急道你婦女們眞是沒有見識那時候國民黨的勢力豈小嗎叫我敢得罪那一邊呢騎着兩頭馬自然是走一天還在原處能夠乾淨脫身不曾入名亂黨就算是我有手腕我此刻去是認定了路數那怕你走得慢沒有倒退回來的道理並且求暗會開張未久信用未孚各界的要人雖不敢公然反對但懷疑的亦必不少我抱着個議員資格求暗會不歡迎我待歡迎誰呢我是拿得千妥萬妥才肯這麼去做不然我又不瘋了爲甚麼平白的倒貼血本山遙水遠的去巴結人呢他妻子聽他說得如此如彼便點頭嘆口氣道俗語說得好燕子望亮處飛向上總是好的我雖是婦女們這點兒識倒有夫妻二人商議已定立時將祖業出賣不到半月工夫將祖宗辛勤積下來的東西賣了個精光也不知受了人家多少剋扣他夫妻因有很大的希望在後面也懶得去錙銖計較總共得了三千多塊錢戴議員匆匆忙忙携了

韵琴雜著　小說　五

這宗款子一直跑到北京

那時羊肚同齊復疏正是到天津去請梁阮公出山的時候求暗會門面并不十分熱鬧戴議員遠來湊趣不待說是十分歡迎入了會才知道這求暗會不是爲擁立老頭兒做皇帝而設的乃是想請他做太上皇擁立大公子的不過老頭兒極願意這麼辦罷了又打聽得紅將軍進京的時候心中很不以求暗會爲然對老頭兒說現在時機未熟不能驟更國體當時老頭兒沒得話說只點點頭叫紅將軍去與求暗會發起人商量紅將軍那裏把這些人看在眼內有什麼商量立刻回到南邊打了個電報來仍是主張須候時機成熟後來有人去游說才打了個贊成電報却並不理會求暗會顯然與求暗會作對求暗會也沒有法子戴議員一一都聽在耳內心中好不疑惑道我在安徽時候聽得求暗會三字氣燄還了得照這樣看來勢力也不過如此過了一日羊肚同齊復疏從天津回來戴議員見羊肚滿肚皮的不高興知道是碰了釘子不便當面動問輾轉從齊復疏跟前打聽始知羊肚同齊復疏到天津後即直向阮公家中而來阮公知其來意假稱有病不能見客羊肚再三請見阮公不得已見之談及變更

韵琴雜著　小說　六

國體事情。羊肚稱奉老頭兒的密旨。欲求阮公回京幫忙。作一二篇主張帝制文章鼓吹鼓吹。阮公不但不肯作文。且說出許多反對的話來。羊肚與齊復疏兩人。空走一趟。大失所望。所以回到北京。滿肚皮的不快活。戴議員得此消息。不覺吃驚。口與心商量道。求暗會的領袖親身到津。尚求不得。一個梁阮公更有什麼勢力可恃呢。我在求暗會。恐終是一個記名的會員。像這樣的求發達。豈不是緣木求魚嗎。須得想個法子直接去巴結大公子才好。祇是堂高簾遠。我這種資格。想去見見他。談何容易。心中想來想去。雖想出了幾處門路。爭奈沒有力量去走。恰好有兩個求暗會的會員。也是攜帶巨款來京運動的。雖在求暗會記了名。深恐跟着這樣不生不死的求暗會弄去弄不出什麼大出息來。久有意想直接巴結大公子。祇愁不得門路。戴議員與他二人本來相好。探出他們的心事。便與合夥商議巴結的方法。戴議員當自詡爲足智多謀。便道要巴結大公子。除非先使大公子知道你我的名字。幷知道你我主張帝制的誠意。然後接他吃酒。他若肯賞臉。以後的事情就好辦了。二人道。手續是不錯。祇是我們的名字怎能使他知道呢。戴議員道。那卻不難。不過須得一宗很大的費用。我要有多錢久

已辦了。二人道。共須多少方夠用呢。我們三個攤派着用。還怕不夠嗎。戴議員想了一想道。三人湊了攏來。得一萬塊洋錢。請一次酒大約可以敷衍。祇是先要二三千塊錢的鋪設費。才能講到接他。二人道。怎麼又要這許多的鋪設費。可是要另備一種儀器。戴議員搖頭道。你我都沒有見過大公子的面。大公子知道你我是誰。敢冒昧說到接他吃酒嗎。於今且將我們的款子湊齊了。再託人在大公子跟前說情。只這託人一事就很不容易。現在能和大公子說話的人很少。要大公子信用的。尤爲難得。我心中卻有個人。只怕會他不着。會着了他。若肯替我們去說。不但大公子不能不來。並且以後還可得多少的好處。二人忙問是誰有這樣大的勢力。戴議員道。就是從前做過駐英某公使的夫人。民國元年在上海靜安寺路同他丈夫住了。不到幾個月工夫用掉了七十多萬。因見丈夫供給不起。跑到北京再樹艷幟的汪凌玻姑娘。他和大公子最好。便是慶餘堂的花隱儂也不及他的資格。他沒一天不會見大公子。能得他向大公子將我三個人的名字說出來。三個人的誠意表出來。比甚麼的效力還大呢。二人歡喜道。你可認識他。先帶我們去拜識拜識也好。

戴議員道。我能認識他就好了。不認識他才說要三千元的鋪設費。二人道。你打算怎樣的鋪設呢。戴議員道。我想先接古局長吃酒。求他設法。他在汪凌玻跟前還算有點資格。有他去說。再辦兩三千元的禮物送去。料想汪凌玻決無不盡力之理。二人點頭道。祇要於我們的事情有益。便多費兩三千塊錢也屬有限。三人分派起來。每人還不過千元。算得什麼。就是這般決議罷。好在他們現在事少。我們請孫小猴代邀他到六國飯店酒席間叫條子時。古局長不待說是叫汪凌玻的。我可將意思先對古局長說明。託他轉達。再去辦一件貂皮女外套。一個鑽石戒指。這兩件東西價值總在三千元以內。也託古局長轉送。他應允了。收了我們的禮物。我們再當面和他說。求他趁大公子歡喜的時候。將我們主張帝制如何的熱誠說出來。定要求大公子賞臉到六國飯店來吃我們一頓酒。至於時間。隨大公子高興。幾時便是幾時。戴議員點頭道。不錯……

……不錯。只是今天來不及了。我們且將禮物辦好。着人定好房間。明日再和小猴去邀老古。三人計議已定。各人分途去做。第二日果然照前所議的辦得一絲不錯。只可惜他們費了一千七百多元。買了一個鑽石戒指。一千二百元。買了一件貂皮外套。滿意

想討汪凌玻的歡心。那曉得汪凌玻接了。連正眼也不瞧。回頭望着跟他的娘姨道。你多久就想買個戒指。既承他們費事。我橫豎用不著。擱在箱子裏面也白放着。就給你罷。這件外套倒好。留給老太太去用。戴議員等在一邊看了。不住的點頭嘆息。暗想怪不得人家說大公子有皇帝氣燄。他一個相好的婊子就如此了。不得莫說能巴結大公子。只要能巴結上了汪凌玻。一生的衣食還吃着得盡嗎。且不言三人心中胡思亂想。他們這一次費了三千塊錢。只得了汪凌玻一句你們預備接大公子就是的話。三人歡歡喜喜的謝了又謝。過了幾日。還沒有一點兒消息。戴議員不覺焦急起來。請古局長去汪凌玻處打聽。才知道大公子近來與二公子反目。大不高興。一切應酬都是懶洋洋的。所以汪凌玻沒有信回戴議員等。無法只得靜候。又過了幾日。忽來一個人傳汪凌玻的命。說大公子已允明日到六國飯店受宴。你們趕急準備。三人聽了。又是歡喜又是慌亂。喜的是大公子居然肯賞臉給我們的面子不小。慌的是大公子不久即當居九五之尊。不知道此刻宜用甚麼禮節才妥。深恐繁簡不當。致取罪戾。連忙到老古家商量。好一個古董。極有見識。說道禮節倒可不必研究。仍以常禮爲妥。特別禮

節非是不能得大公子的歡心奈於事實上尙有些不便因爲有一派老軍官一心一意擁戴老頭兒故特別禮彵決不相宜明日的酒，定了甚麼時分戴議員道汪凌玻沒有說時間古鼈道這麼辦呢你不是要包一天一晚的特別房間嗎戴議員躊躇道沒有法子祇得包一天一夜罷古鼈道你預備了多少賞錢大公子赴宴照例每人要賞一百元跟的人少還易打發若人多了這筆巨款須要早些預備戴議員道那都預備好了明日就請你和小猴來陪古鼈答應了戴議員回來與二人說明當晚着人到六國飯店定了特別房間次日八點鐘三人齊到該處誠惶誠恐的恭候直到午後四點鐘汪凌玻纔來三人接了感謝不盡的說了些好話汪凌玻說大公子即刻就來戴議員忙打電話給孫古二人請他們快來不一時都到了屏聲息氣又等了一小時的光景忽聽得下面人聲嘈雜孫小猴即先站起道來了……來了我們迎上去於是都起身迎到門口只見大公子昂頭天外穿着便服大搖大擺而來後面跟着一大羣錦衣華飾的標緻青年汪凌玻笑嘻嘻的正待說話大公子已走攏來拉了他的手用英語問道你來了多久汪凌玻也用英語答了二人攜着手行到廳上同坐了大公子掉轉

臉來見戴議員三人行禮才笑着略點點頭望着古鼈道你也太糊塗了明知道我不得空叫他們費這些事幹甚麼辦了甚麼好的拿出來吃了罷說完又和汪凌玻用英語說話去了戴議員等一面命人開發賞封一面請大衆入席那知道大公子今日出門上上下下足帶了二百多人三人僅湊得一萬元那裏夠得開銷把個戴議員急得什麼似的三人都託人四處挪借幸而神通廣大借了兩萬元開銷之後還剩六千多塊錢作酒席費三人才將賞錢弄清楚正待陪大公子多殷勤一番忽然一個軍官進來在門口對大公子行了一個立正舉手禮大公子問有什麼事那軍官忙將一封電報雙手遞給大公子大公子看了即起身告別衆人都面面相覷不敢動問戴議員等更不敢挽留只得一同送至門外望着大公子跨上摩托車嗚……嗚的跑了才各回席汪凌玻不待終席也跑了古孫二人勉强終了席才走結賬時將六千多元給了還差三千元一時間那裏湊得出來只好請人情記了賬

回寓後三人心中越想越懊悔不到幾日各債主都連翩踵門追討將一個足智多謀的戴議員逼得一籌莫展不知怎的一時神經昏亂竟尋短見一命嗚呼死了眞是饒你青雲有路輪他黃土無情大公子日夜與汪凌玻行樂那裏知道你們不顧性命的擁護帝制呢哈……哈我將這千眞萬確的事寫出來給那些七顚八倒的人看了怕他們不說我一個女子也喜歡造謠言恐人家不信還要用種種的話來掩飾嗎

報夫讐（紀實短篇）

漏已三下簾鈎微動風聲蕭瑟月影婆娑一美人長身玉立纖手支頤斜倚樓檻對月興懷若有萬頃波濤起伏於方寸者忽聞烏烏夜啼延頸四顧迄無所見乃俯首沈吟曰半月前吾夫每自外歸皇皇然如有所求而弗得問之輙秘而不宣今數日矣嗟我良人胡不歸來乃呼曰查勝……查勝……一男僕睡眼朦朧蹣跚而至屹立佳人之前問何事佳人曰主人未歸我心憂之汝日間所言果眞耶耗自何來當詳細語吾查勝聞言斜睨佳人拈髭微笑半晌方答曰前言慰之耳實告主母主人永不歸矣佳人訝曰何出此不祥語查勝曰主人所謀敗露已飲彈赴黃花崗諸傑之歡迎會矣佳人聞言色驟變星眸直視並不下淚良久作鎭靜狀曰否否主人果有所謀豈不對予一啓齒耶彼倉桒借吾夫頭以作富貴功名之代價即爲吾不共戴天之仇……言至

此查勝急曰是無庸諱僕江湖半世更事甚多不速爲計恐此間財物亦將不保矣佳人俯首凝思默然不答查勝復促之曰死者已矣若再因而破家無乃愚甚不若捲金珠細軟及一切貴重之物潛赴春申江畔託庇於外人宇下暫避片時再籌良策之爲愈佳人曰吾終恐傳聞不實查勝曰城市遍傳何不實之有僕曾親至某公署訪詢我友謂主人行刑時連擊四五彈未斃而活埋之惟不宣布罪狀耳佳人始泣然曰哀哉吾夫痛哉吾夫吾夫死矣吾命休矣旣而顧查勝曰事已至此予深韙若策但當如何處置始免前途之障碍查勝曰速檢點待曙即行車站等處均我探夥復改口曰均我知交即有探夥亦未必能識爾爲某某妻也佳人點首者再查勝出跬蹀於外室聞女主人發各處箱篋鍵聲鏘鏘然欣然以爲得計默念吾已立大功又獲巨財合諸近年所得可面團團作富家翁矣且彼姝一深閨弱質手無縛雞之力一到上海妾之貨之惟乃公之處置耳種種妄念瀠洄腦際足蹈手舞喜極欲狂

閱者諸君亦知此狠心狗肺之查勝者爲何人耶彼即著名偵探之一姓沙名愼查勝乃其託名也原籍皖省生長吳門父爲舊元和縣皂班頭以緝捕稱能見殺於仇家愼

襲其業數年來借亂黨二字頭銜栽贓誣人得賞邀功擢髮難數復用其鬼蜮手段變易名姓傭身爲奴僞造證據向署密告捏主人與革命黨人通謀且暗約兵士於途捕主人而殺之且欲席主人之財佔主人之妻以償其絕大慾望也

佳人收拾良久復招查勝入指屋之西隅極高架上一匣曰其中寶藏甚多吾心悸而手軟煩若一舉手之勞查勝急往取佳人曰此匣之鑰匙尚存別室吾亟往取來言畢遽出扃扉下鑰查勝候之久呼女主人不應欲開門出問而鍵鎖甚固知已中計盤旋跳躍無隙可出正惶急間烟隆隆起火炎炎上風助火威由樓板而窗壁而瓦面一刹那間遂成灰燼所謂神出鬼沒之偵探沙慎亦即叢葬於瓦礫之中而無從倖免雖曰天道好還亦佳人之計有以致之蓋佳人之宅在蘇州南城外瓦屋數椽與市隔絕佳人扃扉後即將柴草堆積樓下并尋常木器灌煤油而焚之迨救火者至一片焦土人影杳然越數日間有人見一縞衣素服之少年女郎哭弔於某地噫殆即此報夫讎之女丈夫歟

滑稽短篇
疑人夢

却說離上海一百多里有個村落名叫王家堡堡中居人以王姓爲最多內中有一人叫王戇的已年逾不惑只夫婦二人并無兒女有一姊嫁與吳姓生了一女就死了自他姊姊死後多年不通來往王戇父親去世的時候也遺了幾畝薄田無奈王戇不善經營又懶於耕種只好喝酒所有幾畝田早已典質盡了當這米珠薪桂年殘歲盡的時候朔風獵獵臘鼓鼕鼕四壁蕭條一籌莫展夫婦二人日在牛衣中對泣他的妻子埋怨他道你看東鄰張家伯伯西鄰李家叔叔他們都入甚麼籌安會請愿咧籌備咧如今都發了財做了官有了好處我前日看見張家的嫂嫂李家的姆姆都是穿金戴銀披綢着緞舉止闊綽的了不得誰似我晦氣嫁着了你這種無用的男人吃又沒得吃穿又沒得穿終日忍飢受凍熬到後來不過是個叫化老婆罷了我何苦來說着便嗚嗚咽咽的哭起來那王戇被妻子奚落得無話可說祇低頭合眼的打算如何弄幾個錢過年正在想來想去不得主意的時分忽聽見門外一陣脚步聲接着喊道裏面有人麼王戇便睜開眼躡手躡脚的走到那破籬笆窗窿內對外面張看只見有一頂大轎已經歇在自己門口後面還跟了多少像是當差的人王戇心裏想道我窮到這步田地難道還有做官的人來拜我嗎便開了門問道列位到這裏找誰莫是弄錯了人家說罷便有一個少年當差的走近前問道王戇先生可是在府上王戇答道我便是王戇不知找我有何貴幹那當差的便在片夾子內拿出一張大紅片子來王戇一看上面有四個小字兩個大字王戇認不清楚只管發怔半晌方對那當差的說道我認不得字請你念給我聽那人便大聲讀道一等女官周媽王戇聽了滿腹孤疑再要問周媽是何人只見那轎夫吆喝道平轎一個念來歲的婦人打扮得花枝招展嬝嬝婷婷的從轎內走了出來笑吟吟的對着王戇道舅舅你老人家就認不得我了嗎我母親便是吳三嫂是你的同胞姊姊難道也忘記了王戇此時纔恍然大悟知道是吳家的外甥女兒不及招呼一溜烟搶先跑到屋裏喊他妻子道你不要哭了我的外甥女兒已經做了一等女官來拜我們現在我是舅老太爺了他妻子劈面啐了他一口罵道你又灌了黃湯在這裏說夢話你那外甥女已多年沒有到我們家裏來只聽得人說嫁了一個姓周的夫妻兩口子不大和睦家中又窮得狠他賭氣跑到上海王公館做了娘姨那裏會做官哩王戇道連我也不知道這個原故怎麼會做起官來但是他

現在已在門口下了轎你趕快出去接他進來再細細的問他便明白了他妻子看他這樣說料不是醉話心裏也有幾分納罕揩乾眼淚走到門前一看果然有一位華美衣服的女子面貌和死去的吳家姑子一般心知便是周媽就笑嘻嘻的說道多年不見姑娘越法出落得美人一樣了外面冷別吹了風快請進屋裏坐罷兩人攙着手同進了草堂王戇忙着拿了一把黑煤烏嘴的弔子去燒茶周媽笑道舅舅不要忙我轎子上有一把銀茶壺泡的上好龍井茶是帶在路上吃的叫轎上人拿進來我們坐下來談談心罷王戇先請周媽坐在一張矮脚板櫈上自己便坐在門檻上先問道姑娘我是個鄉下人到底不懂你怎麼就會做了官哩快些說給我們聽聽也好歡喜歡喜周媽嘆口氣道說來話長我去年春天買了一張儲蓄票得了一個頭彩便將這筆款子存在交通銀行那個姓周的你老人家是曉得我不喜歡他的心想揀一個有體面的人做你的外甥女婿下半世可以享福不料揀來揀去總揀不着不是大司務便是西崽流氓馬夫戲子他們這班人不過想騙我的錢罷了我那裏肯嫁他呢我想起來也難怪我不是當老媽子出身的人上海那個大老官肯同我結婚所以我帶了這宗

款子跑到北京想去找安靜生入女子請願團上一個名字請願也出出風頭在路上遇着湖南的周媽原來他同王壬秋混了多年倒混了一肚子的文才袁世凱要做皇帝想王老頭子出來幫忙因要博他的歡心便派了周媽做了女視學員一路上有人接送好不威武我與他本是同行又是同姓所以便去見他兩下說得投機就拜了姊妹承他的情留我吃飯席中談起我們當先做娘姨的時候沒有一個人瞧得起就是那各報館裏的人也與我們作對尋着我們的根底做他們的新聞材料至今想起來還生氣我此番做女視學員不把各學堂的女學生通通造成奴隸性質和我們一樣也不算本事看那些報館裏的人能批評我們許多我聽了便道姊姊有這樣學問這樣本事還怕做不到麼就是做妹子的祇可憐不識字不然也可跟着姊姊沾點光兒弄個女視學員做做湖南周媽道妹妹難怪你不知道你是不認得字不看報的原故於今時事莫說做女視學員只要有錢便做一等女官也容易得狠而且并不要認得字你不曉得皇帝急於要錢用稅捐已無可加增外債又不易借到現已陷於非常困難之境想仿照前清賣官捐輸的法兒募集巨款凡購公債票自五百元至千元萬元

數萬元者都獎給各等嘉禾勳章或封爵妹妹如捨得萬把塊錢去報効北京政府怕不是一個嶄新的女官嗎我當下聽了非常歡喜就把此番想去找安靜生的意思告訴了他他道那安靜生本是旗下人在北京做高等秘密生涯當他發起女子請願團的時候人家并不知道是甚麼人發起及至開會這一天纔曉得就是他當時人就走了一大半只剩了四五個人他臉上狠下不去胡亂說了幾句也搭訕着走了後來又受各報紙的攻擊把他的根兒底兒全揭了出來罵得個不亦樂乎御用報雖幫他的忙也辯護不了許多他討了個沒趣此時仍理他的舊業去了我當下聽了道既是安靜生沒有什麼能力我也懶得去白找他就請姊姊替我張羅一切罷他點頭答應了花了七千多塊錢不幾日果然得了個一等女官哼我已經做了官怕沒有王孫公子與我結婚麼俗話說得好亡八有錢髗大哥以後誰還敢瞧我不起呢王戇聽了喜歡得手舞足蹈欽羨不已便道我那死去的姊姊替人洗衣縫窮的苦了一輩子於今也做了老太太了姑娘你可有法子使你舅舅也做一個官兒在鄉裏榮耀榮耀麼周媽聽了把頭扭了一扭說道這有甚麼不能我在皇后面前很有體面舅舅是知道的我

們當過娘姨的人講到應酬比那些太太夫人們自然是要週到些的所以皇后很喜歡我你老人家能到北京見了皇帝只要我在皇后面前替你吹噓吹噓雖不能封王封侯怕不是甚麼子爵男爵麼王戇聽了笑道姑娘你又來了他是一位皇帝我們是個鄉下人他怎麼會肯見我呢不要說是皇帝便是城內的知事大老爺我們鄉下人也不能去見他你眞說得好容易如果能夠到北京見皇帝還要求你姑娘嗎周媽道你老人家還在這裏看古皇歷呢如今不比從前了從前皇帝是百姓擁戴他做的如今皇帝是自己經營做的只要有人補助他做皇帝肯贊成帝制的莫說是鄉下人便是龜子亡八蛋也是歡迎的王戇道原來如此但是我手中一文沒有怎麼去得哩便去了又有甚麼法子可以見得皇帝哩周媽道舅舅這些事都沒要緊我早替你老人家打點好了錢呢我這裏還有幾個說着打開西洋式的小提包拿出二百塊錢的交通銀行的票子遞給王戇手裏說道拿去買兩件衣服剩下來的做川資可以夠了王戇眉花眼笑的接了交給他老婆收起來周媽又道舅舅你不曾聽見說湖北發現了石龍嗎那裏官長打電報到北京慶賀說那石龍是應運而出的是皇帝登基的祥瑞

皇帝聽了喜歡的了不得我想你老人家到田裏去找一條蚯蚓便說是眞龍出現先在那些御用報紙上登了出來吹他一吹那些御用報的主筆都是我的乾兒子他們到御用報館當主筆還是我替他們運動的你老人家拿我一張名片就說我教他們登的他們不敢不登報上喧傳出去了然後用紫檀盒子將這蚯蚓裝在裏面送到北京去見了皇帝就說是獻瑞來的皇帝必然歡喜那時我自有道理使你老人家做官發財王戇拍手道姑娘你眞是福至心靈這個主意眞好只怕男子也想不出來那蚯蚓易得我照你的法子辦了就是周媽便站起身來道我要走了皇帝是派我到南京去見馮將軍夫人探聽他的口氣因爲人說南京不穩皇帝不放心得狠來去只限了我半月的工夫近來新華宮出了炸彈案與某公子很有關係娘娘心裏很不自在我今晚就動身先走不能與你同去了王戇拉着他道姑娘我還要問你去北京怎麼走法周媽笑道由此地到南京由南京到天津說着匆匆忙忙上轎去了王戇歡天喜地照周媽說的如法泡製丢下一半錢與他老婆安家自己便動身到了南京在下關一個大旅館住下心裏想道爲吃酒不知受了老婆多少氣如今我要做官的人了難道

還受那黃臉婆子的挾制不成今晚先喝他一個痛快再說便喊茶房打了五斤高粱酒一個人喝得醉醺醺的走出來散步心裏尚模糊記得是要到北京見皇帝獻瑞的却忘記此地是南京蹌蹌踉踉的出了旅館逢人便問新華宮在那裏有一少年知他吃醉了又看他是個鄉下人便哄他道朝陽門外便是皇帝住的皇宮王戇聽了這話乘着月色一路趔趔趄趄的低着頭儘走走到明孝陵不防一頭碰在那個翁仲身上用手摸摸頭皮已起了個胡桃大的疙答正要開口罵誰擋老子的路一抬頭看見兩個人又高又大立在面前心裏嚇了一跳心想幸沒罵出口得罪了他們還了得這不是皇帝面前的禁衛軍麼便把頭皮揉了一揉連忙對那人唱了一個大喏道我名字叫王戇是來獻眞龍的請你到皇帝面前通報一聲那人理也不理他心中想道難怪人家說宰相家人七品官他不理我也怪他不得等我再問他一聲便高聲說道你不替我通報我自己就進去了我是獻瑞來的諒皇帝老子也不能難爲我兩個人仍是不理想是已經默許了故此不做聲讓我自己進去便整整衣服大搖大擺的往裏面走去不覺越走越黑口裏說道皇宮眞是深遠得狠走了這半天還不見到那酒被風

一吹一陣陣的湧了上來覺得頭暈眼花支持不住便一歪身坐在一塊大石頭上想歇歇再走不覺朦朧睡去彷彿聽得有喝道的聲音又聽得有人喊接駕他知道是皇帝到了便立起身來高高的舉起那紫檀的眞龍盒子說道老王獻瑞來了說罷又磕了一個頭伏在暗地裏偸看只見許多人扛了一頂黃轎子前面撐了一把黃傘那轎子裏面有一個鬢髮盡白的老者頭上戴一頂九旒的冠冕身上披一件六十四條龍的袞服脚上穿一雙赤舄也是繡滿了的龍大腹便便頗有安祿山的風致右脚微跛從轎中蹣跚而出王戇暗忖道我在畫兒上也曾看見過古時候的皇帝都是些高大雄偉那裏是這矮敦敦的走路一顚一跛倒像個烏龜莫不是我眼花弄錯了正在胡思亂想只聽得那像烏龜的人說道今日開御前會議他們怎麼還不到說罷現出那抓耳撓腮坐立不安的樣子過了一會忽望着王戇說道難爲你巴巴的來獻瑞你一個鄉下人也知道尊重皇帝比那一班亂黨好多了難得難得你且在一旁暫等聽候封爵寡人此刻有國家大事特開御前會議解決話言未了忽聽得一陣風聲接着一陣臊臭的氣味鑽鼻透腦而來王戇連忙掩住鼻子只見一行來了五六個奇形怪狀

的人也有羊頭人身的也有拖着狐狸尾巴的也有矗着兩枝牛角的也有臉上長毛的也有像猢猻的都對着那像烏龜的人站着做出三呼朝見的樣子那像烏龜的人見了他們氣得甚麼似的兩隻一長一短的脚只管在地下亂登口中說道都是你們這些東西害得我偸鷄不着失了米於今雲南貴州反了第三次警告又來了新華宮裏炸彈幾幾乎送了我的命我想路易雖說上斷頭台拿破崙雖說死於荒島他們到底還做了幾天皇帝總算過了一點癮像我連皇帝的味兒一點也不曾嘗得要是白白的送了一條老命連狗也不如眞是那裏來的晦氣說罷痛哭那六個東西俯首帖耳伏在地下氣也不敢吐一聲那像烏龜的人哭了又說說了又哭哭出來的那一種怪聲如鴞鳴如鬼叫在那萬籟俱寂的時候好不令人聽了毛髮悚然王戇正在那裏嚇得打抖猛聽得西南角上霹靂一聲如山崩地裂驚起來定眼一看那裏有什麼像烏龜奇形怪狀的人呢揉了一揉眼睛想道難道是在這裏做夢嗎陡覺得身上涼了起來看自己的身子却躺在一塊冷冰冰的石頭上連忙爬起身來想回旅館裏去歇息便揀那有燈光的所在走去只見遠遠的來了一個老者年紀約有六十多歲身上

穿一件藍布大掛脚上着一雙草鞋左手拿着竹梆右手提着鳥籠籠內放一隻大烏龜不衫不履瘋瘋顚顚的走來口中喊道出寶新皇帝王戇沒聽清楚只道出來了眞皇帝心中暗想道起先皇帝是假的如今眞皇帝出來了這個機會不可錯過我快快上前去接駕就對着那大烏龜恭恭敬敬磕了一個頭說道願皇帝萬歲萬萬歲那老者哈哈大笑道有緣有緣恰好老夫今日將皇帝帶在身邊儘你朝謁罷難得你們鄉下人不安心去拍牛屁却來這裏學街上人拍馬屁王戇聽了心中納悶不知他說的話是甚麼意思便問老丈尊姓大名祇見那老者揚着頭唱道

老夫名字叫六吏老夫家住在天津甚麼袁公路分明元緒公要說烏龜可變龍

你去問問桑樹精

前面有個安慶緒後面有個史朝義皇帝由來做不成何須要你拍馬屁咗咗咗

還不及早回頭你妻兒正在那兒生氣

那老者唱罷將左手的竹梆一拍震天價一聲響把王戇驚出了一身冷汗睁眼看時身子却仍是睡在牛衣裏面他妻子正在那裏拍着椅子罵他不去弄錢過年呢

傳奇短篇 新華宮

(北點絳唇)(生扮明懷宗頸繫白練雜扮二監上)骨冷肌寒空亭獨凭誰認得一代人君身後的行徑(悲介)霧慘雲愁月色低宮花苑柳半凄凄河山有恨家何在衰玉滲金化作泥寡人崇禎帝是也只因熹宗變信客魏擅竊國柄誣害忠良以致紀綱不振國勢垂危迨朕繼承大統復有李闖作亂於南滿清起兵於北賊勢猖獗直逼燕京黔首何辜慘遭浩刦嗐昏憒雖由於朕躬誤國實害於若輩是以自經於煤山壽皇亭殉身謝國滿人雖據大明天下享了二百餘年榮華今日也一般與我同歸於盡那三海本在煤山之麓瀛台卽在三海之中清光緒帝曾被囚於此不久也就龍馭賓天朕與他生前雖是敵國之仇如今國破家亡到成了個同病相憐惺惺相惜每値曉風殘月與他共話興亡以慰夜台岑寂今夕月明如水宇宙澄清着人請清德宗來此賞月此時敢待來了(問雜介)你等快去瀹茗伺候(雜應下)

(混江龍)(小生扮清德宗着團龍排褂帶二監上)前生孽障此身墮入帝王家儘教

冠旒服袞不管帶鎖披枷夢醒莊生迷蛺蝶魂歸望帝泣春花說甚麼禹湯文武有甚麼夷狄中華從知萬事眞皆假免不了一抔土白楊蕭瑟碧燐閃亂螢濕苦雨寒鴉朕乃光緒帝是也空作一朝天子竟成千古恨人想起昔年與慈禧太后相繼大行不知者只道寡人病薨有識者深知袁賊弑逆攝政王本擬處以極刑張之洞爲之緩頰蓋因主少國疑御極之初殺戮大臣恐有外變故僅免官而已及民軍起事彼此不忍生靈塗炭宣布共和那知這老賊虺蜴爲心豺狼成性前既離間朕母子今又欺孤兒寡婦終身總統不足擅自變更國體逼二妃移宮先將三海改作新華宮想做起皇帝來了那老賊在清室爲亂臣在民國爲賊子朕與他有國仇私怨恨起來委實放他不過嗐昔年若明正典刑安有今日之禍這教做縱犯一時遺患無底今夕明懷宗約我在煤山賞月不免就此前去將此事與他商量一番(行介)

(油葫蘆)照路青燐送我行悄冥冥來到禁城看瀛台矗立回首尙心驚到此際悽慘慘陡覺幽魂警冷清清沒個人兒影痛寡婦孤兒陷入淒涼境我縱在重泉心中也不平說甚立誓擁共和早已狠子陰謀逞恨奸雄口血尙在背前盟

(小生)來此已是壽皇亭不免竟入(見生各揖介)(生)今夕正擬與子暢談風月爲何面現不豫之色(小生無語長吁介)(生)到底是爲着何來(小生)我恐大漢江山不亡於滿人只怕到送在這老賊之手了你不知道那袁世凱近來的舉動麼

(天下樂)眼看那大好山河瑞氣消鼠狐滿朝叛國竊黃袍可憐一局殘棋金甌倒兀自的鬩牆鼓譟種了亡國根苗更不惜衆英豪熱血締造

(生)此事我也略知一二照這樣情形中國不知被那賊子弄到甚麼地步何不將那老賊生魂攝來敎訓他一回使他知道利害皇帝是不好做的(小生)此策甚好(向內喚介)宮官們可把這老賊帶來(內應介)

(前腔)(淨扮袁世凱雜扮二侍衛二女官挑燈上)這幾日警信傳來大局翻皇皇不安誤俺是皇冠者番兵連禍結人心散恨不合把人欺謾急碎了心肝要得保命兒全異域遠竄

孤家袁世凱是也自從假造民意變更國體只道中華民國便可歸俺袁家掌握不料外人干涉警告頻來革黨迭乘唐任蠕起袁家將被革命軍殺得大敗而逃楊度等嚇

得束手無策看來這皇帝有幾分不穩連日心驚肉跳坐臥不安莫非是近來吐血過多不免進宮休息一宵(二女官扶掖淨下作到宮介)(淨睡介)(雜扮二監潛上)咱等奉明清兩朝皇帝之命帶你前去問話(淨驚起隨二監行介)(作至煤山介)(丑扮小監上)袁世凱你來了兩位萬歲爺喚你進去(生與小生同指淨唱介)

(後庭花)問梟雄你因何心太高不思量妄自驕做了個總統還嫌小又想那披旒着袞袍新華宮前番出炸彈也是你自將讐釁招討袁軍都來了平心論休懊惱這情形你自瞧及早的回頭好

(淨)早知今日何必當初費盡心機一敗塗地不但總統一席不可復得便國民憐我不加重罰我那裏還有面目去見國民就是逃到倫敦對外人更覺無味罷罷罷不如自刎了罷(作拔刀欲殺介)

(煞尾)老淚濕衣裳無言低頭想悔不該做模操莽瘦損了雞皮鬢似霜總是俺平生做事無天良暮暮裏朝朝裏只去殘民黨誰料到蕭牆起禍殃纔曉得生兒是楊廣眞個是竊權叛國少收場(自刎介)

(末扮建文帝僧衣僧帽上)富貴繁華夢不長袈裟頓改昔時裝從來四大皆空相速向迷津覓渡航老衲建文帝是也自從祝髮空門便駐錫在白龍菴裏修仙有道涉世無緣且喜尸解之後位列仙班那袁世凱本是白龍山中一隻猿猴早晚聽老衲講經說法也沾染了些須仙氣一日老衲打盹片時那孽畜便偸到人間擾亂屈指算來巳有五十多年今日是那畜生命盡之日出家人慈悲爲本不免前去點化他一番駕起祥雲早到了新華宮內(淨魂浴血上)(末用手向淨頂上拍介)咄孽畜還不醒來須知苦海無邊及早回頭是岸(淨就地化爲白猿合爪向末膜拜介)(末用長練鎖白猿頸介)

末　從此歸眞證淨因　淨　不遭捧喝幾沉淪
末　山中白有問天地　淨　長嘯一聲尘滿身　(同下)

滑稽一字短篇　皇禍

却說辛亥那一年先是湖北一省起義登高一呼一十八省一齊響應不到一個多月全國一概都光復了南北統一後有一個被人家驅逐出來的家奴竟一躍而爲大總

統這一位神聖文武有一無二的大總統一日心中想道大丈夫一朝得志即要乘着一鼓作氣替子孫們謀一個萬世不朽的基業爲一勞永逸之計將來縱一敗塗地也不致一貧如洗况且我今年將近六十一二歲的人了精神一年不如一年就做一世大總統至多也不過一十多年光陰豈不是辜負我一片經營的苦心嗎左一想右一想忽然想起一條妙計把頭點了一點眉毛縐了一縐道便照這一個法子做去不過人說我是個一夫罷咧就是做一個遺臭萬年的人到底也還稱雄一世便一隻手把叫人鈴一捺一霎時門外一陣脚聲進來了一大羣的人一個個的對着他做出一種奴顏婢膝的樣子一字兒排開一彎身都跪在地下連大氣兒也不敢出一出這一位大總統對他們掀鬚一笑說道我前日叫你們辦的那一件事怎麽一些聲息也沒有我待你們一番恩典竟一毫都不記得了麽衆人一聽都一時想不起來又不敢再問一問內中有一個姓猪的他的一付口才在這一班人裏頭算是數一數二的了便大着胆子答應一聲道一齊都預備好了皇冠一頂龍袍一襲赤舄一雙國璽一顆金蟒座一張下月一日請皇上登極便天下一家了說罷雙手呈上一張清單共開支了一

萬一千一百一十一萬元大總統一看這一樂非同小可便封了姓猪的爲一字並肩王有一句俗語說得好一人有福連帶一屋餘下的一班人都封了一等公爵一等侯爵一等伯爵一等男爵一等子爵又賞了一些一等嘉禾章一些一等文虎章一些上中少將衆人一齊叩了一陣響頭便一哄而散那大總統就一疊連聲叫人把皇冠等件一齊取來先試穿一穿莫要到登殿那一天把一頂皇冠戴倒了一件龍袍穿反了不是一個大笑話嗎一班近侍聽了便一齊捧了上來那大總統就頭上戴起了一頂皇冠身上穿了一件龍袍脚上着了一雙赤舄手中端了一顆國璽扒上金蟒座上坐了一坐又一顚一跛走到一面大穿衣鏡裏照了一照哈哈一笑一個人自言自語的道這一個樣子很像是一位皇帝雖然一頭頭髮白了有一頂皇冠遮住到還一點兒都看不出可惜右脚短了一點不能走一步龍行虎步的路這一點點兒破綻還不要緊轉一轉身對那一個近侍說道從今天起一律改稱新皇帝不准再題出甚麽共和甚麽總統一個字來那近侍答應了一聲是新皇帝便擺駕回到第十一夫人宮裏去了

剛剛一進宮門只見那一位大夫人帶了一班一二等女官左手拿了一根新皇帝常用的衛生杖右手拿了一把禁衛軍用的指揮刀不管三七念一一直跑到十一夫人宮門口一脚踢開了宮門一口氣趕到宮內把一切物件搗毁一光便一手摔住新皇帝耳朵一手揪住新皇帝的鬍子一頭撞在新皇帝的懷裏把新皇帝的一頂皇冠也打落了一顆國璽也跌壞了一件龍袍揉得一大堆的眼淚鼻涕好一位十一夫人在一旁看着實在氣不過了柳眉一竪杏眼一睜把桌子一拍說道你這一個不識時務的老虔婆你單知一味胡鬧不過爲爭這一個皇后位置罷了你先自己看看你那一付尊容可配做一位皇后不配你倚着是你第一年長這皇后一定就派到是你做的麽如今時世不和從前一樣了并沒有一個長不長的說法主子在世一天自然由主子一人作主還不曾輪到你使這一般勁兒哩大夫人一聽心中一想他這一番話話裏有因怪不得前一天聽得說有一個人呈所擬的一篇朝賀新皇帝登極的儀注後面有一兩條是朝賀皇后及皇太子的老殺才便將皇太子三字一筆勾了那一個人過了一天遂將皇太子三字改了一個皇長子老殺才一付臉都氣黃了一嘴的鬍子

也氣得豎起來了把那一篇朝賀儀注向地下一摔把桌子一拍罵道那一個是皇太子那一個是皇長子誰要你們這一班人拍馬屁那一個人撾了一個大釘子捱了一鼻子灰去了老殺才平時第一是喜歡四小子說他一雙眼睛是重瞳咧走起一步路是龍行虎步咧大有一代帝王之相咧只怕皇太子一定是立他了難怪這一個小娼婦如此猖狂一朝母依子貴那一來還了得起嗎我一個人也弄他不過老殺才又一心一意的護着他第一着不如去約了那十幾位夫人開他一個皇后研究會討論一種對付的方法他們若一致贊成便結一個大團體與這小娼婦再拚一拚看使他一個太子立不成一個皇后做不成我也出出一口惡氣豈不是一舉兩得麼就把手一鬆一掉頭便走原來這一位大夫人本是個一等的潑辣貨因爲丈夫一連娶了這許多小老婆早就藏了一肚皮的酸氣不過一時不好發作出來今天有一個女官聽見一個近侍說主子十一點鐘的時分已試做了一回新皇帝一身衣服足有六十多條龍穿着到十一夫人宮中去了這一等女官一走進宮來便將方纔近侍所說的一番話一長一短的說給大夫人聽了

這一位大夫人心中想道老頭兒皇帝是一定做成了的但是皇后一席莫被那十一夫人奪去他是老頭兒心坎上的一塊肉今天一到他那裏一定是爲着商量這一件事去的這是一髮千鈞的時候這一個機會不可放過所以帶了一班女官跑到十一夫人宮中想嚇一嚇老頭兒皇后一缺就可到手不料反被十一夫人奚落了一頓一口氣回到自己宮中便着一些女官去召集那一些夫人少停一刻一個一個的都來了內中只有一位三夫人未到說是前一月爲二公子受嫌疑一寃嘔了一次氣一個人回原籍去了大夫人便將十一夫人所說的一番話一并宣布出來大衆一聽一齊跕起來說道新皇帝既然一定不立長子我們誰沒有一兩個兒子這一個皇太子大家總有一點分兒那裏單只一個四小子配做不成我們一齊去問問新皇帝看他用一種甚麼道理來對付我們說着便一面奔了十一夫人宮內來那一位新皇帝本是有一把年紀的人見了這一種光景知道是一定不好開交心中一急張開口吐了一地的鮮血又噴了大夫人一臉一身便往後一倒暈了過去大夫人一嚇那一鼓勇氣早就挫了一半跕在一邊動也不動了一班女官忙着上來替新皇帝脫去龍袍赤舄

灌了一盞童便一盞回龍湯打了一瓶臥龍丹過了一個多時辰方漸漸兒一口氣一口氣的轉了過來睜開一雙眼睛瞧一瞧這些夫人們嘆了一口氣剛說了一句你們何必……只聽得宮外一片喊殺的聲又夾着一陣鎗聲忽見一個侍衛慌慌張張的一直跑進來報道大公子帶了一營禁衛軍二公子率了一隊模範團三公子帶的一班警察憲兵四公子率的一些從步軍已經殺成一團一直奔新華宮來了那些公子一同出去看被他們開一排鎗一個個的都打死了內外城的百姓已殺得一團糟了那一些大小文官兒均一齊跑了這一個侍衛尚未說完又來一個侍衛報道那一些賣元宵的集了一大羣足足有一千多人一人手中拿了一根匾担一路打到宮門口來了那一羣人口中喊道我們一個小百姓做一種小本錢生意皇帝也一般的與我們作對叫警察廳發一張甚麼臨時告示說是元宵與袁消同一個音怕一時消滅了他做不成皇帝改做一個甚麼華團當出告示的這一晚有一班人尚未知道的便一齊捉將官裏去罰錢拷打有一班人知道改了的便挑了一担元宵去賣喊了一天華團因人家一時不懂也沒有人理他一理一担元宵白白的糟遢了可憐我們全靠着這

一點本錢養活父母妻子的如今被這一個甚麼牢什子華團一齊送掉了與其一家子餓死不如同那一個華團皇帝拚了一條命罷一路喊一路哭着來了

一時步軍統領衙門又打一個電話來說各省革命軍聯合一齊攻來離城只有一二十里路了那華團皇帝大大的吃了一驚便一翻身掙扎了起來說道這總不是一朝一夕的原故我今天一條老命怕是要丟了你們一窩子人還鬧甚麼皇太子皇后這一椿禍事就是從一個皇字上生出來的如今纔弄得我這一個皇帝一籌莫展哩大夫人一聽此言便道從今再也不題起那一個皇字了我們第一是逃命要緊不如就近先到天津租界上避一避罷那華團皇帝一聽嘻了一聲道我從前在天津不是一年那一個人認不得我此去消息一漏那纔是一網打盡哩二夫人道天津是一定去不得的到不如跑到上海去躲一躲一時還不要緊那華團皇帝道如今租界不是和從前一樣了你看那一個鄭汝成不是坐了一輛汽車在虹口被革命黨一頓手鎗打了一十八個窟窿死的嗎今年正月十一日連新世界頂上一層都擲下一個炸彈來了那一條滬寧鐵道更去不得上一個月在無錫地方被一個革命黨用一罐子炸藥

炸去一二十丈鐵軌車中裝的一些鷄子鴨子都一概炸死了如果我這一去他們一班革命黨再用上一次的手段來對付我我不是和那些鷄鴨一樣的了麼況且我又不是一個國事犯是爲着自己一個人的榮華富貴失敗的外國人一定瞧我不起不會保護我一家的性命十一夫人道我們還是一同到倫敦去罷前一次財政部籌的一宗三百六十萬元的兵費拿來作一路的川資不是夠了嗎那華團皇帝聽了點一點頭道我一時急糊塗了忘了這一件事虧得你這一提倒提醒了我便急急忙忙穿了一隻赤舄帶了一羣夫人一脚高一脚低走出了前門車站一骨碌爬上了火車經過奉天哈爾濱西伯利亞一路到俄國去了到了聖彼得堡換僱海輪一直向倫敦進發那華團皇帝在一路上想道我已經陸續匯了一千多萬到英國如今一抵倫敦還不失一個富家翁不過是兒子一齊死光了再一想也是那一班小畜生自作自受恨起來一毫也不可憐他們幸而十一夫人年紀還輕一二年後不愁沒有一兩個兒子出來正在一陣胡思亂想的時候不料海輪一到北海被德國一隻潛水艇打了一砲山崩地裂的一聲響哈哈那華團皇帝一家子就赴北海老龍的歡迎會去了

韵琴雜著　小說　三九

湘民苦（紀實短篇）

客有自湘中來者述湘民被袁家軍蹂躪之慘狀暨在長江輪船中所見之難民一幅流離瑣尾圖誠非記者禿筆所能形容嗚呼逞一人之帝慾致民生於塗炭戰禍瀰漫仁者同弔爰誌其一二聊以爲此輩無告之人呼籲云爾

客冬余至湘時爲花朝前二日春寒料峭尖風砭肌愁雲黯黯掩日光作慘淡色一若春行冬令者然湘鄉縣屬之三棗鎮向爲商賈雲集之所華屋鱗次櫛比儼然一小商埠蓋由長沙往寶慶必經之途也今則斷壁殘垣不堪入目當年華屋瓦礫僅存人家三五寥若晨星一望而知爲新遭兵燹亂離之慘象心目中爲之歎息者久之忽聞有哭聲自一破屋中出辨其聲知爲老嫗且哭且訴如三峽哀猿夜啼凄絕不忍卒聽乃思此老嫗殘年向盡何至傷心若是殆悲其老伴之死亡乎夫人生數十寒暑耳偕伉儷至於白髮其亦可以達觀矣且老嫗年已若許想其夫必已遠去兵役之年可知必死於疾而非歿於陣者然又何悲之深耶殆悲其子若孫之夭折者乎余心憐之因跂足以聽而老嫗哭益悲少頃破扉爲風力所欺砉然倒地見室中甑釜塵封別無長物

韵琴雜著　小說　四〇

老嫗年約在花甲之外面上皺痕疊摺作縷縷迴紋兩目無光枯瘠如柴手撫一棺放聲大號老淚簌簌而下頭上雪色之髮飄向空中絲絲作舞當茲天氣苦寒祇御破薄棉衣一襲瑟縮之狀目不忍覩余因乘間問曰媼何悲之深耶死者爲何人以何疾死棄世距今幾時矣老嫗聞余言出巾拭淚哽咽而答曰棺中人爲老身之子苟死於疾則委諸天命亦無可如何乃死於槍彈耳袁世凱叛國稱帝國民不容戰……戰……戰……遂令老身一塊肉斷送於是誠前生寃孽哉言已復痛哭余曰然則若之子乃軍人乎軍人衛國戰死沙場爲其天職媼幸勿過傷老嫗含淚曰吾子非護國軍人物更非袁家兵士余曰若是何以死於彈乎老嫗曰先生毋躁容述其顛末鐵石人聞之亦當下淚也老身楊姓年三十始嫁三年而寡先夫見背已三十餘年是兒係遺腹子爲老身受盡艱苦所撫成者有女一嫁湘潭黃氏吾子亦在湘潭江西會館爲人司帳以家貧故尚未娶婦當戰事發生時袁家軍遣赴湘西者水路由常德前進陸路則從湘潭西行假道湘鄉由此以達寶慶馬蹄得得勢若長蛇咸曰殺……殺……捉……捉……殺亂黨……捉亂黨……殺一亂黨得一上將快進……快進……喊聲起處遐邇悲啼父覓子妻哭夫老

韵琴雜著　小說　四一

弱死少艾污見途上行人袁家軍即推之曳之以一繩聯綁成行與牧童驅犢無異多數悍卒持槍尾追於後逼其搬運子彈軍械縱多方哀懇亦置若罔聞否則以刺刀亂搠悲呼之聲不絕於耳並不許預備行程襆被入夜則給以板櫈一方俾其休息抵前陣時軍官給以鎗械驅爲先鋒被擄者均一去不復返是以行人絕跡鎮中富戶咸遷徙一空所餘者老弱貧病數人耳吾子聞耗請假歸而省予適當是衝途中與袁家軍相値即迫令服役辭以力弱不能任被鎗頭猛擊偏體鱗傷吾子知無可幸免乃負痛勉力從事甫至鎮前創發倒地袁家軍猶疑爲僞飾復開數鎗見血流如注始委之而去隣右小童識之奔告予迨至吾子氣已絕矣予亦一慟而暈過客憐予老而且貧出貲爲之棺殮昊天不弔降此元凶風燭殘年遭斯逆境目擊其禍抱提攜教養自幼及壯之子竟喪於袁家軍之手爲人母者其中心悲慘爲何如哉此可憐蟲歲月不知在人間世尚苟延幾時耳幸吾女尚孝不時餉以食物得免凍餒否則殆矣言訖復以足頓地有聲

余乍聆此傷心人語淚亦涔涔下乃出銀幣十枚曰留爲媼柴米之需毋嫌薄也老嫗

韵琴雜著　小說　四二

急搖手謝曰趣收之感先生高義實不敢領此厚貺因留之適足以禍予日前袁家軍大隊過此一兵士持破褻足布至典肆迫質英蚨五枚肆主畏其野蠻不敢與較如數付之少頃某兵士竟約同隊多人蜂擁而至持槍相逼援前例以期利益均霑該典現金立罄其時適一童以物質錢數百文將歸以糴米兵見而強奪之童卒不肯釋手以致飲彈而死今先生惠我多金不啻加我以催命符也余聞其語知不能相強乃溫言勸慰而別以寶慶一帶連日有激烈戰事不敢久留恐與慘無天日之袁軍相值遂急奔長沙仍乘輪返滬當啓椗時已屆夜半斜月半鈎爲微雲所蔽寒氣息息由船隙透入電燈亦淡而無光回憶日前所遇之老嫗其悲慘之聲愁苦之容猶歷歷如在目前展轉不能成寐乃趿履散步於艙外藉以呼吸新鮮空氣以消此漫漫長夜經統艙中見一老翁年約八十餘鬚眉皓白斜倚壁間呻吟不絕聲息殊微弱旁侍一老婦年亦伯仲絮絮頻詢此衰翁顧衰翁不一置答首俯而目凝若有覩若無覩似已失其視聽之知覺時萬籟俱寂但聞機械聲軋軋一若爲此可憐之衰弱歎息者余異之就詢於老婦婦曰此吾兄也世居長沙南門城外之牯牛嶺有一子一媳孫男女各一薄田數

韵琴雜著　小說　四三

畝家道小康家庭之樂固融融如也不意禍從天降袁家驗契之差役至矣除正項外復勒索多金吾姪不甘向其理論卽拳足交下並加以抗稅罪名捉將官裏去矣時某知事正張筵宴客已被酒聞報怒甚喝令拿入吾姪膽素怯至此股栗齒震有聲知事亦不加訊詰連拍驚堂木命笞數千而不敢置辯惟匍匐哀號飛血濺階下知事顧而樂之曰乃公淸飲正苦寂寥得此一部肉鼓吹差堪少慰翌日遂置於法未幾某知事以辦稅勤勞得獎鴿章而吾姪寃沉海底矣嗚呼禍不單行猶未已也駐紮城中之袁家軍一日至城外見吾姪媳稍具姿首遂被奸汚雖十三齡之幼女亦不獲免一時並死於非命復搜掠室中見財物無多不克饜其所欲乃縱火焚屋最慘者八齡童子何辜亦葬身於火窟中是日吾兄適在余處得不及於難現痛苦交加驚魂猶未定也言甫畢忽聞人聲雜起疑有火事趨往視之見船尾人叢中有少婦麻衣練裙席地而坐乃二十許麗人也面目嬌好淚痕未乾如帶雨梨花憔悴可憐靨呈灰白色懷抱一兒嚶嚶啜泣淚點點滴兒面上兒亦嗷然啼若解人意是兒與婦之親切一望而知其爲母子也良久少婦慘然曰君等何強與人家事妾豈不愛此呱呱者顧妾命且在旦夕

韵琴雜著　小說　四四

我躬不閱遑恤我後女子不幸遺害夫壻家破人亡不如速死爲愈耳蓋少婦爲春申江上人適湘潭蔡氏亦望族也壻確曾畢業於高等師範袁軍有副官王某瞷其美日徘徊於門側陰歷正月念一日黨人攻將軍署事敗捕風捉影株連甚衆一日王某率兵數十破關而入稱奉令捕亂黨鐵鍊郎當縶蔡以去是夕王某竟至婦家醉眼模糊戲謔備至且云如相從卽可釋蔡出否則恐難生還矣婦乃紿之曰容吾三思明日當有報命王遂踉蹌而去翌日探知蔡已爲鎗下新鬼矣婦慟甚急欲以身殉又不忍遽絕其嗣乃作歸寧計途中自思孤苦零丁夫亡子幼毋寧赴淸波以了此可憐身世猶得與泉下人長相聚也前之人聲嘈雜卽此少婦攜兒投江被人援救咸哀之而勸之者也嗚呼慘矣

社會短篇　愛國童子

夕陽西下暮色蒼茫校中學童皆紛紛罷課歸於時上海法租界一小巷中有童子年約十齡短衫窄袖秀髮蒙茸雙眸炯然如點漆淸秀中寓凜烈之氣左擕書包右持報紙一束面欣欣然有喜色且行且躍奔入巷中末一家推門而入屋僅容膝右設小灶

韵琴雜著　小說　四五

一少婦方從事晚炊火光熊熊釜中粥沸少婦乃輟薪而坐凝眸視火面呈哀怨之色良久喟然曰孺子胡尚不歸時近黃昏萬家燈火矣豈校中功課未竟耶抑貪與學友嬉戲致忘有倚閭而望者耶若父抱不白之寃以死死且負惡名是子苟不能繼父志則儂負吾夫矣少婦自語自嘆淚珠垂其素面慘如海棠之含朝露惟海棠尚無此淒艷也言甫畢而童子至呼曰母親兒歸矣少婦遂收淚徐徐迴其秋水顧童子曰兒今日歸何遲耶童子雀躍以答曰今日有喜事白母袁氏取消帝制矣兒在校中聞之初以爲袁氏決不肯毅然出此恐傳聞不實罷課後復至望平街購報數份閱之果然特擕歸以奉母閱故較昨日遲歸耳母不嘗云乎自袁逆專國以來人民生命不知犧牲幾許人民財產不知損失幾許吾父謀救國於癸丑一役失敗後遯跡滬上被袁逆之狗偵探假搶劫案引渡鎗斃以死天理昭彰袁逆亦有今日共和復活父親巍巍之銅像不日可望鑄成當與黃花崗七十二烈士先後媲美吾父雖死猶生吾母亦不必終日以眼淚洗臉矣全國人從此脫離苦海重覩天日亦可高枕無憂矣童子言訖乃坐於束薪上以待母訓少婦取報藉火光審閱閱竟舒其柔荑之手撫童子之額而嘆曰

韵琴雜著　小說　四六

天乎調停云乎哉使國人而許之也則是受袁逆之酷遇爲未足尚欲延其兇燄以自貽伊戚耳兒不覩帝制派中人口吻乎不曰取消帝制而曰帝制停頓袁逆亦曰姑且取消看看以此覘之袁逆非誠心取消帝制並退位以受國民裁判可知矣願吾國之禍源猶未絕吾民之厄運猶未已也今之袒逆者乃謂帝制業已取消似可仍由其爲總統不必窮追是直喪心病狂之說耳兒耶庭父不去吾難未已汝須知袁逆皇帝之名雖去而專制之實尚存國民習於苟安癸丑之役均徘徊觀望不思羣起討賊以至有今日今何時矣亡國滅種迫於眉睫吾民不戮袁逆外人且戮吾民矣國民若復蹈癸丑之覆轍不急起直追誅袁逆以謝天下而自甘爲亡國奴無恥孰甚此時千鈞一髮吾國人應無男無女無老無幼皆宜羣起以殺賊兒適所言不免爲童晉之見矣童聆母言似有所感急取小刀一削乃父在日所御之手杖令銳顧其母曰母乎如母言中華民國之存亡胥繫於國民堅持毅力始終如一以除國賊兒雖年幼亦愛國民一份子當持此杖追隨護國軍直搗燕京以叩袁逆之脛並洞其腹治其叛國殃民之罪母其許兒乎少婦吻之曰兒誠有大志者汝父有靈九泉之下亦當欽慰顧兒年稚足

未出里閈安可北上殺賊余當攜汝之昆明入唐夫人所組織之赤十字會看護傷軍此亦間接盡國民義務者也童子頷之乃相與晚餐就寢明日少婦偕此愛國童子果乘外國船往香港而向戰地執看護職去矣

滑稽短篇 商人忿

瞎不知道那裏來的晦氣好好安分守己的生意不做要想去發橫財招攬這宗背時的生意遇着了這個倒霉的主顧這一筆寃帳不知幾時纔得還清哩自己也不想想皇帝可做得成做不成先不拿穩主意冒冒失失的就向人家定貨甚麼牢什子袞旒咧朝衣朝服咧天天着人來催說大皇帝快要登極所定各貨急於要用害得咱們四路裏張羅加上一倍的工資去尋夥計沒日沒夜的趕着做猶如六月間死了人忙裝殮的衣服一般如今定貨已做成了一大半忽然的取消帝制那些材料白白地糟遢了又不能改別樣東西只好做做孩子們的尿布算起來化去的工本足足有八十多萬元咱們不想賺利錢罷了難道不成血本也充公麼明天你去找那姓猪的小子看他還有那一付厚臉用甚麼話來對付咱們再不然就帶一床鋪蓋睡在那大典籌備處去坐索一天不給淸一天不走不怕這個債戶飛上天去起先他有皇帝仗腰子倚着皇帝勢力威武得了不起如今的身分也和咱們差不多了難道你還怕着他不成那長篇大套絮絮叨叨說個不了的看官們你道是誰原來却是北京城內著名商店瑞蚨祥的老板娘子爲取消帝制所定各貨折耗了本錢與他老板兩口子在那裏拌嘴那老板姓涂名利在商界上混了多年從來沒有吃過人的虧今日受了他妻子一頓教訓本錢又損失得不少心中又氣又恨便嘆了一口氣說道我開了多年的店來往的都是些王公巨卿誰不知道大柵欄的瑞蚨祥三個大字在北京算是最大最老的招牌了從來沒有遇過騙子這宗生意眞是失時倒運碰到了鬼我勸你也不必急成這個樣兒俗話道順算盤打不過來打倒算盤咱們還算是造化哩你不知道自帝制問題發生以來百姓的生命財產直接間接的不知損失了多少我雖受帝制的害不過折耗了一點本錢留得性命還是好的再過幾年慢慢的自然會把這一回的損失恢復過來咱們認個晦氣罷了他妻子道你到說得輕鬆看得不希奇咱們婦人家心眼兒是窄的看得一個錢比車輪還要大些哩八十萬元是一朝一夕尋得起來的

嗎你一定不肯去說不得我自己去和那猪小子拚他一拚這一注本錢無論如何總是要的涂利說道你不要慌我折耗了這許多血本難道不心疼嗎不過是怕你急壞了所以這個說法並不是怕他躲着不去若是我一個人去找他也無濟於事他把臉皮一厚聽我說聽我罵不理我我也沒法咱們還是從長計較想個法子去約了內城外城的那些大匠竹匠以及做象牙的工人他們做甚麼木笏竹笏牙笏的本錢也折耗得不少聽得帝制取消這個信兒自然也是發急的我這回約他們同去找猪小子算賬他們決沒有個不去的道理他妻子聽了便道這個法子很好今天遲了你明日一早就去罷

到了次日那涂利便去邀集了一班木竹匠牙工各人手中拿了斧頭鑿子劈竹刀一路的飛奔大典籌備處來到了門口只見那門外的大典籌備處招牌已經沒有了兩扇大門閑得鐵桶似的冷淸淸地與往日大不相同木匠急得氣不過便舉起斧頭豁喇一聲把門劈開一直往裏就走到末了一進纔看見東邊小房裏有一個人在那裏打盹竹匠便將手中劈竹刀用力在桌上一拍喝道猪小子上那兒去了快快說來那

人吃了一驚唬出一身大汗揉着眼睛說道猪大人到羊大人公館裏商量事體去了今天不見得來你們諸位到羊公館裏去會他罷涂利聽了便率領了一班人又赶到羊鑫子那裏剛剛進了門只見屋子裏已有許多人鬧成一團看去都像是些有體面的人又聽得那些人口中喊道這樁事情都是你們鬧出來的發起籌安會叫人勸進咧咱們不過就了一個封爵的虛名你們到得了實惠你與姓孫的各分得一百多萬連李小子都得了十多萬我問問你們建築漢口市場的借款用到那兒去了没收蔡松坡的礦股怎麼樣分的還打諒咱們不知道麼自然是比咱們封爵的人合算多了如今忽然改帝制爲共和皇帝依然爲總統尙没有甚麼損失但是咱們這一班王爵公爵侯爵伯爵子爵男爵究竟怎樣的着落到得請問請問你聽說你要出洋到牯博士那裏去做猶太富翁了你是腰囊已滿不顧別人死活你的性命要緊誰不要保性命今朝須得把錢拿出來大家分分好各人逃命那羊鑫子愁眉不展垂頭喪氣的說道諸公不要生氣雖說帝制發生是由我起其實我也是有人授意奉命照辦的不過關於大局上對內對外不能不拿我出個注兒所以我不能不走原是遮人耳目的

辦法我走主子也是知道的況且主子皇帝雖然做不成總統還是現成的斷不至於善善的退位諸公不愁没有事做没得財發我去去還是要回來的又何必同室操戈惹革命黨笑話與做兄弟的爲難呢說罷又深深的打了一恭諸人的氣也就漸漸的平了這涂利一眼看見猪小子坐在旁邊一張椅子上在那裏抓耳撓腮嗐聲嘆氣像是急得没法的樣子便走上前去一把拖住他的領襟道我好容易纔尋着你你定的貨怎麼說法咱們的賬怎麼算法今日總要說個淸楚方可開交那些竹木匠牙工見涂利抓住了猪小子便大家持了器械擁了上來猪小子頭上幾乎着了一鑿子遂抱着頭急道諸位不必用武力解决須知寃有頭債有主我也是奉命照辦替人做事你們不妨鬆開手我帶你們到新華宮去討賬便了涂利聽了道也好咱們就跟你去見見那個没有過明路兒的皇帝他是個欠賬的人不難以爲情難道咱們做賬主子的到難以爲情不成說着已到新華宮這一班人也不等通報便揪住猪小子直往裏闖只見那位没過明路兒的皇帝有氣没力的靠在一張小榻上拈人參片兒吃哩原來自從取消帝制令下到今已有七日不能吃飯了一付御容瘦得眞像一個猴子面孔

抬頭看見猪小子連忙喘吁吁的站起來問道這個時候你來做甚麼莫不是那一省又獨立了嗎猪小子便用手指着這一班人答道不要怕他們是來問主子討賬的那涂利和一班木匠竹匠一齊高聲喊道咱們做生意是將本求利的如今也不想利錢了請皇帝快把幾個血本還咱們罷那没有過明路兒的皇帝說道你們快不要稱我皇帝我如今仍是大總統了欠你們這一點兒賬還不至於上避債台只要我把一種稅加一加便空百倍的八十萬也不愁没出處不過我此刻心煩得很没有閒工夫料理這些小事你們不要怕我倒賬等我把革命黨殺盡了戰事平定了自然有一日還你們的錢你們爲我的事情没早没晚的也忙得不少將來總有一些嘉禾章文虎章賞給你們涂利聽了尙未開口那一班竹木匠牙工等搶着說道你這個老頭兒在那裏滿嘴的混講混說你平日所做的事總統資格久已喪失了即如前日所下的申令我聽見人家說原文上祇稱予並没有大總統字樣可見得起稿人的心中已不承認你了大總統三個字還是你自己親筆加上的眞虧你好厚臉皮你不過因爲大總統三個字將近有三個月不用了一旦再用出來有些醜媳婦不好見公婆的樣子所以

趁着這個機會提出來罷了前承認帝制就自己取消總統今見皇帝做不成了恐自己置身無地故又取消帝制仍爲總統咱們很曉得你的私心還有人說你執筆加大總統字樣的時候再三躊躇下筆時還流了許多眼淚實在虧你好意思哭得出你要知道你一天不退位民黨一天不甘心戰事一天不得了局你還想將革命黨殺盡戰事平定那纔是做夢呢誰希罕你那些無名的嘉禾章文虎章你把咱們的血本快點拿出來還了咱們罷只怕債台雖不得上斷頭台就要上快了說着一個個舉起斧頭鑿子劈竹刀要打將起來老頭兒一嚇趕快着人到梁財神那裏拿了一百五十萬元銀行支票纔把一班人開發走了老頭兒心中恨道皇帝末路有這樣可憐那一班革命黨把氣我受也還罷了連這些工人也把氣來我受然而他們因爲本錢故有此舉動倒得還有些道理最是前月上海地方發現那一個安徽老者無因無故的也來奚落我他背上背一個竹筒上用白布大書特書的收買我入筒和天津李六更賣烏龜皇帝一個樣子瞧我不起想起來眞眞可氣可恨大家旣然和我作對看將起來恐怕這個大總統還是做不成總統做不成是小事到後來恐怕還要組織特別法庭受國

民公判哩嗐現在這個樣子弄得上不上下不下已經丟人了將來難不成還要到法庭上再去出醜嗎英國現在又打仗倫敦也是去不成罷……罷……罷……不如一頭碰死了罷只聽得撲通的一聲響那一世奸雄殺人不轉眼的魔王亦就隨着這一響取消了

奇臭

怪異短篇

却說那東海花果山水簾洞的孫行者自從跟唐僧到西天取經回來之後便成了正果做了鬥戰勝佛終日在天府中吃僊桃仙果到也逍遙自在無奈他本是個好動不好靜的脾氣清閑無事反覺心中悶得狠又不好在如來佛面前請假總想偸到世界去耍耍纔好有一日瞞着值日天神悄悄的出了南天門駕起一路觔斗雲便往南贍部洲來但見那東北角上冲出一股黑氣頃刻間天昏地暗伸手不見五指行者心中想道莫不是那裏又出了妖怪嗎又聽得嗤嗤的一陣響聲風過去便有幾道白烟絞着火光冒了上來行者阿呀了一聲說道不好下界那裏失火睜開金睛火眼往下一看原來已到了中華大國的都城只見有一個人抱了幾十捆字紙在那裏燒呢口中

還自言自語的道爲這些東西不知費了多少心血受了多少驚嚇如今燒了你就完事了行者想道這定是些詩文稿子這個人莫不是和紅樓夢上的林黛玉一樣想做寶二奶奶做不成功到臨死的當口也在那裏焚稿斷癡情麼呸我弄錯了那林黛玉是個青年女子這人是個老頭兒鬢髮都白了那裏有這些兒女纏綿的事呢哦……我知道了一定是不第的老童生有了滿肚皮好學問不遇試官青眼顚連困苦一生到了這水盡山窮的時候自焚生平文稿想是不願意留給後人看的意思罷但是中華大國已改成民國科舉久經停了那裏有甚麼童生監生呢嘎……我明白了莫不是那些應考試的塾師國文題目寫錯了加減乘除合問的算術題做不出來未曾錄取回到鄉間不能刷黃紙報條開賀心中大不高興一肚子氣沒出處遷怒到卷子上一齊把他燒了洩忿麼那行者心中正在那裏亂猜亂想忽然又聞着一股臭氣冲了上來行者被這陣臭氣薰得頭昏眼花連打了幾個噁心幾乎要嘔了出來急把手掩着鼻子口中說道莫不是那西牛賀洲古怪博士去年在中華民國撒的那個屁的餘臭麼然而也沒有這種臭法究竟是個甚麼東西呢再看下面那老頭兒嘴裏還在那裏嘰

哩咕嚕行者側着耳朵仔細聽去只聽得那老頭兒哭着道想起去年教人發起籌安會的時候推戴書聯翩而至勸進表接踵而來各省函電交馳好不興高彩烈我把這些文件希奇得和性命寶貝似的好生藏着如今被那班黨人逼得沒法取消帝制可惜這四百八十件絕妙的文章只得忍痛割愛都送在一把火裏了看還拿甚麼藉口來把氣我受唉……當初有個秦始皇焚書如今又有個我來焚文件但是我與他境遇不同他焚書愚民是專制大皇帝得意的時代我此番取消帝制焚毀文件是失意的時代了行者聽道奇了看他不出聽他的口氣還是一位臭皇帝呢怪道燒的東西有這樣的奇臭又見那臭皇帝教人搬了許多花花綠綠的東西來燒看去都是些冕旒袞服赤舃玉璽金鑾座等類行者看了連道可惜可惜這些東西也還好耍子與其把他燒了何不送與老孫頑頑呢又聽見旁邊有個人勸那臭皇帝道這些御用的東西此時雖然不能穿戴也化費一百多萬的本錢何不擺到古物陳列所去存着將來歷史上到底也可留個紀念我看主子今天這般的恨帝制到和去年恨共和一個樣子究竟主子是愛帝制還是愛共和呢我們實在摸不着頭腦到弄糊塗了那臭皇帝着

了急便道我如愛共和要和這些東西一樣的燒灰掩路你們要知道此番取消帝制是無可奈何實逼處此的不得不暫時這個做法你們不要誤會以後功名富貴還是有的這些東西一天也沒有穿過戴過擱在眼前委實的慪氣不過到不如一齊燒了他眼不見爲淨想起來這些東西白化了多少錢都是吃那老猪性急的虧然而却也不能怪他他也是一片忠心爲我我雖然暫時不做皇帝橫豎做總統也和皇帝一樣從前幾年我要殺人就殺難道也是做皇帝的麼哼……哼……他們這班亂黨我不叫他們一個個的都死在我手內也不算本事行者聽了心中想道怪不得前一回沙和尚對我說猪八戒現在闊氣得了不得把高家莊的高蘭英也接到北京來了并已經生了許多兒女老猪最喜歡的是第三個女兒天天帶着他遊中央公園逛窰子吃大菜又麻雀洋裝咧旗裝咧時裝咧打扮得和窰子裏的姑娘一般汽車咧馬車咧坐着到處去出風頭北京城裏那一個人不知道猪三小姐的大名高蘭英是做了太太的人了橫豎甚麼事總不管一天到晚倒在床上吃鴉片煙過日子我那時聽了不曾留心原來還是他在那裏助紂爲虐那些無辜的百姓死得豈不可憐我何不下去問問老

猪教他勸勸那臭皇帝趕快改過也是體上天好生之德
主意已定便一按雲頭落下來那臭皇帝一抬頭看見了行者這付嘴臉便嚇得沒命的亂跑口中喊道不好了你們快來保駕革命黨化了裝乘着飛行機到宮中來行刺了快把他捉了去剁成肉醬行者本不想殺他今聽他口中這般謾罵氣得火星直冒實在再也忍捺不住便道老孫今天可是要開殺戒了說罷舉起金箍棒就打下來那臭皇帝阿呀了一聲就四腳朝天的仰在地下不動了行者低下頭來看道我說怎麽不像個人形原來是一隻大癩頭黿呢哈哈你這個變不全的臭畜生也想做起皇帝來了雖怪人瞧你不起我今日打死你也好免得留在世上出那股臭氣但是那老猪又上那裏去了到不可不叫他來看看他主人的結果便口中念念有詞只有一刻的工夫那揭地神已押了猪八戒來了一見行者便爬在地上磕頭口中哀求道老猪因一時糊塗利令智昏現在已經知道事體幹錯了望看師父面上饒了我罷下次再也不敢了行者對他點了點頭嘆道你這不要臉的騃猪我曉得你練習過朝儀很會叩頭你所做的那些事情怎麽不怕玷辱師父如今要保性命想起師父來了也罷我就

看師父面上從前的錯處概不追究但是你要伸出猪腿來讓我打十下金箍棒便饒你一死那猪八戒哭道哥呵……你這個哭喪棒打下來老猪那裏經得起不要十下一下子就要送終的行者不答舉起金箍棒來就往下打其實是嚇嚇他的並不是眞要打他那猪八戒一嚇就地一滾便看不見了行者定神往地下一看只見一個猪蝨子在那地下爬哩行者便一脚踏死了道我想猪八戒雖說是有些獸頭獸腦也是成了正果有道行的斷不致於迷失本性這樣不要面孔原來是他身上一個猪蝨子成了精就這樣的興妖作怪如今兩個大妖都死了那些小妖道行還淺諒想不致有甚作爲終久總是要散的且喜那奇臭已經沒有了東北方黑氣也消了又見西南方祥雲繚繞瑞氣氤氳依然現出了一個莊嚴燦爛的中華民國行者道我也沒有閒工夫再上別處去要莫要叫如來佛知道又要說我野性難馴好動不好靜哩老孫還是回到天府中去罷便駕起一路觔斗雲不知去向

行路難 （時事短篇）

風狂雨驟猶如萬馬奔騰這時候汽笛一聲由寧至滬之特別快車已到了鎮江車站

有一個年約十七八歲的少女修眉俊眼顧盼神飛眞是嬌若春花清如秋月秀媚中帶着一種凜然之氣身穿一件薄薄春衫脚登一雙西洋式的高底皮鞋手內提了一個美國式大皮包一身的衣服早已濕透却仍鼓力向前急奔好似與那雨師風伯賭氣這少女不是別人乃坤角中大名鼎鼎武旦賽紅線的便是因上月在奉天車站被袁家軍檢查在皮包中查出一張紙條兒上面寫着天津二月初八南京三月二十上海四月十六那檢查員一見這樣東西高興了不得道這是各處起事的日期今被我搜到了證據又是發財升官的好機會了便不管三七二十一拖了就走這賽紅線故意做出一種羞澀的樣子低着頭紅着臉兒口也不開就跟他們到警察廳裏去那警察廳即刻辦好公文解送將軍署那斷肢鬼將軍本是一個殺人不轉眼的屠戶不知怎麽見了賽紅線猶如雪獅子見火一般早就融化了半邊往日那種威武全沒有了便笑迷了眼睛問道像你這個嬌滴滴的女子怎麽不深藏在金屋裏也要學男子來革命麽賽紅線款啓朱唇不慌不忙的答道我不是革命黨那紙條兒上寫的是預算各處登台的日期將軍如不相信可問某園主便知眞假那斷將軍便叫人打電話去

問了果然是某園聘來的復對着賽紅綫笑道對不起此番你受了委屈那幾個偵探我總得重重辦他替你出氣下禮拜是我夫人的生日還要傳你進來演戲呢那時再和你細談說罷叫人送了出來賽紅綫走到旅館心中躊躇道那斷肢鬼是個有名好色之徒今日對我的情形話中有因必不懷着好意我也是好人家的女兒因爲親老家貧纔在舞臺上現身說法我寧可這一個月三千元的包銀不要以避那民賊暗算主意已定便辭了園主退了包銀連夜乘京奉車到了天津換乘津浦車車過徐州時復有辮子兵多人上車搜檢幾乎又要抓了去賽紅線道你們七夫人王克琴是我要好的朋友你們再要胡鬧我先去會了你們七夫人然後和你們算賬各兵聽了方一閧而散抵南京後便換車往上海因連日車中勞頓太甚有點兒支持不住故在鎮江下車略爲休息無如人地生疎天又漸漸的昏黑了便竭盡目力在風雨迷茫中望去遙見江口有一座高大的洋房門口點了許多電燈光芒四射便急行幾步抬頭一看原來是一個佛照樓的旅館進了門早有茶房把皮包接了下來領往十六號房間住下忙舀了洗臉水上來賽紅綫洗了臉定了一回神肚內也覺餓了身上也覺冷了便

韵琴雜著　小說　六三

叫茶房買些點心充飢又在皮包裏取出衣服換了聽那風聲雨聲已漸漸收威了心中想道此番能夠出險還算是不幸中之大幸猛聽隔壁房間有小兒啼餓聲接着啼哭聲有一婦人忙道好孩子快不要哭祖母剛纔睡着了你忍耐些罷說的那聲音非常悲慘小兒哭聲雖停了却還是抽抽噎噎的忽又插入老婦的聲音低而且涕的說道我這裏還有一個饅頭你可給孩子吃莫餓壞了他你二人五年的夫妻只有這一點兒骨血他父親被袁家軍政執法處抓了去已有兩個月杳無音信怕是兇多吉少呢剛要再說便咽住了停一會又道我索性告知你罷我昨夜夢見你丈夫渾身是血站在我面前我問他怎麼得放你回來的傷了那裏他對着我笑吟吟的道帝制取消共和復活中國前途大有希望做兒子的雖死猶生母親保重兒子就此告辭了我一着急伸手要去扯他這時壁上自鳴鐘噹的一聲剛報一點我一驚也就醒來這夢怕有幾分不好倘若夢真應了如何是好說着便哭了起來少停又道媳婦我們的東西通通沒有了房飯錢又空下了許多這個日子怎麼混得過去呢前日萬全樓的老板娘子曾對我說有位軍官現住在他旅館內他的太太去年纔死年紀只有三十多歲

韵琴雜著　小說　六四

每月有一千多元的進項此地羨慕他的人很多個個都想把女兒給他誰知他眼界太高揀來揀去總不合意我們在那裏住了不到一個禮拜不知道他怎麼就會曉得你怎樣的賢惠怎樣的聰明怎樣的學問好一樁樁都打聽得清楚便愛慕你了不得那軍官曾和老板娘子說過我若續絃須得同張女士一般的人物纔得心滿意足不虛生一世哩幷不是我老糊塗了今天說出這種話來爲的是這一塊肉有人撫養我們可以不受飄流的痛苦罷咧我的媳婦兒你不要流淚可慢慢的想看這事行與不行還要回那老板娘子的信呢這間壁一場悽惶的談話却累得賽紅綫流下了多少熱淚因摸不着頭腦心中非常氣悶便一按叫人鈴喊了一個茶房來問道這間壁哭的是誰那茶房道是位姓張的女客人名叔月珍帶有皮箱十二只由北京來的到此卽住在萬全樓旅館那老板娘子見他是個少年女子除老婦及小孩外並無親人又有這許多行李以爲老弱可欺陡起了惡意便假作親密的樣子用話來探他的口氣那月珍把他當作關切的好意就一長一短告訴給他聽說丈夫是某處統領因被人誣陷捉將官裏去聽說還要處以死刑恐怕累及家屬所以帶着孩子與婆婆逃避到

韵琴雜著　小說　六五

此老板娘子聽了便存着壞心就騙那老婦引誘月珍與十號房間某軍官來往自已也好從中取利發一宗大財無奈月珍死也不從有一天晚上忽聽得人聲嘈雜喊道檢査……檢査……捉人……捉人……原來警察廳一等警官阮某到那裏送客見月珍形迹可疑便向他盤詰月珍乍見了面生男子問他便羞得滿臉通紅說話不免有些期期艾艾的警官見這情狀更加疑惑便令警兵打開他的皮箱檢査聽說內有現洋一千元珍珠六百粒衣服若干件並無別項違禁物品然而終以爲形迹可疑當晚逼令他遷移這裏交某稽査看管行李都沒收了少停茶房已去賽紅綫恨道袁家走卒及軍隊都是如此野蠻姦淫擄掠無所不爲我女同胞所受的痛苦比男子尤甚照這樣看來中國那裏還有我們女子立足的地方從根本上決解非殺袁賊及那些狗官僚不可聞得有唐家偉女士組織女子護國團聯絡各處女同胞一致討賊前次印刷了許多警告全國女同胞的書非常激昂慷慨各處分散我當助其成功我還有一個女友他年紀雖小眼識到是有的前月他住在蘇州閶門外利昌旅館也因形迹可疑被警察抓了去的後來我託人替他上下運動纔得出險何不約他同出來辦事也是盡女

韵琴雜著　小說　六六

國民一分子義務過了一日那賽紅綫便約了那女友往江西去了欲知後事且待下回分解

時事短篇　燭奸

却說北京城裏一班擁護聖主開基的元勳自從廣西繼滇黔獨立袁氏一嚇取消帝制後各人心中非常着急表面上雖假作鎭靜總不免露出一種倉皇紛亂的樣子來那些居民也知道袁氏不肯退位北京一定是有戰事發生都紛紛的搬徙三月二十五六兩天乘火車到天津的就有一萬多人那袁家宮中的袁妻袁妾已全數出京袁子袁孫也東流西散只剩老袁一人坐在宮中納悶便教人打電話去傳了大飯桶周噬臍大財神梁死更呻氣院長孫保鐵愁眉沒法院長顧鼇來教他們如此這般做去衆人奉了命出來便各分頭照辦內中只有周孫兩人很爲驚慌周噬臍暗想道他的家眷已經出京銀子早已匯到倫敦心中一無罣礙卽便如此做去與他却沒有損失但是我們的家眷我們的財產也得想個法子先佈置好了纔沒有妨害那周噬臍一路在汽車中低着頭打主意不知不覺已到了自己門口纔跨進門只聽得四姨太太

在那裏嚷道大人怎麼還不回來你們快去看看他只管替袁家做走狗連自己的性命妻子都不顧了周嗤臍便連忙走進房內低聲道囘來了你爲甚麼事又急得這個樣兒我有甚麼事做錯你儘管說便了還有那件事不曾依你即如去年大總統叫我到日本送禮你怕我和鄭汝成一樣被人暗殺哭着罵着叫我不去我就不去了何苦來也犯不着這樣肝火盛却也難怪如今是春天了肝木本來是該旺的依我勸你還是忍耐些兒罷身體氣壞了可不是要的那四姨太太聽說便立起身來對着周嗤臍臉上下死勁啐了一口指着他罵道你還在這裏做夢甚麼大總統小總統剛剛內跟班周福出去打聽了清白囘來對我說中交兩銀行存的款子都被人家快提完了今日上午已沒有現款應付中國銀行的鈔票交通銀行不用交通銀行的中國銀行也不肯代兌後門鼓樓中國銀行設的那個小兌換處四點鐘工夫兌去九千三百餘元還有幾家老錢店因現款週轉不靈都關閉了各大商店所有貴重物件緊要帳目全寄存在東交民巷各外國人家中城南兵馬司街某姓家這個人不必提明你也該曉得是和你同事的他已經搬箱籠一百多件運往別處去了廊房頭條晉福金店前天

就有人在那裏兌赤金三千多兩所以金價格外飛漲照這樣看來這幾天總大有變故我是早就要到天津去的都是你不肯如今老袁派了些警察憲兵一半駐中交兩銀行門口監察不許人家去兌取現款我的款子多分是取不到了一半派在火車站上巡查對於官宦的行李一件件都要檢查檢查過了還要扣留可惜我許多貴重的好東西是不能帶走了火車上又有特別調查員常駐車中專查官吏雜在客人裏面逃走的我們此刻再想走怕是很難的了這樣風聲鶴唳還要欺着百姓不准人家談論聽說昨天有兩個人因爲談及中交兩銀行門前擁擠的情形被警察聽見就抓去槍斃了這是和瞞着蚊子睡覺一般豈是終久瞞得住的嗎那老不死的自己捨不得退位不肯走爲甚麼又不准人家走弄到後來不過是俗話說的滾湯潑老鼠一窩子總是死罷了他就死呢也還値得這幾年福也享盡了威風也使足了人也殺夠了年紀也有這麼大了若是你們陪着他一同死眞是打算不來你看姓楊他的們都辭了職要逃到外國去了你爲甚麼還戀着這老不死的不肯跑在我看還是三十六着走爲上這些東西寧可不要化了裝逃命去罷受恩深重的人不是你一個依着我的法

子做去包你不錯不然你名叫嗤臍眞是要嗤臍莫及了周嗤臍道太太你不要慌現在還不曾到走的時候呢剛纔裏面打電話叫我進去也是爲維持大家位置的事老頭兒眞是天才想的法子究竟比我們高如果這個法子做成大總統不但不要退位還有許多的好處呢不過是非常危險已經派人運動去了早晚可以揭曉我先跑囘來預備一切并送個喜信給你你知道爲甚麼事纔用這個法子解决因爲民軍要清查自帝制發生以來的財政用途你想除那些運動費賞耗外不算單是大典籌備處就開銷了二千多萬這篇賬怎樣報銷得出去又沒有款子彌縫所以想出這挺而走險的主意四姨太太道你說了半天我一槪不懂到底是個甚麼法子有這樣大的効力可明白的說給我聽了罷好叫我放心周嗤臍顧左右無人細聲緩緩的說道你不記得壬子那一年的兵變麼這個法子行了一次就收了莫大的效果如今還是依樣葫蘆的做去先叫拱衞軍譁變命他們搶掠中交兩銀行就說聽得大總統要辭職軍隊不願服從別人所以如此這麼一來不是有所藉口老頭兒也不用辭職了嗎現在運動已經成熟定於本月三十一號午後十二點鐘起事就是明日了你可把些貴重

的物件赶快先寄到外國銀行裏去託他代爲收存然後你就到東交民巷暫住幾天再說那四姨太太聽了便起身收拾去了

且說孫保飢與周嗤臍分手後囘到公館便打電話到某外人處道家中一切的財產并幾個小老婆要求他保險恰好同時周嗤臍亦有電話到某外人處那兩個外國人知道關係重大就將這事各報告本國的駐華公使那公使一刻工夫連接了兩處報告便一面爲種種預備使館門口加設機關槍兩架命令各軍士整隊裝槍一有變動即行開放一面知會老袁質問這事眞假并道此次如再有壬子正月十三日的事實發生本公使必以兵力實行干涉限二小時答覆所說的話非常强硬那老袁知道事機已露若再不收篷轉舵與自家大有不利即哀求前陸軍總長某氏出外彈壓并以謠言不足深信囘復某公使某氏奉命馳出將利害細細說給各軍隊聽了又許發給一個月的恩餉纔得無事老袁恨道這件事辦得非常的機密想又是那大飯桶和孫保飢小子鬧出來的以致先將消息洩漏外國人纔曉得這樣快事還沒有做成功到受了那公使一頓教訓越想越氣把大飯桶和孫小子又傳進府來痛罵了一回次日

又把拱衛軍的兵殺了二百多人洩忿周嚍臍討了沒趣告了一禮拜的病假躲在家中粧病再也不敢出頭到了第六天晚上忽然接到總統府的電話傳他火速進去會議便坐了汽車來到府中只見梁死夷孫保飢豬懺鉗顧鼈等早在那裏了老袁哭喪着臉說道廣東今日又獨立了你們知道嗎我想不到龍濟光也這樣的沒良心封了他王爵纔有幾天我雖被那班革命黨逼迫取消帝制並未曾取消他的爵祿待他的一番恩典居然就忘記了我到是好意因爲廣西獨立怕他被陸榮廷挾制孤掌難鳴所以派駐滬第十師預備去救援他軍隊還沒有出發他到獨立了這不是怪事麼單是龍濟光手下的一師多兵到還不怕只恐他請飛行家譚根帶着航空的一班人駕飛艇來攻北京那就有些招架不住了聽說浙江也有點不穩第十師既不能到廣東不如教他們就近開赴浙江去防守也是好的衆人聽了齊說總統籌畫得很是我們想廣東四面八方都已被民黨占領龍濟光守着一座孤城本來也是難以支持此番獨立恐怕是出於無可奈何並非眞心輸誠革軍安知不是騙騙他們的那譚根雖說是本領甚大然有龍濟光扣住他的飛機飛艇監督他的行動還不至於有甚麼作爲

對於這事可以放心各省將官如斷肢鬼泥死虫鹿見孿蜞雲蟛亡斬元趙貼他們六個人上星期曾聯名電請對於國事當用武力解决愿效前驅可見他們也是忠心爲總統出力的不妨就與那些革軍拚他一拚老袁嘆道你們那裏知道內中實在的情形泥死虫所帶的三十九營全軍已開到湖南去了趙貼所領的十二營毅軍因這些時陝西革黨躍躍欲動萬不能離河南一步且趙軍爲河洛保障趙軍一去河南簡直沒有一兵一卒了此外斷肢鬼僅有二百名衛隊鹿見孿上星期還打了急電來請我撥兵一團赴援幷要子彈八十萬顆過山砲彈一萬二千發蜞雲蟛所屬的十六營巡防隊上一月交獐鼠猿節制他的勢力孤弱比斷肢鬼尤甚亡斬元的兵援川助湘早已筋疲力盡他們聯名主戰的電報也不過是官樣文章說幾句大話嚇嚇那些革命黨的其實那裏能夠打仗呢今日話說得太多我已倦了慢慢再從長計較罷周嚍臍等也就退了出來各人回去不題過了幾日有人來說道老袁不知爲甚麼事要吞金自盡被左右看出在那裏痛哭勸阻呢（事見天津公民日報）周嚍臍聽見這個信兒便急急的來到總統府中只見那老袁面如金紙喘成一團嘴唇皮都變成紫黑色一

見了周嚍臍哭道浙江獨立猪穢失蹤你看我那第十師的兵到成了個導火線了纔想要開到那裏那裏就獨立今早有人密報說江西安徽江蘇湖南湖北都要動了現在財政已困難到極點各處援軍又腐敗不堪前敵死傷過多以致後去的未戰而逃軍火缺乏更無法接濟與其束手就縛到法庭受審又無別樣脫身之計到不如還是先死了的乾淨正說着梁死夷孫願諸人也來了便一齊勸道事已至此是要除去死法想活法兵呢打死了再招軍火呢用完了可以再買只要有錢甚麼事都不怕老袁道我上月間曾教海軍部向某國人訂購的那大批軍火內中以特姆特姆毒彈爲最多預備把那班革命黨一齊打死也出出這口惡氣偏偏在上海又被某國巡捕查到了化去多少寃枉錢那些軍火還要充公你們說的雖然不錯但是錢從那裏來呢梁大財神道我昨日曾用大總統的名義假託振興實業向美國商人商借二千五百萬圓照六八折交付內中除去中交兩銀行各三百萬圓還零碎借款五六百萬圓所餘的大概可敷一星期花銷此項借欵條約簽字後卽可先得一百萬圓應急尙未說完步軍統領又有電話請示說大公子所練的模範團要求恩餉如再不發給他們恐就

要譁變了列位不知原來這模範團是第二期招募與隨營學堂性質相同大凡入隊的人全是懷着功名富貴的念頭纔來的大公子爲擴張勢力起見所以第十一十二兩師的下級軍官都是放那模範團第一期的學生充當成軍雖已六月其實力遠不及拱衛軍獨是貪功圖利的心比拱衛軍更很一個個倚仗着我們是太子軍是應該比他們別的軍隊占些面子今見帝制取消皇太子又要到柏林去諒想是不能成事冰山是要倒的了又見拱衛軍譁變反得了一月恩餉所以也想趁勢鬧一下子大家弄幾文好散夥的意思那老袁急得沒法只好求美國人將那二千五百萬的借款上先墊付一百萬圓開發一月恩餉纔了事過了一日某國政府及駐華公使接到國會議員二百六十人公舉代表唐少川電報說袁氏背誓叛國已經喪失政府首長資格此項借款國民絕對的不承認請卽廢約美國政府遂允其要求立電公使着商人取消前約急得老袁常想自盡却又捨不得就死這眞叫做至死不悟呢但是那獨夫一天不死或一天不退位著者這支筆也是一天不能放下必要把他種種奸謀揭了出來在報紙宣布以盡我筆誅的天職閱者如不信下次再看便了

寓言短篇

水國春秋

一日滹沱河中攪雪翻銀怒潮奔湧駭浪如山立須臾之間全湖盡白噫此絕大風潮胡爲乎來哉蓋水國衆水族謀三次革命也當水國第一次革命推翻專制政府後建設共和政體通天河中之老黿遂被選爲大總統（通天河見西遊記）黿氏假共和之名收專制之實水族中有志之士被害者指不勝屈日久衆水族漸知其詐均腹非之乃倡第二次革命舉鱣氏爲討黿軍總司令鱘氏爲討黿軍大元帥事敗鱣鱘率同志咸遠避東海黿乃大展其如鬼如蜮之伎倆矣興風作浪爲所欲爲解散議會殘殺議員毫無顧忌獨攬大權政由自出較之專制皇帝有過之無不及然黿氏猶心懷不足屢思黃袍加身一享帝王之樂奈不便形諸於口乃向通天河中舊友陳鼈借款二千萬以爲運動帝制各費先令陳鼈入參政院參政許登極後畀以財政總長復授意心腹古鼈等召集日蝦水母發起促進帝制會任江猪爲大典籌備處處長量死蛇（蛇讀移）聞風拍馬報効三千萬老黿卽封蛇爲鱗風王一切佈置完備正朔已改登極有日忽洱海、黔江、西江、三處將軍相繼宣布獨立風潮激盪幾及四海珠江衆水族久

苦黿之專制咸躍躍欲動老黿驚惶失措不得已取消帝制密電駐珠江專賣烟膏兼籌總印花土税總辦集私廣益社社長蔡大龜曰近聞屈尾龍所部之各軍隊形勢已呈不穩之象今加封卿幫辦珠江防務事宜就近暗中監視有何舉動隨時報告切切此諭大龜奉到密諭後乃電促黿氏速派兵南下自願擔任軍餉二十營并云屈尾龍有心左袒革黨不忠黿家非設法除去恐爲珠江害等語且狐假虎威氣燄陡增令手下土附魚至各處佈散謠言謂珠江不可獨立聞黿大總統不日派二師蝦兵蟹將由海路進發恐遭撲滅云云珠江衆水族聞之爲力圖自衛計轉要求龍氏從速宣告獨立龍氏恐觸衆怒乃試爲非正式之獨立以覘其後旋南海會議鎗斃代表之慘劇發現黑幕中實半由大龜之主持衆水族大譁謂當將大龜軍法從事以洩公憤屈尾龍見衆水族激昂已達極點知時勢不可相强况黿氏對己屢存疑念恐終難倖免乃翻然變計正式宣布獨立將大龜敲殼割頭示衆衆水族歡聲雷動咸高呼共和萬歲滹沱河中老黿接此噩耗殊爲惋惜賞龜子撫恤金五百萬併世襲元緒公之爵以慰忠魂無何一波未平一波又起錢塘江宣佈獨立矣當大龜被害時錢塘江巡按使曲蟮

聞之喟然嘆曰能屈能伸方是英雄本色蠢哉大龜竟自戕其生命僨哉屈尾龍尚迷而不悟傾向……方不能變通辦理吾恐革命軍失利龍氏子孫無噍類矣乃公殊不取此蓋曲蟮誠無心而慧（淮南子曲蟮無心而慧）者且善於鑽雖地皮千尺能上食稿壤下飲黃泉乃水陸兩棲之動物也在任四載對於黿氏甚爲盡忠自帝制發生卽首先勸進上表稱臣頗蒙黿氏嘉許屢思排擠介將軍俾自得攫取位置惟恨無隙可乘會洱海、黔江、西江、皆與政府脫離關係錢塘江獨立亦旦夕間事曲蟮乃思乘時倔起逐迫介將軍出奔黃浦江以便大權獨攬但與護國軍通聲息惟恐黿氏偵知褫奪己之封爵不能保全已得之祿位苟與革軍相抵抗又恐爲蔡大龜第二喪失身家性命曲蟮此時患得患失之心隨思潮起落如轆轤之上下閱三晝夜始得一兩面光之妙計乃一面密電黿氏云將軍失縱革黨强迫獨立曲蟮死不肯從堅持至再始允以錢塘江巡按使名義兼領錢塘江總司令表面上暫時宣佈獨立骨子裏仍擁護中央一面歡迎革軍徇錢塘江衆水族之請以都督兼總司令受推戴書設誓就職宣布獨立與革軍表同情一面又奉黿大總統命令謂曲蟮能隨機應變才堪大用着加將軍銜

督理軍務曲蟮焚香謝恩接印視事出示安民示文上冠以欽加將軍銜巡按使錢塘江大都督兼總司令曲字樣革軍觀此非驢非馬之官銜皆掩口葫蘆莫明其妙後調査屈之親信始知其用意所在乃另舉都督驅逐曲蟮出境曲蟮卽攜現款二十餘萬並銀行存銀摺五扣皆其歷年所吞公款隨時存放者共有一百六十七萬餘元抵黃浦江後乃往革黨機關部某領袖處聲明前運動錢塘江獨立之某甲實非伊主謀所殺脅肩諂笑醜態畢現某領袖知其爲反復無恥之輩一笑置之不理曲蟮又拍一長電與黿氏備述數日來奉令維持錢塘江秩序以將軍銜巡按使名義執行一切職務無如衆水族不諒多方攻擊已屬於無可維持之地步與其見生靈塗炭不若先自引退以明曲蟮始終擁護中央之本旨並欲來滹沱河請訓候回電卽當就道云云錢塘江自曲去後一時秩序井然剋日會合各將軍定期北伐直搗滹沱河老黿巢穴黿手中勇將如泥鰍草鯤鯇正春斷肢鱖謀士如陳鼈古鼈量死蛇江猪爪牙如日蝦水母之新內閣蝦兵蟹將之拱衛軍皆相繼陣亡老黿及黿子黿孫亦先後受戮滹沱河中積屍斷流河水皆赤誠水國中千古之浩劫也後衆水族召集國會重舉總統上下一

心勵精圖治不數年便成一等强國勢力遍於東海東海中小國如木鄉國等皆歸水國保護此是後話不題

滑稽短篇 望帝魂

却說端陽佳節那一天正是洪憲皇帝病重垂危的時候北京市面上的景象與去年迥不相同商界因爲中交兩銀行停止兌現貨物停滯無人過問早現出一種冷淡態度政界因爲主上聖體違和恐冰山一倒飯碗就要碰碎故此也不高興作樂一個個在家中長吁短嘆垂頭喪氣猶如失魂少魄的一般午後又接着一陣大雨直到晚上還淅淅瀝瀝滴個不住這個當兒那北京新華宮中早已鬧得天翻地覆爲着何事呢因諸公子與各位姨太意見不一大太子主張用西醫諸公子各位姨太要用中醫於是你一言我一語諸公子并各位姨太與大太子幾乎要動起手來二公子便一疊連聲叫人去傳步醫生來開了一個藥方用的無非是些石膏香附梔子那些凉藥那洪憲皇帝吃下去接連瀉了幾次神氣清爽許多便說我要起來坐坐大姨太等道主子要做甚麼只管說可以不必坐起來纔好些莫又勞神洪憲皇帝道我吃了藥心裏覺

得好些想略靠着和你們說說話兒大太子等忙走攏來用手輕輕的扶了起來洪憲皇帝坐起說道我已經活了五十八歲從小的時候到如今福也享盡了威風也使夠了就是有一樁事我死亦不甘心我雖然想做皇帝變更國體并不是我一個人做出來的事怎麼人人一口死咬定了我是個元凶我今日既就了虛名況且沒了涼限不是我說一句後悔的話早知如此我當日再也不取消帝制到弄得……說到這裏氣往上咽便說不出話來兩手已經冰冷遲了半日才咳嗽數聲吐出好些血來又睜開眼來四下裏瞧了一瞧一面喘一面說道最可恨是梁士詒等這班沒良心的種子怎麼來也不來我枉把他們當人定兒呢大太子本來站在旁邊趕忙走到跟前說在這裏呢洪憲皇帝道我的兒小弟兄裏面就是你還有些作爲你要替我爭氣纔好我取消帝制已經上了當如今是萬不能退位的就是我一口氣不來還可以撑到個總統的葬禮總比平民威武得多要是我病轉過來不死呢還有五條政策可行是前日與梁士詒葉恭綽他們議决的現放在那桌子抽屜內你可拿出來再過細的看看那大太子便抽開抽屜一看果然有一張白紙上面寫道(一)罷斥段祺瑞令人監視其行動

(二)以梁士詒爲國務卿葉恭綽長交通唐在禮長陸軍(三)決定以武力解決大局令張勳攻浙倪嗣冲攻湘(四)凡軍隊所至以强力佔據銀行錢莊及殷實商號搜括現金以充軍餉實行因糧於敵之方法(五)如無力平定東南則蓄意擾亂以惹起外人干涉而達南北分治之目的(以上五條見六月十四日時事新報)大太子看了一遍連連點頭將要開口道好只見洪憲皇帝把眼一翻往後一仰暈了過去衆人嚇得手慌脚亂那最得寵的五姨太便哭着說藥吃錯了一定叫人去請經瞎子來看又用些附子肉桂的熱藥灌了下去也沒有見效於是諸公子又與二公子大起衝突大太子道中醫到底不行依我主張還是請西醫來看少刻來了一位西醫用聽筒週身聽了一聽便道此症別無救法非取去敗血不可遂用吸血針取出黑血六罐之多少停洪憲皇帝雖漸漸轉了過來但是仍不能開口說話諸公子見了這種光景諒想是不能多活了便向大公子質問爲甚麼大哥要害死老子其勢洶洶甚爲可怕大太子氣得不能說話也就急昏過去半點多鐘到了第二天(陰歷五月初六日)十點鐘的時候洪憲皇帝便嚥了氣那洪憲皇帝落氣之後忽然眼前漆黑辨不出方向心中正在

恍惚只見有兩個裝束和拱衛軍相似的人向他招手便糊裏糊塗跟着那兩個人就走心中想道這條路很生疏的怎麼我從來沒有走過呢趦趦趄趄走了半天忽見前面彷彿有座高山似的及至走到面前一看原來是座高臺上面有避債臺三字許多人從上面走了下來內中有一個二十歲的男子身上穿了一件沒領頭的長衫愁眉苦臉的說道今年我的財運眞眞不好買儲蓄票不得中彩打花會又輸得個不亦樂乎忽然那個奈何藥房在各報上登了廣告說甚麼買藥贈彩可以得值一百二十元的金鐲子值九元的金環子及金戒指我老婆聽得這個信就把歷年替人家做針線積下來的七八塊錢逼着我出買那個半什子的藥莫說金戒指連洋傘都沒有得一把不值錢的牙粉到得了幾十包原來都是撒謊騙人的害得我諸債臨門沒有錢還帳節也過不成跑到這個台上來昨日即便躲過去了今日又怎麼樣過呢有個四十多歲的人冷笑道如今時世本是個騙局像這些小騙子到處都有的閣下是想發意外之財所以纔受這回損失幸虧還不多像我才是倒霉天外飛來的晦氣呢你只知道受了小騙子的騙還不知道我們中華民國有個大騙子那纔是利害呢我們國內

三萬萬九千九百九十九萬九千九百九十個同胞沒有一個不遭他的騙最奇的被他騙了去自己還說不是騙這不是寃枉麼那大騙子是河南人手下帶了一班羽黨名字叫十三太保樣上六君子四天王本事都非常了得由辛亥那一年起我們同胞無一個不墮在他騙術圈套裏頭醉生夢死的過日子直到去年那大騙子要做起皇帝來了雲南護國軍首先起義許多同胞從醉夢裏驚醒纔四下裏奔走呼號運動獨立那大騙子見騙局已被人識破不得已取消帝制假意騙護國軍議和一面借外債招兵買械想出護國軍不意好把我們同胞殺個痛快不料外人接到上海唐先生的電報取消借約大騙子急得要死那十三太保裏頭的大太保梁財神就獻上一條妙計叫中交兩銀行停止兌現我就是吃的這個苦頭纔弄得回不成家鄉見不得爹娘不然我是安分守己的商人又不吃喝嫖賭只知道兢兢業業做生意昨天過節怎麼不回家去與父母妻子團聚跑到這個地方來呢因為我們商界的慣例所定各貨及往來帳目總歸三節結算我這一次從家鄉到這裏結帳所帶的六千元都是交通票子以為國家銀行定是靠得住的那裡曉得演出這種把戲來交通票子既沒有人要

那債主又逼得狠利害一時候無處挪移所以只好躲到這裡來暫避一天這不是無緣無故的受騙麼

那四十多歲的商人剛說完又有個人插口道提起那大騙子來我還嘔氣呢我四月從家鄉販了三百担糧到上海去買了八百元現洋歡天喜地的回家去過節不提防走到南京下關被大騙子手下一班狗卒檢查出來說奉了政府命令不許帶現洋出境不由分說七手八脚走上來搶個精光我再三哀求纔給五十元做川資回來糧食行向我結帳可憐我那裏有錢呢我也是逼得沒法纔到這裏來的那大騙子這樣的窮兇極惡我們小百姓雖然沒有能力奈何他想天也不能容他前幾天聽說已經病得七死八活只怕早晚就要受天誅的了洪憲皇帝聽了這番閒話心中想道這分明是罵我便回頭來對那兩個像拱衛軍的人道這不是反了嗎公然的罵起我來了你們快去叫江朝宗帶一連步兵來把這一羣目無王法的東西替我抓了去剁了他罷那二個人對他點了點頭冷笑道到這個時候他們不怕你了我勸你不必再使這個威風了你的專制魔力只好在陽世支使那班走狗我們是不受你指揮的老實對你

說罷現在有人在陰曹告了你我們就是陰差奉閻羅王命令來拿你去對質前面就是鬼門關快些去罷誤了時刻是要加倍受罰的洪憲皇帝一聽方恍然大悟知道自己是死了便放聲大哭那腰間下針處的六個窟窿黑血往外直冒猶如噴水一般臭不可當免強一顛一跛的捱到鬼門關叫了一輛皮車車輪一轉陰風四起早進了酆都城下了車那兩個陰差帶着他到孟婆亭吃了一碗茶便將他押在惡狗村待訊只見村中的惡狗張牙吐舌比獅子還大非常可怕看見洪憲皇帝并不咬他反跑到跟前來搖尾舐舌猶如見了熟人的一般少停那陰差又帶了兩個鬼卒來說那閻羅王已經登殿來傳人犯那洪憲皇帝一聲也不敢哼隨了鬼卒到森羅殿下往上一看只見正中坐着閻羅王兩旁站着許多皂隸下面擺着一溜兒椅子吳祿貞宋教仁陳英士范鴻仙等都是滿臉怒容的坐在那裏兩廊下排列刀山箭樹油鍋鐵鋸不由的嚇得心驚膽破只管打抖忽聽得殿上吆喝道把一千人犯帶上來只見武士英應夔丞趙秉鈞鐵索郎當走了進來跪下閻羅王便道現在吳志士等聯名起訴說都遭你們的毒手死於非命你等快快招供免得受刑三人一齊哭道我等死得寃枉要求恩昭

雪那袁世凱先叫我們暗殺宋教仁後又把我等一個個害死滅口如大王不信還有洪述祖未曾到案可以傳他來對質至於殺吳陳范諸志士又是一班人做的內容不得而知大王問袁世凱便明白了說罷回過頭來對洪憲皇帝道你害得我們好苦今天你無可狡賴了快點直說罷洪憲皇帝見人證已齊知道賴也無益便從派人暗殺吳祿貞起至陳英士止某人是使某人所殺一統招了出來錄下口供閻羅王看了便令鬼卒先將洪憲皇帝帶到孽鏡台收押等着把那些餘犯追齊歸案再宣布罪狀執行刑戮於是衆鬼卒又把他牽了出來大凡人死之後照例要引到望鄉台眺望一次這時洪憲皇帝登台一看只見那金碧輝煌的新華宮如在目前衆姨太哭得柔腸寸斷諸公子哭得淚竭聲嘶又夾着歡迎新總統一片聲浪直送到耳朵裏來洪憲皇帝低頭嘆道早知今日何必當初下了望鄉臺過奈何橋又見橋下有一千多寃鬼頭上帶着黃色軍帽身上穿着黃色軍衣在水裏露着半截身子一個個伸了兩隻手要拖他下水口中喊道我們都是新裕船上淹死的兵士你要做皇帝拿着我們性命去兌逼着我們去打護國軍那知天理不容全軍覆沒害得我們一千二百餘人屍沉海底

冷水浸骨死後還在這裏受罪永世不得超生今日冤家狹路須要還我們命來衆鬼卒喝道你們不要胡鬧等他把暗殺元勳志士及竊權盜國各案了結後閻羅王自然要發落你們的此刻先放他過去洪憲皇帝想道這纔是一波未平一波又起倘若竊國案子再發覺怎麼得了但願陽世那些帝制黨能懺悔一切不從中作梗使黎氏早日恢復舊約法召集國會還替我輕一點罪孽若像龍濟光和陳宧陳樹藩的一樣舉動不但他們自己死無葬身之地簡直的使我罪上加罪了咳這一次本不是國民革我的命只算是我自家把自家的命革掉了那洪憲皇帝不住的自怨自艾不覺得到了血污池只見池中有許多人在裏面伸頭縮頸的往上爬爬又爬不上來定睛一看原來是徐寶山鄭汝成蔡乃煌馬繼增幾個人見了他都號淘大哭起來洪憲皇帝問那兩鬼卒道我在陽世聽得說血污池是女子死了受罪的地方怎麼男子死了也會到這裡來呢那兩個鬼卒道你不知道近來人心不古在陽世作奸犯科的太多十八層地獄都裝滿了所以纔想出這個通融辦理的法子來這幾個人生前只知道爲自己的利祿殘害人家的性命因此把他浸在血污池裏終日聞血腥這就是他們殺人

流血的果報我勸你不要多說閒話了快到孽鏡臺去罷莫遲了帶累我們受處分說罷將這八十三天的洪憲皇帝牽了便走以後的事記者就不知道了閱者諸君欲知詳細等到帝制餘孽受天譴的時候再說罷

（愛國短篇）臨時偵探

語云天下本無事庸人自擾之此語誠不啻爲帝制派人寫照一夕積雨新霽殘月半規夜色寂寥萬籟皆靜燕市道旁電燈之光照耀通衢儼如白晝俄而遠處犬吠聲有一人從東交民巷蹩躄而來其人御常禮服臂纏黑紗年可四十許鬢有鬚且行且顧若懼爲人所覺者守崗巡士見而異之以爲是人深夜獨行且神色倉皇恐非善類擬前執之以加盤詰行既近其人操粵音叱曰汝欲何爲者速去毋溷乃公事巡士乃鞠躬唯唯而退噫伊何人斯氣燄高張若是蓋帝制派十三太保中之強有力者大財神也距離丈許復有一短小黑影躡其後爲十餘齡童子短衫窄袖豐姿秀雅雙眸烱烱有神步武矯捷如猿時依牆行時隱身遠視倏前倏後倏左倏右行狀殊詭秘似避人瞥見者童子張姓閩人其父爲黃花崗殉難七十二烈士之一曾畢業於陸軍小學

技術嫻熟爲同學冠課餘之暇兼好小說尤喜涉獵各偵探小說恒以歇洛克福爾摩斯自命去歲袁氏變更國體童子聞之悲憤不食者累日乃毅然別母詭云之京師就學瀕行時惟呼亡父佑兒者再蓋欲一試其家傳之博浪椎以竟父志也抵京半載無如袁氏深居簡出且護衛森嚴尤無隙可乘日前袁氏暴卒童子嘆曰便宜此獠矣然袁氏雖倒餘孽未清國難猶未已也居恒抑抑不樂是夕爲赴同學處晚餐歸見梁財神舉止有異知必有故心疑之一時熱血上騰好奇之念勃起曰余必爲臨時偵探一偵其究竟乃亦步亦趨以躡其後梁固未之知也隨至某衚衕一巨宅識爲帝制黨人聚會私窟知衆逆必會議於此童子乃暫止不前藏身暗處以覘之俟梁入室仍躡其後以進見梁穿客堂越寫字間折而向左進一隱秘小室室門有簾懸於鉤上梁既入簾即下內作何狀即不可得見童子自思彼必不防余暗偵既有簾余不能見彼諒彼亦不能見余余曷不冒險入隣室竊聽或有所得庶不虛此一行遂決然入寫字間以實行其偵探手術時衆逆方聚議無一注意及此者童子既摸索而入見室中有小門一爲通秘密室者乃倚小門而坐蹲身從鑰孔內窺見室中置長案一中設一椅倚處

兩旁列坐約十餘人咸目光耿耿面呈憂懼之色見梁入皆起立曰智多星至矣梁曰諸君歸座毋躁今日有非常之事須詳加討論吾輩生命胥繫於此不可忽也遂昂然居中坐諸逆咸寂然無聲乃知梁必係此中黨首否則餘人不能如此攝服也少頃梁復發言曰海軍今日宣佈獨立獨立之原因諸君知之乎近來一般輿論咸謂袁氏殃民禍國演成種種罪孽非袁氏一人之力足以致之實由于左右僉壬長之迎之以至於此欲清禍源非戮十三太保不足以謝天下今海軍亦復抱此宗旨獨立南方各民黨且要求黎總統恢復舊約法召集國會組織內閣懲辦禍首之電日必數起余前本避居法公使館某參贊處外人知余爲帝制派中人咸目之爲禍首留之恐防害治安竟下令驅逐不容在東交民巷逗留現事勢已危急外人尤不可恃苟民黨要求各件一旦成爲事實吾輩無噍類矣當速籌抵禦之法所謂先發制人者也須知吾輩已成騎虎之勢不得不然此時雖走避亦無濟於事尤不可胆怯先示弱於民黨幸吾輩現金具在暫用金錢能力以戰勝之余當宣佈所設之策且立能實行諸君聽之當遵余計而行或因禍以得福未可料也言訖燃雪茄狂吸點首作鶻鶩笑以待衆語旋聞一

人昂然答曰梁君無論君意若何必依余一事方可聽命梁曰允爾一事耶曰然一事而已梁曰爾言何指其人曰此事君豈不知吾自發起帝制後日夕與大公子往還因其雅好古人墨跡琉璃廠中凡有宋人片紙隻字雖價值昂至數千百元吾必羅而致之以結懽於大公子數月之間所費不下三萬餘一時債積如山所有區區官俸及歷年儲蓄各親友之補助傾家以償之始克彌縫其事余生平一身逐勳能力已久隨帝制取銷矣是金錢一項萬不能負責梁君當有以諒余梁慰之曰此事同人均已知之君何必於此時亟亟自陳余決不苦君所難且請畢余說可也其人蹙額曰諾吾儕當敬聆大教梁續曰余等所處之險境諸君知之乎衆曰知之曰既知之矣當思何法可以出險衆曰冒險以出險耳梁擊掌曰此語誠然大凡冒險之舉余爲之屢矣如前次廣東海珠會議外人只知譚湯王三人爲龍濟光部下顏啓漢所殺而實不知爲余所使也最可憾者岑氏未涖會空費暗殺金三十萬元否則大事早定主上亦不致暴卒矣此實余冒險失敗之一着然余之志初不因此少挫適足以促余之進行耳余因顏氏具好身手前曾電招其來京與丁黃李三人已領去暗殺費一百萬元之粵相機行

事苟能得手事尚可爲也余策若是諸君以爲然否請各表意見以便共同研究於是人聲嘈雜議論紛紜幾不可辨最後乃議決密計五條（一）出重貲派人至滬暗殺議員中有力分子二十餘員（二）維持原有勢力不使舊約法恢復及國會復活（三）運動未獨立與已取消獨立各省將軍乘民軍在停戰期內攻其不備一鼓擒之以免後患（四）如以上各條全歸失敗則連絡宗社黨鼓動北方軍隊主張復辟（五）組織北洋軍人同志會并電請張勳倪嗣冲王占元馮國璋加入以爲後援衆逆鼓掌稱善各擔任分別進行童子隔門聞帝制黨人語默忖曰天乎賊輩若果依策而行中華民國前途殆矣當設法速阻之方可遂仍屏息不動俟諸逆行後自墻角躍出迅如飛鳥歸至寓所憤然曰吾國數年來外交上之失敗軍事財政交通上之紊亂道德上之頹喪法律上之破壞非袁氏一人之罪也皆爲若輩弊弄袁氏以至於此故其罪不亞於商之飛廉惡來較之漢之十常侍亦有過之無不及今袁雖伏天誅附逆諸首犯依然存在吾國民不亟起而戮之以絕其禍根任其蔓延日久恐中華民國終無政治澄清之一日矣乃將偵得賊等之密謀繕成多份次日遂披露於各報帝制黨人見奸謀已破

勢不獲再逞乃假送袁殯爲名多數相率遁去然心猶未死擬爲捲土重來之計但不知果能如願否數日後黎大總統下明令恢復舊約法召集國會此四年中慘淡無光之中華民國依然莊嚴燦爛一旦復其舊觀街頭巷口惟聞歡呼中華民國萬歲國會萬歲之聲淚洋洋乎盈耳記者對於袁氏叛國稱帝之口誅筆伐責任亦於是告終

韵琴雜著 筆記

比利時婦人之淚 乙卯春存稿之一

比利時國駐日本代理公使瓦嚕在之夫人及前公使達揑答恩公爵夫人因其可愛之祖國今被蹂躙於德軍之馬蹄受種種凌辱非常痛心乃發佈一旨趣書募集捐金以慰藉其國之遺黎其爲文也字字皆血句句有淚凡稍具人道觀念者所當爲同聲一哭也爰爲迻譯如次

歐洲大戰爭勃發矣居留日本帝國之吾國同胞均赴國難今在東京之比利時婦人惟我兩人而已每念可愛之同胞被蹂躙於殘忍德軍之馬蹄憤懣之情不覺迫於胸際夫比利時者歐洲蕞爾小國也依列强之條約俾能保障其平和與幸福奈可怖之德國軍隊如狂潮之侵入犯我中立焚我都市毁壞我宮殿傾覆我民居甚至凌辱婦女槍斃市民無老無幼咸爲魚肉其殘虐無道之野蠻行逕徵諸比利時之政府公報及紐約某報記者某氏之通信彰彰無可諱飾蓋自是而我所最摯愛之國土中消平和之陽光起戰鬬之陰霾家爲敵兵之營野成紅血之海老弱男女飢餓號泣漂泊無

韵琴雜著 筆記 一

家之慘狀古今列國實所罕見吾曹雖至不肖然每聞故國殘破之聲輒復哀痛不能自已用特呼訴於日本帝國紳士淑女前冀集義金若干以惠我目前橫受敵兵塗炭之同胞而慰其疲乏願江湖之各博愛義俠君子諒吾等之微意慨予以多少之捐助則比國遺民之厚幸矣

韵琴曰德國破壞比利時之中立蹂躙其土地殘虐其人民以表面觀之眇小之比利時國全部皆受損失經此挫折元氣已傷一蹶不能復振矣然一深究其内蘊則比所損失者土地耳其民氣固未嘗凋敝也如瓦嚕在夫人輩身爲女子而其浩然之氣愛國之忱曾不少遜於英雄丈夫余故得而斷之曰觀比利時之民氣自今以往必終有恢復其土地以勉爲世界强國之一日至如日人之攻青島自龍口登岸不卽東嚮乃轉旆而西行佔我膠濟鐵路侵犯我領土蹂躙我生民以我所受之損失與比利時相較雖有局部與全體之差要其爲破壞中立之野蠻舉動則一也而我國之廣土衆民竟未見有一人焉如瓦嚕在夫人之顧念其同類者嗚呼哀莫大於心死其吾國民之謂乎擲筆爲之慨然

韵琴雜著 筆記 二

英國會刑國王查理第一之始末

英吉利自依利薩伯女王卒後蘇格蘭王惹米斯六世以母系而兼王之稱惹米斯第一（一六〇三年）其志務擴張王權施政專橫屢招國會之反對迨一六二五年王崩查理第一嗣位崇法相黎塞留政策嗣行乃翁之遺志國會雖疊次要求國民權利王佯納之而不如其請一六二八年並下令解散國會一六三七年蘇格蘭軍起王舉兵抵禦因財政支絀不得已復行召集奈議員憑理決政不服王之私命王怒又立命解散一六四〇年蘇軍進攻益急王迫於勢遂又召集卽英史所謂長期議會也長期議會者開院第一案卽決議國會非經上下院通過國王無遽命解散之權（後果至一六五三年凡十三年間相繼不絕）繼卽彈劾首相『司拿夫路德』處以死刑一六四二年王無已乃兵迫國會命逮捕反對派之首領議員五人該五員已聞風先逝王旣違背英吉利之憲法而其目的又未能達由是國論沸騰國會黨與王黨之激烈衝突遂起而互訴於武力矣英史謂此中含有政治上與宗教上之諸複雜問題要亦十七世紀民主主義與君主主義衝突之顯象也王因違憲行爲旣招市民之憤怒乃退出

韵琴雜著 筆記 三

倫敦走物克司貨德與國會宣戰黨於王者曰騎士黨貴族僧侶諸舊教徒屬之黨於國會者稱圓顱黨商工諸新教徒屬之（新教徒悉剃短髮故曰圓顱）初戰於『野基崖耳』國會軍雖稍有挫折未幾克倫威爾出爲統帥其勢復振一六四四年敗王軍於『馬斯頓莫亞』翌年再戰於納斯俾王軍敗潰查理奔司荷特拿恩德司人捕之引渡於國會爰國會有温和與激烈二派對立温和派主張立憲政體以限制王權激烈派則主張廢王而行共和政治克倫威爾屬於激烈派者也會温和派思居中調和以貫澈其所主張擬先解散其國會軍隊之一部克倫威爾乃先發制人率兵入議院逐反對派諸議員並閉鎖貴族院開高等法院於衆議院以裁判查理罪狀一六四九年一月二十日處以死刑

韵琴雜著 筆記 四

法國路易十六上斷頭臺之始末

議院對於獨夫有逮捕……審問……處刑……執行之先例

專制魔王之結果……如是……如是

欲步路易十六之後塵者……曷不回頭猛省

西歷一千七百九十二年九月二十一日法國立法議會解散後國民公會於此日開院其議員屬「吉朗特黨」與「蒙坦黨」而「王黨」不與焉是卽法史所謂「恐怖時代」也吉朗特黨持「聯邦共和主義」主「溫和」蒙坦黨持「中央集權共和主義」主「激烈」兩者抗不稍讓禍機日迫至十一月七日遂決死命以定勝負所爭者卽路易處分案也蒙坦黨以路易生存實有害共和政治之發達思刑治之逆知吉朗特黨溫柔必不敢附和乃乘其未發而攻之謂該黨反覆無常厚於王室薄於人民希冀王政復古且反抗新政其罪彌極蓋欲先藉言論以嚇之也既而列舉路易罪狀於議院曰「路易常勅諭克勒門教正謂朕若克獲政權必召還教徒改憲法復王政之舊」曰「國王常反覆詔勅背盟約阻革命之前途」曰「國王嘗通款於亡命者誘致外援謀復王室」曰「身體之神聖云者但就國王言耳既已廢爲庶人尚何神聖之有宜召至議院審判之」而吉朗特黨果如蒙坦黨所料反對此議曰「廢王者爲改政體耳非爲處罰也國王神聖臣下安敢與抗且王性溫良採用民意除弊不吝今罰之橫暴惡逆孰有過於此者乎」正紛議時會於條勒利宮國王寢殿上發見一鐵篋篋中有國王秘

韵琴雜著 筆記 五

韵琴雜著 筆記 六

書數十通由是曩日王與米拉伯普伊爾侯等密通謀復王位又密請奧政府誘致外敵之跡歷歷有證十二月十日議收一切書類決計召王至議院審理之十二月十三日巴黎市長奔赴坦爾布面謁路易朗讀議院之宣告文命赴議院聽候審判路易曰「吾何敢抗」乃擁騎兵一隊趨造議院衆議員危坐以待之議長起謂路易曰「路易閣下（語殊新奇）法國國民列舉閣下罪狀甚詳願審問焉」王神色自若從容就坐旣溫且厲一如平時吉倫特黨諸人如羅蘭等皆泣不仰視未幾書記提鐵篋條舉王罪

（一）剿絕法國人民之自由好行虐政

（二）遣密使至奧普諸國誘外兵入寇

（三）巴勒納逃亡之事

（四）擯斥人民之請又妄拒議院之議不與批准

（五）八月十日之亂使瑞士傭兵抵抗民軍

舉右五事以詰路易路易殊沈毅從易而答一若鐵篋中物彼絕不知之者又就各條明辨曰「非孤所知」曰「是皆大臣等之責任」曰「議院不可不任其責」口如懸河絕無畏色至辯八月虐殺一事則大聲曰「諸君乎此事問予胡爲者」審判畢路易復還宮十二月二十六日議院再召路易有的日斯其人者爲其辯護甚力曰「憲法所載國王神聖不可侵犯明文具在」然所言均非人所樂聞辯論畢路易仍還宮自是議院之內互相抗論自十二月二十六日至翌年一月中旬經二十日尚未決乃有名山白斯者號於衆曰

路易虐君也虐主也七月十四日之變十月五日之亂彼嗾使護兵反抗民軍及民軍獲勝乃僞作喜色以賀兵權既不在彼猶弄策略抗民主黨而八月虐殺之餘尤荒謬絕倫置護兵於宮中使固守之己身則臨議院聲稱希望平和首鼠兩端自欺欺人種種罪惡不遑枚舉

羅伯斯庇爾又疾呼曰

國王有罪與否非今日所當問要之革命之起卽國王失政之明證今路易辯論已畢諸君何斷罪之不勇也諸君疑王罪之有無將疑神聖革命之是非乎神聖革命

韵琴雜著 筆記 七

韵琴雜著 筆記 八

有是無非又安得責人民之失而置王罪於不問耶

一月十四日巴黎人民不耐議院舉動之緩慢大舉圍議院呼曰「誅無道君」「誅無道君」「不能誅無道君卽誅爾等」物議洶洶議院大窘因急提議三事如左

（一）路易加伯（當時國王之稱號）有無阻礙人民自由國家治安之罪

（二）苟有罪則其宣告文當得人民之檢閱否

（三）宜處以何刑

第一案可決者五百九十六人否決者三十五人以大多數決其有罪第二案則可決者四百二十五人否決者二百八十人亦以大多數故決行至第三案則最爲重要朝野耳目全集於茲院內議論百出自十四日至十六日猶無成議市民擾亂日甚蒙坦政社中「死罪」之聲上騰九霄議院之旁聽席爲人民所集喧囂異常護國兵市會等頻遣委員强請議院說士政客日夜演說言國王當死至十六日討論畢投票以定王罪吉朗特黨首領於投票之先大書「死罪」二字以號於衆於是黨員四十六人皆踵起效之此黨雖素主和平非無恕王之意而以衆怒難犯恐大禍及身故悍然出

此投票者七百二十一人其結果如左

(一)死罪　三六六

(二)死罪延期　六七

(三)流罪禁錮　二〇八

死罪既無可逃然於行刑之日期又討論二日至二十日午前三時多數議決於二十四小時內行刑即日山德爾代表巴黎市會就坦布爾朗讀宣告死罪之文申告以翌晨七時行刑王徐聽之求允許會晤王族延見牧師許之深夜王更與王妃王子公主等相抱訣別延導師祈冥福夜半就寢翌日黎明即起顧侍人命以所攜指環給諸王子剪髮一束送王妃又以玉璽授太子而告之曰『朕臨死不能會見諸宗族遺憾終天然共免哀別之苦余心亦大慰焉』午前九時山德爾驅王駕出王在途靜謐如常誦聖詩不止憲兵騎士盛裝護駕以從有遮道奪取者不成有頃至刑場場在孔哥德宮園中(又名革命宮)横砲圍之萬民麕集王徐下更衣受縛至斷頭臺下越級而升口喃喃述絕命辭辭未畢山德爾使鼓亂之無何刑機忽轉王遂長逝時午前十一時

三十分也路易年三十九有子二即路易十七世及馬利德勒斯公主是也巍巍大國之君所求者樂耳今若此者違叛民心耳帝王末路之慘就有過於是者王頭既斷羣民爭入刑場以巾拭其屍染血摘髮裂衣以爲紀念云

法國王后馬利安氏上斷頭臺之始末

不但專制獨夫有身受死刑之結果……即專制獨夫之王后亦身受死刑而無稍寬假

與中國歷史上所稱願……生生……世世……勿生帝王家……同一悲戚

彼欲於二十世紀推翻民主帝制自爲者……盍速猛省

『馬利安達業多』者奧地利女皇『馬利剔里薩』之女法蘭西『路易十六』王妃也輕佻豪侈縻費無涯時人因其驕奢爲法國財政紊亂之源遂名之曰『歲計不足之夫人』馬利安當路易處刑時與其子女(即路易第十七世及馬利德勒斯公主)被囚於『但布爾』獄中彼兄妹者執役洒掃儕於賤婢馬利安身在囹圄猶教育之孜孜不懈而政府監守綦嚴供養菲薄晝給粗糲夜授油燈後乃令王嗣與后分居以奪其

子母團叙之權一千七百九十三年八月一日王后處刑之議始起於議院國安委員議論分岐羅伯斯庇爾等固爭其不可巴勒爾比羅巴倫等則曰當今共和初建正安除國王遺孽之秋王子幼弱不足爲患且可爲質(大錯特錯)獨王妃乃法國禍亂之源泉若不決絕我共和政府尚未可高枕而臥也衆是其說議遂決越二日令王妃與王族隔絕改幽之於『孔西爾日利』獄中孔西爾日利者在森內河之洲渚上巴黎最惡之獄舍也屋舍陰暗溼氣蒸人藁牀敝席僅堪容膝馬利安幽閉於此閱期七旬有餘十月十四日召至革命法院受審馬利安被囚已久頭髮銀白形容枯槁傾國玉容已非昔日唯頑強之概則無異從前答辯銳利聽之者尚爲動容即日判決『死刑』仍押歸孔西爾日利行刑之日(十月十六日)尚作書致王妹曰

行將逝矣敬致遺言今茲之死某固有罪然可與汝兄相見於九泉亦得快愉臨終期迫無所顧惜惟子女幼小良用惻然望卿盡誠愛撫俾有復位之一日(再望子孫做皇帝馬利安可謂毫無心肝者)并乞傳先王之遺訓勸監督之令勿輕舉妄動(要做皇帝自不容易然而又何苦如此)某雖遭横死固咎由自取不惟不怨

諸臣且將爲之請於帝焉

舁護送至刑場其地爲路易第十五之宮禁當時稱爲『革命宮苑』王妃降輿上斷頭臺乃顧謂衆曰余冀昊天勿罰王敵(如許之百姓試問從誰罰起)告汝億兆臣民自今而後余得與卿等父帝相見矣(以父帝二字觀之馬利安至死不脫專制口吻)語畢從容就死時年三十有九也當馬利安之嫁不爾彛家也帝威赫奕雄視中歐居佛色黎宮歌舞管紗雍容嫻雅驕奢豪蕩傾國傾城一旦變起災厄頻臻王宮三見侵略王位被削禁錮數年終遭刑戮其晚年所身受之痛苦亦足以償其初年無度之娛樂也

法國貴族玻爾訥子爵上斷頭臺之始末

只因貴族兩字……遂罹大辟之刑

貴族之結果……如是……如是

魔王專制餘毒之可畏……如是……如是

『亞歷山大玻爾訥』者法之子爵也遊於『馬爾的尼克島』(西印度安的列斯島之

一）悅法儒『他塞』之女『約瑟芬』娶之而歸數年間舉一子一女家庭之樂翕如也一日約瑟芬晨妝甫畢侍女倉皇入白有來訪者命導入則一少年攜盛履之囊趨前而言曰余非爲鬻履來也約瑟芬未達其意少年復低首語曰余將以非常之事告夫人約瑟芬訝曰果何事者客請逕以語我少年曰不可洩之並將不利於余約瑟芬遂命侍女往告其夫少年潛聲曰夫人其欲救玻爾訥子爵乎昨夜公安委員已議決處以極刑余親見其逮捕狀矣約瑟芬大驚曰先生何由知之少年曰余『蒙坦黨』人也昔爲履商重子爵之爲人故陷險以告言次玻爾訥適至約瑟芬揮淚執其手以少年所語者告之玻爾訥感少年義俠將有所贈少年曰敬謝公之厚意余不敢受事急矣公其速行玻爾訥搖首曰余決不出此余決不出此逃竄以保其軀者非丈夫也彼公安委員將援何事以爲余罪少年曰公非『貴族』乎公非『王黨』而後入『吉朗特黨』者乎二者皆公之死罪也玻爾訥曰時勢變遷無定予彼時固以身列王黨爲無上之榮譽後之入吉郎特黨且爲憲法委員者亦無非欲伸民權耳（與吾國今日帝制派藉君憲兩字欺人者何其相類）今民權大伸以余爲王黨而後入吉朗特黨遂置余

以大辟余死晚矣（民權擴張貴族即不容於世今之助桀爲虐出死力以壓抑民權者正爲此故但壓力愈加則爆發力亦愈大古今中外一毫不爽民權終必有伸張之一日奈何奈何）約瑟芬曰何物憲法將洒盡人之熱血而後成耶（此係相當之代價）少年復變色曰夫人不聞植自由之大樹於磽确不毛之地不可不濺敵者之血以培養其根株耶顧謂玻爾訥曰時已迫矣公其善自爲謀予因公平生慷慨能急人之急且以公之罪比諸一般民賊尚有可原特冒死援公予之義盡矣脫予不幸而受逮公之命公幸勿咎予言已辭去約瑟芬力勸其夫逃竄以避玻爾訥曰事已至此予將奚之彼激烈派之『羅伯斯庇爾』既欲置我於死寧能容我之兎脫乎有死而已遂時有革命委員二人率捕吏入玻爾訥束手就捕投諸紐克三浦爾獄中彼賣履少年者即革命委員三人中之一也約瑟芬百方營救僅得政府許可入獄面夫偶與玻爾訥論獄事語侵公安委員獄吏聞之告諸公安委員遂命并捕約瑟芬約瑟芬被捕之日天甫曙接一無名之短簡曰『夫人之身危矣不行將不免』約瑟芬欲攜其子女同行既不能棄之良不忍既而嘆曰我夫既囚於縲紲我何忍獨享逸樂顧此無怙無恃

之二孤兒將何以置之言已泣下俄而捕吏至大呼曰我等奉政府命逮罪人約瑟芬罪人其速出受縛約瑟芬乃潛入寢室視其二兒彼兄妹者引衾而臥朝睡未醒瞑目低眉嬌好如畫心乃大戚泫然流涕曰天乎兒乎今汝母將與汝二人長別矣此刹那間或爲我母子最後相見之期我不可不熟視吾兒之睡容脫汝母不幸相從汝父於地下亦將以吾靈魂永永蔭護吾兒言未竟捕吏大譁約瑟芬恐驚覺其子女乃潛開其扉出而就逮幽於卡爾墨利茲尼院是院爲政府所置之臨時監獄（約瑟芬倘不慕此虛榮爲一平民婦或可得百年偕老世之希望爵夫人者盍速猛省）院中地板無一不有血腥約瑟芬所幽之室約百六十人皆法之貴族號呼哭泣悲慘之象不可以言喻約瑟芬雖身羅監獄猶日夕以救夫爲事上請願書於革命裁判所爲其夫玻爾訥鳴冤其文淒涼悱惻哀感動人裁判官聞之爲之動容乃許其夫婦稍通款曲列爲同日審問審判之日獄吏先引約瑟芬至裁判所憩於待質室繼復引一人至瘠毀骨立面如煤黑不可辨識迫而視之則玻爾訥也約瑟芬遽起以身投之相倚而泣玻爾訥已見其愛妻復思其幼子心愈加痛且回憶前時曾一度與之反目今其妻乃堅

貞如此忸怩之色更覺難堪約瑟芬隱悉其夫之苦亦不能擇詞慰之無何獄吏呼約瑟芬就訊訊已復就獄玻爾訥則以身列貴族論死一千七百九十四年七月二十四日之夕玻爾訥知其身將就辟矣乃整衣履向神祈禱復作一書以與約瑟芬永訣曰『我至今日乃知卿卿眞賢妻良母也以卿冰雪之操懇惻之情余雖欲忘之而不可得今者我之生命將與彼斷頭臺之朝露同時散滅願卿勿以我爲念顧彼不幸之二雛幼而喪父……』玻爾訥作書至此有獄吏二人入而呼之曰汝髮長如許詰朝將不利於刑刃吾爲爾理之言已出一剪刀斷而委之於地玻爾訥欲檢取一縷以貽其妻哀求再三始得照允翌晨遂從容就戮矣厥後約瑟芬因焦月之政變（千七百九十四年七月二十八日）得免罪出獄於一千七百九十六年三月九日再嫁拿破崙第一拿破崙始寵而終棄之抑鬱以死嗚呼約瑟芬慘矣世之慕虛榮受實禍者其亦約瑟芬之流亞歟

拿破崙之末路

拿破崙乘革命之風雲藉武力以威迫民意登法國帝位鐵騎百萬蹂躪全歐百千諸

侯伺候於條勒利宮而窺其顰笑豈非千古之怪傑得志於時之快事哉特其天性殘酷蔑視人道內政外交無不藉武力而專橫詭詐自敗於滑鐵盧同盟軍逼其退位拿破崙思遁亡北美途遇英艦捕挾而歸於是列國議決流竄仍由英派附屬艦隊『沙巴拿多號』解送於『聖海倫』島聖海倫者由火山發熱突然湧出之岩石大塊也矗立於大西洋面宛如海中城廓計長十哩廣六哩高出海面千二百尺多岩石少樹木人居平地總計八百（內白人五百黑奴三百白人中兵士約二分之一強）拿破崙離法百日別英約七十日抵此之期爲一千八百十五年十月十五日之夕也翌晨登岸由艦中給以少許行李駐蹕於『基嬪司太島村』其時島民扶老攜幼呼朋引類僉爭先以覩此惡魔爲快拿破崙低首沈默神氣沮喪藉扉蔽身濕手掩面而已距基嬪司太島村三哩許其山腰間有地名『羅古拖』者原係牛欄島民豢養耕畜之所也玆選以充法國大皇帝拿破崙第一之宮殿焉因改造茅屋數椽工事未竣拿破崙乃請於『科古巴大將』（英國特派之以監視拿氏者）假僻處民家一小室內居約二月方遷入此世界第一魔王之大皇帝遂終其身與此牛欄相周旋矣據英國羅士伯立著

述中有記拿破崙居此之一節曰

拿破崙不但自有多數宮殿且因戰爭勝利屢宿泊於非自身所有之歐洲諸王宮內者今也被幽囚於長十四尺高約十尺至十一尺之二小室中在此小區域內帝之名譽勝利凱旋捕獲物亦不免因之而縮減矣故英國仍不去其帝王之名號帝所居之二室各有二窗外眺則遙見彼方之兵營（時拿破崙居羅古拖即散步亦只許於一定區域之內區域外即有英兵武裝監視之）一室之隅置帝常用於戰場之行軍牀牀與暖爐之間有長櫈書籍散積別無他物他之一室亦設椅書架寢床數事帝即往返蹀躞於此二室間寢時甚少常衣白寢衣着洋袴頭罩白巾面現憂色

帝之消遣鑑讀書一事以十二閱月間曾讀傳記七十二冊且加以評註有時亦與從者作骨牌象棋等游戲或親持鋤鍬自植樹木

拿破崙居此殆如熱帶之猛獸移置冰島全失自由故健康次第衰弱且生平持不服藥主義雖有病亦不施診治於是患胃癌病卒於一千八百二十一年五月四日之夜

該日自午前六時始仰臥牀上右手垂外眼視天空氣絕時僅呼法蘭西……軍隊……軍隊之統領……約瑟芬數句耳

世界共和國立國之概要及政象 丙辰一月作

- 共和國
  - 聯邦國體
    - 無責任內閣
      - 美利堅、墨西哥——北美
      - 阿根廷、巴西、委內瑞辣——南美
    - 有責任內閣——瑞士——中歐
  - 單一國體
    - 無責任內閣
      - 坡利斐亞、智利、可倫比亞、厄瓜多爾、巴拿馬、巴拉圭、秘魯、烏拉乖——南美
      - 危地馬拉、桑薩爾瓦、多爾、閔都拉斯、尼加拉瓜、哥斯德耳、黎加——中美
      - 古巴、海地、三多明各——西印度
      - 里比利亞——西非
    - 有責任內閣
      - 法蘭西、葡萄牙——西歐
  - 畸形國體
    - 閉國會省會、廢法院對外、總統對內皇帝——中華民國——亞東

美利堅又稱合衆國

英依利薩伯之世（一五五六年以後）清教徒人避難之美歷經艱苦始得於大西洋岸成立市邑（馬里蘭紐約克勿爾吉尼阿紐罕什爾紐折爾西康內克的告特麻沙朱色得士賓夕爾法尼亞羅得島特拉華北喀爾勒那南喀爾勒那吉俄爾給尼）十三邦英政府欲專其貿易之利禁與他國直接通商殖民遂心懷不平及英因奧地利

王位相續之故戰爭七年財政窮乏乃徵稅於殖民一七六五年發行印花稅雖新聞雜誌皆不免殖民忿憤謂殖民地無代議士而課稅是國會違法以反抗之（中國之租稅何酷中國之代議士何在噫）英政府不得已廢止改課茶、紙、鉛、玻璃等入口稅殖民仍不從後乃僅徵收茶稅殖民亦拒之一七六九年派陸軍四團駐波士敦思以兵威壓服一七七〇年民與兵鬭死者數名美史誌之曰波士敦殺戮厥後或毆售印花紙之官吏或毀其家宅暴動不絕一七七三年波士敦少年結黨五十登英船投其茶三百四十二箱於海英政府遂派艦隊封鎖波士敦港除燃料及食物外凡貨物概禁出入一七七四年（清乾隆時）殖民聯合各邦開『大陸會議』於費拉得爾非亞籌抵制之方議要求英政府與以自治不許戰釁遂起一七七五年開第二次大陸會議決宣戰因『能亞丹』氏之薦舉推『華盛頓』爲總司令一七七六年（中華民國紀元前一百三十六年）十三邦聯盟立亞美利加合衆國『哲發遜』氏草獨立宣言書布告各國初英軍連勝陷紐約克一七七七年九月進至『勃蘭德瓦』大破美軍占領費拉得爾非亞然美人不稍挫其氣月餘後『撒拉多伽』之戰卽獲大勝美將『格梯』

韵琴雜著　筆記　二一

韵琴雜著　筆記　二二

降英將『波蛾義』及士卒六千法政府聞捷首承認合衆國之獨立且與之同盟而向英宣戰一七八一年美將『克林』追英軍至『約克唐』法國海軍援應之華盛頓亦急赴此三面合攻英將『康華理』知不敵乃率兵七千降華盛頓於是荷蘭、瑞典、丹麥、西班牙、俄羅斯等諸國皆承認合衆國獨立英政府於一七八三年亦認美之獨立九月二日結媾和條約於法京巴黎其時合衆國雖爲各國所承認然十三邦之內部勢甚散漫舉凡整理財政保護貿易監督陸海軍俱無從着手乃於一七八七年開聯邦會議制定聯邦憲法九月十七日草案告成一七八八年公布翌年三月四日實行遂因憲法而特置中央政府分立法行政司法三大部以執行全國政務各邦亦自定憲法設政府及議會以執行邦政百餘年來勵精圖治版圖日闢今已有四十九邦幾與歐州全土相等矣

美國之三權分立互相維攜有條不紊行政權在大總統副總統佐之二人均由國民選舉任期四年連任者以一次爲限三十五歲以上及居本國十四年非法律規定之不合格者得被選其下分國務部、戶部、陸軍部、海軍部、郵政部、檢事長各部總長由總統選任之惟須先得上議院之同意耳立法權在國會分上下兩院上院議長以副總統充之議員爲各邦議會所選出每邦二人任期六年於立法權外有許否總統所任官吏之權下院議員由人民直接選舉之每十三萬五千人選舉一員任期二年彈劾權爲下院所獨有者凡法律案上下院通過後由總統公布司法權法院掌之各邦有高等審檢廳及地方法院中央法院專理合衆國法律訟案及海盜殺人等事地方制度則各邦有民政長及邦會議員及官吏皆由人民公舉凡人民未滿六萬之地不得謂之曰邦名曰新疆地受國會直轄

墨西哥

墨西哥於歐人未至美洲之前卽已躋於文明強盛之域城池宮殿遺跡猶存惟開化之年代不復可考矣一五二二年前（明正德時）西班牙人『科爾士』探險至其海岸國王『孟德齊馬』犒之所貽金盤大如車輪科爾士見之謂墨西哥之山河實金銀之府庫也於是野心勃起率兵隊出死力以攻之而孟德齊馬之宗社以墟墨西哥滅於西班牙者垂三百年之久洎夫一八二四年（清道光時）恢復故土離西自主厘定憲

韵琴雜著　筆記　二三

韵琴雜著　筆記　二四

法分全國爲二十七邦二新疆地一藩屬繼美國而爲北美洲之第二共和國然以總統久任（如爹亞士盤踞總統位前後凡三十年）每託共和之名行專制之實故政黨相爭革命不已國勢至今猶隉阢也但尙有憲法及國會與政黨存在各邦行自治之政總統雖久任不敢稱帝國民希望未絕較我中華略勝一籌耳

阿根廷

阿根廷初屬西班牙一八一六年（淸嘉慶時）自立爲民主國憲法略仿美國及瑞士總統握行政權國會握立法權上院議員三十下院八十六人全國分十四邦行自治制於聯邦憲法範圍內各有特殊憲法

巴西

巴西爲南美洲第一大國世界第五大國也初屬葡萄牙一八〇八年推葡國王族『彼得第一』爲帝離葡獨立而自建王國一八三〇年王卒彼得第二繼位在位五十八年內任賢相以整國務外與『巴拉圭』戰以揚國威然自由保守兩黨素相爭持不下且有社會急進黨繼起圖謀革命王乃於一八八九年（淸光緖時）退位改爲民主

國大總統副總統任期四年不得連任國會分上下兩院上院議員六十三員下院二百十二員地方行政區域分二十邦

委內瑞辣

委內瑞辣原屬西班牙一八一一年國中英傑『玻利乏』率衆革命血戰九年乃得脫西屬而合於可倫比亞共和國一八三〇年（清光緒時）復自立總統握行政權六部總長及同盟議會佐之同盟議會議員由國會合選國會握立法權分上下二院上院議員四十下院五十二全國分二十一邦邦有民政長行邦會自治之制

瑞士

瑞士山水明媚風景絕佳有世界樂土之稱原屬奧地利十三世紀之末（明之初葉）離奧獨立始僅三邦厥後十九邦陸續加入至一八四八年合二十二邦而爲共和國立法權歸國會於上下兩院議員任期三年行政權由國會推選議員七人掌之其長卽爲國之總統副爲副總統每年一選不得再任餘五員爲各部總長分司庶政各邦有自治立法權其制不一

玻利斐亞

玻利斐亞原屬西班牙殖民地一八二五年（清道光時）豪傑『玻利威』率民叛之立民主國卽以其名名之也大總統副總統握行政權大員五人佐之立法權在國會上院議員十六下院六十四地方制分九部

智利

智利初屬西班牙一八一〇年（清嘉慶時）革命軍起苦戰八載始得獨立一八一三年（清道光時）定憲法爲民主國總統行政同盟議院與各部長佐之國會立法行兩院制全國地方分二十一部立國後內治進步甚速一八七九年（清光緒時）與秘魯及玻利斐亞戰外交亦勝得廣擴領地於北方

可倫比亞

可倫比亞初稱紐古拉那達屬西班牙一八一一年宣告獨立苦戰至一八一九年始得完全脫離西之羈絆自立爲可倫比亞民主國總統行政六部總長佐之國會立法用兩院制上院議員二十四下院六十六人全國分八州州有議會

厄瓜多爾

厄瓜多爾本爲西班牙領地一八二二年離西自立合併於可倫比亞與委內瑞辣而爲聯邦一八三〇年又離可委自立爲民主國總統行政國會立法採兩院制上院每部二人下院每一萬五千人公舉一員地方制度全國分十六部

巴拿馬

巴拿馬初爲可倫比亞之一部一九〇三年自立爲民主國總統行政六部總長佐之議院制度與可倫比亞相仿全國分六省　按巴拿馬於一四九四年（明弘治時）爲哥倫布所發見連絡南北美洲之地峽也一八七九年法人『雷塞布』倡議自北岸之科倫埠至南岸之巴拿馬（卽現巴拿馬國之中央政府所在地）開鑿聯絡太平洋與大西洋之運河預算之費爲二千七百萬磅乃動工不及五分之一巳費去七千萬磅事遂敗一九〇二年美政府以八百萬元向法人購入更給金一千萬元歲租二十五萬元於巴拿馬政府得其開鑿權從事工作一九一四年果得開通能行巨艦嗚呼美之如此熱心毅力而開此運河以便易達於太平洋而及東亞者其目的究何在耶

吾國人亦知之否

巴拉圭

巴拉圭初亦屬西班牙一八一一年（清嘉慶時）離西獨立至一八四四年（清道光時）始確定爲共和國其後與巴西戰大總統『羅庇士』死之戰後又苦於財政困難迫與英人通商國勢漸復總統行政國務員五人佐之國會立法分上下兩院地方制度全國分七十小部

秘魯

秘魯舊爲因加王國歐人未至以前除墨西哥外爲新世界最有文化與權力者一五三一年（明嘉靖時）西班牙人『皮撒執』率衆入寇殺其王而略其地爲白人殖民地者凡三百年一八二四年殖民獨立爲國至一八四五年始確定共和政治制度與巴拉圭略同惟全國分二十一部耳

烏拉乖

烏拉乖初屬西班牙一八三〇年併於巴西一八二八年離巴獨立爲民主國總統行

政國會爲兩院制上院議員十九下院六十九地方制全國分十九小部

中亞美利加之五共和國

中亞美利加介特赫的伯克及巴拿馬二土峽之間初屬西班牙與墨西哥同叛聯爲一國繼獨立爲中美合衆國一八三九年又分立爲五民主國即危地馬拉桑薩爾瓦多爾闕都拉斯尼加拉瓜哥斯德耳黎加是也議院多取一院制總統任期四年惟危地馬拉者六年耳

西印度之三共和國

南北亞美利加之間北抵佛魯里達半島南至痾諾哥河口有大小島嶼千餘連緜如一弧線若封鎖墨西哥灣及加勒比海者曰西印度羣島（哥倫布探險首至此處誤以爲印度之屬島故名之至今沿用未改）其中部大安的列斯羣島中有二大島附數小島而建三共和國即古巴、海地、三多明各（又曰聖度明哥）是也古巴自一七九二年始屬西班牙領地西設巡撫治之島民困於苛政屢起革命一八九八年得美國輔助大破西軍遂離西獨立一九〇一年立民主國行共和政治古巴之東有面積約

韵琴雜著 筆記 二九

二十九萬方里之大島昔日法領其西西占其東政令煩苛一七九一年同起革命苦戰十三載始得獨立分立二共和國西曰海地東曰三多明各

里比利亞

里比利亞者阿非利加洲西海岸面積四萬五千方哩之部落也人民皆黑種初多隸美國爲奴一八二二年美國放奴令下由非洲殖民會社送之歸於是以二萬五千人之受文明感化者率百五十萬人於一八四四年（清道光時）獨立而爲共和國亦有總統國會於一八四七年制定憲法矣嗚呼倡言中國不宜於共和政體者其知識蓋遠遜於黑奴也吾國四萬萬餘之神明冑裔而聞其說亦有可否於其間者曾殺人行祭混沌無知之黑人不若哉亦曰苟而已矣哀莫大於心死吾欲無言

法蘭西

法蘭西一六二四年黎塞留相路易十三握國家全權擴張王政因外交勝利所計實皆得實行迄一六四三年路易十四嗣位一六六一年宰相馬薩林卒（馬薩林繼黎塞留之後者）路易親政益以朕即國家之說厲行君主專制蹂躪民權賦課重稅征

韵琴雜著 筆記 三〇

外國建宮殿窮奢極慾任情因戮民命隨意攫奪民財遂種革命之遠因及路易十六之世國債山積財政紊亂不得已乃勅召議會議救濟之方法國第一次大革命遂於是發端矣蓋一七八九年議員奉令集會五月九日開議因同室異室事即大起爭端爰議員千二百十四人中僧侶三百八人貴族二百八五人平民六百二一人僧侶貴族主張異室會議平民不許也王見其爭持不解乃命閉會平民不從另自會合於『丁斯和爾』改稱國民議會非議定新憲法伸張平民權利誓不解散（吾國國會一遭獨夫蹂躪議員遂雲消雨散不易地重行集合無乃有負我人民之委託）其時巴黎人民起襲巴斯的獄（此獄爲禁錮國事犯者）燒毀之殺獄官而揭其首於竿奔馳市街拆各富豪貴族宅邸於是貴族均逃遁外國王親往巴黎慰諭人民示無他意且允民請命『拉法夷脫』爲護國軍統帥從此用赤白綠三色旗以爲國徽（法之三色旗爲革命黨所定取自由同權平等之義）旋國民議會議定新憲法而王不即行批准且集軍馬於維爾賽（法之王宮所在地在巴黎城之西南約三十里）以賜宴有軍人（此軍乃由瑞士雇入者）醉侮三色旗巴黎人民大憤十月五日集男女數萬闖

韵琴雜著 筆記 三一

入王宮擁王及其族歸議會亦同時遷移（吾國此時之五色旗較法國彼時之三色旗以人民血淚換來之價值實有過之無不及也吾國民亦知擁護之以保此中華民國之國徽使能永久輝耀於大地以與彼三色者相映照否）王於一七九〇年七月十四日誓遵新憲法宣告國民民悅且藉『彌拉波』『拉法夷脫』等調護之力君民稍得安逸一七九一年（民國紀元前一百二十一年）四月彌卒拉氏力微難支革命風潮又起六月二十日夜王率皇后及太子出奔爲追者所獲仍還巴黎九月末日國民議會自行解散翌日開立法會議於是形式一變革命潮流愈赴於急激矣一七九二年與普諸國聯軍攻法議會遣軍拒之大勝因疑國王通敵禁錮之撲滅王黨死者無算九月二一日立法議會解散開國民公會議決廢除王政布告共和一七九三年一月二一日殺路易又平王黨之起兵反抗者選任公安委員設法廷以處置當罰者自王后及羅蘭夫婦以下宣告死刑者數千人斷頭臺上之血時不絕流已而激烈黨退平和黨起一七九五年組織督政政府選用督政官五人居最上位以處理行政事務定上院議員二百五十人下院議員五百人以司立法一七九九年拿破崙第一謀通

韵琴雜著 筆記 三二

上議院得其許可下議院不從以兵力解散遂廢督政政府設總統三人自爲大總統獨掌兵政兩權蹂躪全歐所向靡敵一八〇二年推爲終身大總統一八〇四年廢共和政治卽帝位於巴黎十二月二日羅皇教王庇護第七親臨『拿泰達嗎』宮行加冕禮於是拿破崙乃授其親族以親王殿下之尊號選諸將之最有功者十八人賜以元帥名稱一八一四年拿破崙第一敗於聯軍被流竄荒島路易十八以聯軍之力再王法國行政仍失人望一八二四年幸以病卒其弟查理第十繼之性質遠遜於兄而保守主義則過之宣言國王之特權重於憲法又謂革命運動當以兵力壓服之遂釀成一八三〇年之第二次革命卽西史所謂七月革命者是也七月革命者乃國會因彈劾採用專制主義之『波利那』內閣查理遂於五月解散國會自由黨議員發行雜誌開會演說以攻擊政府查理於七月二十六日下『聖庫路』勅令改正出版條例禁止發行自由主義之印刷物變更選舉法於資格上大加限制見新被選之代議士多屬自由黨籍遂用選舉法變更之名又解散未開之國會於是人民激昂羣起而攻擊『波利那』邸宅二十八日學生及職工皆攜武器與拿破崙之舊兵相雜擊政府兵敗

潰進圍武庫奪兵器彈藥占領府署揭三色旗於禮拜堂高樓之上查理懼罷波利那廢聖庫路勅令舉國民素所仰望者之『穆特瑪』『彼理』二人使組織內閣然事已無及議員創臨時政府舉『拉法夷脫』爲國軍統帥（拉法夷脫時年已七十四歲後四年卒彼持共和主義自第一次大革命以來始終一貫）迎『痾勒昂』公路易腓力爲王查理奔英腓力卽位稱法蘭西公民之王言論出版宗教雖得自由而在位十八年內政外交僉失民望復釀成第三次革命西史所謂二月革命者是也二月革命者因其時凶荒相繼民不安堵黨人謂政府不知挽救保施政失策謀顚覆之約一八四八年二月二十二日於巴黎開政治改革大會被禁民憤爭築壘柵於市攻官吏家宅翌日軍人亦多加入羣呼革命萬歲於是首領『拉蘭治』率衆攻官署守兵槍傷五十人攻者遂將屍載車上巡迴市街大呼政府慘殺人民人心益激乃進迫王宮不肯退散腓力乃讓位於其孫『亨利』脫身遁英時亨利方幼其母抱而臨朝人民拒之亨利母子遂逃乃組織臨時政府宣布共和召集新議會制定憲法舉路易拿破崙爲大總統法國第二共和以成奈路易有承紹拿破崙第一之野心就職後濫用職權厲行專制

兵財兩部悉任私黨一八五一年十二月三日乘暗夜逮捕議員投之獄中解散國會頒布新憲法改總統任期爲十年一八五二年以兵力鎭壓全國宣言再復帝政迫人民選舉自爲皇帝遂登帝位稱拿破崙第三旋破俄破德威震歐土一七七〇年戰敗爲普所虜禁錮於加塞爾附近之威廉和海城內一八七五年乃確定共和政治國會分上下二院上院議員三百人由四十歲以上之公民選之任期九年下院議員五百八十四人每任四年總統或閣員有過下院提出彈劾案由上院裁判之總統任期七年由上下兩院選舉內閣凡十一部各置總長司員外設參事院全國分八十七省省長政府命之各縣有議會選舉官吏以掌地方政務

葡萄牙

葡萄牙原屬『加斯德臘』十一世紀之末（元紹熙慶元之世）獨立而建王國至一千四百八九十年間（明弘治時）土耳其占領東羅馬東西交通以絕葡王子亨利大遣遠行隊探險於非洲西岸厥後『地亞士』達南端好望岬『滑士科』航印度洋而闢殖民地於東亞領土擴張國勢漸振一五八〇年（清萬曆時）爲西班牙征服勢驟衰弱

一六四〇年（清順治時）雖恢復故土獨立爲國而海外領地以次失去一八二六年（民國紀元前八十六年）國王約翰第六卒王子彼得第四居巴西讓位於其女『馬利亞』迭傳至『喀羅第一』政治腐敗國民担負日重黨爭甚劇『喀羅』被刺而死其子『曼努爾第二』嗣立國勢仍疲一九一〇年（民國紀元前二年）革命黨起義於里斯玻亞（卽葡之京城）軍隊和之砲擊宮城曼努爾挈族而遁遂改建共和國舉大總統並組織內閣國會分理國事

中華民國

我國爲世界最古且大之國自唐堯以降至民國紀元以前凡歷五千二百六十有八年惟皆域於君主政體之成局故政治史上之進化黯彩纏滯溯自清廷失政瓜分之禍迫於眉睫吾民卽認定專制政體不容於二十世紀之中國於是孫文起義於廣州不成遁外國組織同盟會未幾有史堅如謀刺粵督德壽唐才常起義於武昌吳樾炸五大臣於天津徐錫麟槍斃恩銘於安慶熊成基謀起事於安徽汪兆銘謀炸攝政王於北京前蹶後興革命潮流彌揮彌廣清廷惟循例嚴飭查拿以防繼起且揭預備立

憲之旨以紿吾民迨民國紀元前一年溫生財槍斃孚琦陳敬嶽謀刺李準趙聲黃興等復起事於廣州事敗黨人死者七十二均叢葬於黃花崗顧革命之進行不爲稍退清廷懼電各省大吏嚴密防範而鄂督瑞澂遂於陰歷八月十八日大捕黨人搜有冊籍將按名窮治軍人通黨者皆自危乃於十九夜同時起義圍攻督署瑞率親屬逃武昌全爲民軍佔領立軍政府擁混成協統領黎元洪爲都督旋克漢陽漢口會清廷任袁世凱爲湖廣總督督師與民軍激戰燬漢口華界進陷漢陽但其時各省義師已先後響應南方若湘、贛、蘇、皖、閩、浙、滇、黔、粵、桂、川等省北方若陝西、山西等省既入民軍範圍而甘肅、新疆、山東、河南、直隸、及東三省亦有民軍奮起且各省先公認鄂軍政府爲主體推伍廷芳爲外交代表旋又派遣代表齊集武昌議定臨時政府組織大綱並決定設臨時政府暨開選舉會於南京十一月十日由直、秦、魯、汴、鄂、湘、粵、桂、閩、晉、陝、滇、贛、皖、蜀、蘇、浙十七省代表四十五人開臨時大總統選舉會孫文當選孫於十三日由滬赴寧就職是日改用陽歷卽吾共和政治發祥之大紀念日中華民國元年一月一日是也翌日開臨時副總統選舉會黎元洪當選又翌日組織內閣仿美制不設總理旋

以民國名義發宣告各友邦書先是袁世凱爲湖廣總督督師向南時於九月中旬遣劉承恩蔡廷幹爲代表向黎元洪請和大要以存清室虛君之名而使人民實行參政議未諧旋袁爲清室內閣總理復申前議由黎元洪通電各省自陽歷十二月九日上午八時起至二十四日上午八時止爲雙方停戰期期內由清內閣總理代表唐紹儀與黎都督代表討論大局（彼時各省公推黎爲民軍代表故與袁所訂休戰條約均以黎名義行之）嗣會議地點改設上海公推伍廷芳代表民軍伍提出條件爲（一）廢除滿州政府（二）建立共和政府（三）優給清帝歲俸（四）優卹年老貧苦之滿人因會議未決復延長停戰期至陽歷十二月三十一日兩方協議召集議會公決國體和局垂成乃袁以唐代表所訂之國民會議辦法謂其越出討論範圍迫其辭職而直接與伍宧商和議雖不成然南方人民已相率電促清廷退位北方將領亦痛陳利害請立共和政體於是國會問題一變而爲清帝退位之條件問題矣優待條例議洽清帝遂以民國元年二月十二日宣布退位南北完全統一大總統孫文辭職二月十五日參議院（參議院係依臨時政府組織大綱由各省代表組織而成）開選舉大會公

舉袁世凱爲第二任臨時大總統副總統黎元洪亦電辭職由參議院開選舉會舉其續任時政府及議員僉以新任總統應至南京受任特派蔡元培宋教仁等偕唐紹儀往北京接待袁世凱藉口北京兵變不克南行當經參議院議定辦法電致袁氏允其在北京受職受職後將擬派國務總理及國務員姓名電議院求其同意閣員任定後卽在南京接收臨時政府交代事宜袁氏遂允因電誓詞於參政院於三月十日在北京行正式受任臨時大總統禮其誓詞略謂願竭能力發揚共和之精神滌蕩專制之瑕穢謹守章法依國民之願望蘄達國家於安全强固之域越三日以參議院同意任命唐紹儀爲內閣總理唐總理隨赴南京以任命國務員求同意於參議院許之是爲民國第二期內閣也交代畢政府北移參議院亦同時遷往（按參議院於三月八日宣布議決之臨時約法臨時政府組織大綱當然廢止故第二期內閣遵約法而設內閣總理）

參議院北移後有謂原有議員係地方政府之代表不足以代表民意者於是院議由各省臨時省議會（卽原有諮議局改設之代議機關）選舉替代之以成完全民意機

關後按約法議決國會組織法及選舉法公布之正式國會因以得於二年四月八日開院當其行開院式之時第二任臨時大總統袁世凱有頌詞略謂『共和民國由四萬萬人民之心理所構造正式國會亦本四萬萬人民之心理所結合因勉議員以各紓讜論爲國忠謀』曾幾何時此情此景固仍縈迴於我民之惱中也正式國會成立後各國遂先後正式承認中華民國嗚呼袁氏若守法遵誓我中華民國固方興未艾也乃袁氏蓄謀破壞共和而欲帝制自爲先刺殺建國元勳國民黨理事宋教仁於滬濱擅簽善後大借款條約於黑夜並解散南軍而遣北軍南戍致激成贛甯之變藉以布置爪牙除戮異己繼則擅訂中俄蒙約用兵力圍議院强掠正式總統後卽電令武人干涉憲法草案違法取消議員閉鎖國會吾四萬萬人民心理所結合之正式國會竟蒙神聖文武絕無僅有之大總統如此重視之矣監督機關既去乃爲所欲爲毫無顧忌廢省會及自治制裁審檢機關而附於行政官署設造法機關而私改約法由十年而終身祭天祀孔賜謚封爵甚至承認五月九日之亡國條件而思交換皇冠以金錢武力指示投票而强姦民意對外總統對內皇帝釀成千古未有之畸形國體俾見

笑於大千世界吾四萬萬人民心理所構造之共和國家竟蒙神聖文武絕無僅有之大總統又如此重視之矣嗟爾蟊賊吾四萬萬人共有之共和國家除吾人理想上所有社會主義統世界爲一大共和國外國體問題決無置喙之餘地祝我護國軍直搗黃龍除彼元凶以消民憤而固國基

日本人談中國之國民性及致貧之由 譯中井錦城原著之二節

拂曉船破黃波溯行揚子江口由吳淞左折而入黃浦江唯見兩岸楊柳如烟白堊之農家點綴其間牛馬嬉戲於綠茵之上宛然一幅南宗畫余竊惜如斯勝地竟爲彼支那人之所生息聚居船抵上海之春申城畔五六層之洋房巍然列甍覩此繁華令余依稀廻想革命當時之遊然此非支那人之地實各國之租界也上陸入公共租界之日本旅店豐陽館此旅館余前年於支那革命時曾宿泊者去年漫遊南南亦寄足於此時有友人止宿見余先曰支那政體雖由君主而變爲共和奈其國民性依然不變今則有與余同船赴星加坡二客未諳上海地理偕伴余來余爲傭雇馬車使偏覽市中余則獨留旅館以候薄暮二客歸告余曰今日所見之事物悉可證支那人之金錢

韵琴雜著　筆記　四一

萬能主義余因此與二客談支那人之國民性

支那人之國民性第一在好利　支那人之好利遠發於三千餘年前三代之世當周之末葉上下交征利無唱義者一代之弊根全在於好利孟子看破之故其書之首章卽有義利之辯降至清代由文學以鎭壓人心以科舉而採用官吏苟有才能之士皆厭蠹魚之業而委身商賈如是遺傳之國民性乃益發達闔國之民好利過於酒色故清朝滅亡無一殉節者卽好利國民性痛害風敎之原因也支那人之好利事例不遑枚舉茲僅舉二事以推其餘漢口有一日本人一日獵於郊外彈丸誤中一支那人傷其面立仆日本人大驚舁入附近民家急遽探囊中銀幣三十餘元與之且低首平身謝過支那人聞之忽抬頭以血流朱殷之顏面含笑而受之幷擲於板上以檢其眞僞又奉天一囚宣告死刑押赴斷頭場時低頭步行途中忽見棄於路傍一角小洋急拾之以納於懷中袱押丁叱責而不顧支那人之尙利重於生命故愛一身過於一家愛一家過於一鄉愛一鄉過於一國支那人因乏國家的感想從而無愛國心不足怪也

支那人之國民性第二在對於弱者則殘酷　日本人所云『武夫知憐物』之美德萬

韵琴雜著　筆記　四二

不能發見於支那人讀支那史如剖比干之心膾鄂侯醢子路烹酈食其等殘酷事例更僕難數中華民國之成立國民精神在理似宜同行改革然今日各省都會之地猶見有曝首於獄門者記支那人之殘酷者莫若揚州十日記是書誌明末時清軍於十日間屠盡揚州著者爲當地儒生絕飲食數日潛匿屋隅目擊妊娠之妻爲敵兵所凌辱實畫出阿鼻叫喚大地獄之筆者也其書中有云各家之井塡滿屍體滿兵以裸體婦人之屍直貫車上之棒稱爲風車而旋轉之支那人之心理竟視殺戮如尋常茶飯之事有如此者

支那人之國民性第三在對於强者則從順　法國碩儒『典遞爾基安』氏曰支那人非同情的乃平和的然對弱敵則極殘酷對强敵則極從順也蓋支那自唐虞以降屢被壓迫於東夷西戎北狄南蠻而其居住支那本土之漢人種能征服四境者未曾得見純然爲被征服的人種也溯自舜征苗族戰死於蒼梧之野爲始支那之歷史乃四千年間之外夷壓迫史以秦始皇之雄略非築萬里長城以禦胡耶以漢高祖之成大業漢詩中最意氣壯大之『大風起兮雲飛揚威加海內兮歸故鄉』而末句竟附以

韵琴雜著　筆記　四三

『安得猛士兮守四方』一語非對於匈奴之冒頓單于有恐怖心耶五胡之亂夷狄與支那人之血統混亂矣唐之安祿山卽亞歷山大之景敎宣敎師混入宮庭釀成殺楊貴妃逐玄宗於蜀之大亂降至元清以夷伐夏遂爲支那全部之帝王此足見漢人種之如何對於强敵爲服從人種矣

支那人之國民性第四在於不潔　詩經云『雞既鳴矣朝既盈矣匪雞則鳴蒼蠅之聲』此蓋以蒼蠅之聲誤爲雞鳴周孔子時代蠅多如此其不潔可知矣支那人乏公德心不憚委棄穢物於門外余嘗去年革命時由上海赴南京順道遊蘇州見雜沓街衢之敷石常滯濕痕心竊美之不圖是乃各家無處排除之糞尿布之宅前通路者也行抵鎭江散步郊外見民家有與雞犬同棲者歸上海一日曳杖城內遇三五娼婦集於汚穢之水溝側取水用以擦顏塗粉幾令人欲嘔吐矣

支那人之國民性第五在於修飾外觀　曾點曰『暮春者春服既成』筒子曰『千羊之皮不如一狐之腋』支那人自上古以來其如何從意週身之衣服使其華麗卽可知矣革命之際余於上海見有臂附赤十字章意氣揚揚徘徊於市中之青年至蘇州

韵琴雜著　筆記　四四

漸多鎮江較蘇州益甚想其赤十字社員之數當不止幾百幾千并皆稱其目的在看護攻擊南京革命軍之負傷者其實不過以臂章誇示小兒婦人觀革命軍之從戰者僅少數之十三人負傷可推知矣余當時又於蘇州車站遇民團兵之行列無不顔色倉白且其中有帶金緣眼鏡數十人蓋支那中部都市之青年即鬻賣田宅亦欲帶金緣眼鏡及掛金練之時錶乘自轉車攜照相器也其修飾外觀全與朝鮮人相似而吸食鴉片一事尤較朝鮮人爲劣矣

如上述之支那國民性以好利及殘酷弱敵服從强敵内則不潔外務修飾爲特點此等國民焉能圖國家之隆盛直言之余以支那人爲最適於買辦之人民其福祉宜享有外國人之政治者得以此爲結論也二客聞之唯唯而已偶有急報船於明朝起椗遂匆促赴稅關碼頭惟見弦月初升波光盪漾耳

按日本人揭吾國人之醜可謂痛詆無餘目華無人早已躍躍紙上去年五月九日之交涉不過其見端耳吾國上下尤復醉生夢死沓沓泄泄而日惟恐踐彼厚貺之『好利』『服從强敵』『修飾外觀』諸特獎爲不實哀莫大於心死其吾國民之謂耶

朝鮮慘狀前鑒可追嗚呼

余偕二客歸船猶論支那事曩者余在豐陽館於食堂聞友人謂袁總統因謀帝制自爲致招南北乖離旋食畢返房購上海報紙數份讀南方派以五國借款與暗殺宋教仁兩案痛擊漫罵之記事與論說竟余即以爲北人居原野豐腮肥體重實用、尚躬行南人住水澤隆準削頰富於感情長於想像二者之事事物物全然相反非有絶大威力熾盛之中央政府恐南北於政治上終不能歸於一致也而袁總統之權勢尚不足以壓服南人其相鬩相爭實出乎理之當然（挑撥吾南北惡感日本人之肉其足食乎然而吾國人盍速内省）日本人曰宜援北或助南否則嚴守中立是皆代支那人謀支那非爲日本人謀支那也若日本人爲支那謀即先宜研究將支那之富如何開發如何蓄積如何分配而後再評論政權移於何人勢力歸於何黨未爲晚也（中國人尚未死絶何勞汝越俎代謀然而日本人固視中國人良心已喪與四萬萬死人無異矣大夢不醒奈何奈何）因此余改語語二客曰支那雖爲世界大國甯謂之曰貧國決不可稱爲富國也

觀其近年之輸入超過其富皆被西洋諸國所吸收拳匪亂後每年賠款適足以作外人移民之資邇年禁止鴉片輸入之超過額雖稍得減少而稅源已竭外債抵押物亦窮矣至觀其生産品農産物雖有米、麥、豆、豆糟、砂糖、棉而米爲輸出禁止品麥砂糖棉僅應自國之需要得輸出者不過豆與豆糟耳工業品雖有磁、陶器、文具、油而磁陶器僅得輸出少額文具則除本國人外無購求者油雖産可驚之巨額（動植物油計達四十餘種）亦非可輸出而爲世界的商品者外如紙粉洋火綿絲綿織物等則不得不仰給於外國之輸入矣如是者焉得不謂之曰貧國

調查支那致貧之由悉基於政治之腐敗蓋政治學家所謂土地人民政治之立國要素支那僅有土地人民而無所謂政治自清之末葉全國人因奸吏之謀求惡官之橫行致産業廢頹而陷於貧困人民雖極端艱苦勉勵亦終無救濟之法遂至不得不求食於海外今也支那人之在海外者達七百萬人將與彼寄食於他國之一千二百萬猶太人漸漸相近矣支那人原爲惡離祖塋地者而其所以離鄉別里移居海外實出於貧苦之莫可奈何今春有湖北人攜全眷來吾國神戶曰吾中國自政變共和以來

租稅之徵收益高捐輸之督促愈嚴兵士之亂暴難堪故特賣却産業而寄居日本也噫支那爲世界之大國而原始産物之大農業不能興製造日用品之大工業不能營以致正貨之流出滔滔不止國家之貧非無故也

然則支那豈包藏不富耶曰不然支那之富與其人物同不在地上而存於地下如煤及煤油與鐵之所在可謂無盡藏也煤産於滿洲直隸山西河南湖南福建各處而以滿洲之撫順直隸之開平湖南之萍鄉爲最著若至鐵道四通八達之日支那必一躍而爲煤國現山西之煤由英國技師之計算可出二十兆噸假定全世界用煤之消費額將來未有增加則以山西之煤足供世界二千年之需用煤油産於陝西山西四川等省陝西之三處煤油礦英人獲其採取權利費資本金一萬弗埋設由長安至漢口之鐵管以圖運出支那人之利權回復運動被其妨止遂不得已而放棄其權利今者改爲與美國之共同事業矣英技師曾評之曰支那陝西所産之煤油可與俄美産並稱爲世界之三大油礦也鐵産於湖北安徽江西江蘇山東大冶鐵礦能供給原料於若松製鐵所固人皆知之（按我國湖北大冶鐵礦於清光緒二十三年張文襄設大

冶鑛務局開採之三十一年盛宣懷與日本訂立合同借日金三百萬元以大冶之得道鑛爲擔保日本製鐵所按年取大冶鑛石核還本息以三十年爲期是爲外人染指於我國已開寶藏之始）而此等鑛山散見於諸處者如江西省萬岡鐵鑛且直縱三百二十華里横八十華里之廣所含有之鐵量爲百分之七十六較大冶所產者尚多八『泊生的』他如徐州鐵礦更屬有望因其保鐵與煤接近產出者可稱爲大工業國之素地也日本某鑛山技師曰若支那委託礦政於日本一年以內不難得十億圓之礦產以此觀之支那即以鑛物亦可致富矣

更南滿東蒙之米田事業亦足增殖支那之富南滿洲之米田以關東都督府試種之宇都宮穀種令朝鮮人於六年前所經營而後支那人效之耕作者雖昔日不能植高粱之濕地或鑿井而灌水之乾地今因設堰水池致灌溉合法本年之收穫可期望十五萬石矣據都督府之調查南滿洲之米田可耕者爲二萬萬畝能達三千萬石至三千五百萬之收穫又據熟悉支那者之想像東蒙之可耕地亦爲二萬萬畝收穫不難得三千萬石然則盡滿蒙之可耕地而變爲米田需時幾年雖不可知若使人民知農

業之利益則墾荒闢地必猶水之就下而莫之或禦也

是以我輩論支那不可不先談其富談支那之富不可不先言滿蒙蓋南滿東蒙者日本帝國所認爲勢力範圍內者也且大戰場之南滿洲曾失我二十萬國民糜吾十八億國帑者也現東蒙倣外蒙前例計謀自立以依賴我日本保護吾日本再不於滿蒙居鞏固之地位則無由以衛國防上之朝鮮保持與俄國在支那外藩之勢力均衡矣故日本之外交以滿蒙問題較爲重大切要余大論滿蒙至此忽一客舉手制止之談鋒漸亂客曰此後非商人輩所當聞者謹奉清酒一盞以慰長談之勞此酒爲廣島縣之釀造所所造本年於岡山開中國（日本地名若吾國之省）六縣清酒共進會時曾一等賞者也願求鑑識余笑而受其賜傾杯嘗之覺其芳醇無比於是不談支那而談及岡山後樂園及嚴島泉亭各事

按日本人對於我國國情無巨無細調查最熟知之故詳乃言之如數家珍歷歷不爽吾國人其亦不忍以人爲刀俎我爲魚肉耶盍醒大夢其速定自衛之方針

德國威爾德哈米耳博士之日本殖民政策觀

德國『法蘭克夫爾德』報記者『威爾德哈米耳』博士所著之『日本殖民政策』一書係遍歷東亞各地後洮視察極東所得之作也書之內容計分七節曰極東之日本及中國曰殖民之日本人曰日本之各殖民地（北海道臺灣朝鮮樺太滿洲）曰日本殖民地之土人問題及勞働問題曰日本殖民政策之主義及手段曰日本殖民政策之目的曰日本殖民地之貿易及豫算之統計長篇累牘無非痛詆吾國之無能及道破日本之野心也書由柏林發行業經數載韵琴雖恨讀之至晚然鑒往追來不能禁熱血上湧爰擇錄著者議論之要領以乞吾國人之一警覺焉

其書第一節著者即劈頭喝破曰觀日本殖民政策之活動足以知東亞全局之關係壹爲東亞殖民政策之前提者即在中國之衰弱也中國長夜昏眠混沌無爲至所謂殖民政策竟毫不慮及而日本則能自行醒覺維新以來銳意採擇西洋文明涵養侵略思想洞明隣邦之不可爲可利用其無能以四千萬島民克居四萬萬人民之上而握東洋之霸權於是以日清一役而獲台灣以日俄一役而獲朝鮮及遼東半島今且以經濟的侵略滿洲矣顧日本之所以如斯努力者非有欲統御世界之野心亦非欲

宣布自國之文化於外國者不過因其地域狹小以生產力有限之島國不足養五千萬國民故不得不獲新土地以排除此難關乃爲單純明瞭之思想也要之日本之目的不外建設一大帝國於東亞而爲第二英吉利於世界耳

日本之殖民政策國民的運動之問題也自政治上之目的言之在供養增殖之人口而擴張領域以樹立東亞霸權自經濟上之目的言之在先使本國爲獨立之經濟區域禁各殖民地之獨立發達進而置本國與殖民相結合以爲一大經濟團體而達日本人之夢想也觀其農業政策即足以證明之蓋日人以北海道及仙臺以北之本州北部爲小食之產地以本州中南部并朝鮮爲米之產地以產大豆小麥之滿洲爲食料補充供給地以台灣爲砂糖之大產地及食鹽之供給地者即冀以自國之所需要生產於自國之領域內經濟上能確實獨立也今日之施設雖尚屬於經營之初步然觀此可知其規模之遠大矣

第二節著者論日本人之殖民能力曰昔日本之經營北海道朝令夕改成績不著其殖民的能力不覺令人生疑然察其嗣後之經營台灣及朝鮮足以解此疑竇蓋徵諸

日俄戰爭後之活動得證日本國民爲有力之殖民的國民也夫日本人最顯著之特性爲其愛國心且爲自覺的侵略的冒險的也維新以來建强大之陸海軍布普及之教育制何莫非由於圖富强使將來建一大帝國之思想朴賚毛斯媾和條約雖有賢明之當局者施必要之處置然國民之侵略的慾望尚不以爲滿足致起騷動而要求多額之賠款與併有朝鮮者也日本國民以爲以如斯之島國不足以樹立霸業須置基礎於大陸乃具自覺的侵略的冒險的敢支配昏睡之中華國民而爲正當之主權國民之特徵也且日本既能採取西洋文明以改造其國民之生活則必能以自己之文明應用於中國若再以基於愛國之熱心與偉大之同化力觀之則日本殖民之活動結果亦可由想像而得之矣

箸者又謂日本殖民之活動較他國之有利益者三

第一　日本殖民地均與本國不相懸隔故世人不曰日本有殖民政策僅言其持膨脹主義耳處此良好位置之日本對於其殖民地不僅軍事上得容易統御之且經濟上亦有非常之利益也

韵琴雜著　筆記　五三

第二　日本殖民地無統御困難之人種存在

第三　日本殖民地之氣候决無於礙於殖民的活動

著者於第五節論日本殖民政策之主義及手段有曰日本殖民政策發端於經濟的目的乎抑發端於政治的目的乎其孰爲最先決定者在今日頗難斷言蓋此二目的不能嚴劃鴻溝使其間而有判然之區別也但依余之推察日本殖民政策當以政治目的居其先位夫希望爲世界一强國樹立健全基礎者此爲日本之根本目的欲達此目的則必擴張領土然則先使殖民地於政治上與本國密相結合更利用之以爲進而擴張領土之基礎者亦即日本政府之根本目的也余不難舉其事例以證明之試問日本最古殖民地之北海道尚在不開化之狀態中而在朝鮮及滿洲已得滿足解決之諸問題尚未解決於彼者何耶又何爲領有台灣後僅經十五年即得見有與本國密相結合之事實耶蔑視之誠屬不可解之事理也雖然日本向之顧慮在俄國之侵略北海道此危險已於日俄戰爭後全然消滅日本若無志於樺太北部者則將來與俄國戰爭之衝要地非樺太南部北海道者亦非能利用之以爲略取新領土之

韵琴雜著　筆記　五四

策源地也惟欲征服滿洲與俄在中國北部爭雄長則不得不於朝鮮確實掌握其交通機關并布優勢之軍備故日之滅韓即預備領有大陸土地之必要礎基也至日本欲制壓富於政治思想并易於激怒之中國南方人種乃不得不確實整理台灣以爲南進之策源地以此觀之缺多數資金及人才之日本既不能同時開發各殖民地是以舍緩取急乃基於政治的理由也明矣

然而日本人非專以政治爲主眼而不顧及經濟者擇時宜以鋭意勵行而解决經濟問題乃日本殖民政策之大可贊賞處也如關於食料問題知習俗不能驟改麥食北海道樺太諸產麥地可不急於經營乃速開墾朝鮮米田以防中國米之輸入外如擴張台灣砂糖產額諸事皆無非以自國之需要而以自國供給之此非關於經濟上重要之事件乎故政治上之目的得以掩蔽輕濟上之發達亦益表彰其所以能實施此大計畫者乃出於日本文武官吏之善能協同一致也

日本文武官吏能互相親和無競爭軋轢等事可於滿洲見之日本之於滿洲守備薄弱似毫無軍事的侵略之形勢而專努力於經濟的開發是不欲示華人以武力之强

韵琴雜著　筆記　五五

點惟使其容認經濟上之優勢以確保支配權於不知不識之間耳於台灣亦然以在其地之八萬日本人監視三百萬華人與毫不開化之山地生蕃若一朝爆發在在堪虞而守備兵力乃亦薄弱者爲日本人由經濟上及科學上之卓越對於土人能保其威信耳最不可忘者台灣朝鮮之總督皆爲武官而其行政全然爲文治性質蓋所有命令皆唯一從屬於經濟政策之下者也

日本運用殖民政策之手段非預定的換言之非出於東京中央政府之指揮命令各殖民地得秉地方之關係自建行政案以任意發展之故殖民長官能免去本國官僚常習之干涉破壞各自經營各負責任所以有安全確實之進步得燦然之美果也現由時勢之變遷日本中央政府認爲各殖民地有須幾分統制之必要乃設拓殖局於東京矣

第六節著者論日本殖民政策之目的曰日本人雖能應各殖民地之特殊事業而統治開化之然對於各殖民地之單獨行動無不由其大目的所指導蓋個個特殊之盡力亦能確保全體共同之大計畫無論於政治上經濟上不難認識之也

韵琴雜著　筆記　五六

日本者人口劇增之國也對於此增殖之人口不可不求活動之範圍今也因工業進步雖得供養多數人口然工業發達之速率尙不能達人口增殖之程度故日本之殖民政策在努力於處理此事是乃日本政府所公表者也然日本人從來尙移居海外多渡美利堅檀香山及南美洲今無論美政府執防止之方針與否而日本政府亦以爲移居海外者之子孫難於歸來乃大有損於祖國是則日本政府欲擴張領土藉口於人口過多之論調其理由誠不甚充分也且日本國除易於灌漑之產米區外荒廢地尙非少數明治維新以來安全領有足容八九百萬人口之北海道地域今不過收容百萬耳是故日本之努力殖民不得不以發動於他之目的覩之如前述之日本欲於東亞確立其霸業是也『東亞亦以東亞人處理之日本人其稱霸於政治上乎』此等標題日本人雖否認之而余則謂其庶幾乎近之矣但余幷不以此批難日本凡剛健自覺之國民當然勉其向上發展若日本對於顯於眼簾前之老弱中國及俄國之現狀尙不起霸者之野心得毋自謂其國民無力量無勇氣乎今此成就之國民果衝破其本國短而且狹之被服而爭霸於大陸矣其結果如何雖不能豫言然不能不持

其現況一論列之

日本因日清日俄兩戰俱勝得掌握朝鮮主權後又從事於滿洲激烈之經濟戰爭并期於二十年以內次第蠶食中華全土此等夢想若極東之老大病夫俄然有回復健康之希望日人必自然銷沈固無論矣縱中國萬無自存之道他國染指於先決不至受日本之驅弄而任其獨斷專行也蓋西洋諸國久有分割中國之蓄意即吾德意志不僅以山東省爲自己之勢力範圍且藉膠州灣爲基礎以經濟的發展中華分割之形勢亦非一日矣

是則日本之於中國除地理相接人種相類稍占優點外亦不過與西洋諸國居同一之地位耳日本竟藉其優點遂能博勝利於各國之競爭場裏耶其結局果能掌握東亞霸權耶此固不能斷言然日本殖民政策之政治上目的全在於斯矣朝鮮者爲達此目的之第一立足地也滿洲者第二立足地也台灣者圖福建與廣東南進之最要立足地也日俄間雖有交和修好之表示而俄領之海參威及東清鐵道以今日之地位觀之亦不得不受人之侵略矣要之日本之大目的在造成一東亞之英吉利故其國

民與指導者僉能秉熱心毅力趨於一的也

日本殖民政策所持之方針南向與抑北進與即當事者之日本本國似乎尙未判然觀其報紙論調有曰北滿洲及俄領黑龍江州以氣候論非日本人可利用之地域故日本對於俄人懷侵略企望乃爲不可能之事否則將招同時與華俄衝突而受雙方壓迫之惡結果若循自然之趨勢以漸次南進天惠豐富含熱帶氣候之台灣僅十年間即收赫赫效果者或其先例耶日本有名殖民學者竹越氏據此見解嘗以日本擴張領土不可不以菲律賓及荷領印度爲目的且指美之治菲荷之治爪哇種種腐敗政象而告國民矣其所論雖爲日本政府當局所否認謂竹氏所言專以經濟的立論不涉及政治而日本政治上之目的常以經濟的征服掩蔽之乃其慣技以木屐兒之靈巧活潑竹氏於經濟上加以說明則政治上之目的不難推察而得之矣

凡國家欲政治有自主權或握霸權須經濟上先有獨立之基礎日本最善尊重此原理者也最近二十年間因軍事與外交之勝利愛國狂熱風靡全國政府保持之煽燃之以喚起擴張陸海軍之輿論鼓吹世界强國之國民精神以備握東亞霸權此千百

年間由鎖國迷夢中而醒覺之日本國民拂相當代價以求其獨立自給不足怪也

日本之地位與英國同原來島國之食料不足其國民一朝發生戰端封鎖本國危險實甚英國海軍居世界最强位雖有戰事得確保由外國輸入穀類之常度日本海軍不如英國之優則有由戰時因斷絕糧道而不能依賴遠隔地方供給食料之虞是以不得不於鄰近地方即戰時亦得以自國之艦隊而十分保護之日本艦隊能確保其活動者日本海黃海中國海是也幸日本之殖民地亦在諸海沿之左右所以日本之經濟政策不僅限本國而併及其殖民地也

著者所論之要點上已述其梗概至與現時勢有違異者不錄窮蹙極瘠之吾國人其亦知有以免滅亡方法否